현대 **경제학**

현대 경제학

Economics

microeconomics, macroeconomics, economic essay

최병권 · 장선구 지음

율곡출판사

들어가는 글

Economics
first edition Preface

이 책은 어떻게 시작되었는가?

먼저, mini economics를 쓰고자 했다. 세상을 아무리 과학으로 규명해도 최종적으로 얻어지는 결론은 우주가 질서정연하다는 것이다. 그러면 그 최종적 질서는 누가 만들었는가? 최후적 단위는 나노(nano)다. 신의 영역이다. mini인 nano는 max를 지배하고 있다. mini가 max보다 강하다. 다시 세속으로 돌아와 사회를 보자. 사회를 많은 정보보다 핵심으로 설명하는 것이 더 강력할 수 있다. 이 책은 대학교 학생이면 꼭 필요한 핵심이론으로 시작하여 핵심이론으로 마무리했다. 이것이 우리의 철학이다.

둘째, minus economics를 만들고자 했다. minus(−)가 plus(+)보다 위대하다. 지금 세계는 경제이론으로 넘쳐나고 있다. 그동안 이론에 이론을 쌓아 플러스로, 플러스로 올라가기에 바빴다. 플러스로 플러스로 넓혀 가기에 여념이 없었다. 경제이론이 안 들어간 곳이 없다. 법대에 법경제학, 의대에 병원경제학, 공대에 산업공학, 경영대의 대부분의 이론이 그렇다. 이젠 minus다. 해체철학은 기존 철학을 때려 부수고 철학 이전의 인간정신을 찾자는 것이다. 그리고 새롭게 철학을 만들어 보자는 것이다. 우리는 거기까진 못했다. 그러나 잡것으로 넘쳐나는 현 경제이론을 빼고(minus), 빼서(minus) 경세제민(經世濟民)의 순수정신으로 돌아가고자 했다.

셋째, middle economics를 쓰고자 했다. 경제학원론과 각론의 중간 수준에 있는 책을 쓰고자 했다. 지금 우리나라 원론 책은 지나치게 이야기적이거나 각론과 거의 같은 수준이다. 각론은 미국의 대학원생이 공부하는 수준으로 지나치게 어렵다. 이 결과 학생들 사이에 경제학은 어렵기 때문에 기피하는 현상까지 생기고 있다. 적정한 수준, 옳은 눈높이, 정방향의 정신을 담고 있는 중용(中庸, middle path)의 경제학을 만들어 보고자 했다.

책을 쓴 목적은 무엇인가?

우리나라에 나온 책들은 기존 이론을 편집한 것이기 때문에 또 하나의 쓰레기일 수 있다. 창의적인 책이 많지 않다. 어떤 책이 유명하다면 출판사의 마케팅 외에 아무것도 아니다. 우리도 이런 고민을 했다. 미안하다.

나는 배고파서 썼다.
그래도 조금 뭐 다른, 거창한 것이 있어야 한다고 양심은 말한다.
종종 나라 걱정도 하지.

걸어 다니는 종합병동,
우리 경제의 모습.
병명이 많지만 한마디로 빚이다.

과거에는 가계는 물론 정부나 지자체, 주요 기업들도 빚이 없었다.
지금은 몇 기업을 제외하고 정부와 지자체를 포함하여 모두가 과도한 채무자다.
나도 과도한 채무자다.

문제는 이 빚을 앞으로 해결할 방법이 없다는 것이다.
딱 하나 있다. 통일이다.

연구자를 위한 책을 써야 하는가? 아니면 환자를 바로 치료하기 위해 세상에 뛰쳐 나가려고 하는 학생들을 위한 책을 써야 하는가? 후자다. 케인즈(J. M. Keynes)는 장기에서 우리 모두는 죽는다고 했다. 태풍이 밀어 닥치는 이 순간에 집이 파괴되지 않기 위한 대책이 필요한 것이다. 그 대책을 집행하기 위해 세상에 나갈 친구들을 위해 이 책을 썼다.

마음이 여전히 편하지 않다.

2015년 6월
저자 씀

차 례

Economics
first edition Contents

제3편 생산자이론

제8장 생산이론

제9장 비용이론

제4편 시장조직이론

제10장 완전경쟁시장

제11장 독점시장

제15장 독점적 경쟁시장

제5편 분배론

제16장 가변생산요소 가격결정이론

제17장 고정생산요소 가격결정이론

제6편 일반균형론

제18장 일반균형이론

제7편 후생경제론

제19장 후생경제이론

제20장 시장실패

2 거시경제론
Macroeconomics

제8편 거시경제학의 기초

제21장 거시경제학의 흐름

제22장 GDP의 유용성과 한계

제23장 국민소득결정

제9편 거시경제의 일반균형

제24장 수요측면의 균형

제25장 공급측면의 균형

제10편 경제안정화정책 : 재정정책과 금융정책

제26장 거시경제정책 논쟁

제11편 총수요의 미시적 기초

제29장 소비함수이론

제30장 투자함수이론

제31장 화폐수요이론

제32장 화폐공급이론

제12편 경제의 안정성 논쟁

제33장 실업이론

제34장 인플레이션이론

제37장 새케인즈학파 경기변동론

제14편 경제성장론

제38장 외생적 성장론

제39장 새경제성장론

3 경제논술
Economic essay

미시경제론

시장균형

part one

1

제1장 시장균형의 안정성

microeconomics + macroeconomics, Economics ch. one

1. 시장과 가격기능

1.1 시장의 정의

시장이란 일단의 소비자와 생산자들에 의해 대체탄력성의 크기가 비슷한 유사상품들이 거래되는 추상적인 기구이다. 가격은 시장에서 결정된다. 시장에서 가격은 수요량과 공급량을 조절하여 자원배분하는 역할을 하기 때문에 가격기구(price mechanism)라고도 한다. 가격 또는 가격기구에는 시장의 대부분의 정보가 반영되어 있다.

1.2 가격의 자원배분기능

시장에서 가격의 가중 중요한 기능은 희소한 자원을 배분하는 기능이다. 시장은 첫째, 균형가격을 형성하고, 둘째, 이를 통해 '무엇을 얼마만큼(What to produce), 어떤 방법으로(How to produce), 누구를 위하여 생산(For whom to produce)하는가' 의 3대 경제문제를 해결한다. 가격은 희소한 자원을 완전경쟁시장에서는 파레토 효율적으로, 불완전경쟁시장에서는 파레토 비효율적으로 각각 배분한다.

1.3 가격기능의 장점

시장에서 가격에 의한 자원배분이 갖는 장점은 두 가지이다. 하나는 정보의 분산화이고, 다른 하나는 경제주체가 목적하는 것을 외부의 인위적인 개입없이 경제적 자유 하에서 실현할 수 있다는 것이다.

여기서 정보의 분산화란 자원배분에 관한 의사결정이 사회 각 구성원에게 분산되어 개별적으로 행해지는 것을 말한다. 그리고 경제적 자유란 외부의 개입과 규제없이 소비자는 자유롭게 소비자주권을, 기업은 생산자주권을 실현하는 것을 말한다.

1.4 가격기능의 한계

가격의 자원배분기능은 완전경쟁시장에서 충분히 발휘되지만 독점 등 불완전경쟁시장에서는 제대로 역할을 다하지 못한다. 그런데 현실은 완전경쟁보다 불완전경쟁시장이 일반적이다. 따라서 가격의 자원배분기능은 불완전경쟁시장이 일반적인 현실경제에서 그 역할이 제한될 수밖에 없다.

이 외에도 불완전정보, 공공재나 외부효과가 존재하거나 생산기술이 규모의 경제적 특성을 보이면 시장실패(market failure)가 초래되어 가격기구의 비효율의 문제가 발생한다.

2. 시장수요

Economics ch. one

2.1 개념

수요(demand)란 소비자가 일정기간 동안에 재화나 용역을 구매하고자 하는 욕구이며 수요량은 일정기간 동안 소비자가 재화나 요역을 구매하고자 하는 크기이다. 즉, 수요는 사전적 의미(ex ante)이고 유량(flow) 개념이다.

2.2 개별수요함수

X재의 수요량과 가격을 D_x, P_x라 할 때 X재 수요에 영향을 미치는 요인을 정리하면 식 (1.1)과 같다.

$$D_x = g(P_x, P_y, I, T, P, \cdots) \tag{1.1}$$

(단, P_y, I, T, P는 각각 타재화의 가격, 소득, 기호와 인구임)

식 (1.1)에서 수요함수는 P_x를 제외한 다른 조건들이 일정(ceteris paribus)할 때 식 (1.2)로 표시된다. 식 (1.2)를 수요함수라 부른다.

$$D_x = f(P_x) \tag{1.2}$$

2.3 시장수요곡선

시장수요함수는 개별 수요곡선을 가격을 기준으로 수평으로 합하여 도출된다.

(1) 절편이 동일한 개별수요함수

시장에 두 소비자만 있고, 절편이 동일한 두 개의 개별수요함수가 $x_1 = 10 - P$, $x_2 = 5 - \frac{1}{2}P$라고 할 때 시장수요함수를 도출하자. 두 수요량 x_1과 x_2를 합하여 아래와 같이 도출된다.

$$X = x_1 + x_2 = 15 - \frac{3}{2}P$$

(2) 절편이 다른 경우

개별수요함수가 $x_1 = 10 - P$, $x_2 = 5 - P$일 때 시장수요함수는 그림처럼 굴절된다.

$$P \geq 5,\ X = 10 - P$$
$$0 \leq P < 5,\ X = 15 - 2P$$

그림 1-1
시장수요곡선

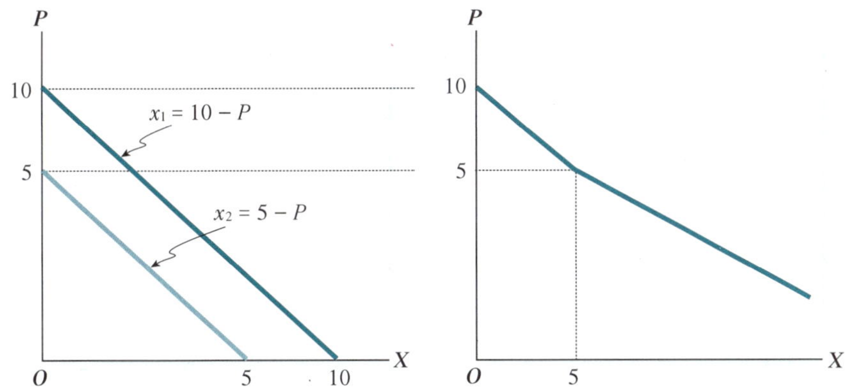

2.4 수요의 변화와 수요량의 변화

수요량의 변화(change in quantity demand)는 가격이 변화했을 때 수요곡선 상에서의 이동을 의미한다. [그림 1-2]에서 X재 가격이 P_1에서 P_2로 하락하면 수요곡선 D선 상에서 a점으로부터 b점으로 이동하면서 수요량이 x_1에서 x_2로 증가하는 수요량의 변화가 일어난다.

수요의 변화(change in demand)란 자신의 가격 외의 일정하게 주어진 요인들의 변화에 의해 수요량이 변화하였을 경우 주어진 가격수준에서 수요곡선 자체가 이동하

그림 1-2
수요함수와 수요량의 변화

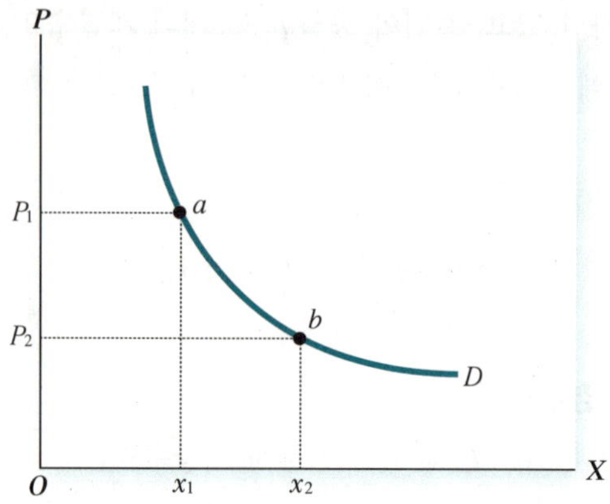

는 현상을 말한다.

(1) 다른 재화 가격(P_y)이 변했을 때

Y재 가격이 변했을 때 X재 수요함수의 변화는 X, Y재의 관계가 대체재인가 보완재인가에 따라 그 이동방향이 달라진다.

[그림 1-3]에서 P_y가 상승할 때 X, Y재가 대체재 관계라면 소비자는 가격이 상승한 Y재보다 가격이 하락한 X재를 보다 많이 구입하게 될 것이다. 따라서 X재의 수요곡선 D는 오른쪽으로 이동하여 D_1이 된다. X, Y재가 보완재의 관계라면, Y재의 가격이 상승할 경우 보완관계에 있는 X재의 수요량도 감소하게 된다. 따라서 X재의 수요곡선 D는 왼쪽으로 이동하여 D_2가 된다.

그림 1-3
다른 재화의 가격변화에 따른 수요의 변화

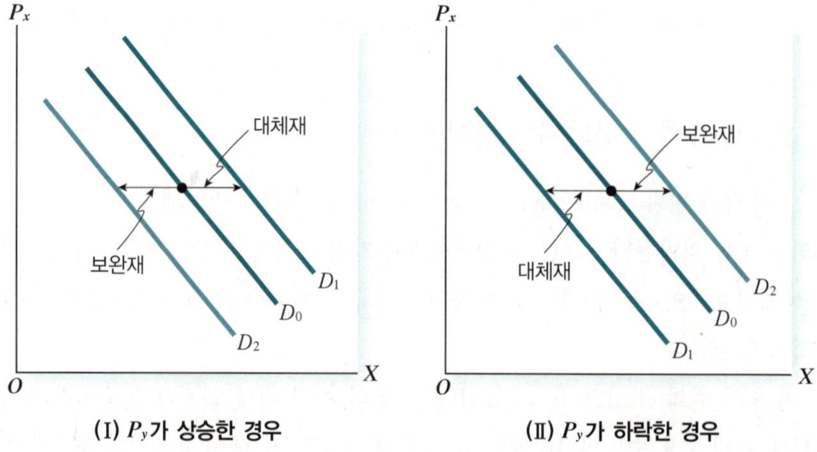

- **수요량의 변화**(movement)
  - 자신의 가격이 변했을 때 수요곡선 상의 이동
- **수요의 변화**(shift)
  - 수요곡선 자체가 이동하는 현상
  - 타재화의 가격이 변했을 때
  - 소득이 변했을 때 등

(2) 소득(I)이 변했을 때

소득이 변했을 때 X재 수요함수의 변화는 X재가 정상재냐 열등재냐에 따라 그 이동방향이 달라진다. [그림 1-4]에서 X재가 정상재라면 소득의 증가는 그 재화의 수요를 증가시켜 X재의 수요곡선 D를 D_1으로 이동시킨다. X재가 열등재라면 소득의 증가는 X재의 수요를 감소시켜 X재의 수요곡선을 D_2로 이동시킨다.

그림 1-4
소득변화에 따른 수요의 변화

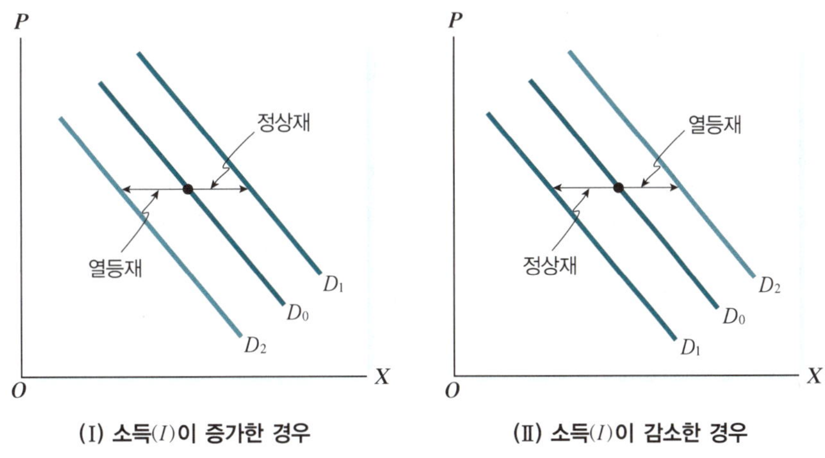

3. 시장공급

Economics ch. one

3.1 개념

공급(supply)이란 일정기간 동안에 생산자가 재화나 용역을 판매하고자 하는 욕구이고, 공급량은 생산자가 판매하고자 하는 의도된 수량이다. 따라서 공급은 사전적이고 유량의 개념이다.

3.2 공급함수

X재의 공급량을 S_x를 결정하는 요인에는 X재의 가격(P_x), 생산요소가격(F), 타 재화의 가격(P_y), 기술수준(T), 기업목표(G) 등이 있다. P_x를 제외한 다른 조건이 일정(ceteris paribus)하다고 할 때 공급함수는 다음과 같이 표시된다.

$$S_x = f(P_x, \overline{P_y}, \overline{F}, \overline{T}, \overline{G}) \tag{1.3}$$

시장공급함수는 수요곡선과 마찬가지로 개별공급함수를 주어진 가격수준에서 수평으로 합하여 도출하게 된다.

3.3 공급의 변화와 공급량의 변화

공급량의 변화(change in quantity supplied)란 다른 조건은 불변이고 자신의 가격만이 변하였을 때 그 변화는 공급량을 변화시키게 된다. 이는 주어진 공급곡선 상에서의 이동으로 표시된다. [그림 1-5]에서 X재 가격 P_1이 P_2로 변했을 때 공급곡선 상에서 a점으로부터 b점으로 이동을 공급량의 변화라 한다.

공급의 변화(change in supply)란 자신의 가격 외의 일정하게 주어진 요인들의 변화에 의해 공급량이 변화하였을 경우 동일한 가격수준에서 공급곡선 자체가 이동하는 현상을 말한다.

그림 1-5
공급곡선

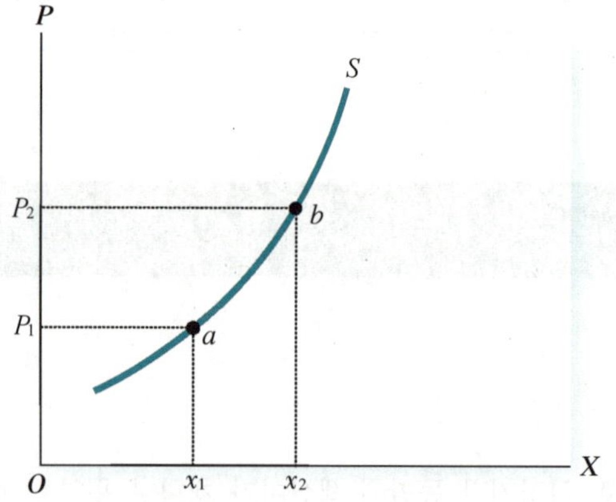

- **공급량의 변화**(movement)
  - 자신의 가격이 변했을 때 공급곡선 상의 이동
- **공급의 변화**(shift)
  - 공급곡선 자체가 이동하는 현상
  - 생산요소가격이 변했을 때
  - 타재화의 가격이 변했을 때
  - 기술이 진보하는 경우

공급을 변화시키는 요인들로 타재화의 가격(P_y), 생산요소의 가격(F), 기술수준(T), 기업목표(G) 등의 변화를 들 수 있다.

(1) 타재화 가격(P_y)이 변했을 때

Y재의 가격이 변했을 때 X재 공급함수의 변화는 수요측면에서와 같이 X, Y재의 관계가 대체재인가 보완재인가에 따라 그 이동방향이 달라진다.

[그림 1-6]에서 X, Y재가 대체재 관계일 때 Y재 가격상승은 생산자로 하여금 Y재 생산을 늘리고 X재 생산을 줄이게 하므로 X재의 공급곡선 S는 좌측으로 이동하여 S_1이 된다. X, Y재가 보완재 관계일 때 Y재 가격상승은 Y재의 공급량을 증가시키고 보완관계에 있는 X재의 공급량도 증가시킨다. 따라서 X재의 공급곡선은 우측으로 이동하여 S_2가 된다.

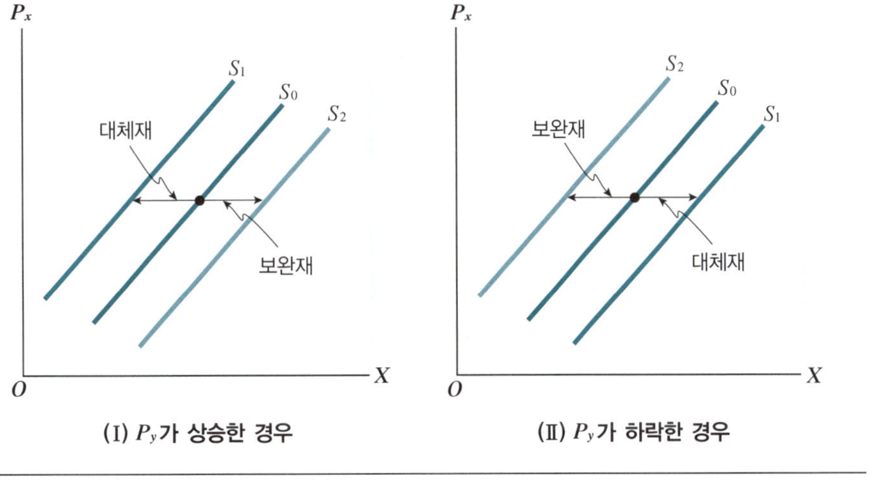

그림 1-6 다른 재화가격의 변화와 공급의 변화

(2) 생산요소가격(F)이 변한 경우

생산요소가격의 하락은 생산비를 절감시켜 그 생산요소를 사용하여 생산하는 상품의 공급을 증가시킨다. 이는 그 상품의 공급곡선을 우측(S_1)으로 이동시킨다. 생산

요소가격이 상승하면 공급곡선은 좌측(S_2)으로 이동하게 된다.

(3) 기술진보(T)의 경우

생산기술의 진보는 단위당 생산비를 절감시켜 종전과 같은 가격으로 보다 많은 상품을 생산할 수 있게 하고, 종전의 산출량을 보다 저렴한 가격으로 생산할 수 있게 한다. 그러므로 공급량이 증가되어 공급곡선은 우측 하방(S_1)으로 이동하게 된다.

그림 1-7
생산요소 가격의 변화와 공급의 변화

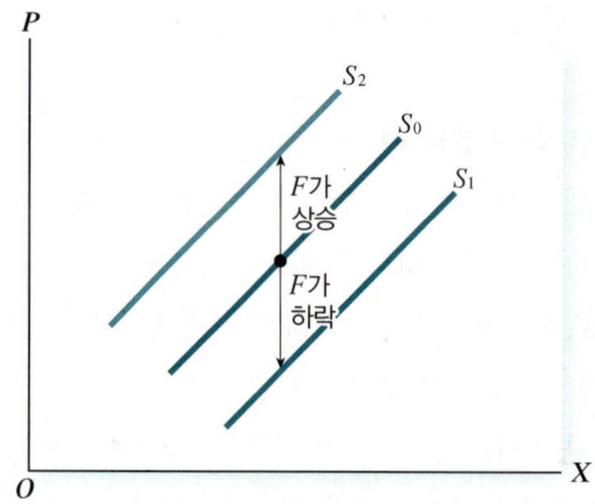

그림 1-8
기술진보와 공급의 변화

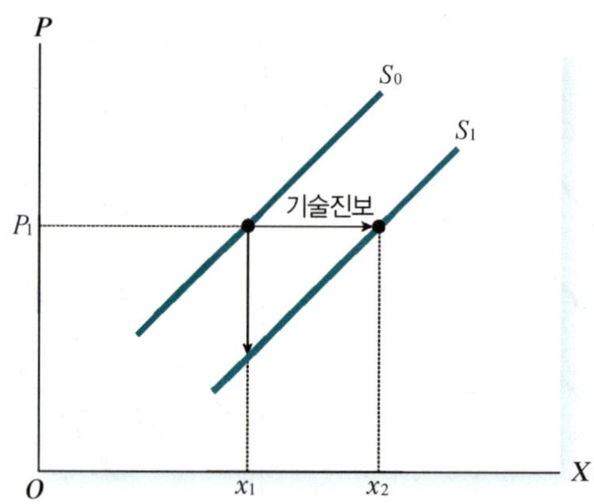

4. 시장균형

Economics ch. one

4.1 정의

시장균형이란 선택된 변수들이 상호연관되어 있는 경제모형에서 이 변수들이 변화하려는 내재적 경향을 갖지 않도록 조정되어 있는 상태를 말한다. 구체적으로 시장균형은 시장에서 매기당 수요되는 재화량과 공급되는 재화량이 동일한 상태이다.

4.2 안정적 균형과 불안정적 균형

시장균형이 경제의 충격 때문에 균형에서 이탈했을 때 다시 균형점으로 복귀시키는 메커니즘이 시장 안에 존재하는 균형을 안정적 균형이라 하고, 시장균형이 균형에서 이탈했을 때에 다시 균형점으로 복귀시키는 메커니즘이 시장 안에 존재하지 않는 균형을 불안정적 균형이라 한다. 예외적 상황을 제외하고 대부분의 시장은 안정적 균형을 전제한다.

4.3 정적균형과 동적균형

시장균형에 시간을 고려했느냐 여부에 따라 정적균형과 동적균형으로 구분할 수 있다.

(1) 정적 균형

정적균형이란 균형으로 수렴되는 과정에서 시간적 요소를 무시하고 가격의 변화에 따라 수요량과 공급량이 즉시에 변동하여 이루어진 균형이다. 대표적인 정적균형으로 왈라스균형을 들 수 있다.

■ **왈라스균형**

- 왈라스균형이란 임의의 시장에서 초과수요(excess demand, *ED*)를 '0'으로 하는 가격 수준을 말한다.
- 왈라스균형이 안정적 균형이 되기 위해서는 가격이 상승할 때 초과수요가 감소하고 가격이 하락할 때 초과수요가 증가해야 한다.

그림 1-9
초과수요함수 도출

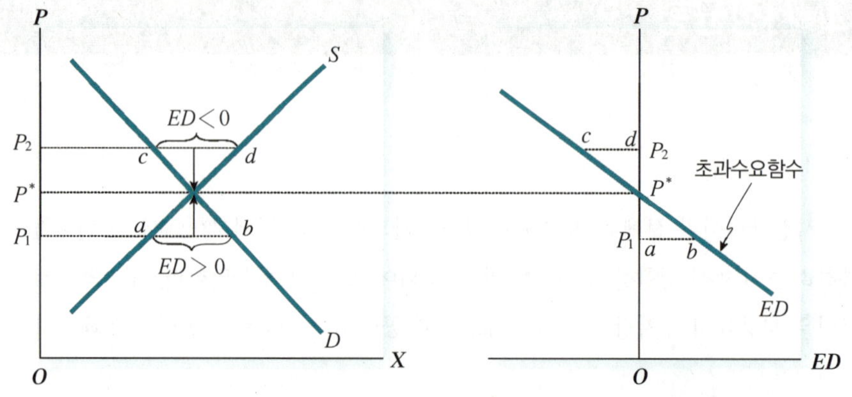

초과수요함수는 다음 식 (1.4)에서 수요에서 공급을 차감하여 도출된다.

$$ED(P) = D(P) - S(P) \tag{1.4}$$

[그림 1-9]에서 가격이 P^*일 때 초과수요는 0이고, P_1일 때는 ab, P_2일 때는 cd이다. 이를 우측의 가격(P)과 초과수요(ED) 평면에 그린 ED곡선이 초과수요함수이다.

왈라스균형이 안정적 균형(stability condition)이 되기 위해서는 가격이 상승할 때 초과수요가 감소하거나, 역으로 가격이 하락할 때 초과수요가 증가해야 한다. [그림 1-9]에서 가격이 P_1일 때 초과 수요의 크기는 ab이다. 가격이 P_1에서 P^*로 상승함에 따라 초과수요의 크기가 점차 감소하고 있다. P_2에서 초과수요의 크기는 cd이다. 가격이 하락함에 따라 초과수요의 크기가 점차 커지고(왜냐하면 음(−)의 값이 작아지기 때문에) 있다.

(2) 동적균형

동적균형은 정적균형에 시간을 도입하여 시간이 변함에 따라 시장의 균형 및 불균형이 조정되는 과정을 고려한 시장상태를 말한다. 동적균형에는 많은 예가 있지만 가장 단순한 것으로 거미집 모형(cobweb model)을 들 수 있다.

제2장 수요와 공급의 탄력성

microeconomics + macroeconomics, **Economics** ch. two

1. 의의

수요 · 공급의 탄력성이란 시장에서 자신의 가격, 타재화의 가격, 소득 등 수요 · 공급함수의 결정요인들이 변했을 때에 변화하는 균형 수급량의 크기를 측정하는 양적인 지표를 의미한다.

수요 · 공급의 탄력성은 개별함수가 아닌 시장 수요 · 공급함수에서 측정된다. 시장에서 기업이 가격 및 산출량을 결정하는 기업의 경영상 의사결정과정이나 국가의 소득분배 및 조세부담 효과를 분석하는 데 유용하게 사용되고 있는 개념이다.

2. 수요의 탄력성

2.1 수요의 가격탄력성(price elasticity)

(1) 정의

수요의 가격탄력성이란 시장수요함수 상에서 재화의 수요를 결정하는 소득, 타재화의 가격 및 소득의 분배상태 등 다른 조건이 일정한 상태에서 어떤 재화의 가격이 미세하게 변할 때 그 재화의 수요량이 변화하는 정도를 나타내는 양적인 지표를 의미한다.

$$\varepsilon_p = -\frac{\text{수요량의 변화율}}{\text{가격의 변화율}} = -\frac{\frac{dx}{x}}{\frac{dP}{P}} = -\frac{dx}{dP} \cdot \frac{P}{x}$$

(2) 수요의 가격탄력성 크기

수요의 가격탄력성(ε_p)은 시장수요곡선 상의 일점에서의 기울기와 그 점에서의 수요량, 가격에 의해서 측정된다. [그림 2-1]에서 B점의 수요의 가격탄력성을 계산하기 위해서는 B점에서 수요함수의 기울기와 X재 수요량, 가격을 알아야 한다.

B점에서 수요함수의 기울기($\frac{dP}{dx}$)는 $\frac{OA}{OC} = \frac{EB}{CE} = \frac{FA}{BF}$이고, 수요량($X$)은 $OE = FB$이고, 가격(P_x)은 $BE = FO$가 된다. 이때 기울기와 수요량, 가격에 관한 이상의 값 중 어느 것을 사용하느냐에 따라 $\varepsilon_p = -\frac{dx}{dP} \cdot \frac{P}{x}$의 표현이 달라진다.

그림 2-1
수요곡선과 수요의 가격탄력성

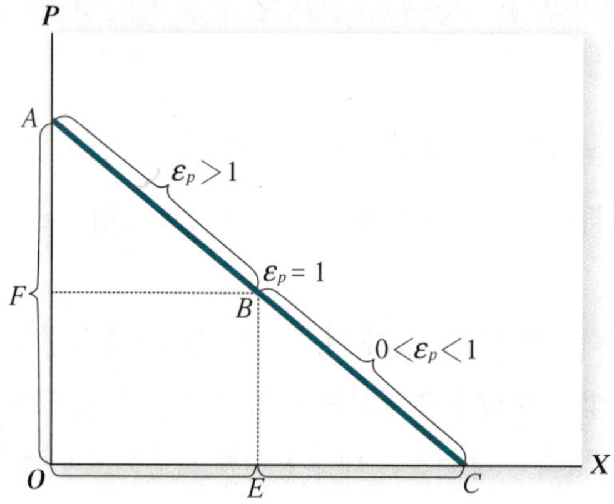

만약 기울기 $= \frac{EB}{CE}$, $x = OE$, $P = BE$라면 $\varepsilon_p = \frac{EC}{OE}$이고, 기울기가 $\frac{FA}{BF}$이고, $P = FO$, $x = FB$라면 $\varepsilon_p = \frac{FO}{AF}$이다. 그리고 기하학적 성질을 이용하면 $\varepsilon_p = \frac{BC}{AB}$로도 표현될 수 있다.

$$\varepsilon_p = \frac{EC}{OE} = \frac{FO}{AF} = \frac{BC}{AB}$$

- **수요의 가격탄력성**(price elasticity)
  - 가격이 변했을 때 수요량이 변하는 정도 측정
  - $\varepsilon_p = \frac{\text{수요량의 변화율}}{\text{가격의 변화율}}$
  - 수요의 가격탄력성 결정요인

    대체재가 많을수록

    장기일수록

    재화가격이 소득에서 차지하는 비중이 클수록

고가품(≒ 사치재)일수록

사용 용도가 다양할수록 수요의 가격탄력성이 크다.

– 한계수입과 탄력성

$MR = P(X)\left\{1 - \frac{1}{\varepsilon_p}\right\}$

만약 B, E, F점을 각 선분의 중점이라 하면 B점에서 $\varepsilon_p = 1$이 되며 단위탄력적이라 한다. [그림 2−1]에서 B점의 우측영역은 $0 < \varepsilon_p < 1$로 비탄력적이며, 좌측영역은 $\varepsilon_p > 1$이므로 탄력적인 영역을 나타낸다. 또한 $\varepsilon_p = 0$은 완전비탄력적, $\varepsilon_p \to \infty$는 완전탄력적이라 한다.

[그림 2−2]에서 수요의 가격탄력성이 극단적인 경우로 세가지를 보여주고 있다. 수요곡선이 수직인 경우에는 가격탄력성이 0인 완전비탄력적인 경우이고, 수요곡선이 수평선인 경우에는 가격탄력성이 무한대가 된다. 그리고 직각 쌍곡선의 형태로 수요곡선이 $Px = k$(k는 상수)인 경우 원점에 대해서 볼록한 형태를 지니게 되고, 모든 점에서 항상 탄력성이 1인 단위탄력적이 된다.

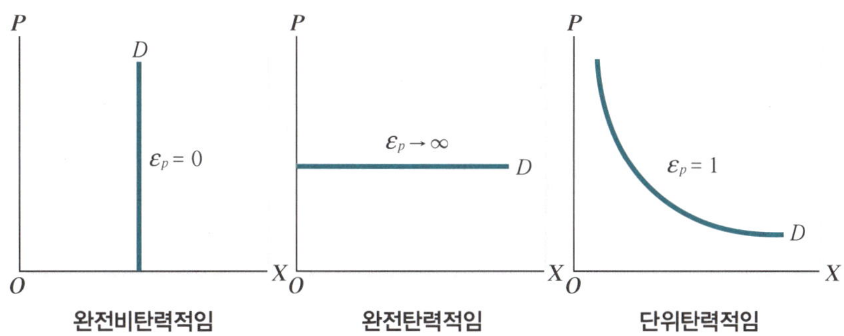

그림 2−2 수요곡선상 모든 점에서 수요의 가격탄력성이 동일한 경우

(3) 수요의 가격탄력성 결정요인

수요의 가격탄력성은 먼저 상호밀접한 대체재의 존재유무에 의해서 결정된다. 대체재가 많은 재화일수록 가격탄력성은 상대적으로 크다. 또한 단기보다는 장기일수록 대체재가 많아지기 때문에 장기일수록 탄력성은 커진다.

재화의 가격이 소득에서 차지하는 비중이 클수록 가격탄력성이 크다. 이는 저가품보다는 고가품일수록 가격변화에 민감하기 때문이다. 이런 의미에서 일반적으로 고가품(≒ 사치품)일수록 저가품(≒ 필수재)보다 탄력성이 크다.

끝으로 재화의 사용용도가 다양할수록 탄력성이 커지는 경향이 있다. 어떤 제품이 용도가 다양하여 여러 곳에 사용되면 이 제품의 가격변화시 여러 사용처에서 수요량의 변화는 용도가 단일할 때보다 크기 때문이다.

(4) 특징

수요의 가격탄력성은 x와 P_x의 측정단위에 영향을 받지 않는다. 예를 들어 $D_x = f(P_x)$에서, D_x와 P_x의 단위가 $X = \mu x$, $P = \lambda p_x$로 바뀌었다고 하자. 이때 $\frac{dX}{dP_x} \cdot \frac{P_x}{X} = \frac{dx}{dp} \cdot \frac{p}{x}$라는 것이다.

경제학자들이 수요함수의 기울기를 사용하지 않고 탄력성을 사용하는 것은 기울기는 단위가 바뀜에 따라 변하는데 탄력성은 변하지 않고 일관되기 때문이다. 이 점이 탄력성을 사용하는 핵심적인 내용이다.

끝으로, 장기일수록 대체상품이 많이 개발되어 수요함수가 탄력적이기 때문에 장기수요함수가 단기수요함수보다 탄력적이다.

2.2 총수입, 한계수입과 수요의 가격탄력성

기업의 총수입(TR)은 판매량에 가격을 곱한 것과 같다. 한계수입(MR)은 X재를 한 단위 증가시킬 때 기업이 추가로 얻은 총수입의 변화분을 말한다. 이는 식 (2.1)로 정의된다.

$$TR = P(x) \cdot x$$
$$MR(x) = \frac{dTR}{dx} = \frac{d(P(x) \cdot x)}{dx} \tag{2.1}$$

$$MR(x) = P(x)\left(1 - \frac{1}{\varepsilon_p}\right) \tag{2.2}$$

식 (2.2)는 한계수입과 수요의 가격탄력성 간의 관계를 나타낸다. 식 (2.2)에서 수요곡선이 완전탄력적이어서 $\varepsilon_p \to \infty$이면 $MR = P =$ 수요곡선이 된다. $\varepsilon_p > 1$이면 $MR(x) > 0$이고, $\varepsilon_p < 1$이면 $MR(x) < 0$이며, $\varepsilon_p = 1$이면 $MR(x) = 0$이다. $MR(x) = 0$이 되는 $\varepsilon_p = 1$에서 기업의 총수입은 극대가 된다. 한계수입은 총수입의 일차 미분값이고, 일차 미분값이 0일 때 총수입은 극대값을 갖기 때문이다.

이상을 [그림 2-3]처럼 정리할 수 있다.

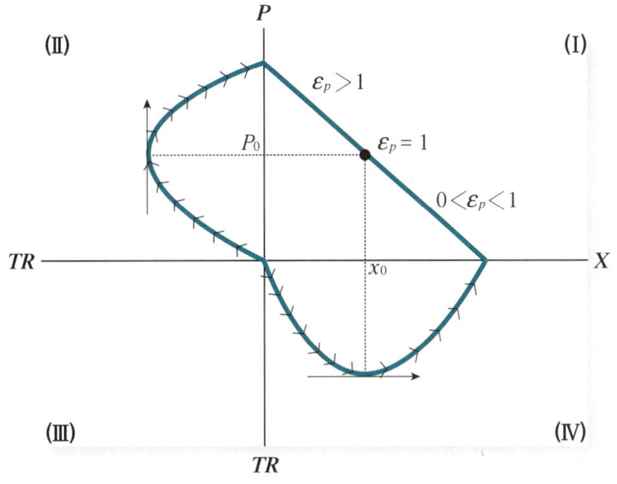

그림 2-3
총수입과 가격, 산출량의 변화와의 관계

2.3 수요의 소득탄력성(income elasticity)

(1) 개념

수요의 소득탄력성이란 수요곡선에서 자신의 가격, 타재화의 가격 등 다른 조건이 일정한 경우에 소비자의 소득이 미세하게 변할 때 재화의 수요량이 변화하는 정도를 나타내는 양적 지표이다. 수요의 소득탄력성의 정의는 다음과 같이 표시할 수 있다.

$$\varepsilon_I = \frac{\text{수요량의 변화율}}{\text{소득의 변화율}} = \frac{\frac{dx}{x}}{\frac{dI}{I}} = \frac{dx}{dI} \cdot \frac{I}{x}$$

(2) 정상재, 하급재와 소득탄력성

수요의 소득탄력성을 기준으로 정상재, 열등재를 구분할 수 있다. 소득탄력성(ε_I)이 0보다 큰 재화를 정상재라 하고, 이 중 0보다 크나 1보다 작은 재화를 필수재, 1보다 큰 재화를 사치재라고 한다. 열등재는 가격탄력성이 0보다 작은 재화를 말한다.

표 2-1 소득탄력성 크기에 의한 재화구분

소득탄력성(ε_I)	재화형태
$\varepsilon_I > 1$ $0 < \varepsilon_I < 1$	정상재 ┌ 사치재 └ 필수재
$\varepsilon_I < 0$	열등재

(3) 엥겔곡선(Engel curve)과 소득탄력성

엥겔곡선이란 경제주체의 소득이 변화함에 따라 개별재화 X의 수요량이 변화하는 형태를 연결한 곡선이다. 그 일반적인 형태는 [그림 2-4]와 같다.

그림 2-4
엥겔곡선

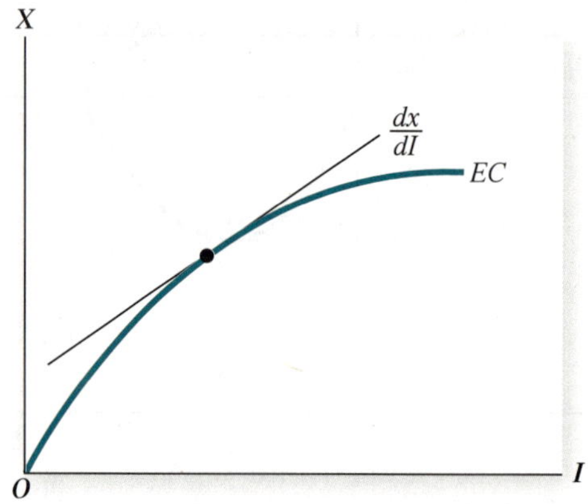

[그림 2-4]에서 엥겔곡선의 기울기 $\frac{dx}{dI}$는 소득탄력성의 한 구성요소이다. 따라서 엥겔곡선의 형태가 소득탄력성의 크기를 결정한다.

$$\varepsilon_I = \frac{\text{수요량의 변화율}}{\text{소득의 변화율}} = \frac{dx}{dI} \cdot \frac{I}{x}$$

만약 $\frac{I}{x}$가 일정한 값으로 주어져 있을 때 엥겔곡선의 기울기가 $\frac{dx}{dI} > 1$이면 ε_I가 1보다 커서 X재는 사치재가 되고, $0 < \frac{dx}{dI} < 1$이면 필수재, $\frac{dx}{dI} < 0$이면 열등재가 된다. 이를 [그림 2-5]로 나타낼 수 있다.

- **수요의 소득탄력성**(income elasticity)
  - 소득이 변했을 때 수요량이 변화하는 정도
  - $\varepsilon_I = \frac{\text{수요량의 변화율}}{\text{소득의 변화율}}$
  - $\varepsilon_I > 0$ 정상재, $\varepsilon_I < 0$ 하급재
  - $\varepsilon_I > 1$ 사치재, $0 < \varepsilon_I < 1$ 필수재

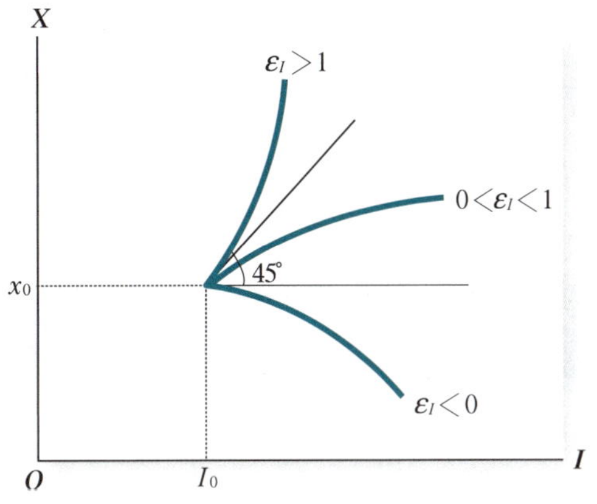

그림 2-5
엥겔곡선과 소득탄력성

2.4 수요의 교차탄력성(cross elasticity)

(1) 개념

수요곡선에서 소득, 자신의 가격 등 다른 조건이 일정한 상태에서 다른 재화가격(P_y)의 미세한 변화가 자신의 수요량(X)을 얼마나 변화시키는가를 나타내는 양적인 지표를 말한다. 수요의 교차탄력성은 다음과 같이 정의할 수 있다.

$$\varepsilon_{xy} = \frac{x\text{의 변화율}}{P_y\text{의 변화율}} = \frac{\frac{dx}{x}}{\frac{dP_y}{P_y}} = \frac{dx}{dP_y} \cdot \frac{P_y}{x}$$

(2) 대체재, 보완재와 교차탄력성의 관계

대체재는 X, Y 두 재화를 결합소비했을 때보다 별도로 각각 소비했을 때의 만족이 더 큰 재화이다. 반면에 보완재는 X, Y를 결합소비했을 때의 효용이 별도로 각각 소비했을 때의 효용보다 큰 재화를 말한다.

수요의 교차탄력성을 기준으로 대체재와 보완재를 구분할 수 있다. X, Y재가 대체재 관계에 있으면 P_y가 상승할 때 Y재 수요를 줄여 X재 수요로 대체하기 때문에 $\frac{dx}{dP_y} > 0$이다. 따라서 교차탄력성 ε_{xy}는 0보다 크게 된다.

또한 X, Y재가 보완재 관계에 있으면 P_y가 상승할 때 Y재 수요가 감소하고, 이에 따라 X재 수요도 감소하기 때문에 $\frac{dx}{dP_y} < 0$이다. 따라서 교차탄력성 $\varepsilon_{xy} < 0$가 성립한다. 그러므로 두 재화가 대체재이면 교차탄력성 $\varepsilon_{xy} > 0$이고, 보완재이면 $\varepsilon_{xy} < 0$이다.

- **수요의 교차탄력성**(cross elasticity)
  - 타재화가격(P_y)이 변했을 때 자신의 수요량(X)이 변하는 정도
  - $\varepsilon_{xy} = \dfrac{X\text{의 변화율}}{P_y\text{의 변화율}}$
  - $\varepsilon_{xy} > 0$ 대체재, $\varepsilon_{xy} < 0$ 보완재

3. 공급의 가격탄력성

Economics ch. two

3.1 개념

공급곡선에서 생산요소의 가격, 기술수준 및 기업의 목표 등 다른 조건이 일정할 때 재화가격의 미세한 변화가 그 재화의 공급량을 얼마만큼 변화시키는가를 나타내는 양적 지표이다.

$$\varepsilon_p^S = \frac{\text{공급량의 변화율}}{\text{가격의 변화율}} = \frac{\dfrac{dX^S}{X^S}}{\dfrac{dP}{P}} = \frac{dX^S}{dP} \cdot \frac{P}{X^S}$$

3.2 공급의 가격탄력성 크기

공급의 가격탄력성은 공급함수가 선형일 때와 비선형일 때에 따라 차이가 있다. 공급의 가격탄력성을 계산하기 위해서는 수요의 가격탄력성과 같이 탄력성을 측정하고자 하는 점에서 기울기, 가격과 공급량을 구해야 한다.

그림 2-6
직선인 공급함수와 공급의 가격탄력성

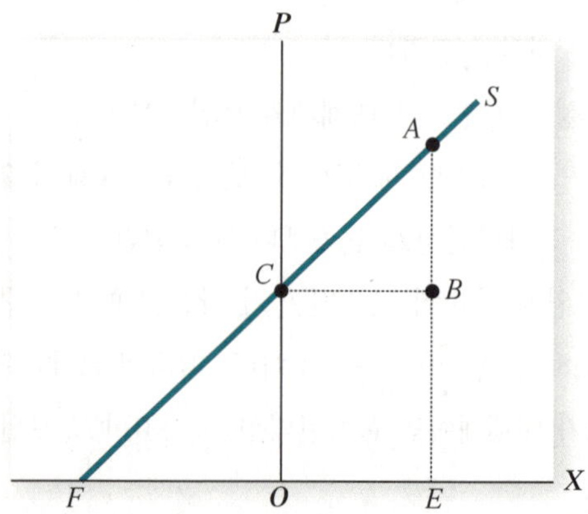

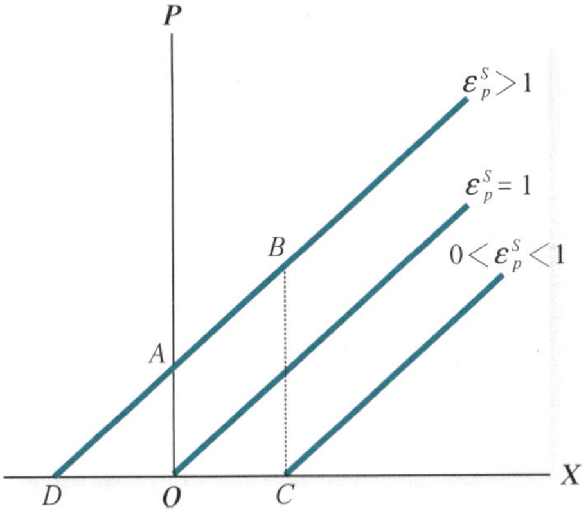

그림 2-7
공급함수의 절편과 공급의 가격탄력성

공급함수가 직선일 때 [그림 2-6]의 A점에서 공급함수의 기울기($\frac{dP}{dX^S}$)는 $\frac{AE}{FE}$나 $\frac{AB}{CB}$이고 $P = AE$, $X^S = OE$이다. 이 값을 위의 정의식 ε_p^S에 대입하면 공급의 가격탄력성은 다음과 같이 나타낼 수 있다.

$$\varepsilon_p^S = \frac{FE}{AE} \cdot \frac{AE}{OE} = \frac{EF}{EO}$$

공급함수가 직선일 때 공급의 가격탄력성은 공급함수의 P축 절편의 부호에 의해서 결정된다. [그림 2-7]에서 P축 절편이 양수이면 $\varepsilon_p^S > 1$이고, 0이면 $\varepsilon_p^S = 1$이고, 음수이면 $0 < \varepsilon_p^S < 1$이다.

공급함수가 곡선인 [그림 2-8]의 G점에서 공급의 가격탄력성을 계산하기 위해서 기울기를 계산하면 G점에서의 접선의 기울기로 표시된다.

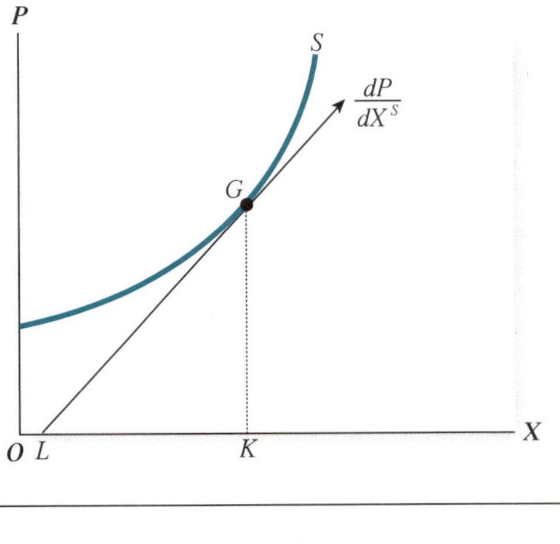

그림 2-8
공급함수가 곡선일 때 공급의 가격탄력성

[그림 2-8]에서 $\frac{dP}{dX^S}$는 $\frac{GK}{LK}$이고, 가격은 GK, 공급량은 OK이다. 이를 ε_p^S식에 대입하면 $\varepsilon_p^S = \frac{LK}{OK}$이다. 공급함수가 곡선일 때 공급의 가격탄력성은 ε_p^S를 계산하고자 하는 점에서 그은 접선의 절편에 의해서 결정된다. [그림 2-9]에서 접선의 절편이 양(+)이면 $\varepsilon_p^S > 1$이고, 0이면 $\varepsilon_p^S = 1$, 음(-)이면 $0 < \varepsilon_p^S < 1$이다.

그림 2-9
접선의 절편과 공급의 가격탄력성

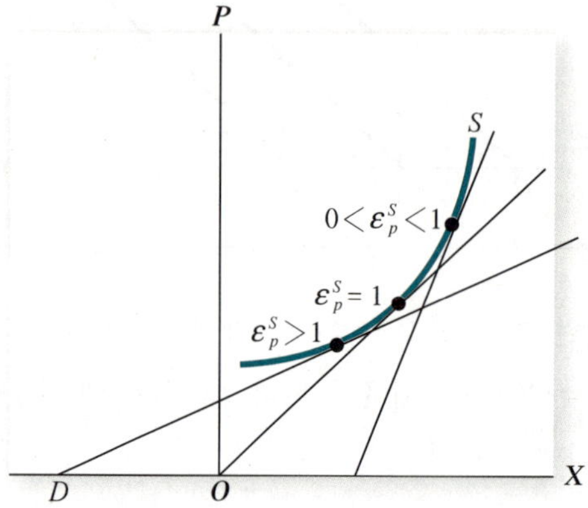

3.3 공급의 가격탄력성 결정요인

생산량증가시 비용상승 속도가 급격하게 증가할수록 공급은 비탄력적이다. 왜냐하면 가격상승으로 기업이 공급량을 증가시키고자 할 때 비용이 급격하게 상승하여 공급량증가를 제약하기 때문이다. 유사하게 재화의 저장가능성과 저장에 드는 비용과 관련해서 저장이 힘들고 비용이 많이 드는 경우일수록 탄력성은 작아진다. 또한 시간이 장기일수록 가격변화에 대한 적응성이 커지고, 대체재가 많아지므로 공급의 가격탄력성이 커진다.

제3장 수요 · 공급이론의 응용

microeconomics + macroeconomics, Economics ch. three

1. 조세 귀착 2. 가격규제

1. 조세 귀착

Economics ch. three

1.1 의의

조세는 과세단위에 따라 종가세와 종량세로 구분된다. 가격의 일정비율을 세금으로 내는 종가세와 상품의 무게, 부피, 면적에 따라 세금을 내는 종량세로 나눌 수 있다. 공급자가 생산하는 재화에 물품세 등 종량세를 부과했을 때 가격과 거래량에 어떠한 영향을 미치고, 공급자와 수요자에게 조세부담이 어떻게 배분되는지를 고찰해 보자.

1.2 조세부담

[그림 3-1]에서 종량세 부과 전의 시장균형은 (P_0, Q_0)이다. 만일 종량세 T가 부과되면 공급곡선은 S'으로 T만큼 상방이동하고 새로운 시장균형은 (P_1, Q_1)에서 이루

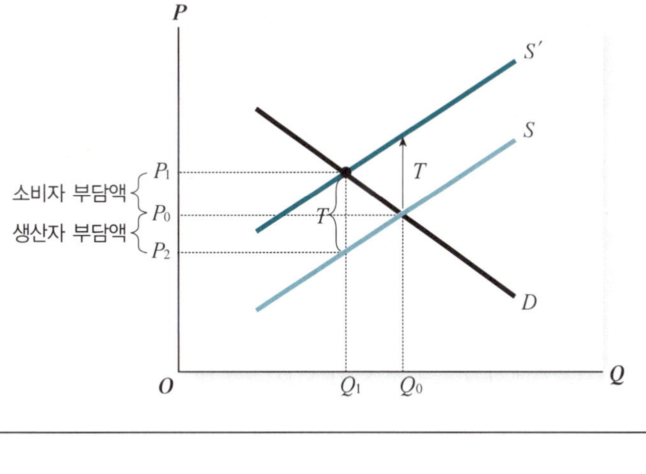

그림 3-1
종량세부과와 조세부담

그림 3-2
수요의 가격탄력성과 조세부담

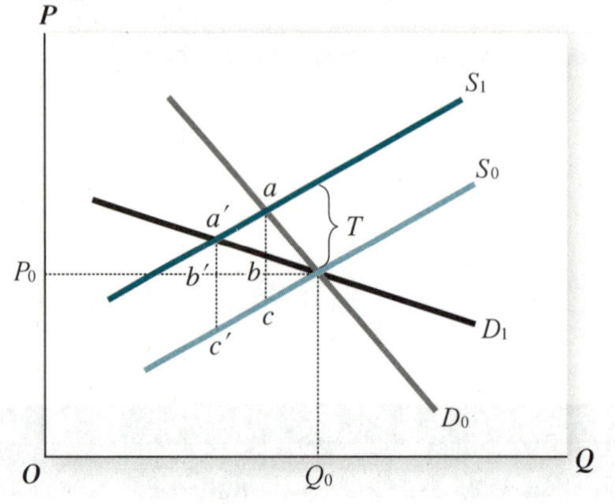

어진다. 세금부과에 따라 X재 가격이 P_0에서 P_1으로 상승하였지만 가격상승폭($P_1 - P_0$)은 조세액 T와 일치하지 않는다. 이는 수요, 공급의 탄력성에 따라 소비자와 생산자가 조세부담액을 나누기 때문이다.

물품세 T의 부담을 살펴보면 가격상승분은 소비자가, 가격인상으로 반영되지 않은 부분은 생산자가 각각 부담한다.

1.3 가격탄력성과 조세부담의 배분

(1) 수요의 가격탄력성과 조세부담 배분

수요의 가격탄력성에 따른 조세부담의 효과를 살펴보자. [그림 3-2]에서 D_0가 D_1보다 상대적으로 비탄력적이다. 이 상태에서 종량세(T)를 부과하면 수요의 가격탄력성이 비탄력적(D_0)일 때는 $a-b$만큼은 소비자가 부담하고, $b-c$만큼은 생산자가 부담한다. 반면에 수요의 가격탄력성이 탄력적(D_1)일 때는 $a'-b'$만큼은 소비자가 부담하고 $b'-c'$만큼은 생산자가 부담한다.

그런데 $(b'-c') > (b-c)$이기 때문에 수요의 가격탄력성이 클수록 생산자 부담이 상대적으로 커지고, $(a-b) > (a'-b')$이기 때문에 수요의 가격탄력성이 작을수록 소비자 부담이 상대적으로 커진다.

(2) 공급의 가격탄력성과 조세부담 배분

공급의 가격탄력성 차이에 따라 조세부담이 소비자와 생산자에게 배분되는 것을 살펴보자. [그림 3-3]에서 공급곡선 S_0가 S_1보다 상대적으로 탄력적이다. 여기에 종량세를 부과하면 공급함수는 각각 종량세액(T)만큼 상방으로 이동하고, 새로운 균형

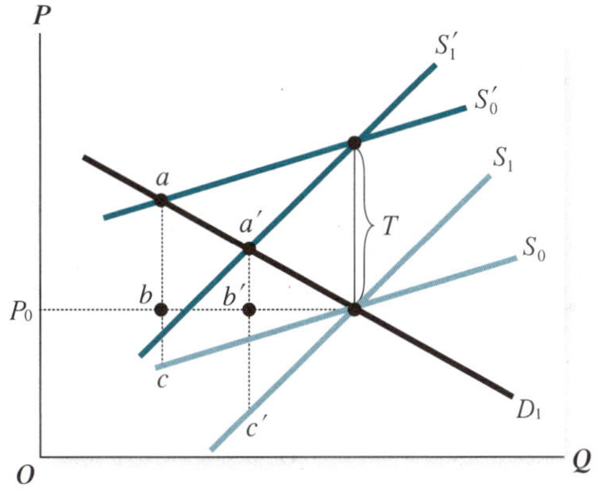

그림 3-3
공급의 가격탄력성과 조세부담

은 각각 a, a'에서 이루어진다.

[그림 3-3]에서 공급의 가격탄력성이 탄력적(S_0)일 때는 $a-b$만큼을 소비자가 부담하고 $b-c$만큼을 생산자가 각각 부담한다. 공급의 가격탄력성이 비탄력적(S_1)일 때는 $a'-b'$만큼을 소비자가 부담하고 $b'-c'$만큼을 생산자가 부담한다.

그런데 $a-b$가 $a'-b'$보다 크고 $b'-c'$이 $b-c$보다 크기 때문에 공급의 가격탄력성이 탄력적일수록 소비자부담이 상대적으로 크고, 비탄력적일수록 생산자 부담이 상대적으로 크다.

(3) 수요 · 공급곡선의 기울기 극단적인 경우

① 수요의 가격탄력성이 극단적인 경우

수요의 가격탄력성이 완전비탄력적이거나 완전탄력적일 때 조세부담의 효과를

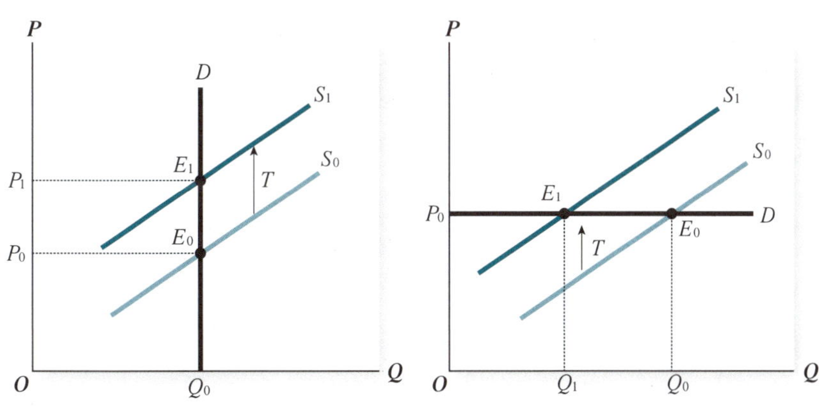

그림 3-4
수요의 가격탄력성이 완전비탄력적일 때와 완전탄력적일 때

그림 3-5
공급의 가격탄력성이 완전비탄력적일 때와 완전탄력적일 때

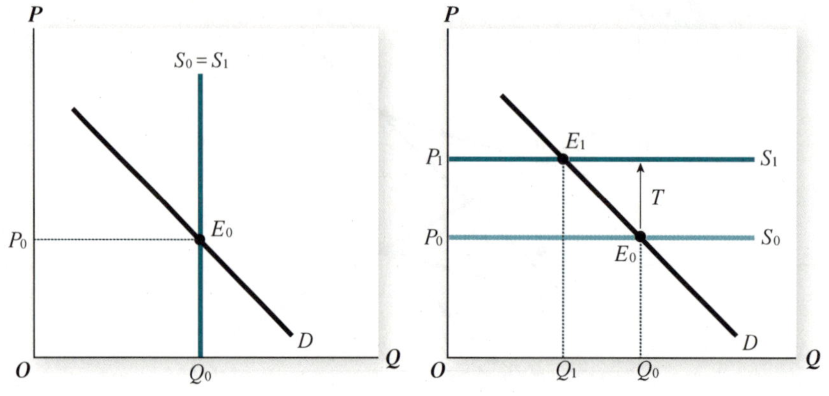

살펴보자. 수요의 가격탄력성이 완전비탄력적일 때는 공급곡선은 조세액 부담만큼 상방이동하고, 가격이 상승하기 때문에 소비자가 전액 조세를 부담한다. 반면 수요의 가격탄력성이 완전탄력적일 때는 생산자가 조세를 소비자에게 전가하기 위해 가격을 조금만 인상시켜도 소비를 무한히 줄이기 때문에 소비자에게 조세를 전가시킬 수 없다. 따라서 생산자가 전액 조세를 부담한다.

② 공급의 가격탄력성이 극단적인 경우

공급의 가격탄력성이 완전탄력적이거나 완전비탄력적일 때의 효과를 살펴보자. 공급의 가격탄력성이 완전비탄력적인 경우에는 조세를 부과하더라도 공급함수가 이동하지 않기 때문에 조세부과 후 새로운 균형은 조세부과 전과 같다. 따라서 조세를 부과하더라도 가격인상이 전혀 없기 때문에 조세액 전액을 생산자가 부담한다. 완전탄력적인 경우에는 조세액만큼 가격이 인상되기 때문에 소비자가 조세액 전액을 부담한다. 결론적으로 종량세를 공급자에게 부과할 때 가격상승폭은 수요곡선의 기울기가 클수록, 즉 수요의 가격탄력성이 작을수록 커진다. 또한 공급곡선의 기울기가 작을수록, 즉 공급의 가격탄력성이 클수록 커진다. 따라서 수요가 탄력적일수록, 공급이 비탄력적일수록 상대적으로 생산자부담은 커진다. 유사하게 수요가 비탄력적일수록, 공급이 탄력적일수록 상대적으로 생산자부담은 작아진다.

2. 가격규제

2.1 의의

가격규제란 시장에서 어떤 재화 및 서비스에 대한 수요 · 공급의 차질로 가격이 바람직하지 않은 수준에서 결정될 때 정부가 시장에 개입하여 일정가격 이상 또는 이하로 거래하는 것을 규제하는 정책을 말한다. 규제의 대표적인 방법으로는 최고가격제와 최저가격제가 있다.

2.2 최고가격제

최고가격이란 가격을 안정시키고 소비자를 보호할 목적으로 정부가 상한가격을 설정하여 그 이상에서의 거래를 규제하는 정책을 말한다.

[그림 3-6]에서 만약 재화에 대한 공급이 부족하여 재화의 배분을 시장기구에 일임하게 되면 가격이 지나치게 높은 수준인 P_0에서 결정되어 소비자 피해가 우려될 수 있다. 이때 정부는 소비자를 보호할 목적으로 시장에 개입하여 균형가격 P_0보다 낮은 수준인 P_1수준에서 최고가격을 설정하게 된다. 따라서 최고가격은 균형가격 수준보다 낮게 책정된다.

최고가격 하에서 경제적 효과를 살펴보면 재화의 실제수요곡선은 D에서 P_1cD로 굴절되고, 이 곡선 하에서 $Q_2-Q_1(=bc)$만큼의 초과수요가 발생한다.

이런 상태에서 공급자는 가격통제를 받지 않는 다른 상품생산으로 전업하게 되어

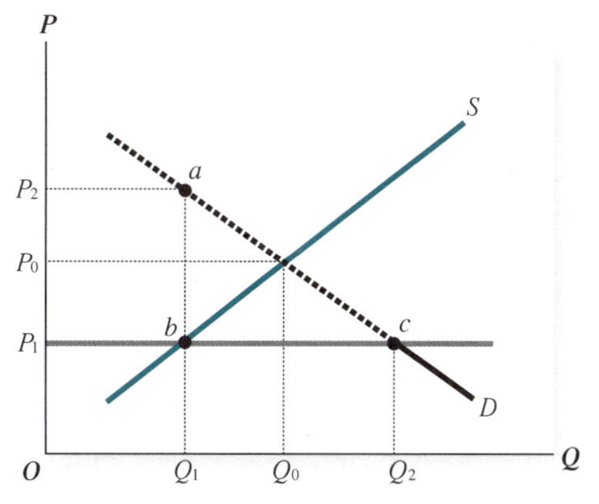

그림 3-6
최고가격제도의 경제적 효과

공급량은 더욱 감소되고 소비자들은 정상적인 균형가격보다 높은 P_2가격을 지불해서라도 상품을 구입하고자 하는 암시장이 형성된다. 암시장의 경제적 효과를 보면 판매기업은 $P_2 \cdot Q_1$의 판매수입과 $P_1 baP_2$의 판매이익(= 불로이익)을 얻게 된다.

최고가격제도에서처럼 초과수요로 인해 부족한 재화를 시장기구 외적인 방법으로 해결하는 제도로는 선착순, 판매자의 선호(정실) 또는 중앙정부의 선호(배급)가 있다.

최고가격제도는 부족한 자원을 정부의 시장개입이라는 시장 외적인 방법을 통해 해결함으로써 시장구조의 왜곡과 이에 따른 자원의 비효율적인 배분이 초래된다는 점에서 큰 폐단이 있다.

2.3 최저가격제

시장에서 생산자의 이익을 보호하기 위하여 정부가 시장에 직접 개입하여 최저가격을 설정하고 그 가격 이하로 거래하는 것을 규제하는 제도를 말한다. 농산물가격지지제도나 최저임금제도 등이 최저가격제의 한 예이다.

(1) 농산물가격지지제도

[그림 3-7]에서 재화의 공급과잉으로 가격결정을 시장기구에 일임하면 지나치게 낮은 P_0에서 결정된다. 이때 생산기업을 보호하기 위해 정부가 시장에 개입하여 균형가격 P_0보다 높은 P_1수준에 최저가격을 설정하였다.

최저가격은 균형가격보다 높은 수준에서 설정된다. 이때 경제적 효과를 살펴보자. 최저가격 P_1에서 시장공급량은 Q_2, 수요량은 Q_1으로 되어 $Q_2 - Q_1(= FG)$만큼 초과공급이 발생한다. 장기적으로 소비자는 재화의 가격이 지나치게 높기 때문에 대체품

그림 3-7
최저가격제도의 경제적 효과

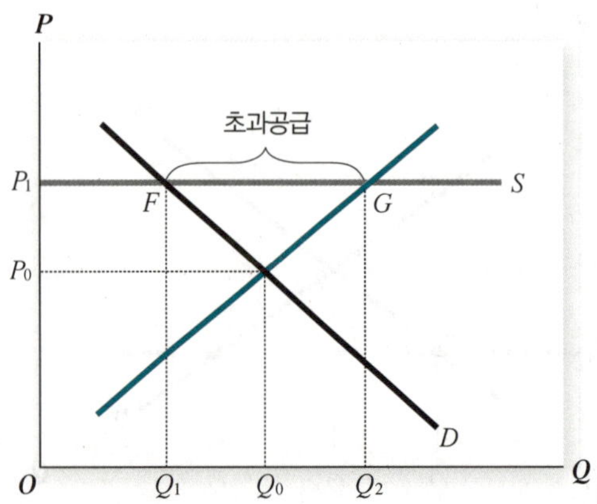

을 선호하여 소비를 줄이게 되고, 생산자는 더 많이 생산할 것이므로 초과공급은 더욱 커진다.

만약 정부가 최저가격 P_1을 계속 지지하려면 정부가 시장에 개입하여 [그림 3-7]에서 초과공급 FG를 P_1의 가격으로 구입해야 한다. 이때 정부가 보조해야 할 보조금액은 Q_1FGQ_2이다. 소비자가 지불하려는 금액은 P_1FQ_1O이고, 기업수입은 정부보조금과 소비자 지출금액을 합한 OP_1GQ_2이다.

(2) 최저임금제

최저가격제의 한 사례로 최저임금제를 들 수 있다. 최저임금제란 국가가 법적 강제력으로 임금의 최저한도를 설정하고 이 임금 이하 수준에서는 노동자를 고용하지 못하도록 규제하는 제도이다.

[그림 3-8]의 W_1 수준에서 최저임금이 결정되면 노동수요는 L_0에서 L_1으로 감소하고, 노동공급은 L_0에서 L_2로 증가하여 $L_2 - L_1$만큼 초과공급이 발생한다. 단기적으로 법적 강제력 때문에 기업은 $L_2 - L_1$만큼 잉여노동력을 고용할 수밖에 없다. 그러나 장기적으로 기업은 사직한 자리에 추가 노동력을 고용하지 않고, 은퇴자 등 자연적으로 시장을 탈퇴한 노동력을 보충하지 않음으로서 그만큼 실업자가 발생한다.

최적임금제가 저기능 · 저임금 노동자의 복지향상이 목적이라면 장기적으로 이들의 고용기회가 감소되기 때문에 그 목적이 훼손될 수 있다. 왜냐하면 저생산성 노동자에 대한 수요의 가격탄력성이 탄력적인 상태에서 고용주는 W_1에서 저생산성 노동자를 유능한 노동자 또는 자본재로 대체하려 하기 때문이다.

그러나 최저임금제가 반드시 고용을 감소시키는 것은 아니다. 최저임금제의 실시

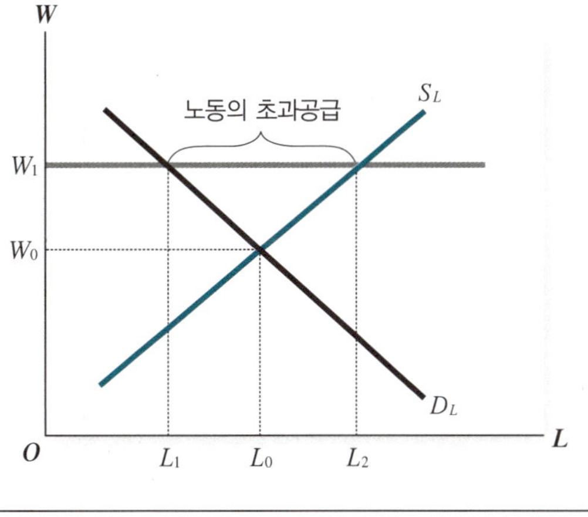

그림 3-8
최저임금제의 경제적 효과

로 임금수준이 상승하여 고임금경제가 되면 이는 노동사용의 절약을 유도하게 되고 1인당 자본장비율($\frac{K}{L}$)을 증대시킴으로써 노동생산성을 증대시키게 된다. 이는 노동의 수요곡선을 우측으로 이동시켜 고용수준을 증대시키게 된다. 만일 고임금경제가 충분한 효과를 발휘한다면 최저임금제 하에서 나타나는 고용감소효과(실업)를 상쇄시킬 수도 있을 것이다.

2.4 최고가격제와 최저가격제의 비교

최고가격제도와 최저가격제도를 비교하면 먼저 최고가격은 시장균형가격 이하에서, 최저가격은 시장균형가격 이상에서 각각 결정된다. 그 목적을 보면 최고가격은 소비자 보호를, 최저가격은 생산자 보호를 각각 목적으로 한다.

최고가격제 하에서는 해당 재화의 초과수요를 발생시키지만 최저가격제 하에서는 초과공급을 발생시킨다. 초과수요를 해결하기 위해서 최고가격제 하에서는 선착순, 판매자 선호, 정부의 배급 등 시장 외적인 방법이 있고, 초과공급을 해결하기 위해서 최저가격제 하에서 정부의 보조금정책 등 재정상 개입이 있다.

그러나 두 제도는 가격규제의 한 형태로 가격을 변화시켜 자원배분을 왜곡시키기 때문에 자원배분의 비효율성을 초래할 수 있는 한계점을 공통으로 갖고 있다. 또한 두 제도는 특정 경제주체나 계층에 암시장이나 정부의 보조정책 등으로 불로판매이익이나 정부의 보조금 등 이른바 지대를 제공하기 때문에 소득분배의 불공평성을 초래하는 문제점이 있다.

소비자선택이론

part two

2

제4장 소비자선택이론

microeconomics + macroeconomics, Economics ch. four

1. 전체적인 구조
2. 효용함수와 무차별곡선
3. 소비자균형과 수요함수

1. 전체적인 구조

1.1 의의

소비자선택이론은 소득 등 일정한 제약조건 하에 효용 극대, 문제 또는 효용제약 하에 지출 최소문제를 푸는 것이다. 즉, 소비자의 문제는 효용극대화와 지출최소화의 문제이다.

1.2 전체적 체계

소비자선택이론의 전체 내용을 [그림 4-1]로 정리할 수 있다. 효용함수는 효용의 가측성 여부에 따라 기수적 효용함수와 서수적 효용함수로 나눌 수 있다.

효용함수를 알고 있을 때 소비자가 직면하는 문제는 자신의 예산제약 하에서 효용을 극대화하거나 효용함수를 주어진 것으로 보고 이를 실현하기 위한 지출을 극소화

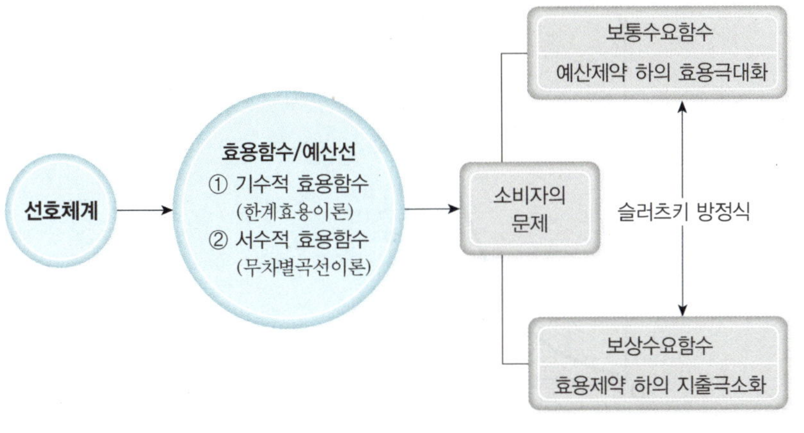

그림 4-1 소비자선택이론의 전체체계

하는 두 가지이다. 효용극대화의 문제로부터 보통수요함수가 도출된다.

2. 효용함수와 무차별곡선

Economics ch. four

2.1 효용함수

(1) 총효용과 효용함수 성질

총효용(total utility)은 소비자가 일정기간 동안에 일정량의 재화를 소비하였을 때 얻을 수 있는 주관적인 만족의 총량이다. 효용함수란 일정량의 재화와 이를 소비했을 때 얻는 총효용과의 관계식을 말한다.

$$u = u(x)$$

(u : 총효용, x : 소비할 재화)

효용함수를 그리면 [그림 4-2]와 같이 종 모양(bell shape)을 갖는다. 이때 효용함수의 성질은 다음과 같다.

첫째, 단조적이다. 즉, X재의 소비를 증가시킬수록 총효용은 항상 증가한다. 효용이 항상 증가해야 하기 때문에 만족의 포화상태에 이르지 못하는 비포화상태(S점)를 전제로 도출된다.

그림 4-2
총효용함수

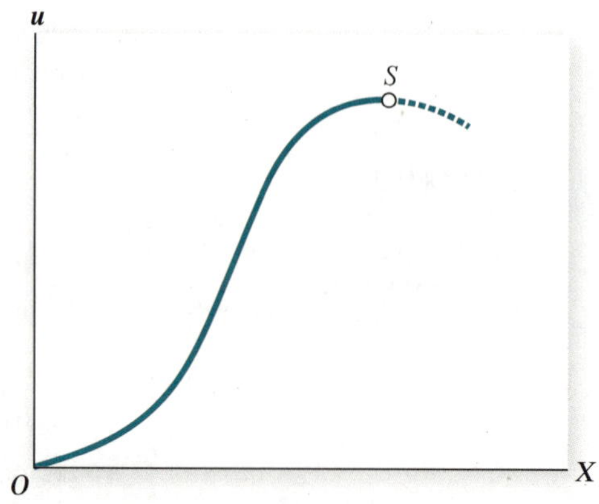

다음으로, 재화의 소비를 증가시키면 총효용은 증가하나 그 증가율이 체감하는 한계효용체감의 성질을 갖고 있다.

끝으로, 일정기간을 대상으로 하는 유량개념의 함수이다.

(2) 한계효용과 평균효용

한계효용(marginal utility)은 어떤 재화를 한 단위 더 소비했을 때 추가적으로 더해지는 총효용의 증가분을 말한다. 이는 총효용(u)의 접선의 기울기로 표시된다.

$$MU_x = \frac{du}{dx}$$

평균효용(average utility)은 재화 한 단위당 효용으로, 총효용을 재화의 총소비량으로 나눈 값이다. 이는 효용함수 상의 한 점과 원점을 잇는 직선의 기울기로 정의된다.

$$AU_x = \frac{u}{x}$$

(3) 총효용, 한계효용과 평균효용과의 관계

먼저, 총효용과 한계효용과의 관계를 보면 재화 n단위의 총효용은 n단위까지의 한계효용의 합과 같다. 총효용이 극대일 때 한계효용은 0이며, 총효용이 극대점(만족의 포화점)에 달할 때까지 총효용은 증가하나 한계효용은 체감한다. 한계효용(MU)과 평균효용(AU)과의 관계를 살펴보면 평균효용이 증가하면 한계효용은 평균효용보다 커서 한계효용은 평균효용 위에 있다. 평균효용이 극대 또는 극소일 때 평균효용 = 한계효용이고, 평균효용이 감소하면 한계효용은 평균효용보다 작아져서 한계효용은 평균효용 아래에 있다.

그림 4-3
총효용과
한계효용 및
평균효용 간의
관계

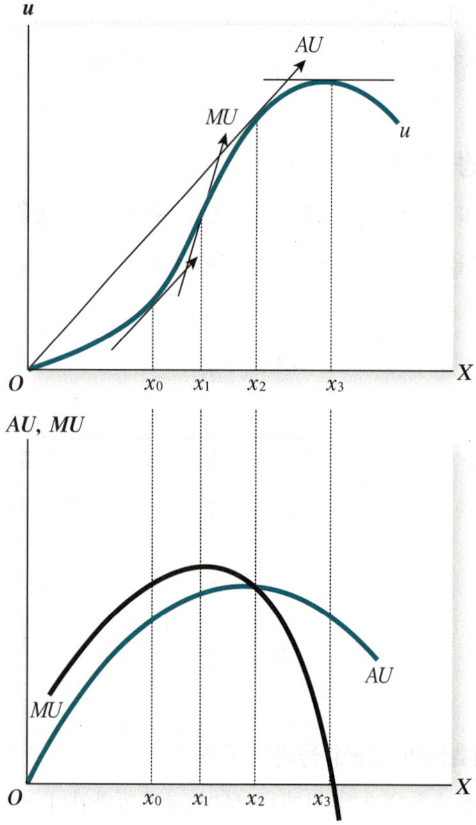

2.2 효용함수의 종류

효용함수는 소비자가 소비하는 재화들 간의 대체성 정도에 따라 선형(linear)인 효용함수, 레온티에프(Leontief) 효용함수, 콥-더글라스 효용함수로 나눌 수 있다.

(1) 선형인 효용함수

소비자가 소비하는 X, Y재가 서로 완전한 대체재 관계에 있을 때 소비자의 효용수준을 나타내는 함수이다. 그 일반적인 식은 (4.1)과 같이 선형이다.

$$u = ax + by \tag{4.1}$$

$$(a > 0,\ b > 0)$$

(2) 레온티에프 효용함수

레온티에프 효용함수는 X, Y재가 서로 완전한 보완재 관계에 있을 때 소비자의 선호수준을 나타내는 함수로서 식 (4.2)와 같이 표시된다.

$$u = \min[ax, by] \quad (a>0, b>0) \tag{4.2}$$

(3) 콥-더글라스 효용함수

콥-더글라스 효용함수란 X, Y재 간에 완전하지는 않지만 어느 정도의 대체성이 있을 때 소비자의 선호수준을 나타내는 함수로 식 (4.3)과 같이 표시된다.

$$u = x^{\alpha} y^{\beta} \quad (0 \leq \alpha, \beta \leq 1) \tag{4.3}$$

2.3 무차별곡선

(1) 개념

소비자에게 동일한 만족을 주는 여러 재화의 배합수준을 연결한 곡선을 무차별곡선이라 한다. 무차별곡선은 소비자에게 동일한 효용을 준다는 점에서 등효용곡선(equi-utility curve)라고 한다.

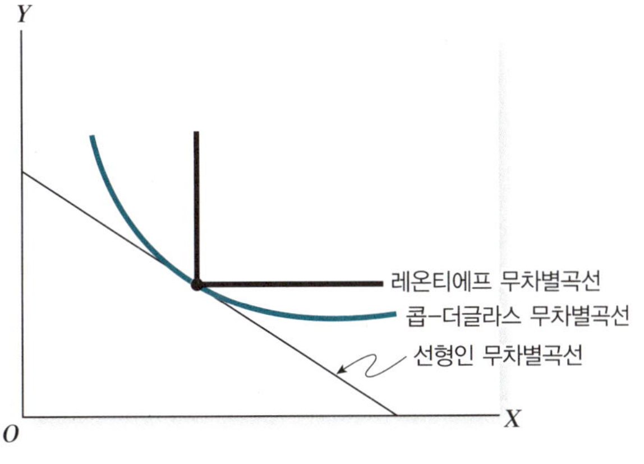

그림 4-4 선형인 효용함수, 레온티에프 효용함수, 콥-더글라스 효용함수로부터 도출된 무차별곡선

(2) 도출

무차별곡선은 효용함수로부터 도출되기 때문에 앞에서 설명한 효용함수별로 무차별곡선이 도출된다.

식 (4.1)의 선형인 효용함수로부터 도출된 무차별곡선은 효용함수와 마찬가지로 선형이다. 식 (4.1)을 효용수준이 일정할 때 y에 대해 정리하면 두 재화가 완전대체재일 때 무차별곡선은 식 (4.4)와 같다.

$$y = -\frac{a}{b}x - \frac{\bar{u}}{b} \tag{4.4}$$

■ **효용함수와 무차별곡선과의 관계**
- 효용함수 $u = u(x, y)$
- 무차별곡선 $y = f(x, \bar{u})$

식 (4.3)의 콥-더글라스 효용함수의 무차별곡선을 도출하면 쌍곡선형태를 이룬다. 편의상 $\alpha = \beta = 1$이라 하면 콥-더글라스의 무차별곡선은 식 (4.5)와 같다.

$$y = \frac{1}{x}\bar{u} \tag{4.5}$$

(3) 재화의 성질에 따른 무차별곡선

무차별곡선의 형태는 재화와 비재화의 배합에 따라서도 달라진다. 여기서 재화란 소비를 증가시킴에 따라 만족이 증가하는 상품을 말하고, 비재화란 소비를 증가시킴에 따라 효용이 감소하는 상품을 말한다.

X재가 비재화일 때 X재는 소비가 증가함에 따라 만족이 감소한다. Y재가 재화일 때 Y재는 소비가 증가함에 따라 만족이 증가하기 때문에 무차별곡선은 I 상한과 III 상한을 통과하고 효용의 증가방향은 u_0에서 u_1으로, u_1에서 u_2로 증가한다. 이와 같은 형태의 무차별곡선은 거시경제학, 국제무역론 등에 자주 등장한다. 토빈(J. Tobin)의 자산선택이론에서 자산구성의 평균수익률과 분산 간의 무차별곡선, 미드(J. E. Meade)의 무역무차별곡선이 대표적인 예이다.

만약 X, Y재가 모두 재화이면 [그림 4-5]에서 III 상한에 나타나고, X재가 재화, Y재가 비재화인 경우는 II 상한에 X와 Y가 모두 비재화일 때는 I 상한에 나타난다. 이렇게 해서 도출한 무차별곡선을 한 평면에 그리면 [그림 4-5]와 같다.

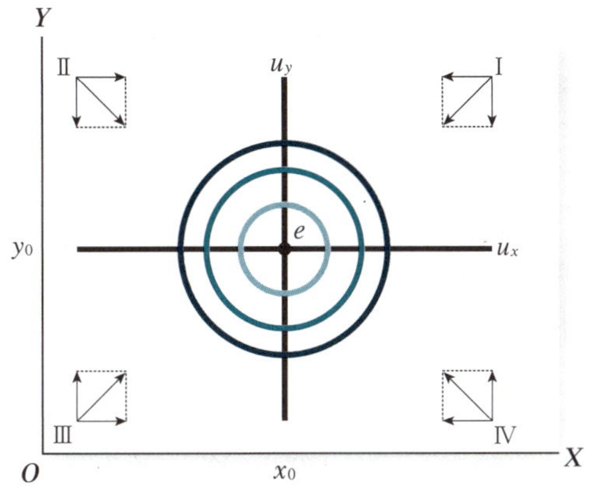

그림 4-5
무차별곡선의 종합적 형태

(4) 성질

먼저, I, II, III, IV 각 상한에서의 효용증가 방향은 화살표를 따라 이루어진다. 예를 들어, I 상한에서 경제주체의 효용은 *X*재와 *Y*재의 소비를 줄임으로써 효용이 증가한다. 따라서 효용의 증가방향은 *X*, *Y*재의 소비량 감소방향으로 화살표가 표시된다. 전체효용의 증가방향은 두 화살표의 합으로 표시되며, *e*점 방향으로 나타난다. 따라서 *X*, *Y* 평면에서 극대효용은 *e*점에서 달성된다.

둘째, 각 재화가 양의 한계효용을 가지면 [그림 4-6]의 III 상한의 무차별곡선처럼 항상 우하향한다.

셋째, 소비자의 기호가 불변인 한 무차별곡선은 서로 교차할 수 없다.

넷째, 만족의 비포화성의 가정 하에서 무차별곡선은 원점으로부터 멀리 떨어질수록 효용수준이 높다.

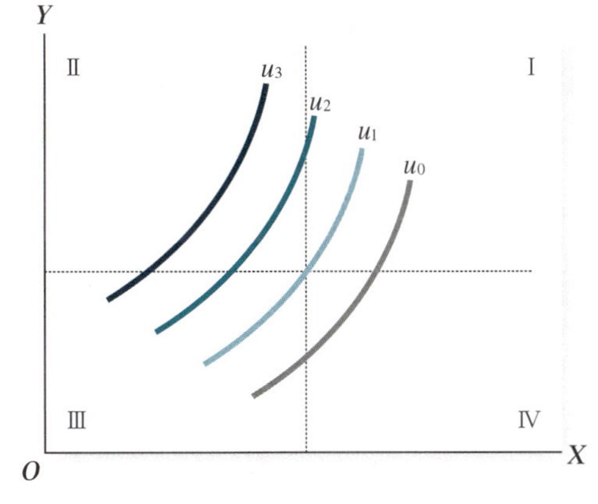

그림 4-6
***X*가 비재화, *Y*가 재화일 때 무차별곡선**

끝으로, 무차별곡선은 원점에 대해 볼록하다. 이는 한계대체율이 체감하기 때문이다. 무차별곡선의 볼록성 여부는 한계대체율의 체감여부에 달려 있다. 무차별곡선이 오목하면 한계대체율은 체증하고 그 역도 성립한다.

(5) 한계대체율

한계대체율(marginal rate of substitution of x & y)이란 주어진 효용수준 하에서 X재 한 단위를 얻기 위하여 최대한 포기할 수 있는 Y재의 양으로 다음과 같이 표시된다.

$$MRS_{xy} = \left|\frac{dy}{dx}\right| = \frac{MU_x}{MU_y}$$

첫째, 한계대체율 $MRS_{xy} = \left|\frac{dy}{dx}\right|$는 일정한 효용수준 하에서 X재 한 단위와 교환될 수 있는 Y재의 주관적 교환비율을 나타낸다.

둘째, 한계대체율은 무차별곡선의 볼록성 여부를 결정한다. X재가 변화할 때 한계대체율이 체감하면 무차별곡선은 원점에 대해 볼록하고, 한계대체율이 체증하면 무차별곡선은 원점에 대해 오목하다. X재가 변화할 때 한계대체율의 변화가 없으면 무차별곡선은 선형이다.

그림 4-7
한계대체율

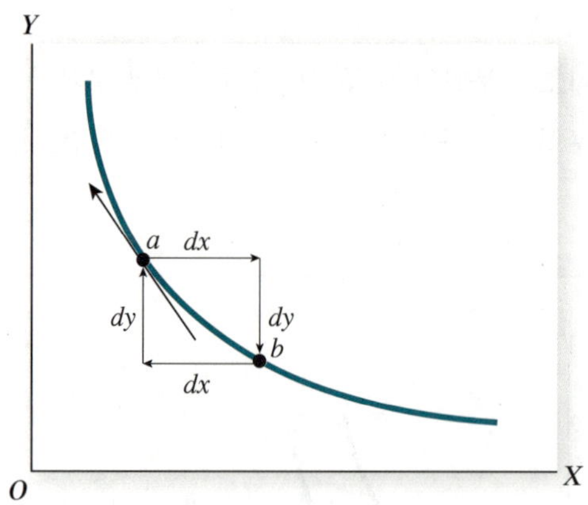

3. 소비자 균형과 수요함수

3.1 예산선(budget line)

(1) 의의

예산선이란 주어진 소득(예산)수준으로 최대한 구입할 수 있는 여러 재화의 배합수준을 연결한 곡선이다. 예산선은 소비자가 재화를 구입할 때 제약조건의 역할을 한다.

(2) 도출

X, Y 두 재화가 있을 때, X, Y재 구입을 위해 지출한 금액이 이 경제 주체의 소득(I)과 일치할 때 예산선은 식 (4.6)으로 표시된다.

$$I = P_x x + P_y y \qquad (4.6)$$
$$y = -\frac{P_x}{P_y}x + \frac{I}{P_y}$$

이는 [그림 4-8]에서 $\frac{I}{P_y}$를 y절편으로 하고, 기울기가 $-\frac{P_x}{P_y}$인 우하향하는 선형으로 그려진다.

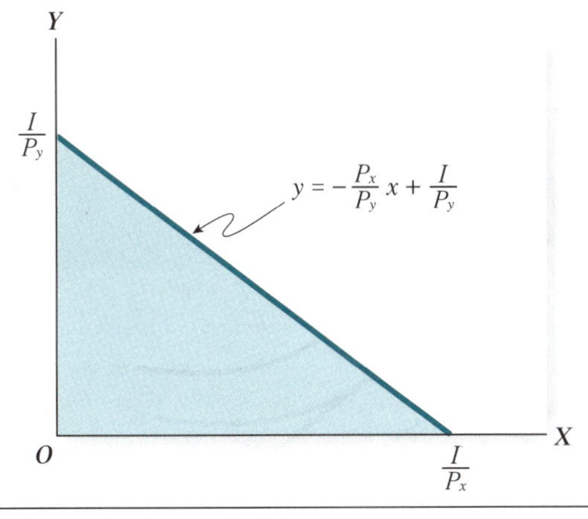

그림 4-8 예산선의 경제적 의미

(3) 성질

예산선의 주요 성질을 살펴보면, 먼저 $\frac{P_x}{P_y}$는 Y재의 가격에 대한 X재의 가격의 상대적인 가격비율이다. 또한 예산선의 기울기 $-\frac{P_x}{P_y}$는 시장에서 결정된 X, Y재의 객관적인 교환비율을 나타낸다.

3.2 소비자균형

(1) 의의

소비자균형은 주어진 예산제약 하에서 소비자의 효용을 극대화하는 여러 재화의 보통수요의 배합수준을 말한다. 소비자의 합리적 소비행위는 소득제약 내에서 재화를 소비했을 때 얻는 효용을 극대화하는 수준에서 결정될 것이다.

(2) 내부(Inner)균형

소비자균형이 X, Y축을 제외한 $x > 0$이고, $y > 0$인 내부영역에 형성될 때 이러한 소비자균형을 내부균형이라고 한다.

[그림 4-9]에서 주어진 예산제약을 벗어나는 무차별곡선 u_2는 소비자가 선택할 수 없고, 예산선 내부의 무차별곡선 u_0는 소비자의 효용을 극대화시키지 못한다. 소비자는 u_1의 만족을 실현할 때 효용을 극대화한다. 따라서 소비자균형은 무차별곡선 u_1의 기울기와 예산선의 기울기가 일치하는 e점에서 이루어진다. e점에서 소비자가 구매하는 x^*, y^*는 각각 보통수요이기 때문에 소비자균형은 보통수요의 배합을 나타낸다.

내부해를 갖기 위한 1차 조건은 다음과 같다.

그림 4-9
내부균형

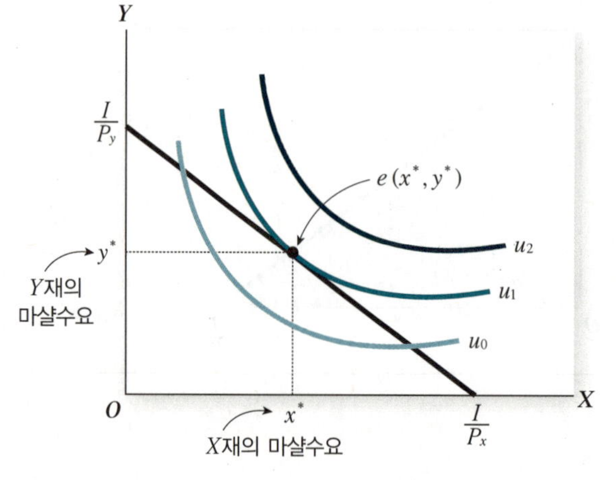

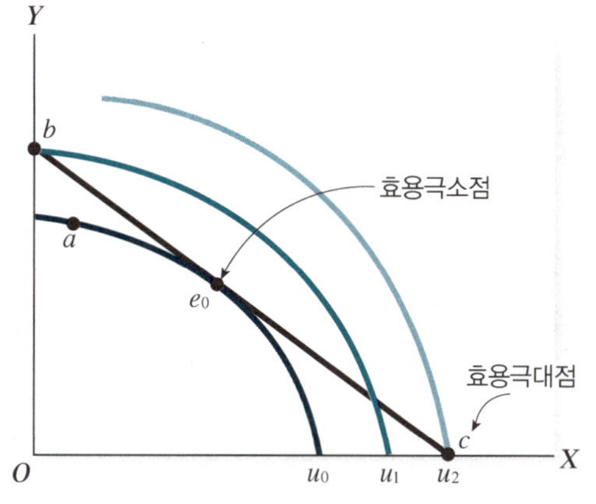

그림 4-10
한계효용균등의 법칙 하에서 소비자균형이 성립하지 않는 경우

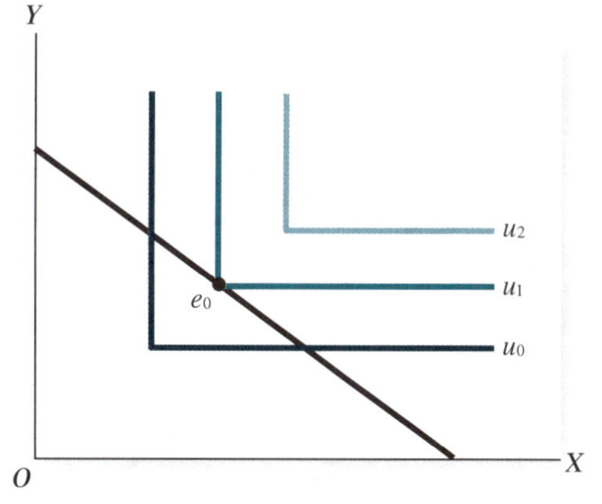

그림 4-11
내부해 중 한계효용균등의 법칙이 성립하지 않는 경우

$$MRS_{xy} = \frac{MU_x}{MU_y} = \frac{P_y}{P_x}$$

이 조건은 $\frac{MU_x}{P_x} = \frac{MU_y}{P_y}$로 바꿀 수 있다. 이는 각 재화의 화폐 한 단위 당 한계효용이 균등해야 한다는 것을 의미한다.

[그림 4-10]에서 e_0점처럼 소비자균형의 1차 조건이 성립되더라도 무차별곡선이 원점에 대해 오목하면 소비자는 효용을 극대화할 수 없다. e_0점은 소비자균형의 1차 조건인 한계효용균등의 법칙은 성립하지만 b나 c점보다 효용수준이 낮다. 따라서 e_0점은 효용극대화가 아닌 효용극소화 점을 의미한다. 그림에서 효용극대화는 c점에서 이루어진다.

결국 한계효용균등의 법칙이 성립하면서 소비자균형이 성립하기 위해서는 2차조건(충분조건)이 충족되어야 한다. 2차 조건은 무차별곡선이 원점에 대해 볼록해야 한다는 것, 즉 한계대체율이 체감해야 한다는 것이다.

(3) 코너(corner)균형

소비자균형이 *X*축 또는 *Y*축 상에서 이루어질 때 이러한 소비자균형을 코너균형이라고 한다. [그림 4-12]에서 선형인 무차별곡선 하에서 소비자균형은 e_0점에서 이루어지고 소비자는 효용을 극대화하고 있다. 소비자균형이 *Y*축선 상에서 형성되었기 때문에 코너균형인 경우이다. 그런데 e_0인 점에서 $\frac{P_x}{P_y} > MRS_{xy} = \frac{MU_x}{MU_y}$로 예산선의 기울기가 무차별곡선의 기울기보다 가파르게 교차한다. 따라서 코너균형인 e_0점은 한계효용 균등의 법칙이 성립하지 않으면서 소비자균형이 성립되고 있다. 이때 소비자의 합리적인 행동은 자신의 소득 전액으로 *Y*재만을 구입하는 것이다.

그림 4-12
$\frac{P_x}{P_y} > MRS_{xy}$일 때 코너균형

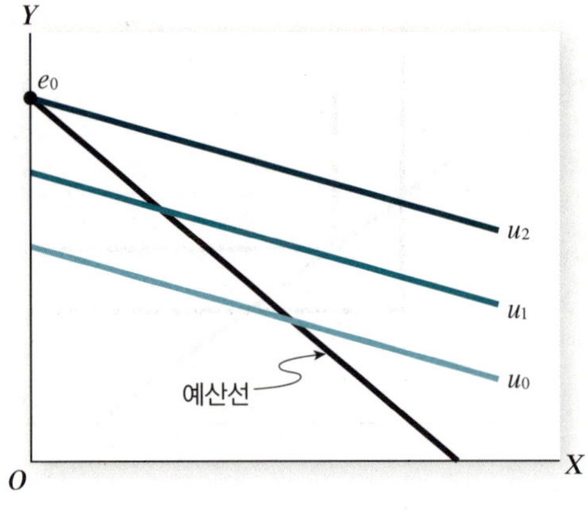

그림 4-13
$\frac{P_x}{P_y} < MRS_{xy}$일 때 코너균형

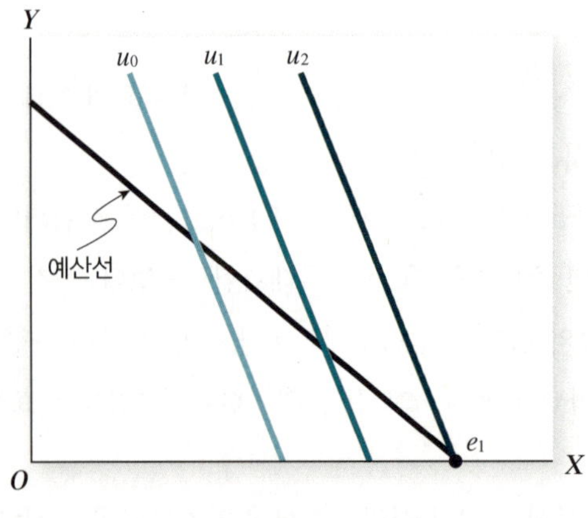

또 다른 코너해를 살펴보자. [그림 4-13]에서 효용극대화는 X축선상인 e_1에서 이루어지고 있다. 따라서 e_1점은 소비자균형점이다. 그런데 e_1점에서 $\frac{P_x}{P_y} < MRS_{xy} = \frac{MU_x}{MU_y}$로 예산선의 기울기가 무차별곡선의 기울기보다 완만하게 교차한다. 따라서 코너균형인 e_1점은 소비자균형점이지만 한계효용균등의 법칙은 성립하지 않는다. 이때 소비자의 합리적 행동은 자신의 소득 전액으로 X재만을 구입하는 것이다.

코너균형이 갖는 경제적 의미는 다음과 같다.

내부균형을 갖기 위한 한계효용균등의 법칙과 한계대체율 체감의 법칙이 성립하지 않아도 성립하는 소비자균형이 존재할 수 있다는 것이다.

그리고, 코너균형에서 소비자의 최적인 소비행위는 자신이 선호하는 재화구입에 자신의 소득을 전액 지출하는 것이다.

(4) 경제적 의미

소비자균형의 경제적 의미를 찾아보면 다음과 같다.

소비자가 주관적으로 교환하고자 하는 X재와 Y재의 교환비율(MRS_{xy})과 시장이 객관적으로 제시하고 있는 X재와 Y재의 교환비율($\frac{P_x}{P_y}$)이 일치하는 상태를 의미한다.

또한 한계효용균등의법칙과 한계대체율 체감법칙을 충족하면 소비자 균형은 내부해가 된다. 그러나 코너균형에서는 이 두 조건이 성립하지 않더라도 소비자균형이 성립한다.

3.3 소비자균형점의 이동

소비자균형은 예산선과 무차별곡선을 결정하는 요인인 가격(P_x, P_y)과 소득(I), 선호(T) 등이 변함에 따라 이동한다. 가격(P_x, P_y)과 소득(I)이 변함에 따라 소비자균형점이 어떻게 이동하는지 살펴보자.

(1) 소득소비곡선과 엥겔곡선

① 소득소비곡선(Income Consumption Curve, *ICC*)

소득소비곡선 또는 소득확장경로는 소득이 증가함에 따라 소비자균형이 이동하는 점을 연결한 곡선이다. [그림 4-14]에서 소득이 증가함에 따라 변하는 소비자균형점을 연결하면 *ICC*가 도출된다.

② 엥겔곡선

엥겔곡선은 재화의 가격 (P_x, P_y)이 일정할 때 소득이 변함에 따라 각 재화(X재, Y

그림 4-14
소득소비곡선(ICC)

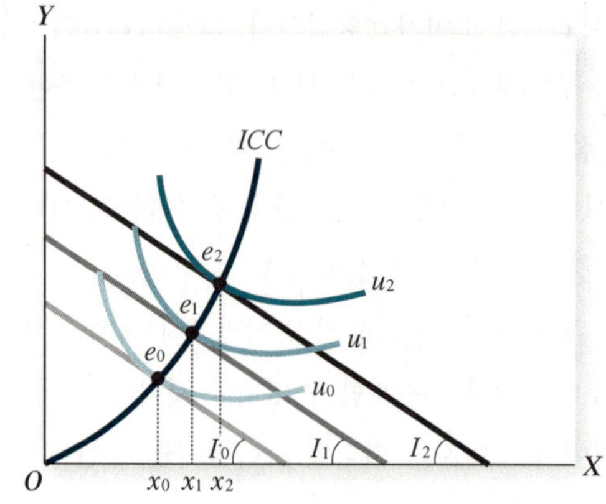

그림 4-15
엥겔곡선

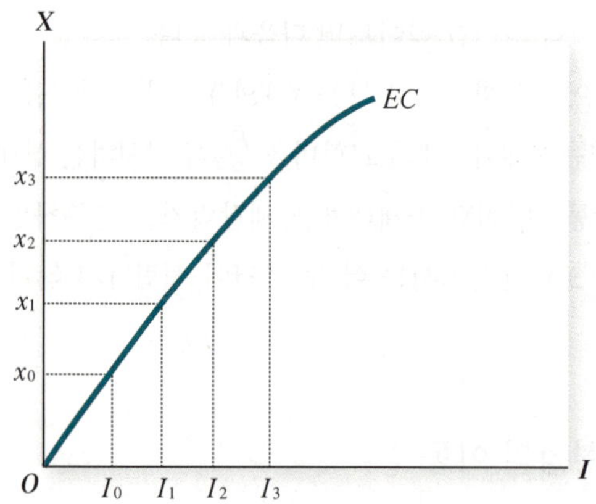

재)의 개별수요가 변화하는 점들의 궤적을 의미한다. [그림 4-15]는 X재화의 엥겔곡선을 나타낸다.

엥겔곡선의 형태는 [그림 4-16]처럼 소득소비곡선의 형태에 의해서 결정된다. 엥겔곡선의 기울기는 수요의 소득탄력성(ε_I)에 의해서 결정된다. 수요의 소득탄력성이 0보다 크면 정상재, 0보다 작으면 열등재라고 한다. 정상재 중에서 $\varepsilon_I > 1$인 것을 사치재, $0 < \varepsilon_I < 1$인 것을 필수재라고 구분한다.

③ 동조적 선호(homothetic preference)의 경우

동조적 선호란 소비자의 선호가 X재에 대한 Y재의 비율($\frac{y}{x}$)의 함수일 때 효용함수를 말한다. 즉 소비자가 소비묶음 (x_0, y_0)를 (x_1, y_1)보다 선호한다면 각 소비묶음에 임의의 양수 t배를 해주었을 때에도 여전히 (tx_0, ty_0)를 (tx_1, ty_1)보다 더 선호하는 경우를

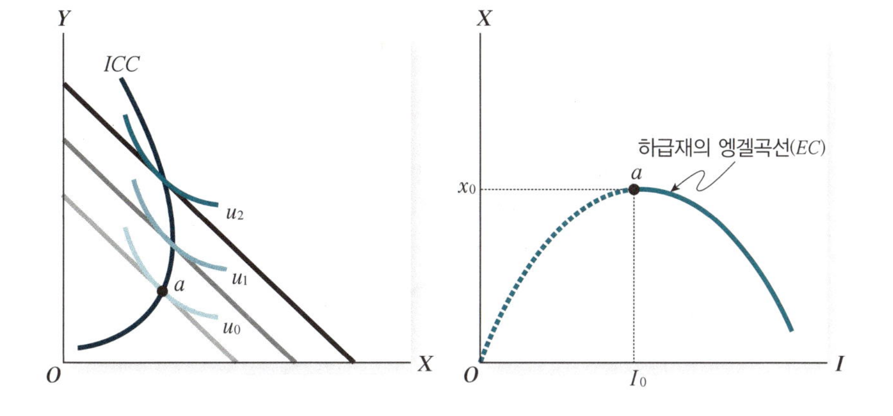

그림 4-16
수요의 소득탄력성과 엥겔곡선 형태 : X재가 하급재인 경우

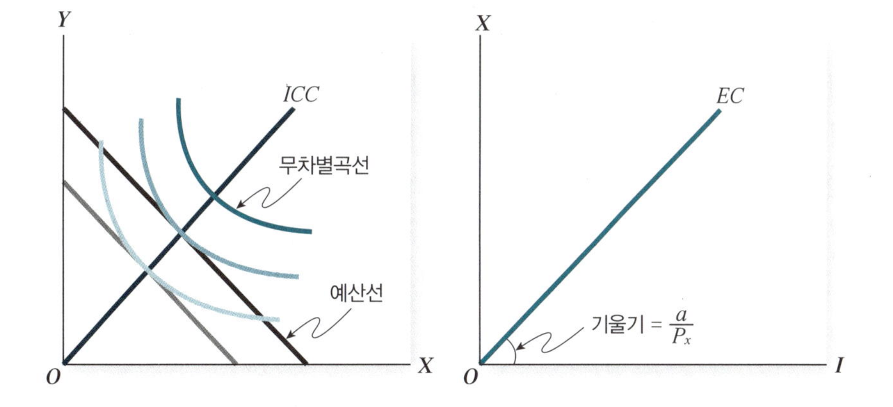

그림 4-17
동조적 선호 하의 소득소비곡선과 엥겔곡선

동조적 선호라고 한다.

동조적 선호의 특성은 [그림 4-17]처럼 *ICC*와 엥겔곡선이 모두 원점을 통과하는 직선이라는 것이다. 이는 소득 수준에 관계없이 소비증가율이 일정하다는 것을 의미한다.

(2) 가격소비곡선과 수요곡선

① **가격소비곡선**(price consumption curve, *PCC*)

가격소비곡선이란 소득이 주어져 있을 때 가격이 변함에 따라 소비자균형점이 이동하는 형태를 연결한 궤적을 의미한다.

그림 4-18
가격소비곡선

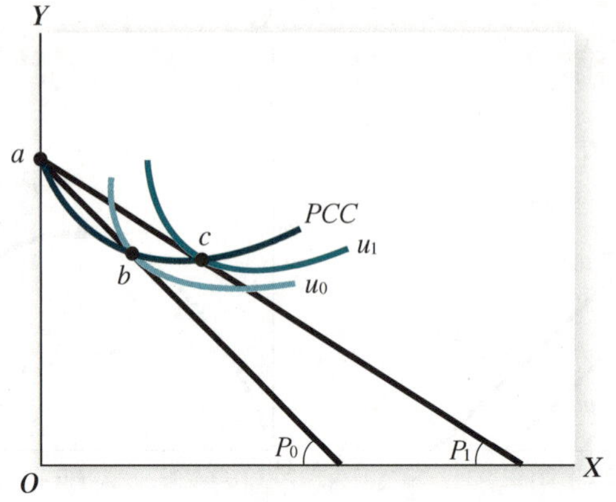

② 가격소비곡선 도출

[그림 4-18]에서 최초의 X재 가격이 P_0일 때, 소비자균형은 b점이다. 이제 X재 가격이 P_0에서 P_1으로 하락하면 새로운 소비자균형 c점에서 형성된다. 가격소비곡선은 b점과 c점을 연결함으로써 도출된다. 여기서 주의할 점은 가격소비곡선의 출발점이 원점이 아니라는 점이다. 출발점을 도출해 보자. X재 가격이 상승하면 점차 X재 소비량은 줄어든다. 만약 X재 가격이 지나치게 높게 상승하면 소비자는 X재의 소비를 크게 줄이고 Y재의 소비량을 크게 증가시킨다. 따라서 가격소비곡선의 출발점은 Y축 상의 a점이 된다.

③ 기펜재의 가격소비곡선

기펜재는 다른 조건이 일정한 상태에서 가격이 상승함에 따라 수요량이 증가하고

그림 4-19
기펜재의 가격소비곡선과 수요함수

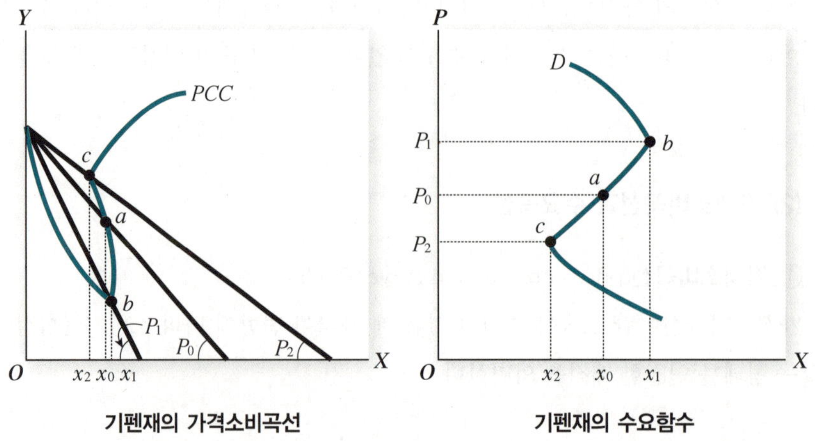

가격이 하락함에 따라 수요량이 감소하는 재화를 말한다. [그림 4-19]에서 최초의 X재 가격이 P_0에서 P_2로 하락하면 새로운 소비자균형은 c점에서 형성된다. c점에 새로운 소비자균형이 형성되는 이유는 X재 가격이 하락하면서 X재 수요량이 줄어드는 기펜재 현상이 나타났기 때문이다. 동일한 이유로 X재 가격이 P_1으로 상승하면 소비자균형은 b점이 된다.

기펜재의 가격소비곡선은 b점과 c점을 연결함으로써 도출되면 그 형태는 우하향한다. X재가 기펜재의 성질을 보이는 것은 가격소비곡선 전체구간이 아닌 $b \sim c$ 구간인 일부영역에서 나타난다. 이를 기펜재의 국지적 성질(locality)이라 한다.

④ 기펜재와 하급재 비교

기펜재와 하급재의 관계를 보면, 〈표 4-1〉에서 하급재의 가격이 상승할 경우 실질소득의 감소에 따른 수요량의 증가(소득효과)가 가격상승에 따른 수요량의 감소(대체효과)를 초과할만큼 충분히 크면 하급재의 수요는 증가하게 되어 기펜재 현상이 나타나게 된다. 따라서 기펜재는 하급재화 중에서 소득효과가 대체효과보다 클 때 나타나는 하급재의 특수한 형태이다.

표 4-1 하급재와 기펜재

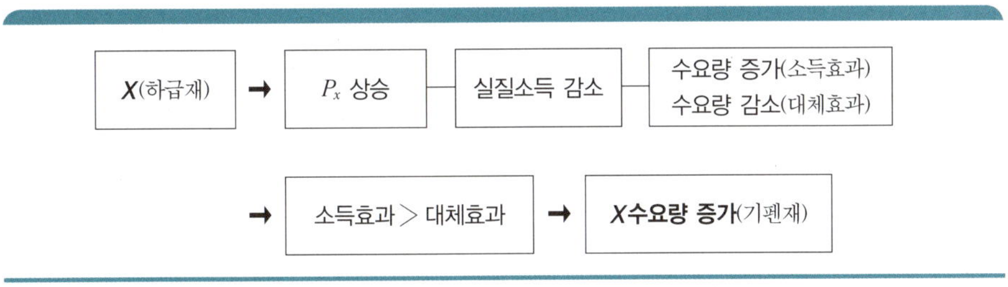

⑤ 기펜재와 하급재의 주요 특징

기펜재와 하급재를 비교하면 다음과 같다.

첫째, 하급재와 기펜재의 보상수요함수는 모두 우하향한다.

둘째, 하급재의 보통수요는 우하향하지만 기펜재는 우상향하여 보통수요함수의 관점에서 보면 수요의 법칙에 예외되는 재화이다.

셋째, 기펜재와 하급재와의 관계에서 기펜재는 하급재의 특수한 형태이다. 따라서 기펜재이면 반드시 하급재이지만, 하급재는 기펜재가 아닐 수 있다.

넷째, 하급재와 기펜재는 모두 소득효과가 (+)이고 대체효과는 (-)이지만, 기펜재는 (+)인 소득효과가 (-)인 대체효과보다 큰 하급재이다. 따라서 기펜재의 가격효과는 (+)이다.

표 4-2　보통수요함수의 특징

보통수요함수	
① 효용극대화로부터 도출	② 가격효과를 반영
③ 명목소득이 일정할 때의 수요함수	④ 가격과 소득에 대해서 0차동차성

3.4 보통수요함수(ordinary demand function)

보통수요함수[1]란 명목소득 등 다른 조건이 일정한 상태에서 소비자의 효용을 극대화하는 수요량과 그 재화의 가격과의 함수관계를 말한다. 구체적으로 보통수요함수란 소비자의 효용을 극대화하는 어떤 재화의 수요량이 이 재화의 가격이 변함에 따라 이동하는 궤적을 연결한 곡선이다.

(1) 도출

보통수요함수는 소비자균형으로부터 도출한다. 소비자균형을 모형화하면 아래와 같다. 즉, 주어진 소비자의 예산제약 하에서 소비자의 효용을 극대화하는 x^*, y^*를 구하는 문제이다.

$$\underset{x,\,y}{\text{Max}}\; u(x, y) \quad (\text{목적식})$$
$$\bar{I} = P_x x + P_y y \quad (\text{제약식})$$

[그림 4-20]은 위의 식을 그래프로 나타낸 것으로 최초의 소비자균형은 a점이다. 다른 조건이 일정한 상태에서 X재 가격 P_0 하에서 효용극대화를 나타내는 X재의 수요량은 x_0이다. 이제 가격이 P_1으로 하락하면 재화의 종류에 따라 세 영역에서 균형점이 형성될 수 있다. b점이 대체효과점이라면 정상재의 균형점은 b점 우측에서 형성된다. (−)인 대체효과가 (+)인 소득효과보다 큰 하급재의 균형은 $a \sim b$구간 내에서 형성되고, (+)인 소득효과가 (−)인 대체효과보다 큰 기펜재의 균형점은 a점 좌측에서 형성된다.

보통수요함수는 최초 균형점과 재화의 종류에 따라 새롭게 형성된 균형점을 잇는 궤적으로 도출된다.

1. 보통수요함수는 수요-공급의 법칙을 완성한 마샬(A. Marshall)을 칭하며 마샬수요함수라 하기도 한다.

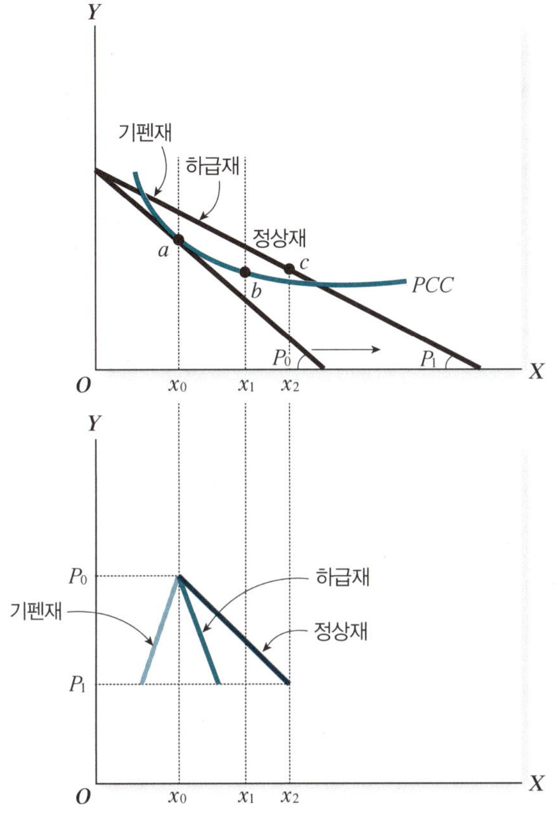

그림 4-20
재화별 보통수요함수 도출

(2) 수요곡선의 성질

도출된 수요함수의 성질을 보면 다음과 같다.

첫째, 정상재는 물론 하급재도 우하향하는 수요곡선을 갖는다. 그러나 기펜재는 그 형태가 우상향하여 수요의 법칙을 충족하지 못한다.

둘째, 수요곡선 상의 모든 점은 소비자균형점으로부터 도출된 곡선이기 때문에 소비자의 효용극대화를 실현하는 가격과 수요량의 배합을 나타낸다.

셋째, 그림에서 정상재와 보통수요함수는 $a \sim c$의 가격효과를 나타내기 때문에 보통수요함수는 가격이 변함에 따라 수요량이 변하는 가격효과를 반영하고 있다.

넷째, 보통수요함수는 모든 재화의 가격과 소득에 대해서 0차동차성을 가진다. 즉, 가격과 소득을 같은 비율로 증감시키더라도 예산선이 변하지 않고, 소비자균형도 변하지 않기 때문에 보통수요함수는 변함이 없다.

그림 4-21
레온티에프 무차별곡선 하의 수요곡선

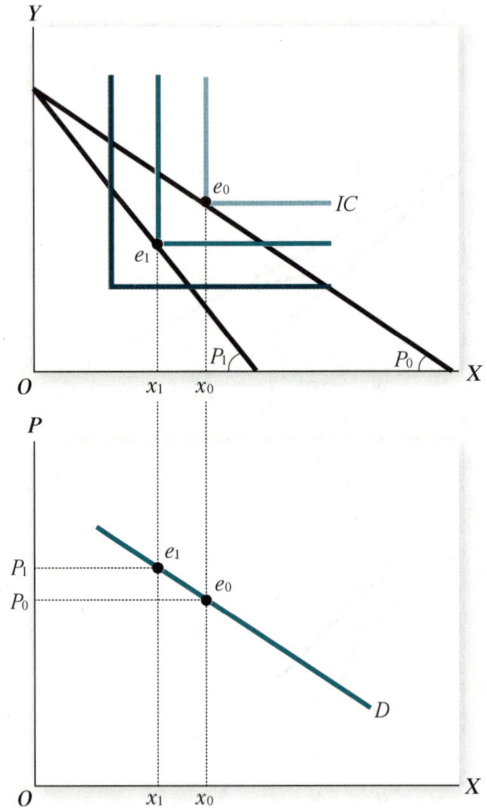

(3) 특수한 선호 하의 보통수요함수

소비자의 선호체계가가 항상 강볼록한 것은 아니다. 여기서는 이를 위반하는 다양한 무차별곡선 하에서 보통수요함수를 도출해 보자.

레온티에프 무차별곡선은 (X, Y) 좌표 상의 한 점에서 굴절하게 된다. [그림 4-21]에서 최초의 소비자균형 e_0점에서 X재의 가격은 P_0이고 소비량은 x_0이다. 이제 가격이 P_1으로 상승하면 새로운 소비자균형은 e_1점에서 이루어지고, X재의 소비량은 x_1으로 감소하게 된다. [그림 4-21]의 하단은 P_0일 때 x_0, P_1일 때 x_1의 배합을 연속적으로 무수히 반복했을 때 얻어지는 수요곡선이다. 그런데 이 곡선은 우하향한다. 따라서 완전보완재인 레온티에프 무차별곡선의 보통수요함수는 우하향한다.

오목선호의 경우에 소비자균형은 항상 코너해를 갖는다. [그림 4-22]에서 X재의 가격이 P_0일 때 소비자균형은 e_0점이다. 이때 X재 소비량은 x_0이다. 이제 X재의 가격이 P_1으로 하락하면 소비자균형은 e_1으로 변한다. 이때 X재의 수요는 x_1으로 증가한다. 오목선호 하의 수요곡선은 그림 하단에서처럼 역시 정상적 선호처럼 우하향한다.

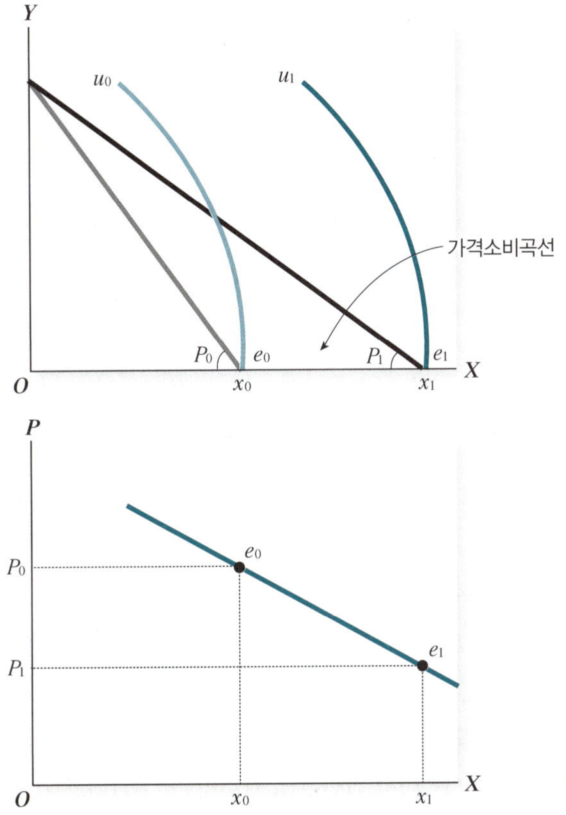

그림 4-22
오목한 선호체계와 수요함수

3.5 보상수요함수와 보상수요곡선

(1) 보상의 개념

보상(compensating)이란 가격이 변하기 전의 실질소득과 가격이 변한 후의 실질소득이 같도록 명목소득을 조정하는 것을 말한다.

X, Y재의 가격이 P_x, P_y로 주어져 있고, I_0의 명목소득을 가진 경제주체가 u_0의 효용수준을 누리고 있다고 하자. 이때 P_x가 하락하면 명목소득이 I_0로 일정함에도 불구하고 실질소득은 증가하여 경제주체는 더 많은 X재를 구입하고 효용수준도 증가할 것이다. 이때 보상이란 가격이 변한 후의 실질소득이 가격이 변하기 전의 실질소득과 같도록 X, Y재의 구매수준이나 효용수준을 기준으로 명목소득을 조정하는 것을 의미한다.

(2) 힉스보상과 동등변화

보상에는 힉스(J. R. Hicks)의 보상이 있다. 힉스는 실질소득을 효용수준으로 정의

그림 4-23
힉스보상과 동등변화

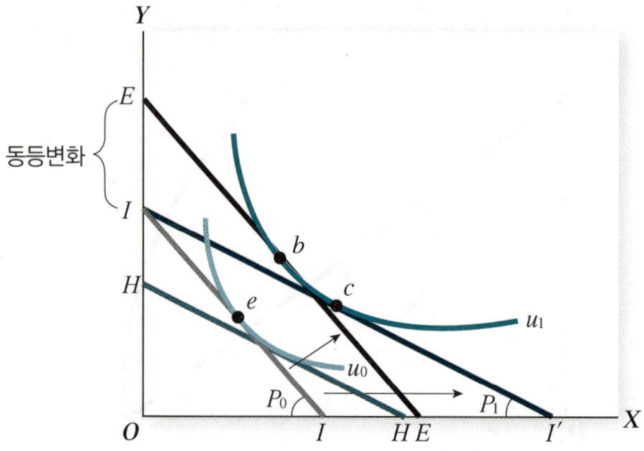

하였다. 따라서 힉스보상은 가격이 변하기 전의 효용수준을 가격이 변한 후에도 계속 향유할 수 있도록 명목소득의 크기를 조절하는 것이다. 즉, 가격변화 전 효용수준과 가격변화 후의 효용수준이 같도록 명목소득을 조정하는 것을 힉스보상이라 한다.

[그림 4-23]에서 P_0 하에서 소비자균형은 e점이고 이때 효용수준은 u_0이다. 가격이 P_1으로 하락하면 효용은 u_1으로 증가한다. u_1을 가격이 변하기 전의 예산선 하에서 명목소득으로 달성하려면 예산선 II를 u_1에 접할 때까지 평행이동시켜 예산선 EE가 되게 해야 한다. 동등변화는 EI의 크기로 표시된다. 힉스보상은 IH이다.

(3) 보상수요곡선의 도출

보상수요함수는 실질소득이 일정한 상태에서 소비자가 지출최소화로 구매할 수요량과 그 재화의 가격과의 함수관계를 의미한다. [그림 4-24]에서 가격이 P_0에서 P_1으로 하락했을 때 힉스보상을 하면 e_1이 된다. 보상수요함수는 $e \rightarrow e_1$에서 가격과 수요량을 연결함으로써 도출된다.

(4) 보상수요곡선의 성질

첫째, 보상수요곡선은 지출최소화의 조건으로부터 도출되었기 때문에 수요곡선상의 모든 점은 지출극소화를 나타낸다.

둘째, 모든 재화의 보상수요곡선은 항상 우하향한다. [그림 4-24]에서 보상수요함수는 상단의 대체효과 eb를 반영하고 있다. 따라서 대체효과 < 0이다. 이를 보상수요함수의 음수성 또는 수요의 법칙이라 한다.

셋째, 보상수요함수와 보통수요함수를 도해하면 [그림 4-25]와 같이 보상수요함수가 더 가파른 기울기를 갖는다.

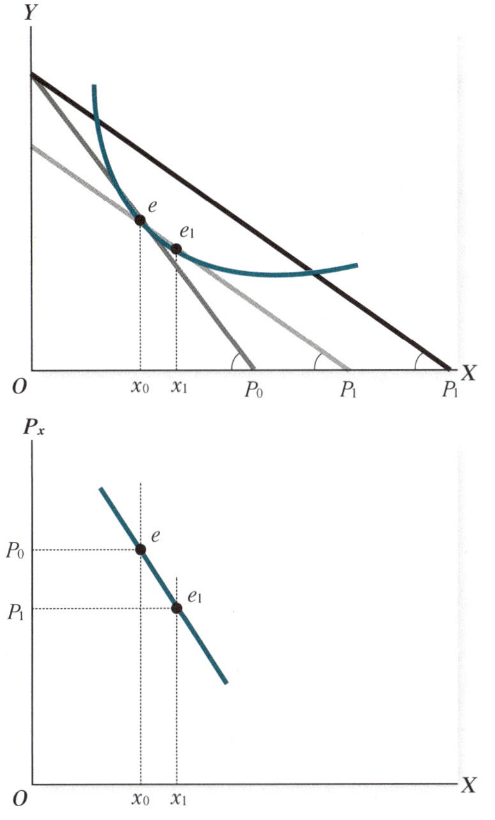

그림 4-24 보상수요함수 도출

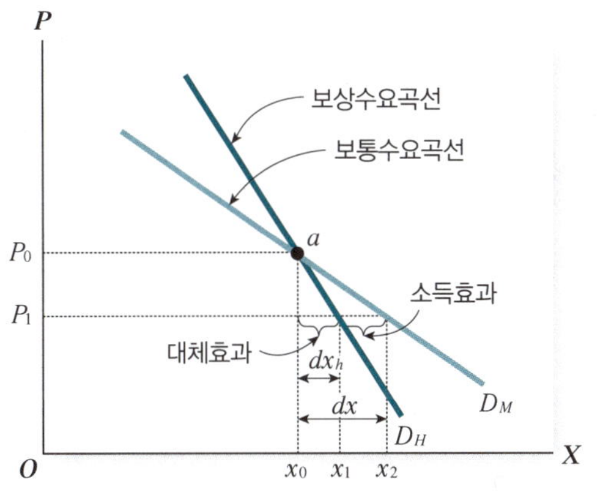

그림 4-25 보통수요곡선과 보상수요곡선의 차이

3.6 슬러츠키 방정식(Slutsky equation)

슬러츠키 방정식은 관찰 가능한 보통수요함수로부터 이론적으로 정교한 보상수요함수를 도출하기 위한 식이다. 이 방정식에 의하면 보상수요함수는 보통수요함수로부터 유도된다.

그런데 보통수요가 가격효과를, 보상수요가 대체효과를 나타내기 때문에 슬러츠키 방정식은 가격효과가 소득효과와 대체효과의 합으로 구성됨을 나타낸다. 또한 가격효과가 소득효과와 대체효과로 분해된다고 해서 힉스-슬러츠키 분해라고도 한다.

제5장 소비자선택이론의 응용

microeconomics + macroeconomics, Economics ch. five

1. 물가지수
2. 소비자잉여
3. 사회복지지원정책
4. 라이벤스타인 효과
5. 가수요

1. 물가지수

Economics ch. five

1.1 의의

물가지수는 실질소득이 기준연도와 비교연도 간에 불변인 상태에서 재화를 구입하기 위해 지출한 기준연도의 비교연도의 지출액 변화로 정의된다.

$$\text{물가지수} = \frac{\text{비교연도 지출액}}{\text{기준연도 지출액}} \quad \text{단, 실질소득은 일정함.}$$

물가지수는 이론적으로 계산한 물가지수와 이를 현실에서 측정했을 때 사용가능한 물가지수 간에 괴리가 있다. 이론적으로 측정한 물가지수를 진정한 물가지수라한다. 라스파이레스 물가지수와 파쉐 물가지수는 이론적 물가지수를 현실에서 사용가능한 물가지수로 전환한 것이다.

1.2 라스파이레스 물가지수(Laspayres price index)

$$L_p(\text{라스파이레스 물가지수}) = \frac{p_1 q_0}{p_0 q_0}$$

라스파이레스 물가지수는 기준연도를 중심으로 측정한 이론적 물가지수로부터 도출되었고 기준연도의 거래량을 가중치로 사용한다. 이런 점에서 라스파이레스 물가지수는 기준연도를 중심으로 측정된 물가지수라 한다. 라스파이레스 물가측정방법은 소비자물가지수(*CPI*)와 생산자물가지수(*PPI*)를 계산할 때 사용되고 있다.

그림 5-1
비교연도 중심의 이론적 물가지수

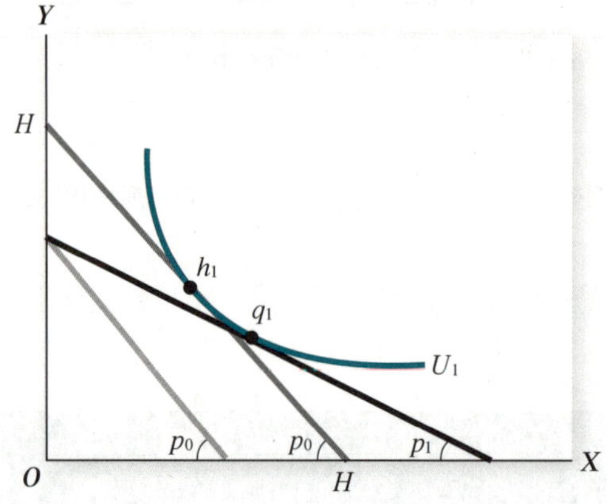

그림 5-2
라스파이레스 물가지수

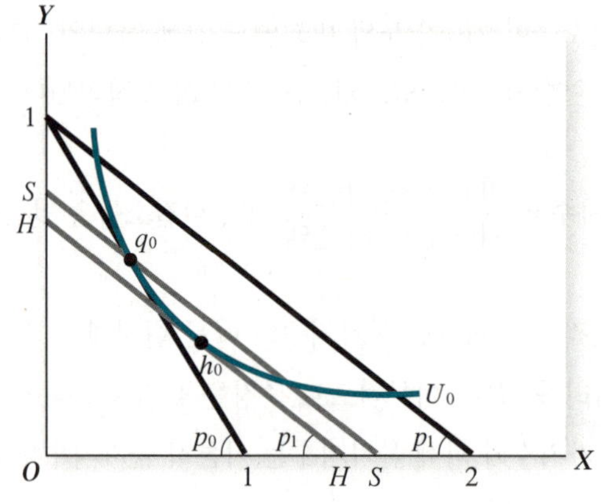

1.3 파쉐 물가지수(Paasche price index)

파쉐 물가지수는 비교연도를 중심으로 측정한 이론적 물가지수로 비교연도의 거래량을 가중치로 사용한다.

그림 5-3
파쉐 물가지수, 피셔 물가지수와 라스파이레스 물가지수와의 관계

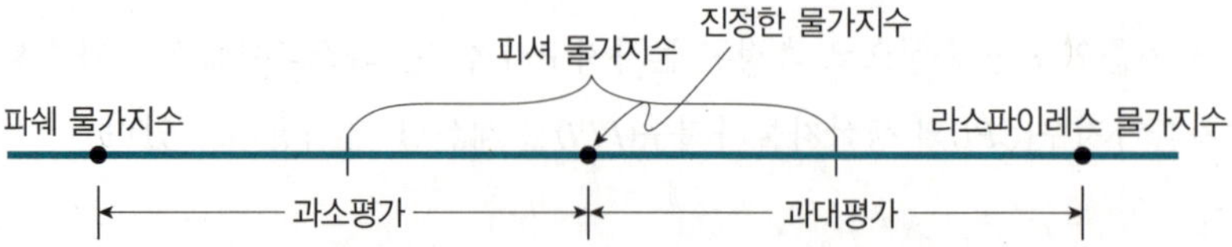

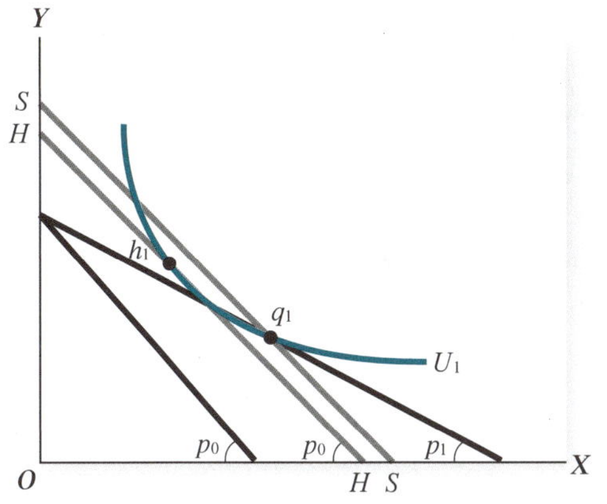

그림 5-4
파쉐 물가지수

$$P_p(\text{파쉐 물가지수}) = \frac{p_1 q_1}{p_0 q_1}$$

이 지수의 성질은 파쉐 물가지수는 진정한 물가지수를 과소평가하고 있다. 이런 의미에서 파쉐 물가지수는 비교연도를 중심으로 측정된 물가지수라 한다. 파쉐 물가 측정방법은 GDP deflator에 사용된다.

2. 소비자잉여

Economics ch. five

2.1 정의

소비자잉여(consumer surplus)란 어떤 재화나 서비스를 소비했을 때 얻는 효용과 이 재화를 구입하기 위해 지출한 지출액과의 차이 또는 어떤 재화 및 서비스를 사용하지 않을 때와 이 재화를 사용할 때의 효용 간의 차이를 말한다. 또는 어떤 재화나 서비스에 대해 기꺼이 지불할 용의가 있는 최고의 금액과 지불한 금액과의 차이를 말한다.

2.2 보통수요함수에서의 소비자잉여

소비자가 어떤 재화를 소비했을 때 최고로 지불할 용의가 있는 금액은 그 재화로부터 얻는 총효용이다. [그림 5-5]에서 x_0 소비시 얻는 총효용은 bax_0O이다. 왜냐하면 어떤 재화의 수요곡선은 그 재화의 한계효용곡선이므로 x_0까지 한계효용을 누계하면 총효용이 도출되기 때문이다. 그런데 실제 지불액은 P_0ax_0O이다. 따라서 소비자

그림 5-5
마샬의 소비자잉여

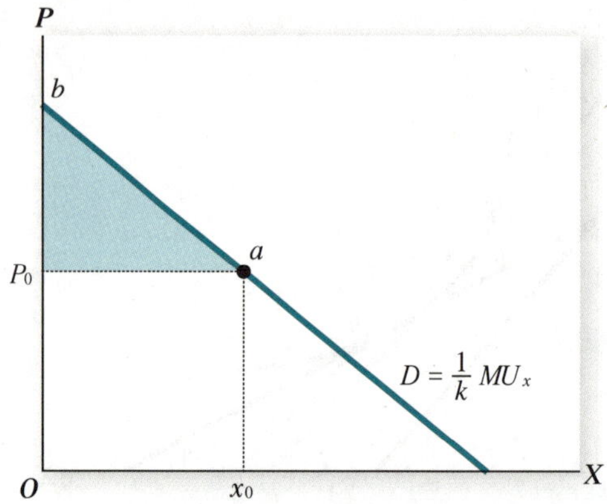

잉여는 baP_0이다.

그런데 보통수요함수는 대체효과 이외에 소득효과를 포함한 수요함수이므로 가격변화로 인한 실질소득의 변화 때문에 소비자의 효용수준이 영향을 받게 된다. 따라서 소득효과가 없을 때에 비해 소비자잉여는 과대 또는 과소평가 될 수 있다.

2.3 보상수요함수 하에서의 소비자잉여

힉스의 소비자잉여는 보상수요함수 상에서 측정된다. [그림 5-6]에서 가격 P_0가 P_1으로 하락시에 마샬의 소비자잉여는 P_0abP_1이고 힉스의 잉여는 P_0acP_1이므로 마샬의 소비자잉여가 힉스의 소비자잉여보다 크다.

왜냐하면 가격이 P_1으로 하락하면서 실질소득이 증가하고 X재 수요량이 증가하면서 추가로 효용이 증가하였기 때문이다.

그림 5-6
보통수요함수와 보상수요함수의 소비자잉여

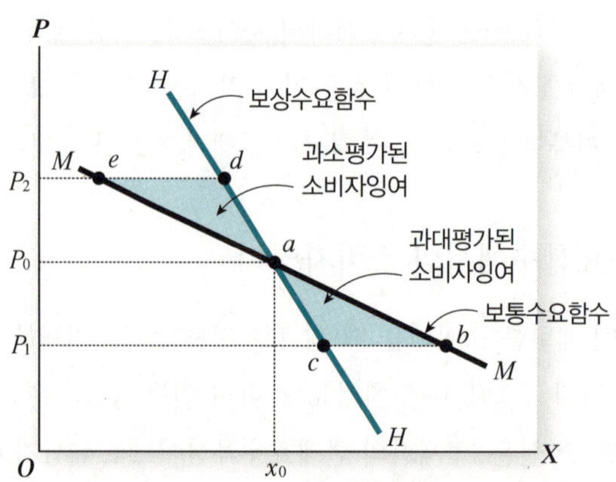

가격 P_0가 P_2로 상승했을 때는 마샬의 소비자잉여($P_0 P_2 ea$)가 힉스의 소비자잉여($P_0 P_2 da$)보다 작다. 왜냐하면 가격이 P_2로 상승하면서 실질소득이 감소하고 X재 수요량이 감소하면서 효용이 추가로 감소하였기 때문이다.

따라서 보통수요함수 상에서 소비자잉여는 가격하락시에는 abc만큼 과대평가되고, 가격상승시에는 ade만큼 과소평가되고 있다. 이때 힉스잉여와 마샬잉여의 차이는 소득효과에 의한 차이이다. 따라서 소득효과가 0이면 보상수요곡선과 마샬수요곡선은 일치하고 소비자잉여도 같아진다.

3. 사회복지지원정책

Economics ch. five

정부나 자치단체가 사회복지기관이나 개인들에게 지원하는 사회복지지원정책에는 가격보조, 소득보조와 현물보조방식이 있다. 이 장에서는 다양한 사회복지지원제도에 대해서 우월성을 평가하고자 한다. 이때 기준은 효용측면에서는 지원예산이 모두 동일할 때 수혜자의 효용을 극대화하는 것, 재정측면에서 수혜자의 효용수준은 동일한데 지원예산을 최소화하는 합목적성에 부합되는 보조정책이 어느 것인가를 선택하는 것이다.

3.1 효용측면 지원정책평가

(1) 가격보조와 소득보조

가격보조는 정부가 수혜자에게 상품가격을 할인받을 수 있는 쿠폰을 배부하여 지원하는 정책이다. 소득보조는 일정현금을 수혜자의 소득으로 보조하는 정책이다.

먼저 X상품 가격을 할인받을 수 있는 가격보조를 했을 때 경제적 효과를 살펴보자. [그림 5-7]에서 최초의 예산선이 MM일때 소비자균형은 e점이다. 가격보조가 이루어지면 예산선은 MN으로 이동하고 새로운 균형은 e_1점을 실현하기 위해서 필요한 정부의 가격보조액은 $e_1 a - ab = e_1 b$이다. 여기서 ab는 소비자부담액이다. 가격보조를 받았을 때 소비자는 u_1의 효용수준을 누리게 된다.

이제 정부가 소득보조를 한다고 하자. 이때 소득보조는 가격보조시 보조액과 동일한 금액만큼 소득을 보조하는 방법이다. $e_1 b$만큼 소득을 보조했을 때 예산선은 II가 되고 수혜자의 효용수준은 u_2가 된다. 이는 가격보조시 효용수준 u_1보다 높다. 따라서

그림 5-7
동일한
재정지원 하의
가격보조와
소득보조

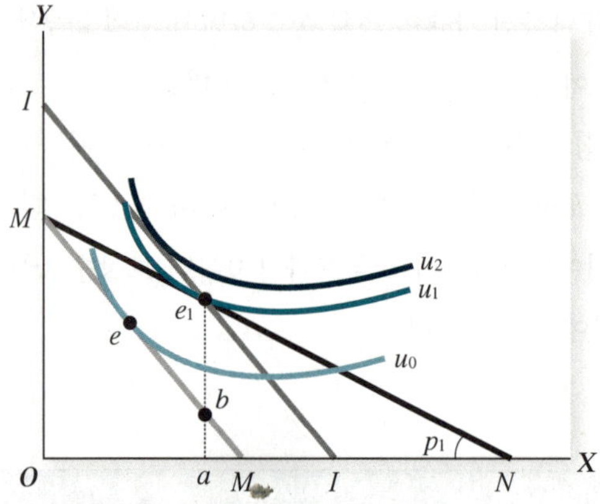

수혜자 입장에서 소득보조가 가격보조보다 유리하다.

(2) 소득보조와 현물보조

현물보조는 정부가 수혜자에게 X상품을 직접 제공하는 경우이다. 이 경우 Y상품 수량은 변동이 없고 X상품만 증가하기 때문에 [그림 5-8]에서 예산선은 NAM′으로 굴절되어 이동한다. 소득보조를 현물보조액과 동일한 크기만큼 했을 때 예산선은 MM′이 된다.

최초의 소비자균형은 e점이고, 소득보조나 현물보조시에 무차별곡선이 일치한다면 새로운 균형은 e_1, 효용수준은 u_1이 된다. 이때 소득보조와 현물보조 중 어느 것이 유리한가? 비록 현물보조나 소득보조가 모두 동일한 효용 u_1을 주지만 소득보조는 NMA만큼 새로운 소비자잉여를 창출하기 때문에 소득보조가 현물보조보다 유리하다.

그림 5-8
소득보조와
현물보조시에
소비자균형이
일치할 때

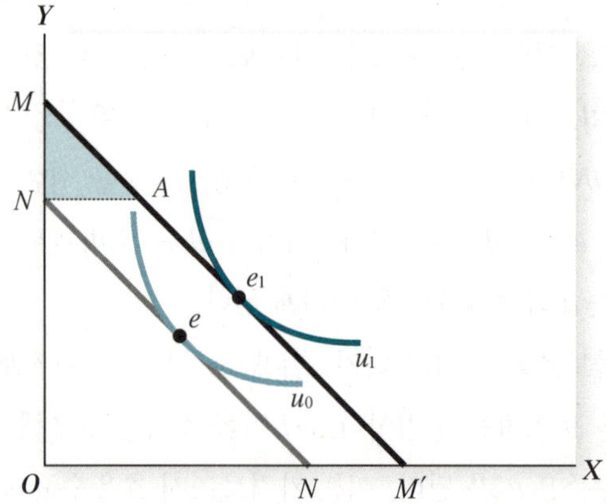

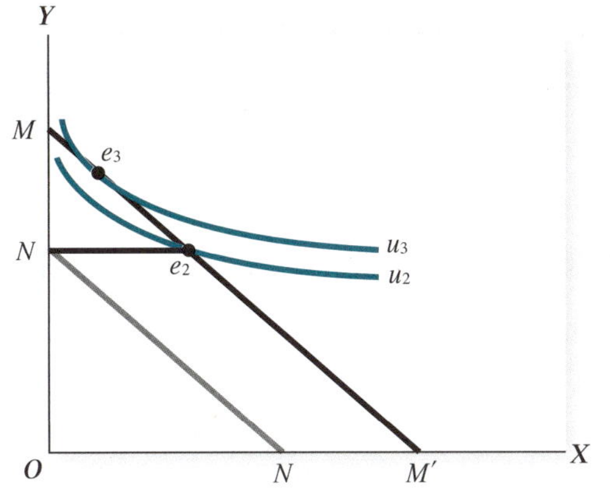

그림 5-9
소득보조와 현물보조시에 소비자균형이 불일치하는 경우

소득보조가 소비자잉여를 더 많이 창출하는 것은 경제주체가 현금을 지원받았을 때 자신이 선호하는 재화를 소비하여 효용을 증가시킬 수 있기 때문이다. 이 점이 현물보조와는 다른 점이다.

한편, 소득보조와 현물보조시에 소비자균형이 불일치할 수도 있다. 예를 들어 [그림 5-9]에서 현물보조시 균형이 e_2점에 형성될 때 소득보조시 균형은 e_3에 형성되어 양보조시에 균형이 불일치하고 있다. 이때도 소득보조의 효용수준 u_3가 현물보조시 효용수준 u_2보다 높다. 따라서 수혜자들은 현물보조보다 소득보조를 선호한다.

(3) 가격보조와 현물보조

정부가 가격보조액과 동일한 크기로 현물보조를 했을 때 소비자의 입장에서 현물보조가 가격보조보다 유리하다. [그림 5-10]에서 가격보조액을 Y재로 표시해 보면

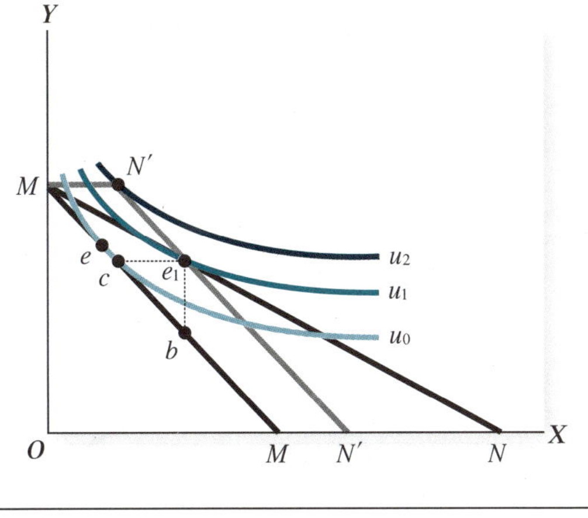

그림 5-10
동일한 재정지원 하의 가격보조와 현물보조

e_1b이지만 X재로 표시하면 e_1c가 된다. 따라서 X재를 e_1c만큼 현물보조하면 예산선 MM은 $MN'N'$이 되고 이때 소비자의 효용수준은 u_2가 된다. 그런데 가격보조시 효용은 u_1이다. 따라서 효용측면에서 현물보조가 가격보조보다 우월하다.

(4) 소결

정부의 보조액이 동일할 때 여러 사회복지지원정책 소비자의 효용을 가장 크게 증가시키는 정책은 '소득보조 ≥ 현물보조 ≥ 가격보조' 순이었다. 단 이때 등호는 소비자의 효용함수가 레온티에프일 때 성립한다.

3.2 재정측면에서 지원정책 평가

정부가 사회복지지원정책을 통해 달성하고자 하는 수혜자의 효용수준이 일정하게 주어져 있을 때 각 정책 대안들은 목표 효용을 달성하는 데 필요한 비용의 크기를 통해서 그 우열을 평가할 수 있다.

(1) 가격보조와 소득보조

[그림 5-11]에서 가격보조로 달성된 수혜자의 효용수준 u_1을 소득보조로 달성하고자 하면 정부는 MI'만큼 지원하면 된다. 그런데 소득보조 $MI' = cb$가 가격보조액 e_1b보다 작다. 따라서 소득보조가 가격보조보다 우월하다.

(2) 소득보조와 현물보조

[그림 5-12]에서 현물보조로 달성된 효용수준 u_2를 소득보조로 실현하고자 할 때 [그림 5-12]에서 예산선은 $M'M'$이고 소득보조액은 NM'에 불과하여 소득보조가 현

그림 5-11
주어진 효용수준 하에서 가격보조와 소득보조

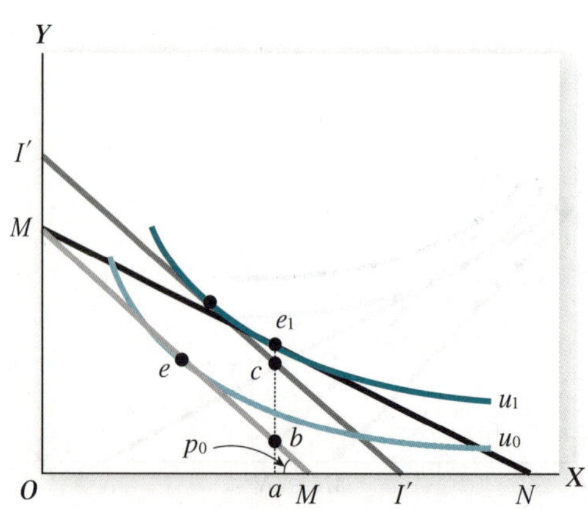

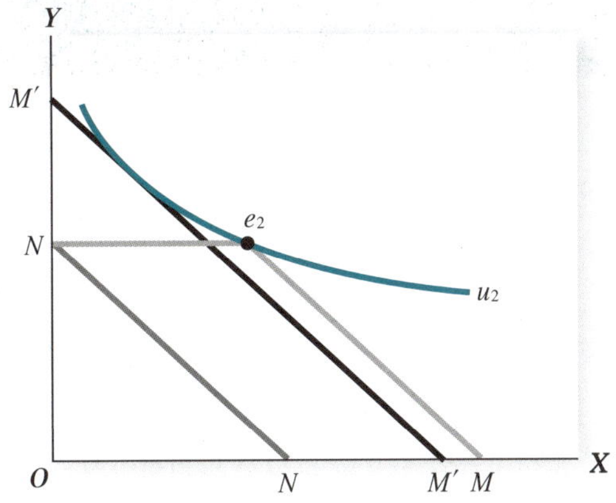

그림 5-12 주어진 효용수준 하에서 소득보조와 현물보조

물보조보다 유리하다.

(3) 가격보조와 현물보조

정부가 가격보조시와 동일한 효용을 주는 현물보조를 했을 때 정부 입장에서는 현물보조가 가격보조보다 유리하다고 할 수 있다. [그림 5-13]에서 현물보조시에 정부 보조액은 cb이고 가격보조액은 e_1b로 현물보조액이 작기 때문이다.

(4) 소결

재정측면에서 지원정책을 평가하면 '소득보조 ≥ 현물보조 ≥ 가격보조' 이다. 단, 등호는 레온티에프 효용함수에서 성립한다.

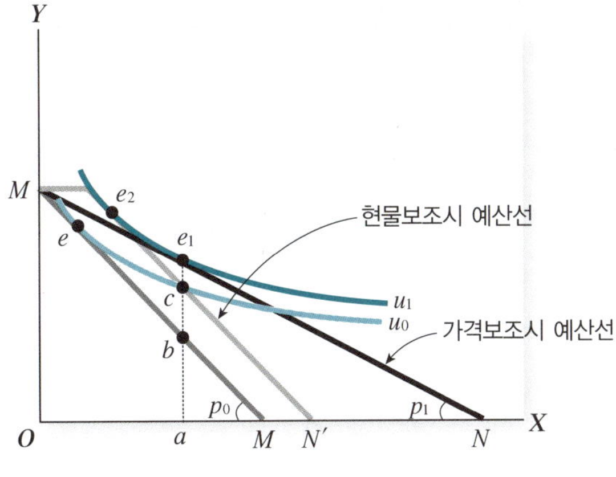

그림 5-13 가격보조와 현물보조

4. 라이벤스타인 효과

4.1 의의

소비자선택이론은 합리적 소비자를 가정하고 있다. 이는 소비자가 상품을 수요할 때 오직 그 상품의 기능이 소비자에게 주는 효용, 즉 기능적 효용에 따라 수요를 결정하므로 한 소비자의 수요는 다른 소비자의 수요와 독립적이라는 것을 의미한다.

그러나 현실적으로 소비자들의 수요는 그렇게 합리적이지 못할 수도 있고, 상호독립적이지도 않을 수 있으며 서로 간에 영향을 미칠 수 있다. 이러한 개별수요 상호 간의 관계를 라이벤스타인(H. Leibenstein)은 상호영향을 미치는 형태에 따라 편승효과와 기피효과, 베블렌효과로 구분하였다.

4.2 편승효과(bandwagon effect)

편승효과란 다른 많은 사람들이 어떤 상품을 수요하고 있다는 이유만으로 그 상품의 수요를 늘리는 효과를 말한다. 편승효과가 있으면 수요곡선이 보다 탄력적이 된다. [그림 5-14]에서 가격이 P_1일 때 시장수요는 e_1에서 x_1이다. 가격이 P_2로 하락할 경우 편승효과가 없다면 시장수요는 D_1곡선을 따라 e_2에서 x_2가 될 것이다.

그러나 편승효과가 존재하면 소비자는 추가적으로 수요를 늘리기 때문에 시장수요가 x_2보다 더 많이 증가한다. 따라서 수요곡선은 D_2로 이동한다. 시장수요는 D_2곡선 e_3점에서 x_3가 된다. 편승효과가 존재할 경우 시장수요곡선은 e_1과 e_3를 연결한 D_B

그림 5-14
편승효과가 발생했을 때 시장수요곡선

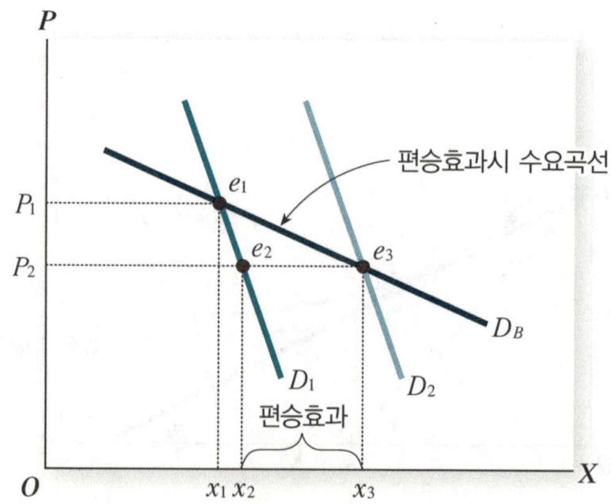

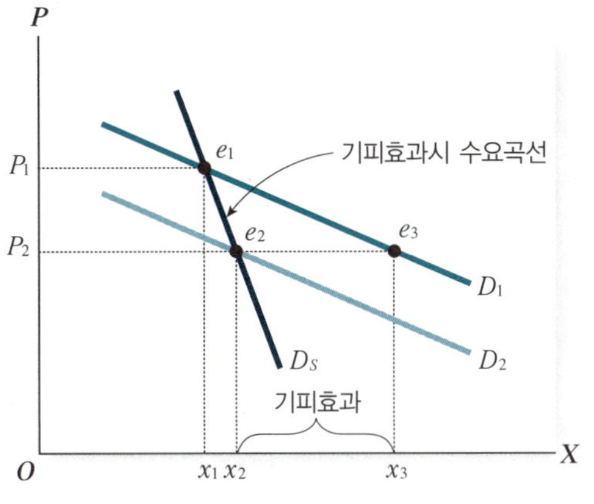

그림 5-15
기피효과가 있을 때 시장수요곡선

가 된다. 그런데 D_B곡선이 D_1보다 완만하다. 그러므로 편승효과를 반영한 수요곡선은 보다 탄력적이다.

4.3 기피효과(snob effect)

기피효과란 많은 사람들이 어떤 재화를 소비하고 있기 때문에 소비자가 그 재화의 소비를 줄이는 효과를 말한다.

[그림 5-15]와 같이 가격 P_1에서 지상수요는 x_1이다. 이제 가격이 P_2로 하락할 경우 기피효과가 없다면 시장수요의 크기는 e_3에서 x_3가 될 것이다. 그러나 기피효과가 존재하면, 소비자가 X재의 수요를 줄이기 때문에 시장수요곡선은 D_2로 이동할 것이다. 따라서 시장수요는 D_2곡선 e_2에서 x_2가 될 것이다.

기피효과가 있을 경우 실제시장 수요곡선은 e_1과 e_2를 연결한 D_S가 될 것이다. 그런데 D_S가 D_1보다 가파르다. 따라서 기피효과가 발생하면 수요곡선은 상대적으로 비탄력적이 된다.

4.4 베블렌효과(Veblen effect)

베블렌효과란 X재 가격이 상승하면 소비자는 값이 비싼 X재를 소비할 수 있다는 능력을 남에게 과시하고자 X재의 소비를 증가시키는 현상을 말한다.

[그림 5-16]에서 X재 가격이 P_0일 때 이 소비자는 X재를 x_0만큼 소비한다. 그런데 재화가격이 P_0에서 P_1으로 상승하면 소비자는 X재를 소비할 수 있다는 능력을 남에게 과시하고자 X재를 더 선호한다. 이에 따라 X재 수요곡선이 D_0에서 D_2로 이동하고 소비자는 e_2점에서 x_2만큼 소비한다. 이를 베블렌 효과라고 한다. 베블렌효과가 없다

그림 5-16
베블렌효과가 나타날 때 수요곡선

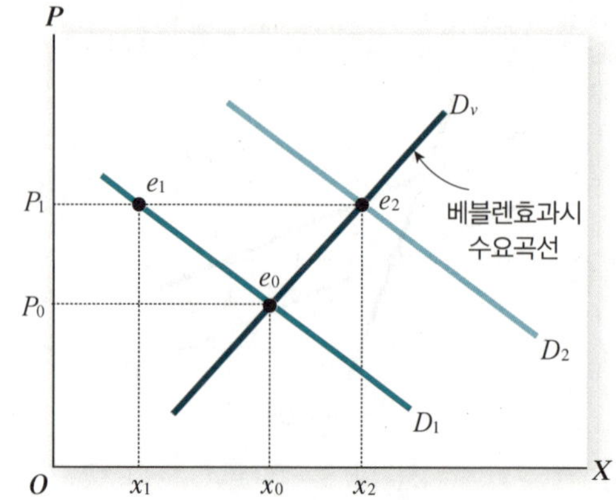

면 e_1점에서 x_1을 소비하게 된다.

베블렌효과가 존재할 때 시장수요곡선은 e_0와 e_2를 연결한 곡선 D_v가 된다. 그림에서 베블렌효과가 있을 때 X재 시장수요곡선은 우상향한다. 그러므로 가수요, 기펜재와 베블렌효과가 있을 때 수요곡선은 모두 우상향한다.

5. 가수요

Economics ch. five

가수요란 임의의 재화 X의 가격이 상승했을 때 X재 가격이 미래에도 계속 상승할 것으로 예상하고 X재를 상대적으로 더 선호하여 정상수준 이상으로 구입하는 현상을 말한다.

이를 [그림 5-17]에서 설명하면 P_0에서 X재를 x_0만큼 수요하였으나 가격상승 후 P_1에서 x_0보다 많은 x_1을 수요하는 현상이다. X재를 더 많이 수요하는 것은 X재에 대한 선호구조가 X재를 더 선호하는 방향으로 변화하였기 때문이다. 따라서 X재와 교환되는 Y재의 크기(즉, MRS_{xy})가 증가한다. 그러므로 e_0점을 통과하는 u_1의 무차별곡선이 u_0를 교차하면서 u_0보다 가파른 기울기를 가져야 한다. 이 점이 가수요현상의 특징이다.

[그림 5-18]에서 기펜재를 설명해 보자. 그림에서 X재 가격 P_0가 P_1으로 상승했을 때 X재가 기펜재이면 X재 수요가 증가하여 x_0보다 더 많은 x_1을 수요한다. 따라서 가수요와 기펜재는 공통적으로 X재 가격이 상승함에 따라 X재 수요량이 증가한다. 그

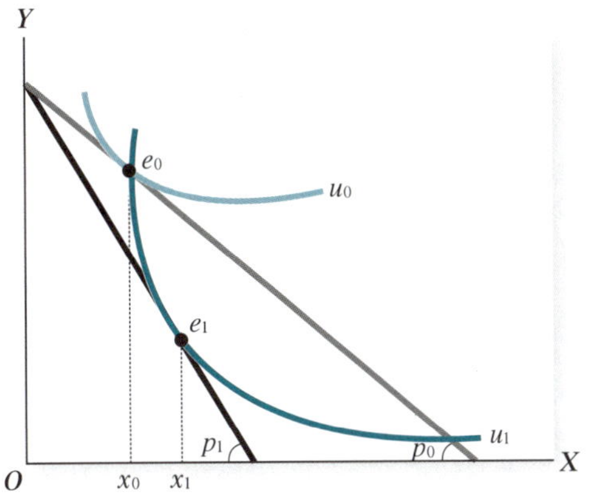

그림 5-17
가수요

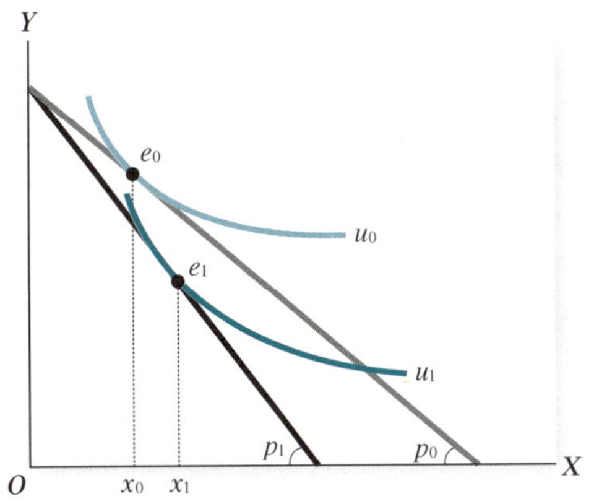

그림 5-18
기펜재

러나 가수요는 가격이 상승할 때 선호구조가 변한다는 점에서 선호구조가 변하지 않는 기펜재와는 차이가 있다. 따라서 기펜재는 e_0점에서 u_0와 u_1이 교차하지 않는다.

제6장 현시선호이론

microeconomics + macroeconomics, Economics ch. six

1. 의의　　2. 선호체계 도출

1. 의의

Economics ch. six

서수적인 소비자선택이론은 소비자의 '선호체계'에 대해 연속성 등 엄격한 가정 하에서 수요곡선을 도출하고 있다.

현실적으로 이런 가정들을 만족하는 선호체계를 도출하는 것은 쉽지 않다. 따라서 서수적인 이론에서 도출된 수요곡선은 그 이론의 타당성이 제한될 수밖에 없다.

그러므로 보다 현실적 전제 하에서 수요곡선을 도출하고자 하는 노력이 제기되었다. 이 노력 중에 하나가 현시선호이론이다. 현시선호이론은 소비자의 선호체계를 주어져있다고 전제하지 않고 현실적으로 관찰된 소비자의 구매행위로부터 도출한다. 즉, '관찰되는 구매행위 → 주관적 선호체계 도출 → 수요곡선'을 도출한다. 반면 서수적인 이론은 '가정된 주관적 선호체계 → 효용함수 → 수요곡선'을 도출한다.

1.1 서수적 이론과 비교

현시선호이론과 전통적 소비자이론은 〈표 6-1〉로 비교 정리할 수 있다. 현시선호이론은 시장에서 소비자가 재화를 구매하는 개별적이고 구체적인 구매행위로부터 수요곡선을 도출하기 때문에 귀납적 접근을 하고 있다. 이에 대해 서수적이론은 선호체계가 주어져 있다는 대전제 하에 수요곡선을 도출하기 때문에 연역적 접근을 하고 있다.

현시선호이론은 선호체계에 특별한 가정을 두지 않고 객관적 구매행위로부터 도출하지만 서수적 이론은 완전성 등 여러 가정 하에 도출한다. 또한 소비자의 구매행위에 대해 서수적 이론은 특별한 가정을 두지 않지만 현시선호이론은 일관된 구매행위를 전제한다. 그러나 두 이론은 모두 보상수요함수의 음수성, 즉 대체효과 ≤ 0을 결론으로 도출한다.

표 6-1 서수적 이론과 비교

구분 \ 이론	현시선호이론	서수적 이론
논리구성	귀납적 접근	연역적 접근
선호체계가정	-	완전성, 이행성, 반사성, 연속성 등
구매행위	직 · 간접선호의 일관된 구매행위 약공리, 강공리	-
결론	대체효과 ≤ 0	대체효과 ≤ 0

1.2 현시선호의 정의

현시선호란 [그림 6-1]에서 임의의 선호대상 q_0, q_1이 있을 때 소비자가 가격 p_0에서 q_1이 아닌 q_0를 구매했으면, 가격 p_0에서 q_1보다 q_0를 더 선호했다는 것을 말한다. 즉 q_1보다 q_0에 자신의 선호를 시현했다고 한다. 이를 식 (6.1)로 정리할 수 있다.

$$\begin{aligned} \text{가격 } p_0\text{에서 } q_1\text{보다 } q_0 \text{ 선호} &\Leftrightarrow p_0 q_0 \geq p_0 q_1 \\ &\Rightarrow u(q_0) \geq u(q_1) \\ &\Rightarrow q_0 \succsim q_1 \end{aligned} \tag{6.1}$$

1.3 선호의 종류

선호에는 직접선호와 간접선호가 있다. 직접선호란 동일한 예산선 상에서 임의의 선호대상 q_0, q_1을 직접 비교하여 선호를 현시하는 것을 말한다. 간접선호는 임의의 선

그림 6-1
직접선호와 간접선호

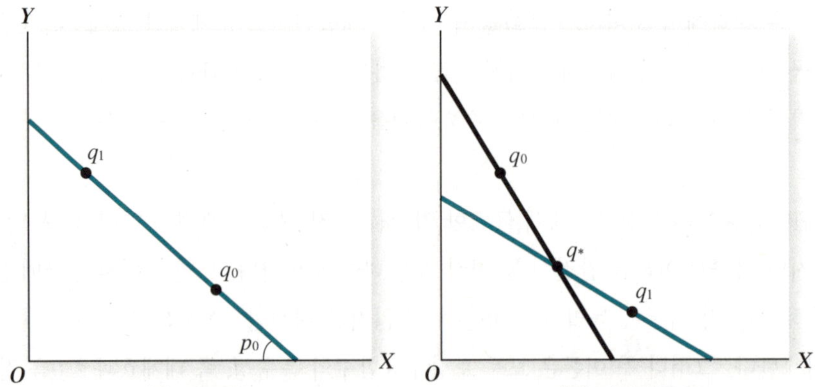

(I) 직접선호 (II) 간접선호

호대상 q_0, q_1이 서로 다른 예산선 상에 있어 직접 비교할 수 없을 때 다른 제3의 선호대상을 매개로 간접적으로 비교하는 선호이다.

2. 선호체계 도출

Economics ch. six

2.1 약공리(weak axiom of revealed preference : *WARP*)

약공리란 가격 p_0에서 q_1보다 q_0를 구매했으면 가격이 변한 후에도 q_0와 q_1을 다 구매할 수 있을 때 q_0보다 q_1을 선호할 수 없다는 최소한의 가정을 의미한다. 이러한 약공리는 구매행위에 있어서 두 가지 의미의 일관성을 요구하는 개념이다. 첫째, 가격이 p_1으로 변했을 때 q_0가 구매가능하면 계속해서 q_0를 구매하거나, 둘째, 가격 p_0에서 구매를 할 수 있었는데 구매를 하지 않은 q_1을 가격이 변한 후에 다시 구매가 가능하더라도 계속해서 더 이상 구매하지 않는다는 것이다. 이를 식 (6.2)로 표시할 수 있다.

그러나 만약 가격이 p_1으로 변한 후에 더 이상 q_0를 구매할 수 없을 때는 q_1을 구매할 수 있다는 것이다. 이는 식 (6.3)으로 표시되어 있다.

$$p_0 q_0 \geq p_0 q_1 \nRightarrow p_1 q_1 \geq p_1 q_0 \tag{6.2}$$

$$p_0 q_0 \geq p_0 q_1 \Rightarrow p_1 q_1 < p_1 q_0 \tag{6.3}$$

이제 그래프로 *WARP*를 확인해 보자. [그림 6-2]의 (I)에서 p_0에서 q_0를 구매했으면 가격이 p_1으로 바뀐 후에는 청색음영 영역을 선호할 수 없다는 것이 약공리이다.

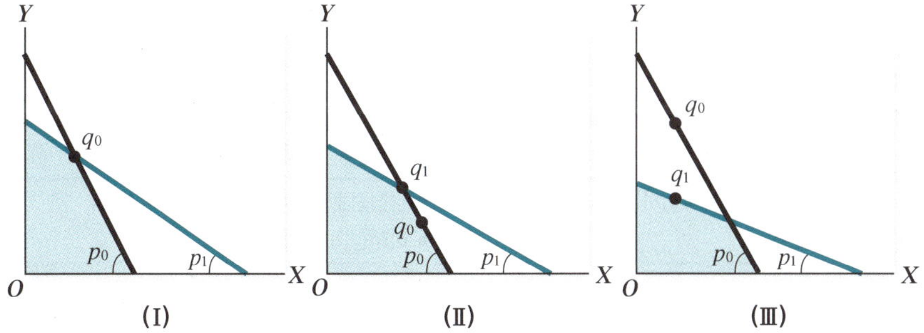

그림 6-2
약공리

왜냐하면 청색음영 영역은 가격 p_0에서도 구매할 수 있었는데 구매하지 않았고, 가격이 p_1으로 변한 후에 다시 구매가 가능해졌지만 구매의 일관성을 위해서는 구매하지 않아야 하기 때문이다.

(Ⅱ)에서 p_0가격에서 q_0를 구매했는데 가격이 p_1으로 바뀐 후에 p_0에서 구매가능했는데 구매하지 않은 q_1을 구매하면 약공리를 위배한다. 그러나 (Ⅲ)처럼 p_0에서 q_0를 구매했는데 가격이 p_1으로 변한 후에 q_0를 구매할 수 없어 q_1을 구매했다면 이는 소비자의 합리적 구매행위라고 할 수 있다. 따라서 약공리를 위배하지 않는다. (Ⅲ)의 경우 식 (6.3)이 예가 된다.

*WARP*는 직접선호에 있어서 일관된 구매행위를 보장하기 위한 최소한의 공리이다. 선호의 일관성이 보장되기 때문에 소비자의 구매행위에 모순이 없다. 따라서 직접선호의 무모순공리라고도 한다.

2.2 강공리(strong axiom of revealed preference : *SARP*)

약공리는 간접선호를 설명할 수 없다. 하우스테거가 제안한 간접선호의 일관성을 보장하기 위해서는 약공리보다 강한 가정이 필요하다. 이를 강공리라고 한다. 강공리란 임의의 상품배합 q_0, q_1, q_2에 대해서 q_0가 q_1보다 직접선호되고, q_1이 q_2보다 직접선호되면 q_0가 q_2보다 간접선호된다는 공리를 말한다.

q_0가 q_2보다 간접선호되면 q_2가 q_0보다 결코 간접선호될 수 없다는 것이 강공리이다. 이런 의미에서 이행성 또는 추이율이라고 한다. 또한 간접선호에 대해서도 구매행위의 일관성을 보장하는 공리이므로 간접선호의 무모순공리라고 한다.

2.3 *SARP*와 *WARP* 관계

*SARP*와 *WARP*를 보면 *SARP*가 보다 엄격한 제한이 있다. 강공리가 성립하면 약공리가 성립하는 것을 볼 수 있다. 따라서 강공리가 성립하면 약공리가 성립하지만 그 역은 성립하지 않는다. 약공리와 강공리의 주요 내용을 〈표 6-2〉로 정리할 수 있다.

표 6-2 **약공리와 강공리 비교**

약공리(*WARP*)	강공리(*SARP*)
■ 직접선호의 일관성을 보장하는 공리 ■ 일관성의 공리	■ 간접선호의 일관성을 보장하는 공리 ■ 이행성의 공리

제7장 불확실성 하의 소비자선택이론

microeconomics + macroeconomics, Economics ch. seven

1. 불확실성과 기대효용정리
2. 경기자의 위험에 대한 태도
3. 투자자의 위험기피도

1. 불확실성과 기대효용정리

Economics ch. seven

1.1 의의

전통적 경제이론은 확실성을 전제로 한다. 그러나 현실은 불확실하다. 불확실성 하의 소비자선택은 이를 반영한 것이다. 불확실성 하의 소비자선택이론은 경제가 불확실성 하에 있어도 확실성 하에서처럼 효용함수가 존재하고, 투자자들은 이를 바탕으로 합리적인 선택행위를 한다는 것을 규명하는 이론이다.

■ **전통적 이론과 비교**

- 확실성 하의 선호구조 → 효용함수 → 수요함수 도출
- 불확실성 하의 선호구조 → 효용함수 → 최적선택, 수요함수 도출

1.2 불확실성 하의 소비자선택

불확실성이론은 소비자이론 차원에서 전개할 때 우선하여 직면하는 문제는 확실성 하에서처럼 효용함수가 존재하는가의 문제이다. 폰 노이만과 모르겐스턴은 이 문제에 대해 '기대효용정리' 에서 불확실성 하에서도 확실성 하에서처럼 효용함수가 존재함을 증명하였다.

(1) 폰 노이만-모르겐스턴(von Neumann-Morgenstern) 정리 : 기대효용정리

불확실성 하에서 게임과 게임의 결과에 대한 선호체계가 선호의 기본가정을 만족할 때 기대효용정리는 다음과 같이 세 가지로 정리된다.

■ **기대효용정리**

정리 1. 불확실성 하에서 게임 G에 대한 효용함수 $u(G)$가 존재한다.

정리 2. 게임의 효용함수 $u(G)$는 게임의 결과에 따른 기대효용으로 정의된다.

$$u(G) = pu(w_2) + (1-p)u(w_1)$$

단, p는 승리할 확률, w_2는 그때의 결과임

정리 3. 게임 1의 효용이 게임 2보다 클 때 게임 1을 게임 2보다 선호한다.

$$G_1 \gtrsim G_2 \Leftrightarrow u(G_1) \geq u(G_2)$$

정리 2는 불확실한 상태에서 효용함수는 게임을 하고 그 때 얻어지는 결과가 주는 '효용의 기대' 값으로 정의된다는 것을 의미한다.

정리 2, 정리 3에서 효용함수의 기수적(cardinal) 성질을 볼 수 있다. 이는 게임의 효용함수가 두 효용함수의 가중평균으로 계산되고 이렇게 도출된 효용수준의 대소를 비교하여 게임에 대한 선호를 결정하기 때문이다. 따라서 기대효용정리는 기수적 효용함수를 사용하여 불확실성 하에서 효용함수를 도출하고, 각 게임의 효용수준을 비교하여 게임에 대한 선호순위를 결정하는 기준을 정한 정리이다.

(2) 세인트 피터스버그 역설(St. Petersbug' s Paradox)

이 역설은 18세기 초 스위스의 수학자 니콜라스 베르누이가 피터스버그시에서 행해졌던 동전던지기 게임을 보고 의문을 제기하면서 시작되었다. 동전던지기 게임은 동전의 앞면이 나오면 이기고, 상금은 동전의 앞면이 나오는 횟수에 따라서 예를 들면 n회까지 동전의 앞면이 나오면 2^n이 된다. 이때 상금의 기대소득을 구하면 무한대가 된다.

$$\begin{aligned} \text{기대소득} &= \frac{1}{2} \cdot 2 + \left(\frac{1}{2}\right)^2 \cdot 2^2 + \cdots \\ &= 1 + 1 + \cdots \\ &= \infty \end{aligned}$$

그러나 아무도 도박에 참여하지 않았다. 이에 대해 다니엘 베르누이는 투자자가 관심을 갖는 것은 기대수익보다는 기대효용이라는 점을 지적하여 이 역설을 해결했다.

세인트 피터스버그 역설은 어떤 게임(도박)에서 '게임의 기대치' 의 크기가 불확실성 하에서 도박에 참여할 것인가 여부를 결정하는 기준이 될 수 없다는 것을 의미한다. 즉, 불확실성 하에서 도박을 했을 때 기대소득이 도박의 참가비용보다 크더라도

사람들도 도박에 참가하지 않을 수 있다는 것이다.

왜냐하면 폰 노이만-모르겐스턴 정리처럼 불확실성 하에서 선택의 기준은 게임의 "기대소득" 이 아니라 "기대효용" 이기 때문이다.

2. 경기자의 위험에 대한 태도

Economics ch. seven

기대효용정리에서 도출한 효용함수를 이용하여 투자자의 위험에 대한 태도를 세 가지로 구분힐 수 있다. 경기자들이 직면한 도박이 공정한 게임일 때, 위험애호자는 불확실한 도박을 했을 때의 효용이 도박을 안 했을 때 확실한 소득이 주는 효용보다 큰 투자자를 의미한다. 위험기피자는 도박을 했을 때의 효용이 도박을 안 했을 때 확실한 소득이 주는 효용보다 작은 투자자를 말하고, 두 효용이 같으면 위험중립적이라 한다.

이를 [그림 7-1]에서 설명하면, 최초의 소득 w_0를 가지고 도박을 했을 때 이길 확률이 p이고 그때의 결과를 w_2라고 하고, 패할 확률은 $(1-p)$이고 그때의 결과를 w_1이라 하자. w_2, w_1이 주는 효용은 각각 $u(w_2)$, $u(w_1)$일 때 이 게임의 기대소득은 $E(w) = pw_2 + (1-p)w_1$이 된다. 이 도박을 공평한 게임(fair game)이라 하면 게임의 기대소득과 최초의 소득은 같으므로 $w_0 = E(w) = pw_2 + (1-p)w_1$이 된다.

공평한 게임에서 오목한 효용함수와 투자자의 위험에 대한 태도는 어떠한 관계가 있을까? 확실한 소득이 주는 효용은 $u(w_0)$이고, 불확실한 게임이 주는 기대효용은 $pu(w_2) + (1-p)u(w_1)$이며 이 값이 불확실한 게임 G의 효용함수 $u(w)$이다. 폰 노이

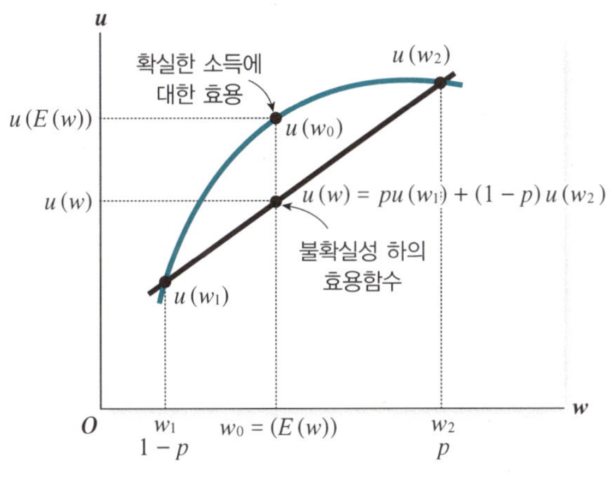

그림 7-1
위험기피자의 오목인 효용함수

만과 모르겐스턴에 의해 이 함수가 존재하는 것이 최초로 밝혀졌기 때문에 폰 노이만–모르겐스턴의 기대효용함수라고도 한다. 그림에서 두 개의 효용함수가 존재한다.

폰 노이만–모르겐스턴 효용함수는 투자자의 위험에 대한 태도나 선호를 나타내고, 폰–노이만 모르겐스턴 기대효용함수는 불확실한 게임의 효용함수를 의미한다.

그림에서 이 값들을 비교하면 $u(w_0) > u(w)$이므로 투자자는 불확실한 게임보다는 확실한 소득이 주는 효용이 커서 확실한 소득을 좋아한다. 즉, 이 투자자는 위험기피자이다.

따라서 불확실한 게임에서 효용함수가 오목하면 투자자는 위험기피자이다. 효용함수가 오목하면 소득의 한계효용이 체감하기 때문에 위험기피자는 소득의 한계효용이 체감한다. 지금까지와 같은 논리로 투자자의 위험에 대한 태도를 〈표 7–1〉에 정리할 수 있다.

표 7–1 **위험에 대한 태도**

위험태도	효용함수
위험 애호자	볼록한 효용함수, 오목한 무차별곡선
위험 중립자	선형 효용함수, 선형 무차별곡선
위험 기피자	오목한 효용함수, 볼록한 무차별곡선

효용함수의 볼록성 여부로 투자자의 위험에 대한 태도를 정리하면 [그림 7–2]와 같다. 효용함수가 볼록하면 위험애호자, 선형이면 위험중립자이다.

그런데 소비자선택이론에서 언급했듯이 효용함수가 오목하면 무차별곡선은 볼록

그림 7–2
투자자의 위험에 대한 태도와 효용함수와의 관계

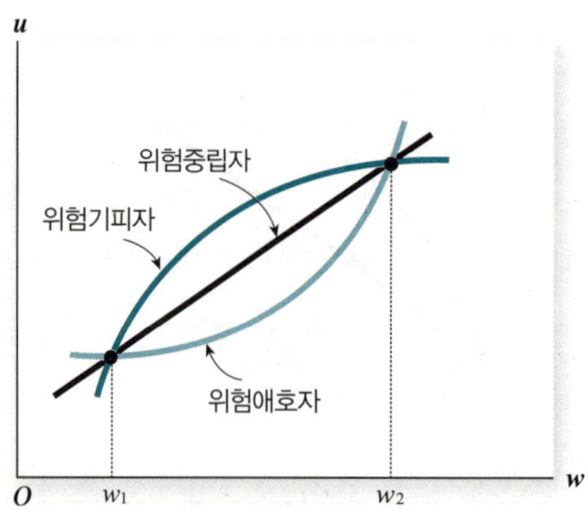

효용함수

하고 효용함수가 볼록하면 무차별곡선은 오목하기 때문에 투자자의 위험에 대한 태도를 상태공간에서 무차별곡선으로 표시할 수 있다. 그림에서 w_1, w_2는 각각 사건이 발생했을 때와 발생하지 않았을 때의 소득을 나타낸다.

3. 투자자의 위험기피도

Economics ch. seven

투자자가 위험을 싫어하는 정도를 나타내는 지표가 위험기피도이다. 위험기피도에는 절대적 위험기피도와 상내적 위험기피도가 있다. 애로우와 프랫(K. Arrow & J. Pratt)은 투자자의 효용함수의 오목성 정도를 가지고 위험기피도를 계산하였다.

$$\text{절대적 위험기피도}(A) = -\frac{u''(w)}{u'(w)} \tag{7.1}$$

식 (7.1)이 갖고 있는 경제적 의미를 살펴보자. 첫째, 절대적 위험기피도 A값이 클수록 투자자는 더욱 위험을 싫어한다는 것을 의미한다.

둘째, 투자자는 소득 w값이 커짐에 따라 A값이 커지면 더욱 위험을 싫어하기 때문에 자신이 갖고 있는 자산 중에서 위험자산의 절대액을 줄이게 된다.

셋째, 소득 w값이 커져도 A값이 불변이면 위험자산의 절대액은 불변이고, 소득 w값이 커짐에 따라 A값이 하락하면 위험기피도가 작아지는 것이기 때문에 위험자산의 절대액은 커지게 된다.

3.1 프랫정리(J. Pratt' s theorem)

불확실성 하에서 모든 소득의 범위에서 어느 투자자가 다른 투자자보다 위험기피적이라는 것을 측정하는 개념으로 아래 네 가지가 있다. 프랫정리란 이 네 가지 개념은 모두 같기 때문에 어떤 투자자가 이 중 하나만이라도 해당되면 다른 공리들은 자동적으로 성립하고 다른 투자자보다 더 위험기피적이라는 것을 의미한다.

- **프렛정리**

  모든 소득의 범위에서 어떤 투자자가 다른 투자자보다 첫째, 폰 노이만-모르겐스턴 효용함수가 보다 오목하거나 둘째, 절대적 위험기피도가 보다 크거나 셋째, 위험할증(risk premium)이 보다 크거나 넷째, 확실성등가가 보다 작으면 보다 위험기피적이다.

그림 7-3
위험기피자와 위험프리미엄

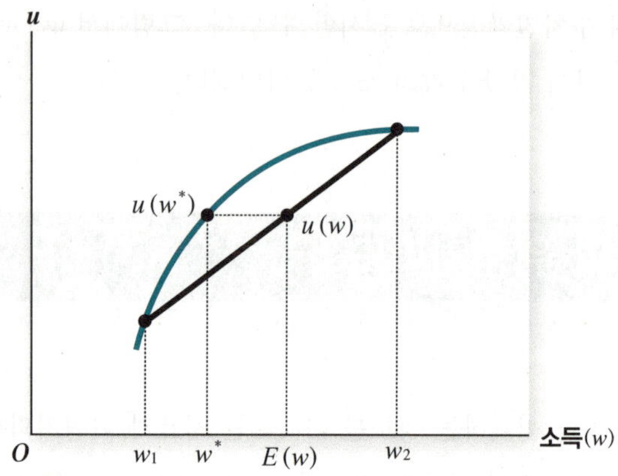

프랫정리를 설명해 보면 첫째, 폰 노이만-모겐스턴 효용함수가 오목할수록 위험기피적이다. 이는 [그림 7-4]에서 확인할 수 있다. 또한 무차별곡선이 원점에서 볼록할수록 더욱 위험기피적이다.

둘째, 모든 소득의 범위에서 절대적 위험도가 크면 식 (7.1)의 A값이 크다는 것을 의미하므로 보다 위험기피적이다.

셋째, 투자자가 위험기피적일수록 효용함수는 오목하고 [그림 7-4]에서 투자자는 자신의 불확실한 소득을 확실한 소득으로 바꾸기 위해 더 많은 위험 프리미엄을 지불한다. 따라서 어떤 투자자가 더 많은 위험 프리미엄을 지불하면 그 투자자는 다른 투자자보다 더 위험기피적이다.

끝으로 [그림 7-4]에서 효용함수 u_1을 가진 보다 위험기피적인 투자자의 확실성 등가는 Ow_0로 보다 덜 위험기피적인 투자자의 확실성 등가 Ow^*보다 작다. 따라서 확실성등가가 작을수록 보다 위험기피자가 된다.

3.2 위험프리미엄(risk premium)

위험프리미엄이란 위험부담자가 위험발생자의 위험을 부담하고, 그 대가로서 추가로 요구하는 금액을 말한다. 예를 들어 자동차 보험회사(위험부담자)가 모범운전자에게 매 월 5만원의 보험료를 받는다. 그런데 초보운전자(위험발생자)는 모범운전자보다 사고발생가능성이 높아서 월 7만원을 받는다면 2만원이 위험프리미엄이다. 왜냐하면 2만원은 보험회사가 모범운전자보다 사고위험이 큰 초보운전자의 위험을 부담하면서 추가로 요구하는 금액이기 때문이다. 한편, 위험프리미엄은 [그림 7-3]에서 불확실한 소득 $E(w)$를 확실한 소득 w^*로 바꾸기 위해 포기할 용의가 있는 최대한의

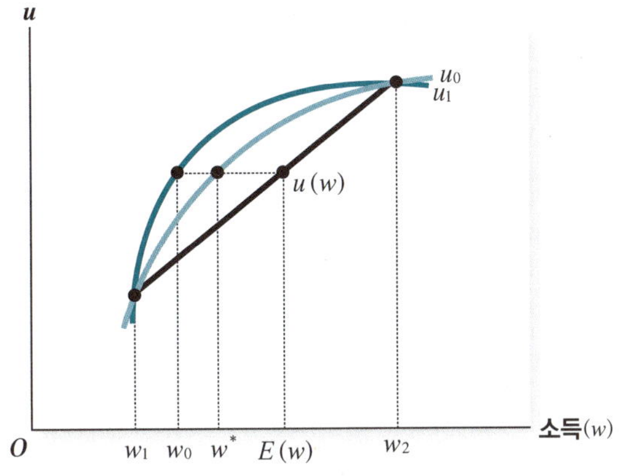

그림 7-4
위험기피 정도와 위험프리미엄과의 관계

금액으로도 정의할 수 있다.

이를 투자자의 위험에 대한 태도 차이에서 살펴보자. [그림 7-3]에서 위험기피자의 경우 불확실한 게임이 주는 효용은 $u(w)$이다. 현재 $u(w)$와 동일한 효용을 주는 확실한 소득은 w^*이고 소득 w^*의 효용수준은 $u(w^*)$이다.

그런데 $E(w) = pw_2 + (1-p)w_1$으로 확률 p가 달라짐에 따라 달라지는 불확실성한 소득이다. 따라서 위험기피적인 투자자가 자신의 불확실한 소득 $E(w)$를 확실한 소득 w^*로 바꾸기 위해 최대한 지불할 용의가 있는 금액은 $E(w) - w^*$이다. 이를 리스크 프리미엄이라 한다.

이를 [그림 7-4]에서 살펴보자. 효용함수가 오목할수록 무차별곡선이 볼록하고 투자자는 보다 위험기피적이다. 따라서 그림에서 엷은 선의 효용함수 u_1을 가진 투자자가 u_0의 효용함수를 가진 투자자보다 더 위험기피적이다. u_0의 투자자는 위험프리미엄이 $E(w) - w^*$이지만 위험기피적인 u_1의 투자자는 $E(w) - w_0$이다.

이상의 관계를 상태공간에서 표시할 수 있다. 최초의 소득 w일 때 이와 동일한 기대소득은 $E(w)$이다. 불확실한 소득 w와 동일한 만족을 주는 확실한 소득은 w_*이다. 따라서 투자자의 위험프리미엄은 $E(w) - w^*$이다.

그리고 원점에서 w^*까지의 거리를 확실성 등가라고 한다. 확실성등가란 자신의 불확실한 소득과 동일한 가치가 있는 확실한 소득을 말한다.

이제 위험애호자를 살펴보자. [그림 7-5]에서 위험애호자의 위험프리미엄은 $E(w) - w^*$이다. 그런데 이 값이 음이므로 이는 위험애호자는 자신의 불확실한 소득을 선호하는데 이를 확실한 소득으로 바꾸려면 '수수료'를 받아야 한다는 것을 의미한다. 위험중립자의 경우 효용함수가 선형이기 때문에 위험프리미엄은 '0'이 된다.

그림 7-5
위험애호자와 위험프리미엄

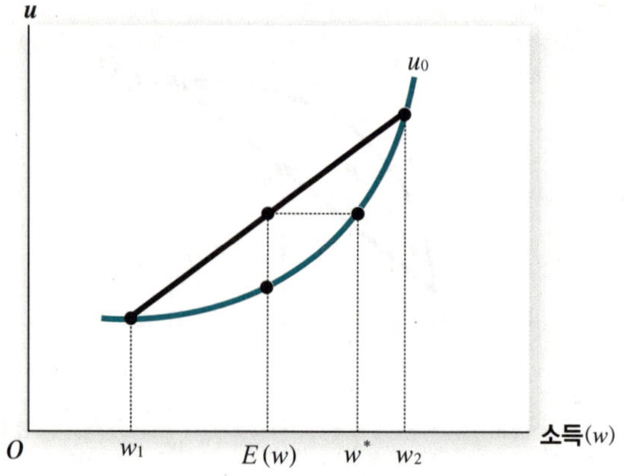

생산자이론

part three

3

제8장 생산이론

microeconomics + macroeconomics, Economics ch. eight

1. 의의

전통적으로 경제학에서 생산동기는 이윤극대화가설이 지배적이다. 이에 대한 반론으로 매출액극대화가설, 평균주의 가격설정원리 등이 있다.

기업의 생산목표를 제약하는 요인으로는 시장과 생산기술이 있다. 시장의 경쟁성 정도, 즉 완전경쟁시장이냐 불완전 경쟁시장이냐에 따라 기업의 목표가 제약을 받는다.

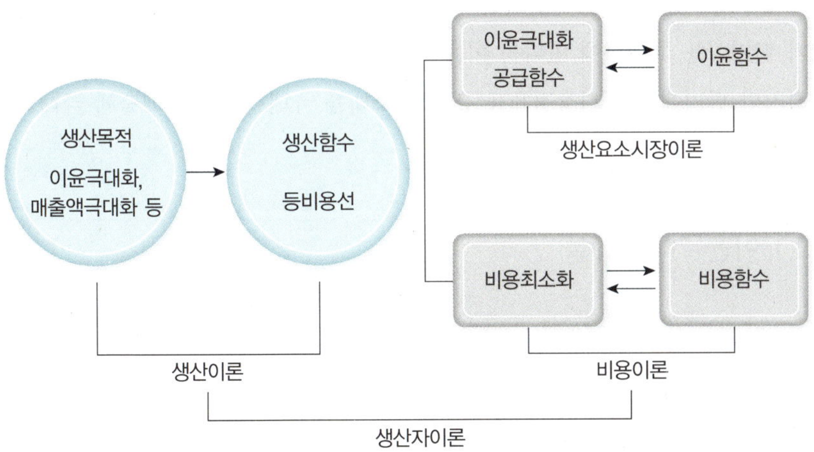

그림 8-1 생산자이론의 구조

그림 8-2
생산이론의 내용

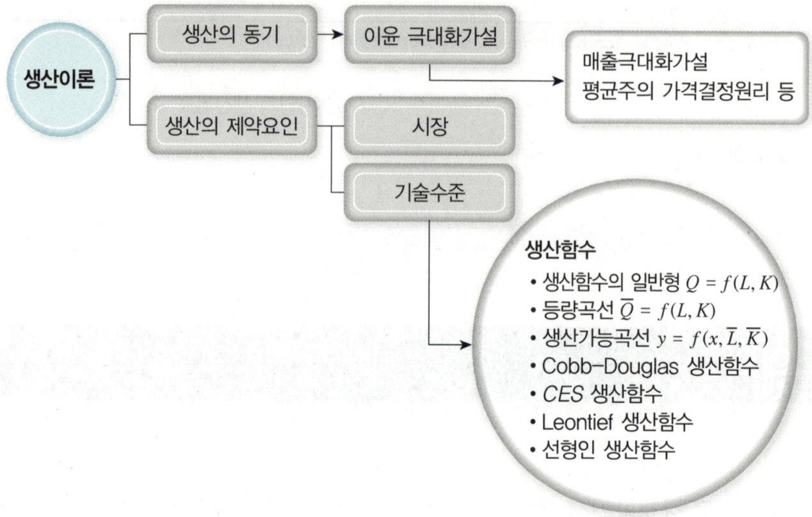

2. 기업의 생산목표

Economics ch. eight

기업의 생산동기 또는 생산하는 목적에 대해서 살펴보자. 여기에는 기업의 생산동기가 단기이윤 극대화에 있다는 이윤극대화가설과 기업이 장기에는 이윤극대화를 추구하지만 단기에서는 시장점유율 유지나 확대를 극대화한다는 매출액 극대화가설 등이 있다.

2.1 이윤극대화가설

(1) 내용

이윤극대화가설은 기업의 생산목적이 '단기이윤'을 극대화하는 데 있다는 가설이다. 이때 중요한 것이 기업이 목적으로 하고 있는 것은 장기이윤이 아니라 단기이윤 극대화라는 것이다. 따라서 기업은 총수입에서 단기총비용을 뺀 단기이윤을 극대화하는 가격과 산출량을 결정한다.

$$\underset{Q}{\text{Max}}\ \pi = TR(Q) - STC(Q)$$

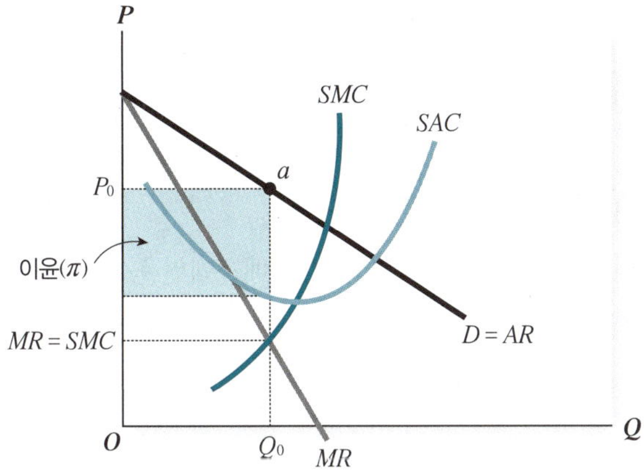

그림 8-3
이윤극대화 가격과 산출량 수준

■ **단기이윤극대화 조건**
- 1차 조건 : $MR = SMC$
- 2차 조건 : SMC 기울기 > MR 기울기

이를 [그림 8-3]에서 보면, 기업은 단기이윤극대화의 1, 2차 조건을 만족하는 P_0 가격 하에서 y_0산출량을 생산한다.

(2) 비판

기업은 이윤만을 극대화하는 것이 아니라 이윤 이외에 다른 생산목적, 예를 들면 매출액 등을 극대화할 수 있다.

또한, 이윤극대화조건인 $MR = SMC$라는 한계기준에서 결합비용(overhead cost)이 존재할 경우 SMC를 측정하기가 곤란한 점이 있다. 결합비용이란 기업이 여러 재화를 생산할 때 공통으로 들어가는 비용을 말한다.

다음으로, 비대칭적 정보 하에서 소유와 경영이 분리되어 있을 때에는 본인(주주)–대리인(경영자) 문제가 발생할 수 있다. 즉, 주주의 이윤극대화 목적과 경영자의 목적이 불일치할 수 있다. 경영자는 이윤극대화 외에 다른 목표를 추구할 수 있기 때문이다.

끝으로, 이윤극대화 가설은 $\pi = TR - STC$에서 총수입과 총비용을 사전에 알고 있다는 확실성을 전제로 TR과 STC의 차이를 극대화하고자 한다. 그러나 $TR = P \cdot Q$에서 가격 P는 시장에서 미래에 판매되는 수량(Q)에 의해서 결정되기 때문에 불확실한 값이다.

2.2 매출액극대화가설

매출액극대화가설(total sales maximization hypothesis)은 경제 환경이 불확실할 때 기업이 단기이윤보다는 단기총수입을 극대화한다는 가설이다. 매출액극대화가설에는 일정한 이윤을 창출해야 하는 이윤제약 하의 매출액극대화가설과 이런 제약이 없는 매출액극대화가설 등 두 가지가 있다.

기업가는 이윤의 크기에 관계없이 전적으로 매출액만을 극대화할 수 있다. 이때 기업은 아래 식을 만족하는 총수입을 극대화하고자 한다. 매출액극대화가설이 성립하기 위한 1차 조건은 한계수입이 '0' 이고, 2차 조건은 한계수입이 음의 기울기를 가져야 한다.

표 8-1 이윤극대화가설과 매출액극대화가설의 비교

	이윤극대화가설	매출액극대화가설
조건	$MR = SMC$ MR 기울기 $<$ SMC의 기울기	$MR = 0$ $\frac{dMR}{dQ} < 0$(MR의 기울기가 음수)
소유와 경영	소유와 경영의 일치	분리
목적	이윤극대화	경영자의 명성제고, 매출액증가, 자금조달의 안정성, 장기적 불확실성 회피, 시장점유율 유지 · 확대

이 조건을 만족하는 산출량은 [그림 8-4]에서 Q_1수준에서 결정된다.

이윤극대화시에 기업은 $MR = SMC$인 조건에서 Q_0를 산출하여 P_0로 판매한다. 그런데 이윤제약이 없는 매출액극대화가설의 경우 $MR = P\left(1 - \frac{1}{\varepsilon_p}\right) = 0$에서 가격은 수요의 가격탄력성 $\varepsilon_p = 1$인 P_1에서, 산출량은 Q_1에서 각각 결정된다.

그림 8-4
이윤제약이 없을 때 매출액극대화가설

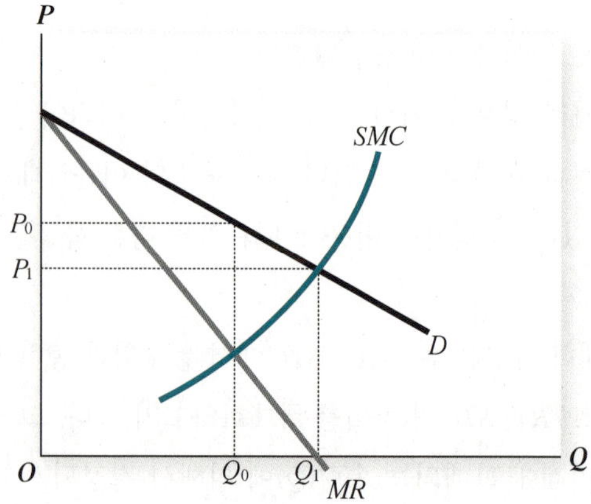

(1) 매출액극대화가설의 특징

먼저, 매출액극대화원리에 의하면 이윤극대화보다 가격은 낮고 산출량은 많다. [그림 8-4]에서 이윤극대화에 의하면 Q_0의 산출량은 P_0의 가격으로 판매된다. 반면, 매출액극대화시에는 P_1의 가격으로 Q_1의 재화를 생산한다. 그런데 $P_0 > P_1$이고 $Q_1 > Q_0$이다.

다음으로, 매출액극대화가설에 따른 이윤의 크기는 이윤극대화가설에 따른 이윤의 크기보다 작다. 이윤극대화가설에 의하면 이윤의 크기는 π_0이나, 이윤제약시 매출액극대화가설의 이윤은 π^*이다.

끝으로, 이윤제약이 없는 매출액극대화시에 기업은 수요의 가격탄력성이 1인 점에서 가격과 산출량을 결정한다. 그러나 이윤극대화가설은 수요의 가격탄력성이 1이어야 한다는 제약은 없다.

(2) 매출액극대화가설에 대한 비판

매출액극대화가설은 다음과 같은 비판에 직면할 수 있다. 매출액극대화가설은 모든 기업들이 매출액극대화 추구자로 행동할 경우 시장전체의 균형이 어떻게 달성되는지를 밝히지 못하고 있다.

또한 매출액극대화가설은 박리다매식으로 시장점유율을 확대해 가는 적극적 경영이다. 기업의 적극적인 행동에 대해 경쟁자의 반응이 어떻게 나타나는지에 대해서는 설명이 결여되어 있다.

2.3 평균주의 가격결정원리

(1) 의의

1939년에 홀(R. L. Hall)과 히치(C. J. Hitch)는 기업의 가격 및 산출량결정에 대해 기업인들을 직접 면접조사하였다. 그 결과 기업이 $MR = SMC$라는 한계주의 가격결정원리보다는 평균비용에 일정비율의 이윤율(π)을 부과하여 산정한 풀 코스트(총액)를 중심으로 가격과 산출량을 결정한다는 사실을 발견하였다. 비용의 full-cost가 가격에 반영되었다는 의미에서 평균주의 가격결정원리(full-cost pricing theory)라고 한다.

(2) 내용

평균주의 가격결정원리는 아래 식에서처럼 이윤율(Mark-up rate) π가 일정하게 주어져 있을 때 가격이 평균비용 AC의 크기에 의해 결정되기 때문에 평균주의라고 한다. 평균주의 가격결정 방식은 다음과 같은 식으로 나타낼 수 있다.

$$P = AC + \overline{\pi}AC = AC(1 + \overline{\pi})$$

평균주의는 AC가 가격을 결정한다. 한계주의에서 MR은 수요곡선에서 MC는 총비용곡선에서 각각 도출되기 때문에 평균주의는 공급측면에서 생산비용의 크기에 의해서 한계주의는 수요 · 공급측면에서 각각 가격이 결정됨을 설명하고 있다.

(3) 가격경직성

홀과 히치는 평균주의 가격결정식에서 수요측면이 제외되어 수요의 변화에도 불구하고 가격이 변하지 않는 가격경직성을 발견하였다. 평균주의에서 가격의 경직성이 나타날 수 있는 근거로 기업이 소비자들의 수요(기호)를 잘 알 수 없어 자기 상품의 가격탄력성이나 한계수입곡선을 알지 못할 수 있기 때문에 가격 변화에 따른 경쟁기업의 반응을 예측할 수 없다는 것이다. 따라서 기업이 가격을 인하하면 경쟁자들이 가격을 더욱 내리지 않을까 두려워하고 가격을 인상하면 경쟁자들이 가격 인상을 따르지 않을까 두려워하기 때문에 굴절수요곡선이론에서처럼 가격이 일정수준에서 경직된다는 것이다.

(4) 평균주의와 이윤극대화가설과의 관계

이윤극대화원리는 수요와 공급측면에서, 평균주의 가격결정원리는 공급측면에서의 가격결정원리이다. 그러나 규모에 대한 보수불변(constant returns to scale : *CRS*) 하에서는 두 원리에 의한 가격이 같아진다.

이를 구체적으로 보면, 이윤극대화원리에서는 $MR = MC$이다.

그런데 한계수입은 식 (8.1)과 같다.

$$MR = P\left(1 - \frac{1}{\varepsilon_p}\right) \tag{8.1}$$

이윤극대화수준에서는 $MR = MC$이므로

$$MC = P\left(1 - \frac{1}{\varepsilon_p}\right) \tag{8.2}$$

한편 규모의 보수불변 하에서는 $MR = AC$이므로 식 (8.2)에서 MC 대신 AC를 대입하면 $AC = P\left(\frac{\varepsilon_p - 1}{\varepsilon_p}\right)$이고, 이를 변형하면 식 (8.3)과 같다.

$$P = AC\left(\frac{\varepsilon_p}{\varepsilon_p - 1}\right) = AC\left(1 + \frac{1}{\varepsilon_p - 1}\right) \tag{8.3}$$

식 (8.3)은 평균주의 가격결정식과 유사하다. 만약 식 (8.3)에서 $\varepsilon_p = 3$이면 식 (8.3)은 $P = AC(1 + 0.5)$ 형태로 변형되고, 이윤율이 0.5인 평균주의 가격결정원리가 된다.

결론적으로 *CRS*에서 한계주의에 의한 가격결정원리와 평균주의에 의한 가격결정원리는 서로 같다. 그러나 규모의 체증적 보수(*IRS*)나 규모의 체감적 보수(*DRS*)에서는 두 원리에 의한 가격은 불일치한다.

(5) 평균주의 가격결정원리에 대한 비판

평균주의 가격결정원리에는 다음과 같은 비판이 가해질 수 있다.

먼저, 이윤율 결정문제를 들 수 있다. 평균주의 가격결정원리에 의하면 평균비용에 일정한 이윤율을 부가하는데 이 이윤율의 결정에 대한 명확한 설명이 없다. 이윤율에 대한 명확한 설명이 없이는 기업들의 생산동기(목적)와 의사결정을 설명할 수 없다.

그리고, 요소투입비율의 문제가 제기된다. 생산요소투입이 객관적 기준이 없이 결정되고 있다.

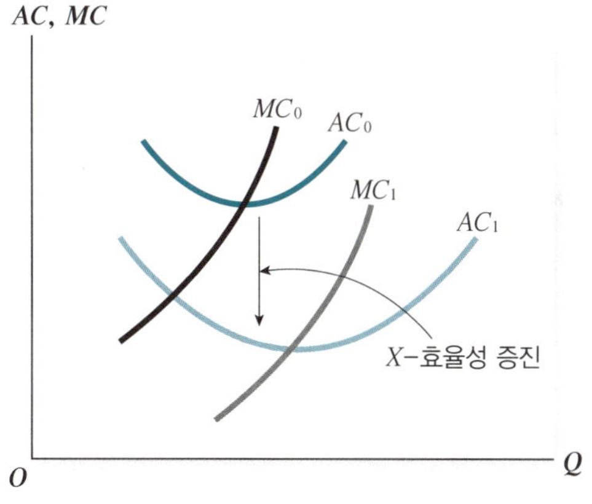

그림 8-5
X-효율성이 AC에 미치는 효과

3. 생산함수

3.1 정의

생산함수란 기업의 생산기술수준을 나타내는 함수이다. 구체적으로 생산함수는 일정기간 동안에 기업이 생산공정에 투입한 생산요소와 만들어지는 최대산출량과의 기술적인 특성을 나타낸다. 기업의 기술수준에 따라 다양한 생산함수가 존재한다. 여러 생산함수를 대표하는 생산함수의 일반형은 식 (8.4)와 식 (8.5)의 형태로 나타낼 수 있고, [그림 8-6]으로 도해할 수 있다.

$$f(L, K, Q) = 0 \tag{8.4}$$

$$Q = f(L, K) \tag{8.5}$$

(단, Q, L, K는 각각 생산량, 노동과 자본임)

3.2 생산함수 상에 나타나는 기술적 특성

생산함수가 갖고 있는 기술적 특성을 보면 다음과 같다.

첫째, 기술적 효율성(technical efficiency)을 나타낸다. 즉, 생산함수상의 모든 점은 주어진 생산요소로부터 생산해 낼 수 있는 최대산출량을 나타낸다.

둘째, 생산함수 상에서 노동, 자본 등 모든 생산요소가 항상 효율적으로 이용되는

그림 8-6
단기생산함수

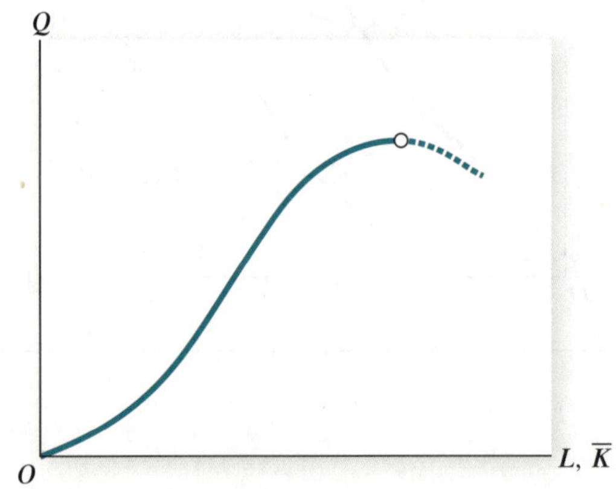

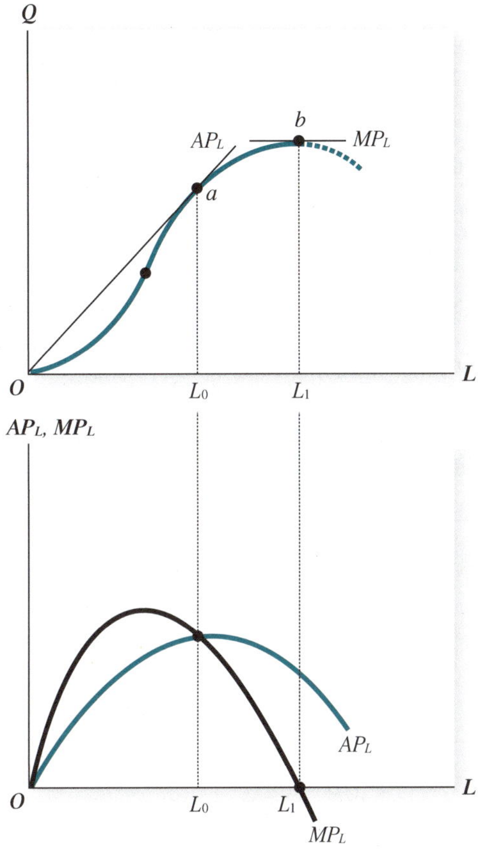

그림 8-7
생산함수, 평균 및 한계생산성, 분계선 상에서 생산의 제2단계

것은 아니다. 생산의 제2단계에서만 노동과 자본이 효율적으로 이용된다.

끝으로, 생산함수의 성질은 소비자 선택이론에서 효용함수의 성질과 유사하다. 효용함수에서의 한계효용 체감의 성질은 생산함수에서 한계생산성 체감의 성질로 나타난다. 그러나 생산함수가 효용함수와 다른 점은 효용함수는 주관적 선호를 나타내는 데 비해 생산함수는 객관적 산출량 수준을 나타낸다는 점이다.

3.3 등량곡선(isoquant curve)

(1) 정의

등량곡선이란 동일한 산출량을 생산할 수 있는 여러 생산요소의 배합수준을 연결한 곡선이다. 이런 의미에서 등생산량곡선(equi-quantity curve)이라고도 한다. 생산함수 $Q=f(L, K)$에서 등량곡선은 주어진 산출량($\overline{Q}$)을 생산하는 여러 생산요소의 배합수준을 의미하므로 $\overline{Q}=f(L, K)$로 표시된다. 따라서 등량곡선은 생산함수로부터 도출된다.

(2) 무차별곡선과 비교

등량곡선은 동일한 생산량을, 무차별곡선은 동일한 효용수준을 나타낸다는 의미에서 생산함수로부터 유도되는 등량곡선은 효용함수로부터 도출되는 무차별곡선과 기본적으로 그 성질이 유사하다.

그러나 차이점은 다음과 같다. 등량곡선은 생산요소 L, K의 배합수준을, 무차별곡선은 재화 X, Y의 배합을 연결한 곡선이다. 등량곡선은 객관적인 산출량을, 무차별곡선은 주관적인 소비자의 선호수준을 나타내는 곡선이다. 이때 등량곡선의 기울기는 $MRTS_{LK}$, 무차별곡선의 기울기는 MRS_{xy}이다. 여기서 $MRTS_{LK}$는 객관적인 L, K의 교환비율을, MRS_{xy}는 소비자의 주관적인 X, Y의 교환비율을 각각 나타낸다.

(3) 한계기술대체율($MRTS_{LK}$)

한계기술대체율(marginal rate of technical substitution)은 등량곡선 기울기의 절대값 또는 동일한 산출량 $\overline{Q}$에서 노동 한 단위와 최대로 교환 · 대체될 수 있는 자본의 크기를 말한다.

$$MRTS_{LK} = -\frac{dK}{dL} = \text{등량곡선의 기울기}$$

한계기술대체율($MRTS_{LK}$)$=\frac{MP_L}{MP_K}$은 자본에 대한 노동의 상대적인 한계생산성의 크기를 나타낸다. $MRTS_{LK}$가 크다는 것은 노동의 한계생산성이 상대적으로 자본의 한계생산성보다 크다는 것을 의미한다.

한계기술대체율의 체감여부는 등량곡선의 볼록성 여부를 결정한다. $MRTS_{LK}$가 체감하기 위해서는 생산함수가 오목함수이어야 한다. 생산함수가 오목함수이면 등량곡선은 원점에 대해 볼록하고 한계기술대체율이 체감한다.

(4) 특징

생산함수가 오목함수이면 등량곡선은 반드시 원점에 대해 볼록한 형태이고, 생산함수가 선형이면 등량곡선도 선형이 되며 그 역도 성립한다.

다음으로, 등량곡선이 볼록하면 한계기술대체율은 체감하고 그 역도 성립한다. 이는 주어진 등량곡선 상에서 노동투입을 한 단위 증가시킴에 따라 이와 교환되는 자본투입량이 점차 감소함을 의미한다. 즉, 자본이 노동보다 상대적으로 더 중요해짐을 의미한다.

만일 생산기술이 변하지 않는다면 등량곡선은 서로 교차할 수 없다. 등량곡선은

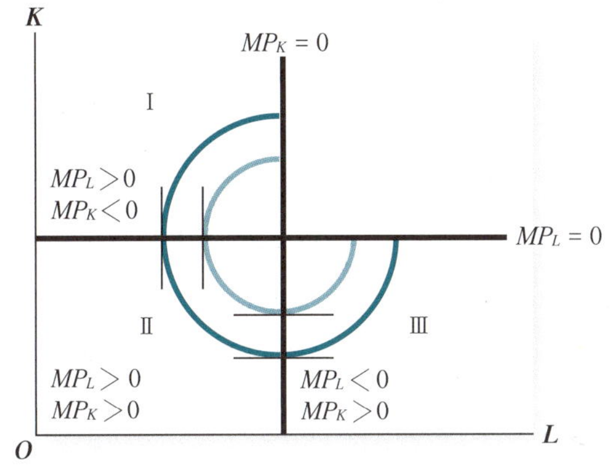

그림 8-8
등량곡선과 생산의 제2단계

원점에서 먼 것일수록 보다 높은 생산량을 나타낸다. 등량곡선의 기울기는 두 생산요소 간의 한계기술대체율을 나타낸다.

3.4 생산가능곡선(production possibility curve)

(1) 정의

생산가능곡선 또는 변환곡선(transformation curve)이란 노동, 자본 등 주어진 생산요소로부터 개별기업이 최대한으로 생산할 수 있는 X, Y재 등 여러 재화의 배합수준을 연결한 곡선이다.

(2) 등량곡선과 비교

생산가능곡선과 등량곡선은 모두 생산함수의 한 형태라는 점에서 공통적이지만, 생산가능곡선과 등량곡선의 차이점을 보면 생산가능곡선은 생산요소가 주어져 있고, 등량곡선은 산출량이 주어져 있다는 점에서 다르다. 생산가능곡선은 $y = f(x, \overline{L}, \overline{K})$이고, 등량곡선은 $\overline{Q} = g(L, K)$이다. 그리고 생산가능곡선은 기술진보시 바깥으로 이동, 등량곡선은 원점으로 각각 이동한다.

(3) 도출

이제는 두 개의 재화 X, Y가 존재한다고 가정한다.

X재의 등량곡선에 Y재의 등량곡선을 역으로 돌려서 서로의 원점을 마주보게 포개면 [그림 8-9]의 에즈워드 상자가 도출된다. 에즈워드 상자 내에서 X재와 Y재의 등량

그림 8-9
생산계약곡선과 생산가능곡선

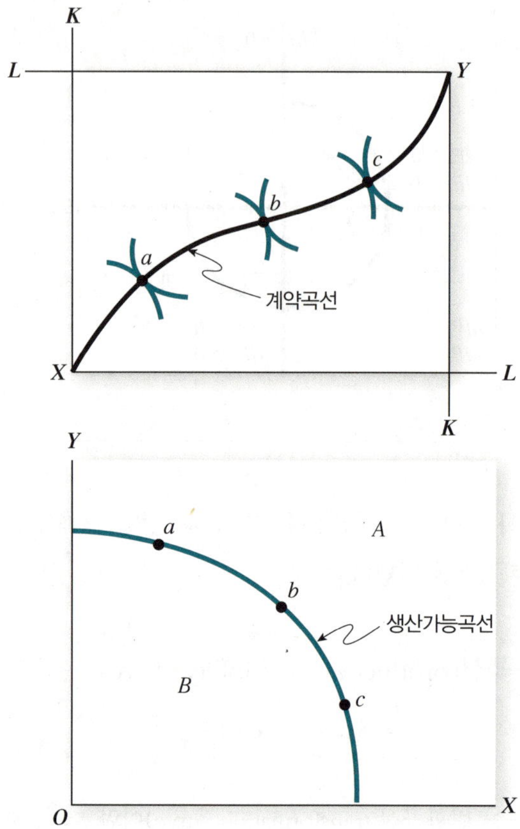

곡선이 접하는 점을 연결한 생산계약곡선은 생산요소 노동과 자본의 효율적 배분을 나타내는 점들의 궤적이다.

생산계약곡선 상의 $X \sim a \sim b \sim c \sim Y$점들을 [그림 8-9]의 하단에 X재와 Y재 평면으로 옮겨놓고 1:1로 대응하여 도출한 곡선이 생산가능곡선이다.

(4) 성질

먼저, 생산가능곡선 상의 모든 점들은 주어진 생산요소로부터 최대산출량을 생산하기 때문에 기술적 효율성을 나타낸다. [그림 8-9] 하단에 있는 그림에서 생산가능곡선 바깥에 있는 A영역은 기술적 효율성을 나타내는 영역을 벗어나므로 기술적으로 실현이 불가능한 영역이고 B영역은 기술적으로 실현은 가능하지만 비효율적인 영역이다.

한계변환율(MRT_{xy} : marginal rate of transformation of x and y)은 주어진 생산가능곡선 상에서 X재화를 한 단위 더 생산하기 위해 포기해야 하는 Y재화의 수량을 나타낸

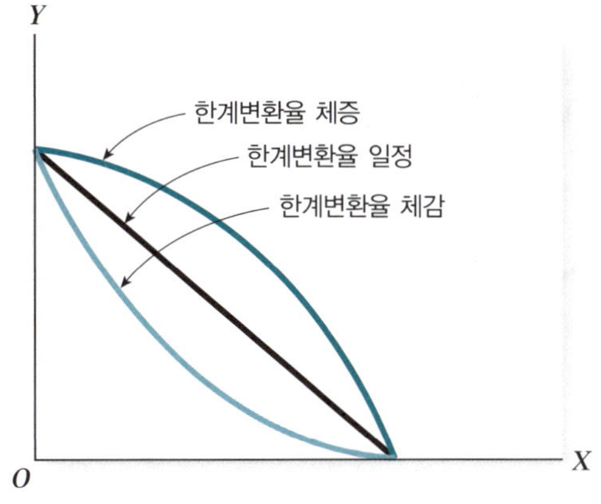

그림 8-10
생산가능곡선과 한계변환율

다. [그림 8-10]에서 생산가능곡선이 원점에 대해 오목하면 MRT_{xy}가 점차 체증하고, 우하향하는 선형이면 불변이고, 원점에 대해 볼록하면 점차 체감한다.

끝으로, 기술진보시에 생산가능곡선은 원점에서 멀리 바깥으로 이동한다. 이는 등량곡선이 원점을 향해 이동하는 것과 대조적이다.

- **한계변환율(MRT_{xy})의 의미**
  - 생산가능곡선 상의 모든 점은 기술적 효율성을 나타냄
  - $MRT_{xy} = -\frac{dy}{dx}$는 X재와 Y재의 객관적인 교환비율임
  - MRT_{xy}는 X재를 추가로 더 생산하기 위해 최대한 포기해야 하는 Y재 수량임
  - Y재로 표시한 X재의 기회비용이 반영되어 있음
  - X재를 증가시킴에 따라 MRT_{xy}가 체증하면 생산가능곡선을 원점에 오목하고, 일정하면 우하향하는 선형이고, 체감하면 원점에 볼록함

3.5 대체탄력성(elasticity of substitution)

(1) 정의

생산자균형은 주어진 산출량 $\overline{Q}$를 최소비용으로 생산하는 노동과 자본의 결합수준을 나타낸다. [그림 8-11]에서 이는 등량곡선의 기울기와 등비선의 기울기가 일치하는 a점에서 이루어진다. 대체탄력성이란 생산자균형점에서 생산요소의 상대가격 $\left(\frac{w}{r}\right)_0$가 $\left(\frac{w}{r}\right)_1$으로 미세하게 변할 때 생산요소의 결합비율 $\left(\frac{K}{L}\right)_0$가 $\left(\frac{K}{L}\right)_1$으로 변하는 정도를 양적으로 측정한 지표이다.

그림 8-11
대체탄력성

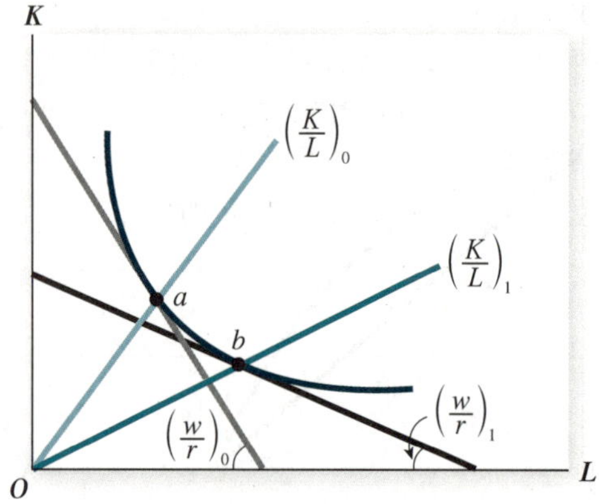

(2) 측정

대체탄력성(σ)의 정의식은 다음과 같다.

$$\sigma = \frac{\text{요소집약도}(\frac{K}{L})\text{의 변화율}}{\text{생산요소의 상대가격}(\frac{w}{r})\text{의 변화율}} = \frac{\Delta(\frac{K}{L})\Big/(\frac{K}{L})}{\Delta(\frac{w}{r})\Big/(\frac{w}{r})}$$

(3) 경제적 의미

대체탄력성은 노동과 자본의 상대가격이 변할 때 노동과 자본 간의 대체정도를 나타낸다. 이 값이 클수록 생산요소 간의 대체정도는 커진다.

그리고, 대체탄력성의 크기는 등량곡선의 형태를 결정짓는다. [그림 8-12]에서 대체탄력성이 0이면 생산함수는 레온티에프 생산함수로 등량곡선은 L자형이고, 대체

그림 8-12
대체탄력성과 등량곡선

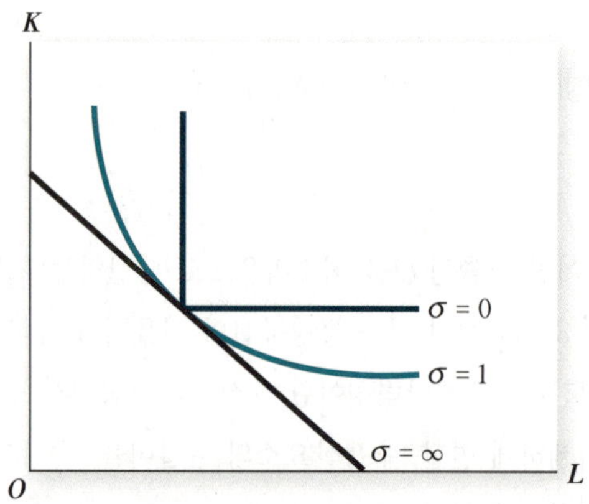

탄력성이 1이면 콥-더글라스 생산함수로 등량곡선은 볼록하며, 대체탄력성이 무한대이면 선형인 생산함수로 등량곡선은 우하향하는 선형이 된다.

3.6 규모의 보수문제

(1) 의의

생산규모란 기업에서 생산요소 자본-노동의 결합수준을 말한다. 규모의 문제는 생산규모 (L, K)가 t배 증가하여 (tL, tK)로 될 때 산출량이 어느 정도 증가하는가의 문제이다. 규모의 발생원인은 분업과 특화, 기술진보 등이 있다.

(2) 규모의 종류

생산규모의 종류를 이해하기 위해서 k차동차생산함수를 식 (8.6)으로 정의하자.

$$t^k Q = f(tL,\ tK) \quad \text{단}, t > 0,\ k \geq 0 \tag{8.6}$$

규모에 대한 체증적 보수(*IRS*, increasing returns to scale)란 생산규모를 t배 증가시키면 산출량이 t배 이상 증가하는 생산기술을 말한다. 쉽게 이야기하면 투입생산요소의 증가율보다 산출량이 더 많이 증가하는 생산기술을 말한다.

규모에 대한 불변보수(*CRS*, constant returns to scale)란 생산규모를 t배 증가시키면 산출량이 t배 증가하는 생산기술을 말한다.

규모에 대한 체감적 보수(*DRS*, decreasing returns to scale)란 생산규모를 t배 증가시키면 산출량이 t배 이하로 증가하는 생산기술 즉 투입생산요소의 증가율보다 산출량이 더 적게 증가하는 생산기술을 말한다. 0차동차생산함수란 $k = 0$일 때 생산규모를 t배 증가시켜도 산출량이 전혀 변하지 않는 함수다.

(3) 등량곡선과 규모의 경제

[그림 8-13]의 (I)에서 규모에 대한 불변보수(*CRS*)는 요소투입을 2배, 3배 증가시키면 이에 따라 산출량도 2배, 3배 증가하므로 등량곡선 간의 간격이 일정하다.

그림 (II)에서 규모에 대한 체감적 보수(*DRS*)는 요소투입을 2배 증가시키면 산출량은 2배 이하로 증가하기 때문에 등량곡선 간의 간격은 점차 넓어진다. 규모에 대한 수익증가(*IRS*)는 (III)에서 요소투입이 2배, 3배 증가하면 산출량은 2배, 3배 이상으로 증가하므로 등량곡선의 거리는 더 좁아진다.

그림 8-13
등량곡선과
규모의 종류

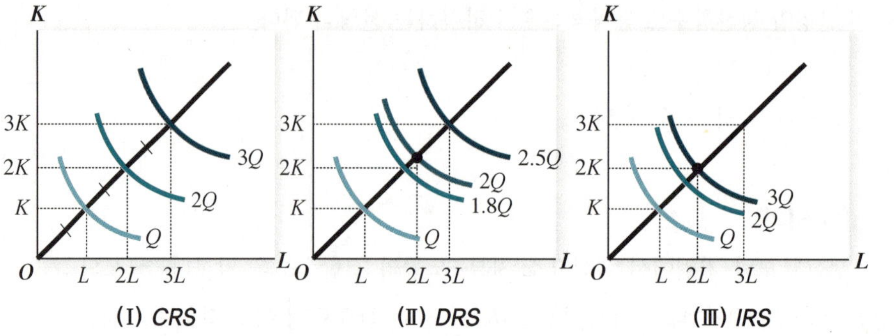

비용 관점에서 보면 [그림 8-14]에서 산출량이 증가함에 따라 장기평균비용 *LAC*가 하락하는 구간이 규모의 경제(*IRS*), 상승하는 구간이 규모의 비경제(*DRS*), 일정한 구간이 규모의 불변경제(*CRS*)를 각각 나타낸다.

3.7 범위의 경제(economics of scope)

개별기업이 단일상품을 생산하기보다는 여러 상품을 동시에 생산할 때 비용이 보다 유리할 수 있다. 이는 생산시설과 생산요소를 공동으로 사용하는 것이 분리시켜 사용할 때보다 효율적일 때 발생한다. 범위의 경제란 이와 같이 결합생산의 이익을, 범위의 비경제란 결합생산의 불이익을 말한다.

(1) 정의

시장에서 여러 제품을 생산하는 방법은 두 가지가 있다. 하나는 기업결합(m&a)이

그림 8-14
규모의 경제와
LAC, *LMC*와의
관계

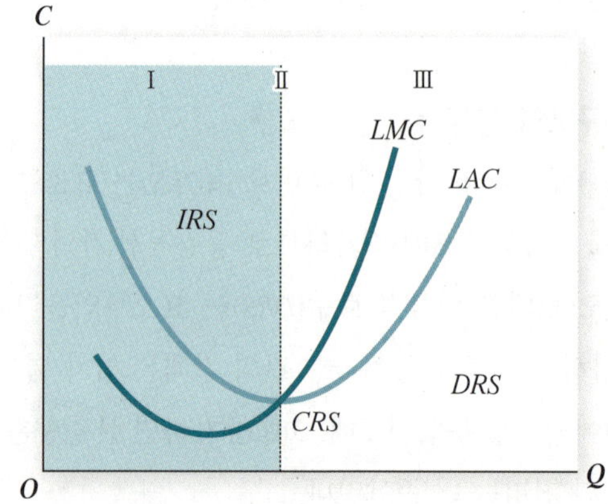

고, 다른 하나는 범위의 경제이다. 범위의 경제는 기업이 제품을 결합 생산했을 때 생산비용이 제품을 개별적으로 생산했을 때보다 유리한 현상을 말한다. 두 상품 Q_1, Q_2가 있을 때 범위의 경제는 다음과 같이 정의한다.

$$C(Q_1)+C(Q_2)\geq C(Q_1+Q_2)$$

범위의 비경제는 위의 정의식에서 부등식이 반대방향일 때를 말한다. 즉, 결합생산비용이 개별생산비용보다 큰 경우를 말한다.

(2) 생산가능곡선과 범위 경제

범위의 경제는 생산가능곡선을 이용하여 설명할 수 있다. 생산가능곡선은 주어진 생산요소 하에 여러 제품을 결합생산하기 때문이다. 생산가능곡선 상에서 범위의 경제는 개별기업들이 각각 생산한 산출량보다 하나의 기업이 결합생산한 산출량이 더 많았을 때의 기술수준을 말한다. 따라서 [그림 8-15]에서 생산가능곡선이 원점에 대해서 오목하면 범위의 경제가 나타난다. 만약 생산가능곡선이 우하향하는 선형이면 범위의 경제나 비경제가 나타나지 않는다. 또한 원점에 볼록하면 범위의 비경제가 나타난다.

범위의 경제가 나타나는 원인은 먼저, 기업이 보유하고 있는 기술의 외부성이 클수록 제품계열의 확대가 용이해지면서 범위의 경제가 나타난다. 또 다른 원인으로 두 상품의 공급과정에서 공동투입비용이 클수록 범위의 경제가 나타난다. 이와 관련하여 거대기업의 업종 다변화 및 다각화 전략도 범위의 경제를 추구하는 한 사례로 볼 여지가 있다.

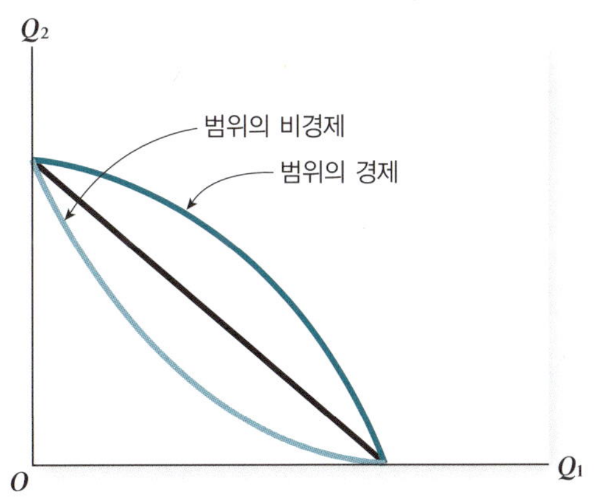

그림 8-15 생산가능곡선과 범위의 경제

(3) 규모의 경제와의 관계

범위의 경제와 규모의 경제와는 직접적인 관계는 존재하지 않는다. 즉, 범위의 경제는 규모의 경제가 없어도 존재할 수 있고 규모의 경제도 범위의 경제가 없어도 존재할 수 있다. 이렇듯 이론적으로 구분되는 개념이지만 현실적으로는 공존할 수 있다.

3.8 동차생산함수(homogeneous production function)

(1) 의의

수학적 의미에서 동차함수란 각 항의 총치수가 같은 함수를 말한다. 예를 들어 독립변수가 x, h이고 종속변수가 y인 함수를 살펴보자.

$$y = 2x^2 + 3xh - 5h^2$$

$2x^2$의 첫항에서 x의 차수가 2차이고 두 번째 항 $3xh$에서 x, h가 각각 1차이므로 합해서 2차이고 세 번째 항 $-5h^2$에서 h의 차수가 2차이기 때문에 이 함수는 각 항의 총차수가 2차로 같으므로 y함수는 x와 h에 대해 2차동차함수라고 한다.

생산이론에서 k차동차생산함수란 생산함수 $Q = f(L, K)$에서 생산규모 L과 K를 각각 t배 증가시켰을 때 산출량이 t^k배만큼 증가하는 생산기술을 나타내는 함수이다. 이는 식 (8.7)로 표시된다.

$$t^k Q = f(tL, tK) \quad (t > 0,\ k \geq 0) \tag{8.7}$$

(2) 동차생산함수의 특징

동차생산함수에서 $k > 1$이면 규모의 체증적 보수를, $k = 1$이면 규모의 불변보수를, $0 < k < 1$이면 규모의 체감적 보수를 각각 나타낸다. 이를 〈표 8-2〉로 정리할 수 있다.

표 8-2 동차생산함수의 규모의 문제

k	규모상태
0	■ 0차동차함수 – 식 (8.7)에서 L, K를 t배 증가시켜도 산출량은 불변
$0 < k < 1$	■ 규모에 대한 체감적 보수 또는 규모의 비경제(DRS) – 식 (8.7)에서 L, K를 t배 증가시켰을 때 산출량이 t배 이하로 증가
$k = 1$	■ 규모에 대한 불변적 보수(CRS) – 식 (8.7)에서 L, K를 t배 증가시켰을 때 산출량이 t배만큼 증가 – 1차동차 생산함수
$k > 1$	■ 규모에 대한 체증적 보수 또는 규모의 경제(IRS) – 식 (8.7)에서 L, K를 t배 증가시켰을 때 산출량이 t배 이상 증가

3.9 콥-더글라스(CD) 생산함수

(1) 정의

CD생산함수는 대체탄력성이 "1"인 생산함수이다. 이는 1920년대 미국 제조업의 생산통계자료에 관한 연구에 경험적으로 도출된 최초의 근대적 의미의 생산함수이다.

(2) 형태

CD함수의 일반적인 형태는 $Q = AL^{\alpha}K^{\beta}$이고, $\alpha + \beta = 1$이라는 제약 하에서는 $Q = AL^{\alpha}K^{1-\alpha}$이다. A는 기술적 효율성을 나타내는 효율파라미터, α와 β는 분배파라미터이다.

> CD일반형 : $Q = AL^{\alpha}K^{\beta}$이고, $A > 0$, $0 < \alpha$, $\beta < 1$
> CD특수형 : $Q = AL^{\alpha}K^{1-\alpha}$이고, $\alpha + \beta = 1$

(3) 성질

첫째, CD생산함수는 $\alpha + \beta$차동차함수이다.

만약 $\alpha + \beta = 1$이면 1차동차함수가 된다. 일반형인 CD생산함수에서 각 생산요소를 t배 증가시키면 $A(tL)^{\alpha}(tK)^{\beta} = t^{\alpha+\beta}AL^{\alpha}K^{\beta} = t^{\alpha+\beta}Q$이기 때문이다. 따라서 생산규모를 t배 증가시켰을 때 Q가 $t^{\alpha+\beta}$배만큼 증가하므로 CD생산함수는 $\alpha + \beta$차함수이다. 만약 $\alpha + \beta = 1$이면 tQ이므로 CD생산함수는 1차동차생산함수가 된다.

둘째, CD생산함수의 대체탄력성은 1이다.

이때 핵심은 CD생산함수는 $\alpha+\beta$의 차수에 관계없이 항상 대체탄력성은 1이라는 점이다. 이 점이 CD생산함수의 한계이기도 하다.

셋째, A는 기술적 효율성을 나타내는 파라미터이다.

A는 L, K 이외의 다른 생산요소인 예를 들어, '기술수준' 이 산출량에 미치는 효과를 나타낸다. 이런 의미에서 A를 기술적 효율성이라 하고, 효율파라미터라고도 한다. A값이 클수록 기술적 효율성이 크다. 이런 의미를 솔로우(R. solow)가 처음 발견했기 때문에 솔로우의 잔차항(Solow' s residual), 또는 총요소생산성(total productivity)이라 한다.

이어서, α, β는 각각 노동, 자본 소득분배율을 의미한다.

α는 노동소득이 총수입에서 차지하는 비율인 노동소득분배율(TR_L)을 나타낸다.

$$TR_L=\frac{WL}{P\cdot Q}=\frac{MP_L\cdot L}{Q}=\alpha\ \ (\because MP_L\cdot L=\alpha Q)$$

(단, W는 명목임금)

β는 자본소득분배율(TR_K)을 나타낸다. 자본소득분배율(TR_K)은 자본소득을 총수입으로 나눔으로써 도출할 수 있다.

$$TR_K=\frac{rK}{P\cdot Q}=\frac{MP_K\cdot K}{Q}=\beta\ \ (\because MP_K\cdot K=\beta Q)$$

따라서 $TR_L+TR_K=\alpha+\beta$이다. 만약 1차동차인 CD생산함수이면 $\alpha+\beta=1$이고, $TR_L+TR_K=1$이 된다.

■ α, β의 경제적 의미

- α는 산출량의 노동탄력성, β는 자본탄력성을 각각 의미함
- α는 노동소득분배율, β는 자본소득분배율을 의미함
- $\alpha=\frac{MP_L}{AP_L}$, $\beta=\frac{MP_K}{AP_K}$
- $\alpha+\beta$는 규모의 경제 여부를 결정함

3.10 레온티에프 생산함수

(1) 정의

대체탄력성이 0인 생산함수로서 생산요소 간에 대체관계가 전혀없고 각 생산요소

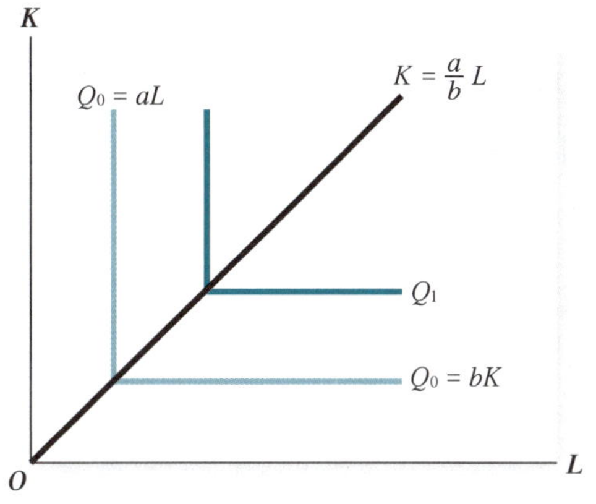

그림 8-16 레온티에프 생산함수의 등량곡선

의 투입비율($\frac{K}{L}$)이 항상 고정되어 있다는 점에서 고정투입계수(fixed input) 생산함수라고도 한다.

(2) 형태

레온티에프생산함수의 형태는 다음 두 가지 형태로 표시된다.

$$Q = \min[aL, bK] \quad \text{단, } a, b\text{는 양의 상수} \tag{8.8}$$
$$Q = \min\left[\frac{L}{a}, \frac{K}{b}\right] \quad \text{단, } a, b\text{는 양의 상수}$$

식 (8.8)의 생산함수는 산출량 Q는 aL, bK 중 작은 값과 같다는 것을 의미한다.

(3) 도출

$Q = \min[aL, bK]$에서 $aL = bK$라면 $K = \left(\frac{a}{b}\right)L$로 원점에서 뻗어나는 직선이 된다.

■ **$aL < bK$인 경우**

$Q = aL$이 되어 $K > \left(\frac{a}{b}\right)L$의 영역에서 노동만을 사용한다.

■ **$aL > bK$인 경우**

$Q = bK$가 되어 $K < \left(\frac{a}{b}\right)L$의 영역에서 자본만을 사용한다.
따라서 등량곡선이 L자형인 레온티에프생산함수가 도출된다.

(4) 성질

대체탄력성이 "0"이어서 생산요소 간에 대체가 불가능하기 때문에 L과 K는 완전보완적인 생산요소관계에 있다.

[그림 8-16]에서 $K = \left(\frac{a}{b}\right) L$ 상의 모든 점은 주어진 산출량 Q를 가장 효율적으로 생산하는 생산요소의 결합비율을 나타낸다. 가장 효율적인 생산요소의 투입비율이 $K = \left(\frac{a}{b}\right) L$로 고정되어 있다.

제9장 비용이론

microeconomics + macroeconomics, Economics ch. nine

1. 생산비용의 종류

1.1 기회비용

한 상품을 생산할 때 기회비용은 이 생산에 사용된 자원을 그대로 다른 상품생산에 투입할 경우 얻게 되는 여러 다른 상품의 산출량 중 최선의 것을 의미한다. 여러 시장의 가격 중 완전경쟁시장에서 균형시장가격은 광고나 전략 등의 요인들로부터 왜곡당하지 않았기 때문에 기회비용의 크기를 가장 잘 반영한다. 장기완전경쟁시장에서 기업이 얻는 정상이윤도 경영자의 기회비용을 나타낸다. 정상이윤이란 경영자로 하여금 계속해서 기업활동을 할 수 있도록 하기 위해 보장되어야 하는 최소한의 이윤을 말한다.

1.2 회계적 비용

회계적 비용이란 실제로 화폐지출이 명확하게 일어난 비용으로 명시적 비용(explicit cost)이라고도 한다. 반면 암묵적 비용(implicit cost)이란 화폐지출이 회계장부상에 명시적으로 이루어지지 않는 비용을 말하며, 기회비용을 의미한다.

1.3 경제적 비용

경제적 비용이란 화폐지출이 명확하게 일어난 명시적 비용과 화폐지출이 명시적으로 일어나지 않은 자본가 자신의 임금, 위험부담, 소유하고 있는 자본시설의 대가 등 암묵적 비용의 합을 말한다.

경제적 비용 = 명시적 비용(회계학적 비용) + 암묵적 비용

1.4 사적 비용과 사회적 비용

사적 비용은 개별 생산자의 입장에서 본 어떤 재화생산에 투입된 생산비이며, 사회적 비용은 사회 전체의 입장에서 본 생산비이다. 사회적 비용은 사적 비용에다 사적 이윤을 더하고 여기에 외부성에 따른 비용을 추가함으로써 도출된다.

$$\text{사회적 비용} = \text{사적 비용} + \text{사적 이윤} + \text{외부 비용}$$

1.5 매몰 비용(sunk cost)

기업이 시장에서 탈퇴할 때 회수할 수 없는 자본을 매몰된 자본이라 하고, 매몰된 자본의 원금을 매몰비용이라 한다. 매몰비용은 회수할 수 없는 비용이기 때문에 기회비용이 0이고, 기업의 의사결정에 영향을 미치지 않는다. 또한 매몰비용은 회수할 수 없는 자본재를 의미하기 때문에 고정비용의 성질도 갖는다. 매몰비용이 존재하지 않는 시장을 준경쟁시장 또는 경합시장(contestability market)이라 한다.

2. 등비용곡선 (iso-cost line)

Economics ch. nine

2.1 정의

등비용곡선 또는 등비선은 노동, 자본 등 생산요소의 가격이 주어져 있을 때 일정한 지출금액으로 기업이 최대한 구매할 수 있는 여러 생산요소의 배합수준을 연결한 궤적이다. 등비용곡선은 요소시장과 관련되어 있기 때문에 완전경쟁적 요소시장에서는 선형으로, 불완전경쟁적 요소시장에서는 비선형으로 각각 나타난다.

2.2 등비용곡선의 형태

생산함수는 $Q = f(L, K)$에서 노동과 자본의 가격이 각각 w, r일 때 산출량을 생산하기 위한 총비용(total cost)은 $wL + rK$이다. 이때 w, r은 각각 시간당 임금과 자본의 임대가격을 의미한다. 그런데 완전경쟁적 요소시장에서 w, r은 주어진 상수로서 취급된다.

등비용곡선이란 일정한 총비용 TC로 최대한 구입할 수 있는 생산요소 L, K의 배합을 연결한 궤적을 의미한다. 따라서 등비용곡선은 $\overline{TC} = wL + rK$로 표시할 수 있다.

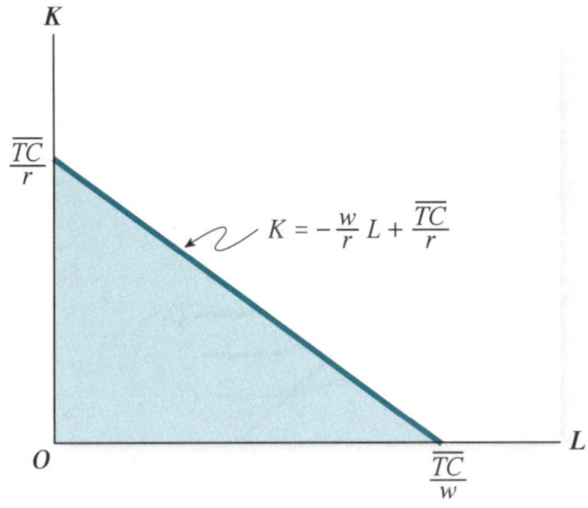

그림 9-1
완전경쟁적 요소시장과 등비용곡선

여기서 $K = -\frac{w}{r}L + \frac{\overline{TC}}{r}$이므로 등비용선의 절편은 $\frac{\overline{TC}}{r}$이고, 기울기는 $-\frac{w}{r}$인 선형으로 나타난다.

3. 생산자균형 (producer's equilibrium)

3.1 정의

생산자균형이란 주어진 산출량을 최소비용으로 생산하는 여러 생산요소의 배합수준을 의미한다. 기업의 생산목표가 이윤극대화임에도 불구하고 기업의 비용최소화에 관심을 우선적으로 갖는 이유는 이윤은 미래에 실현되는 것이지만 비용은 생산 이전에 또는 동시에 발생하기 때문이다.

3.2 모형

생산자균형은 주어진 산출량을 최소비용으로 생산하는 비용극소화모형에서 구해진다.

$$\underset{L,\,K}{\text{Min}}\ wL + rK$$
$$s.t.\ f(L,\,K) = \overline{Q}$$

그림 9-2
생산자균형이 내부해인 경우

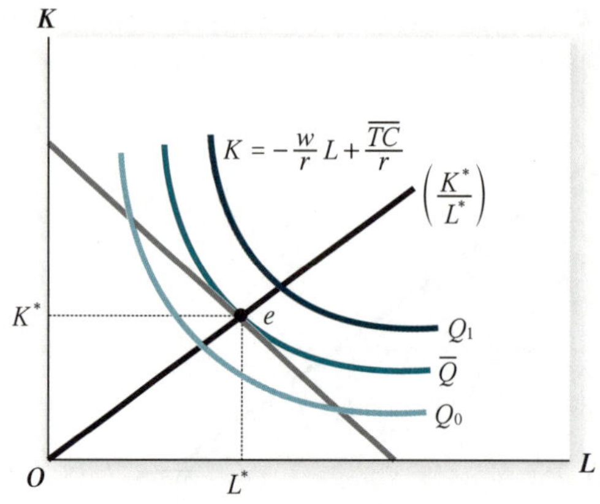

3.3 도출

생산자균형도 소비자균형처럼 내부해와 코너해를 가질 수 있으며, 두 해의 경제적 의미가 다르기 때문에 구별하여 살펴보아야 한다.

(1) 내부(inner)균형

내부균형이란 생산자균형이 자본, 노동축을 제외한 K와 L축에 의해서 만들어진 영역 내에서 성립할 때 나타나는 해를 말한다. [그림 9-2]에서 생산요소시장이 완전경쟁적일 때 생산자균형의 내부해는 등량곡선의 기울기와 선형인 등비용곡선의 기울기가 접하는 e점에서 이루어진다. 주어진 산출량 $\overline{Q}$를 생산하는 최소비용은 X재의 등량곡선 $\overline{Q}$와 접하는 등비용곡선 $\overline{TC}$에서 달성되기 때문이다.

등량곡선의 기울기는 한계기술대체율($MRTS_{LK}$)이고 등비용곡선의 기울기는 $\left(\frac{w}{r}\right)$이기 때문에 e점에서 $MRTS_{LK} = \frac{MP_L}{MP_K} = \frac{w}{r}$가 성립한다. 이를 변형하면 $\frac{MP_L}{w} = \frac{MP_K}{r}$이고, $\frac{MP_L}{w}$과 $\frac{MP_K}{r}$는 각각 노동, 자본의 화폐 한 단위당 한계생산성을 의미한다. 이는 노동, 자본의 화폐 한 단위당 한계생산성이 일치한다는 한계생산성균등의 법칙을 의미한다. 따라서 생산자균형이 내부해를 갖기 위한 1차 조건(필요조건)은 한계생산성균등의 법칙이다.

그러나 [그림 9-3]에서 e_1점은 한계생산성균등의 법칙이 성립하나 c점과 같은 산출량수준이면서도 c점보다 많은 비용이 소요되기 때문에 비용을 극소화하는 생산자균형점은 아니다. 그림에서 비용최소화를 나타내는 생산자균형은 c점이다.

따라서 생산자균형이 성립하기 위해서는 한계생산성균등의 법칙(1차 조건)이 성립하면서 [그림 9-3]처럼 등량곡선이 오목해서는 안 되고 원점에 대해 볼록해야 한

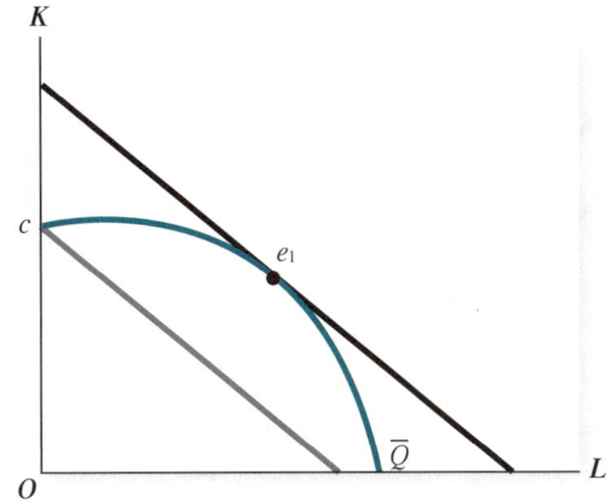

그림 9-3
한계생산성균등의 법칙이 성립하더라도 생산자균형이 성립하지 않는 경우

다. 즉, 한계기술대체율이 체감해야 한다. 그러므로 생산자균형의 2차 조건(충분조건)은 한계기술대체율체감의 법칙이다.

결론적으로 내부해를 갖기 위한 필요 · 충분조건은 한계생산성균등의 법칙과 한계기술대체율체감의 법칙이다.

(2) 코너(Corner)균형

코너균형은 생산자균형이 노동축이나 자본축 선 상에 형성될 때이다. 먼저, K축 상에서 생산자균형이 이루어지는 경우를 살펴보자. [그림 9-4]에서 산출량 $\overline{Q}$를 최소비용으로 생산하는 점은 e_2점이다. 왜냐하면 $\overline{Q}$를 생산하기 위해 TC_2의 비용을 지불하면 과다한 비용을 지불한 것이고, TC_0의 비용을 지불하면 $\overline{Q}$를 생산할 수 없기 때문이다. 따라서 e_2점은 $\overline{Q}$를 최소비용으로 생산하는 생산자균형점이다.

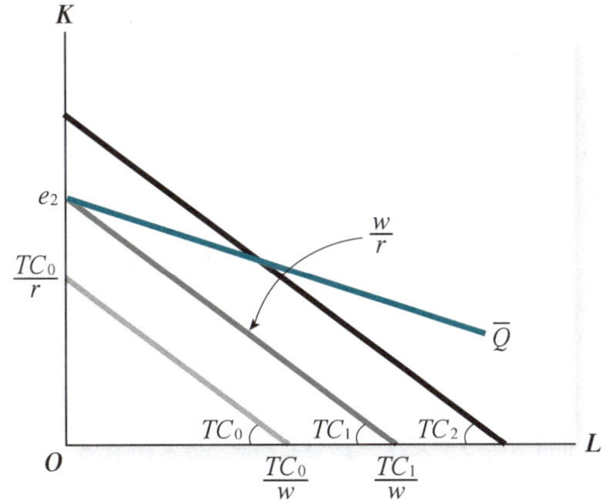

그림 9-4
K축선 상에 생산자균형이 성립하는 경우

그림 9-5
L축선 상에 생산자균형이 성립하는 경우

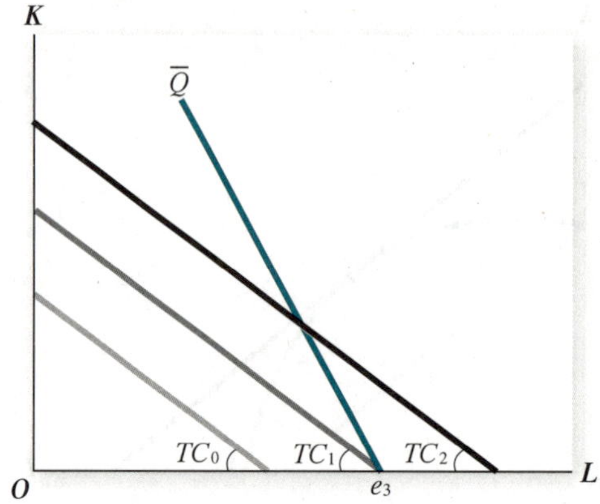

그러나 e_2점은 등량곡선과 등비용선이 접하지 않고 교차하기 때문에 한계생산성균등의 법칙이 성립하지 않는다. 즉, 등비용선의 기울기가 등량곡선의 기울기보다 커서 $\frac{w}{r} > MRTS_{LK}$이다. 이때 생산자의 합리적 행동은 비용 전액으로 자본만을 구입하여 $\overline{Q}$를 생산하는 것이다.

다음, 노동축 상에서 생산자균형이 이루어지는 경우를 살펴보자. [그림 9-5]에서 e_3점은 $\overline{Q}$산출량을 최소비용인 TC_1으로 생산하기 때문에 생산자균형점이다. 그런데 e_3점에서는 등량곡선의 기울기가 등비용선의 기울기보다 크기 때문에 $MRTS_{LK} = \frac{MP_L}{MP_K} > \frac{w}{r}$이다. 따라서 한계생산성균등의 법칙이 성립하지 않는다. 이때 생산자의 합리적 행동은 비용 전액으로 노동만을 구입하여 $\overline{Q}$를 생산하는 것이다.

결론적으로 생산자균형이 내부해인 경우 생산자는 한계생산성균등의 법칙과 한계기술대체율체감의 법칙이 충족되었을 때 비용을 극소화한다. 그러나 코너균형인 경우 한계생산성균등의 법칙이나 한계기술대체율체감의 법칙이 충족되지 않더라도 성립할 수 있다.

3.4 생산자균형의 경제적 의미

생산자균형의 경제적 의미를 정리하면 다음과 같다.

첫째, 주어진 산출량($\overline{Q}$)을 최소비용으로 생산하는 생산요소의 결합수준(L^*, K^*), 즉 생산방법을 나타낸다. [그림 9-2]에서 e점과 원점을 연결한 직선의 기울기인 $\frac{K^*}{L^*}$값이 크면 클수록 생산방법은 상대적으로 자본집약적이고, 작으면 노동집약적이다.

둘째, 생산자균형에서 생산요소(L^*, K^*)는 $\overline{Q}$를 최소비용으로 생산한다는 조건으로 기업이 수요한 조건부요소수요(conditional factor demand)를 의미한다. 따라서 생

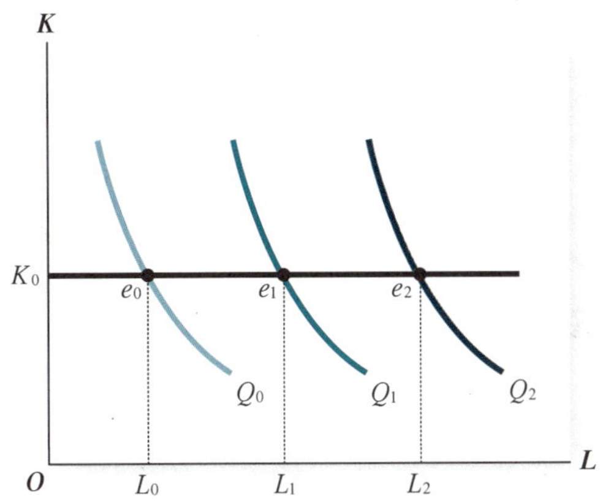

그림 9-6
단기확장선

산자균형은 조건부요소수요의 배합(L^*, K^*)수준을 나타낸다.

셋째, 생산자균형에서 비용함수를 도출한다. 생산자균형에서 $\overline{Q}$를 생산하는 최소비용은 $wL^* + rK^*$이다. 이때 산출량(Q)을 변화시키면서 이에 대응되는 최소비용을 구하여 연결하면 비용함수가 도출된다.

넷째, 생산자균형이 성립하기 위한 한계생산성균등의 법칙과 한계기술대체율체감의 법칙은 주어진 산출량을 최소비용으로 생산하기 위한 조건이다.

3.5 확장선(expansion path)

(1) 의의

확장선이란 산출량을 확장함(expansion)에 따라 이를 최소비용으로 생산하는 생산요소의 배합수준을 연결한 곡선 또는 생산자 균형점이 이동하는 궤적을 연결한 곡선이다. 확장선에는 단기확장선과 장기확장선이 있다.

(2) 단기확장선

[그림 9-6]에서 단기확장선이란 자본이 일정 K_0로 주어져 있고 산출량이 Q_0, Q_1으로 변할 때 이 산출량을 최소비용으로 생산하는 생산요소의 배합을 연결한 곡선이다. 따라서 단기확장선은 e_0, e_1, e_2를 연결한 곡선인데 그 형태는 K_0에서 그은 수평선이 된다.

그림 9-7
장기확장선과 동조적 생산함수의 확장선

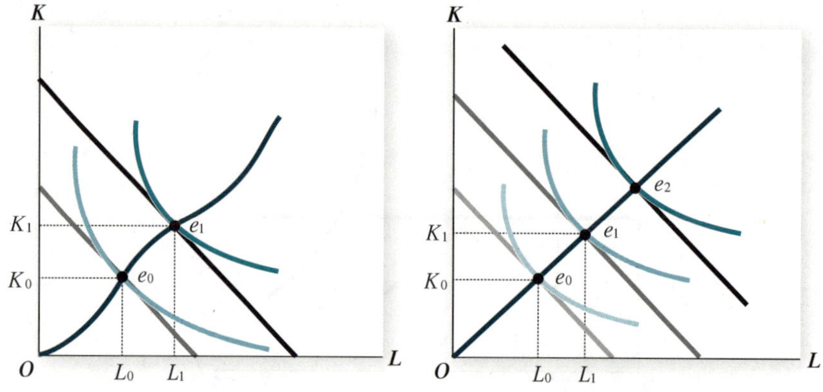

(I) 비동차생산함수 (II) 동조생산함수

(3) 장기확장선

장기확장선은 [그림 9-7]의 (I)에서 노동, 자본이 모두 가변적일 때 산출량이 증가함에 따라 생산자균형점이 이동하는 형태를 연결한 곡선이다.

특별히 장기확장선이 [그림 9-7]의 (II)처럼 원점에서 뻗어나는 반직선이면 이 생산함수를 동조적 생산함수(homothetic production function)라 한다. 동조적 생산함수는 Y재의 생산량에 관계없이 Y재를 생산하는 자본 노동의 투입비율이 $\left(\frac{K}{L}\right)$로 언제나 일정한 기술적 특성을 갖고 있다.

확장선은 등량곡선과 등비용선이 접하는 점들의 궤적이기 때문에 확장선은 $MRTS_{LK} = \frac{MP_L}{MP_K} = \frac{w}{r}$로부터 도출된다.

(4) 동차생산함수와 확장선

동차생산함수는 노동의 한계생산성 MP_L이나 자본의 한계생산성 MP_K가 모두 자본-노동비율 $\left(\frac{K}{L}\right)$의 함수이다. 즉, 자본과 노동이 변하더라도 그 비율이 일정하면 $MRTS_{LK}$가 변하지 않으므로 확장선은 변하지 않는다. 그러므로 [그림 9-7]의 (II)처럼 확장선은 그 차수에 관계없이 반드시 원점에서 뻗어나는 반직선의 형태를 갖는다.

4. 비용함수

Economics ch. nine

4.1 의의

비용함수란 주어진 산출량과 이 산출량을 최소비용으로 생산하는 비용수준과의 기술적인 관계를 나타내는 함수이다. 따라서 비용함수 상의 모든 점은 최소비용수준을 나타낸다.

4.2 성질

비용함수의 주요 성질을 정리하면 다음과 같다.

비용함수는 생산요소가격 w, r에 대해서 최소한 감소함수는 아니다. 즉, 생산요소가격이 상승할 때 총비용은 감소하지는 않는다는 것이다.

그리고, 산출량 Q에 대해서는 증가함수이다. 산출량이 증가하면 비용도 증가한다는 것을 의미한다. 마지막으로, 비용함수는 생산요소가격에 대해서 오목(concave)하다. 이는 요소가격이 상승하면 총비용이 체감적으로 증가한다는 것을 의미한다.

5. 장 · 단기비용함수의 종류

Economics ch. nine

도출된 비용함수로부터 다양한 장 · 단기비용함수의 종류를 유도하고 성질을 분석해보자. 이 장의 핵심은 장 · 단기비용함수 간의 관계에 있다.

5.1 단기비용함수

단기비용함수는 주어진 생산시설, 자본시설 하의 비용함수로 〈표 9－1〉에서 모두 9가지 종류가 있다. 그런데 한계고정비용(MFC) = 0이기 때문에 한계가변비용(MVC) = 단기한계비용(SMC)이므로 실질적으로 7가지 종류가 있다. 이를 순서대로 설명해 보자.

표 9-1 **단기비용함수 종류**

	평균	한계
고정비용(FC)	평균고정비용(AFC)	한계고정비용(MFC)
가변비용(VC)	평균가변비용(AVC)	한계가변비용(MVC)
단기총비용(STC)	단기평균비용(SAC)	단기한계비용(SMC)

(1) 단기총비용곡선

① 단기총비용곡선

단기총비용곡선(short-run total cost curve, STC)란 주어진 생산시설 하에서 일정한 산출량을 최소비용으로 생산하는 비용곡선을 말한다.

단기총비용(STC)은 표에서 단기고정비용(FC)과 단기가변비용(VC)의 합으로 도출된다. 기업이 매기당 고정요소에 대해 지불하는 비용이 단기고정비용이고 가변요소에 대해 지불하는 비용이 단기가변비용이다.

단기총비용곡선은 단기확장선이나 단기생산함수로부터 도출할 때 비용에 관한 보다 많은 정보를 얻을 수 있다. 단기확장선은 주어진 자본에서 수평선이다. [그림 9-8]에서 Q_0를 생산하는 최소비용은 $rK_0 + wL_0 = STC_0$이고, Q_1을 생산하는 최소비용은 $rK_0 + wL_1 = STC_1$이다. 단기총비용곡선은 이런 작업을 반복하면서 만들어진 Q_0와 STC_0, Q_1과 STC_1의 배합을 연결함으로써 도출된다.

② 단기총비용곡선의 성질

첫째, STC는 SFC와 SVC의 합이다. 즉, $STC = SFC + SVC$이다.

둘째, STC곡선은 단기확장선으로부터 도출되었기 때문에 STC곡선 상의 모든 점

그림 9-8
단기확장선과 단기총비용곡선

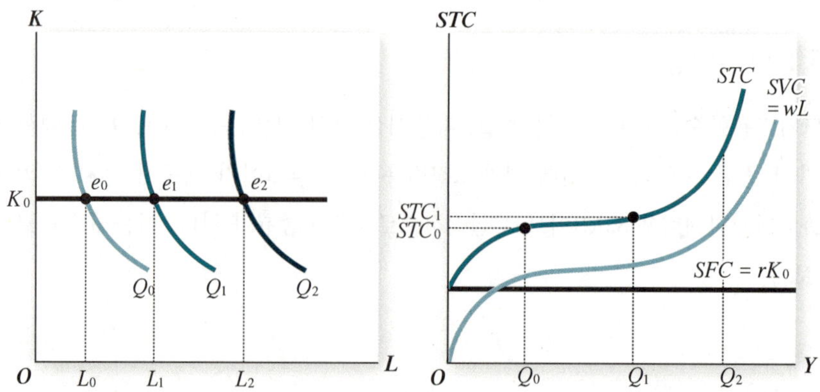

은 주어진 산출량을 생산하는 최소비용 수준을 나타낸다.

셋째, *STC*곡선은 단기생산함수로부터 도출했기 때문에 노동 한 단위가 증가함에 따라 산출량의 증가분이 체감하는 수확체감의 법칙, 즉 비용체증 현상이 나타난다.

끝으로, *STC*는 단기총생산함수의 거울상(mirror image)이다.

(2) 단기평균비용곡선(*SAC*)

① 단기평균비용

*SAC*는 산출량 한 단위당 비용수준으로 $\frac{STC}{Q}$이다. 이는 〈표 9-1〉에서 *AFC*와 *AVC*의 합으로 도출된다.

[그림 9-9]에서 *STC* 상의 한 점과 원점을 연결하는 직선의 기울기가 *SAC*이다. *SAC*는 Q_3수준에서 최저이고 그 이상의 산출량수준에서는 증가한다. *AVC*는 *VC*곡선 상의 한 점과 원점을 연결하는 직선의 기울기이다. *AVC*는 Q_2수준에서 최저이다. *AFC*는 *FC*곡선 상의 한점과 원점을 연결하는 직선의 기울기인데 *AFC*는 *Q*가 증가함

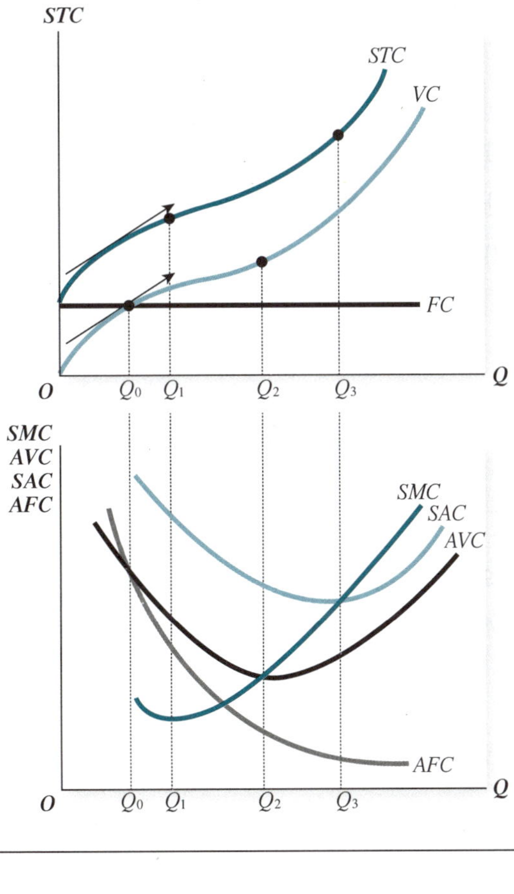

그림 9-9
단기평균비용곡선

에 따라 점점 감소한다. SMC는 STC의 기울기이고, Q_1수준까지는 감소하다가 그 이상의 산출량 수준에서는 증가하고, SAC와 AVC의 최소점을 각각 통과한다. 또한 산출량 Q_0에서 FC와 VC가 교차하고 있기 때문에 AFC와 AVC는 적어도 한 점 이상에서는 교차한다.

$$STC = SFC + SVC$$
$$\frac{STC}{Q} = \frac{SFC}{Q} + \frac{SVC}{Q}$$
$$SAC = AFC + AVC$$

② 단기평균비용의 성질

첫째, AFC는 AVC와 적어도 한 점 이상에서 교차한다.

둘째, $Q_2 \sim Q_3$ 영역 내에서 AFC의 감소가 AVC의 증가보다 크기 때문에 SAC의 최하점(Q_3)은 AVC 최하점(Q_2)보다 우측에 형성된다.

셋째, SAC와 AVC가 U자형인 것은 수확체감의 현상 때문이다. STC에는 수확체감의 현상과 비용체증의 현상이 나타나는데 SAC와 AVC가 이 곡선에서 도출되었기 때문이다.

(3) 단기한계비용곡선(SMC)

SMC는 산출량 한 단위 증가에 따른 총비용의 추가적인 증가분이고, MFC와 MVC의 합으로 도출된다.

$$SMC = MFC + MVC$$
$$\frac{dSTC}{dQ} = SMC = \frac{dFC}{dQ} + \frac{dVC}{dQ} = MFC + MVC = MVC$$
$$(\because \frac{dFC}{dQ} = MFC = 0)$$

① SMC와 SAC의 관계

SMC와 SAC의 관계를 보기 위해 $SAC = \frac{STC}{Q}$에서 SAC를 Q로 미분을 한다.

$$\frac{dSAC}{dQ} = \frac{1}{Q}(SMC - SAC)$$

이 식에서 SMC가 SAC보다 커서 $SMC > SAC$이면 $\frac{dSAC}{dQ} > 0$이기 때문에 산출량

이 증가함에 따라 SAC는 증가하고, $SMC = SAC$이면 SAC 기울기는 0으로 SAC는 극소값을 가지며, SMC가 SAC보다 작아서, $SMC < SAC$이면 $\frac{dSAC}{dQ} < 0$이기 때문에 Q가 증가함에 따라 SAC는 감소한다.

② *SMC*와 *AVC*의 관계

SMC와 AVC의 관계를 보기 위해 AVC를 산출량 Q로 미분을 한다.

$$\frac{d}{dQ}(AVC) = \frac{d}{dQ}\left(\frac{SVC}{Q}\right) = \frac{\frac{d}{dQ}SVC \cdot Q - SVC}{Q^2}$$

$$= \frac{1}{Q}(SMC - AVC)$$

위의 식에서 AVC의 극소점에서 $\frac{d}{dQ}(AVC) = 0$이기 때문에 $SMC = AVC$이다.

(4) 생산과 비용이론의 거울상에 의한 *MC*, *AC*곡선

생산–비용의 거울상(mirror image)효과란 비용함수는 생산함수의 역함수관계이고, 생산함수는 비용함수의 역함수의 관계가 있다는 것을 말한다.

가변비용은 식 (9.1)로 표시되고,

$$VC = wL \tag{9.1}$$

식 (9.1)에서 양변을 Q로 나누면, $\frac{VC}{Q}$는 단기평균가변비용 $SAVC$이다.

$$SAVC = \frac{VC}{Q} = w\frac{L}{Q} = \frac{w}{\frac{Q}{L}} = \frac{w}{AP_L}$$

w가 일정하게 주어져 있을 때 $SAVC$와 AP_L은 서로 역의 관계가 있다. [그림 9–10]에서 AP_L이 고용량 L_1까지 증가하면 $SAVC$가 Q_1까지 감소하고 있다.

이런 관계가 SMC와 MP_L의 관계에서도 나타난다. 식 (9.1)을 Q로 미분하면, $\frac{dVC}{dQ} = SMC$로 단기한계비용이다.

$$SMC = \frac{dVC}{dQ} = w\frac{dL}{dQ} = \frac{w}{\frac{dQ}{dL}} = \frac{w}{MP_L}$$

따라서 SMC와 MP_L은 역의 관계가 있다. 그림에서 MP_L이 L_0까지 증가하면 SMC는 Q_0까지 감소한다. MP_L이 L_0 이후 감소하기 시작하면 SMC는 증가하기 시작한다.

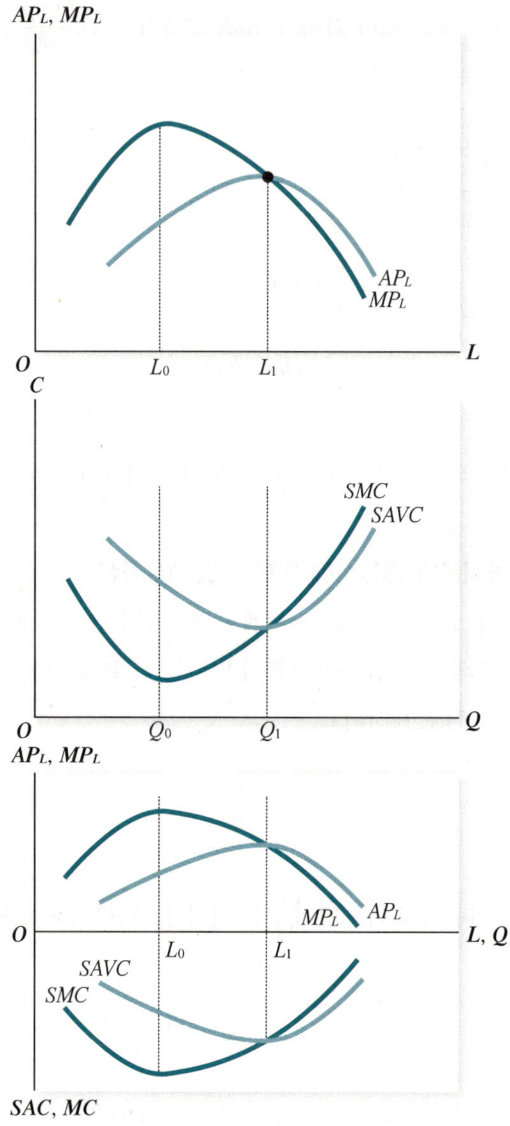

그림 9-10
***MC*-*MP*$_L$, *AC*-*AP*$_L$ 간의 거울상효과**

[그림 9-10]의 하단 그림에서 이상을 종합하면, 노동의 평균생산성 AP_L과 한계생산성 MP_L곡선을 거울에 비추면 *SAVC*와 *SMC*곡선이 각각 도출된다.

5.2 장기비용함수

장기비용함수는 모두 3종류가 있다. 장기총비용, 장기한계비용과 장기평균비용이다. 이는 〈표 9-1〉에서 장기에는 고정비용이 모두 0이 되기 때문이다.

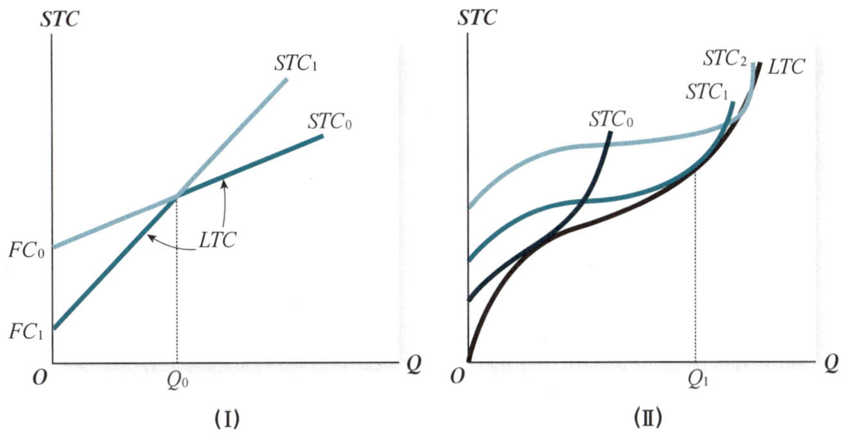

그림 9-11
장기총비용곡선 도출

(1) 장기총비용함수

장기총비용곡선(long-run total cost curve, *LTC*)은 모든 생산요소가 가변적일 때 일정한 산출량을 최소비용으로 생산하는 비용함수를 의미한다.

*LTC*는 *STC*의 포락선(envelope curve)으로부터 또는 장기확장선으로부터 도출된다. 단기총비용곡선 *STC*로부터 장기총비용곡선 *LTC*를 도출하기 위하여 [그림 9-11]의 (I)처럼 두 개의 STC_0, STC_1을 상정해 보자. FC_0, FC_1이 고정비용이고 aQ, bQ가 가변비용일 때 단기총비용곡선은 $STC_0 = FC_0 + aQ$와 $STC_1 = FC_1 + bQ$로 각각 표시할 수 있다.

만일 $FC_0 > FC_1$이고, $b > a$라면, 장기에서 기업은 Q_0까지는 최소비용수준인 STC_1을 따라 생산하고, Q_0 이상에서는 최소비용수준 STC_0를 따라 생산하는 것이 유리하다. 따라서 기업의 *LTC*곡선은 Q_0까지는 STC_1곡선이고, Q_0 이후에는 STC_0곡선이다. 여기서 *STC*와 *LTC*의 관계를 보면 $STC \geq LTC$이다. 이는 *STC*가 아무리 작아도 *LTC*보다 작을 수 없다는 것을 의미한다. 즉, 이 관계를 *LTC*는 *STC*의 포락선이라고 부른다. 그림 (I)을 일반화한 것이 그림 (II)이다.

> $STC \geq LTC$ → *LTC*는 *STC*의 포락선
> 단, 등호는 *STC*와 *LTC*가 접할 때임

(2) 장기평균비용(*LAC*)과 장기한계비용(*LMC*)

*LAC*는 장기에서 산출량 한 단위당 비용수준으로 *LTC*를 산출량 *Q*로 나눈 값이고

*LMC*는 장기에서 산출량 한 단위 증가시에 추가로 늘어나는 장기총비용의 크기로 *LTC*의 접선의 기울기이다.

*LMC*와 *LAC*의 관계를 보기 위해서 *LAC*를 산출량 *Q*로 미분하면

$$\frac{dLAC}{dQ} = \frac{d}{dQ}\left(\frac{LTC}{Q}\right) = \frac{LMC \cdot Q - LTC}{Q^2} = \frac{1}{Q}(LMC - LAC)$$

이다. 이 식에서 *LMC*가 *LAC*보다 크면 $\frac{dLAC}{dQ} > 0$이기 때문에 산출량이 증가함에 따라 *LAC*는 증가한다. $LMC = LAC$이면 *LAC*의 기울기는 0으로 극소값을 가지며, *LMC*가 *LAC*보다 작으면 $\frac{dLAC}{dQ} < 0$이기 때문에 산출량이 증가함에 따라 *LAC*는 감소한다.

5.3 장 · 단기비용함수 관계

(1) 의의

장기비용함수는 장기총비용곡선(*LTC*), 장기평균비용곡선(*LAC*), 장기한계비용곡선(*LMC*) 등 세 가지 종류가 있다. 장 · 단기비용함수 간에 비교를 한다는 것은 세 가지 장기비용함수에 대응되는 단기비용함수와의 관계를 분석한다는 것이다. 즉, 장기총비용곡선에 대응되는 단기총비용곡선, 장기평균비용곡선과 단기평균비용곡선, 장기한계비용곡선과 단기한계비용곡선 간의 관계를 살펴보는 것이다.

(2) 장기총비용곡선(*LTC*)과 단기총비용곡선(*STC*)

*STC*는 단기생산함수나 단기확정선으로부터 도출되지만 *LTC*는 장기생산함수, *STC*의 포락선, 또는 장기확장선으로부터 도출된다. *LTC*는 *STC*의 포락선이기 때문에 *STC*는 아무리 작아도 *LTC*보다 작을 수 없다. 즉, $STC \geq LTC$이다. 추가로, *STC*에는 수확체감의 현상 또는 비용체증의 현상이 나타나지만 *LTC*에는 규모의 문제가 나타난다.

(3) 단기평균비용곡선(*SAC*)과 장기평균비용곡선(*LAC*)

[그림 9-12]에서 $STC \geq LTC$이면 $\frac{STC}{y} \geq \frac{LTC}{y}$, 즉 $SAC \geq LAC$이다. 이는 *SAC*가 아무리 작아도 *LAC*보다 작을 수 없다는 것을 의미한다. 따라서 *LAC*는 *SAC*와 포락선의 관계가 있다. 또한 *STC*와 *LTC*가 접하는 산출량수준에서 *SAC*와 *LAC*도 접한다.

LAC 최하점 좌측에서는 *SAC* 최하점 좌측과 *LAC*가 접하고 *LAC* 최하점 우측에서는 *SAC* 최하점 우측과 *LAC*가 접한다. 왜냐하면 [그림 9-14]의 Q_0점에서 단기에는 SAC_0를 따라 생산한다. 그러나 모든 생산요소가 가변적이어서 기업에게 가장 유리한

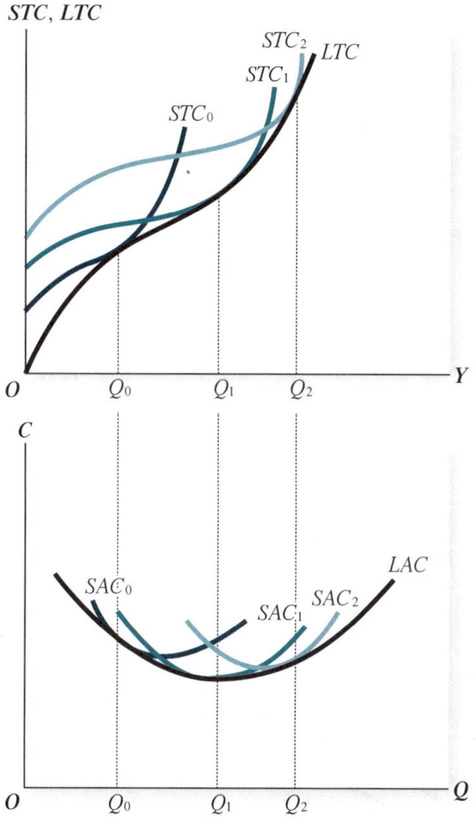

그림 9-12
***STC*와 *LTC*, *SAC*와 *LAC*와의 관계**

생산방법을 선택할 수 있는 장기에는 산출량을 증가시킴에 따라 생산비가 더 저렴한 생산방법 SAC_1으로 바꿀 수 있으므로 SAC_0 최하점과 *LAC*가 접하는 것은 아니다. 다만, 예외적으로 *LAC* 최하점에선 *SAC* 최하점이 접한다. *LAC* 최하점은 규모의 불변경제이고 *LAC*가 수평이어서 $LAC = LMC$이다. 그런데 *LAC*는 *SAC*의 포락선이기 때문에 [그림 9-13]처럼 *SAC* 최하점과 *LAC*가 접한다.

*SAC*가 U자형인 것은 수확체감현상이, *LAC*가 U자형인 것은 규모의 경제가 나타나기 때문이다.

(4) 장기한계비용(*LMC*)과 단기한계비용(*SMC*)

먼저, *STC*와 *LTC*가 접하는 산출량 수준에서는 *SMC*가 *LMC*와 교차하지만 *SMC*의 기울기가 *LMC*의 기울기보다 가파르다.

다음으로, [그림 9-14]에서 $SMC \geq LMC$이기 때문에 *LMC*는 *SMC*의 포락선이 아니다.

그림 9-13
*LAC*와
*SAC*최하점

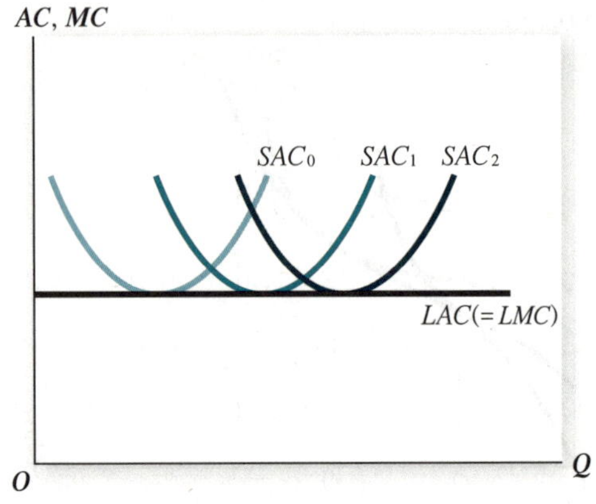

그림 9-14
*STC*와 *LTC*,
*SAC*와 *LAC*,
*SMC*와 *LMC*

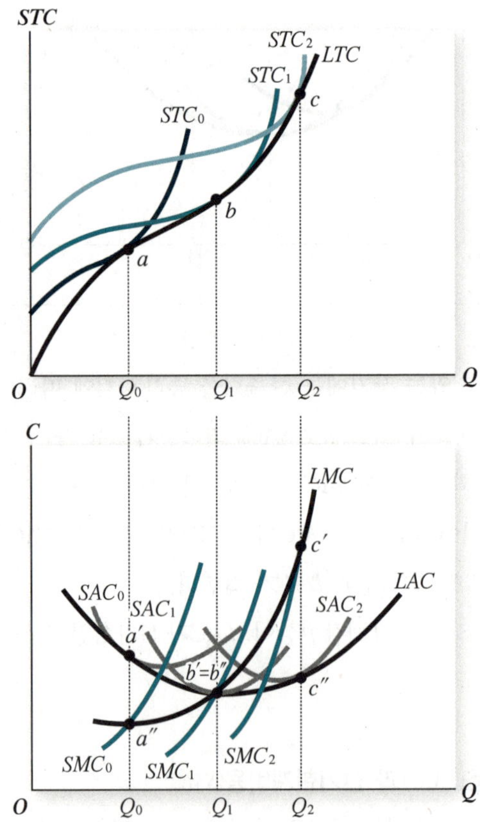

6. 규모의 체증적 보수와 규모의 경제

Economics ch. nine

규모의 경제는 산출량이 증가함에 따라 비용이 체감하여 산출량증가율이 비용증가율보다 큰 기술적 현상을 말한다.

이에 대해 규모의 체증적 보수는 생산요소의 증가율보다 산출량증가율이 더 큰 현상이다. 두 현상은 동차생산함수에서는 기본적으로 동일한 현상이다.

7. 공급곡선

Economics ch. nine

공급곡선이란 다른 조건이 일정할 때 기업의 이윤극대화 산출량과 그 재화의 가격 간의 함수관계를 말한다. 공급곡선은 완전경쟁시장에만 존재한다. 따라서 완전경쟁시장을 전제로 공급곡선을 도출해 보면 개별기업의 장 · 단기 등 두 개 공급곡선이 있고, 시장의 공급곡선에는 두 개의 단기시장공급곡선과 세 개의 장기시장공급곡선 등 모두 일곱 개의 공급곡선이 있다.

7.1 개별기업의 단기공급곡선

개별기업은 이윤극대화원리에 따라 재화를 공급한다. 그러나 가격이 조업중단점 이하로 하락하면 공급을 중단한다. 따라서 공급곡선을 도출하기 위해 단기조업중단점을 도출해 보자.

기업은 손해액이 고정비용보다 크면 조업을 중단한다.

$$\begin{aligned} &\text{손해액}(TC-TR) > \text{고정비용}(FC) \\ &\Rightarrow TC-FC > TR \\ &\Rightarrow VC > TR \end{aligned} \qquad (9.2)$$

식 (9.2)에 의하면 기업은 자신의 총수입으로 가변비용을 충당하지 못하면 조업을 중단한다. 양변을 산출량 로 나누면 보다 구체적인 조업중단점의 의미가 나온다.

그림 9-15
개별기업의 단기공급곡선

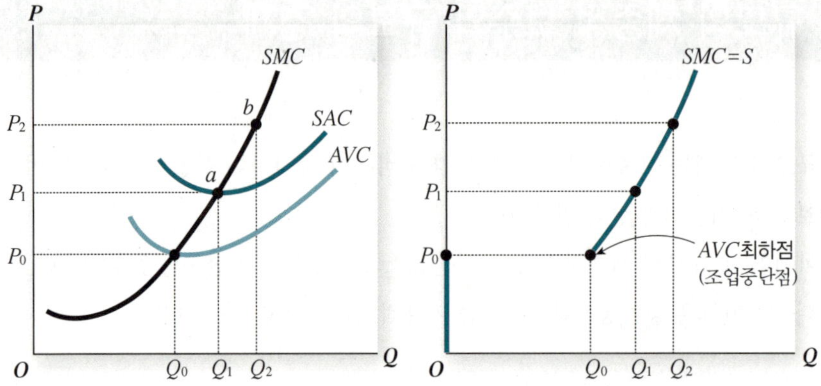

$$\frac{VC}{Q} > \frac{TR}{Q}$$
$$\Rightarrow AVC > AR = P \qquad (9.3)$$

식 (9.3)에서 기업은 자신이 생산한 재화의 가격이 평균가변비용 이하로 하락하면 조업을 중단한다. 따라서 *AVC* 최저점이 단기조업중단점이 된다.

이제 기업의 이윤극대화 조건과 단기조업중단점을 이용하여 개별기업의 단기공급곡선을 도출하자. 먼저 [그림 9-15]에서 조업중단점인 P_0 이하에서는 $Q = 0$이므로 공급곡선은 존재하지 않는다. 그러나 P_1일 때 $P_1 = SMC$인 *a*점에서 이윤을 극대화하고 Q_1만큼을 공급한다. P_2에서는 *SMC* 상의 *b*점에서 Q_2만큼 공급한다. 따라서 기업은 *SMC*곡선을 따라 공급을 시작한다. 그러므로 단기공급곡선은 단기조업중단점인 *AVC* 최하점 이상의 *SMC*곡선이 된다.

7.2 개별기업의 장기공급곡선

장기공급함수를 도출하기 위해서 장기조업중단점을 계산해야 한다. 장기에서도 기업은 손실액($LTC - TR$)이 고정비용(FC)보다 클 때 조업을 중단한다. 장기에는 $FC = 0$이므로 $LTC - TR > FC$에서 $LTC > TR$이다. 따라서 장기에서 기업은 총수입이 장기총비용보다 작으면 조업을 중단한다.

또한 산출량(Q)으로 나누면 $\frac{LTC}{Q} > \frac{TR}{Q}$이고 $\frac{LTC}{Q} = LAC$, $\frac{TR}{Q} = AR = P$이므로 $LAC > AR = P$이다. 이는 가격이 *LAC* 최하점 이하로 하락하면 조업을 중단한다는 것을 의미한다. 따라서 장기에서 조업중단점은 *LAC*의 최하점이다.

장기에서 기업의 이윤극대화조건은 $P = LMC = MR$이다. 기업은 *LMC*곡선을 따

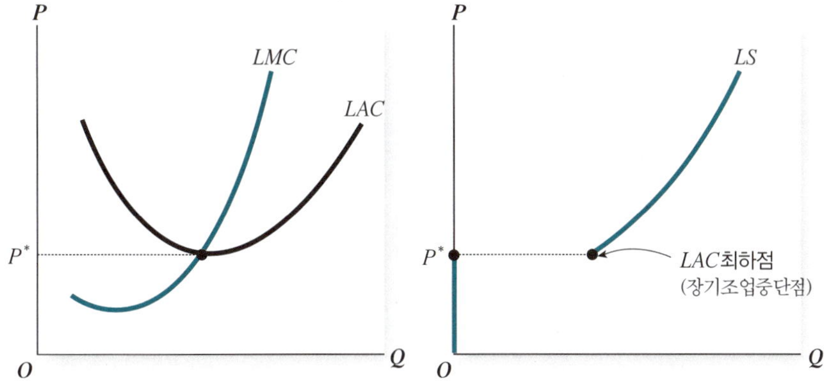

그림 9-16
개별기업의 장기공급곡선

라 $P = LMC$에서 이윤극대화 공급량을 결정한다. 그러므로 장기공급곡선은 장기조업중단점인 LAC 최하점 이상의 LMC곡선이다. 또한 LAC 최하점에서 LMC가 SMC보다 완만한 기울기를 갖기 때문에 장기공급곡선이 단기공급곡선보다 탄력적이다.

표 9-2 **장 · 단기 조업중단점 비교**

기준 \ 장 · 단기	단기	장기
손해액기준	손해액 > 고정비용 → $TC - TR > FC$	손해액 > 고정비용 = 0 → $LTC - TR > FC = 0$
가변비용기준	$TC - FC = VC > TR$ 총수입이 가변비용을 충당하지 못하면 조업중단함	$LTC > TR$ 총수입이 총비용을 충당하지 못하면 조업중단함
평균비용기준	$\frac{VC}{Q} > \frac{TR}{Q}$ $AVC > AR = P$ AVC 최하점이 조업중단점임	$\frac{LTC}{Q} > \frac{TR}{Q}$ $LAC > AR = P$ LAC 최하점이 조업중단점임

7.3 산업의 단기공급곡선

산업의 단기공급곡선은 재화의 가격변화로 시장전체의 공급량이 변할 때 생산요소가격이 변하는가 여부에 따라 두 개의 공급곡선이 존재한다.

(1) 생산요소의 가격이 가변일 때

시장에서 [그림 9-17]과 같이 재화의 가격이 P_1에서 P_2로 상승할 때 기업전체가

그림 9-17
생산요소의 가변가격 하에서 산업의 단기공급곡선

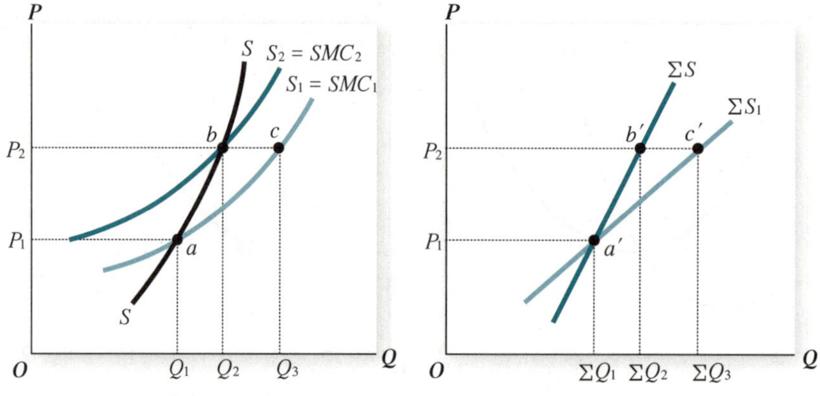

(I) 개별기업 단기공급곡선　　(II) 산업의 단기공급곡선

공급량을 늘려 생산에 투입되는 요소가격이 상승한다면 평균비용, 한계비용곡선이 상방으로 이동하기 때문에 산업의 단기공급량은 Q_1에서 Q_3까지 증가하지 않고 Q_2까지만 증가한다.

따라서 산업의 단기공급곡선 ΣS는 a점과 b점을 연결한 SS곡선을 수평으로 합하여 도출된다. 그리고 이 곡선은 생산요소가격이 불변일 때보다 가파른 기울기를 갖는다.

(2) 생산요소가격이 불변일 때

생산요소가격이 시장전체의 공급량의 변화에도 불구하고 고정되어 있을 때 산업의 단기공급곡선은 개별기업의 단기공급곡선을 수평으로 합한 것이다. 즉, [그림 9-18]에서 기업 i의 공급곡선을 $S_i(P)$라 할 때 산업 내에 n개의 기업이 있을 경우 산업의 단기공급곡선은 다음과 같이 된다.

$$S(P) = \sum_{i=1}^{n} S_i(P)$$

7.4 산업의 장기공급곡선

단기에는 시장의 구조적 측면이나 내용이 주어져 있기 때문에 개별기업의 단기공급곡선을 수평으로 합한다는 것이 의미를 가진다. 그러나 장기에는 기업의 자유로운 진입과 탈퇴로 인해 기업의 수가 변화하고 기술수준이 변하여 시장구조 자체가 바뀌기 때문에 산업의 장기공급곡선은 개별기업의 장기공급곡선을 수평으로 합하여 얻어질 수 없다. 다만 [그림 9-19]에서 산출량이 증가함에 따라 산출량의 생산비용이 불

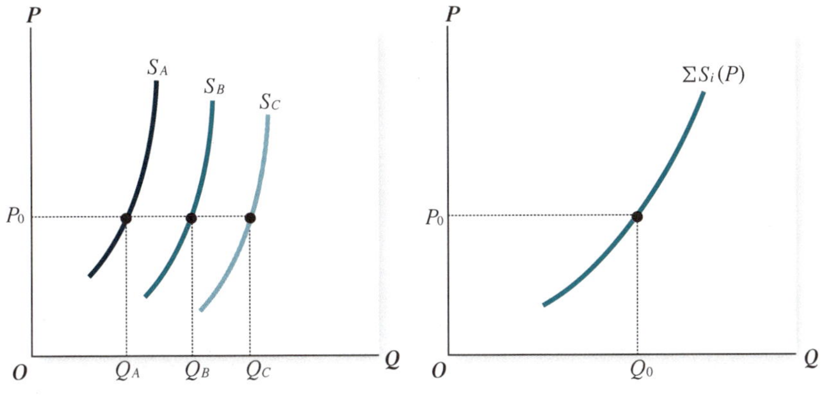

그림 9-18
한계비용이 불변일 때 산업의 공급곡선

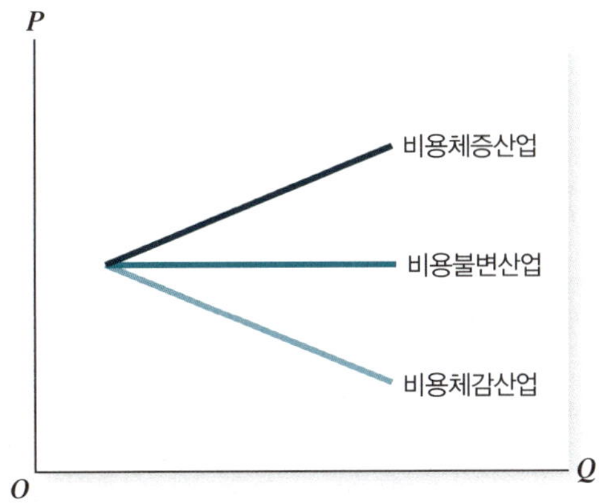

그림 9-19
산업의 장기공급곡선

변, 체증, 체감하는 세 가지 경우를 생각할 수 있을 뿐이다. 이에 대응하여 산업의 장기공급곡선은 비용이 불변이면 수평이고, 체증이면 우상향이고, 체감하면 우하향한다.

시장조직이론

part four

4

제10장 완전경쟁시장

microeconomics + macroeconomics, Economics ch. ten

1. 의의

완전경쟁시장이 성립하기 위해서는 우선 규모가 같은 다수의 공급자와 수요자가 존재하고 소비자가 느끼기에 동일한 성질을 갖는 동질적인 상품이 생산되어야 한다.

또한 경제주체들은 모든 경제적, 기술적 정보와 가격에 대해 완전한 정보를 갖고 있다. 경제적 자원이 어느 부분이든 자유롭게 이동가능하고 기업들의 산업에 대한 진입과 탈퇴에는 아무런 장벽이 없다.

완전경쟁시장이란 이상의 전제조건 하에서 개별기업이 시장에서 결정된 가격을 주어진 것으로 받아들이면서 이 가격 하에서 생산해야 할 산출량을 결정하는 시장형태, 즉 개별기업이 가격수용자(price taker)와 수량설정자(quantity setter)로 행동하는 시장형태를 의미한다.

2. 수요곡선

완전경쟁 하의 '시장수요곡선'은 이미 소비자선택이론에서 배웠듯이 수요의 법칙, 즉 대체효과가 항상 음수이기 때문에 우하향한다. 소비자선택이론에서 수요곡선을 이미 도출했음에도 불구하고 다시 시장이론에서 수요곡선을 살펴보는 것은 완전경쟁시장에서는 시장수요곡선과 개별기업이 직면하는 수요곡선이 불일치하기 때문이다. 즉, 완전경쟁에 참여한 '개별기업이 직면하는 수요곡선'은 개별기업의 규모가 매우 작아서 시장에서 결정된 가격을 변경시킬 수 없고, 시장에서 결정된 가격을 주어진 것으로 받아들이기 때문에 수평이다.

그림 10-1
완전경쟁시장과 개별기업이 직면하는 수요곡선

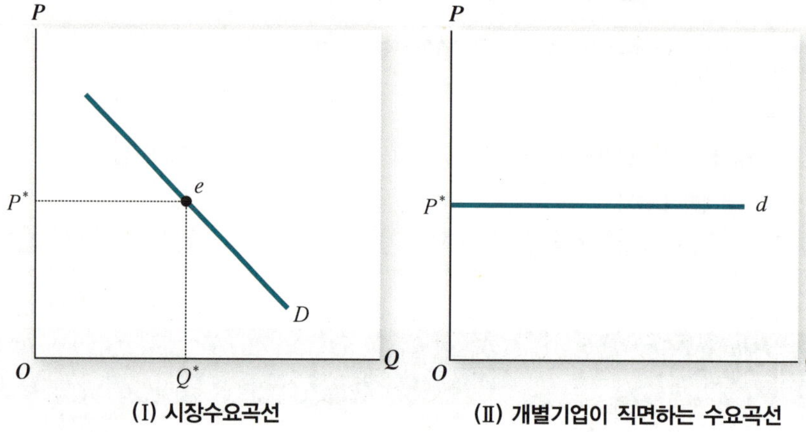

완전경쟁시장에서 개별기업의 수요곡선 성질을 보자. 먼저 [그림 10-1]처럼 완전경쟁시장의 수요곡선은 우하향하고, 개별기업이 시장에서 직면하는 수요곡선은 수평이다. 즉, 기업의 수요곡선과 시장의 수요곡선이 서로 불일치한다.

이 기업의 총수입은 $TR = \overline{P} \cdot Q$이고, 판매량과 정비례한다. 평균수입$(AR)$은 $\frac{TR}{Q} = \frac{\overline{P} \cdot Q}{Q} = P$이고, 한계수입$(MR)$은 $\frac{\partial TR}{\partial Q} = \frac{\overline{P} \partial Q}{\partial Q} = P$이므로 $d = MR = AR = P$이다. 개별기업의 수요곡선이 수평이므로, 기업들은 수요의 가격탄력성이 완전탄력적이라고 느낀다. 수요의 가격탄력성은 시장수요곡선에서 측정되기 때문에 개별수요곡선 상에는 의미를 갖지 못한다. 따라서 완전경쟁기업에서 탄력성은 실제탄력성을 의미한다기보다 기업이 체감하는 탄력성이란 의미이다.

그림 10-2
완전경쟁시장에서 기업의 총수입, 평균수입과 한계수입곡선

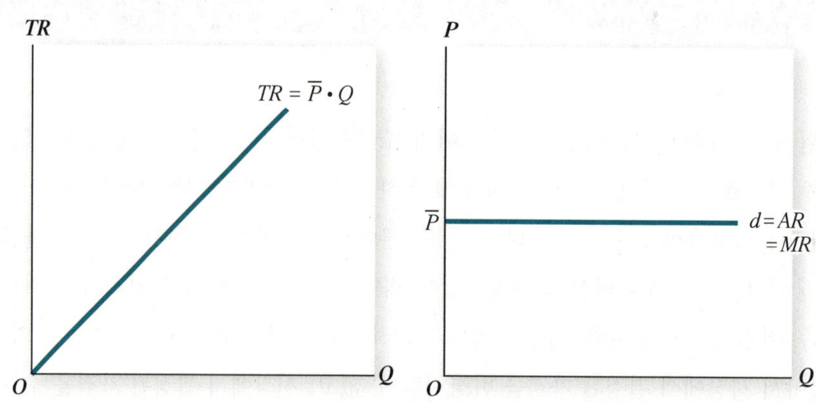

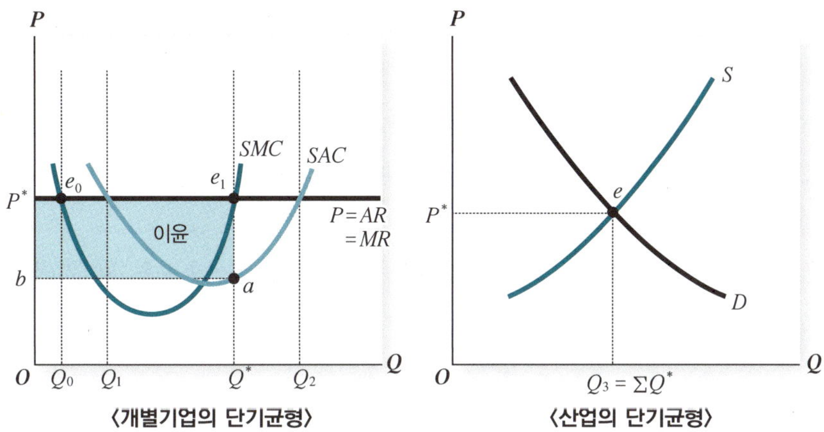

그림 10-3
완전경쟁시장의 단기균형

3. 완전경쟁시장의 단기균형

Economics ch. ten

3.1 조건

완전경쟁시장의 단기균형이란 주어진 생산시설 하에서 기업의 이윤을 극대화하는 가격과 산출량 수준을 말한다. 이윤극대화는 *TR*과 *STC*, *AR*과 *AC*, *MR*과 *MC*의 차이로 각각 정의할 수 있기 때문에 [그림 10-3]처럼 여러 각도에서 나타낼 수 있다. 식 (10.1)과 같이 기업의 단기균형모형을 설정할 수 있다.

$$\underset{Q}{\text{Max}}\ \pi = PQ - STC(Q) \tag{10.1}$$

이때 1차 조건은 $P = SMC$, 2차 조건은 MR의 기울기 < SMC의 기울기이다.

따라서 개별기업의 단기균형은 이상의 1, 2차 조건을 모두 만족하는 (P^*, Q^*)에서 이루어지고, 산업의 단기균형은 $e(P^*, Q_3)$에서 성립한다.

3.2 경제적 의미

완전경쟁시장의 단기균형의 경제적 의미를 살펴보면 첫째, 개별기업은 P^*e_1ab만큼 초과이윤을 누리고 있다. 완전경쟁시장에서 초과이윤은 기업이 경쟁기업에 대해 갖는 기술경쟁상 우위로부터 발생한다. 반면 초과이윤은 기업이 경쟁기업에 대해 갖는 기술경쟁상 우위로부터 발생한다. 반면 독점기업의 이윤은 준지대의 성격을 갖고 있다. 한편 완전경쟁기업은 단기에서 *SAC*곡선이 수요곡선 상방에 있으면 손실을 본다.

둘째, 완전경쟁시장에서만 $P = MR = SMC$가 성립한다. 이것은 기업이 재화 한 단위 생산하기 위해 추가로 지불한 비용을 받고 판매한다는 것을 의미한다. 따라서 소비자는 후생면에서 불리한 것이 없다.

끝으로, 완전경쟁시장에 참여한 기업의 수는 시장의 균형산출량을 개별기업의 산출량으로 나눔으로써 구해진다. 즉, 시장에 참여한 기업의 수는 $\frac{Q_3}{Q^*}$이다.

4. 완전경쟁시장의 장기균형

Economics ch. ten

4.1 의의

장기란 신규기업의 진입과 탈퇴가 자유롭고 모든 생산요소가 가변적이어서 기존 기업은 가장 유리한 생산시설로 변경할 수 있는 정도의 기간을 말한다. 장기균형이란 장기에서 기업의 이윤을 극대화하는 가격과 산출량의 배합수준을 말한다.

장기균형에서는 장기완전경쟁시장에서 나타나는 자원배분상의 특징을 도출하는 것이고, 기업들의 생산기술이 서로 다르더라도 초과이윤이 0이라는 장기균형의 원칙이 여전히 성립하는가를 검토하는 것이다.

4.2 장기균형 도출

개별기업들의 비용함수가 모두 같을 때 [그림 10-4]에서 시장의 단기균형은 e_0점 (P_0, Q_0)이다. 단기에서 개별기업은 P_0abc만큼의 초과이윤을 얻고 있다. 초과이윤은 장기에서 신규기업을 진입하게 하고 기존기업은 가장 유리한 비용을 택하여 최적의 생산시설로 시설을 확충하도록 유인한다. 이에 따라 시장에서 *X*재의 공급량이 증가하고 공급곡선이 *S*에서 S'으로 우측이동한다.

그러나 공급곡선이 장기조업중단점인 *LAC* 최하점 이하로 하락하면 기존기업은 조업을 중단하고 시장탈퇴를 하며 신규기업의 진입은 더 이상 이루어지지 않는다. 이에 따라 시장의 공급량이 줄면서 공급곡선이 다시 좌측상방으로 이동한다. 이런 조정과정이 계속 반복되다가 장기균형은 *LAC* 최저점인 e_1점 (P_1, Q_3)에서 이루어진다.

그런데 *LAC* 최하점은 유일하게 *SAC* 최하점과 접하고 이 점을 *SMC*와 *LMC*가 통

그림 10-4
동일한 비용함수의 장기균형

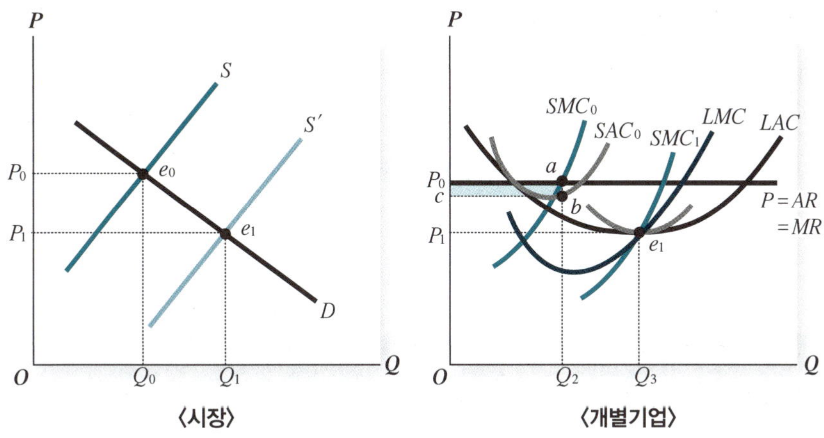

과한다. 따라서 기업의 장기균형이 성립하기 위한 1차 조건은 $SMC = LMC = P = LAC = SAC$이고, 2차 조건은 LMC 기울기가 $P = MR$ 기울기보다 크다는 것이다. 이때 개별 기업의 초과이윤은 0이다.

그러나 한 기업의 비용수준이 다른 기업보다 우위에 있으면 이 기업은 초과이윤을 얻을 수 있다. 이 기업이 얻고 있는 초과이윤의 본질에 관한 것이다. 이 기업이 얻고 있는 초과 이윤은 예를 들면, 다른 기업에 비해 유리한 기업입지로부터 얻어지는 것이기 때문에 유리한 입지의 기회비용이 된다. 다시 말하면 이 기업이 자신의 유리한 기업입지를 다른 기업에 임대하면 초과이윤만큼의 임대료를 얻을 수 있다.

경제적 이윤은 총수입에서 기회비용을 포함한 경제적 비용을 제외하여 구한다. 따라서 이 기업의 경제적 이윤도 0이 된다. 결론적으로 기업들의 비용함수가 다르면 장기완전경쟁시장에서 이 기업처럼 회계학적 이윤을 얻을 수 있지만 회계학적 이윤에 기회비용을 계산하여 도출한 경제적 이윤은 0이 되어 초과이윤이 0이라는 원칙이 여전히 성립한다.

4.3 장기균형의 특징

먼저, 장기균형 하에서는 $P = AR = LAC$이므로 기업의 초과이윤은 0이고 정상이윤만 존재한다. 장기균형에서 기업이윤(초과이윤)이 0이 되는 것은 기업의 생산기술이 더 이상 경쟁력이 없기 때문에 그 기술 사용에 따르는 기회비용이 0이 됨을 의미한다.

둘째, 장기의 완전경쟁시장은 생산의 최적규모에서 생산활동을 한다. LAC의 최하점을 생산의 최적규모(optimal scale)라 한다. 이를 비용면에서 해석하면 장기완전경쟁시장은 X재를 가장 저렴한 비용수준에서 생산한다는 것을 의미한다.

다음으로, 완전경쟁시장에서 기업은 독점 등 다른 어떤 시장에 비해 재화 X를 LAC의 가장 낮은 최소의 비용으로 생산한다.

끝으로, 장기균형상태에서 시장에 참여한 기업의 수는 시장의 장기균형산출량 Q_1을 개별기업이 장기에서 생산하는 산출량 Q_3로 나눔으로써 도출한다. 즉, 기업 수는 $\frac{Q_1}{Q_3}$이다.

5. 후생경제학적 평가

Economics ch. ten

장기완전경쟁시장에서 자원배분상태를 평가해 보자. 평가의 기준은 효율성, 소득분배의 공평성 그리고 기술진보에 미치는 영향 등이다. 이 중 전통적 기준은 효율성이다. 효율성은 사회후생극대화 여부를 기준으로 평가한다. 이런 의미에서 시장에서 자원배분을 후생경제학적으로 평가한다고 한다.

5.1 효율성측면

(1) 내부효율성

효율성이란 최소한의 생산요소 투입으로 최대산출량을 얻는 것을 의미한다. 내부효율성은 기업 내에서 경영자의 탁월한 경영능력 등에 의해서 달성되는 경영상의 효율성을 말한다. 그런데 기업의 규모가 커지면 기업조직 내에서 비효율성이 발생할 수 있다. 이를 X–비효율성이라 한다.

X–비효율성은 주어진 산출량을 생산하기 위해 지불해야 하는 최소비용을 초과하는 실제비용 수준을 말한다.

$$X\text{–비효율성} = \frac{\text{초과비용}}{\text{최소비용}}$$

그런데 장기완전경쟁시장은 장기평균비용 최소점에서 재화를 생산하기 때문에 주어진 산출량을 최소비용으로 생산한다. 따라서 초과비용이 0이기 때문에 X–비효율성은 존재하지 않는다. 그러므로 완전경쟁시장은 내부효율성을 달성하고 있다.

(2) 배분적 효율성

완전경쟁시장에서 배분적 효율성을 두 가지 접근법으로 설명할 수 있다. 먼저, 배분적 효율성은 파레토효율적(Pareto efficient)인 자원배분을 말한다. 이는 사회후생을 극대화하는 자원배분 수준에서 달성된다. 사회후생극대화원리에 의하면 사회후생을 극대화하는 자원배분은 반드시 파레토효율적인 자원배분이다. 그러나 그 역은 성립하지 않을 수 있다. 그런데 [그림 10-5]에서 장기완전경쟁시장에서 가격에 의한 자원배분은 사회적 후생(abc) = 소비자잉여(P^*ab) + 생산자잉여(P^*bc)을 극대화시킨다. 따라서 파레토효율적으로 자원을 배분한다.

시장에서 파레토효율적인 자원배분을 사회적 한계비용(social marginal cost, *SMC*), 사적 한계비용(private marginal cost, *PMC*)과 사회적 한계편익(social marginal benefit, *SMB*), 사적 한계편익(private marginal benefit)의 관점에서 설명할 수 있다.

외부성이 존재하면 외부 한계편익(external marginal benefit, *EMB*)이나 외부 한계비용(external marginal cost, *EMC*)이 발생하여 식 (10.2)에서 사회적 한계편익, 사회적 한계비용은 각각 사적 한계편익, 사적 한계비용과 불일치한다.

$$\begin{aligned}\text{사회적 한계편익} &= \text{사적 한계편익} + \text{외부한계편익}\\ \text{사회적 한계비용} &= \text{사적 한계비용} + \text{외부한계비용}\end{aligned} \tag{10.2}$$

식 (10.2)에서 외부성이 없으면 어떤 재화의 수요곡선과 사적 한계편익곡선, 사회적 한계편익곡선이 일치한다. 또한 공급곡선은 사적 한계비용곡선, 사회적 한계비용곡선과 일치한다. 이때 기업 등 사적 주체의 최적산출량 수준은 사적 한계편익과 사적 한계비용이 일치하는 $PMB = PMC$에서 성립하고, 사회적으로 바람직한 산출량 수

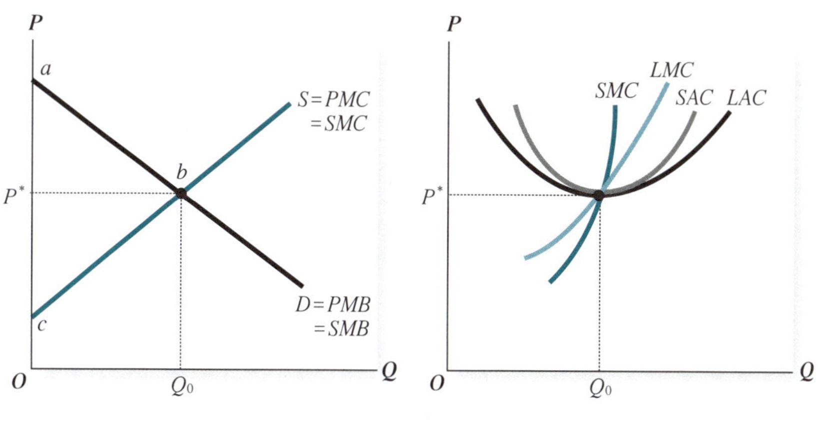

그림 10-5
완전경쟁시장과 파레토효율

준은 사회적 한계편익과 사회적 한계비용이 일치하는 $SMB = SMC$에서 실현된다.

그런데 [그림 10-5]의 완전경쟁시장에서 시장수요곡선과 시장공급곡선이 교차하는 수준에서는 $D = PMB = PMC = S = SMB = SMC$이므로 기업의 최적생산량은 사회적으로 바람직한 생산량과 일치한다. 따라서 완전경쟁시장에서 가격에 의한 자원배분은 파레토 효율적으로 배분된다.

5.2 분배의 형평성 측면

자원배분의 형평성은 분배의 형평성을 말한다. 형평성은 부(wealth), 소득 및 기회를 기준으로 한다. 여기서 기회란 경제주체가 장래의 부, 소득 및 경제 사회적 지위를 개선할 수 있는 가능성을 의미한다.

미시경제학에서 가격에 의한 자원배분을 논의할 때, 소득분배는 주어진 것으로 보고 효율성에 대해서만 언급을 한다. 공평성의 기준에 논란이 많고 일의적인 기준이 없기 때문이다.

그러나 소득분배 측면을 평가하기 위해 소득분배의 한계생산력설을 공평성의 기준으로 삼을 수 있다. 소득분배의 한계생산력설이란 각 생산요소는 그 생산요소의 한계생산력, 즉 기회비용만큼을 소득으로 분배받는다는 것을 의미한다. 그런데 장기완전경쟁시장에서는 각 생산요소는 한계생산성만큼을, 자본을 제공한 사람은 자본의 한계생산성만큼을 소득으로 분배받는다. 따라서 장기의 완전경쟁시장은 소득을 공평하게 분배한다.

제11장 독점시장

microeconomics + macroeconomics, Economics ch. eleven

1. 공급독점

1.1 의의

독점시장이란 대체재가 없는 상품을 판매하는 하나의 공급자가 시장 전체를 지배하여 가격설정자(price maker)로 행동하는 시장형태를 의미한다.

독점의 발생 원인은 특정 생산원료나 생산기술, 정보의 배타적 소유, 특허권, 각종 인·허가와 전매권에 의한 특정 기술 소유에 대한 법적 보호 등이며 무역장벽의 설치, 규모의 경제, 기존 독점기업의 진입가격정책 등으로도 나타난다.

1.2 수요곡선

독점기업은 가격설정자이기 때문에 기업이 직면하는 수요곡선은 항상 우하향한다. 그런데 독점기업이 시장 전체를 지배하기 때문에 기업의 수요곡선이 바로 시장 수

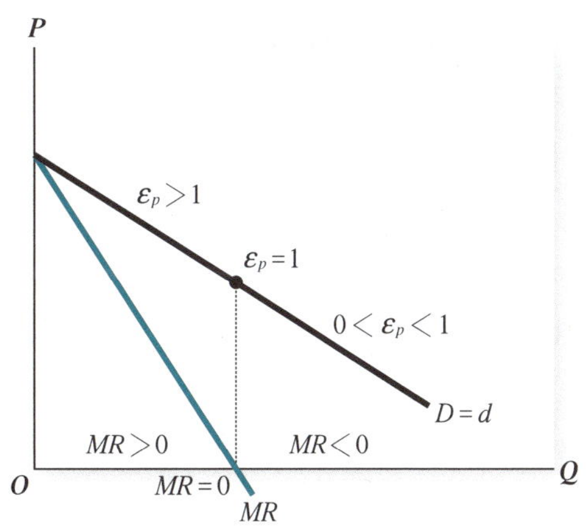

그림 11-1
독점기업의 수요곡선

그림 11-2
로스차일드 독점도

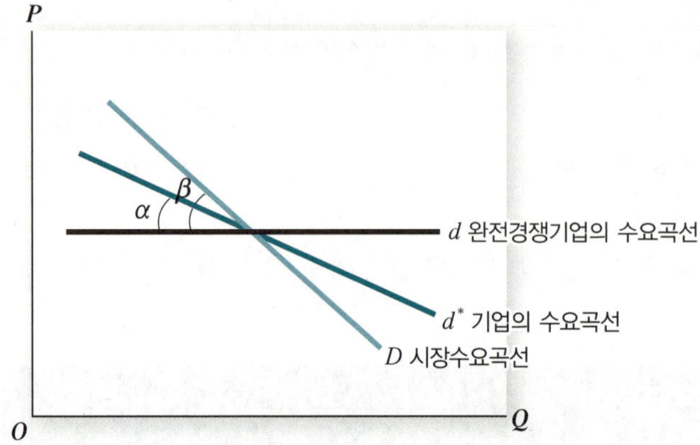

요곡선이 되어 기업의 수요곡선과 시장의 수요곡선은 일치한다.

독점 등 불완전경쟁기업은 우하향하는 수요곡선 중에서 한계수입이 $MR > 0$인 탄력적인 영역에서만 재화를 공급한다. $MR < 0$이면 기업이 산출량을 증가시킴에 따라 총수입이 감소하기 때문이다.

독점 등 불완전경쟁시장에서 수요곡선의 기울기는 기업의 시장지배력, 독점도를 반영한다. 독점도란 공급자가 어느 정도 시장지배력을 행사할 수 있느냐를 나타내는 양적인 지표이다. 수요곡선의 기울기를 이용하여 독점도를 측정하는 방법에는 로스차일드(N. M. Rothschild), 러너(A. Lerner)와 힉스(J. R. Hicks)의 독점도가 있다.

로스차일드는 어떤 기업의 수요곡선 d^*와 수평인 완전경쟁기업의 수요곡선 d를 비교하여 d^*가 d보다 가파를수록 독점도가 크고, d에 가까울수록 독점도가 낮고 경쟁적이라고 보았다.

즉, 로스차일드 독점도$(R) = \dfrac{\text{개별기업 수요곡선의 기울기}}{\text{시장수요곡선의 기울기}} = \dfrac{\alpha}{\beta}$로 나타낼 수 있다. 만약 $R = 0$이면 완전경쟁이고 $R = 1$이면 완전독점이다.

러너는 '완전경쟁기업은 $P = MC$에서 균형을 이루나 독점기업은 $P > MC = MR$에서 균형을 이룬다'는 사실에 착안하여 독점도를 계산하였다. 즉, P와 MC 간에 차이가 클수록 독점도는 크고, 작을수록 경쟁적이다. 러너의 독점도$(L) = \dfrac{P - MC}{P}$이다. 러너의 독점도에 의하면 완전경쟁시장은 $P = MC$이므로 독점도가 0이다. 반면 독점기업은 [그림 11-3]에서 $P > MC$이고 $P - MC$의 차이가 시장 중에서 제일 크기 때문에 독점도가 가장 크다.

$\dfrac{P - MC}{P} = \dfrac{1}{\varepsilon_p}$이다. 따라서 힉스의 독점도 $= \dfrac{1}{\varepsilon_p}$이다. 힉스에 의하면 수요의 가격탄력성이 클수록 독점도는 작고, 수요의 가격탄력성이 작을수록 독점도는 크다. 그런

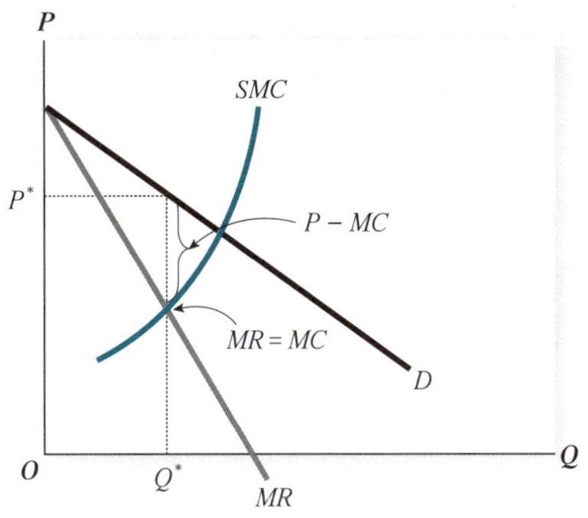

그림 11-3
러너의 독점도

데 완전경쟁기업이 직면한 수요곡선은 수평($\varepsilon_p \to \infty$)이기 때문에 힉스의 독점도는 0이다.

1.3 공급곡선

공급곡선 상의 모든 점은 기업의 여러 생산동기 중에 이윤극대화를 반영하고 있다. 기업의 이윤극대화는 한계수입과 한계비용이 일치하는 $MR = MC$에서 이루어진다. 공급곡선은 $MR = MC$에서 결정된 산출량과 이에 대응되는 가격을 연결함으로써 도출된다. 그런데 이러한 공급곡선은 완전경쟁시장에만 존재하고 독점 등 불완전경쟁시장에는 존재하지 않는다.

왜냐하면 완전경쟁시장에서만 $P = MR = MC$가 성립하기 때문이다. 즉, $MR = MC$에서 결정되는 이윤극대화 공급량과 1:1로 대응되는 가격을 $P = MR = MC$ 조건에서 구하여 가격과 공급량을 대응시켜 감으로써 공급곡선을 도출할 수 있다.

그런데 독점 등 불완전경쟁시장에서는 $P \neq MR$이고 $P > MR = MC$이기 때문에 가격 P와 이윤극대화조건 $MR = MC$에서 구해진 산출량을 1:1로 대응시킬 수 없다.

그러므로 독점 등 불완전경쟁시장에서는 가격과 공급량을 1:1로 대응시키는 공급곡선은 존재하지 않는다. 다만, 장 · 단기한계비용곡선(MC)이 장 · 단기공급곡선의 역할을 대신 수행한다.

2. 독점의 단기균형

2.1 단기균형

독점기업의 단기균형은 주어진 생산시설 하에서 기업의 이윤을 극대화하는 가격과 산출량 수준을 말한다.

(1) 모형

독점기업은 단기에서 총수입 *TR*과 단기 총비용 *STC*의 차이, 즉 *TR* − *STC*가 가장 클 때 이윤을 극대화한다. 따라서 이윤극대값은 *TR* − *STC*의 '극대값'을 구하는 문제로 해석할 수 있다.

$$\underset{Q}{\text{Max}}\ \pi = TR(Q) - STC(Q) \tag{11.1}$$

(2) 조건

식 (11.1)에 의한 이윤극대화는 [그림 11−4]로 표시할 수 있다. 식 (11.1)을 풀면 독점기업의 단기균형의 1차 조건은 $MR = SMC$이고, 2차 조건은 단기한계비용의 기울기가 한계수입의 기울기보다 크다는 것이다.

독점시장의 단기균형은 1차 조건 $MR = SMC$와 2차 조건 MR의 기울기 $<$ SMC의 기울기를 만족하는 e점에서 이루어지고, 가격은 P_0, 산출량은 Q_0이다.

그림 11−4
독점기업의 단기균형

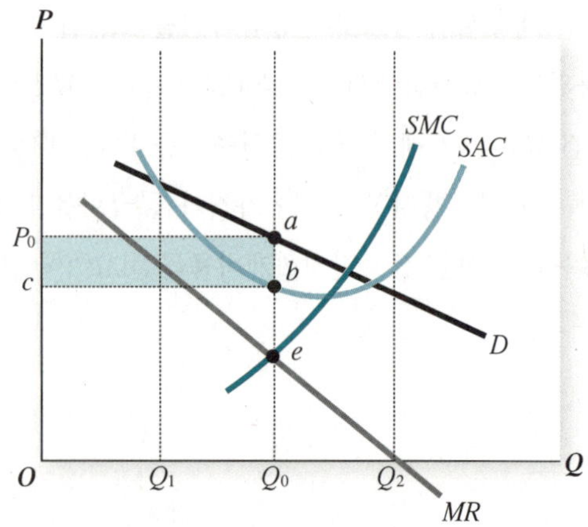

(3) 경제적 의미

먼저, [그림 11－4]의 단기균형에서 기업은 P_0abc만큼의 초과이윤을 누리고 있다. 이때의 독점이윤은 각종 인 · 허가나 진입제한, 특허권 등으로부터 얻는 일종의 준지대이다. 준지대란 토지처럼 고정된 요소로부터 얻어지는 불로소득을 말한다. 준지대는 총수입에서 총가변비용을 차감한 값으로 도출되는데, 이는 다시 초과이윤과 고정비용의 합으로 구해진다. 따라서 초과이윤은 준지대 내에 포함되어 있다.

둘째, 독점기업이 단기에서 항상 이윤을 얻는 것은 아니다. 독점기업도 다른 시장과 같이 단기에서 SAC가 수요곡선 상방에 존재하면 손해를 볼 수 있다. 그러나 독점기업이 장기에도 손해를 보면 조업을 중단하게 된다. 따라서 장기 조업중단점은 손해액이 고정비용＝0보다 클 때 나타난다.

[그림 11－5]에서 $MR = SMC$가 성립하는 단기균형 e점에서 독점기업은 P_0abc만큼 손실을 보고 있다. 그런데 이 경우 $MR = SMC$ 조건 하에 있기 때문에 기업의 손실은 극소화된다. 만약 SAC가 a점에서 수요곡선과 접하면 초과이윤은 '0'이 된다.

셋째, 독점 등 불완전경쟁기업에서 $P > MR = SMC$이다. 즉 독점기업이 재화를 한 단위 생산하기 위해 지불한 비용보다 이 재화를 한 단위 판매했을 때 가격이 더 높다. 따라서 독점기업은 X재를 한 단위 더 늘려 사회후생을 증가시킬 수 있음에도 불구하고 완전경쟁기업에 비해 저생산을 하고 있다.

2.2 장기균형

독점기업의 장기균형이란 모든 시설이 가변적일 때 독점기업의 이윤을 극대화하는 가격과 산출량 수준을 의미한다.

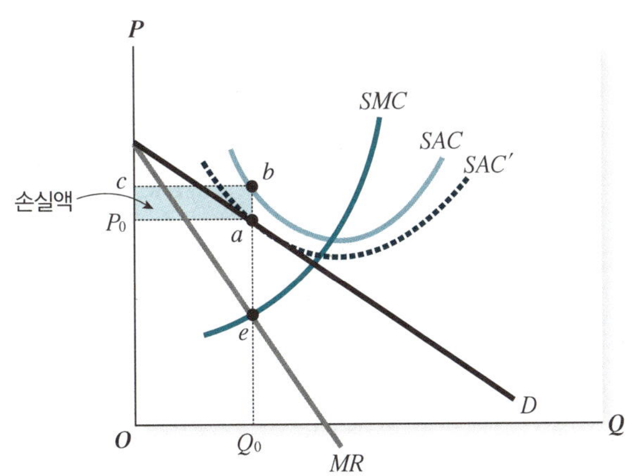

그림 11－5 독점기업이 단기에 손실을 보는 경우

(1) 모형

장기에 독점기업의 이윤극대화는 식 (11.2)로 표현된다.

$$\underset{Q}{\text{Max}}\ \pi = TR(Q) - LTC(Q) \tag{11.2}$$

장기균형을 위한 1차 조건은 $MR = LMC$이고, 2차 조건은 MR 기울기보다 LMC 기울기가 더 크다는 것이다.

(2) 도출

[그림 11-6]의 장기균형조건을 정리하면 1차 조건은 $MR = SMC = LMC$, 2차 조건은 MR 기울기보다 LMC 기울기가 크다는 것이다.

장기균형은 $MR = SMC = LMC$가 성립하는 h점에서 이루어지고, 이때 균형가격은 P_1, 산출량은 Q_1이다.

(3) 특징

첫째, 독점기업의 이윤은 단기보다 장기에서 더 크다. 왜냐하면 $MR = SMC > LMC$에서 산출량을 한 단위 증가시켰을 때 추가로 얻는 수입(MR)이 추가로 지불한 비용(LMC)보다 커서 발생한 한계이윤이 $MR = LMC$가 될 때까지 축적되기 때문이다.

둘째, 독점기업은 생산의 최적규모수준(LAC의 최저점)에서 생산활동을 할 수 있음에도 불구하고 LAC 최저점의 최적산출량보다 과소생산하는 것이 일반적이다. 따라서 독점기업의 생산은 완전경쟁에 비해 고가격 · 저산출량이 보통이다.

끝으로, 독점이윤은 장기에서도 존재하는 특허권이나 인 · 허가 등 고정된 것으로

그림 11-6
독점의 장기균형

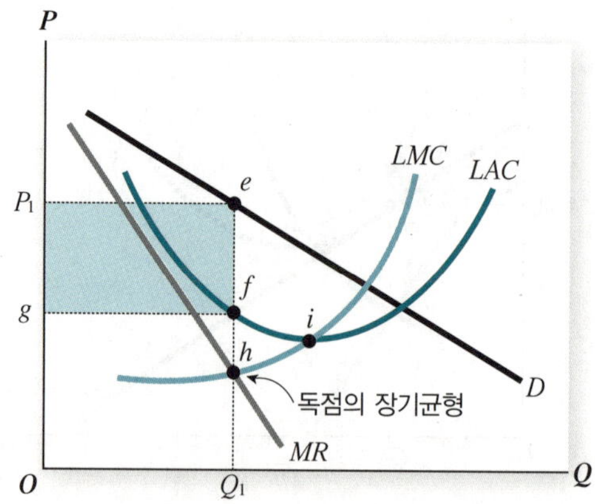

부터 얻는 일종의 준지대(quasi-rent)이다. 즉, 독점기업의 불로소득이다.

표 11-1 완전경쟁과 독점의 장기균형 비교

	완전경쟁	독점
초과이윤	0	존재
생산영역	LAC 최하점	LAC 최하점 또는 좌·우측
P와 MR	$P=MR$	$P>MR$
균형조건	1차 : $P=SMC=LMC=LAC=SAC$	1차 : $MR=SMC=LMC$
	2차 : LMC 기울기 > MR 기울기	2차 : LMC 기울기 > MR 기울기

3. 후생경제학적 평가

Economics ch. eleven

독점시장의 자원배분은 효율성, 공평성 외에 독점시장이 기술혁신에 미치는 영향을 기준으로도 평가할 수 있다. 공평성은 많은 문제에도 불구하고 독점시장도 소득분배에 대한 평가를 완전경쟁시장처럼 소득분배의 한계생산력설을 기준으로 하자.

3.1 배분의 효율성

완전경쟁시장과 같이 독점의 파레토효율성을 두 가지 관점에서 살펴볼 수 있다. [그림 11-7]에서 독점시장의 장기균형가격 P_m은 소비자잉여($P_m ad$) + 생산자잉여

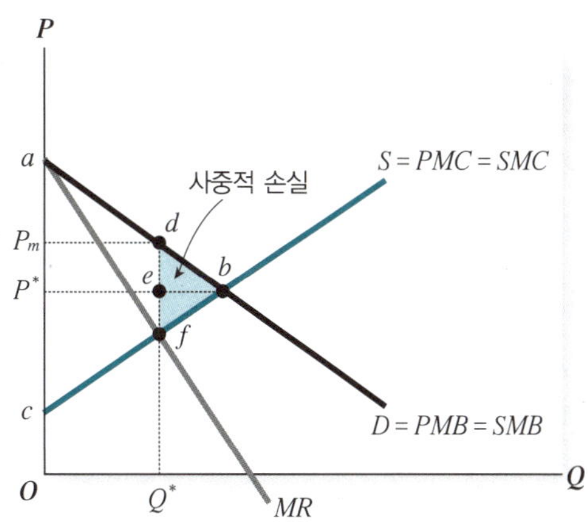

그림 11-7 완전경쟁시장과 독점시장의 비교 : 자원배분의 효율성 측면

($P_m dfc$) = 사회후생($adfc$)이다. 이 크기는 완전경쟁시장보다 작다. d점에서 가격을 인하하면 사회후생이 증가하기 때문에 독점시장에서 가격은 자원을 파레토 비효율적으로 배분한다. 따라서 시장실패를 초래한다. 이것이 독점시장의 첫 번째 폐단이다.

그리고 장기 독점시장은 $MR = LMC = PMC$에서 이윤극대화 생산량을 결정하고 가격은 $D = PMB = SMB$에서 책정한다. 여기서 $D = PMB = SMB > MR = LMC = PMC \neq SMC$이므로 독점기업의 사적 이윤극대화생산량은 사회적으로 바람직한 생산량과 불일치한다. 또한 독점기업의 균형에서 $D = PMB > PMC = LMC = MR$이므로 산출량을 증가시킴에 따라 사적 편익을 증가시킬 수 있기 때문에 파레토 개선이 가능하다. 그러므로 독점시장에서 가격에 의한 자원배분은 파레토 비효율적이다.

독점이 비효율적으로 자원을 배분하는 구체적 크기, 즉 사중적 손실(deadweight welfare loss : DWL)은 [그림 11-7]에서 dbf이다. dbf는 완전경쟁시장이 독점시장으로 변화될 경우 상실되는 후생의 크기를 의미한다. 즉, 독점시장이 완전경쟁시장에 비해 부족한 후생의 크기를 말한다.

3.2 내부비효율성

[그림 11-6]에서 독점의 장기균형은 LAC 최하점 좌측에서 성립하고 있기 때문에 Q_1을 생산하는데 초과비용이 발생하고 있다. 따라서 독점은 내부효율성을 실현하지 못하고 있다.

3.3 소득분배의 공평성 측면

독점 등 불완전경쟁적 산출물시장에서 각 생산요서는 그 생산요소의 한계수입생산(marginal revenue product)만큼을 소득으로 분배받는다.

$$w = MRP_L < VMP_L$$
$$r = MRP_K < VMP_K$$

그런데 그 소득은 완전경쟁시장의 한계생산가치(VMP)보다 작다. 따라서 독점은 소들을 불공평하게 배분한다. 이것이 독점의 또 다른 폐단이다.

3.4 소득의 재분배측면

시장의 일차적인 역할은 자원을 배분하는 기능이다. 만약 어떤 시장이 구조적으

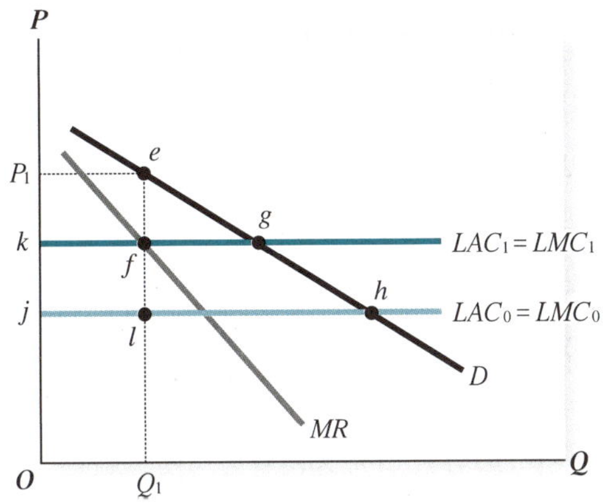

그림 11-8
내부비효율성에 의한 배분적 효율성의 왜곡

로 변하여 다른 시장으로 바뀌면 이미 배분된 자원이 재배분된다. [그림 11-7]에서 완전경쟁시장에서 독점시장으로 바뀜에 따라 소비자는 $P_m dbP^*$만큼 소비자잉여를 상실하지만 생산자는 소비자잉여의 일부분인 $P_m deP^*$만큼을 생산자잉여로 흡수하기 때문에 독점은 소비자로부터 독점기업에게로 소득을 재분배시킨다.

3.5 지대추구행위

앞에서 독점이윤은 각종 인·허가 등으로부터 발생하는 준지대의 성격을 갖고 있다고 언급한 바 있다. 때문에 독점기업은 계속해서 독점이윤을 확보하기 위해서는 지속적으로 지대추구(rent seeking)행위를 해나가야 한다. 이때 독점기업이 지불할 수 있는 비용수준은 얼마만큼일까? 만약 지대추구행위를 여러 기업들이 경쟁적으로 하면 독점기업은 최고로 독점이윤만큼을 지불할 용의가 있을 것이다. 이는 [그림 11-8]에서 P_1efk이다.

3.6 독점의 사회적 총비용

독점으로 인해 한 사회가 지불하는 총비용은 [그림 11-8]에서 지대추구비용(P_1efk), 파레토 비효율성(egf)과 내부비효율성에 의한 비효율성($ghlf$)의 합이다.

> 독점의 총비용 = 파레토 비효율성 + 내부비효율성 + 지대추구비용

3.7 슘페터(J. Schumpeter)의 독점옹호론

슘페터는 독점을 옹호한 대표적 학자이다. 그는 기술혁신과 규모의 이익 등 두 가지 측면에서 독점이 완전경쟁보다 유리하다고 보았다. 먼저, 자본주의는 기업가의 기술혁신에 의해 유지 · 발전되고 기술혁신은 초과이윤에 의해 유인된다. 그런데 장기완전경쟁시장은 초과이윤이 0이므로 기술혁신이나 투자를 유인할 수 없다. 이에 대하여 독점은 독점이윤이 존재하기 때문에 기술혁신이나 투자를 유인할 수 있다.

다음, 완전경쟁시장보다 독점시장에서 규모의 이익을 크게 누릴 수 있다. 완전경쟁기업은 규모가 작지만 독점기업은 규모가 크기 때문에 대량생산, 대규모 생산에 따른 규모의 경제를 통한 이익을 보다 크게 실현할 수 있다.

4. 독점의 폐단과 규제

Economics ch. eleven

4.1 의의

독점규제란 독점시장의 두 가지 폐단을 제거하는 데 그 목적이 있다. 즉, 비효율적인 자원배분과 독점이윤에 의한 불공평한 소득분배의 폐단을 시정하고자 하는 것이다. 결국 독점규제는 정부가 시장에 개입하여 소득을 공평하게 분배하고 자원을 효율적으로 배분하여 완전경쟁상태를 실현하는 데 그 목적이 있다.

독점에 대한 규제에는 가격규제, 수량규제, 조세에 의한 규제, 수입자유화정책 등이 있다.

4.2 가격규제

가격규제에는 최고가격설정, 평균비용가격설정, 이중가격설정과 이부가격제도 등이 있다.

(1) 최고가격설정

가격에 의한 독점규제란 정부가 독점기업이 생산한 재화를 일정가격 이상으로 거래하는 것을 규제하는 정책을 말한다. 최고가격설정은 [그림 11-9]에서 정부가 독점기업이 생산한 재화의 완전경쟁시장가격 P_c를 사전에 알고 있다는 것을 전제로 한다.

따라서 정부는 $P_c = MC$에서 최고가격을 설정한다. 이때 수요곡선은 $P_c eD$이고 한

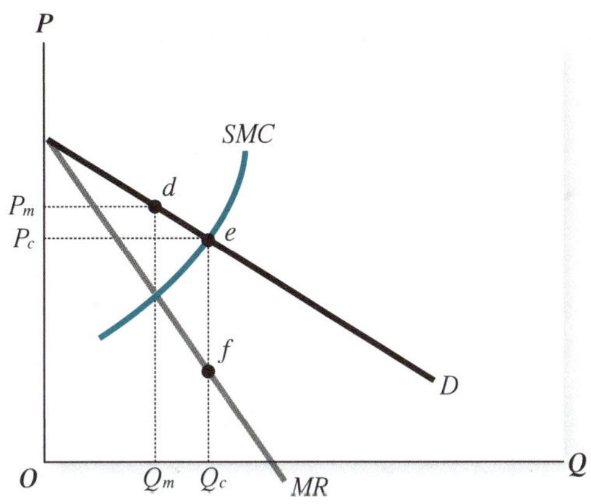

그림 11-9
독점에 대한 가격규제

계수입곡선은 $P_c efMR$이 된다. 따라서 가격규제 후 독점기업의 균형은 $SMC = P_c efMR$인 e점 (P_c, Q_c)에서 달성된다. 그런데 e점은 완전경쟁시장의 균형이다. 그러므로 정부가 P_c에 최고가격을 설정하면 완전경쟁시장과 같이 자원배분상의 파레토 효율을 실현할 수 있다.

그러나 가격규제에는 한계점이 있다. 정부가 모든 독과점상품의 완전경쟁시장에서의 판매가격을 안다는 전제는 현실적이지 못할 수 있다.

(2) 자연독점의 규제

자연독점을 규제하는 방법에는 평균비용 가격설정방식, 이중가격 설정방식과 이부가격제도(two part tariff system) 등이 있다.

먼저, 평균비용 가격설정을 살펴보자. 자연독점의 경우 상당히 높은 산출량 수준까지 평균비용(LAC)곡선이 하락하게 되고 한계비용(LMC)곡선은 그 아래쪽에 있게 된다. [그림 11-10]에서 한계주의인 $P = LMC$방식에 의해 최고가격을 P_c에 설정하면 이 기업은 $P_c acP_1$만큼 손실을 본다. 이때 기업은 존속할 수 없게 된다. 따라서 자연독점의 경우에 한계비용가격규제보다는 평균비용 가격규제방식을 고려할 수 있다. [그림 11-10]에서 평균주의 방식인 $P = LAC$인 가격 P_2에서 최고가를 설정하면 자연독점기업은 손실을 보지 않지만 초과이윤도 누리지 않는다.

평균비용 가격설정방법을 평가해 보면 이 방법은 자연독점기업의 손실을 제거하는 데는 성공하지만 자원이 비효율적인 배분상태를 개선하는 데는 여전히 실패하고 있다. 왜냐하면 완전경쟁시장의 자원배분은 a점에서 이루어지고 있기 때문이다. 그러나 완전경쟁시장에서는 LAC 이하의 가격에서는 생산을 중단하므로 a점의 자원배분이

그림 11-10
평균비용 가격설정에 의한 자연독점규제

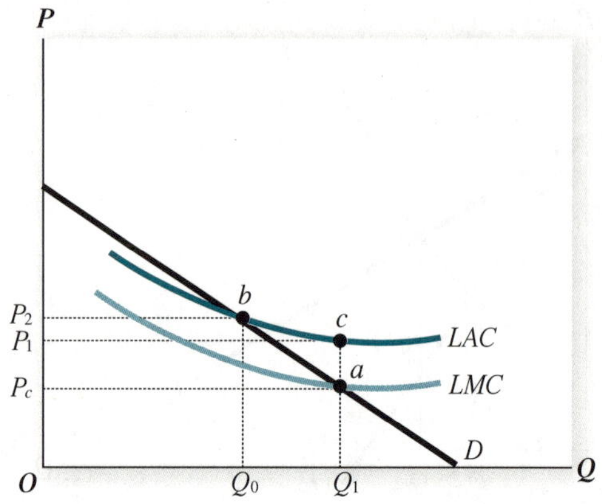

실현될 수는 없다. 따라서 규모의 경제 하에서는 완전균형 자체가 존재하지 않는다.

다음으로, 이중가격 설정방식을 살펴보자. 자연독점에 대한 평균비용 가격설정방식은 자원이 비효율적인 배분상태를 개선시키지 못하는 한계점이 있다. 이중가격에 의한 자연독점규제방식은 평균비용 가격 설정방식의 이런 한계점을 부분적으로나마 완화시키는 방법이다. 즉, 일차적으로 한계비용방식으로 가격을 설정하여 자원배분의 효율성을 실현하고, 2단계에서는 이 방식으로 발생하는 손실을 보전하는 가격을 설정하는 방법이다.

[그림 11-11]에서 정부가 먼저 자연독점상품인 X재에 완전경쟁시장의 균형수준인 $P = LMC$에서 P_2를 설정한다. 이때 기업은 Q_2만큼 재화를 생산하고, P_2abc만큼 손실을 본다. 다음으로, 정부는 이 손실을 매울 수 있는 가격을 찾는다. 만약 그 가격이 P_1이라면 P_1으로 첫째 그룹의 소비자에게 Q_1을 공급하여 P_1efc의 이윤을 얻고, 이 이윤으로 둘째 그룹의 소비자에게 P_2가격으로 공급하여 발생한 P_2abc의 손실 중 $abfg$를 보전시킨다.

이 방식은 자원배분이 $P = MC$에서 이루어지기 때문에 효율성은 개선되지만 여러 가격이 목표에 부합되도록 정확하게 이윤과 손실, 비용을 산정할 수 있느냐 하는 문제점이 발생한다. 정부는 이중가격을 설정할 때 자연독점기업의 이윤과 손실이 정확하게 상쇄되도록 P_1과 같은 가격을 찾아야 한다.

끝으로, 이부가격제도를 살펴보자. 이 제도 하에서 첫 번째 가격은 $P = MC$에서 설정된다. [그림 11-10]에서 소비자는 P_c의 가격으로 Q_1만큼을 사용한다. 두 번째 가격은 Q_1에서 만들어진 소비자잉여 내에서 가입비 형식으로 책정된다.

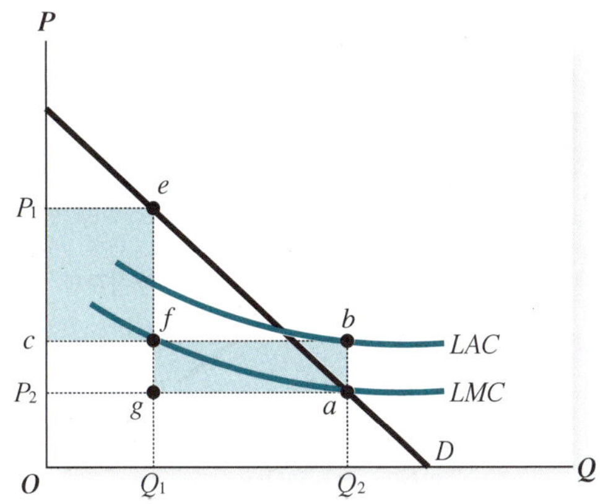

그림 11-11
이중가격에 의한 자연독점규제

4.3 수량규제

수량규제의 목적은 독점기업의 초과이윤을 제거하는 것이다. 이 방식은 규제당국이 $SAC = AR = P$의 원리에 의해 독점기업의 산출량을 규제한다. [그림 11-12]에서 완전경쟁시장은 수요와 공급곡선이 교차하는 e점에서 균형을 이루고, 독점시장은 $SMC = MR$인 수요곡선 상의 b점에서 균형을 이룬다. 이에 정부가 $P = SAC$인 a점에서 생산량을 규제하면 X재는 Q_2만큼 생산되고 독점이윤이 0이기 때문에 독점시장의 초과이윤 P_1bfP_2를 제거하여 독점이윤을 제거하는 데는 성공한다.

그러나 수량규제에 의한 독점규제도 여전히 자원의 비효율적인 배분상태를 개선시키지 못하고 있다. 이는 a점의 Q_2 생산량이 완전경쟁시장의 생산량 Q_0보다 과잉생산되는 데서 오는 결과이다. 한편 a점 외에 $AR = AC$에 의한 가격은 g점에서도 설정될 수 있다. 그러나 g점에서 생산량 규제도 완전경쟁보다 과소생산되기 때문에 자원배분의 효율성이 저해된다.

4.4 조세에 의한 규제

독점기업을 조세에 의해 규제하는 방식에는 정액세, 이윤세, 물품세에 의한 방법이 있다.

(1) 정액세(lump-sum tax)

정액세에 의한 독점규제는 정부가 독점기업이 얻는 이윤이나 생산량에 관계없이 일정한 금액의 조세를 부과하여 독점기업을 규제하는 방식이다.

그림 11-12
수량에 의한 독점규제

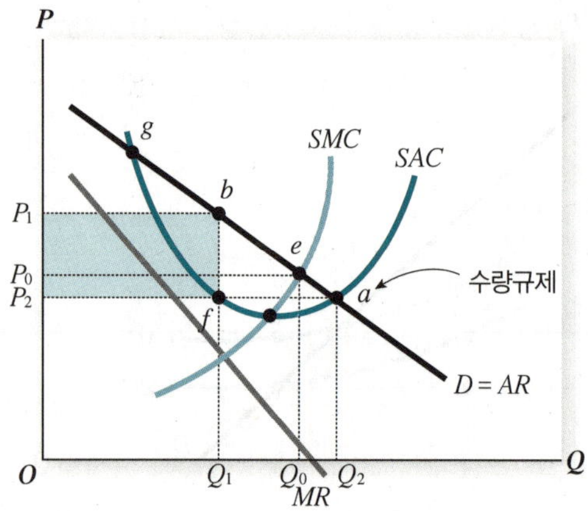

따라서 정액세에 의한 독점규제는 이윤극대화조건 $MR = SMC$에 아무런 영향을 미치지 못하므로 자원의 비효율적인 배분상태를 개선시키지는 못한다. 다만, [그림 11-13]에서 SAC가 $\frac{T}{Q}$만큼 상승하여 조세부과 전 초과이윤 P_0abc가 조세부과 후에 $P_0ab'c'$으로 감소되어 독점이윤의 일부($cc'b'b$)가 조세로 흡수되므로 소득재분배 효과를 거두고 있다.

(2) 이윤세(profit tax)

이윤세에 의한 독점규제는 정부가 독점이윤에 과세함으로써 독점을 규제하는 방식이다. 조세부과 전 이윤극대화 조건은 $MR = SMC$이다.

이윤세(t) 부과 후 이윤극대화 조건은 균형조건 $MR = SMC$이다. 따라서 이윤세에 의한 독점규제도 정액세에 의한 독점규제처럼 독점기업의 균형조건 $MR = SMC$에 아무런 영향을 미치지 못하기 때문에 독점기업의 비효율적인 자원배분상태를 개선시키지는 못한다. 다만 독점이윤의 일부를 이윤세로 흡수하기 때문에 부분적인 소득재분배 효과가 발생한다.

4.5 소론

독점에 대한 여러 규제 중 가격규제 특히 한계비용설정에 의한 가격규제는 독점에 의한 자원배분을 완전경쟁시장에서 배분시킴으로써 자원을 효율적으로 배분하고 있다. 수량규제는 독점이윤을 완전히 제거하지만 자원의 비효율적인 배분상태를 개선시키지는 못하고 있다.

따라서 가격규제, 조세규제, 수량규제 중에서 가격규제 정책만이 독점시장에서의

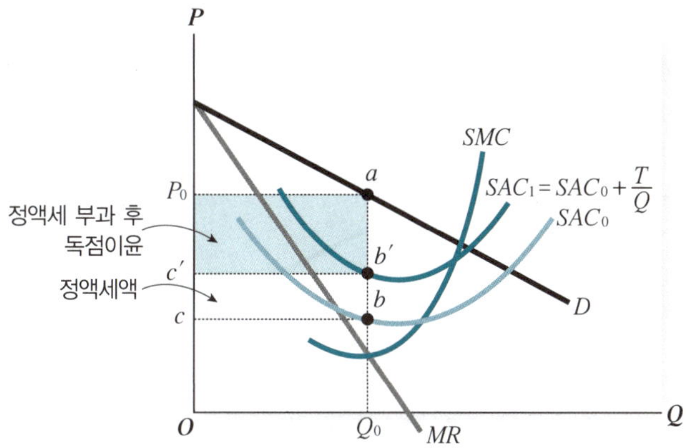

그림 11-13
정액세에 의한 독점규제

비효율적인 자원배분상태를 개선시켜 완전경쟁시장과 같이 효율적인 자원배분을 실현시키고 있다.

5. 가격차별(price discrimination)

Economics ch. eleven

5.1 정의

가격차별이란 독점기업이 서로 다른 소비자에게 동일한 상품을 상이한 가격으로 판매하는 시장형태를 말한다. 독점기업은 수요의 가격탄력성이 서로 다른 분리된 시장에서 하나의 가격을 책정하기보다는 서로 차별화된 가격을 설정함으로써 이윤을 극대화할 수 있다.

독점기업이 동일한 상품에 대해 가격을 차별화하기 위해서는 시장을 상이한 가격탄력성을 가지는 부분시장으로 분리할 수 있어야 한다. 또한, 부분시장은 효과적으로 분리되어 시장 간에 재판매가 일어날 수 없어야 하며 시장분할비용이 저렴해야 한다.

5.2 제1급 가격차별(완전가격차별)

피구(A. Pigou)는 독점기업의 가격차별을 개별상품별, 상품그룹별, 시장별로 구분하고 이를 각각 1급 가격차별, 2급 가격차별 그리고 3급 가격차별이라고 구분하였다.

1급 가격차별이란 개별구매자가 구매하고자 하는 매단위마다 각기 상이한 가격을 부과하므로써 소비자들이 지불하고자 하는 최고가격을 받아내는 가격차별을 의미

그림 11-14
제1급 가격차별

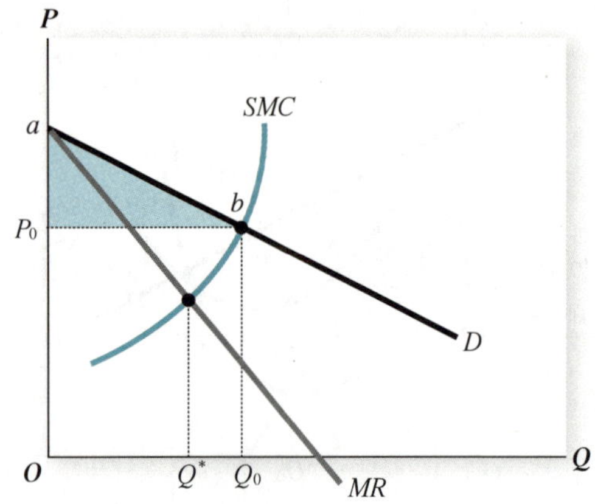

한다.

독점기업은 X재 매단위에 대해 최고로 받을 수 있는 가격, 즉 수요곡선의 높이만큼 가격을 설정한다. [그림 11-14]에서 독점기업이 Q_0까지 X재를 판매함으로써 얻는 총수입은 $OabQ_0$이다.

1급 가격차별이 갖는 경제적 의미를 보면 다음과 같다.

가격차별을 실시하면 X재 한 단위에 대해 최고가격을 받고 판매하기 때문에 소비자잉여는 완전히 소멸되고 모두 생산자 수입이 되어 생산자에게 가장 유리한 가격차별이 된다.

그리고 산출량 Q_0가 완전경쟁시장의 자원배분원리인 $P = MC$가 되는 b에서 배분되면 가격차별이 없는 독점균형보다 자원배분이 효율적이고, 소비자잉여의 귀속에만 차이가 날 뿐 완전경쟁시장과 동일한 자원배분상태를 실현하게 된다. 독점에서는 수요곡선 자체가 한계수입곡선이 된다. 왜냐하면 X를 늘림에 따라 기업의 총수입이 수요곡선을 따라 늘어나기 때문이다.

5.3 제2급 가격차별

2급 가격차별이란 상품을 몇 개의 집단(그룹)으로 구분하여 그 집단별로 상이한 가격이 부과되는 가격차별이다.

[그림 11-15]에서 상품수요는 OQ_0, Q_0Q_1, Q_1Q_c 등 3집단으로 구분되고 Q_0까지는 P_2의 가격으로, Q_0Q_1에 대해서는 P_1의 가격으로, Q_1Q_c 상품집단에 대해서는 P_c로 각각 판매된다. 그림처럼 상품을 그룹별로 분리하여 서로 다른 가격을 책정하여 판매하는 시장형태를 제2급 가격차별이라고 한다.

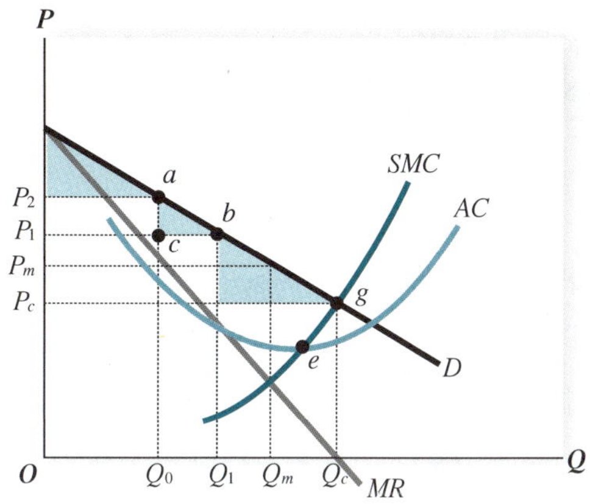

그림 11-15
제2급 가격차별

2급 가격차별의 경제적 의미를 보면 다음과 같다. 2급 가격차별은 제1급 가격차별만큼 완벽하게 소비자잉여를 착취하지 못하고, 그림에서 청색음영 표시된 부분만큼 소비자잉여가 남게 된다.

2급 가격차별에서도 1급 가격차별처럼 산출량이 완전경쟁시장의 자원배분원리에 의한 $P = MC$가 되는 g점까지 증가한다면 가격차별이 없는 독점균형보다 자원배분이 효율적이고, 소비자잉여의 귀속에만 차이가 날 뿐 동일한 자원배분상태를 실현하게 된다.

가격차별이 없을 때에 비해 2급 가격차별의 실익은 기업의 총수입이 증가하는 데 있다. 예를 들어, Q_1상품을 가격차별 없이 판매했을 때 총수입은 P_1Q_1이다. 그러나 Q_0는 P_2로, Q_1은 P_1으로 각각 판매했을 때 기업의 총수입은 $P_2Q_0 + P_1(Q_1 - Q_0)$로 가격차별이 없을 때에 비해 P_2acP_1만큼 증가한다.

5.4 제3급 가격차별

(1) 제3급 가격차별 정의

3급 가격차별이란 수요의 가격탄력성이 서로 다르게 분리된 시장에서 동일상품을 서로 다른 가격으로 판매하는 가격차별을 말한다.

전체시장을 시장 1, 시장 2로 구분할 수 있다면, 3급 가격차별시 균형조건은 다음과 같이 설명할 수 있다.

- 시장 1의 균형조건 : $MR_1 = SMC$
- 시장 2의 균형조건 : $MR_2 = SMC$
- 전체시장의 균형조건 : $MR_1 = MR_2 = SMC$
- 기업의 균형조건 : $\sum MR = SMC$

(2) 제3급 가격차별과 탄력성

[그림 11-16]에서 시장 1과 시장 2에서 가격 P_1과 P_2를 탄력성을 이용하여 비교해 보자. ε_1은 시장 1의 수요의 가격탄력성이고 ε_2가 시장 2의 수요의 가격탄력성일 때, 시장 1의 가격탄력성이 시장 2보다 커서 $\varepsilon_1 > \varepsilon_2$라고 하자. 두 값의 역수를 취하면 $\frac{1}{\varepsilon_1} < \frac{1}{\varepsilon_2}$이고, 1에서 이 값을 빼면 $1 - \frac{1}{\varepsilon_1} > 1 - \frac{1}{\varepsilon_2}$이다. 그런데 가격차별시의 균형조건은 $MR_1 = MR_2$이다.

시장 1, 2에서 $MR_1 = P_1\left(1 - \frac{1}{\varepsilon_1}\right)$과 $MR_2 = P_2\left(1 - \frac{1}{\varepsilon_2}\right)$이 일치하려면 $1 - \frac{1}{\varepsilon_1} > 1 - \frac{1}{\varepsilon_2}$이기 때문에 $P_1 < P_2$이어야 한다. 따라서 독점기업은 비탄력적인 시장일수록 가격(P_2)을 높게, 탄력적인 시장일수록 가격(P_1)을 낮게 설정한다.

5.5 가격차별과 산출량의 변화

독점기업이 가격차별을 했을 때 산출량의 증감에 어떤 영향을 미치는지 검토해 보자. 독점기업이 1급 가격차별을 했을 때 산출량은 [그림 11-14]에서 Q_0이다. 가격차별을 하지 않으면 그림에서 독점기업은 $MR = SMC$에서 균형을 이루고, 산출량은 Q^*이다. Q^*는 가격차별을 했을 때 산출량 Q_0보다 작다. 따라서 1급 가격차별은 산출량을 증가시킨다.

그림 11-16
제3급 가격차별

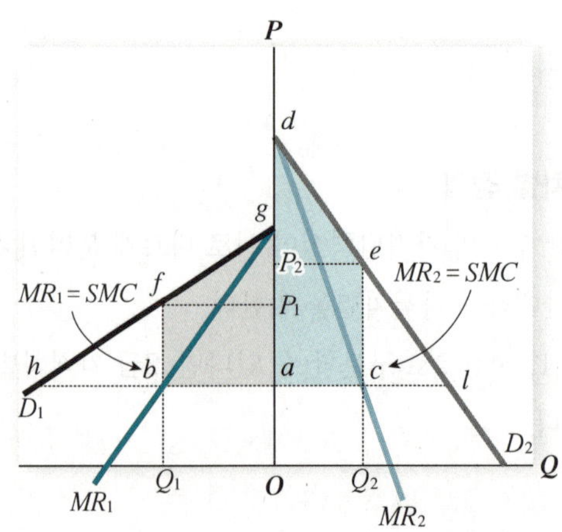

만일 독점기업이 2급 가격차별을 하면 가격차별을 하지 않았을 때에 비해 산출량이 증가한다. [그림 11-15]에서 가격차별을 하지 않았을 때 $MR = SMC$에서 Q_m만큼 생산하지만, 2급 가격차별을 하면 산출량은 Q_c까지 증가시킬 수 있기 때문이다.

제12장 게임이론

microeconomics + macroeconomics, Economics ch. twelve

1. 게임이론

1.1 의의

게임이론은 노이만(John von Neumann)과 모르겐스턴(Oscar Morgenstern)의 *The Theory of Game and Economic Behaviour* (1944)의 출간과 함께 시작된다. 이 책에서 이들은 zero sum game을 소개하고 확정적 해(determinant solution)를 도출하였다. 이후 튜커(A. Tucker)는 고전적 게임으로 알려진 용의자의 딜레머(prisoner' s dilemma)를 소개하였으며, 내쉬(J. Nash)는 게임상에서 내쉬균형의 존재를 증명하면서 게임이론이 다양하게 발전하게 되었다.

게임은 한 경기자의 전략적 행동이 경쟁자의 전략을 변화시키는 상황을 말한다. 게임이론은 게임적 상황에서 경쟁자의 전략에 대해 자신의 전략을 선택 · 조정하는 의사결정이론이다.

게임은 경기자(player)와 자연(nature), 행동(action), 정보(information)와 전략(strategy), 보수(pay-off)와 균형(equilibrium) 등의 요소로 구성되어 있다. 이 개념들을 설명해 보자. '경기자' 는 게임에서 의사를 결정하는 경기주체를 말한다. 그는 행동을 선택함으로써 자신의 효용이나 이윤을 극대화하는 것을 목표로 한다. '자연' 은 경기자의 유형(player type)을 결정하고 게임의 진행방향을 결정하는 비경기자를 말한다.

'행동 또는 조치(move)' 는 경기자가 게임 중에 행하는 선택을 말하고, 행동집합(action set)은 경기자가 게임 중에 사용 가능한 모든 행동을 말한다. '전략' 은 주어진 정보 하에서 게임 중에 경기자가 선택해야 할 행동에 대한 기준 또는 규칙을 말한다. 경기자 i의 전략을 S_i라 하면, 전략집합(strategy set)은 경기자 i가 활용할 수 있는 모든 전략을 말한다. 경기자 i의 '보수 $\pi_i(S_1, S_2, \cdots, S_n)$' 는 게임이 종료된 후에 경기자 i가

받는 효용이나 이윤을 말한다. 그리고 '균형' 은 게임에서 각 경기자의 최선의 전략의 배합 $S^* = (S_1^*, S_2^*, \cdots, S_n^*)$을 말한다.

1.2 정보의 종류

정보집합이란 순차게임의 어느 특정한 지점에서 서로 다른 의사결정마디의 집합이다. 정보집합은 일반적으로 타원형의 점선으로 표시된다. 타원형 안에는 경기자가 실제로 선택한 의사결정마디가 포함되어 있지만 어느 것이 실제로 선택한 의사결정마디인지는 직접적으로 식별할 수 없다.

모든 경기자에게 알려져 있는 정보를 상식(common knowledge)이라 한다. 정보는 완전(perfect)정보, 완비(complete)정보, 확실(certain)정보, 그리고 대칭적(symmetric)정보 등 네 가지가 있다. 완전(perfect) 정보게임은 경기자가 전략을 선택할 때 경쟁자가 무슨 대안을 선택했는지 알고 있는 게임이다. 이 게임은 경쟁자가 선택한 대안을 알기 때문에 정보집합이 단 한 개의 의사결정마디로 구성되어 있다. 불완전(imperfect) 정보게임은 선행경기자가 어떤 결정마디를 선택했는지 알 수 없는 게임으로 정보집합이 여러 개의 마디로 구성되어 있다.

완전한 정보게임이 되기 위해서는 세 가지 조건이 충족되어야 한다. ① 각 경기자는 게임나무에서 자신이 있는 위치를 정확이 알고 있고, ② 각 경기자가 동시에 움직이는 경우는 없고, ③ 모든 경기자는 자연의 움직임을 정확히 알고 있어야 한다. 이런 의미에서 순차게임은 완전정보게임이고 동시적 게임은 불완전정보 게임이다.

확실(certain) 정보게임은 자연이 경기자가 이동한 후에는 움직이지 않는 게임을 말한다. 불확실(incertain) 정보게임은 경기자가 이동한 후에 자연이 움직이는 게임인데 자연의 움직임은 경기자에 의해 즉각 관찰될 수도 있고 안 될수도 있다.

대칭적(symmetric) 정보게임은 어떤 의사결정마디에서 한 경기자의 정보집합과 다른 모든 경기자의 정보집합이 동일한 게임을 말하며, 동일하지 않을 때에는 비대칭적(asymmetric) 정보게임이라 한다.

불비(incomplete) 정보게임은 자연이 먼저 움직이고 경기자 중에 최소한 한 경기자라도 자연의 이동을 알지 못하여 경쟁자의 보수(유형)을 모르는 게임을 말한다. 모든 경기자가 경쟁자의 보수(유형)을 예측할 수 있는 게임은 완비(complete) 정보게임이다.

■ 정보의 종류와 의미

정보	내용
완전 정보	모든 정보집합이 하나의 의사결정마디(singleton)로 구성됨
확실 정보	자연은 경기자가 움직인 후에 이동하지 않음
대칭적 정보	경기자 간 정보집합이 동일함
완비 정보	경쟁자의 유형을 알고 있음

2. 완비정보, 불완전정보 하의 정태적 게임

Economics ch. twelve

2.1 우월적 전략(dominant strategy)

(1) 개념

우월적 전략이란 경쟁자가 선택하는 전략에 관계없이 경기자 자신의 전략 중 어느 전략보다 보수가 최소한 같거나 커서 자신에게 가장 유리한 전략을 의미한다. 만약 보수가 같거나 크면 약우월적 전략(weakly dominant strategy)이라 하고, 절대적으로 크면 강우월적 전략(strongly dominant strategy)이라 한다.

중요한 점은 우월적 전략에서 '우월적'의 의미이다. 이는 자신의 많은 전략 중에서 다른 어떤 전략의 보수보다 크다는 것을 말하는 것이지, 경쟁자의 전략에 대해서 자신의 전략의 보수가 크다는 것을 의미하지 않는다.

(2) 도출

이를 튜커(A. Tucker)의 confess(용의자의 딜레머, prisoner's dilemma) 게임에서 살펴보자. 용의자 A, B는 상대방의 죄를 자백(confess)하면 감형을 받고, A는 자백하고 B가 자백하지 않으면(nonconfess) A는 무죄이고 B가 최고형량(20년)을 받는다. 반대로 B는 A의 죄를 자백하고 A가 B의 죄를 자백하지 않으면 B는 무죄이고 A는 최고형량을 받는다. 그리고 A, B 모두 상대방의 죄를 자백하지 않으면(nonconfess) 서로의 범죄가 나타나지 않아 각각 1년씩 형을 받는다고 하자.

또한 각 경기자가 협조적 전략을 선택하지 않고 이기적 전략을 택하면 보수가 급격히 커지고, 협조적 전략을 택한 경기자의 보수는 급격히 나빠진다. 게임에서 A와 B가 협조적 전략인 nonconfess에서 이기적 전략 confess를 택하면 보수가 '0'으로 가장 커지지만, 협조적 전략 nonconfess를 유지하면 보수가 '−20'으로 가장 약화된다. 이 점이 confess게임의 핵심이다. 이를 보수행렬로 나타내면 〈표 12−1〉과 같다.[1]

표 12−1 **용의자의 딜레머**

A \ B	confess	nonconfess
confess	−10 (B) / −10 (A)	−20 (B) / 0 (A)
nonconfess	0 (B) / −20 (A)	−1 (B) / −1 (A)

튜커의 confess게임 또는 이른바 용의자의 딜레머게임의 유래는 다음과 같다. 스탈린시대에 소련의 어느 오케스트라 지휘자는 연주회장으로 가는 전차 안에서 그날 밤 지휘할 곡의 악보를 대강 훑어보고 있었다. 두 사람의 KGB요원이 그것을 지켜보고 악보 속에 무언가 비밀암호가 있는 것은 아닐까 의심하였다. 그들은 그를 간첩혐의로 체포하였다. 그는 단순히 차이코프스키의 바이올린 협주곡이라고 항의하였지만 받아들여지지 않았다. "숨김없이 말하는 것이 좋을 거야! 당신 친구 차이코프스키도 우리들이 체포했어. 그리고 이미 다 털어 놓았으니까." 이렇게 하여 용의자의 딜레머라고 하는 유명한 게임 이야기가 시작된다. KGB는 다른 방에서 이름이 그저 차이코프스키라는 이유만으로 체포된 다른 사람에 대해서도 지휘자를 다루었던 것과 똑같은 심문을 하였다.

용의자 A의 강우월적 전략은 confess이다. confess의 경우 보수는 (−10년, 0년)이나, nonconfess의 경우 (−20년, −1년)형을 받으므로 confess 보수가 nonconfess 보수보다 크다. 따라서 confess가 A에게 가장 유리한 전략이다. 용의자 B의 강우월적 전략도 confess이다. B가 confess할 경우 (−10년, 0년)이나, nonconfess할 경우 보수는 (−20년, −1년)형을 받으므로 confess가 nonconfess보다 유리한 전략이기 때문이다. 따라서 용의자 A, B의 강우월적 전략은 confess이다.

만약 A의 confess 보수 ≥ A의 nonconfess보수이면, confess는 A의 약우월적 전략이 된다. 참고로 A와 B의 nonconfess전략은 열위적 전략(dominated strategy)이다. 이는 경기자의 전략 중에서 보수가 낮은 전략을 의미한다. 여기서 게임의 규칙이

1. 게임의 표현방식에는 전개형(extension form)과 정규형(normal form) 또는 전략형(strategic form)이 있다. 게임을 행렬식으로 나타냈을 때 이를 정규형 또는 전략형이라 하고, 게임나무로 표현하면 전개형이라 한다.

하나 만들어진다. 즉, 각 경기자가 우월적 전략을 가지고 있으면 반드시 우월적 전략을 사용한다는 것이다.

2.2 우월적 균형(dominant equilibrium)

(1) 정의

우월적 균형이란 각 경기자의 우월적 전략의 배합을 말한다. 용의자의 딜레머게임에서 A, B의 우월적 전략의 배합인 (confess, confess)가 우월적 균형이다.

(2) 경제적 의미

첫째, 튜커의 confess게임에서 우월적 균형이 갖는 경제적 의미를 볼 때, 각 경기자가 우월적 전략을 택할 때의 보수가 각 경기자가 열위적 전략을 택할 때보다 나쁘다는 것이다. 이를 '용의자의 딜레머(prisoner' s dilemma)' 라 한다. 용의자의 딜레머는 경기자 A, B 간의 대화의 가능성이나 구속력 있는 협약을 맺을 가능성이 차단됨으로써 나타나는 현상이다.

둘째, 우월적 균형은 파레토 효율적인 자원배분을 보장하지 못한다. 왜냐하면 우월적 균형에서 A와 B가 서로 자백하지 않았을 때 전략의 배합인 (nonconfess, nonconfess)로 이동함에 따라 효용을 증가시킬 수 있기 때문이다. 즉, 튜커의 게임에서 사회적으로 바람직한 자원배분은 (nonconfess, nonconfess)이다.

끝으로, 튜커의 confess게임이 갖는 의미는 파레토 효율적인 자원배분은 각 경기자가 개별적으로 자신의 보수를 극대화하기보다는 경기자 간의 협력을 통해서 얻어진다는 것이다. confess게임에서 각 경기자가 자신의 보수극대화에 따라 행동하여 서로 자백하면 (−10, −10)을 얻지만, 서로 협력하여 자백하지 않으면 (−1, −1)이라는 파레토 효율적인 자원배분을 실현할 수 있기 때문이다. 따라서 게임이론은 향후 각 경기자 간의 협력 방안을 어떻게 찾고, 만들 것인가 하는 방향으로 발전하고 있다.

2.3 내쉬균형(Nash equilibrium)

(1) 의의

앞에서 우월적 균형을 검토하였지만 경쟁자의 전략과 관계없이 자신의 보수만을 극대화하는 전략을 선택하는 경우는 현실적으로 많지 않다. 내쉬균형은 우월적 균형보다 일반화된 균형이다.

내쉬균형이란 경기자(i)는 경쟁자의 전략이 최선의 전략으로 주어져 있다고 보고 자신(i)의 특정한 전략(S_i^*)이 주는 보수가 다른 임의의 전략이 주는 보수보다 크거나 같아서 S_i^*를 변경시키려는 어떤 유인도 존재하지 않고, 경쟁자($-i$) 역시 경기자(i)의 전략이 최선의 전략으로 주어져 있다고 보고 자신에게 가장 높은 보수를 주는 전략 S_{-i}^*를 선택하고 이를 변경시키려는 어떤 유인도 존재하지 않았을 때 두 경기자 i, $-i$의 전략의 배합(S_i^*, S_{-i}^*)을 말한다.

게임에서 내쉬균형은 존재할 수도 있고 존재하지 않을 수도 있다. 또한 존재하더라도 복수로 존재할 수도 있다.

(2) 내쉬균형이 유일하게 존재하는 경우

〈표 12-1〉의 튜커의 자백게임에서 내쉬균형을 구해 보자. 만약 B가 confess 전략을 취할 때 A가 이를 고정된 것으로 보고 confess를 취한다면 보수는 -10년, nonconfess를 취한다면 보수는 -20년이므로 confess를 취하는 것이 유리하다.

A가 자신에게 유리한 confess전략을 택했을 때 B가 A의 전략이 confess로 주어져 있다고 보고 confess를 취한다면 보수는 -10년, nonconfess를 취한다면 보수는 -20년이므로 confess를 취하는 것이 유리하다. 따라서 B는 confess를 취한다.

다시 B의 전략이 confess로 주어져 있다고 보고 A가 전략을 취하면 역시 confess다. 따라서 (confess, confess)전략의 배합은 다른 어떤 전략의 배합보다 유리하기 때문에 이를 변경하는 어떤 유인도 존재하지 않는다.

그러므로 내쉬균형은 (confess, confess)이다. 그런데 이것은 우월적 균형이다. 따라서 우월적 균형이면 반드시 내쉬균형이라는 것을 알 수 있다.

(3) 내쉬균형이 복수로 존재하는 경우

① 연인들의 다툼(battle of sexes)

경기자는 서로 열애중인 신사(G)와 숙녀(L)이고, 그들은 주말에 영화관람이나 농구관전을 선택할 수 있다. 그런데 신사는 주말 데이트 때에 숙녀와 함께 농구(B)를 보고 싶어하고 숙녀는 신사와 영화(M)를 관람하고 싶어한다. 이때의 보수행렬은 〈표 12-2〉와 같다. 즉, 신사는 숙녀와 함께 농구장을 가면 신사의 만족이 숙녀보다 커서 신사는 2를 얻고 숙녀는 1을 얻는다. 유사하게 숙녀가 신사와 함께 영화를 관람하면 숙녀는 2를 얻고 신사는 1을 얻는다.

표 12-2 **연인들의 다툼**

G \ L	B	M
B	1 / 2	0 / 0
M	0 / 0	2 / 1

〈표 12-2〉에서 신사와 숙녀는 우월적 전략을 갖지 못하기 때문에 우월적 균형은 없다. 내쉬균형을 도출하기 위해 만약 숙녀의 전략이 *M*으로 주어지면, 신사는 *B*와 *M* 중 *M*을 택할 것이다. 왜냐하면 *B*의 보수는 0이고 *M*은 1이기 때문이다. 신사가 *M*을 택하면 숙녀는 *B*와 *M* 중 *M*을 택한다. 왜냐하면 *B*의 보수는 0이고 *M*의 보수는 2여서 *M*이 더 크기 때문이다.

따라서 (*M*, *M*)의 전략의 배합은 더 이상 변하지 않는다. 그러므로 (*M*, *M*)은 내쉬균형이다. 또한 같은 논리로 내쉬균형을 찾으면 (*B*, *B*)를 발견할 수 있다. 그러므로 내쉬균형은 (*B*, *B*) (*M*, *M*)이고, 복수로 존재한다.

② **치킨게임**(chicken game)

치킨게임이란 "겁쟁이 게임" 이라고도 하며 두 사람이 서로 마주보고 자동차를 타고 돌진하여 먼저 피하는 사람이 겁쟁이가 되어 패배하는 게임이다.

편도차선인 1차선 도로에서 마주보고 달리는 A, B가 있다. 경기자 A, B의 전략은 가거나(go), 멈추고(stop) 갓길로 피하는 것이다. A도 B도 함께 가면 두 경기자는 10년씩 먼저 운명을 달리하기 때문에 보수가 (−10, −10)이다. 만약 A가 go하고, B가 stop하고 갓길로 피하면 A는 게임에서 이기고 B는 지기 때문에 보수가 (3, −3)이 된다. 둘 다 stop하면 아무런 변화가 없기 때문에 (0, 0)이다.

표 12-3 **치킨게임**

A \ B	go	stop
go	−10 / −10	−3 / 3
stop	3 / −3	0 / 0

〈표 12-3〉에는 우월적 전략과 우월적 균형은 존재하지 않는다. 〈표 12-2〉의

"연인들의 다툼"에서와 같은 논리로 내쉬균형을 도출하면, 내쉬균형은 (go, stop), (stop, go)이다. 따라서 내쉬균형이 복수로 존재한다.

(4) 내쉬균형이 존재하지 않는 경우

동전맞추기게임(matching penny game)이나 홀짝게임을 살펴보자. 이 게임은 경기자 A, B가 동전을 던졌을 때 (*H*, *H*), (*T*, *T*)처럼 동전의 같은 면이 나오면 A가 승리하여 B가 A에게 1원을 지불하고, (*H*, *T*)와 (*T*, *H*)처럼 서로 다른 면이 나오면 B가 승리하여 A가 B에게 1원을 지불하는 경기이다. 보수행렬은 〈표 12-4〉와 같다.

표 12-4 동전맞추기 게임

A \ B	H	T
H	1, −1	−1, 1
T	−1, 1	1, −1

표의 보수행렬에서 각 전략의 보수의 합이 0이 되기 때문에 동전맞추기게임은 zero sum game이다. 한편 대각선으로 A, B 경기자의 보수가 대칭적이기 때문에 대칭적 게임(symmetric game)이기도 한다. 이 게임에서는 우월적 전략은 없으므로 우월적 균형도 없다. 또한 지금까지 논리에 따라 내쉬균형을 도출하면 내쉬균형도 존재하지 않는다. 경기자는 게임을 계속 순환하게 될 뿐이다.

(5) 내쉬균형과 우월적 균형과의 관계

우선, 우월적 균형은 경기자가 경쟁자의 전략에 관계없이 자신에게 가장 유리한 전략을 택하고, 경쟁자는 경기자의 전략에 관계없이 자신에게 가장 유리한 전략을 택했을 때 경기자와 경쟁자의 전략의 배합을 말한다.

반면 내쉬균형은 경기자는 경쟁자가 최선의 전략을, 경쟁자는 경기자가 최선의 전략을 택했다고 가정하고 경기자와 경쟁자에게 가장 유리한 전략의 배합수준을 말한다. 따라서 내쉬균형과 우월적 균형의 차이는 경쟁자의 전략을 고려하느냐 여부에 있다.

둘째, 내쉬균형이 우월적 균형보다 완화된 개념이다. 그러므로 우월적 균형이 성립하면 반드시 내쉬균형이 성립하지만 그 역은 성립하지 않는다.

셋째, 〈표 12-1〉에서 우월적 균형과 내쉬균형은 (confess, confess)이다. 이런 자원배분상태에서 (nonconfess, nonconfess)로 이동하면 A, B의 효용을 모두 증가시킬 수 있다. 따라서 우월적 균형과 내쉬균형은 파레토 비효율적인 자원배분이 될 수도 있다.

표 12-5　　내쉬균형과 우월적 균형과의 관계

① 열위적 전략은 결코 우월적 균형과 내쉬균형이 될 수 없음.
② 우월적 균형 $\overset{\circ}{\underset{\times}{\rightleftarrows}}$ 내쉬균형
③ 우월적 균형과 내쉬균형은 모두 파레토 효율적인 자원배분을 보장하지 못할 수 있음.

2.4 내쉬균형의 한계점

이상에서 도출한 내쉬균형의 한계점을 검토해 보자. 내쉬균형은 복수로 존재할 수 있다. 그런데 복수의 내쉬균형 중에는 현실적으로 실현가능성이 낮은 내쉬균형이 있을 수 있다.

순수전략게임에서는 내쉬균형은 존재하지 않을 수도 있다. 이때에는 게임에 의한 자원배분이 이루어지지 않는다. 내쉬균형은 일회적으로 단기의 정태적인 개념이다. 따라서 게임이 일정기간 또는 무한히 계속되는 동태적 상황 하에서 균형전략을 설명할 수 없다.

내쉬균형에서 경기자들은 경쟁자의 전략을 주어져 있는 것으로 보고 자신의 전략을 결정하는 소극적 행동을 한다. 따라서 경기자들이 주도적 · 능동적으로 행동할 때 내쉬균형은 이를 설명하지 못하는 제약이 있다.

추가로, 경기자들 간에 게임을 풀기 위한 대화의 가능성이나, 경기자들이 서로 협조적 행동을 유도하기 위해 구속력 있는 협정(binding agreement)을 체결할 수 없다고 전제하고 있기 때문에 현실적으로 나타나는 담합이나 협상이론을 설명하는데 한계가 있다.

내쉬균형에서는 경기자들 간의 게임의 순서가 고려되지 않고 있다. 따라서 내쉬균형은 순차게임의 균형을 설명하지 못한다. 이를 위해서는 게임을 전개형으로 바꾸고 경기자 간에 순서를 부여한 후에 새롭게 균형을 도출해야 한다.

2.5 Maximin과 Minimax Game

maximin과 minimax 게임에서 max는 보수가 가장 크거나 가장 유리한 상태를, min은 보수가 가장 작거나 가장 불리한 상태를 각각 의미한다. 경기자 i와 경쟁자 $-i$

가 있다고 하자. 이들의 전략이 각각 S_i, S_{-i}이고 보수가 π_i, π_{-i}인 게임을 생각해 보자.

(1) Maximin 게임

maximin 게임이란 최소보수(minimum gain)을 극대화(maximize)하는 게임을 말한다. maximin 게임은 식 (12.1)로 표시할 수 있다. 식 (12.1)에서 경기자 $-i$가 i의 보수행렬 중 경기자 i를 가장 불리하게 하는 $-i$의 전략을 택하면 i는 이 중에서 자신에게 가장 유리한 전략을 택하는 게임을 말한다. 즉, 경기자가 자신의 불리한 상황 중에서 가장 유리한 전략을 선택하는 게임이다. 따라서 이 게임은 보수적인 태도를 가지는 경기자가 경쟁자의 상황파악 능력이나 합리성에 대해 의구심을 가지는 경우에 취하는 전략이다.

$$\underset{S_i}{\text{maximize}}\ \underset{S_{-i}}{\text{minimum}}\ \pi_i(S_i, S_{-i}) \tag{12.1}$$

〈표 12-6〉의 튜커의 고백게임을 예로 들어 maximin을 설명해 보자. 표에서 i를 가장 불리하게 하는 $-i$의 전략은 confess이다. 왜냐하면 nonconfess일 때 i의 보수는 (−1, −2)이지만 confess일 때는 (−8, −20)이기 때문이다. $-i$가 confess를 선택함에 따라 이제 i는 $-i$의 confess 하에서 자신에게 가장 유리한 전략을 선택한다. i가 confess를 택하면 −8, nonconfess는 −20이므로 i는 confess를 택한다. 따라서 i의 maximin은 confess이다.

표 12-6 튜커의 고백게임

i \ $-i$	confess	nonconfess
confess	−8 / −8	−20 / −1
nonconfess	−1 / −20	−2 / −2

(2) Minimax 게임

minimax 게임은 식 (12.2)로 정의할 수 있다. 식 (12.2)는 경기자 i가 자신에게 가장 유리한 전략을 선택하면 경쟁자 $-i$는 i를 가장 불리하게 만드는 자신의 전략을 택하는 게임을 말한다.

$$\underset{S_{-i}}{\text{minimize}}\ \underset{S_i}{\text{maximum}}\ \pi_i(S_i, S_{-i}) \qquad (12.2)$$

〈표 12-6〉에서 i가 자신의 보수행렬 confess와 nonconfess 중에 confess 하는 경우가 자신에게 유리하기 때문에 confess를 택하면, 경쟁자인 $-i$는 i를 가장 불리하게 하는 자신의 전략을 택한다. $-i$가 confess를 택하면 i는 −8년을, nonconfess를 택하면 i는 −1년의 형을 받으므로 $-i$는 confess를 택한다. 따라서 minimax는 confess 이다.

3. 완비정보, 완전정보 하의 동태적 게임

Economics ch. twelve

3.1 의의

내쉬균형은 정태적 게임의 균형이다. 때문에 동태적 게임(dynamic game)이나 순차게임(sequential game)의 균형을 설명하는 데는 한계가 있다. 동태적 게임은 일정기간 동안에 경기자 간에 순서를 정하여 행하는 게임이다. 이 게임은 전개형으로 표시하는 것이 일반적이다. 전개형은 게임의 순서와 정보집합을 표시하기가 편리하기 때문이다.

전개형 게임은 게임나무(game tree)로 표시한다. 게임나무는 경기자, 결정마디(decision node)와 가지(branch), 보수(payoff) 등으로 구성되어 있다. 결정마디에는 경기자가 배정되고, 가지는 결정마디에서 결정마디로의 이동과정이나 결정마디에서 보수에 이르기까지의 과정을 나타낸다. 보수는 게임나무 끝에 나오는 가지에 표시된다.

진입저지게임을 이용하여 이상의 용어를 설명해 보자. 경기자는 시장에 신규로 진입하고자 하는 잠재기업과 현재 시장에서 독점적 지위를 누리고 있는 독점기업이다. 이들을 각각 A, B라 하자. 잠재기업(A)은 두 가지 전략을 갖고 있다. 시장에 진입(entry, E)하거나 진입하지 않고 현 상태를 유지(stay out, S)하는 것이다. 이에 대해 독점기업(B)는 잠재기업의 진입 시에 타협(collusion, C)을 하든지, 아니면 치열한 경쟁(fight, F)을 하는 전략을 갖고 있다.

이상의 진입저지게임을 [그림 12-1]처럼 전개형의 게임나무로 표시할 수 있다. 게임나무에는 선행 경기자와 후행 경기자가 명시적으로 나타나 있다. 즉, 둥근 원으로

그림 12-1
진입저지게임의 전개형과 전략형

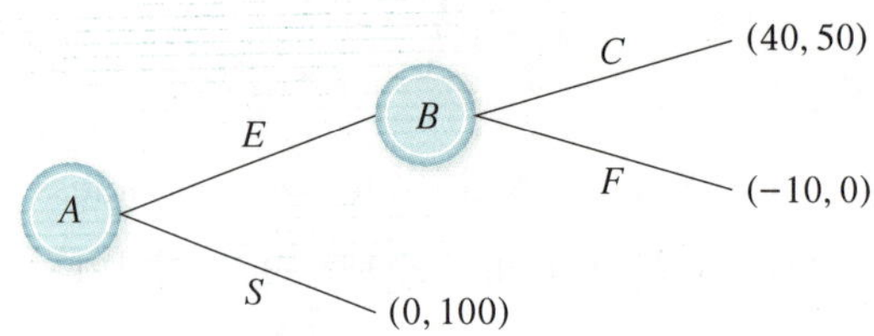

(I) 전개형

A \ B	C	F
E	40, 50	−10, 0
S	0, 100	0, 100

(II) 전략형

표시되어 있는 결정마디에 경기자 A, B가 각각 배정되어 있다. 게임은 A기업이 먼저 전략을 선택하고 이어서 B기업이 행동을 결정하며 B기업의 전략선택이 끝나는 가지에 A, B기업의 보수가 배정되어 있다. 예를 들어 A기업이 *E*를 택하고 B기업이 *C*를 택했을 때 A, B기업의 보수는 각각 (40, 50)이다.

3.2 전략형게임과 순차게임의 관계

순차게임은 순서가 있는 완전정보게임이고, 전략형게임은 순서가 없는 불완전정보게임이다. 따라서 순차게임을 전략형게임으로 바꿀 수가 없다. 또한 전략형게임은 순차게임으로 바꿀 수 없다. 만약 순차게임으로 전환하면 게임의 성질이 바뀌어 순서가 있는 완전정보게임이 된다.

그런데 순차게임을 동등전략형(equivalent strategy form)으로는 전환할 수 있다. 동등전략형게임이란 경쟁자의 행동에 대해서 경기자가 선택할 수 있는 모든 행동을 계획(all possible contingent plans)한 게임을 말한다. 또한 불완전정보게임은 전략형게임으로 바꿀 수 있다. 비록 불완전정보게임이 게임나무를 이용하여 게임이 진행되고 있더라도 불완전정보게임은 반드시 동시적 게임이어야 하기 때문이다. 이때는 부분게임완전내쉬균형과 내쉬균형이 같아진다는 문제가 발생한다.

제13장 정보경제이론

microeconomics + macroeconomics, Economics ch. thirteen

1. 비대칭적 정보

비대칭적 정보(asymmmetric information)란 경기자 간에 정보집합(information set)이 다른 상태를 말한다. 경기자 간에 정보집합에 차이가 발생하는 원인은 경기자나 상품에 숨겨진 특성(hidden characteristic)이나 숨겨진 유형(hidden type)이 존재하거나 숨겨진 행동(hidden action)이 있을 때이다.

숨겨진 행동은 경기에 참가한 경기자 중에 최소한 경기자 이상이 다른 경기자의 행동을 관찰할 수 없는 상태를 말하며, 숨겨진 유형은 최소한 한 경기자라도 알지 못하는 시장상황, 경기자의 의도, 속성, 유형, 상품의 특성을 말한다. 숨겨진 유형은 불비정보이고 숨겨진 행동은 불완전정보의 문제이다.

불리한 선택(adverse selection)이나 도덕적 해이(moral hazard)는 정보가 비대칭적이라는 사실만으로는 발생하지 않는다. 불리한 선택은 숨겨진 특성이나 숨겨진 유형을 알아내고자 하는 정보수집비용이 매우 커서 알아내지 못했을 때 발생하고, 도덕적 해이는 경기자의 숨겨진 행동을 감독하고자 하지만 감독비용이 너무 커서 잘 감독하지 못했을 때 발생한다.

불리한 선택과 도덕적 해이는 계약전후로 구분할 수 있다. 불리한 선택은 계약 이전에 나타나는 사전적 정보의 비대칭성(ex ante asymmetric information)의 문제이고, 도덕적 해이는 계약 이후에 나타나는 사후적 정보의 비대칭성(ex post asymmetric information)의 문제이다.

2. 본인-대리인 문제

2.1 의의

정보의 비대칭성(asymmetric information)이 시장의 자원배분 기능에 영향을 미치는 현상 중의 하나가 본인-대리인 문제이다.

본인(principal)은 게임에 관한 규칙을 정하는 사람이고, 대리인(agent)은 본인이 정한 규칙을 추종하는 사람이다. 이들 간에 계약이 성립할 수 있는 것은 정보가 비대칭적이기 때문이다. 즉, 본인은 어떤 사안에 대해 정보를 불충분하게 보유한 사람(uninformed player)이기 때문에 정보를 충분히 보유한 사람(informed player)의 협력을 받을 필요가 있다.

본인-대리인 문제란 본인과 대리인의 목적(동기)이 불일치하는 상태를 말한다. 즉, 대리인이 본인의 목적과 달리 자신의 목적을 극대화하는 행동을 했을 때 본인-대리인 문제가 발생한다.

표 13-1 본인-대리인 비교

	본인(principal)	**대리인**(agent)
특징	▪ 규칙을 정하는 규칙 설정자 ▪ 게임에 관한 정보를 충분히 갖고 있지 않은 경기자(uninformed player)	▪ 본인이 만든 규칙을 따르는 규칙 추종자 ▪ 게임에 관한 정보를 충분히 갖고 있는 경기자(informed player)
목적	본인의 이윤극대화 등	본인의 목적 외 매출액 등 대리인의 효용극대화

2.2 본인-대리인 문제의 발전

1970년대 그로스만과 하트(S. Grossman & O. Hart), 홀름스트롬(B. Holmstrom), 샤블(S. Shavell) 등에 의해 본인-대리인 문제가 제기되었따.

1980년대는 본인-대리인 문제가 더욱 발전되어 유한반복적인 본인-대리인 관계에서 장기계약(long term contract)을 분석한 결과 장기계약이 단기계약보다 우월한 자원배분 상태를 실현함이 확인되었다. 또한 최근에는 본인-대리인 관계를 유한반복적 상태에서 무한히 반복되는 것으로 확대하면 효율적인 최선의 상태가 근사적으로 실현될 수 있다는 연구결과들이 나오고 있다.

2.3 본인-대리인 문제의 소결

본인-대리인 문제는 본인이 대리인의 행동을 직접 관찰할 수 없는 정보의 비대칭성 하에서 본인과 대리인의 동기가 불일치하기 때문에 발생한다. 이 문제는 사회후생을 감소시키고 사회적으로 바람직하지 못한 자원배분 상태를 초래한다. 그러나 게임이 장기간 계속되거나 무한히 반복되면 본인이 대리인에게 벌칙을 부여할 수 있고 따라서 사회적으로 최적인 자원배분 상태를 실현할 수도 있다.

3. 불리한 선택(adverse selection)

Economics ch. thirteen

3.1 의의

불리한 선택이란 상품 또는 경기자의 숨겨진 특성이나 숨겨진 유형에 대해 판매자(대리인)는 충분한 정보를 가지고 있지만 구매자(본인)는 불충분한 정보를 갖고 있는 비대칭적 정보, 불비정보 상황에서, 본인이 불충분한 정보 때문에 교환에서 얻을 수 있는 이득이 최대한으로 실현되는 유리한 선택(favorable selection)을 하지 못하고 교환이익이 최소로 실현되는 것을 선택하도록 강요당하는 상태를 말한다.

불리한 선택은 재화시장, 보험시장, 금융시장, 노동시장 등 다양한 시장에서 발생한다.

3.2 재화시장에서 불리한 선택

먼저, 재화시장의 불리한 선택을 살펴보자. 중고차시장을 이용하여 이 이론을 처음 제시한 어컬로프(G. Akerlof)는 판매자와 구매자 간에 중고차에 대한 정보의 비대칭성과 이들 간에 거래가 일회적이었을 때 불리한 선택이 발생한다고 하였다.

(1) 중고차시장 모형 I

어컬로프가 1970년대 발표한 중고차시장 모형을 이용하여 불리한 선택을 설명해보자. 먼저 중고차 시장 모형 I을 소개하자. 이 모형은 중고차의 품질이 불연속적이어서 좋은 차(peach)와 나쁜 차(lemon) 두 종류만 있고, 판매자가 동일한 선호를 갖고 있는 경우이다.

자동차의 품질과 가격 간에 일 대 일로 대응관계가 있을 때 판매자가 자동차를 판매하면 P를 수입으로 얻고, θ의 품질을 가진 자동차를 구매자에게 이전한다. 구매자는 역으로 자동차의 품질 θ을 얻고, 그 대가로 P를 지불한다는 것을 의미한다.

표 13-2 **중고차시장 모형 I**

1. **경기자** : 판매자와 구매자
2. **정보** :
   ① 비대칭적 불비정보
   ② 구매자는 중고차의 품질에 대해 불충분한 정보 보유자이고, 판매자는 충분한 정보 보유자임.
3. **게임내용** :
   ① 자동차의 품질(θ)은 두 종류가 있다. 좋은 차(peach)는 600만원, 나쁜 차(lemon)는 200만원임. 그 두 종류의 차는 시장에 각 50%씩 존재한다.
   ② 구매자가 평균품질의 가격 P를 제의하면 판매자는 이를 수용하거나 거절한다.

이제 시장에서 중고차의 가격을 결정해 보자.

대칭적 정보일 때

정보가 대칭적이어서 구매자가 매매계약 당시에 정확히 자동차의 품질을 알 수 있으면 품질이 좋은 차에 대해서는 600만원을, 품질이 나쁜 차에 대해서는 200만원을 각각 지불할 것이다.

비대칭적 정보일 때

구매자가 매매계약 당시에 품질을 관찰할 수 없을 때는 이상과 같은 가격을 지불할 수 없을 것이다. 이런 상황에서 구매자는 자동차의 품질을 중품질로 보고, 두 자동차의 평균가격에 해당하는 400만원을 구매가로 제시한다. 이 제의에 대해 좋은 차(peach) 소유자는 판매를 거부하는 것이 자신의 이윤을 극대화하는 우월적 전략이다. 이에 대해 나쁜 차(lemon) 소유자는 200만원 가치의 차를 400만원에 판매할 수 있기 때문에 판매하는 것이 우월적 전략이다.

결국 구매자가 제시한 400만원 가격 하에서 좋은 차를 가진 판매자는 판매를 거부하고 시장을 탈퇴할 것이고, 저품질차를 가진 사람들은 시장에 새롭게 진입할 것이다.

시장의 붕괴

결론적으로 품질이 좋은 중고차시장은 붕괴되고 중고차시장에는 저품질차만 남게 되어, 구매자는 좋은 차를 선택할 수 없게 되고 저품질차를 구매하도록 강요되는 상황, 즉 불리한 선택의 상황에 직면하게 된다. 따라서 불리한 선택 하에서는 품질이 좋은 중고차시장이 붕괴되기 때문에 사회후생은 감소하면서 시장실패가 발생한다.

불리한 선택과 그레샴 법칙

비대칭적 정보 하에서 lemon은 peach를 추방하여 구매자는 lemon만을 구매해야 되는 불리한 선택문제에 직면한다. 또한 peach시장이 붕괴됨으로써 사회후생이 감소하게 된다. 불리한 선택은 lemon이 peach를 추방하는 현상이기 때문에 악화(lemon)가 양화(peach)를 구축하는 일종의 그레샴의 법칙(Gresham' s law)이라고 할 수 있다.

그러나 불리한 선택과 그레샴의 법칙은 기본적으로 다른 성질이다. 전자는 정보의 비대칭성문제에서 후자는 화폐의 공신력에 관한 문제에서 각각 발생하는 현상이기 때문이다.

(2) 불리한 선택과 평판(reputation)

평편이란 비대칭적 정보 하에서 대리인이 신뢰를 축직해 가는 행위를 말한다. 일회적 게임에서 대리인은 자신의 평판을 고려하지 않는다. 용의자의 딜레머게임이 일회적이면 각 경기자는 자신들의 이기적 전략인 우월적 전략을 택한다. 따라서 경기자들이 신뢰를 축적해 가는 행위를 하지 않는다.

그러나 반복게임에서는 대리인의 행위에 대해 보복이 가능하기 때문에 제품에 숨겨진 정보를 정확하게 본인에게 제공하여 본인으로부터 신뢰를 축적해 가면서 일회적인 단기이윤보다는 지속적인 장기이윤을 추구하는 것이 유리하다. 따라서 대리인의 이윤극대화 행위와 평판이 조화를 이룰 수 있다.

4. 도덕적 해이(moral hazard)

Economics ch. thirteen

4.1 의의

도덕적 해이란 비대칭적 정보 하에서 정보를 가진 경기자(대리인)의 행동의 결과가 정보를 불충분하게 보유하고 있는 경기자(본인)에게 귀속되어 대리인이 그 행동에 대해서 책임을 지지 않아도 되는 경우에 대리인의 부주의한 행동을 말한다.

4.2 불리한 선택과 비교

도덕적 해이와 불리한 선택은 모두 비대칭적 정보 하에서 발생하고, 자원을 비효율적으로 배분하여 사중적 손실(deadweight welfare loss)을 발생시킨다는 점에서 공통적이다.

그러나 다음과 같은 차이점이 있다.

첫째, 비대칭적 정보를 발생시키는 원인적 측면에서 차이가 있다. 불리한 선택은 제품의 숨겨진 특성이나 경기자의 숨겨진 유형이, 도덕적 해이는 경기자의 숨겨진 행동이 원인이 되어 비대칭적 정보를 발생시킨다.

둘째, 정보의 관점에서도 차이가 있다. 비대칭적 정보는 경기자 간의 정보의 차이가 무엇인가를 기준으로 경기자의 숨겨진 유형과 숨겨진 행동으로 나누고 전자를 불비정보, 후자를 불완전정보라고 한다. 따라서 불리한 선택은 비대칭적 정보이지만 불비정보게임이고, 도덕적 해이는 불완전정보게임이다.

다음으로, 계약시점에 차이가 있다. 불리한 선택은 계약 이전에 나타나는 사전적(exante) 정보의 비대칭성 게임이고 도덕적 해이는 계약 이후에 경기자의 숨겨진 행동이 드러나면서 나타나는 사후적(ex post) 정보의 비대칭성 게임이다.

이어서, 불리한 선택이나 도덕적 해이는 정보가 비대칭적이라고 해서 반드시 발생하는 현상은 아니다. 불리한 선택은 제품의 숨겨진 특성이나 경기자의 숨겨진 유형을 알아내려는 정보수집비용이 많이 들기 때문에 이 특성이나 유형을 알아내지 못함으로써 발생하는 현상이다. 이에 대해 도덕적 해이는 경기자의 숨겨진 행동을 감독하고 관찰하는 비용이 너무 많이 들기 때문에 숨겨진 행동을 정확히 알아내지 못함으로써 발생하는 현상이다.

다섯째, 대책에 있어서 차이가 있다. 도덕적 해이의 대책은 발생하는 시장에 따라 차이가 있지만 일반적으로 유인설계(incentive design)가 있다. 불리한 선택도 시장에 따라 다르지만 평판, 강제집행, 신호균형, 선별균형과 효율적 임금 제도 등이 있다.

4.3 노동시장에서 도덕적 해이

도덕적 해이는 보험시장, 노동시장, 대부시장, 산출물시장 등 다양한 시장에서 나타날 수 있다. 도덕적 해이라는 용어가 보험시장에서 처음 등장할 정도로 보험산업은 도덕적 해이를 분석하는 전형적인 시장이다. 여기서는 노동시장에서 나타나는 도덕적 해이현상을 분석하고자 한다.

주주와 경영자로 구성된 노동시장에서 경영자의 도덕적 해이를 살펴보자. 경영자의 경영능력에 대한 정보는 경영자(대리인)와 주주(본인) 간에 비대칭적이고, 주주가 경영자를 감독하는 비용이 대단히 커서 충분하게 감독하지 못하는 상황에서 노동시장의 도덕적 해이 모형은 〈표 13－3〉으로 정리된다.

표 13-3 **노동시장에서 도덕적 해이 모형**

1. **경기자** : 주주와 경영자
2. **전략** : ① 경영자는 기업을 성실하게 경영할 수도 있고 불성실하게 경영하면서 자신의 개별적인 목적을 추구할 수도 있다.
   ② 주주는 이윤을 극대화하고자 함.
3. **정보** : ① 주주는 경영자의 숨겨진 행동을 알 수 없고, 경영자의 숨겨진 행동을 관찰 · 감독하는 데 많은 비용이 소요됨.
   ② 경영자의 숨겨진 행동에 대해 주주와 경영자 간에 비대칭적 · 불완전정보 상태임.

(1) 완전정보

주주가 경영자의 숨겨진 행동에 대해서 경영자와 똑같은 정보를 가지고 있을 때 경영자의 우월적 전략은 기업을 성실하게 경경하여 이윤을 극대화하는 것이다. 이 결과 경영자의 행동은 이윤극대화를 추구하는 주주의 목적과 일치한다.

(2) 불완전정보

비대칭적 불완전정보 하에서 경영자의 우월적 전략을 도출해보자. 먼저, 주주의 효용함수를 도출해 보자. 주주의 효용함수는 기업 이윤의 증가함수이다. 즉, 기업 이윤이 증가할수록 주주의 효용은 커진다. 이를 반영한 주주의 효용함수는 식 (13.1)로 표시된다.

$$u_p = u(\pi),\ \ u' > 0 \tag{13.1}$$

(단, π는 기업의 이윤)

주주의 효용극대화는 기업의 이윤극대화 산출량수준에서 실현된다. 왜냐하면 식에서 기업의 이윤이 극대일 때 주주의 효용이 극대화되기 때문이다. 이는 $MR = MC$에서 실현된다. [그림 13-1]에서 기업은 $MR = MC$가 성립하는 e점에서 Q^* 산출량을 생산할 때 π^*의 극대이윤을 실현한다. 이 값을 식 (13.1)에 대입하면 주주의 효용이 극대화가 된다.

다음, 경영자의 효용함수를 도출해 보자. 한 기업에서 경영자의 효용수준은 급여수준과 사업가로서 사회적 평판에 의해서 결정된다고 하자. 기업가로서 사회적 평판 B는 산출량수준 Q의 크기에 의해서 결정된다. 경영자의 효용함수는 이상의 두 가지 요소를 고려하여 급여와 명성의 증가함수로 식 (13.2)와 같이 표시된다.

그림 13-1
주주의 효용극대화

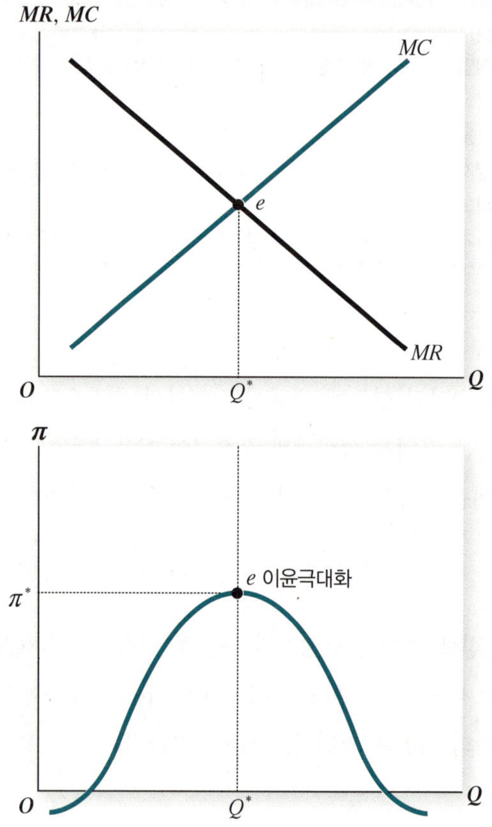

$$u_a = u(w, B(Q)) \quad (13.2)$$
$$\quad\quad + \quad +$$

식 (13.2)의 핵심은 경영자의 효용수준이 기업의 이윤수준과 무관하다는 것이다. 따라서 이윤-산출량(π-Q) 평면에 경영자의 무차별곡선은 [그림 13-2]의 (I)처럼 수직이다. 그림에서 경영자의 효용수준은 기업이윤의 크기와 관계없이 기업의 산출량 수준에 의해서 결정된다. 즉, 산출량이 증가할수록 경영자의 효용수준은 커진다. 따라서 u_0보다 u_1의 효용수준이 높다.

경영자의 최적선택은 일종의 예산제약식으로서의 역할을 하는 이윤곡선 하에서 자신의 효용극대화가 실현되는 수준에서 이루어진다. [그림 13-2]의 (II)처럼 이윤제약이 없을 때 경영자의 우월적 전략은 기업이윤이 0인 Q_0까지 산출량을 확대하는 것이다. Q_0에서 경영자는 u_1효용을 실현하면서 효용을 극대화한다. 만약 주주나 거래은행과의 지속적인 거래를 위해 일정수준 이상의 이윤($\overline{\pi}$)을 실현해야 한다는 제약이 있

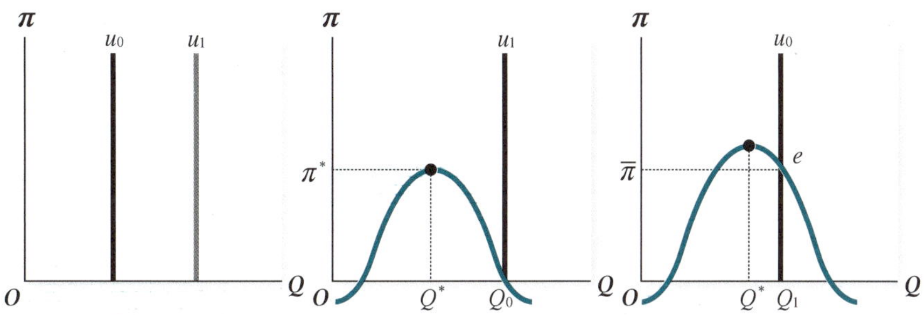

그림 13-2
경영자의 효용극대화

다면 그림 (III)처럼 e점에서 효용극대화를 이룬다. 이때 기업의 산출량은 Q_1, 경영자의 효용수준은 u_0이다.

그림 (II)와 (III)에서 주주의 효용극대화 산출량 Q^*와 경영자의 효용극대화 산출량 Q_0 또는 Q_1이 서로 불일치하는 경영자의 도덕적 해이가 발생한다. 그 크기는 이윤제약이 없는 경우에는 $(Q_0 - Q^*)$이고, 일정한 이윤제약 하에서는 $(Q_1 - Q^*)$이다.

제14장 과점시장

microeconomics + macroeconomics, Economics ch. fourteen

1. 의의

과점시장(oligopoly)이란 동질적 상품 또는 상품 간의 대체가능성이 높은 이질적 상품의 공급자가 소수인 시장형태이다. 과점시장의 특징으로는 기업들이 생산한 재화들 간에는 긴밀한 대체재관계가 있으며 기업 간에는 전략적으로 상호의존적이고 과점자의 행동에 대해 경쟁자의 반응을 과점자가 예상하는 '예상과 반응'을 중시하며 치열한 비가격경쟁과 이에 따른 가격의 경직성을 들 수 있다.

과점유형은 경쟁기업과 과점기업 간의 협조 여부에 따라 협조적(cooperative)과점과 비협조적(non-cooperative) 과점시장으로 구분할 수 있다. 협조적 과점이란 기업 간 구속력 있는 협약(binding commitment)이 가능한 게임을 말하고, 비협조적 과점은 개별 기업들이 서로 경쟁하면서 주어진 제약조건 하에서 자신의 이윤극대화를 추구하는 게임을 말한다. 전자의 형태로는 카르텔과 가격선도자모형이, 후자에는 내쉬균형과 꾸르노-내쉬모형, 버트랜드-내쉬모형 등이 있다.

과점자가 가격과 산출량에 대한 어떤 결정을 내렸을 때 이에 대한 경쟁자의 반응을 과점자가 예상하는 것을 예측적 변화(conjectural variation)라 한다. 이 변화에는 기업의 전략변수가 가격이냐 산출량이냐에 따라 가격예측적 변화(price conjectural variation)와 산출량 예측적 변화(output conjectural variation)로 나눌 수 있다.

가격예측적 변화란 과점자의 가격변화를 dP_i, 이에 반응하는 경쟁기업의 가격변화를 dP_j라 하면 $\frac{dP_j}{dP_i}$로 표시할 수 있다. 산출량 예측적 변화란 전략변수를 가격에서 산출량으로 바꾸어 $\frac{dQ_j}{dQ_i}$로 정의된다. $\frac{dP_j}{dP_i}$나 $\frac{dQ_j}{dQ_i}$란 과점자인 i기업이 가격이나 산출량을 변화시켰을 때 경쟁기업인 j기업의 가격과 산출량이 변화하는 정도를 나타내는 예측적 변화이다. 만약 $\frac{dP_j}{dP_i}=0$ 또는 $\frac{dQ_j}{dQ_i}=0$이라면 i기업의 행동에 대해서 경쟁기업 j가 전혀 반응을 보이지 않을 것이라고 i기업이 예상한다는 것을 의미한다.

과점시장에서 기업들은 기업 간에 상호의존적이고 기업들이 생산한 재화 간의 긴밀한 대체관계가 있다. 또한 예상과 반응을 중시하는 전략적 상황에 처해 있으므로 과점이론에 게임이론을 접목하여 설명할 때 그 분석과 전개과정이 보다 명료해질 수 있기 때문에 게임적으로 과점시장을 분석하고자 한다.

2. 굴절수요곡선모형 (kinked demand curve)

2.1 의의

과점시장 내의 경쟁기업 간의 아무런 담합이나 협조가 없는 상황에서도 가격의 경직성이 나타날 수 있다. 왜냐하면 가격의 예측적 변화에서 나타나는 비대칭성으로 기업이 인식하고 있는 수요곡선에 굴절이 생기기 때문이다. 굴절수요곡선이론에는 스위지(P. Sweezy)의 비관적 예상모형과 스티글러(G. Stigler)의 낙관적 예상모형이 있다.

2.2 비관적인 굴절수요곡선모형

(1) 경쟁자의 반응과 과점자의 예상

과점자가 가격을 인상하면 이에 대한 경쟁자의 반응은 현상태로 가격을 유지하는 것이라고 과점자가 예상하고, 가격을 인하하면 경쟁자도 함께 인하시키는 반응을 보일 것이라고 과점자가 예상한다. 과점자는 가격을 인상하건 인하하건 경쟁자로부터 자신에게 유리한 반응을 끌어낼 수 없다. 왜냐하면 경쟁자의 반응대로라면 과점자는 자신의 시장 일부를 잃을 수 있기 때문이다. 이런 의미에서 과점자의 예상은 비관적이다. 이를〈표 14-1〉로 정리할 수 있다.

표 14-1 과점자의 비관적 예상

과점자의 행동	과점자가 예상하는 경쟁자 반응	가격예측적 변화	과점자가 직면하는 수요곡선
가격인상	동조 안 함	$\frac{dP_j}{dP_i}=0$	탄력적(d)
가격인하	동조함	$\frac{dP_j}{dP_i}>0$	비탄력적(D)

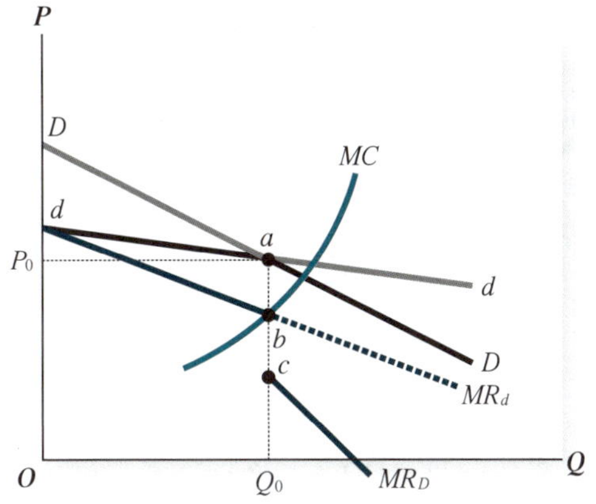

그림 14-1
비관적 굴절수요곡선 균형

(2) 균형

〈표 14-1〉에서 과점자가 직면하는 시장수요곡선을 도출할 수 있다. 과점자와 경쟁자의 수요곡선은 각각 *DD*, *dd*이다. *DD*에 대한 한계수입곡선을 MR_D, *dd*에 대한 한계수입곡선을 MR_d라고 하자.

과점자가 가격을 인상하면 경쟁자는 이에 동조하지 않기 때문에 과점자의 시장수요는 크게 줄 수 있다. 따라서 과점자가 직면하는 수요곡선은 [그림 14-1]에서 *D*와 *d* 중 보다 탄력적인 *d*가 된다. 가격을 인하시킬 때에는 경쟁자가 함께 가격을 인하시키기 때문에 과점자의 가격인하효과가 상쇄된다. 따라서 과점자의 수요량에 큰 변동이 없고 과점자가 직면하는 수요곡선은 상대적으로 비탄력적인 *D*곡선이 된다.

그러므로 과점자의 수요곡선은 *daD*로 굴절되고 *MR*곡선은 $dbcMR_D$로 불연속 곡선이 된다. 이 모형에서 과점자의 균형은 $dbcMR_D = MC$인 (P_0, Q_0)에서 이루어진다. 이 모형의 특징은 *MR*이 불연속인 $b \sim c$ 사이에서 생산비가 변동해서 *MC*가 이동하더라도 과점가격 P_0는 고정되어 있는 경직성을 보인다는 점이다.

2.3 낙관적인 굴절수요곡선모형

스티글러는 실증검증에서 현실적으로 비관적 예상모형과 반대로 과점자가 예상한다는 것을 밝혔다.

(1) 경쟁자의 반응과 과점자의 예상

과점자의 낙관적 예상이란 과점자가 자신의 가격을 인상시키면 경쟁자도 함께 인상시키고, 가격을 인하시키면 경쟁자는 현상태대로 가격을 유지할 것이라고 예상한다

그림 14-2
낙관적
굴절수요곡선 균형

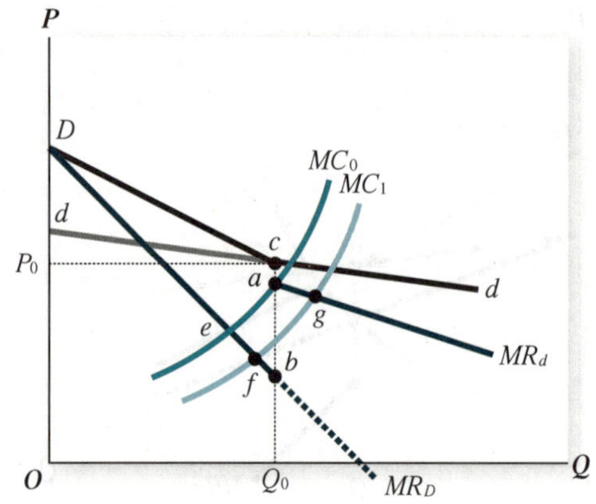

는 것을 말한다. 과점자는 자신이 가격을 인상할 때 경쟁자가 이에 동조하리라고 예상하기 때문에 가격인상에 따른 수요감소를 막을 수 있다. 또 가격인하시에 경쟁자가 이에 동조하지 않기 때문에 가격인하에 의한 수요량증가를 도모할 수 있다. 따라서 과점자의 예상은 낙관적이다.

(2) 균형

[그림 14-2]에서 과점자가 가격을 P_0 이상으로 인상할 때 과점자가 직면하는 수요곡선은 상대적으로 비탄력적 수요곡선이기 때문에 D_c가 된다. 가격인하시에는 탄력적인 수요곡선에 직면하기 때문에 cd곡선이 된다.

표 14-2 과점자의 낙관적 예상

과점자의 행동	과점자가 예상하는 경쟁자 반응	가격예측적 변화	과점자가 직면하는 수요곡선
가격인상	동조함	$\frac{dP_j}{dP_i} > 0$	비탄력적(D)
가격인하	동조 안 함	$\frac{dP_j}{dP_i} = 0$	탄력적(d)

따라서 과점자의 예상이 낙관적일 때 수요곡선은 Dcd로서 비관적일 때와는 달리 역굴절의 형태를 취한다. 한계수입곡선은 $DbaMR_d$곡선이다. 이때 기업은 $DbaMR_d = MC_0$에서 균형을 이루고 e와 a 두 점에서 이윤이 극대화된다. 기업은 이 중 이윤이 보다 큰 점에서 생산하게 된다.

낙관적 굴절수요곡선모형에서는 과점가격의 경직성은 비록 *MR*이 불연속일지라도 나타나지 않는다. 왜냐하면 불연속구간에서 *MC*가 변하면 가격이 변화하기 때문이다. 예를 들어, *MC*곡선이 MC_0에서 MC_1으로 변하면 새로운 균형점은 *f*와 *g*가 된다. 과점자가 *f*와 *g*점 중 어느 점에서 가격을 결정하더라도 과점가격은 더 이상 P_0에서 유지되지 않는다.

2.4 한계

굴절수요곡선이론에서 비관적 예상모형이든 낙관적 예상모형이든 굴절점과 최초의 가격결정(P_0)이 어떻게 형성되었는가에 대해서는 명확한 설명이 없다. 스티글러에 의하면 굴절수요곡선모형은 과점시장 내의 기업이 직면하고 있는 수요곡선에 굴절이 존재한다는 것과 굴절점이 결정되는 과정을 설명하지 못한다고 비판하고 있다.

굴절수요곡선이론의 한계점을 극복한 것이 꾸르노-내쉬모형이다. 이 모형에 의하면 굴절점은 두 기업의 반응곡선이 교차하는 수준에서 결정되게 된다.

3. 비협조적 게임에 의한 과점모형

과점시장모형은 크게 비협조적 게임과 협조적 게임에 의한 모형으로 구분하지만, 현실적으로 기업은 경쟁하기 때문에 비협조적 게임이 일반적이다.

비협조적 과점모형은 (1) 전략변수가 가격인가 수량인가의 관점, (2) 정보집합의 관점에서 경쟁자가 게임중에서 행하는 선택을 경기자가 아는가 모르는가를 기준으로 세분할 수 있다.

전략변수가 가격과 산출량인 모형은 각각 버트랜드(Bertrand)모형과 꾸르노(Cournot)모형이 있다. 정보집합의 관점에서 경쟁자의 반응곡선을 알고 있다는 선도자모형이 있고, 경쟁자가 선택한 산출량을 모르는 모형으로는 버트랜드모형, 꾸르노모형이 있다.

기업들이 시장에서 의사결정할 때 일반적으로 가격조정이 수량조정보다 용이하기 때문에 과점모형은 버트랜드모형, 꾸르노모형, 선도자모형 순으로 전개된다. 선도자모형에서 기업들이 치열하게 경쟁하면서 위험이 증가하는 것을 피하기 위해 협조적 게임을 택할 수 있는데 대표적인 모형이 카르텔이다. 이를 도해하면 다음과 같다.

■ **과점모형의 전개과정**

버트랜드모형 → 꾸르노모형 → 선도자모형 < 가격선도자 / 수량선도자 > → 카르텔모형

4. 버트랜드-내쉬(Bertrand-Nash) 모형

Economics ch. fourteen

4.1 의의

경쟁기업의 가격이 어느 순간에 주어져 있다는 전제 하에서 과점기업의 균형가격 결정과정을 설명하는 버트랜드모형에 게임이론의 내쉬균형을 접목시킨 것이 버트랜드-내쉬모형이다. 모형은 기본적으로 규모가 동일한 두 기업이 존재하고, 한계비용이 c로 일정하며 두 기업은 충분한 생산능력을 보유하고 있다고 가정한다.

4.2 버트랜드-내쉬균형

만약 $P_1 > P_2 > c$라면 동질적 상품에 대해 기업 1의 가격이 높으므로 소비자들이 기업 2의 제품만을 소비하므로 기업 1의 시장수요는 0이고, 기업 2가 시장 전체를 지배하여 기업 1의 이윤은 0이 되기 때문에 기업 1은 가격을 낮추려는 유인이 발생한다. $P_2 > P_1 > c$라면 기업 1이 시장 전체를 지배하고 기업 2의 이윤은 0이므로 기업 2는 가격을 낮추고자 한다. 따라서 두 경우는 균형이 아니다.

$P_1 = P_2 > c$라면 기업 1은 기업 2의 가격 P_2가 고정되어 있을 것이라고 예상하고 P_1을 낮추려 하기 때문에 균형이 아니다. $P_1 = P_2 < c$이면 기업들이 손해를 보기 때문에 가격을 인상하려는 유인이 발생하므로 균형이 아니다.

$P_1 = P_2 = c$에서 기업들은 더 이상 가격을 변화시키려는 유인을 갖지 않는다. 따라서 버트랜드-내쉬균형이다.

따라서 버트랜드-내쉬균형 하의 산출량 수준은 과점자와 경쟁자의 가격이 $P_1 = P_2 = c$이고 과점자와 경쟁자의 이윤이 $\pi_1^* = \pi_2^* = 0$이므로 동질적인 버트랜드-내쉬균형은 완전경쟁시장과 동일한 산출량을 생산한다.

4.3 버트랜드-내쉬균형의 경제적 의미

버트랜드-내쉬균형은 이질적이거나 동질적 상품의 과점모형으로서 기업의 전략

변수가 가격이고, 각 기업의 반응곡선이 교차하는 수준에서 결정되는 대칭적 과점모형이다.

또한 버트랜드-내쉬모형에서 각 경기자는 모두 소극적으로 행동한다. 즉, 과점자는 경쟁자의 가격을 주어진 것으로 보고 자신의 가격을 결정한다.

4.4 꾸르노-내쉬와 버트랜드-내쉬의 비교

버트랜드-내쉬균형에서 어떤 기업의 가격이 경쟁기업의 가격보다 높으면 이 기업은 완전히 시장을 잃고, 이 기업의 가격이 경쟁기업의 가격보다 낮으면 시장 전부를 얻기 때문에 급격하게 불연속적인 시장균형이 나타난다.

반면 꾸르노-내쉬균형은 과점자와 경쟁자의 반응곡선을 따라 과점자가 산출량을 줄이면 경쟁자는 늘리는 식으로 두 기업이 행동하기 때문에 연속적인 시장균형이 나타난다.

5. 꾸르노-내쉬 (Cournot-Nash) 모형

Economics ch. fourteen

5.1 의의

과점자와 경쟁기업이 동질적 상품을 생산하고 시장을 비슷한 규모로 지배하고 있다. 꾸르노-내쉬모형이란 이런 대칭적 과점시장에서 경기자가 경쟁기업의 산출량이 주어져 있다고 예상하는 과점기업의 균형산출량 결정과정을 설명하는 꾸르노(Augustine A. Cournot, 1838)모형에 게임이론인 내쉬균형을 접목시킨 것이다.

5.2 꾸르노예상

과점기업과 경쟁기업의 산출량을 각각 Q_1, Q_2 이윤을 π_1, π_2라 할 때 과점자는 경쟁자의 산출량 Q_2가 주어진 것으로 보고 자신의 이윤극대화 산출량 Q_1을 결정하며, 경쟁자는 과점자의 산출량 Q_1을 주어진 것으로 보고 새로운 자신의 산출량을 결정한다.

이를 예측적 변화로 표시하면 $\frac{dQ_2}{dQ_1} = 0$이다. 즉, 꾸르노의 예측적 변화는 과점기업의 생산량이 변하더라도 경쟁자의 생산량은 이미 최적수준에 있기 때문에 변하지 않는 것으로 예상한다. 이를 꾸르노예상이라 한다. 꾸르노예상의 핵심은 각 경기자가 내쉬전략을 사용한다는 것이다. 꾸르노예상이 산출량을 전략변수로 잡는 것은 과점자

그림 14-3
반응곡선

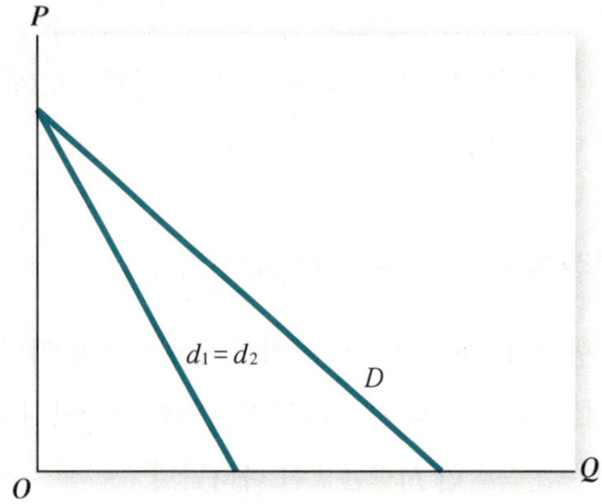

와 경쟁자가 동질적인 상품을 생산하기 때문이다. 이질적 상품을 생산할 때는 가격을 전략변수로 한다.

5.3 반응곡선(reaction curve)

(1) 정의

과점자의 반응곡선이란 경쟁자가 산출량을 변화시킬 때 과점자의 이윤을 극대화하는 산출량수준을 연결한 곡선이다. 같은 논리로 경쟁자의 반응곡선도 과점자가 산출량을 변화시킬 때 경쟁자의 이윤극대화 산출량수준을 연결한 곡선이다.

(2) 도출

시장수요가 [그림 14-3]에서처럼 *D*로 주어져 있을 때 한 기업의 산출량이 증가하면 다른 기업의 산출량이 감소해야 한다. 따라서 기업 1, 기업 2의 반응곡선은 [그림 14-4]에서처럼 우하향한다.

(3) 성질

반응곡선상 모든 점은 이윤극대화점을 나타낸다. 그리고, 경쟁기업의 산출량이 증가하면 과점기업의 산출량이 감소하므로 반응곡선의 기울기($\frac{dQ_2}{dQ_1} < 0$)는 우하향한다. 끝으로 반응곡선의 기울기는 과점자와 경쟁기업의 산출량의 변화($\frac{dQ_2}{dQ_1}$)를 의미한다.

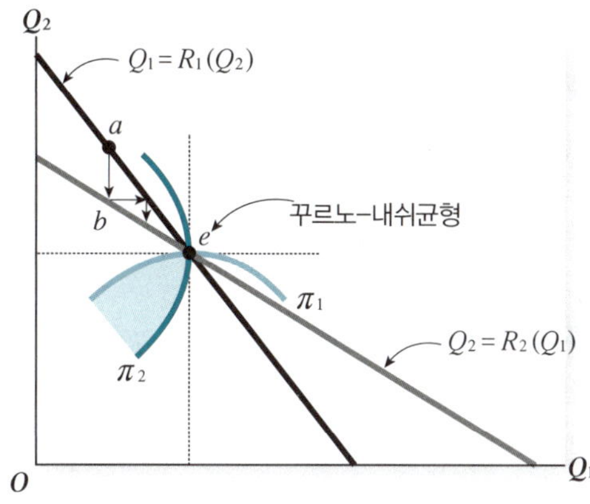

그림 14-4
꾸르노-내쉬균형

5.4 꾸르노-내쉬모형

(1) 정의

과점자는 경쟁자의 산출량을, 경쟁자는 과점자의 산출량을 각각 주어진 것으로 보고 각자 자신의 이윤극대화 산출량을 결정한다. 이때 과점기업과 경쟁기업이 모두 동시에 이윤을 극대화하는 산출량의 배합수준을 꾸르노-내쉬균형이라고 한다. 게임적으로 보면 과점자와 경쟁자가 내쉬전략을 택할 때 두 기업의 산출량의 배합수준을 말한다.

(2) 도출

꾸르노-내쉬균형은 [그림 14-4]에서 과점기업과 경쟁기업의 반응곡선이 교차하는 e점에서 이루어진다. 왜냐하면 반응곡선은 이윤극대화를 나타내므로 두 기업의 반응곡선이 교차하는 점에서 두 기업이 모두 동시에 이윤을 극대화하기 때문이다.

[그림 14-4]에서 만약 반응곡선이 교차하지 않으면 과점기업의 반응곡선 $Q_1 = R_1(Q_2)$이고, 경쟁기업의 반응곡선 $Q_2 = R_2(Q_1)$일 때 a점에서 과점기업은 이윤을 극대화한다. 반면 경쟁기업은 자신의 반응곡선 상에 있지 않기 때문에 이윤극대화를 이루지 못하고 있다.

따라서 경쟁기업은 내쉬전략에 따라 과점자의 산출량을 주어진 것으로 보고 산출량을 변경시켜 이윤을 극대화하는 자신의 반응곡선상 b점으로 이동한다. 한편 b점에서 경쟁기업은 자신의 반응곡선 상에 있기 때문에 이윤을 극대화하나 과점기업은 이윤을 극대화하지 못한다. 다시 과점자는 이윤을 극대화하는 자신의 반응곡선으로 이동하기 위해 산출량을 증가시킬 것이다.

이런 과정이 반복되면서 결국 과점기업과 경쟁기업이 동시에 이윤을 극대화하는 e점에서는 더 이상 산출량의 변화가 없을 것이다. 이를 꾸르노-내쉬균형이라 한다. 따라서 꾸르노-내쉬균형은 두 기업의 반응곡선이 교차하는 점에서 이루어진다.

(3) 꾸르노-내쉬균형의 경제적 의미

꾸르노-내쉬모형은 전략변수가 산출량으로 각 기업들이 동질적인 상품을 생산하는 과점모형이다. 꾸르노-내쉬균형은 두 기업의 반응곡선이 교차하는 수준에서 결정된다. 이때 두 기업의 산출량은 동일하고, 시장을 같은 규모로 지배하기 때문에 꾸르노-내쉬모형은 대칭적 과점시장 모형이다. 그리고 꾸르노-내쉬모형에서 각 경기자는 경쟁자의 산출량을 주어진 것으로 보고, 자신의 산출량을 결정하기 때문에 소극적으로 행동한다. 추가적으로 [그림 14-4]에서 꾸르노-내쉬균형은 파레토 열등한 자원배분이다. 왜냐하면 꾸르노-내쉬균형의 산출량이 완전경쟁시장의 산출량보다 작기 때문이다.

(4) 꾸르노-내쉬균형과 굴절수요곡선모형과의 비교

굴절수요곡선모형의 한계점은 굴절점의 위치를 정확히 파악할 수 없다는 것이다. 반면 안정적인 꾸르노-내쉬균형에서는 과점자와 경쟁자의 반응곡선이 교차하는 점에서 굴절수요곡선의 굴절점의 위치를 정확히 파악할 수 있다.

굴절수요곡선이론은 과점가격의 경직성을 설명하는 데 성공적이지만 불안정적 꾸르노-내쉬균형에서는 이를 설명하지 못하는 한계가 있다.

6. 선도자모형(leadership model)

Economics ch. fourteen

6.1 의의

슈타겔버그(H. v. Stackelberg)는 꾸르노-내쉬모형을 발전시켜 복점 하에서 선도자와 추종자의 행동을 분석하였다. 소극적이고 대칭적 과점이론인 꾸르노-내쉬모형에서 두 기업 중 하나의 기업이 보다 적극적으로 가격 또는 산출량을 설정해 나가면 시장구조가 꾸르노-내쉬모형에서 비대칭적 과점이론인 선도자모형으로 바뀐다.

그림 14-5
꾸르노-내쉬모형과 선도자모형 비교

꾸르노-내쉬모형 ⟶ **선도자모형**

과점자 : 소극적
경쟁자 : 소극적
대칭적 과점

⟶

과점자(선도자) : 적극적
경쟁자(추종자) : 소극적
비대칭적 과점

슈타겔버그의 선도자모형에서는 가격이 전략변수가 되는 가격선도자모형과 산출량이 전략변수인 수량선도자모형으로 구분할 수 있다. 가격선도자모형은 전략변수가 가격인 신도자모형이다. 이 모형에는 지배기업에 의한 선도자모형과 효율적 기업에 의한 선도자모형이 있다. 먼저, 지배기업에 의한 선도자모형을 살펴보자.

가격선도자모형은 선도자가 가격을 설정했을 때 추종기업이 그 가격을 주어진 것으로 수용할 때 발생한다. 따라서 가격선도자의 균형도 앞에서 살펴본 수량선도자모형과 같은 원리로 전개하고 도출한다.

6.2 균형

[그림 14-6]으로 설명된 선도자모형은 다수의 추종기업과 하나의 지배기업으로 구성된 지배기업(dominant firm)에 의한 선도자모형이다.

그림에서 DD는 X재의 시장수요곡선, Σmc는 여러 추종기업의 한계비용곡선, MC는 선도자의 한계비용곡선이다. 모형에서 선도기업의 수요곡선은 전체시장수요에서 추종기업의 공급량을 차감함으로써 도출된다. 즉, $D-\Sigma mc$로 도출된다. 이렇게

그림 14-6
가격선도자모형

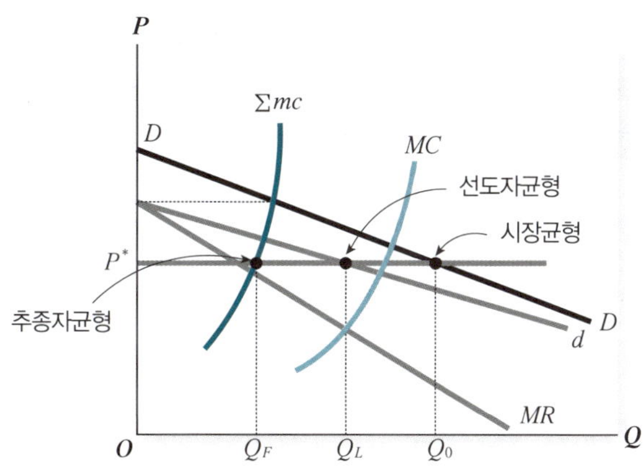

도출된 선도기업의 수요곡선을 d라 하면 d와 절편은 같고 기울기가 2배인 한계수입곡선 MR을 도출할 수 있다.

선도자는 $MR = MC$에서 이윤을 극대화하고 균형을 이룬다. 즉, 선도자는 P^*의 가격으로 Q_L만큼을 공급한다. 그러면 선도자를 따르는 추종기업은 가격을 조정할 능력이 없기 때문에 P^*를 주어진 것으로 받아들인다. 완전경쟁시장에서 개별기업이 시장가격을 주어진 것으로 받아들일 때 수요곡선이 수평인 것처럼 추종기업의 수요곡선은 P^*에서 수평을 이룬다. 즉, 추종기업의 수요곡선은 $P^* = MR = AR$이다.

추종기업의 균형은 $P^* = MR = \Sigma mc$에서 이루어진다. 즉, 추종자는 P^*의 가격으로 Q_F를 공급한다. 전체시장의 공급량(Q_0)은 선도자의 Q_L과 추종자의 Q_F를 합한 $Q_L + Q_F$가 된다.

표 14-3 균형조건

선도자의 균형	$MR = MC$	1차 조건
	MC 기울기 > MR 기울기	2차 조건
추종자의 균형	$P^* = \Sigma mc$	1차 조건
	Σmc 기울기 > MR 기울기	2차 조건

6.3 경제적 의미

선도자모형은 꾸르노-내쉬모형에서 개별기업이 선도자로 행동할 때 비대칭적 과점시장의 형성과 선도자이익을 잘 설명하고 있다. 또한 슈타겔버그 모형은 각 기업이 상대편의 반응을 무시한 채 독자적 행동을 하면 슈타겔버그의 전쟁상태에 직면하여 결국 각자에게 이롭지 않다는 것을 보여준다.

그러나 두 기업이 상호의존성을 인정하여 경쟁기업의 이윤과 반응에 관심을 갖고 서로 협조하면 장기적으로 양 기업의 이윤을 증대시킬 수 있을 것이다. 즉, 이와 같은 불균형 상황은 두 기업으로 하여금 담합을 통해 협조해 가면서 이윤을 추구하게 만드는 강한 유인을 제공한다. 여기서 카르텔을 결성하려는 유인이 나타난다.

7. 카르텔(cartel) 모형

7.1 의의

카르텔이란 동종상품을 생산하는 과점기업들이 서로 담합하여 슈타겔버그의 전쟁상태를 피하고 공동이윤을 극대화하려는 명시적 담합행위이다. 각 기업들은 중앙기관(central agency)을 만들어 공동이윤을 극대화하기 위해 판매해야 할 총산출량과 가격뿐만 아니라 카르텔 구성원에 대한 산출량의 할당 및 그들 간에 공동이윤의 배분을 결정한다.

과점시장이론에서 카르텔이 갖는 의의는 과점시장의 중요한 특성인 과점가격의 경직성 또는 안정성 여부를 잘 설명하는 모형이라는 점이다.

7.2 담합과 반담합 유인

과점시장에서 치열하게 경쟁하고 있는 기업들을 담합으로 유인하는 요인은 시장에 존재한다. 따라서 과점시장은 기업들을 담합으로 유인할 수 있다. 과점가격의 경직성은 과점기업들이 담합하였을 때 나타난다.

그러나 과점시장에서는 반담합의 유인이 또한 상존한다. 기업 1과 기업 2가 반담합적으로 행동하면 시장에서 산출량이 증가하여 과점가격의 경직성은 깨지고 과점시장의 불안정성이 나타난다. 카르텔모형의 담합유인과 반담합유인을 정리하면 [그림 14-7]과 같다.

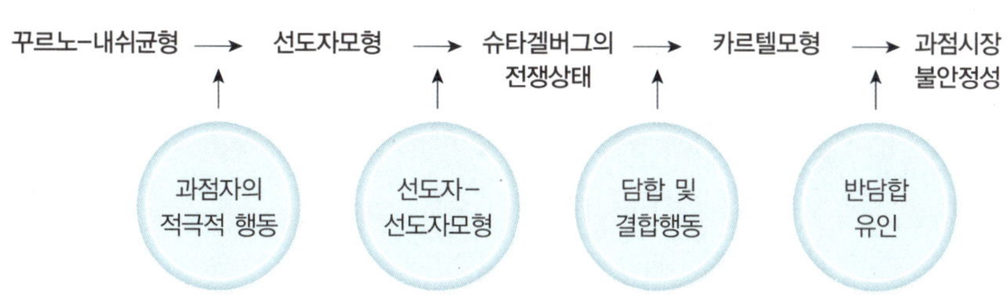

그림 14-7 카르텔모형의 유인

제15장 독점적 경쟁시장

microeconomics + macroeconomics, Economics ch. fifteen

1. 의의

Economics ch. fifteen

현실적으로 순수독점(pure monopoly)시장이나 완전경쟁(pure perfect competition) 시장은 예외적인 시장형태이고, 그 양극의 보편적 형태로 독점적 경쟁(monopolistic competition)시장이 있다. 독점적 경쟁시장은 비슷한 규모의 다수의 기업들이 대체성이 높으면서 조금씩 차별화된 상품을 생산, 공급하는 시장형태이다.

표 15-1 시장 스펙트럼

완전경쟁시장 ⇄ 독점적 경쟁시장 ⇄ 과점시장 ⇄ 독점시장

〈표 15-1〉에서 시장의 진화과정을 보면, 최초의 완전경쟁시장은 점차 독점적 경쟁시장, 과점시장, 그리고 최종적으로 독점시장으로 바뀌어 간다. 만약 최초의 시장이 독점시장이었으면 그 역의 방향으로 진화해 나갈 수 있다.

독점적 경쟁시장에서는 규모가 비슷한 다수의 공급자들이 서로 차별화된 상품을 공급하고 각 기업들은 상품차별화로 어느 정도의 시장지배력이 있으나 한 기업이 가격선도자로서 행동하는 것은 불가능하다. 또한 신규기업의 진입과 기존기업의 탈퇴가 자유롭다.

2. 다른 시장과의 비교

2.1 완전경쟁시장과의 비교

독점적 경쟁시장은 기업의 규모가 서로 비슷하고 다수라는 점에서 완전경쟁시장과 유사하다. 독점적 경쟁은 이상의 이유 때문에 몇 개의 기업이나 특정한 상표가 시장을 지배하는 일은 발생하지 않는다. 완전경쟁시장처럼 신규기업의 진입과 기존기업의 탈퇴가 자유롭게 발생한다.

또한 다수기업이 존재하기 때문에 독점적 경쟁에서는 개별기업들이 자신의 수요곡선이 다른 기업이 결정한 가격에 영향을 받음에도 불구하고 그 인과관계를 완전경쟁시장처럼 정확히 파악하지 못한다. 따라서 완전경쟁시장이나 독점적 경쟁시장에서는 특정기업이 선도자로 행동할 수 없다.

2.2 과점(독점)시장과의 비교

독점적 경쟁시장은 차별화된 상품을 공급하므로 수요곡선이 과점(독점)처럼 우하향한다. 독점적 경쟁기업은 시장점유율을 확보하기 위하여 선전 등 비가격경쟁을 할 수 있다. 그러나 독점이나 과점시장처럼 특정기업이 선도자로 나서는 경우는 발생하지 않는다. 또한 과점기업은 경쟁기업이 책정하는 가격을 예상하고 자신의 수요곡선을 변화시킬 수 있고, 그 변화를 명확히 파악할 수 있으나 독점적 경쟁은 상호관계를 명확히 파악하기 어렵다.

3. 독점적 경쟁시장의 균형

단기적으로 독점적 경쟁기업은 제품차별화를 통해 독점력을 행사할 수 있으므로 독점기업의 이윤극대화원리를 그대로 적용할 수 있다. 그러나 장기적으로는 기업의 시장진입과 탈퇴가 가능하므로 완전경쟁의 이윤극대화원리를 적용할 수 있다.

3.1 단기균형

독점적 경쟁기업의 수요곡선에는 두 가지 형태가 있다. 하나는 당해 기업의 가격변화에 대해서 경쟁기업들의 반응이 있기 전의 수요곡선이다. 이는 기업가가 주관적으로 판단하고 있기 때문에 주관적 수요곡선(d)이라고 한다.

다른 하나는 당해기업의 가격변화에 대해서 경쟁기업들의 반응이 끝난 후에 가격변화에 대해 실제수요량을 연결한 당해기업의 실제수요곡선 D이다. 그러나 독점적 경쟁시장에서는 경쟁자의 반응을 과점처럼 알 수 없기 때문에 D곡선의 형태에 관한 정보를 정확히 모른다.

주관적 수요곡선 d는 경쟁기업의 조정이 있기 전의 수요곡선이므로 D보다는 상대적으로 탄력적이다. 왜냐하면 기업이 가격을 인하할 때 경쟁기업이 반응을 보이지 않으면 이 기업의 수요량은 크게 증가하지만, 경쟁기업도 함께 가격을 인하하면 이 기

그림 15-1
단기균형

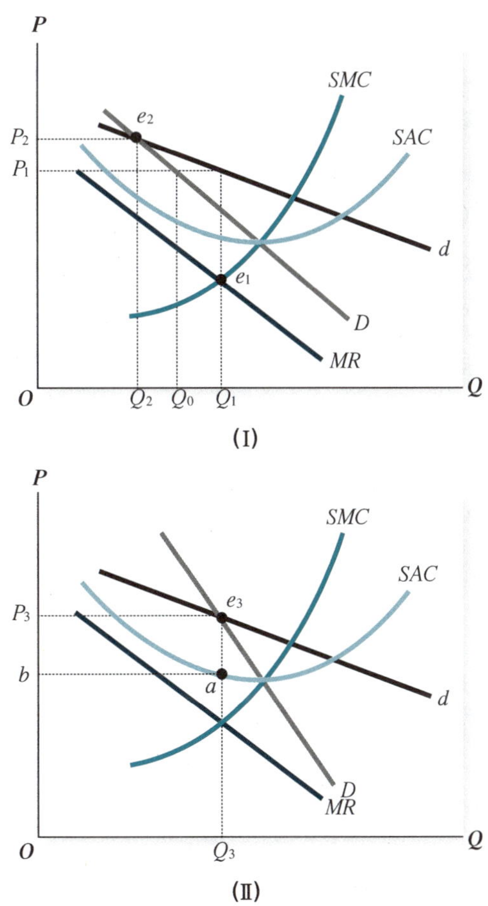

업의 수요량이 상대적으로 작게 증가하기 때문이다. 독점적 경쟁시장의 단기 균형은 기업균형($MR = SMC$)과 실제 수요곡선과 주관적 수요곡선이 일치($d = D$)하는 시장균형이 이루어져야 성립된다.

단기의 기업균형은 [그림 15-1]의 (I)에서 이 기업의 한계수입곡선(MR)과 한계비용곡선(SMC)이 만나는 e_1점에서 (P_1, Q_1)이 결정된다. 반면에 시장균형은 e_2점에서 (P_2, Q_2)가 된다. 만일 (I)과 같이 시장균형과 기업균형이 동시균형을 만족시키지 못하면, 초기에 기업이 P_1으로 Q_1만큼 판매하고자 할 때 시장에는 $(Q_1 - Q_0)$의 초과공급이 발생하게 된다. 이때 기업은 $MR = SMC$가 성립하는 위의 선 상에서 $d = D$가 되도록 주관적 수요를 수정한다.

따라서 단기균형은 그림 (II)와 같이 (P_3, Q_3)인 e_3점에서 이룬다. 이때 초과이윤은 $P_1 e_3 ab$이다. 단기에 있어서 독점적 경쟁기업은 수요곡선과 평균비용곡선의 위치에 따라 초과이윤이나 손실을 발생시킬 수 있다. 만약 SAC곡선이 수요곡선 d 상방에 존재하면 손해를 보게 된다.

3.2 장기균형

장기에 독점적 경쟁기업들은 시설규모의 변경이 가능하고 시장의 진입과 탈퇴가 자유롭다. 따라서 완전경쟁시장의 논리를 적용할 수 있다.

[그림 15-2]에서 단기균형은 e_3점에서 성립하고 있다. 이때 개별기업은 초과이윤을 얻고 있다. 초과이윤은 새로운 기업들을 시장에 진입하게 하는 유인이 된다. 신규기업의 진입은 기존기업의 시장점유율을 줄이게 된다. 따라서 주관적 수요곡선과 실제 수요곡선이 좌측으로 이동한다. 이러한 과정은 주관적 수요곡선이 장기평균비용곡

그림 15-2
장기균형

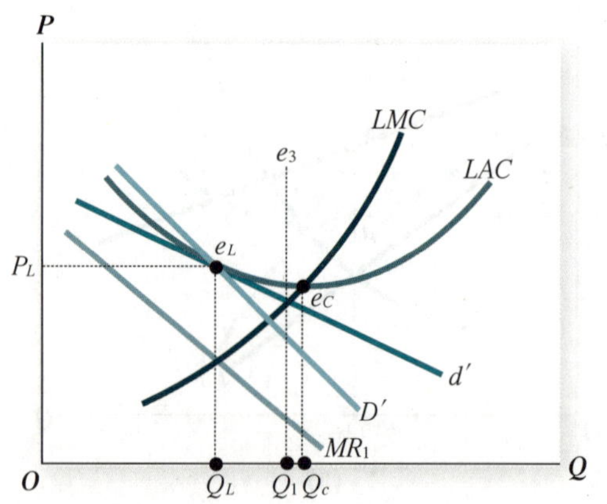

선과 접하는 점, 즉 기업의 초과이윤이 0인 e_L점까지 계속된다.

결국 독점적 경쟁기업의 장기균형은 완전경쟁시장처럼 정상이윤을 누리는 수준에서 결정된다. 그러나 주관적 수요곡선이 우하향하므로 완전경쟁기업의 장기균형 e_C점 좌측에서 균형이 이루어진다. e_L점에서 살펴본 장기균형 1차 조건은 $P = LAC > MR_1 = LMC$이고 2차 조건은 LMC 기울기 $>$ MR_1 기울기이다.

독점적 경쟁시장의 장기균형이 보여주는 특징은 완전경쟁시장보다 가격은 높고 산출량은 적으며, 정상이윤만 존재하고, $(Q_c - Q_L)$만큼 유휴시설(excess capacity)이 존재한다는 것이다.

4. 자원배분상의 특징

Economics ch. fifteen

4.1 비효율적인 자원배분

독점적 경쟁의 장기균형 하에서 가격에 의한 자원배분은 $P > LAC = MR$이므로 가격을 인하함에 따라 사회후생을 증가시킬 수 있기 때문에 파레토 비효율적으로 자원을 배분시킨다. 또 [그림 15-2]에서 Q_L이 장기평균비용 최소점에서 생산되지 않기 때문에 X-비효율성이 존재한다.

4.2 불공편한 소득분배

소득분배의 한계생산력설을 공평성의 기준으로 삼았을 때 독점적 경쟁시장도 독점이나 과점시장처럼 소득을 불공평하게 분배한다. 그러나 그 정도는 독점이나 과점보다는 약하다. 왜냐하면 독점이나 과점시장에 비해서 보다 많은 경쟁이 도입되었기 때문이다. 또한 독점이나 과점처럼 소비자로부터 생산자에게로 소득을 재분배하나 이 역시 그 정도는 앞의 두 시장보다 약하다.

4.3 차별화된 상품

독점적 경쟁시장에서 각 기업들은 소비자의 취향에 부합되는 방향으로 상품을 차별화한다. 상품차별화를 통한 경쟁은 광고라는 형태로 나타난다. 상품차별화는 소비자의 다양한 욕구(기호)에 부응하는 긍정적 측면과 자원을 낭비하는 부정적 측면을 동시에 갖는다.

그림 15-3
과소생산의 크기

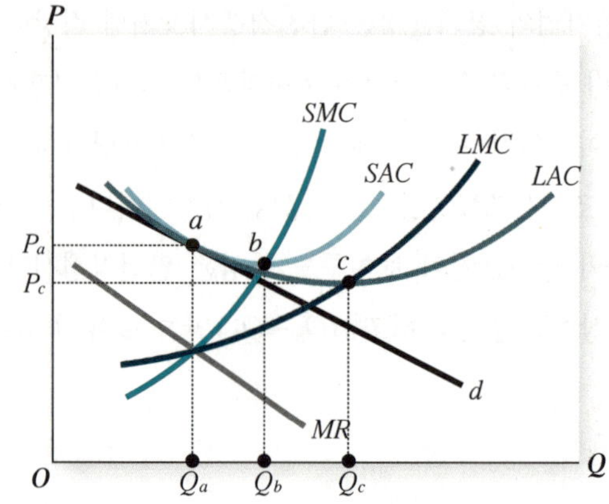

4.4 유휴시설의 존재

독점적 경쟁의 장기균형 하에서 산출량은 완전경쟁 하의 최적 산출량(*LAC* 최저점에서의 산출량)보다 작으므로 유휴시설이 존재한다. [그림 15-2]에서 유휴시설은 $(Q_c - Q_L)$이다.

4.5 기술진보에 미치는 효과

독점적 경쟁시장이 기술진보에 영향을 미칠 수 있는 가장 중요한 이유는 제품차별화가 이루어진다는 데 있다. 독점적 경쟁기업은 비가격경쟁으로 자기제품의 차별화를 통해 어느 정도 시장을 확대해 나갈 수 있다.

그러나 기술진보를 유도하는 초과이윤이 단기균형에서만 존재하고 장기에는 존재하지 않기 때문에 구조적인 기술혁신을 도모하기 어렵다.

4.6 과소생산의 문제

독점적 경쟁기업은 제품차별화를 통해 어느 정도 독점력을 갖기 때문에 완전경쟁시장에 비해 제품의 대체성이 적고 우하향하는 수요곡선을 갖는다. 이것은 기업이 제품을 더 많이 판매하기 위해서는 가격인하가 이루어져야 한다는 것을 의미한다. 그 이유는 가격하락으로 인한 수입증가가 비용의 감소를 초과하기 때문이다. 따라서 독점적 경쟁시장의 장기균형은 기업으로 하여금 과소생산을 하도록 하는 문제가 발생한다.

[그림 15-3]에서 a점이 독점적 경쟁기업의 장기균형점이고 c점이 완전경쟁기업의 장기균형점이다. 따라서 독점적 경쟁기업은 $(Q_c - Q_a)$만큼 과소생산을 한다.

과소생산은 기업이 현재의 생산설비로 Q_b만큼 생산할 수 있으나 Q_a만큼만을 생산하는 기존생산설비의 과소이용분 ($Q_b - Q_a$)와 기존생산설비와 최적생산설비의 규모 차이인 과소생산시설분 ($Q_c - Q_b$)로 구분할 수 있다.

5. 호텔링의 역설(Hotelling' s paradox)

Economics ch. fifteen

독점적 경쟁시장에서 개별기업은 차별화된 다양한 상품을 공급하지만 현실적으로는 매우 유사한 종류의 상품이 공급된다. 이러한 현상을 호텔링의 역설로 설명할 수 있다.

호텔링의 역설은 다수의 기업들이 특정한 지역에 군집하여 기업활동을 하거나, 경쟁적인 관계에 있는 서로 다른 정당의 후보자들의 정책과 공약이 유사해지는 현상을 설명하는데 유용한 분석도구이다.

복점시장에서 제품차별화 정도를 [그림 15-4]처럼 일정한 길이로 표시된 선형인 함수로 나타내고 그 위에 각각의 차별화된 제품을 선호하는 소비자가 균등하게 분포되어 있다고 하자. 이때 소비자는 자신의 선호와 가장 가까운 기업의 제품을 구입함으로써 효용을 극대화하고자 하고, 기업은 시장점유율을 극대화하는 것을 목표로 한다.

최초의 기업 1, 2가 a와 b에 위치하고 있다면 Oa구간의 소비자와 ab구간의 소지자 중 a에 가까이 위치한 절반의 소비자는 기업 1의 제품을 소비하고, $O'b$구간의 소비자와 ab구간의 절반의 소비자 중 b에 가까운 소비자는 기업 2의 제품을 수요한다.

이때 ab구간의 중점이 C_0라 하면 기업 1, 2의 시장점유율은 각각 OC_0, $O'C_0$이다.

이제 기업 1이 기업 2의 위치는 b로 주어져 있을 것이라 판단한다면, 내쉬전략에 따라 기업 1은 자신의 시장점유율을 극대화하기 위해 b점에 가장 인접한 c에 위치를 설정한다. 그렇게 되면 기업 1의 시장점유율은 확대되고 기업 2의 점유율은 축소된다.

이러한 사실을 알고 있는 기업 2는 기업 1의 위치가 c로 주어져 있다고 보고 c에 가장 가까운 d에 위치를 선정한다.

이런 과정을 반복하면 내쉬균형은 OO'의 중점인 C_0에서 성립하게 된다.

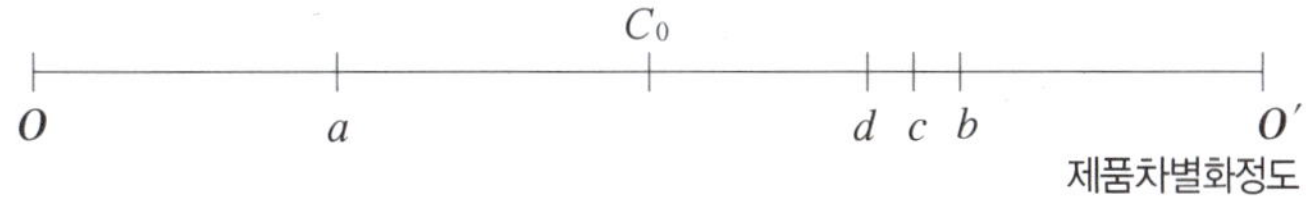

그림 15-4
독점적 경쟁시장과 제품동질화

6. 준경쟁적 시장

6.1 의의

현실적으로 독점기업이라고 해서 언제나 높은 독점가격을 설정하여 최대의 독점이윤을 획득하는 것은 아니며 과점시장에서도 이론 그대로 현상이 나타나지는 않는다. 이처럼 시장이 독·과점적 시장으로 기업이 다수 존재하지 않는데도 시장에서 나타나는 결과가 완전경쟁시장과 유사하게 나타나는 현상도 많이 볼 수 있다.

이러한 현상에 착안하여 바몰(W. J. Baumol)과 윌리그(R. D. Willig)는 일정한 가정(조건) 하에서 외형적으로 독점 또는 과점시장이라고 할지라도 잠재적 진입자와 경쟁해야 하므로 독점권력은 제한되고, 시장의 성과는 완전경쟁시장과 유사한 결과를 초래하는 준경쟁적 시장 또는 경합시장(contestability market)모형을 제시하였다.

6.2 전통적 시장이론과의 비교

준경쟁적 시장이란 진입이 완전히 자유롭고 아무런 매몰비용없이 탈퇴할 수 있는 시장을 말한다. 이 시장 내의 모든 기업들은 신속하게 진입하고 탈퇴(hit and run)할 수 있는 진입 위협에 노출되어 있다. 따라서 어떤 산업에 아주 일시적이라도 초과이윤이 존재한다면 신규기업이 진입하여 초과이윤을 획득하고 또한 아무 매몰 비용없이 다른 산업으로 탈퇴할 수 있다.

준경쟁시장 = 독점(과점), 독점적 경쟁시장 + 진입 · 탈퇴자유 + 0의 매몰비용

첫째, 전통적 시장이론에서는 기업 수가 중요한 분석요소이나 준경쟁시장이론에서는 진입과 탈퇴, 매몰비용 등이 중요시된다.

둘째, 전통적 시장이론에서는 반응함수에 따라 매우 다양한 과점균형이 나타나지만 준경쟁시장에서는 신규기업의 진입위협이 기존기업으로 하여금 균형점으로부터 이탈하는 것을 허용하지 않는다. 따라서 기업 상호 간의 반응함수를 고려하지 않는다.

다음으로, 전통적 시장이론에서는 기업의 수가 무한대에 도달할 때 파레토최적이 달성된다고 보나 경합시장에서는 기업의 수보다 진입 · 탈퇴의 자유로운 정도에 의해 사회후생이 개선된다고 본다. 바몰은 이 점을 준경쟁시장이론의 가장 중요한 공헌의

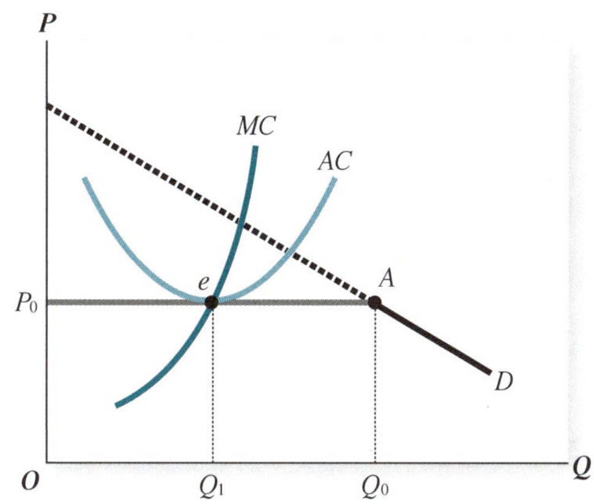

그림 15-5
준경쟁시장의 균형

하나로 간주한다.

끝으로, 전통적 시장이론에서는 시장구조가 외생적으로 결정된 것으로 받아들일 뿐, 시장이 왜, 어떻게 그러한 산업구조가 되었는지를 설명하지 않고 있다. 그러나 준경쟁시장에서는 시장구조도 진입과 탈퇴의 정도에 따라 다른 시장변수들과 함께 내생적으로 결정된다.

6.3 준경쟁시장의 균형

시장에 동질적인 두 개의 기업이 있다고 가정할 때 [그림 15-5]에서 각 기업이 Q_1 만큼씩 생산해서 P_0의 가격에 판매한다면 시장전체 생산량은 Q_0이고 $Q_0 = 2Q_1$이 된다.

만약 가격이 P_0보다 높으면 기존기업은 초과이윤을 누리기 때문에 신규기업이 진입한다. 이러한 진입은 초과이윤이 0이 될 때까지 계속된다. 만약 진입이 과다하게 이루어져 가격이 P_0보다 낮아지면 기업들은 손해를 보기 때문에 즉각 시장을 탈퇴한다. 따라서 가격은 P_0에서 움직이지 않는다.

이때 시장 내의 개별기업이 직면하는 수요곡선은 P_0AD이다. 개별기업은 $P_0 = MC$인 e점에서 균형을 이루고 이윤을 극대화한다. 또한 생산은 평균비용곡선의 최저점에서 이루어지므로 $P = AC$의 관계도 성립한다.

6.4 준경쟁적 시장의 특징

(1) 효율적 자원배분

준경쟁시장은 $P = LMC$이고 LAC 최하점에서 장기균형을 이루고 있다. 이는 완전경쟁시장의 장기균형상태이다. 따라서 준경쟁시장은 완전경쟁시장과 유사하게 자원을 파레토 효율적으로 배분한다.

(2) 정상이윤

기존기업에 초과이윤이 존재하면 신규기업이 진입하여 일시적이라도 그 이윤을 얻고 아무 비용없이 탈퇴하게 된다. 따라서 이 경합시장 내에서 기업의 경제적 이윤은 없고 정상이윤만 존재한다.

(3) 평균비용최저점에서 생산

경합시장에서는 운영면에서 비효율성이 존재하거나 최저 평균비용으로 생산하지 않는 기업이 있으면 보다 낮은 비용으로 생산하는 기업이 진입하여 기존기업보다 낮은 가격으로 판매할 수 있기 때문에 최저인 평균비용 $P=AC$에서 가격이 결정된다. 따라서 준경쟁시장은 X-비효율성이 나타나지 않고 내부효율성이 성립한다.

(4) 가격과 한계비용의 일치

준경쟁시장의 균형조건은 완전경쟁시장의 균형조건과 같이 $P=MC$에서 이루어진다. 따라서 자원배분의 비효율성이 개선되어 완전경쟁시장과 유사하게 파레토 효율적으로 이루어진다.

6.5 준경쟁적 시장의 문제점

준경쟁시장이론은 완전정태균형모형(full static equilibrium model)으로 진입장벽과 퇴출장벽이 완전히 제거된 시장에서 기업들의 행동보다는 기업들이 궁극적으로 도달하게 되는 균형점에 대한 성질의 분석이 초점이 된다.

그러나 자유로운 진입이나 탈퇴에 따른 매몰비용이 전혀 들지 않는다는 가정은 비현실적이며 진입과 탈퇴의 장벽이 되는 비용개념이 분명하지 않다. 또한 외부시장조건(external condition)이 내부시장조건(internal condition)을 압도한다고 보는 것은 너무 과장된 이론이다. 즉, 기존기업과 잠재적 진입기업 간의 잠재적인 경쟁이 기존기업들 간의 실제적인 경쟁보다 더 중요한 효과를 발휘한다고 보는 것은 무리다. 기존기업과 잠재적 진입기업 간의 잠재적인 경쟁이 과장된 이론이다.

6.6 정책적 시사점

지금까지의 독과점 정책은 기존의 전통적 시장조직이론에 입각하여 기업의 수를 늘리거나 시장점유율을 낮추는데 큰 비중을 두었다. 그러나 준경쟁시장이론은 독과점을 발생시키는 원천이 되는 정부의 인·허가나 원료공급제한, 기술제한 등을 완화하여 진입·탈퇴의 장벽을 제거하는 데 주안점을 두는 정책을 실시하여야 한다고 강조하고 있다.

분배론

part five

5

제16장 가변생산요소 가격결정이론

microeconomics + macroeconomics, Economics ch. sixteen

1. 의의

미시경제학은 가격결정이론이다. 가격결정이론은 재화와 생산요소가격결정이론으로 구성되어 있다. 지금까지 살펴본 산출물시장이론은 '재화의 가격결정' 이론이다. 이제 '생산요소의 가격결정' 이론인 분배론을 살펴보고자 한다. 생산요소의 가격결정이론, 즉 기능적 분배론은 생산요소의 기능에 따라 소득이 분배된다는 이론이다. 이는 고정생산요소 가격결정이론과 가변생산요소 가격결정이론으로 대별할 수 있다.

2. 가변생산요소의 가격결정이론

2.1 의의

생산요소가격은 생산요소시장과 산출물시장의 상호작용에 의해서 결정된다. 왜냐하면 생산요소는 재화의 수요가 변했을 때 이에 따라 영향을 받는 파생적 수요(derived demand)이기 때문이다. 이 점이 재화의 가격결정이론과의 차이이다. 재화의 가격은 생산요소시장이 이미 균형을 이루고 있다는 가정 하에 산출물시장에서 수요-공급곡선에 의해서 결정된다.

따라서 가변생산요소의 가격은 두 시장의 배합의 형태에 따라 달라지는데 산출물시장과 요소시장의 배합은 ① 완전경쟁 산출물시장-완전경쟁 요소시장, ② 불완전경쟁 산출물시장-완전경쟁 요소시장, ③ 완전경쟁 산출물시장-불완전경쟁 요소시장, ④ 불완전경쟁 산출물시장-불완전경쟁 요소시장으로 분류할 수 있다. 그런데 불완전

그림 16-1
분배론 전체체계

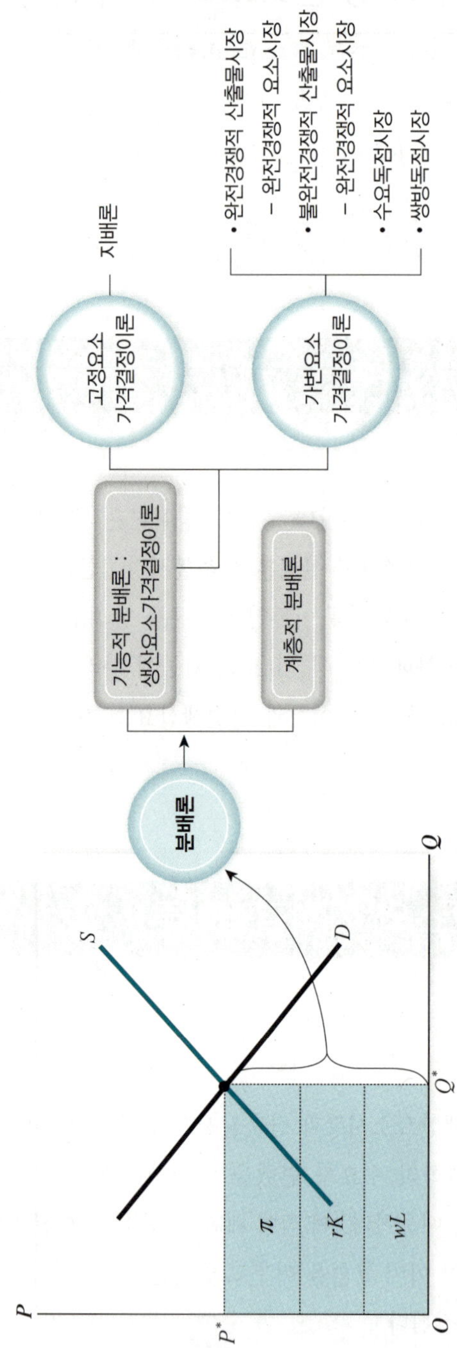

경쟁적 산출물, 요소시장에는 수요독점시장과 쌍방독점시장이 있다. 여기서 ③은 이론상 존재가능하나 비현실적이므로, 논의에서 제외하고자 한다.

■ 가변생산요소의 가격결정 유형

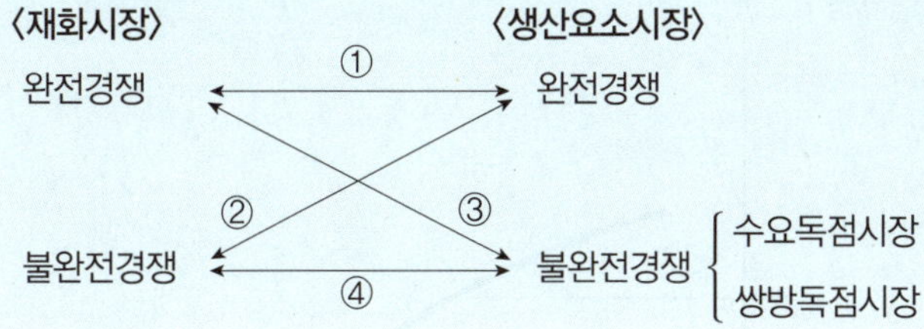

2.2 완전경쟁 산출물시장과 완전경쟁 요소시장

(1) 정의

산출물시장과 요소시장이 모두 완전경쟁적이라는 것은 개별기업이 산출물시장과 요소시장에서 각각 가격수용자(price taker)로 행동한다는 것을 의미한다. 이 시장은 생산요소의 가격결정 모형으로서 가장 규범적 성격을 갖는다.

완전경쟁적 산출물–완전경쟁적 요소시장에서 요소가격 결정은 요소에 대한 수요와 공급이 일치하는 수준에서 결정되기 때문에 우선 생산요소의 수요·공급곡선이 도출되어야 한다.

(2) 노동수요곡선

노동수요곡선은 개별기업의 장·단기노동수요곡선, 재화의 가격(P)이 고정된 경우와 가변적인 경우에 산업의 단기노동수요곡선, 산업의 장기노동수요곡선으로 각각 구분하여 도출한다.

기업의 단기노동수요곡선

먼저 자본이 고정되어 있는 기업의 단기노동수요곡선을 도출해 보자. 개별기업은 이윤극대화 원칙 하에 최적 노동량을 수요한다. 노동의 '한계생산가치(value of marginal productivity of labour, VMP_L)' 는 완전경쟁적 산출물시장에서 기업이 노동을 한 단위 고용했을 때 추가로 얻게 되는 수입을 의미한다. w는 노동을 한 단위 고용했을 때 추가로 지불하는 비용이 된다. 따라서 기업은 식 (16.1)이 성립할 때 이윤을 극대화하고 최적노동을 수요한다.

$$VMP_L = w \tag{16.1}$$

그림 16-2
기업의
단기노동수요곡선

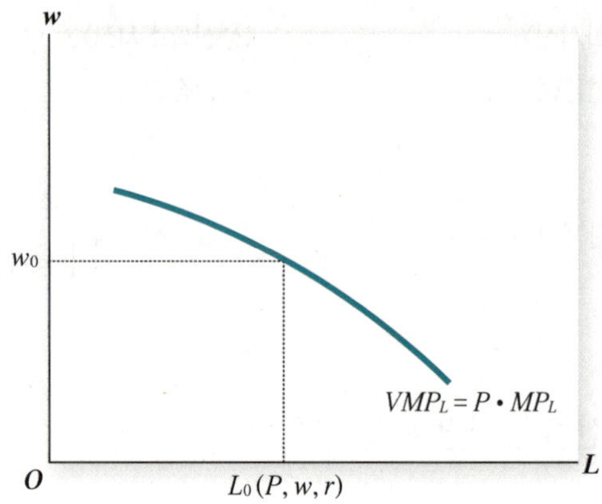

VMP_L곡선의 기울기는 우하향한다. 이는 노동을 증가시킴에 따라 노동의 한계생산성(MP_L)이 점차 체감하기 때문이다. 따라서 노동의 한계생산가치곡선이 우하향하는 것은 노동의 한계생산성이 체감하기 때문이다.

[그림 16-2]에서 기업은 임금이 w_0일 때 VMP_L 상에서 L_0만큼 노동을 수요한다. 임금이 계속적으로 변할 때 기업은 VMP_L곡선을 따라서 노동을 수요하기 때문에 VMP_L곡선이 바로 개별기업의 단기노동수요곡선이 된다.

기업의 장기노동수요곡선

이제 기업의 장기노동수요곡선을 도출해 보자. 장기에서 자본은 변한다. 자본이 가변적인 상황에서 기업은 가장 효율적인 자본량을 사용하게 된다. [그림 16-3]의 a점에서 임금 w_0가 w_1으로 하락하면 단기적으로 노동은 L_0에서 L_1만큼 증가한다. 그러

그림 16-3
기업의
장기노동수요곡선

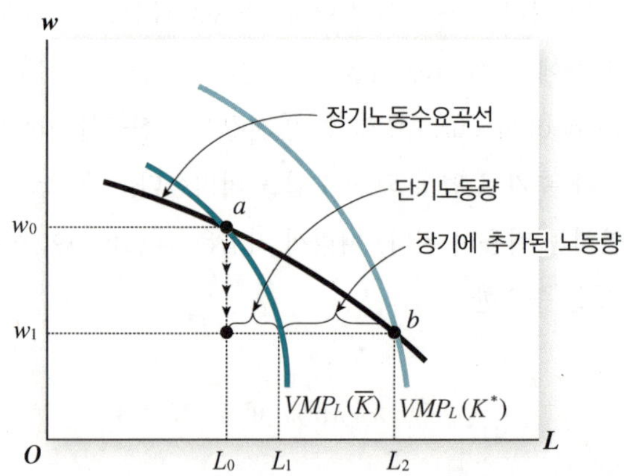

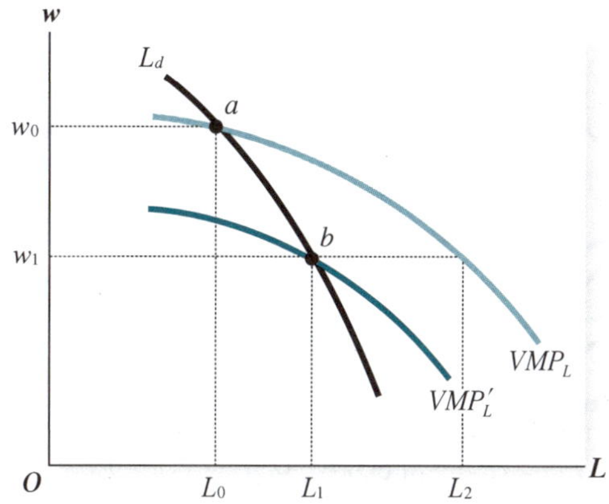

그림 16-4 시장의 노동수요곡선

나 장기에서는 자본이 효율적으로 사용되므로 노동의 한계생산성이 증가하고 VMP_L이 증가한다. 따라서 $VMP_L(\overline{K})$이 $VMP_L(K^*)$로 이동하고 노동은 L_1에서 L_2로 추가로 증가한다. 여기서 K^*는 효율적인 자본량을 의미한다. 그러므로 장기노동수요곡선은 (w_0, L_0), (w_1, L_2)인 a점과 b점을 연결함으로써 도출된다. 따라서 장기노동수요곡선은 단기보다 탄력적이 된다.

시장의 노동수요곡선은 재화가격(P)이 고정되어 있는 경우와 가변적인 경우에 그 형태가 달라지기 때문에 두 경우로 구분하여 도출해야 한다. 왜냐하면 개별기업의 노동수요곡선을 합하는 과정에서 시장 전체의 노동수요량이 변하고 이에 따라 산출량이 변하여 지금까지 고정되어 있다고 한 재화의 가격이 변할 수 있기 때문이다. 이럴 경우 시장의 노동수요곡선은 기업의 노동수요곡선을 수평적으로 합하여 도출할 수 없다.

가격이 일정한 경우의 시장의 노동수요곡선 도출

재화의 가격(P)이 일정할 때 시장의 노동수요곡선은 개별기업의 단기노동수요곡선을 수평으로 합하여 도출한다.

가격이 가변적인 경우의 시장의 노동수요곡선 도출

[그림 16-4]에서 현재 임금 w_0가 w_1으로 하락할 때 시장 내에 모든 기업이 노동수요를 증가시키면 시장 전체에서 재화의 공급량이 증가한다. 산출량증가는 그 재화의 가격을 하락시켜 VMP_L을 $VMP_L{}'$으로 하방이동 시킨다. 이때 개별기업의 노동수요곡선은 a와 b를 연결한 곡선이다. 시장노동수요곡선은 L_d를 수평으로 합하여 도출된다.

(3) 노동공급곡선

'재화' 의 공급곡선은 조업중단점(단기평균가변비용 최하점, 장기에서는 장기평균비

그림 16-5
개별노동공급곡선

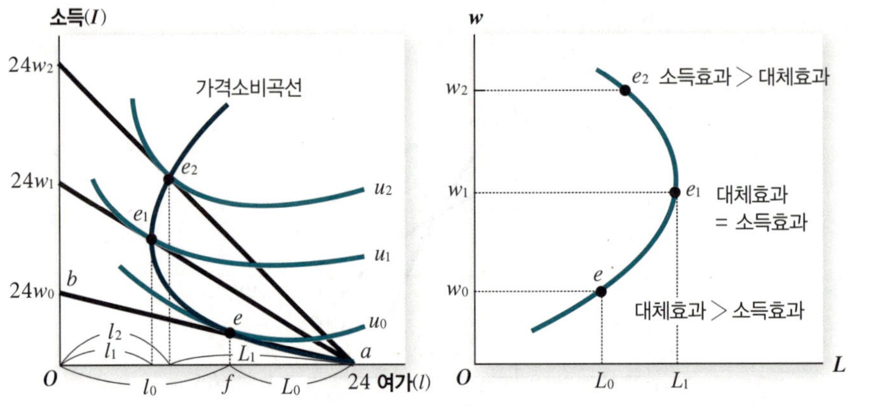

용 최하점) 이상의 한계비용곡선으로 도출된다. 그러나 생산요소인 '노동' 공급곡선은 한계비용곡선과 관계가 없다. 노동공급곡선은 소득-여가 평면에서 노동자의 기호나 선호에 따라 도출되기 때문이다. 노동공급곡선은 개별노동자의 노동공급곡선과 시장 노동공급곡선으로 구별된다.

개별노동자의 노동공급곡선을 도출해 보자. 노동자는 주어진 예산제약 하에 자신의 효용을 극대화하는 수준에서 노동을 공급한다. 따라서 노동공급곡선을 도출하기 위해서는 예산제약조건과 무차별곡선이 필요하다. 식 (16.2)로 표시되는 소득과 여가에 대한 노동자의 효용함수, 또는 무차별곡선을 [그림 16-5]에 도해하면 원점에 대하여 볼록하다. 소득(I)과 여가(l)가 모두 정상재이기 때문이다.

$$u = u(\underset{\oplus}{I}, \underset{\oplus}{l}) \tag{16.2}$$

$$I = w(24 - l) \tag{16.3}$$

식 (16.3)으로 표시되는 노동자의 예산제약은 여가의 최대 시간과 최대 임금소득을 연결함으로써 도출한다. 왜냐하면 노동자는 이 두 값을 넘는 여가와 소득을 누릴 수 없기 때문이다. [그림 16-5]에서 여가의 최대 시간은 24시간인 a점이고, 시간당 임금이 w_0일 때 최대 임금소득은 $24w_0$인 b점이다. 따라서 노동자의 예산제약식은 기울기는 w_0이고 a-b를 연결한 직선이다.

노동자는 식 (16.3)의 제약조건 하에서 식 (16.2)의 효용수준을 극대화하는 최적인 노동량을 결정한다. 이를 [그림 16-5]에서 보면 임금이 w_0이고 예산선이 a-b일 때 최초의 균형은 e점이다. 이때 l_0만큼 여가를 사용하고 $24 - l_0 = L_0$만큼 노동을 하여 ef

만큼 소득을 얻음으로써 효용을 극대화하고 있다. 임금이 w_0에서 w_1으로 상승하면 예산선이 상방으로 이동하고 노동자는 e_1점에서 효용을 극대화한다. 이때 노동량은 $24 - l_1 = L_1$이다. 같은 논리로 w_2일 때 노동량은 $24 - l_2$이다.

임금과 이에 대응하는 노동량을 그래프로 연결한 것이 개별노동자의 노동공급곡선이다. 이를 그림에서 보면 임금이 상승할 때 처음에는 노동공급이 증가하다가, w_1점 이후부터 노동공급이 감소한다. 따라서 노동공급곡선은 우상향하다가 e_1점에서 왼쪽으로 휘어지는 후방굴곡형곡선(backward bending labour supply curve)을 취한다.

특징을 보면 첫째, 개별노동자의 노동공급곡선은 후방굴곡형을 취한다. 후방굴곡형을 보이는 이유는 임금상승에 따른 소득효과가 대체효과보다 크기 때문이다. 소득효과란 소득의 증가로 여가를 늘리고 노동공급을 감소시키는 효과이다. 그리고 대체효과는 임금상승시에 여가를 노동으로 대체하여 노동공급을 늘리는 효과이다. 그림에서 $e - e_1$구간은 대체효과가 소득효과보다 크고, e_1 이후 구간은 소득효과가 대체효과보다 크기 때문에 노동공급곡선이 우상향하다가 꺾이게 된다.

둘째, 재화의 공급곡선은 조업중단점 이상의 한계비용 곡선으로 도출되나 노동공급곡선은 소득–여가 평면에서 노동자의 선호에 따라 도출된다. 이때 노동자의 기호는 노동자의 무차별곡선으로 표시된다.

표 16-1 임금상승시 소득효과와 대체효과

임금 상승시 →	소득효과 : 소득증가 → 여가중시 → 여가수요증가 → 노동공급감소 대체효과 : 여가의 '기회비용' 상승 → 여가를 노동으로 대체 → 노동공급증가

표 16-2 재화와 노동의 공급곡선 비교

재화	단기공급곡선 : AVC 최하점 이상의 SMC곡선 장기공급곡선 : LAC 최하점 이상의 LMC곡선
노동	소득–여가 평면에서 노동자의 노동–여가에 대한 선호에 따라 도출

셋째, 노동공급곡선이 후방굴곡형이므로 후방굴절되는 구간에서 노동공급은 기펜재인가 하는 문제가 제기된다. 임금상승시에 노동공급이 감소한 것은 임금상승에 따라 명목소득이 증가하고, 노동자들이 노동보다 여가를 더 선호하는 방향으로 기호가 변화했기 때문이다. 따라서 임금상승시에 노동공급이 감소하더라도 노동은 기펜재가 아니다. 기펜재는 다른 조건이 일정한 상태에서 가격이 상승할 때 수요량이 증가하고, 가격이 하락할 때 수요량이 줄어드는 재화이다. 또한 공급측면에서는 가격상승시에 공급이 감소하고 가격하락시에 공급이 증가하는 재화이다. 소득과 기호의 변화는 '다른 조건

그림 16-6
시장의 노동공급곡선

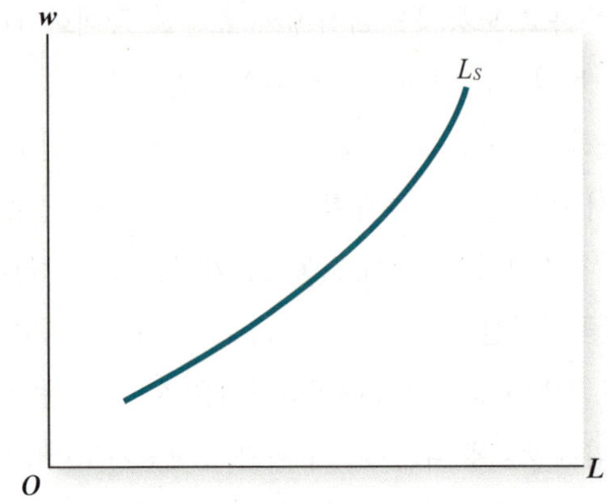

이 일정한 상태' 라는 조건을 위배했기 때문에 노동은 기펜재가 아니다.

시장의 노동공급곡선을 도출해 보자. 노동자마다 후방굴곡이 되는 임금수준이 다르기 때문에 개별노동자의 공급곡선을 합한 시장의 노동공급곡선은 일반적으로 후방굴곡 없이 우상향한다. 그러나 극단적으로 모든 노동자마다 후방굴곡이 되는 임금수준이 동일하다면 시장의 노동공급곡선도 후방굴곡형일 수 있다.

(4) 균형임금 결정

완전경쟁적 산출물시장-완전경쟁적 요소시장에서 균형임금과 균형고용량은 [그림 16-7]과 같이 노동공급곡선 L_S와 노동수요곡선인 ΣVMP_L이 교차하는 e점에서 이루어진다. 이때 균형임금과 균형고용량은 각각 w_0, L_0로 결정되고 노동소득은 $w_0 L_0$가 된다.

그림 16-7
노동시장의 균형

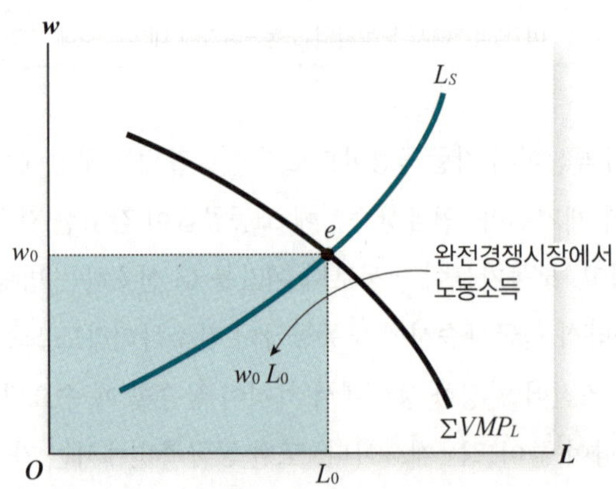

(5) 경제적 의미

균형노동시장의 의미를 종합적으로 살펴보면 다음과 같다.

생산요소에 대한 수요는 그 요소를 사용하여 생산되는 재화의 수요가 사전에 존재하기 때문에 나타나는 파생적 수요(유발수요, derived demand)이다. 한편, 생산요소의 공급은 재화의 공급처럼 비용으로 결정되지 않고 노동과 여가에 대한 노동공급자의 선호에 의해 결정된다.

소득분배의 한계생산력설(marginal productivity theory of income distribution)에 의하면 장기의 완전경쟁시장에서 각 생산요소 한 단위는 자신의 한계생산가치만큼을 소득으로 분배받는다. 소득분배의 한계 생산력설은 장기의 완전경쟁시장에서만 성립한다. 즉, 완전경쟁시장에서 소득분배는 생산요소의 한계생산가치가 요소가격과 일치하는 수준에서 결정된다.

표 16-3 소득분배의 한계생산력설

$VMP_L = w$	$VMP_K = r$
$P \cdot MP_L = w$	$P \cdot MP_K = r$
$\therefore \frac{w}{P} = MP_L$	$\therefore \frac{r}{P} = MP_K$

(6) 소득분배의 한계생산력설의 한계

소득분배의 한계생산력설은 신고전학파의 분배이론으로 시장주의자들의 공평성의 기준으로 정립되었다. 그러나 이 이론은 분배의 일관성, 측정성 등에 문제가 있다.

총생산함수의 형태에 따른 문제점

신고전학파 분배이론에서 각 생산요소가 차지하는 소득의 상대적 몫은 총생산함수의 기울기인 MP_L, MP_K에 의존하고 있기 때문에 총생산함수가 다르게 정의되면 각 생산요소의 소득의 크기가 달라져 분배론의 일관성(consistency)이 상실될 수 있다.

$Q = MP_L L + MP_K K$가 성립하는가 하는 문제

$Q = MP_L L + MP_K K$, 즉 각 생산요소에 지급한 보수의 합이 총산출량과 일치하기가 현실적으로 어렵다. 그러나 윅스티드(P. Wicksteed)는 오일러의 정리(Euler' s theorem)를 이용하여 만약 생산함수가 1차동차생산함수라면, $Q = MP_L L + MP_K K$가 성립한다는 것을 증명하였다.

2.3 불완전경쟁적 산출물시장과 완전경쟁적 요소시장

(1) 정의

두 번째 생산요소의 가격결정모형으로서 산출물시장은 불완전경쟁적이고 요소시장은 완전경쟁적인 시장형태를 들 수 있다. 이는 개별기업이 산출물시장에서는 우하향하는 수요곡선을 갖고 가격설정자로서 행동하나 요소시장에서는 가격수용자로서 행동하는 시장형태이다.

(2) 노동수요곡선

첫 번째 가격결정모형과 달리 산출물시장이 완전경쟁시장에서 불완전경쟁시장으로 바뀌면 노동수요곡선에 변화가 발생한다. 먼저 기업의 노동수요곡선을 도출해 보자.

산출물시장이 완전경쟁에서 불완전경쟁시장으로 바뀌면 그동안 고정되었던 재화의 가격 P가 이제는 산출량 Q의 함수, 즉 $P(Q)$가 된다. 개별기업은 불완전경쟁적시장에서도 완전경쟁시장처럼 이윤극대화 조건 하에서 최적생산요소를 수요한다.

노동을 한 단위 고용했을 때 추가로 얻는 수입(MRP_L)과 노동을 한 단위 고용했을 때 추가로 지불하는 비용(w)이 일치하는 수준에서 최적 노동수요량을 결정한다. 노동의 한계수입생산(marginal revenue product of labour, MRP_L)은 불완전경쟁적 산출물시장에서 기업이 노동을 한 단위 고용했을 때 추가로 얻는 수입을 의미한다. 이윤극대화의 1차 조건은 식 (16.4)로 정리된다.

$$MRP_L = w \tag{16.4}$$

한편, MRP_L은 $MR \cdot MP_L$이다.

$$MR \cdot MP_L = w$$

[그림 16-8]에서 임금이 w_0일 때 $w_0 = MRP_L$인 수준에서 기업은 L_0의 노동량을 고용한다. 이제 임금이 변하면 기업은 MRP_L곡선을 따라 노동을 수요한다. 따라서 MRP_L은 기업의 단기노동수요곡선이다. 노동수요곡선이 우하향하는 것은 노동량을 증가시킴에 따라 노동의 한계생산성이 체감하기 때문이다.

완전경쟁적 산출물시장-완전경쟁적 요소시장의 노동수요곡선 VMP_L과 불완전경쟁적 산출물시장-완전경쟁적 요소시장의 노동수요곡선 MRP_L을 비교해 보자. 산출물

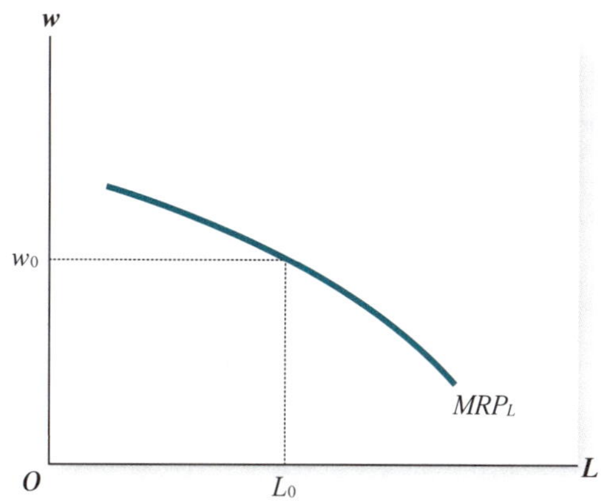

그림 16-8
불완전경쟁시장에서 기업의 단기노동수요곡선

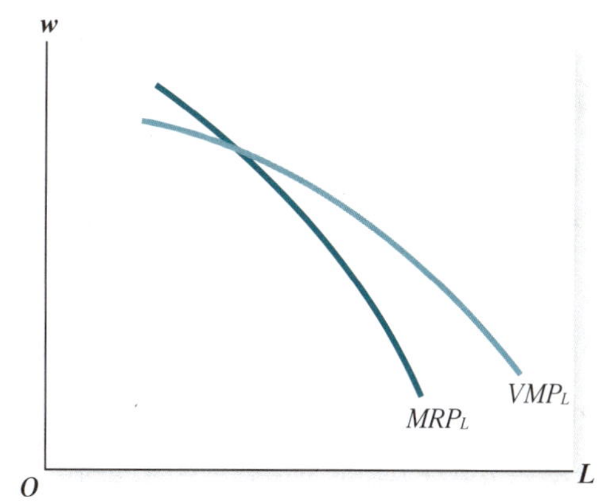

그림 16-9
VMP_L과 MRP_L의 비교

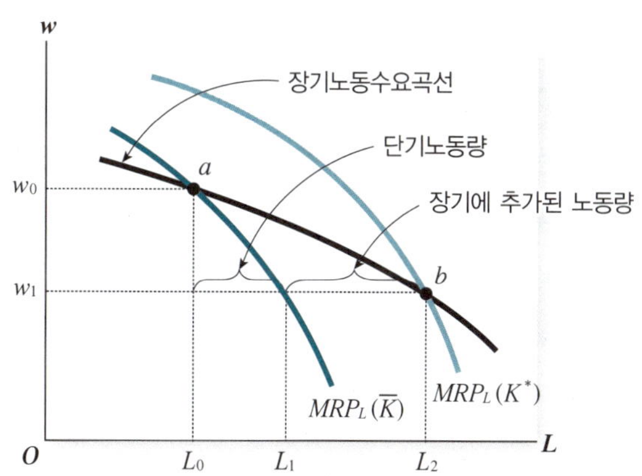

그림 16-10
불완전경쟁시장에서 기업의 장기노동수요곡선

그림 16-11
불완전경쟁적
산출물시장의
시장노동수요곡선

시장이 완전경쟁시장이라면 $P = MR$이므로 $VMP_L = MRP_L$이 성립한다. 그런데 불완전경쟁이면 $P > MR$이므로 $VMP_L = P \cdot MP_L > MR \cdot MP_L = MRP_L$이다. 따라서 VMP_L이 MRP_L보다 크거나 같다.

이제, 장기노동수요곡선을 도출하자. 불완전경쟁시장에서 장기노동수요곡선의 형태는 노동의 한계생산성(MP_L)에 의해서 결정된다. [그림 16-10]에서 최초의 균형은 a점이다. 임금 w_0가 w_1으로 하락하면 단기에서는 노동수요가 L_0에서 L_1으로 증가한다. 장기에서는 자본이 효율적으로 이용되면서 노동의 한계생산성 MP_L을 증가시킨다. 따라서 $MRP_L(\overline{K})$이 $MRP_L(K^*)$로 상방으로 이동하고 기업은 L_2를 고용한다. 결론적으로 장기노동수요곡선은 a점과 b점을 연결함으로써 도출된다. 한편, 임금하락시 노동의 가격이 자본의 가격보다 상대적으로 저렴하여 자본을 노동으로 대체한다면 장기노동수요곡선은 보다 탄력적이 된다.

시장의 노동수요곡선은 기업의 노동수요곡선 MRP_L을 수평으로 합하여 도출된다.

(3) 노동공급곡선

생산요소의 수요는 파생적 수요이기 때문에 산출물시장의 영향을 받는다. 그러나 노동공급곡선은 산출물시장의 경쟁성 정도와는 관계가 없이 생산요소시장의 형태에만 영향을 받는다. 따라서 불완전경쟁적 산출물시장-완전경쟁적 요소시장의 공급곡선은 완전경쟁적 산출물시장-완전경쟁적 요소시장의 공급곡선과 같다.

(4) 균형임금 결정

노동시장에서 균형임금과 고용량은 노동공급함수 L_S와 불완전경쟁적 산출물시

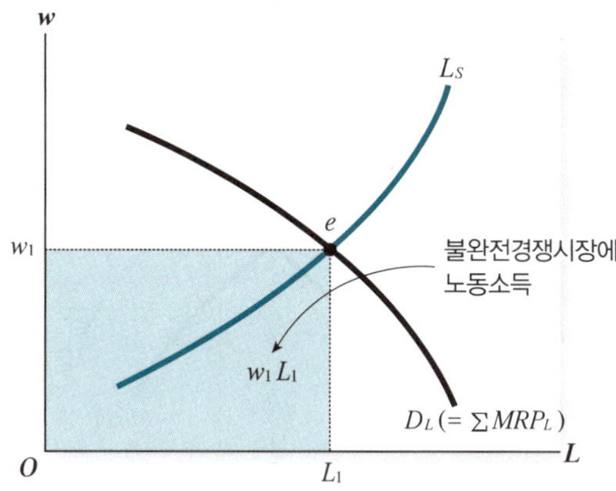

그림 16-12
불완전경쟁적 산출물시장 -완전경쟁적 요소시장의 균형

장-완전경쟁적 요소시장의 노동수요곡선 $\sum MRP_L$이 교차하는 점에서 이루어진다. 이는 [그림 16-12]에서 e점에 해당하며 이때 균형임금과 균형노동량은 각각 w_1과 L_1이고, 노동소득은 $w_1 L_1$이다. 노동, 자본 등 생산요소 제공자들은 $w = MRP_L$, $r = MRP_K$ 만큼 소득을 받는다. 그런데 이 소득은 $VMP_L > MRP_L$, $VMP_K > MRP_K$ 이기 때문에 완전경쟁시장보다 작다.

(5) 독점적 착취

독점적 착취란 완전경쟁적 산출물-완전경쟁적 요소시장에서 불완전경쟁적 산출물시장-완전경쟁적 요소시장으로 산출물시장의 구조가 바뀜에 따라 각 생산요소의 공급자들이 덜 받게 되는 소득의 크기를 의미한다.

시장구조가 바뀌면 앞에서 분석한 것처럼 각 생산요소의 소유자들의 소득이 바뀌게 된다. 특히 요소시장은 여전히 완전경쟁적인데 산출물시장이 완전경쟁시장에서 불완전경쟁시장으로 바뀌면 생산요소의 소유자들의 소득이 줄어들게 된다. 이를 독점적 착취(monopolistic exploitation)라 한다. 독점적 착취는 완전경쟁적 산출물시장-완전경쟁적 요소시장과 불완전경쟁적 산출물시장-완전경쟁적 요소시장 간의 임금의 격차이다. 독점적 착취의 결과, 불완전경쟁적 산출물시장-완전경쟁적 요소시장에서는 완전경쟁적 산출물시장-완전경쟁적 요소시장보다 임금이 적고 고용수준이 낮다.

[그림 16-13]처럼 요소시장이 완전경쟁적인 상태에서 산출물시장이 완전경쟁적이면 균형임금은 w_0이고, 불완전경쟁적이면 균형임금은 w_1이어서 독점적 착취는 $w_0 - w_1$이다. 그런데 $w_0 = VMP_L$, $w_1 = MRP_L$이다. 따라서 독점적착취는 $w_0 - w_1 = VMP_L - MRP_L$이다.

그림 16-13
독점적 착취의 크기

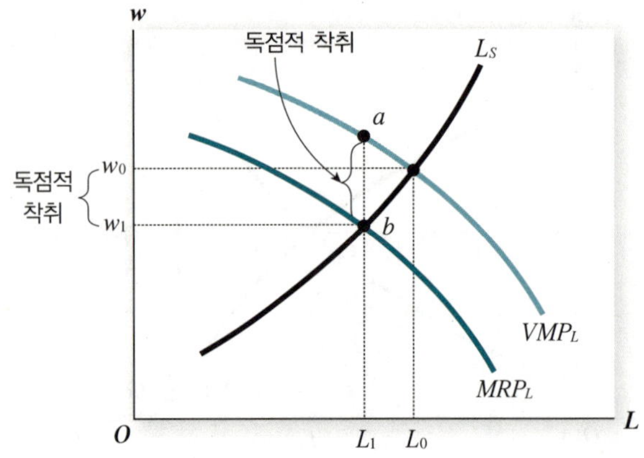

독점적 착취는 각도를 달리하여 노동자가 최고로 받을 수 있는 임금과 실제 받고 있는 임금의 차이로도 정의할 수 있다. 그림에서 기업이 L_1의 노동을 고용했을 때 완전경쟁시장에서 노동자는 VMP_L만큼을 최고임금으로 요구할 수 있다. 그런데 노동자는 실제로 w_1만을 임금으로 받고 있다. 따라서 노동자는 $VMP_L - w_1 = a - b$만큼 착취를 당하고 있다.

2.4 수요독점시장(monopsony)

생산요소가격결정의 세 번째 유형은 수요독점시장과 쌍방독점시장이다.

(1) 정의

수요독점시장이란 일반적으로 불완전경쟁적 산출물시장–불완전경쟁적 요소시장에서 다수의 경제주체가 공급하는 생산요소나 재화를 하나의 기업만이 수요하는 시장형태를 의미한다. 예외적으로 수요독점시장은 완전경쟁적 산출물시장–불완전경쟁적 요소시장에서 나타날 수 있다.

(2) 수요독점시장의 균형조건

수요독점시장에서 기업의 최적 노동수요량은 아래의 이윤극대화원리로부터 도출된다.

$$MRP_L = MFC$$

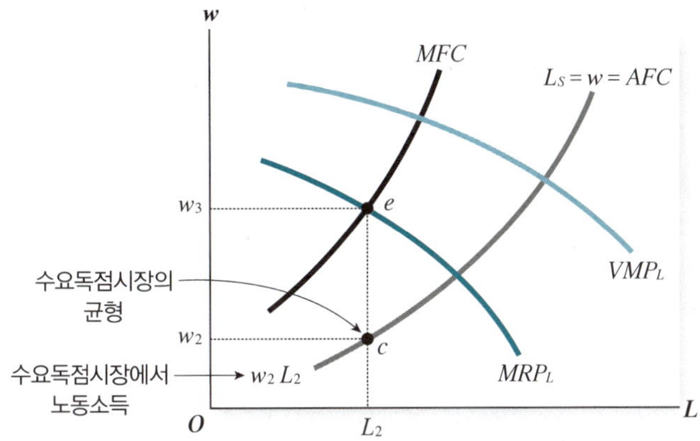

그림 16-14
수요독점시장의 균형

여기서 노동의 한계요소비용(marginal factor cost, MFC_L)의 의미를 정리하면 아래와 같다.

■ **한계요소비용의 의미**

한계요소비용(MFC)은 $\frac{dw(L) \cdot L}{dL} = \frac{dTVC}{dL}$이므로 노동을 한 단위 증가시켰을 때 기업이 추가로 지불하는 총가변비용의 크기

(3) 수요독점시장 하에서 소득분배

수요독점시장의 균형은 [그림 16-14]에서 $MFC = MRP_L$에서 이루어진다. MFC와 MRP_L이 교차하는 e점에서 균형임금 w_2와 균형고용량 L_2가 결정된다. 이때 노동소득은 $w_2 L_2$이다. 수요독점시장에서 총노동소득 $w_2 L_2$는 불완전경쟁 산출물시장-완전경쟁 요소시장의 노동소득 $w_1 L_1$보다 작다. L_2의 고용량에 대해 임금이 w_2인 것은 노동공급곡선 L_S가 기업측 입장에서 볼 때 평균요소비용(average factor cost, AFC)곡선이고 임금곡선이어서 수요독점자인 기업은 L_S곡선을 따라 임금을 지불하기 때문이다.

(4) 수요독점적 착취(monopsonistic exploitation)

수요독점적 착취란 수요독점적 요소시장 하에서 생산요소의 공급자들이 덜 받게 되는 소득의 크기를 말한다. [그림 16-15]에서 불완전경쟁 산출물시장-완전경쟁요소시장이 수요독점시장으로 전환됨에 따라 각 생산요소의 공급자가 덜 받게 되는 임금의 크기는 $w_1 - w_2$이다. 이는 [그림 16-14]에서 수요독점력이 작용하여 균형임금이 w_3가 아닌 노동공급곡선상 c점에서 w_2로 결정되었기 때문에 발생한 것이다.

수요독점적 착취는 [그림 16-15]에서 $e - f$로도 정의할 수 있다. 수요독점시장에

그림 16-15
독점적 착취와 수요독점적 착취

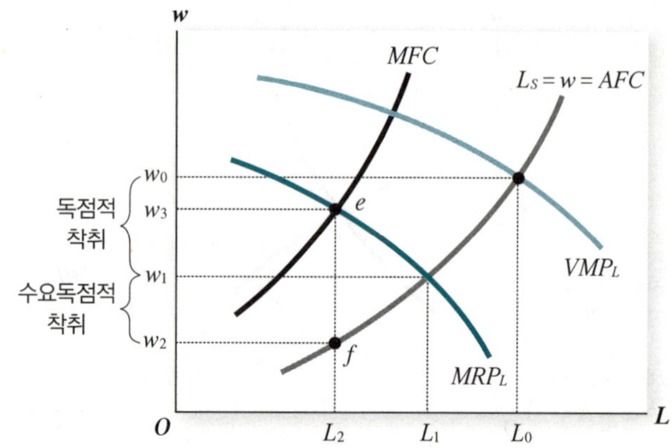

서 기업이 노동을 한 단위 증가시켰을 때 기업이 추가로 얻는 수입은 MRP_L이므로 L_2의 노동을 공급하는 노동자는 e점에서 최고로 MRP_L만큼을 보수로 요구할 수 있다. 그런데 노동자는 실제로 w_2만큼을 소득으로 분배받았다. 따라서 노동자는 $MRP_L - w_2$인 $e-f$만큼 착취당하고 있다.

독점적 착취는 산출물시장이 불완전경쟁적이기 때문에, 수요독점적 착취는 요소시장이 불완전경쟁적이기 때문에 각각 발생한다. 즉, 독점적 착취는 요소시장이 완전경쟁적인데 산출물시장이 완전경쟁에서 불완전경쟁적으로 바뀜에 따라 발생하고, 수요독점적 착취는 산출물시장이 불완전한데 요소시장이 완전경쟁에서 불완전경쟁으로 바뀜에 따라 발생한다. 독점적 착취와 수요독점적 착취를 도해하면 [그림 16-15]와 같다.

표 16-4 수요독점적 착취 요약

불완전경쟁적 산출물시장 - 완전경쟁적 요소시장기준 : $w_1 - w_2$ 또는 $e-f$

2.5 쌍방독점시장(bilateral monopoly)

(1) 의의

쌍방독점시장이란 공급독점자(monopolist)와 수요독점자(monopsonist)가 거래하는 시장형태를 말한다. 쌍방독점에 있어서 가격결정은 시장기구 내에서 결정되기보다는 시장 외적인 요인에 의해서 결정된다.

따라서 시장에서 가격은 당사자들이 요구하는 가격상한선과 하한선을 제시할 뿐

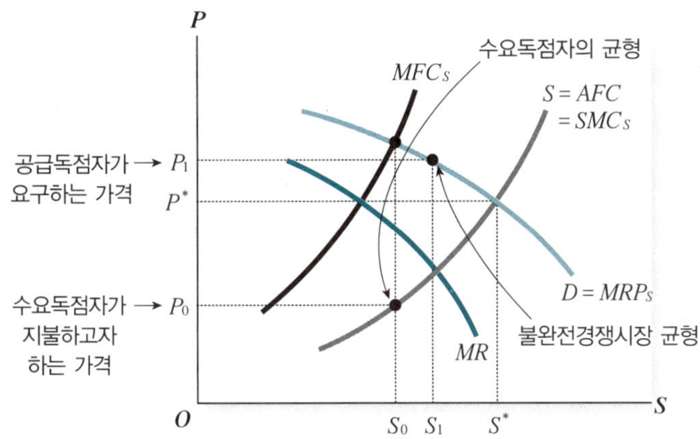

그림 16-16
산출물시장과 요소시장에서 나타난 쌍방독점

이다. 교섭 결과는 당사자의 교섭기술, 공급독점자와 수요독점자의 정치적, 경제적 힘 등에 의해 좌우된다. 쌍방독점은 요소시장, 산출물시장에 각각 국한하여 발생할 수 있지만 요소시장–산출물시장에 걸쳐 나타날 수도 있다.

(2) 생산요소시장에서 쌍방독점

요소시장에서 생산요소 공급독점자와 생산요소 수요독점자가 있는 쌍방독점을 분석해 보자. [그림 16-15]에서 생산요소의 수요독점자는 $MFC_L = MRP_L$인 점에서 L_2를 w_2의 가격으로 구입하려 한다. 이에 대하여 생산요소 공급독점자는 L_2의 노동을 공급했을 때 기업이 얻는 수입 MRP_L곡선 상의 w_3까지를 임금으로 요구할 수 있다. 때문에 쌍방독점시장에서 임금은 $w_2 < w^* < w_3$ 영역 내에서 결정되는 불확정적인 값이다. w_3에 가깝게 임금이 결정된다면 공급독점자에게, w_2에 가깝게 결정된다면 수요독점자에게 각각 유리하게 임금이 결정되는 것이다.

표 16-5 **쌍방독점의 모형과 균형조건**

공급독점자 :	1차 조건 : $MR = SMC$
	2차 조건 : MR 기울기 $<$ SMC 기울기
수요독점자 :	1차 조건 : $MRP_S = MFC_S$
	2차 조건 : MRP_S 기울기 $<$ MFC_S 기울기

[그림 16-16]에서 공급독점기업은 $MR = SMC$에서 S_1을 P_1에 판매하려 하고, 수요독점기업은 $MFC_S = MRP_S(=D)$에서 S_0를 P_0로 구입하려 한다. 따라서 가격은 $P_0 < P^* < P_1$ 내에서 형성되고 불확정적이다. 시장 내에서는 균형가격이 형성되지 않

는다.

그러므로 S재의 협상가격은 시장 외적인 요인에 의해서 결정된다. 만약 P^*에서 결정된다면 수요독점적 착취를 배제할 수 있고 양측의 담합에 의한 공동이윤을 실현할 수 있다. 왜냐하면 $MRP_S > MC$일 때는 S를 늘리는 것이, $MRP_S < MC$일 때는 S를 줄이는 것이 유리하므로 $MRP_S = MC$인 S^*에서 양측 모두 가장 유리하게 된다. P^* 이상에서는 수요독점적 착취를 제거하면서 공급독점자에게 유리하고, P^* 이하에서는 수요독점자에게 유리하다.

제17장 고정생산요소 가격결정이론

microeconomics + macroeconomics, Economics ch. seventeen

1. 고정생산요소의 가격결정이론
2. 소득분배의 불평등 측정

1. 고정생산요소의 가격결정이론

Economics ch. seventeen

1.1 의의

생산요소를 토지, 노동, 자본으로 구분하고 총수입에서 이들 각 요소에 대한 보수를 지대, 임금, 이자로 배분하는 것을 소득의 기능적 분배라고 한다. 기능적 분배론 중 고정생산요소의 가격결정이론을 지대론이라 한다. 지대는 단기에서 생산요소의 공급이 제한되면서 생산요소가격이 한계비용(MC)을 초과하기 때문에 발생한다.

1.2 고전적 지대론

고전적 지대론에서 지대란 공급이 완전히 고정된 토지사용에 지불하는 수수료, 보수를 의미한다. 생산요소가 고정되어 있으므로 공급곡선은 수직선이다. 따라서 생산요소의 가격은 전적으로 수요측 요인에 의해서 결정된다. 예를 들어, [그림 17－1]에서 토지사용에 따른 수수료인 지대는 토지의 한계생산가치(VMP_L)에 의해서 결정된다. 이 값이 증가, 감소함에 따라 지대는 커지고 작아진다.

차액지대란 토지의 생산력의 차이 때문에 발생하는 지대를 의미한다. 토지면적이 일정하고 비옥도에 따라 토지 구분이 가능하며 경작비가 일정하다고 하자. 1등급지에서 생산되는 곡물의 가격은 $P_1 = MC_1$에서 결정되고, 3등급지에서 생산되는 곡물의 가격은 $P_3 = MC_3$에서 결정된다. 같은 논리로 5등급지는 $P_5 = MC_5$에서 곡물의 가격이 결정된다. 이때 1등급 토지를 경작하는 사람의 1등급지 차액지대는 $P_1 - P_5 = MC_1 - MC_5$이고 3등급지 차액지대는 $P_3 - P_5 = MC_3 - MC_5$이다. 5등급을 경작하는 사람의 차액지대는 MC_5와 시장가격이 같아 지대가 없으며, 이러한 토지를 한계토지라고 한다.

그림 17-1
지대

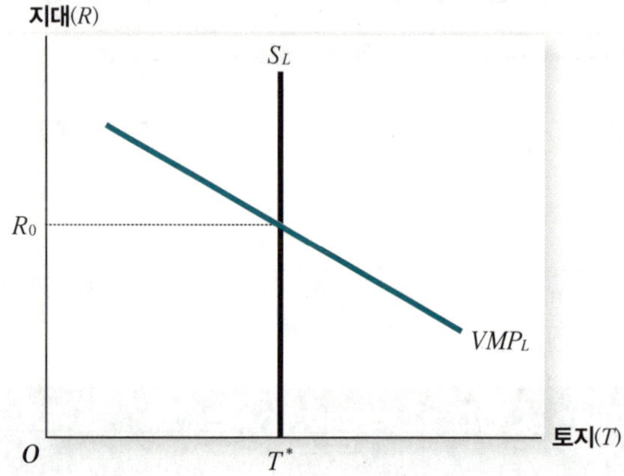

1.3 준지대(quasi-rent)

(1) 정의

준지대란 장기에는 가변적이나 단기에는 고정적인 공급상태에 있는 요소에 대한 보수이다. 따라서 준지대는 총수입에서 총가변비용을 뺀 나머지 부분으로 측정된다.

> 준지대 = 총수입(*TR*) − 총가변비용(*TVC*)
> = 고정비용 + 초과이윤

(2) 준지대의 결정

[그림 17-2]의 P^*에서 Q^*를 생산하는 기업의 총수입은 OP^*aQ^*이고, 총가변비용은 $OdcQ^*$이다. 따라서 준지대는 $TR - TVC = dcaP^*$이고, 이는 고정비용 $dcbe$와 초과이윤 $ebaP^*$의 합과 같다.

(3) 준지대의 특징

장기의 완전경쟁시장에서는 총고정비용(*TFC*)과 초과이윤이 없기 때문에 준지대는 존재하지 않는다. 그리고 독점 등 불완전경쟁시장에서 발생하는 독점이윤은 준지대적 성질을 갖는다. 왜냐하면 [그림 17-2]에서 초과이윤(독점이윤)이 준지대를 구성하고 있기 때문이다.

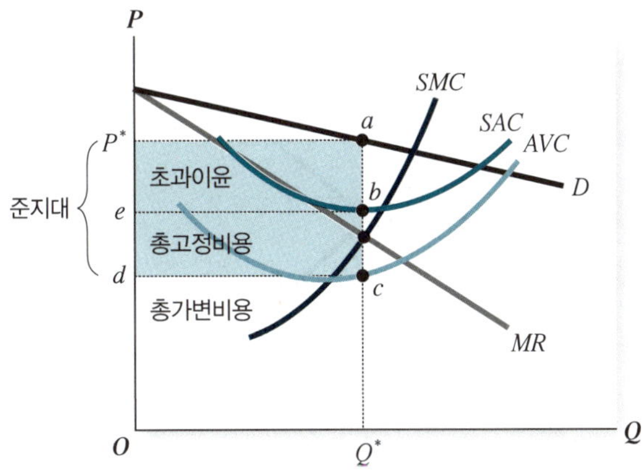

그림 17-2
준지대의 크기

1.4 경제적 지대(economic rent)

(1) 정의

경제적 지대란 생산요소가 실제로 얻고 있는 수입과 전용수입의 차이다. 전용수입(transfer earnings)이란 한 생산요소를 현재의 상태에서 다른 용도로 전용(transfer) 시키지 않고 현재 상태에서 계속 사용하기 위해 지급해야 할 최소한의 금액을 말한다. 경제적 지대란 전용수입을 초과해서 얻는 수입이다. 이는 불필요하게 얻는 불로소득, 즉 잉여(surplus)소득이다.

경제적 지대 = 총수입 − 전용수입
= 총수입 − 총가변비용
= 생산자잉여

(2) 경제적 지대의 결정

[그림 17−3]에서 총수입은 OP^*eF^*이고 전용수입은 $OAeF^*$이므로 경제적 지대는 OP^*eF^*에서 $OAeF^*$를 뺀 AP^*e이다. 그런데 F의 공급곡선 S는 가변비용의 개념을 반영하고 있는 한계비용이므로 경제적 지대는 총수입에서 총가변비용을 차감함으로써도 도출된다.

(3) 경제적 지대의 특징

[그림 17−4]에서 생산요소인 F를 이용해서 만든 재화의 가격(P_x)이 상승하면 경

그림 17-3
경제적 지대

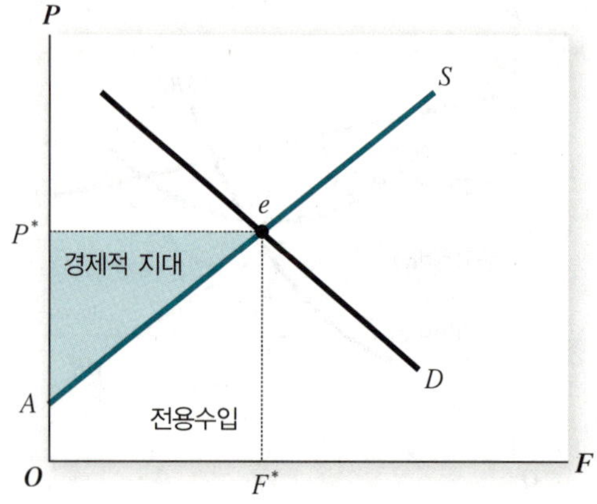

그림 17-4
재화가격상승이 지대에 미치는 영향

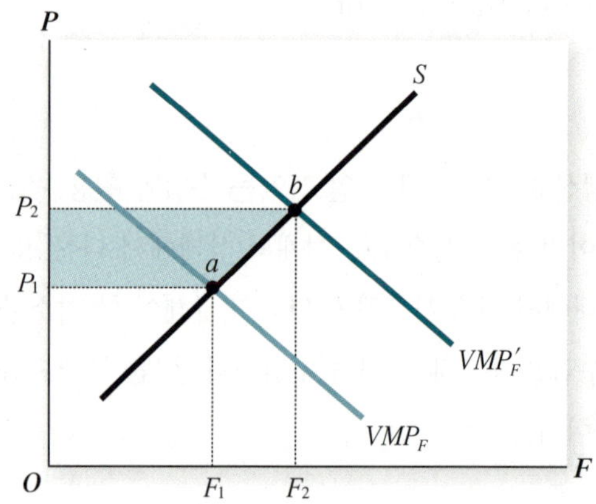

제적 지대는 커진다. P_x가 상승하면 $VMP_F = P_x \cdot MP_F$값이 커지고, $VMP_F{}'$으로 상방이동하여 P_1P_2ba만큼 지대가 증가한다.

또한 공급곡선의 탄력성은 경제적 지대의 상대적 크기를 결정한다. [그림 17-5]에서 공급곡선의 탄력성이 완전탄력적이면 지대는 0이고, 완전비탄력적이면 총수입과 경제적 지대는 같다. 따라서 공급곡선의 탄력성이 클수록 경제적 지대는 작아지고, 공급곡선의 탄력성이 작을수록 경제적 지대가 커져서 전용수입은 작아진다. 이때 주의할 것은 공급의 탄력성과는 달리 수요곡선의 기울기, 탄력성은 지대결정에 아무런 영향을 미치지 않는다는 것이다.

끝으로, 경제적 지대는 생산자잉여와 동일한 개념이다. 다만 F가 재화일 때는 생산자잉여라고 부르고, 생산요소일 때는 경제적 지대라고 명칭할 뿐이다.

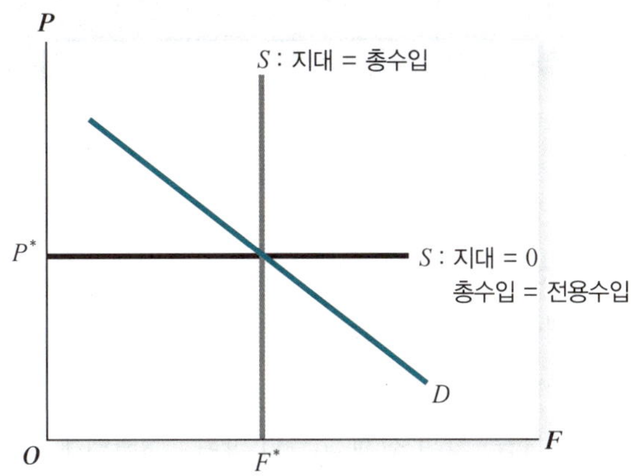

그림 17-5
공급의
가격탄력성과 지대

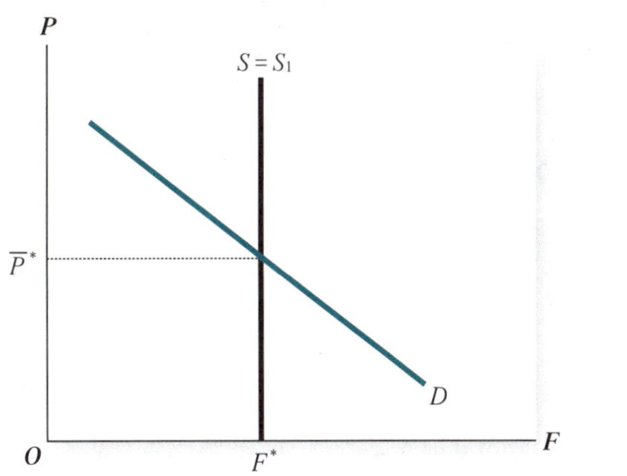

그림 17-6
지대에 대한
과세효과

(4) 지대에 대한 과세효과

과세효과는 생산요소의 수요 · 공급탄력성의 크기에 따라 차이가 난다. [그림 17-6]에서 요소공급곡선의 가격탄력성(ε_p)이 0인 경우 조세는 모두 요소공급자가 부담할 것이다. 왜냐하면 공급의 가격탄력성이 완전비탄력적이어서 조세를 부과하더라도 공급곡선이 전혀 이동하지 않기 때문이다.

2. 소득분배의 불평등 측정

Economics ch. seventeen

2.1 의의

분배론은 크게 생산요소의 기능에 따른 소득의 분배문제를 다루는 기능적 분배론과 계급 간의 소득분배를 설명하는 계층적 분배론으로 구분할 수 있다. 지금까지 살펴본 분배론이 기능적 분배론이다.

계층적 소득분배이론은 사회 전체 소득이 사회구성원에게 분배되는 과정을 분석하는 이론이었지만, 이 이론의 주된 관심사는 소득분배상태가 사회계층 간에 공평하게 분배되어 있는가를 측정 판단하는 것이다.

2.2 소득분배의 불평등 측정

(1) 십분위분배율에 의한 측정

모든 사람을 소득의 크기에 따라 정렬하고 이를 10등분한 것으로 소득이 높은 9 및 10분위 계층소득합계에 대한 소득이 낮은 1, 2, 3 및 4분위 계층소득합계 비율을 나타낸다.

$$\text{십분위분배율} = \frac{\text{최하위 } 40\% \text{ 소득점유율}}{\text{최상위 } 20\% \text{ 소득점유율}}$$

십분위분배비율이 높을수록 공평분배가 되는데 값이 클수록 평등한 분배상태이다.

십분위분배율의 최대 장점은 계산이 다른 자료에 비해 매우 간단하다는 것이다. 또한 하위 40% 계층의 소득분배상태를 직접 나타낼 수 있으며, 이를 상위 20% 계층의 소득과 비교할 수 있다는 점에서 다른 방법에 비해 널리 사용된다.

(2) 로렌츠곡선에 의한 측정

로렌츠곡선은 수평축에 소득인구의 누적배분비를 표시하고, 수직축에 인구에 상응하는 소득금액의 누적백분비를 표시한다. 인구와 같은 비율로 소득이 분배되는 경우를 완전평등분배라 한다. 이는 [그림 17－7]에서 대각선 OA선으로 나타낸다. 반면에 한 사람이 총소득의 100%를 갖는 경우를 완전불공평분배라 하고, 그림에서 OBA선으로 나타낸다. 따라서 로렌츠곡선이 완전공평분배선에서 멀어질수록 소득은 불공

그림 17-7
로렌츠곡선

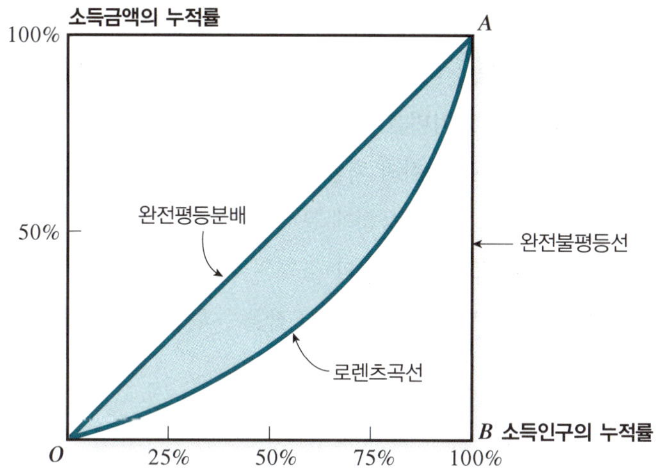

평하게 분배되어 있음을 알 수 있다.

로렌츠곡선에서 불평등도(λ)는 균등분배선인 대각선 OA와 실제로 측정된 로렌츠곡선 사이의 면적으로 측정된다. λ가 0이면 완전공평분배이고 λ가 0.5이면 완전불공평분배이다. 따라서 λ가 0.5에 가까울수록 불공평분배이고, 0에 가까울수록 공평분배이다.

로렌츠곡선에 의한 소득의 분배상태를 평가하는 데는 몇 가지 한계가 있다.

로렌츠곡선의 한계는 우선 불평등도 λ값을 측정하기 어렵다는 점이다. 분배상태 간의 공평성을 비교할 때 하나의 분배상태가 다른 분배상태보다 얼마나 공평한지는 알 수 없고 단지 공평의 순서만을 알 수 있을 뿐이라는 점이다. 그리고 로렌츠곡선이 빈번히 교차하여 순서마저도 비교가 어렵다. 즉, 로렌츠곡선이 서로 교차하면 곡선 간 소득분배의 공평성에 대한 명백한 판단을 내릴 수 없다. 추가적으로 하나의 어떤 분배상태가 다른 분배상태보다 평등한지에 대한 순서만을 매길 수 있을 뿐이며 얼마나 더 평등한지에 대해서는 알 수 없다.

(3) 애킨슨지수(Atkinson index)

사회후생함수를 이용하여 소득분배의 불평등성 정도를 측정하는 접근방법으로 애킨슨지수가 있다. 애킨슨지수는 한 사회의 평균소득(y_E)과 균등분배대등소득(equally distributed equivalent income, y_D)을 이용하여 식 (17.1)로 표시된다.

$$A = 1 - \frac{y_D}{y_E} \qquad (17.1)$$

식에서 균등분배대등소득이란 N명으로 구성된 사회에서 이미 소득분배가 이루어져 있을 때 실현되는 사회후생수준과 동일한 후생수준을 실현시켜 주도록 N명의 구성원에게 완전히 동일하게 소득을 나누어 주었을 때 소득의 크기를 말한다.

애킨슨지수가 갖는 경제적 의미를 보면 다음과 같다.

균등분배대등소득 y_D와 한 사회의 평균소득 y_E가 일치하면, 즉 $y_D = y_E$이면 $A = 0$이 되어 이 사회의 소득이 완전히 균등하게 분배되었다고 한다. 반면에 균등분배대등소득 y_D가 0이면 $A = 1$이 되고, 이 사회의 소득은 완전하게 불평등한 상태를 나타낸다. 결국 애킨슨지수는 $0 \leq A \leq 1$에 있으면서 작을수록 공평한 소득분배상태를 의미한다.

■ **불평등지수 정리**

- 십분위배분율이 높을수록 공평한 분배이고 낮을수록 불공평한 분배이다.
- 로렌츠곡선은 λ가 0이면 완전공평분배이고 λ가 0.5이면 완전불공평분배이므로, λ가 0에 가까울수록 공평한 분배이고 0.5에 가까울수록 불공평한 분배이다.
- 애킨슨지수는 작을수록 소득의 분배상태가 공평하다.

일반균형론

18 ch. eighteen pp.241 ~ 262

일반균형이론

part six

6

제18장 일반균형이론

microeconomics + macroeconomics, **Economics** ch. eighteen

1. 의의

부분균형은 다른 조건이 일정(ceteris paribus)한 상태에서 개별시장의 균형을 말한다. 즉 개별상품, 개별생산요소의 가격결정이론이다. 때문에 가격결정과정에서 다른 재화와의 상호인과관계를 결여하고 있다. 반면 일반균형 또는 경쟁균형(competition equilibrium)은 관련된 시장 간에 일체의 상호연관된 것을 포괄하는 시장균형을 의미한다.

이 장의 목적은 모든 재화, 모든 생산요소시장을 고려한 시장에서 모든 상품의 가격결정과 자원배분을 유도하고 그 특징을 살펴보는데 있다. 또한 '완전경쟁시장에서 가격은 희소한 재화를 파레토 효율적으로 배분' 한다는 부분균형 하에서의 결론이 전체시장으로 확대된 일반균형 하에서도 여전히 성립하는지를 살펴보고자 한다.

2. 일반균형

부분균형이란 [그림 18-1]에서 다른 시장들은 주어져 있고 어떤 임의의 X재 시장에서 주어진 예산제약 하에서 소비자는 효용을 극대화하고, 주어진 기술제약 하에서 기업은 이윤극대화를 이루면서 X재의 초과수요를 0으로 하는 가격수준 P^*를 말한다.

이에 대해 일반균형 또는 왈라스균형이란 모든 시장에서 ① 주어진 예산제약 하에서 소비자는 효용극대화를 이루고 ② 주어진 기술제약 하에서 기업은 이윤극대화를 이루면서 ③ 모든 재화의 초과수요(E)를 0으로 하는 가격체계를 말한다.

그림 18-1
부분균형

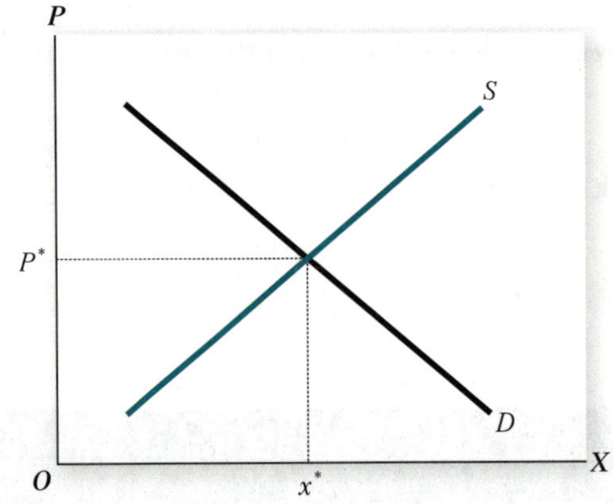

$E_i(P_i)$를 i재화의 초과수요라고 하면 일반균형은 아래와 같이 정의할 수 있다.

> **■ 왈라스균형의 정의**
> $E_i(P_i)=0$으로 하는 가격체계 P_i^*를 일반균형이라 함. 단, $i=1, 2, \cdots, n$

왈라스의 법칙(Walras' s Law)는 식 (18.1)에서 모든 재화의 초과수요총액이 항등적으로 "0" 인 시장상태를 의미한다.

$$\text{왈라스법칙}: \Sigma P_i E_i(P_i) \equiv 0 \tag{18.1}$$

왈라스법칙은 매우 중요한 두 가지 성질이 있다.

① 만일 n개의 시장 중에 $n-1$개 시장이 균형을 이루면, 나머지 n번째 시장은 자동적으로 균형이 성립한다.

② 왈라스균형과 왈라스법칙 간의 관계를 보면 왈라스균형이 성립하면 왈라스법칙은 자동적으로 성립하지만, 왈라스법칙이 성립하더라도 왈라스균형은 성립하지 않는다. 왜냐하면 $E_i(P_i)=0$이면 $P_i \neq 0$이더라도 $\Sigma P_i E_i(P_i) \equiv 0$이 되지만 $\Sigma P_i E_i(P_i) \equiv 0$이라고 해서 각 재화의 초과수요 $E_i(P_i)=0$이 될 필요가 없기 때문이다.

즉, $P_1E_1 + P_2E_2 + \cdots + P_nE_n \equiv 0$에서 첫 번째 시장이 초과수요($E_1 > 0$)일 때 다른 시장에서 그에 해당하는 만큼 초과공급($E_2 < 0$)이 존재하면 만족하게 된다. 따라서 왈라스균형이면 왈라스법칙이 성립하지만 그 역은 성립하지 않는다.

표 18-1 **왈라스균형과 왈라스법칙 간의 관계**

왈라스균형 $\underset{\times}{\overset{\bigcirc}{\rightleftarrows}}$ 왈라스법칙

3. 교환의 일반균형

Economics ch. eighteen

3.1 의의

일반균형에는 교환면에서 일반균형, 생산면에서 일반균형, 교환과 생산면을 모두 고려한 경제 전체의 일반균형이 있다. 먼저, 교환경제에서 일반균형을 도출해 보자. 교환경제란 재화의 공급(생산)은 주어져 있는 상태에서 교환만 이루어지는 경제를 말한다.

교환의 일반균형은 교환경제에서 모든 재화의 초과수요를 0으로 하는 가격체계를 말한다. 교환의 일반균형을 모색과정을 통해서 도출해 보자. 모색과정이란 경제주체가 시장에 초과수요가 있으면 가격을 올리고 초과공급이 있으면 가격을 낮추어 불균형상태에서 일반균형에 이르기까지의 도달과정을 말한다. 부분균형접근과 마찬가지로 일반균형을 도출하기 위해서는 수요-공급조건이 필요하다. 교환(소비)경제에서 일반균형의 모색과정을 설명해 보자.

3.2 모색과정

먼저, 공급조건을 살펴보자. [그림 18-2]에서 X, Y재 총공급은 에즈워드 상자의 X, Y축 길이로 표시된다. 교환경제에서 X, Y공급량이 주어져 있다는 것은 에즈워드 상자의 길이가 일정하다는 것을 의미한다. 그러면 X, Y재 공급량은 누가 얼마만큼 공급했는가? 경제주체 A, B가 공급하는 재화량은 초기부존자원조건 W에서 A는 x_A, B는

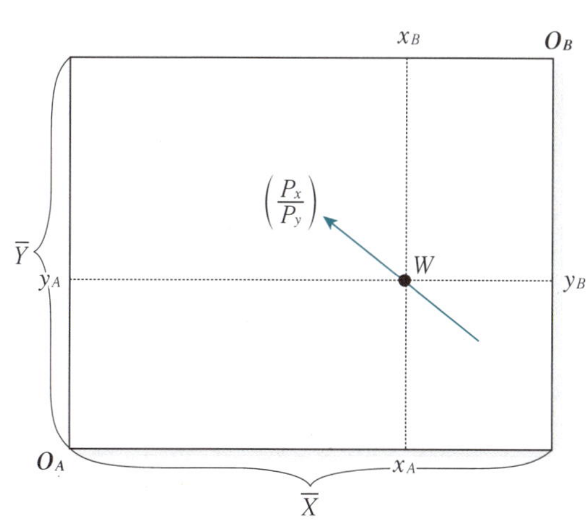

그림 18-2
2재-2주체모형에서 공급조건

그림 18-3
2재-2주체모형에서 수요측면

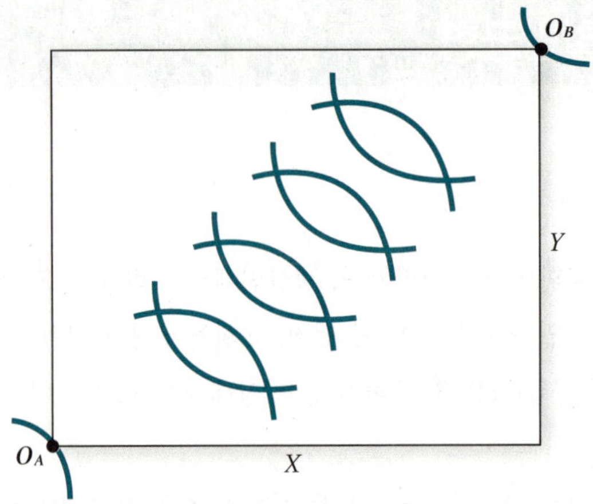

x_B를 각각 공급하여 $\overline{X} = x_A + x_B$이다. Y재도 마찬가지이다.

다음, 수요조건을 살펴보자. 일반균형에서 수요측면은 [그림 18-3]에서 A, B의 무차별곡선으로 표시된다. A, B의 무차별곡선은 원점에 대해 강볼록(strictly convexity)하고 소비자선택이론에서 살펴보았던 무차별곡선과 동일한 성질을 갖고 있다.

끝으로, 일반균형에 이르는 모색과정은 [그림 18-4]에서 공급조건인 에즈워드 상자와 이 상자 내의 무차별곡선을 가지고 설명한다. 현재 경제상태는 초기부존자원 W를 통과하는 예산선과 소비자 A, B의 무차별곡선이 접하는 e', e''에서 이루어지고 있다. 그런데 이 점은 일반균형이 아니다. 왜냐하면 X재에는 초과공급, Y재에는 초과수요가 각각 존재하기 때문이다. 즉, A, B가 소비하는 X재는 $x_A + x_B$이고 공급량은 $\overline{X}$

그림 18-4
교환경제의 불균형과 모색과정

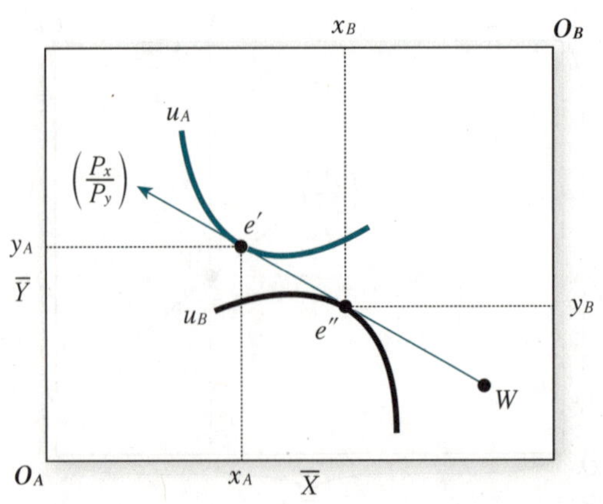

이기 때문에 초과공급이, Y재의 수요는 $y_A + y_B$이고 공급량은 $\overline{Y}$이기 때문에 초과수요가 각각 발생한다. 이 결과 P_x는 하락하고 P_y는 상승하여 $\left(\frac{P_x}{P_y}\right)$는 좌측으로 하락한다. 이러한 가격조정은 X재의 초과공급과 Y재의 초과수요가 완전히 없어질 때까지 계속된다.

3.3 교환의 일반균형

일반균형은 $\left(\frac{P_x}{P_y}\right)$가 하락하면서 A, B의 무차별곡선과 한 점에서 접하는 $\left(\frac{P_x}{P_y}\right)^* = MRS_{xy}^A = MRS_{xy}^B$에서 이루어진다. 이때 X, Y재의 초과수요가 각각 0이고 두 소비자 A, B는 동시에 효용을 극대화한다.

따라서 교환의 일반균형은 X, Y재의 초과수요가 0이면서, 제약조건 또는 공급측면인 $\left(\frac{P_x}{P_y}\right)$와 수요측면인 $MRS_{xy}^A = MRS_{xy}^B$가 일치하는 상태에서 실현되며 이때 재화의 상대가격 $\left(\frac{P_x}{P_y}\right)^*$가 결정되고 A, B의 X, Y재 소비량이 배분된다. 교환의 일반균형의 성립조건은 〈표 18-2〉로 표시된다. 이는 [그림 18-5]에서 e점으로 표시된다.

표 18-2 **교환의 일반균형**

X, Y재의 초과수요 : $E(x) = E(y) = 0$인 P_x^*, P_y^* 수준, 또는 $MRS_{xy}^A = MRS_{xy}^B = \left(\frac{P_x}{P_y}\right)^*$

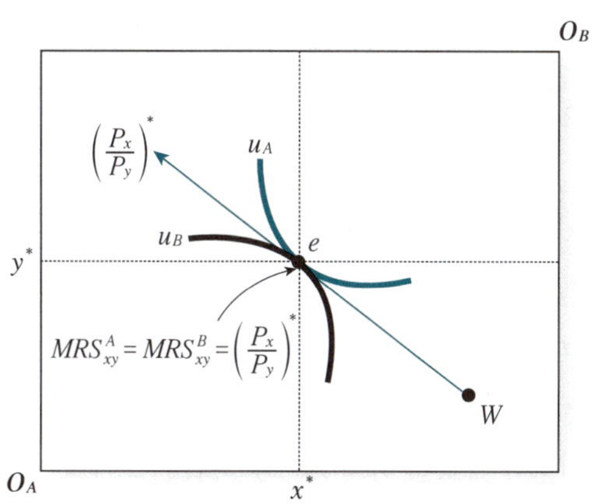

그림 18-5
교환의 일반균형

4. 생산의 일반균형

4.1 의의

생산경제란 소비측면은 주어져 있고 생산요소의 투입으로 재화가 생산되는 경제를 말한다. 생산의 일반균형은 X, Y 두 재화와 K, L 등 두 생산요소로 구성된 생산경제에서 X, Y재의 등량곡선과 생산요소의 상대가격이 일치하고, 두 생산요소의 초과수요를 0으로 만드는 생산요소의 상대가격체계를 말한다.

표 18-3 **생산의 일반균형**

자본, 노동의 초과수요 : $E(L) = E(K) = 0$인 w^*, r^* 수준, 또는

$$MRTS_{LK}^{x} = MRTS_{LK}^{y} = \left(\frac{w}{r}\right)^*$$

4.2 모색과정

생산의 일반균형을 도출하기 위해 먼저 생산요소의 공급조건을 알아보자. 개별 경제주체가 보유하고 있는 L_i, K_i의 공급량은 시장 전체에서 고정되어 있다.

여기서 L_i, K_i는 i라는 경제주체가 생산요소시장에 공급한 노동, 자본량을 말한다. 이를 모든 경제주체에 대해서 합하면 시장 전체에 공급된 노동, 자본량이 도출된다. [그림 18-6]에서 자본과 노동이 공급되면 기업은 W점에서 X재를 생산하기 위해 노동 L_x, 자본 K_x를 수요하고, Y재를 생산하기 위해서는 노동 L_y, 자본 K_y를 각각 수요한다.

이제 생산경제에서 일반균형을 도출하기 위한 모색과정을 살펴보자. [그림 18-7]에서 최초의 X, Y재의 생산자균형이 e_0, e_1에서 각각 성립하고 있다고 할 때, 노동수요는 $L_x + L_y$이고 노동공급은 $\bar{L}$인데, $L_x + L_y < \bar{L}$이기 때문에 초과공급이, 자본수요는 $K_x + K_y$이고 자본공급이 $\bar{K}$인데 $K_x + K_y > \bar{K}$이기 때문에 초과수요가 각각 발생한다. 이 결과 임금 w는 하락하고 자본의 가격 r은 상승하여 $\left(\frac{w}{r}\right)$는 [그림 18-8]의 e점처럼 자본, 노동에 대한 초과수요가 0이 될 때까지 하락한다.

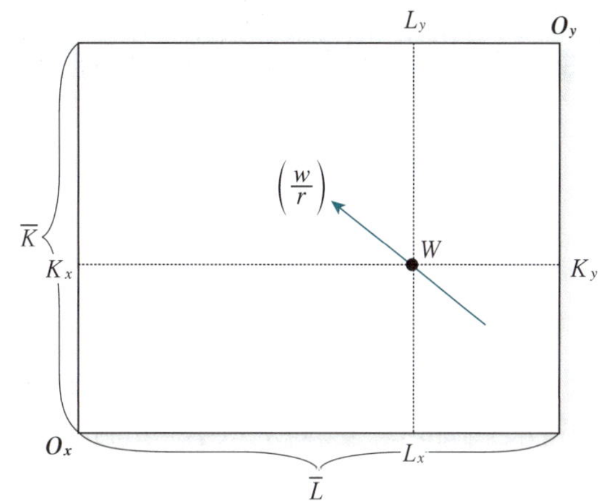

그림 18-6
생산요소의 수요공급

4.3 생산의 일반균형

e점은 X, Y재를 최소비용으로 생산하고 생산요소 L, K의 초과수요가 0이기 때문에 생산의 일반균형점이다. 그리고 e점에서 $MRTS_{LK}^{x} = MRTS_{LK}^{y} = \left(\frac{w}{r}\right)^{*}$가 되면서 생산요소의 균형상대가격이 결정되고 X, Y재에 투입되어야 할 최적의 자본, 노동이 배분된다.

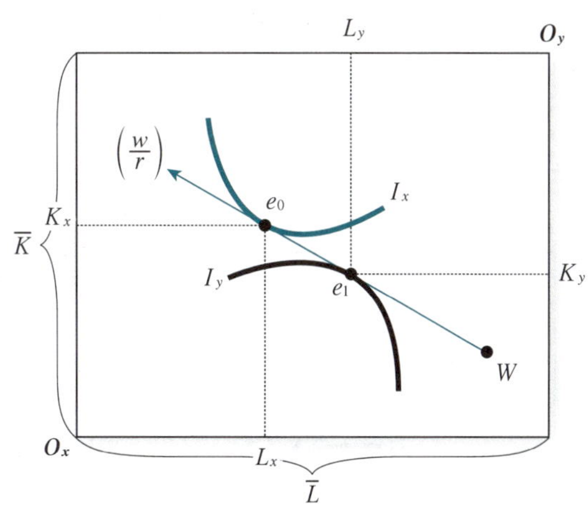

그림 18-7
생산의 일반균형 모색과정

5. 경제 전체의 일반균형

Economics ch. eighteen

5.1 의의

우리가 궁극적으로 분석하고자 하는 경제는 생산과 교환이 함께 이루어지는 경제 전체를 말한다. 경제 전체의 일반균형이란 생산과 교환이 통합된 경제에서 소비자는 주어진 예산제약 하에서 효용을 극대화하고, 동시에 기업은 주어진 기술제약 하에서 이윤을 극대화하는 상대가격체계이다. 모두에서 언급한 일반균형의 개념은 바로 생산과 교환이 통합된 경제 전체의 일반균형을 말한다.

표 18-4 **생산과 교환의 일반균형**

$E(x) = E(y) = 0,\ E(L) = E(K) = 0$인 $(P_x^*,\ P_y^*,\ w^*,\ r^*)$ 수준, 또는

$$MRT_{xy} = MRS_{xy}^{A} = MRS_{xy}^{B} = \left(\frac{P_x}{P_y}\right)^*$$

5.2 모색과정

(1) 생산과 교환이 동시에 성립하는 경제 전체 모형

[그림 18-8]에서 생산의 계약곡선과 1:1의 대응관계를 갖는 생산가능곡선을 X-Y평면에 도출하고 그 내부에 교환의 일반균형을 나타내는 [그림 18-5]의 에즈워드 상

그림 18-8
생산의 일반균형

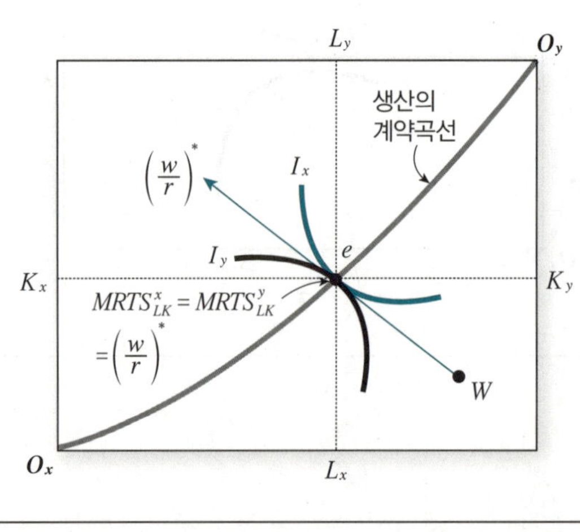

자를 그려 넣어서 도출할 수 있다. [그림 18-9]는 이를 반영한 것이다.

(2) 기업의 이윤극대화 상태

그림에서 e점은 [그림 18-8]의 e점이기 때문에 생산의 일반균형점이다. 따라서 e점은 주어진 산출량을 최소비용으로 생산하는 생산요소의 배합수준을 나타낸다. 기업이 X, Y재를 판매해서 얻는 수입곡선이 $TR = xP_x + yP_y$일 때 기업은 e점에서 최대수입을 얻는다. e점보다 내부영역은 최대수입을 보장하지 못하고, 바깥영역은 실현이 불가능하기 때문이다.

한편 e점 (x^*, y^*)는 $x^* P_x^* + y^* P_y^*$로 표시되는 최대수입을 나타내고, 동시에 최소비용을 나타내기 때문에 기업의 이윤극대화가 실현되는 점이다.

(3) 소비자의 효용극대화 수준 도출

기업이 이윤극대화를 나타내는 재화를 생산하면 A, B 두 소비자는 정해진 한도 내에서 소비한다. [그림 18-9]에서 A, B 두 소비자는 에즈워드 상자 내의 교환이 일반균형이 실현된 점에서 효용을 극대화한다. 이때 A, B의 효용수준은 u_A^*, u_B^*이다.

(4) 경제 전체의 일반균형 도출

경제 전체의 일반균형은 기업의 이윤극대화와 소비자의 효용극대화가 동시에 실현되는 상태이므로 e점과 e^*점에서 생산가능곡선의 기울기 MRT_{xy}와, A, B의 무차별곡선의 기울기 $MRS_{xy}^A = MRS_{xy}^B$, 예산선의 기울기 $\left(\frac{P_x}{P_y}\right)$가 동시에 일치하여야 한다.

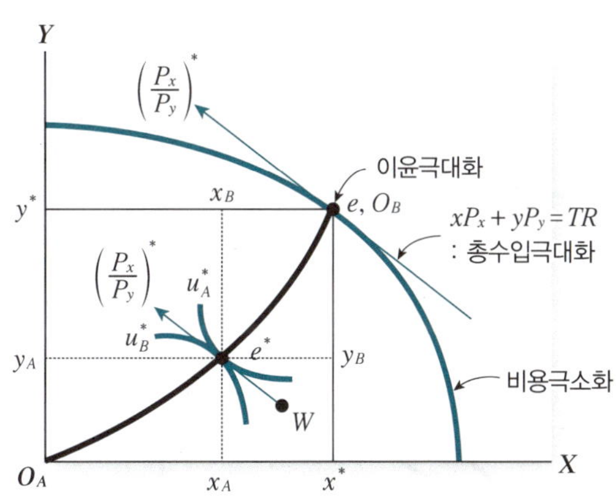

그림 18-9
생산-교환의 일반균형

$$MRT_{xy} = MRS_{xy}^{A} = MRS_{xy}^{B} = \left(\frac{P_x}{P_y}\right)^{*} \tag{18.2}$$

(5) 경제 전체에서 모색과정

현재의 경제상태가 다음과 같다고 하자. 이때 핵심은 불균형상태가 가격의 자동조절기능에 의해서 경제 전체의 일반균형으로 자동적으로 실현된다는 점이다.

$$MRT_{xy} > MRS_{xy}^{A} = MRS_{xy}^{B} = \frac{P_x}{P_y} \tag{18.3}$$

지금부터 자동조절과정을 살펴보자. $MRT_{xy} = \frac{MC_x}{MC_y}$이므로 식 (18.3)은 다음과 같이 쓸 수 있다.

$$\frac{MC_x}{MC_y} > MRS_{xy}^{A} = MRS_{xy}^{B} = \frac{P_x}{P_y} \tag{18.4}$$

즉, $\frac{MC_x}{MC_y} > \frac{P_x}{P_y}$이므로 기업은 이윤을 증가시키기 위해 Y재 생산을 증가시키고 X재 생산을 줄이게 된다. 이에 따라 시장에서 X재 공급이 감소하고 Y재 공급이 증가하면서 X재 가격은 상승하고 Y재 가격은 하락하여 $\frac{P_x}{P_y}$가 상승한다. 그러면 우변의 값이 커지고, 좌변의 값이 작아지면서 균형을 이룰때까지 조정이 계속된다.

이상의 과정을 [그림 18-10]에서 살펴보면 생산과 소비의 일반균형은 e_0와 e_1에서 실현되고 있다. 현재의 상태에서 기업은 X재 생산을 줄이고 Y재 생산을 증가시키기 때문에 생산의 일반균형은 e_2로 이동하고 X, Y재를 각각 x_0, y_0만큼 생산한다. 이에 따라 소비의 일반균형도 $\frac{P_x}{P_y}$가 상승한 새로운 예산제약 하에서 한계변환율(MRT_{xy})과 일

그림 18-10
경제 전체의 모색과정

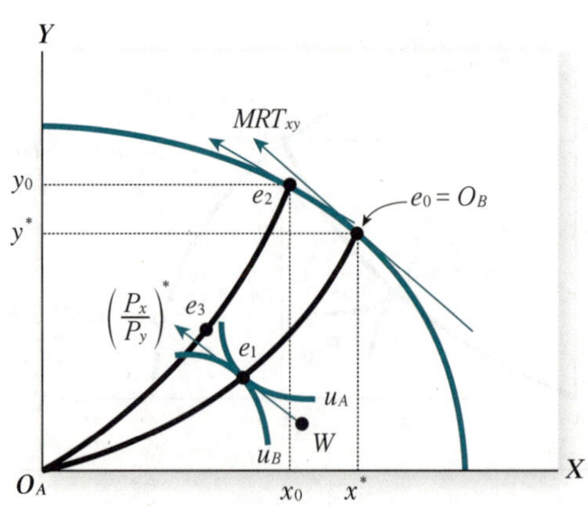

치하는 e_3점에서 실현된다. 이때 경제 전체의 일반균형은 [그림 18-9]와 같다.

5.3 경제 전체의 일반균형

[그림 18-9]에서 경제 전체의 일반균형 중 생산의 일반균형 e점은 [그림 18-8]을 반영한 것이므로 e점에서 $MRTS_{LK}^{x} = MRTS_{LK}^{y} = \left(\frac{w}{r}\right)^*$가 성립하면서 생산요소 균형상대가격이 결정되고 X, Y재 생산에 투입되는 노동, 자본량이 각각 결정된다. 그리고 X, Y재가 각각 생산된다.

동시에 교환의 일반균형 e_*점은 [그림 18-5]를 반영한 것이므로 $MRS_{xy}^{A} = MRS_{xy}^{B} = \left(\frac{P_x}{P_y}\right)^*$가 성립하면서 재화의 균형상대가격 $\left(\frac{P_x}{P_y}\right)^*$가 결정되고 A소비자는 X, Y재를 각각 x_A, y_A만큼, B 소비자는 x_B, y_B만큼 소비한다.

그리고 이들의 소비량은 식 (18.5)처럼 기업의 생산량과 정확히 일치하여

$$\begin{aligned} x_A + x_B &= \overline{X} \\ y_A + y_B &= \overline{Y} \end{aligned} \tag{18.5}$$

각 재화의 초과수요가 0이 된다.

결론적으로 경제 전체의 일반균형에서 $\left(\frac{P_x}{P_y}\right)^*$, $\left(\frac{w}{r}\right)^*$가 각각 결정되고 생산의 일반균형에서 노동, 자본으로 X, Y재를 x^*, y^*만큼 생산하여 모든 기업이 이윤을 극대화하고 동시에 모든 소비자들이 식 (18.5)처럼 소비하여 효용을 극대화한다.

6. 파레토 효율 (Pareto efficiency)

Economics ch. eighteen

6.1 의의

파레토 효율은 시장에서 일반균형이 성립하여 가격에 의한 자원배분이 이루어 졌을 때 이를 평가하는 기준 중의 하나이다. 파레토 효율은 '효율성' 의 관점에서 자원배분을 평가한다.

x와 x'이라는 임의의 자원배분이 있을 때 일부 경제주체가 x'보다 x를 선호하여 $x \succ x'$하고, 다른 주체는 서로 무차별하여 $x \sim x'$이면 사회 전 구성원의 선호체계는 $x \succsim x'$이다. 이때 자원배분 x는 x'보다 약파레토 우위(weakly Pareto superor)에 있다고 한다. 만약 모든 경제주체가 $x \succ x'$이면 x는 x'보다 강파레토 우위(strongly Pareto superior)에 있다고 한다.

파레토 효율은 다음과 같이 정의할 수 있다.

파레토 효율이란 자원배분 x, x'에서 x보다 약파레토 우위한 x'과 같은 자원배분 상태가 더 이상 존재하지 않았을 때 자원배분 x를 파레토 효율 또는 파레토 최적이라 한다. 따라서 더 이상 파레토 개선시킬 수 있는 자원배분상태가 존재하지 않는 자원배분을 말한다.

한편, 파레토 개선(Pareto improvement)이란 파레토 열등한 자원배분에서 파레토 우위한 자원배분상태로의 이동을 말한다. 즉, 모든 소비자의 만족이나 모든 기업의 산출량이 감소하지 않고, 최소한 한 소비자나 한 기업의 만족과 산출량이 증가하는 상태를 말한다.

6.2 파레토 효율의 종류

파레토 효율은 효율성차원에서 부분균형과 일반균형의 자원배분상태를 평가할 수 있는 기준이다. 일반균형이론에서 교환에 있어서의 일반균형, 생산에 있어서의 일반균형, 교환–생산의 일반균형을 평가하기 위해서는 [그림 18-11]에서 파레토 효율도 이에 대응하여 교환, 생산, 교환–생산의 파레토 효율이 있어야 한다. 또한 파레토 효율적인 자원배분을 이루기 위해서는 교환, 생산, 교환–생산 등 세 가지 경제에 있어서 필요충분조건이 동시에 성립해야 한다.

그림 18-11
파레토 효율성을 충족하는 조건

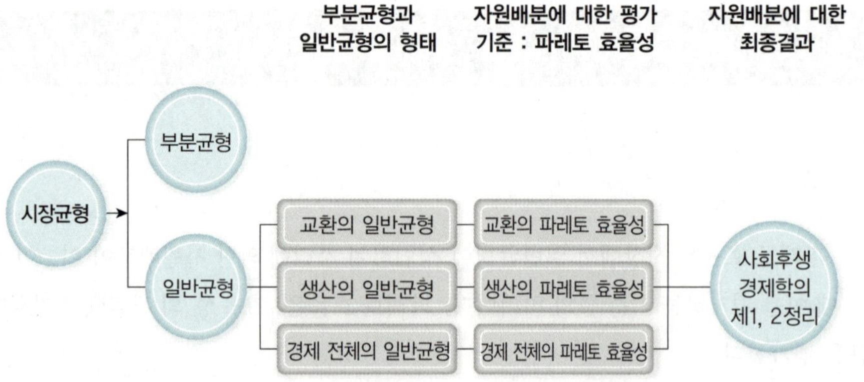

6.3 교환의 파레토 효율성

(1) 개념

교환의 파레토 최적이란 상품분배의 효율성을 말한다. 이는 교환경제에서 한 경제주체의 효용을 증가시키기 위해서는 반드시 다른 경제주체의 효용을 감소시켜야 하는 자원배분상태이다.

(2) 도출

교환의 파레토 효율은 한 소비자의 효용함수가 주어져 있다는 제약 하에서 다른 소비자의 효용함수를 극대화하는 자원배분을 도출함으로써 구해진다.

이를 [그림 18-12]에서 살펴보면 B의 효용수준이 각각 I_0, I_1, I_2, I_3로 주어져 있을 때 A의 효용을 극대화하는 점은 m, k, e, h가 된다. 따라서 교환의 효율성은 경제주체 A와 B의 무차별곡선이 접하는 점인 h, e, k, m에서 이루어진다. 에즈워드 상자의 두 원점을 포함한 이 점들의 궤적을 소비의 계약곡선(contract curve)이라 한다. 계약곡선은 파레토 효율적인 자원배분의 집합을 의미한다. 따라서 소비의 파레토 효율성을 이루기 위한 1차 조건은 A, B의 무차별곡선의 기울기가 같아야 한다.

$$MRS_{xy}^{A} = MRS_{xy}^{B}$$

2차 조건은 A, B의 무차별곡선의 기울기가 원점에 대해서 볼록해야 한다. 즉, 한계대체율이 체감해야 한다.

파레토 개선적인 자원배분과는 달리 파레토 최적점에서 재배분은 반드시 A의 효

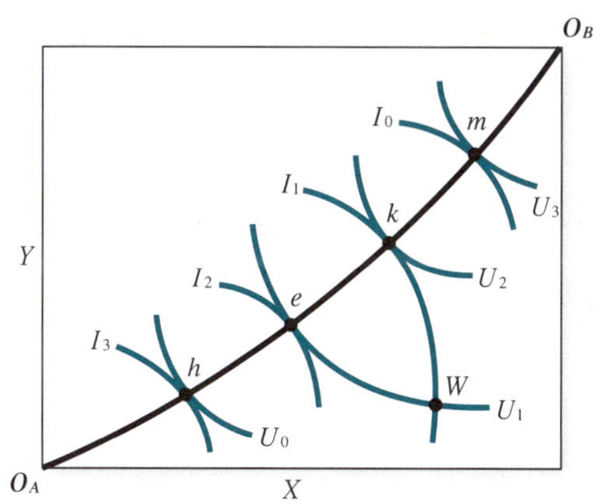

그림 18-12 소비의 파레토 효율성

용이 증가하면 B의 효용이 감소하는 음의 상충관계(trade off)가 있다.

6.4 생산의 파레토 효율성

(1) 개념

생산의 파레토 최적이란 생산경제에서 재화생산에 투입된 생산요소배합의 효율성을 말한다. 이는 한 재화의 생산을 증가시키기 위해서는 다른 재화의 생산량이 반드시 감소해야 하는 자원배분상태이다.

(2) 도출

생산의 파레토 효율은 한 기업의 생산함수가 주어져 있다는 제약 하에서 다른 기업의 생산함수를 극대화하는 자원배분을 도출함으로써 구해진다.

이는 X, Y재 생산에 투입된 노동과 자본의 수요량이 노동과 자본의 공급량과 같다는 제약 하에서 X재의 생산함수가 주어져 있을 때 Y재 생산량을 극대화하는 자본, 노동량을 구하는 문제이다. 이를 [그림 18-13]에서 살펴보면, X재의 생산량이 각각 II_0, II_1, II_2로 주어져 있을 때 Y재의 산출량은 각각 a, b, c에서 극대화된다.

생산의 효율성이 성립하기 위한 1차 조건은 X, Y재의 등량공선이 접하여 두 등량곡선의 기울기가 일치해야 한다는 것이다.

$$MRTS_{LK}^{x} = MRTS_{LK}^{y}$$

2차 조건은 X, Y재의 등량곡선이 원점에 대해 볼록하여 한계기술대체율이 체감해

그림 18-13
생산의
파레토 효율성

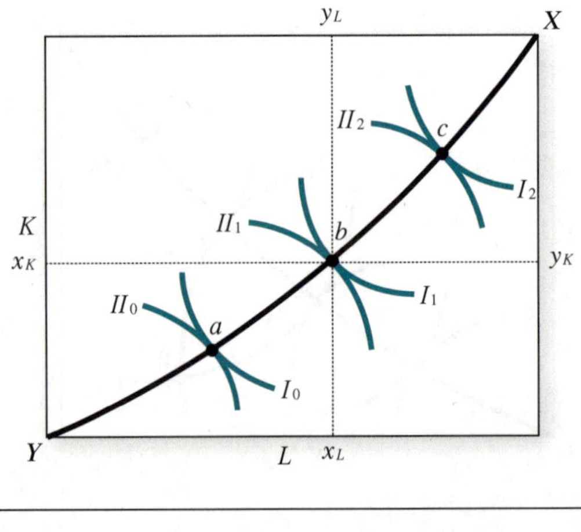

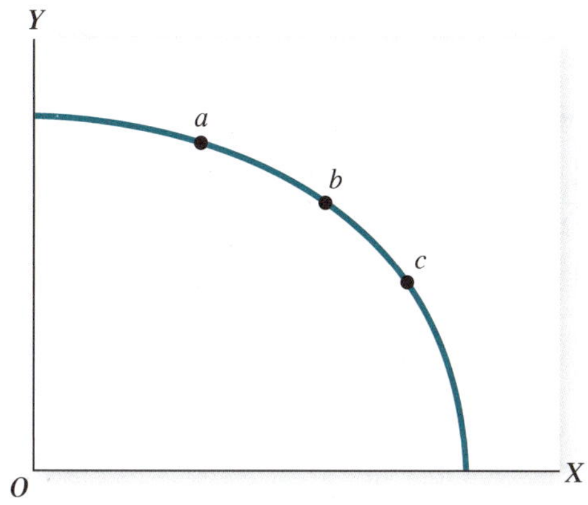

그림 18-14
생산가능곡선

야 한다는 것이다.

X, Y재의 등량곡선의 접점을 연결한 궤적을 생산의 계약곡선이라 한다. 이 점들은 파레토 효율적이고 생산의 파레토 효율적인 자원배분의 집합을 말한다. [그림 18-13]을 X-Y평면에 옮겨놓은 것이 [그림 18-14]의 생산가능곡선(production possibility curve)이다. 이 생산가능곡선 상의 점들은 주어져 있는 생산요소 $\bar{L}$와 $\bar{K}$를 이용하여 최대로 생산가능한 X재와 Y재의 배합수준을 나타낸다. 이 곡선 상의 점들은 생산의 계약곡선과 1:1로 대응되는 점들이기 때문에 파레토 효율적이다.

6.5 경제 전체의 효율성

(1) 개념

경제 전체의 효율성은 생산과 교환경제에서 생산의 효율성과 소비의 효율성이 동시에 실현되는 자원배분상태이다.

(2) 도출

[그림 18-15]는 [그림 18-14]의 생산가능곡선 안에 [그림 18-12]의 교환경제를 내포시켜 생산과 소비의 파레토 효율성을 동시에 분석하고 있다. 그림에서 F는 생산의 파레토 효율성을, e나 h점은 교환의 파레토 효율성을 나타내는데 이 점에서 기울기가 일치할 때 경제 전체의 파레토 효율성이 실현된다.

따라서 생산과 교환의 파레토 효율성을 성립시키기 위한 1차 조건은 다음과 같다.

그림 18-15
생산과 교환의 효율성

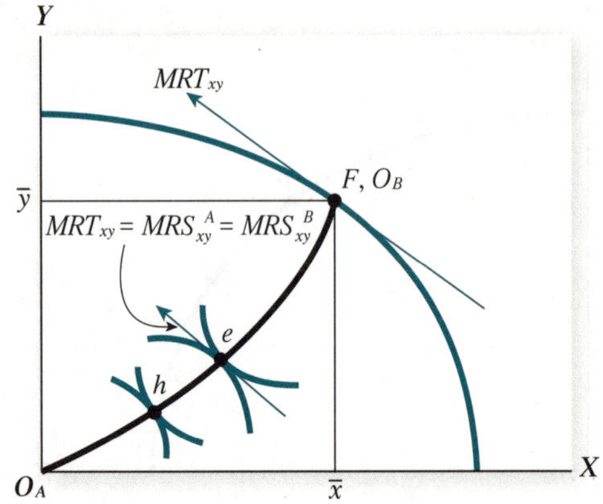

$$MRT_{xy} = MRS_{xy}^{A} = MRS_{xy}^{B}$$

2차 조건은 생산가능곡선이 오목하다는 것이다. 이 교환과 생산의 파레토 최적조건은 교환하고자 하는 X, Y재의 비율과 생산하고자 하는 X, Y재의 비율이 같다는 것을 의미한다. 그림에서 생산과 교환의 효율성이 동시에 충족되는 점은 무수히 많이 존재할 수 있다.

만약 이 조건이 충족되지 않으면 생산과 분배의 변화를 통해 효용을 증대시킬 수 있다. 예를 들어, $MRT_{xy} = 2$이고, $MRS_{xy}^{A} = MRS_{xy}^{B} = 1$이면 $MRT_{xy} > MRS_{xy}^{A} = MRS_{xy}^{B}$이다. 이때 기업은 X재의 1단위를 감소시키면 Y재 2단위를 추가로 생산할 수 있다. 소비자는 X재 1단위와 Y재 1단위가 무차별하다. X재 1단위에 사용되는 요소를 Y재 생산에 투입하면 Y재 2단위를 생산하여 X재 한 단위 소비가 줄지만 Y재 두 단위를 소비할 수 있기 때문에 경제주체의 효용은 증가한다. 따라서 MRT_{xy}는 감소하고 $MRS_{xy}^{A} = MRS_{xy}^{B}$는 증가한다. 그런데 이런 노력은 두 값이 일치할 때까지 계속된다. 그러므로 생산과 교환의 효율성은 $MRT_{xy} = MRS_{xy}^{A} = MRS_{xy}^{B}$일 때 성립한다.

6.6 파레토 최적인 자원배분의 특징

파레토 최적인 자원배분은 효율적인 자원배분으로서 그 특징을 정리하면 다음과 같다.

첫째, [그림 18-12]와 [그림 18-13]에서처럼 교환, 생산, 그리고 경제 전체의 파레토 최적인 자원배분은 무수히 많다. 파레토 최적인 자원배분의 경우의 수는 에즈워드 상자의 크기에 의해서 결정된다. 이 상자가 크면 파레토 최적인 자원배분의 경우의 수는 보다 많아진다.

둘째, 파레토 최적인 자원배분 간에는 파레토 우위를 비교할 수 없다. [그림 18-12]에서 e와 k는 파레토 최적인 자원배분이지만 어느 것이 파레토 우월한 자원배분인가를 결정할 수 없다.

셋째, [그림 18-12]에서 최초의 자원배분이 W일 때 코어자원배분은 W를 통과하는 무차별곡선에 둘러싸인 계약곡선 $e \sim k$ 영역이다. 코어자원배분 간에도 파레토 우월한 자원배분을 판정할 수 없다.

다음으로, 최초의 자원배분(W)과 코어배분 간에 자원배분의 우월을 비교하면, W에서 코어로 이동할 때 모든 경제주체의 효용을 증가시킬 수 있기 때문에 코어가 W보다 우월한 자원배분이다. 따라서 코어배분이 고이 아닌 배분에 비해 파레도 우월한 자원배분이다.

끝으로, 그러나 파레토 효율적인 자원배분이 파레토 비효율적인 자원배분보다 잠재적으로 파레토 우월(potential pareto superior)한 자원배분이다. 따라서 W점의 자원배분이 V점의 자원배분보다 잠재적으로 파레토 우월하다.

6.7 파레토 최적의 한계

자원과 소득의 공평한 배분은 가치판단을 전제로 한다. 그러나 파레토 효율성은 가치판단을 요구하지 않는 탈가치적 개념이다. 따라서 파레토 효율은 자원배분을 평가하는 객관적이고 규범적 성격을 가진다. 그러나 파레토 효율성은 여러 한계를 갖고 있다.

먼저, 파레토 효율성을 만족하는 자원배분상태는 무수히 많다. 무수히 많은 파레

그림 18-16
극단적인 불공평성과 파레토 효율

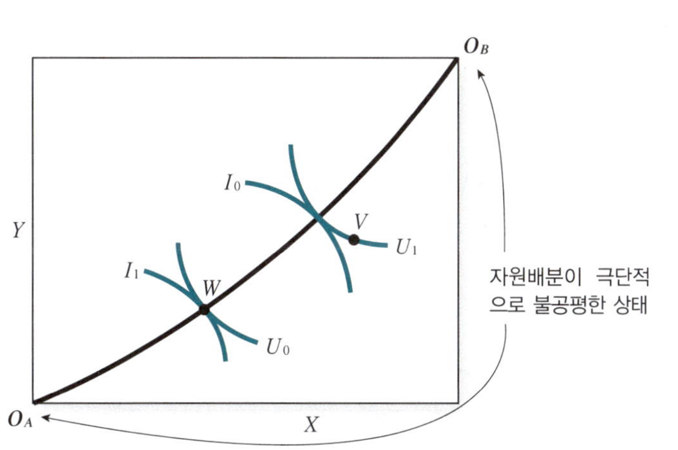

토 최적상태 중에서 특히 어떤 파레토 최적을 선택할 것인가에 관해서는 아무 것도 말할 수 없는 약한 기준이다. 추가적으로, 파레토 효율성은 자원배분의 공평성을 충족시키지 못한다. [그림 18－16]에서 극단적으로 불공평한 자원배분상태인 O_A, O_B에서도 파레토 효율성이 달성되기 때문이다.

따라서 사회후생을 극대화하는 자원배분은 효율성과 공평성을 모두 충족하는 개념으로 반드시 파레토 최적이지만, 역으로 효율성만 고려한 파레토 최적인 자원배분은 사회후생극대화를 보장하지 못할 수 있다. 따라서 파레토 효율성은 사회후생극대화를 위한 필요충분조건이라기보다는 필요조건에 불과하다.

7. 일반균형과 파레토 효율

Economics ch. eighteen

7.1 의의

일반균형으로 도출된 자원배분상태를 파레토 효율을 기준으로 평가해보자. 일반균형과 파레토 효율 간의 관계는 사회후생경제학의 제1, 2 정리로 집약된다.

일반균형과 파레토 효율과의 관계를 [그림 18－17]을 통해서 볼 수 있다. A와 B점을 연결한 곡선은 계약곡선으로 모두 파레토 효율적인 자원배분의 집합이다. 그런데 일반균형 e는 계약곡선 상에 있다. 만약 e점이 계약곡선 상에 있지 않으면 X, Y재에 초과수요 또는 초과 공급이 발생하여 일반균형점이 아니기 때문이다. 따라서 일반균형은 파레토 효율이다. 이를 정리한 것이 사회후생경제학의 제1정리(the first theorem

그림 18－17
일반균형과 파레토 효율

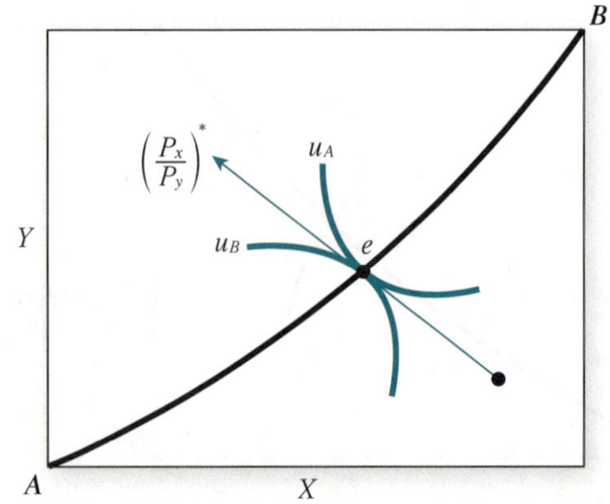

of social welfare maximization)이다.

이는 식 (18.6)의 일반균형 조건과 식 (18.7)의 파레토 효율 조건의 비교를 통해서도 확인할 수 있다. 일반균형의 식 (18.6)이 성립하면 파레토 효율 조건인 식 (18.7)은 당연히 성립한다. 따라서 일반균형이면 파레토 효율이다.

$$MRS_{xy}^{A} = MRS_{xy}^{B} = MRT_{xy} = \left(\frac{P_x}{P_y}\right)^{*} \qquad (18.6)$$

$$MRS_{xy}^{A} = MRS_{xy}^{B} = MRT_{xy} \qquad (18.7)$$

7.2 사회후생경제학의 제1정리

(1) 의의

사회후생경제학의 제1정리란 "모든 소비자의 선호체계가 강단조성 등 기본가정을 충족하고 외부성이 존재하지 않으면 일반균형은 파레토 효율적인 자원배분이다"라는 것이다.

따라서 사회후생경제학의 제1정리는 일반균형은 항상 계약곡선 상에 존재하며, 항상 파레토 최적인 배분이라는 정리이다.

(2) 제1정리의 함의

제1정리는 다음 두 가지의 암묵적인 가정 하에서 성립한다. 소비의 외부성이 존재하지 않고, 모든 경제주체들이 경제적으로 행동하며 이를 보장할만큼 충분한 경제주체가 존재한다. 이런 조건 하에서 사회후생경제학의 제1정리는 매우 강한 함의를 갖고 있다.

첫째, 부분균형분석이나 일반균형분석에서 임의의 파레토 최적배분을 시장거래에 의해서 실현시킬 수 있는 가격체계가 존재한다. 즉, 부분균형과 일반균형 모두에서 경쟁적 시장기구는 자원배분의 효율성을 갖춘 메커니즘이라는 것을 명확하게 보여주고 있다.

둘째, 일반균형 하에서 가격은 부분균형에서와 같이 수요 · 공급을 일치시켜 경제활동을 조화롭게 운영하는 기능을 한다.

셋째, 일반균형이 계약곡선 상의 원점 O_A, O_B의 근방에 위치하여 소득분배가 극단적으로 불공평하게 배분될 가능성을 배제할 수 없기 때문에 공평한 자원 및 소득배분과 불일치할 수 있다.

7.3 사회후생경제학의 제2정리

(1) 의의

후생경제학의 제1정리는 경쟁시장에서의 균형은 파레토 효율적이라는 것을 말한다. 역으로 하나의 파레토 효율적인 배분에서 일반균형인 상대가격체계를 발견할 수 있는가 하는 질문을 제기할 수 있다. 이 문제는 제2정리를 통해 해답을 얻을 수 있다.

> 제2정리란 "경기주체의 선호체계가 강단조성 등 모든 가정을 만족하고 특히 강볼록할 때에 파레토 효율적인 자원배분은 일반균형이다"라는 것이다.

(2) 사회후생경제학의 제2정리(second theorem of social welfare maximazation)

파레토 효율에서 두 소비자의 무차별곡선은 서로 접한다. 때문에 [그림 18-18]에서 e점을 통과하는 접선인 직선을 그릴 수 있고, 이 직선은 A, B의 공동의 예산선을 나타낸다. 이 경우 A, B는 그들의 공동의 예산선 상에서 최적의 상품묶음을 선택하게 된다. 따라서 자원배분이 파레토 효율적이라면 공동의 예산선, 즉 균형가격을 결정하게 된다.

(3) 제2정리의 함의

제2정리는 정부가 시장에 개입하여 최초의 자원보유량에 대해 적정한 재분배를

그림 18-18
후생경제학의 제2정리

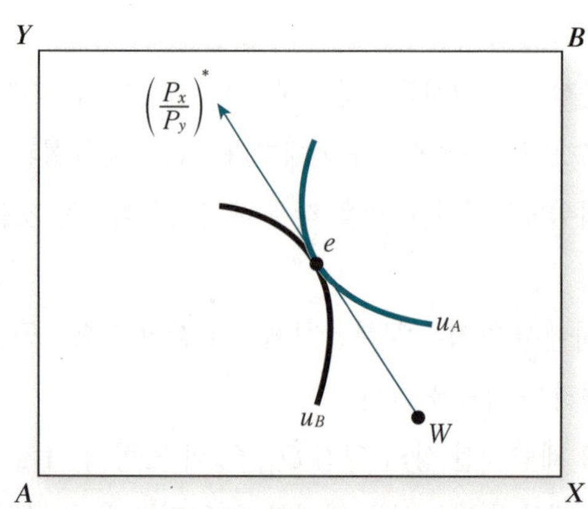

하고, 시장에 일임하면 임의의 파레토 최적배분이 일반균형을 통해서 자동적으로 달성된다는 것을 의미한다.

[그림 18-19]에서 계약곡선 상의 한 점 e는 파레토 효율점이다. 지금 시장에서 e로 표시되는 파레토 최적배분의 실현이 정책목표이다. 초기자원 부존상태가 W'으로 주어져 있다고 하자. 그런데 W'점에서 e점을 통과하는 예산선을 그으면 예산선과 A, B 두 소비자의 무차별곡선이 접하지 않고 교차하기 때문에 현재 경제상태는 일반균형 달성에 실패하고 있다.

이때 정부가 경제에 개입하여 W'점에서 상대가격의 변화 없이 정액세나 보조금 지급 등 소득재분배 정책을 실시하여 자원부존상태 W'을 직선 $k-l$ 상의 W''으로 이동시켰다고 하자.

점 W'에서 직선 $k-l$상으로 이동은 소비자 B로부터 소비자 A에게 Y재가 $k-m$만큼 이전되었음을 의미한다. 여기서 W'점을 통과하는 예산선 $m-n$과 $k-l$은 평행하다.

정부의 이런 재분배정책을 통해 자원보유점을 W'에서 W''으로 변경한 후에 시장기구를 통해 생산과 교환을 허용하면 파레토 최적점 e가 일반균형을 달성하게 된다. 왜냐하면 직선 W''점을 통과하는 예산선 $k-l$은 점 e를 접점으로 하는 소비자 A, B의 무차별곡선의 공통의 접선이고 X, Y재의 초과수요가 0이기 때문이다. 따라서 새로운 자원부존량 W''에서 e점으로의 이동을 통해 일반균형과 파레토 효율이 동시에 성립하고 있다. 그러므로 사회후생경제학의 제2정리란 파레토 최적배분이 분권적 시장경제의 일반균형을 실현할 수 있다는 것을 의미한다.

사회후생경제학의 제2정리는 다음과 같은 의미를 지닌다.

경쟁시장의 가격메커니즘이 '공평성의 기준'과도 조화롭게 양립가능할 수 있다

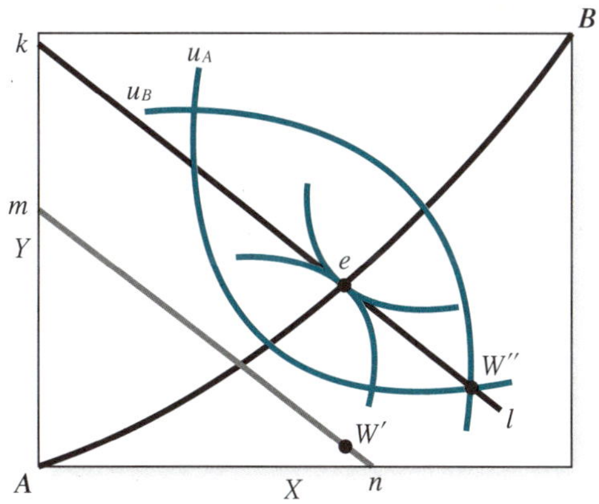

그림 18-19
사회후생경제학 제2정리의 함의

는 것이다. 이는 공평성의 목표가 결정되면 정부가 경제에 개입하여 소득재분배정책으로 소득을 재분배한 수 시장기구에 일임하면 가격구조에 의해 공평한 분배와 효율적인 자원배분을 동시에 달성할 수 있다는 것을 의미한다.

그리고 부분적으로 정부의 시장개입을 정당화시키고 있다. 특히 공평성과 관련하여 정부의 시장개입은 부분적이나마 정당성을 지지받고 있음을 의미한다.

(4) 사회후생경제학의 제1, 2 정리의 결론

사회후생경제학의 제1정리는 "일반균형(경쟁균형)이면 파레토 최적인 자원배분이고", 제2정리는 "파레토 최적인 자원배분은 일반균형이다"로 요약할 수 있다. 두 정리는 [그림 18-11]에서 가격에 의한 자원배분을 평가하는 기준으로서 의의를 갖는다.

제1정리와 달리 제2정리가 성립하기 위해서는 제1정리보다 엄격한 가정, 즉 선호체계나 생산기술의 볼록성이 필요하다. 이러한 추가 가정에도 불구하고 선호체계가 선호의 기본가정과 단조성, 볼록성을 만족하고 외부성이 없으면 제1, 2 정리가 의미하는 것은 일반균형과 파레토 최적의 등치성이다. 이는 일반균형과 파레토 최적이 서로 같은 자원배분이라는 것이다.

■ 사회후생경제학의 제1, 2 정리

일반균형$(G.E.)$ $\underset{\text{제2정리}}{\overset{\text{제1정리}}{\rightleftarrows}}$ 파레토 효율$(P.E.)$

후생경제론

part seven

7

제19장 후생경제이론

microeconomics + macroeconomics, Economics ch. nineteen

1. 후생경제학의 흐름

후생경제학은 1920년에 출간된 피구(A. Pigou)의 『후생경제학(*The Economics of Welfare*)』으로부터 정립되기 시작했다. 피구이론은 경제주체의 주관적 효용이론에 기초를 두고 있다.

피구는 사회적 후생함수를 각 개인의 기수적 효용의 총합으로 정의하였다. 그는 사회후생극대화를 이루는 자원배분을 규명하고자 했다. 이는 당시 공리주의 철학의 명제인 '최대다수의 최대행복'을 반영한 것이었다. 공리주의적 선호란 효용의 기수성과 경제주체 간 효용의 비교가능성을 전제로 하는 사회적 후생을 의미하기 때문이다.

1930년대에는 '신후생경제학'이 나타나 1940년대에 걸쳐서 힉스(J. R. Hicks), 러너(A. Lerner), 칼도(N. Kaldor), 랑게(O. Lange) 등에 의해 발전되었다. 이들은 각 개인 간의 효용의 비교가능성을 전제로 하는 피구의 접근방법을 비판하고, 효용의 절대적 비교가 아닌 상대적 비교에 의한 후생경제이론을 발전시켰다.

파레토는 이를 반영하여 '파레토 기준'을 고안하였다. 또한 보상원리(compensation principle)는 당시 신후생경제학의 지적 산물이었다.

2. 보상원리(compensation principle)

보상원리(compensation principle)란 자원배분에 관한 사회적, 경제적 변화가 개선되었는지를 평가하는 후생경제학의 평가기준을 말한다. 칼도(N. Kaldor, 1939)의 보상원리는 "임의의 자원배분으로부터 이익을 보게 되는 사람에 의해 평가된 이익이

그림 19-1
파레토 기준

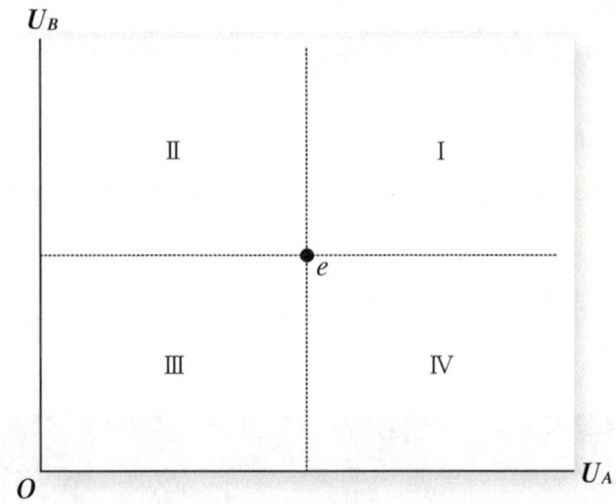

그 변화로부터 손해를 본 사람에 의해서 계산된 손해액보다 클 때 그 자원배분의 변화는 개선이다" 라는 것이다.

씨토브스키(T. Scitovsky) 기준은 칼도 기준을 적용할 때 어떤 사회적, 경제적 변화가 개선임이 판명되고 동시에 그 반대의 변화는 개선이 아니라는 이중적 조건을 만족할 때 그 변화를 개선이라고 판정하는 것이다.

2.1 파레토 기준의 한계

파레토 개선이란 임의의 자원배분상태가 변했을 때 어떤 경제주체의 후생도 감소함이 없이 최소한 한 사람 이상의 후생이 증가하여 자원배분이 개선되는 상태를 말한다.

[그림 19-1]에서 현재시점에서 배분되어 있는 자원으로부터 *A*, *B*가 누리고 있는 효용수준을 *e*점으로 나타냈을 때 파레토 기준에 의해서 자원배분 상태를 평가해 보자. 파레토 기준으로 자원배분 상태를 평가할 수 있는 영역은 I 상한과 Ⅲ 상한에 불과하다.

*e*점에서 자원배분을 한 결과 *A*, *B*의 효용수준이 I 상한으로 이동하면 두 사람의 효용수준이 증가하였기 때문에 파레토 개선이라고 말할 수 있으나 Ⅲ 상한으로 이동하면 *A*, *B* 모두의 효용이 감소하였기 때문에 파레토 개선이 일어나지 않은 상태이다.

그러나 Ⅱ 상한과 Ⅳ 상한 영역으로 이동하면 일부는 효용이 증가하고, 일부는 효용이 감소하는 경기자가 존재하기 때문에 파레토 기준으로 자원배분의 개선 또는 개악 여부를 판정할 수 없다. 따라서 파레토 기준은 모든 자원배분 상태를 평가할 수 없는 한계점이 나타난다.

현실적으로 대부분의 자원배분의 변화는 I 상한이나 Ⅲ 상한처럼 모두가 이익을

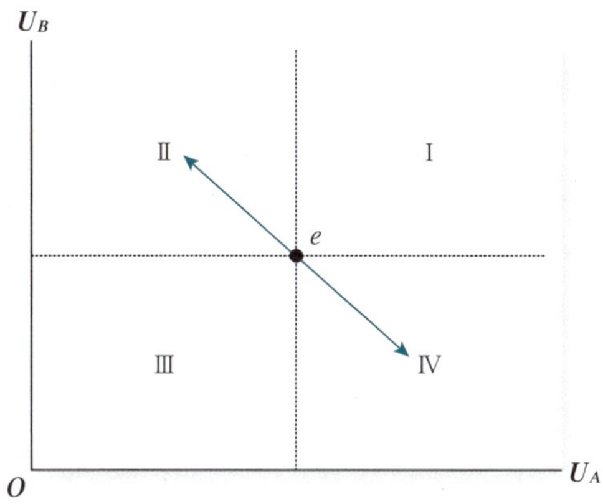

그림 19-2
칼도 기준

보거나 또는 손해를 보는 경우보다도 Ⅱ 상한이나 Ⅳ 상한처럼 일부는 이익을, 일부는 손해를 보는 것이 일반적이기 때문에 파레토 기준을 적용할 수 없는 경우가 존재한다.

보상원리는 파레토 기준의 한계점을 극복하고, 이 기준으로 평가할 수 없는 Ⅱ 상한이나 Ⅳ 상한의 자원배분 상태를 평가하기 위해 도입된 개념이다. 보상원리에는 칼도(N. Kaldor) 기준과 씨토브스키(T. Scitovsky) 기준이 있다.

2.2 칼도 기준

칼도 기준이란 "임의의 자원배분이 변화하여 새로운 배분이 이루어졌을 때 효용이 증가한 경제주체의 효용으로 효용이 감소한 경기주체의 효용을 보상하고도 효용의 순증가가 있을 때 새로운 자원배분은 개선" 이라는 것이다.

[그림 19-2]에서 칼도 기준으로 자원배분 상태를 평가해 보자. 칼도 기준으로도 Ⅰ 영역은 개선이고 Ⅲ영역은 개악이다. 칼도 기준은 파레토 기준으로 판정할 수 없는 Ⅱ 영역과 Ⅳ영역도 판정할 수 있다.

*e*점에서 Ⅱ영역으로 자원배분이 변경되었을 때 *A*의 효용은 감소하지만, *B*의 효용은 증가한다. 따라서 증가된 *B*의 효용으로 감소된 *A*의 효용을 보상하고도 *B*의 효용에 순증가가 있으면 Ⅱ영역의 자원배분은 칼도 기준으로 개선이라고 평가한다.

*e*점에서 Ⅳ영역으로 자원배분이 변경되었을 때 *A*의 효용은 증가하지만 *B*의 효용은 감소한다. 따라서 증가된 *A*의 효용으로 감소된 *B*의 효용을 보상하고도 *A*의 효용에 순증가가 있으면 Ⅳ영역의 자원배분은 칼도 기준으로 개선이다.

그림 19-3
씨토브스키 기준

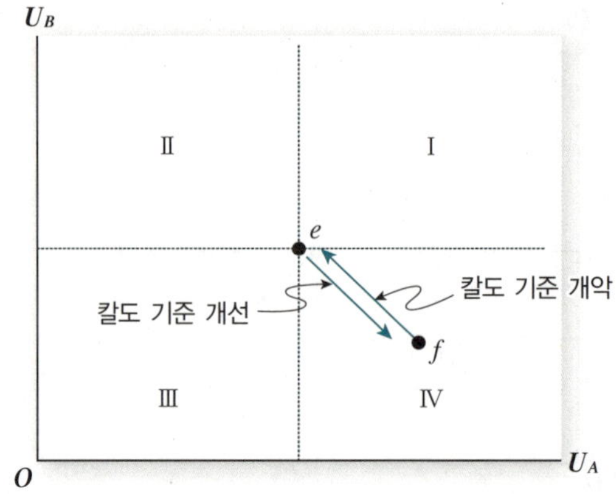

2.3 씨토브스키 기준

씨토브스키 기준이란 "임의의 자원배분에 변화가 있을 때 칼도 기준으로 개선이고 그 반대의 변화는 개선이 아니라는 이중적 조건을 만족할 때 그 변화를 개선"이라고 평가하는 것이다.

[그림 19-3]에서 e에서 Ⅳ 상한 영역의 f점으로의 자원배분이 칼도 기준으로 개선인데 f점에서 e점으로 변경했을 때 증가된 B의 효용으로 감소된 A의 효용을 보상하고도 순효용의 증가가 없어서 개선이 아닐 때 e점에서 f점으로 자원배분은 개선이라고 평가한다.

3. 일반균형과 사회후생극대화

Economics ch. nineteen

3.1 의의

일반균형은 파레토 효율적인 자원배분이지만 이 자원배분이 사회적으로 바람직한 자원배분인가를 결정하지 못하는 한계가 있다. 후생경제이론은 무수히 많은 파레토 효율적인 자원배분 중에서 사회적으로 바람직한 자원배분상태를 도출하고자 한다.

그런데 파레토 효율의 한계를 극복하고 사회적으로 바람직한 자원배분을 유도하기 위해서는 주관적인 사회후생의 개념을 도입하여야 한다. 이를 전제로 할 때 사회후생을 극대화하는 자원배분이 사회적으로 바람직한 자원배분이라는 원리를 도출할 수

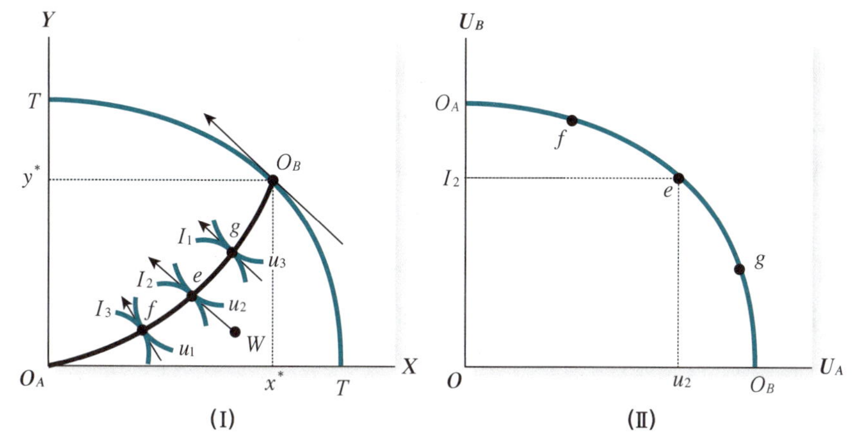

그림 19-4
개별효용가능곡선

있다. 이를 사회후생극대화 원리(social welfare maximization principle)라 한다. 이는 총효용가능곡선(또는 개별효용가능곡선의 포락선)과 사회후생함수가 접하는 점에서 실현된다.

3.2 총효용가능곡선

(1) 개별효용가능곡선(utility possibility curve)

개별효용가능곡선이란 경제 내에서 희소한 자원이 효율적으로 배분되었을 때 얻을 수 있는 개별경제주체의 최대효용수준의 배합을 연결한 곡선이다. [그림 19-4]에서 개별효용가능곡선은 $O_A O_B$의 소비에 있어서 계약곡선 상의 효용수준을 1:1로 대응시켜 연결해감으로써 도출된다. f점에서 A, B의 효용 u_1, I_3를 그림 (II)의 $U_A - U_B$평면에 도해하면 f점으로 표시되는데 이런 과정을 반복함으로써 도출된다.

개별효용가능곡선과 X축과의 교점은 [그림 19-4]의 (I) 계약곡선 상의 O_B이고, 소비자 A가 자원을 독점할 때의 효용수준을 나타낸다. 소비자 B는 이때 재화를 전혀 소비하지 않기 때문에 효용수준은 '0' 이다. 같은 논리로 Y축과의 교점은 원점 O_A를 나타낸다.

개별효용가능곡선은 교환의 파레토 최적을 나타낸다. 왜냐하면 교환의 파레토 최적을 나타내는 계약곡선으로부터 도출되었기 때문이다.

(2) 교환-생산의 파레토 최적과 개별효용가능곡선

[그림 19-4]에서 생산가능곡선 상의 O_B점을 이동하면서 O_B점에 대응하는 무수히

많은 에즈워드 상자에 계약곡선을 도출할 수 있다. 다시 이에 대응하는 무수히 많은 개별효용가능곡선을 도출할 수 있게 된다.

개별효용가능곡선 상의 일부점, 예를 들어 [그림 19-4]에서 *e*점은 교환과 생산의 파레토 최적을 동시에 나타낸다. *e*점은 생산가능곡선의 기울기와 *A*, *B* 두 사람의 무차별 곡선이 일치하는 점이기 때문이다. 점 *e*에서 소비자 *A*, *B*의 효용수준은 (u_2, I_2)이다.

점 *e*는 개별효용가능곡선 안쪽이나 바깥쪽이 아닌 곡선 상에 위치하게 된다. 이에 대해 개별효용가능곡선 상의 점 *f*나 *g*는 교환의 파레토 최적만을 나타내는 점이다.

(3) 총효용가능곡선(grand utility possibility curve)

주어진 생산가능곡선 상에서 무수히 많은 개별효용가능곡선을 도출할 수 있다. 그런데 개별효용가능곡선 상에는 생산과 교환의 파레토 최적을 동시에 만족하는 점이 존재한다. 총효용가능곡선은 [그림 19-5]에서 개별효용가능곡선에서 생산과 교환의 파레토 효율을 나타내는 점들의 포락선으로 도출된다.

[그림 19-5]에서 그 곡선 상의 소비와 생산의 파레토 최적점을 e_1이라 하면 e_1은 *h*점보다 파레토 우위에 있다. 총효용가능곡선은 $e-e_1-e_2$점을 연속적으로 연결함으로써 도출된다.

그림 19-5
총효용가능곡선

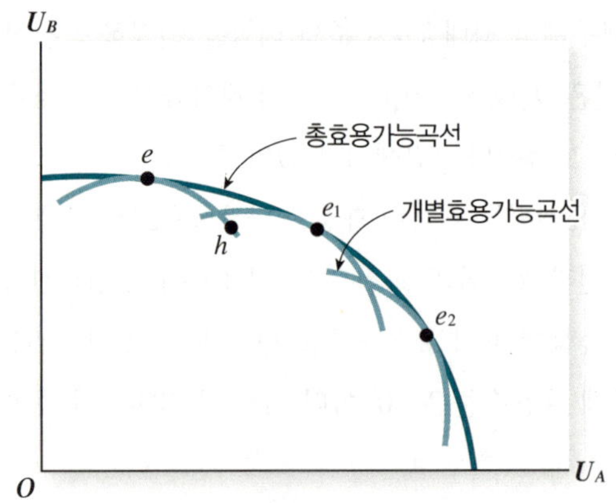

■ **총효용가능곡선의 주요 특징**

① 총효용가능곡선이 개별효용가능곡선의 포락선이므로 총효용가능곡선 상의 모든 점은 $MRS_{xy}^{A} = MRS_{xy}^{B}$이고 소비에 있어서 파레토 최적을 나타낸다.

② 동시에 생산가능곡선 상에서 생산점을 이동하여 도출했기 때문에, $MRTS_{LK}^{x} = MRTS_{LK}^{y}$이고 생산에 있어서 파레토 최적을 나타낸다.

③ 따라서 e, e_1, e_2점들은 $MRT_{xy} = MRS_{xy}^{A} = MRS_{xy}^{B}$로 생산-소비의 파레토 최적을 나타낸다.

3.3 사회후생함수

총효용가능곡선 상에는 무수히 많은 교환과 생산의 파레토 최적점이 있다. 이 중에서 사회적으로 가장 바람직한 자원배분을 선택하기 위해서는 사회후생함수와 사회적 무차별곡선을 도입해야 한다.

사회후생함수(social welfare function)는 임의의 자원배분에 대해 사회구성원들의 선호를 집약, 대표하는 사회적 선호를 나타내는 함수이다. 구체적으로 임의의 자원배분 x와 이 x를 개별경제주체들이 소비했을 때 얻는 개별효용 $u_i(x)$를 사회 전체로 종합하여 하나의 사회적 후생수준을 나타내는 효용함수이다. 사회후생함수는 개별효용의 집약이기 때문에 개별효용함수와 동일한 성질을 갖는다. 사회후생함수를 식 (19.1)로 정의할 수 있다.

$$U = U(u_1(x),\ u_2(x),\ \cdots,\ u_n(x)) \tag{19.1}$$

사회적 무차별곡선이란 사회적으로 동일한 효용수준을 나타내는 여러 경제주체

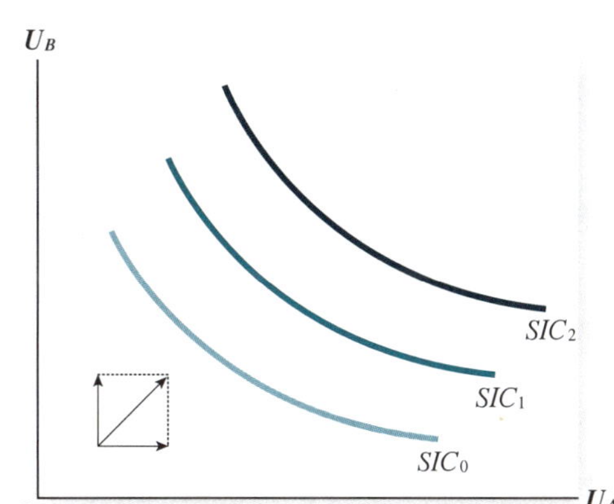

그림 19-6
사회적 무차별곡선

의 효용수준의 배합을 연결한 곡선이다.

식 (19.1)로부터 개별경제주체의 무차별곡선과 유사한 형태와 성질을 갖고 있는 원점에 대해 볼록한 사회적 무차별곡선을 도출할 수 있다. 이러한 사회적 무차별곡선의 순서에 의해서 총효용가능곡선의 각 점에 나타나는 파레토 최적상태에 우선순위를 매기는 것이 가능해진다.

3.4 사회후생극대화 원리(social welfare maximization principle)

사회후생극대화 원리는 네 가지 정리로 풀어질 수 있다.

■ **사회후생극대화 원리**

정리 1. 사회적으로 가장 바람직한 자원배분은 사회후생을 극대화하는 자원배분이다.
정리 2. 사회후생을 극대화하는 자원배분은 유일하게 존재한다.
정리 3. 사회후생을 극대화하는 자원배분은 반드시 파레토 최적인 자원배분이다.
정리 4. 파레토 효율적인 자원배분이 반드시 사회후생을 극대화하는 자원배분은 아니다.

정리 1은 "사회적으로 바람직한 자원배분은 파레토 효율적인 자원배분 중에서 사회후생을 극대화하는 자원배분이다" 라는 후생경제학의 정리이다.

정리 2는 "사회후생을 극대화하는 자원배분(x_i^*)은 유일하게 존재한다" 는 점이다. 이는 무수히 많은 파레토 효율적인 자원배분과 달리 유일하게 존재한다. 정리 3은 "사회후생을 극대화하는 자원배분은 반드시 파레토 효율적인 자원배분이다" 라는 것이다. 왜냐하면 총효용가능곡선 상의 모든 점은 소비와 생산의 파레토 최적을 나타내는 점인데 e점이 총효용가능곡선 상에 있기 때문이다. 정리 4는 "파레토 효율적인 자원배분이 반드시 사회후생을 극대화하는 자원배분은 아니다" 라는 것이다.

'사회후생경제학의 제2정리' 에서 초기보유재산을 적정하게 재분배하면 사회적으로 최적이고, 파레토 최적인 점을 가격기구를 통해 도출할 수 있다. 즉, 사회적 후생을 극대화하는 배분은 초기보유재산의 변경을 정부의 시장개입을 통해 공적으로 하고, 그 다음에는 사적 경쟁시장의 자동조절기능에 맡기면 실현할 수 있다.

3.5 효율성과 공정성

시장에서 가격기구에 의해 파레토 효율성과 소득분배의 공정성이 동시에 실현될 수 있을까? 사회후생함수는 사회적으로 바람직한 자원배분상태의 개념을 내포하고 있기 때문에 이 물음에 답을 준다. 이 함수는 공정성과 연계되어 있다. 그러므로 사회후

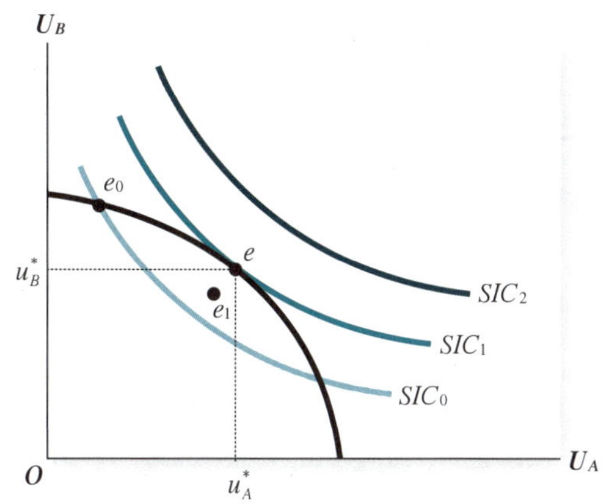

그림 19-7
사회후생극대화

생함수를 이용하여 공정한 자원배분을 유도할 수 있다.

공정성에 대한 정의와 이를 어떻게 계량화할 것인가에 대해 논란이 있지만, 대략 다음 네 가지로 정리할 수 있다. 이 중에서 시장주의는 시장에 의한 소득분배가 가장 공평하다는 견해이다. 즉, 가장 능력있는 사람이 가장 많은 소득을 받아야 한다는 견해이다. 시장주의에는 사회후생함수가 없다.

■ **공정성의 견해**
- 평등주의(egalitarian) : 경제주체 간 동등간 소득분배
- 롤스주의(Rawlsian) : 최약자의 효용을 극대화
- 공리주의(utilitarian) : 모든 경제주체의 총효용을 극대화
- 시장주의(market oriented) : 시장의 결과가 가장 공정한 자원배분임

사회후생함수 식 (19.1)을 구체적으로 어떻게 정의하느냐에 따라 효율적이고 공정한 자원배분 상태가 달라진다. 이에는 벤덤, 롤스, 평등주의의 사회후생함수가 있다.

(1) 공리주의 사회후생함수

공리주의자인 벤덤(J. Bentham)은 기수적 효용이론을 전제로 사회후생함수를 식 (19.2)처럼 가법적(additive) 형태로 정의하였다.

$$U = \sum_{i=1}^{n} u_i(x) \qquad (19.2)$$

(i : 경제주체, x : 자원배분상태)

그림 19-8
공리주의의 사회후생함수와 공정배분

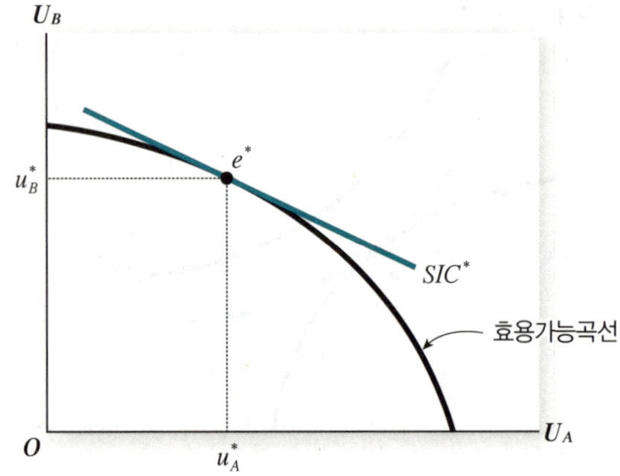

식 (19.2)를 A, B 두 경제주체에 의해 구체화하면 $U = u_A(x) + u_B(x)$이고, 무차별곡선은 $u_B(x) = -u_A(x) + \overline{U}$이다. 즉, 기울기는 -1이고 절편이 $\overline{U}$인 선형인 형태를 갖는다. 이때 사회후생극대화를 [그림 19-8]에서 살펴보면 e^*점에서 사회후생을 극대화하고 동시에 파레토 효율적이며 공리주의적 관점에서 공정하다. 이때 A, B는 각각 u_A^*, u_B^*의 효용수준을 누린다.

(2) 롤스주의 사회후생함수

롤스(J. Rawls)는 사회 최약자 보호기준(maximin)에 의해 사회후생함수를 식 (19.3)으로 정의하였다. 즉, 그는 어떤 사회의 후생수준은 그 사회에서 가장 낮은 효용수준에 의해 결정된다고 정의하였다. 이는 무지의 베일에 싸인 세계에서는 누가 최악의 상황에 빠질지 모르기 때문에 가장 불행한 입장에 놓이는 사람의 효용을 극대화하는 선택이 공정하다는 것이다.

$$U = \min\,[u_1(x), u_2(x), \cdots, u_n(x)] \qquad (19.3)$$

롤스의 사회후생함수는 레온티에프(Leontief) 효용함수 형태이다. 만약 무차별곡선이 45°선을 기준으로 L자형을 그린다면 사회후생극대화는 [그림 19-9]의 e점에서 이루어진다. e점에서는 효율성과 롤스적 관점에서 공정성이 동시에 실현된다. 또한 A는 u_A^*, B는 u_B^*의 효용수준을 누리고 $u_A^* = u_B^*$이기 때문에 평등주의에 의한 공평성도 실현된다.

롤스적 공정기준에서는 최악의 입장에 있는 사람의 효용이 상승하기 때문에 이는

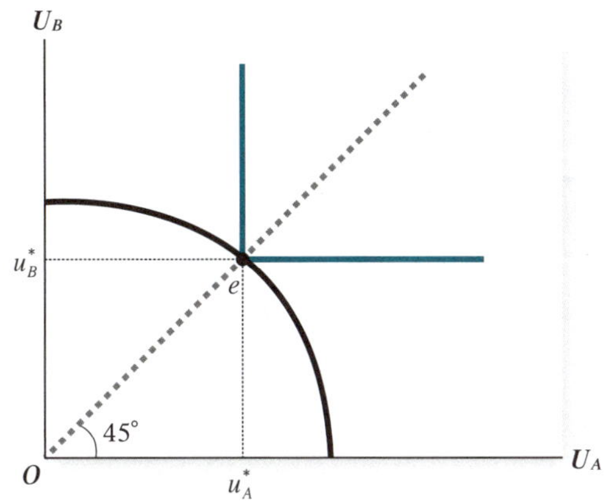

그림 19-9
롤스주의 사회후생함수와 공정배분

자원배분이 개선되었고 보다 공정한 상태로 변화한 것이다.

(3) 평등주의 사회후생함수

평등주의자(egalitarian)들은 사회후생을 개인 효용의 콥-더글라스(CD) 형태로 표시하였다. 즉, 어떤 자원배분상태에 대하여 높은 효용을 누리는 경제주체에 대해서는 가중치를 낮게, 낮은 효용을 누리는 경제주체에 대해서는 가중치를 높게 부여하여 식 (19.4)와 같은 사회후생함수를 도입하였다.

$$\begin{aligned} U(x) &= u[u_1(x_1), u_2(x_2), \cdots, u_n(x_n)] \\ &= u_1 \cdot u_2 \cdot \cdots \cdot u_n \end{aligned} \tag{19.4}$$

식 (19.4)에서 $u_i(x)$는 n명의 사회구성원 중 i라는 사람의 효용함수를 나타낸다. 이때 각 개인의 효용함수에 부여되는 가중치는 그 사람의 효용수준에 따라 결정되는데 이는 '부자의 1원과 빈자의 1원은 다르다'는 평등주의자들의 시각을 반영하여 효용수준이 높을수록 사회후생변화에 미치는 영향, 즉 가중치의 크기는 작아진다.

평등주의 사회후생함수의 특징은 [그림 19-10]으로 요약된다. 그림은 경제주체가 A, B 두 명일 때의 평등주의적 사회후생함수를 나타낸 것이다. 이때 사회적무차별곡선(SIC)은 원점에 대해 볼록한 형태를 띠게 되는데 이러한 형태를 띠는 이유는 사회후생함수가 가중치가 부여된 개인들의 효용함수의 선형 결합으로 이루어져 있기 때문이다.

평등주의자들에 따르면 [그림 19-10]에서 효용가능경계와 사회적무차별곡선이

그림 19-10
평등주의 사회후생함수

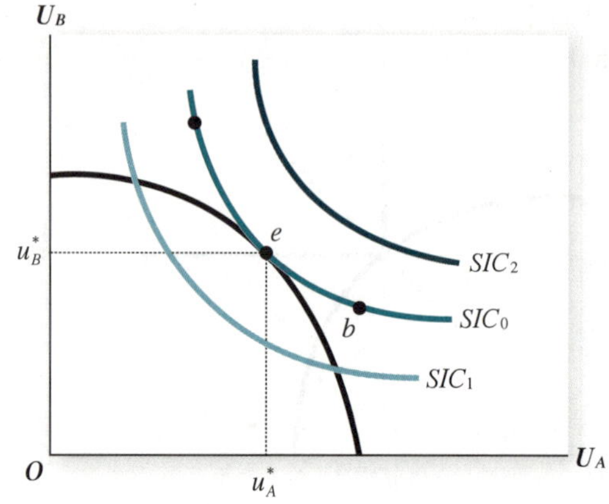

접하는 e점에서 효율적 배분이 이루어지며 이는 평등주의의 기준에서 공정한 분배가 달성된다.

이상에서와 같이 평등주의 사회후생함수는 각 개인의 효용에 가중치를 부여함으로써 볼록한 사회적무차별곡선을 도출하고 이를 이용하여 적극적인 가치판단을 통해 사회적으로 바람직한 배분과 분배상태를 도출할 수 있다고 주장한다.

4. 애로우의 불가능성정리(Arrow's impossibility theorem)

Economics ch. nineteen

4.1 의의

사회후생극대화 원리에서 사회후생함수를 도출하기 위해서는 개인들의 선호를 사회적 선호로 바꿀 수 있어야 한다. 그런데 이를 위해서는 일련의 조건을 만족해야 한다. 불가능성정리는 이런 조건을 만족시키는 사회후생함수를 도출할 수 없다는 것이다. 즉, 애로우정리란 "개인적 선호로부터 선호의 완전성, 만장일치, 비독재성, 보편성과 독립성을 만족시키는 사회적 선호를 도출하는 것은 불가능하다" 는 것이다.

4.2 사회후생함수의 성립조건

사회후생함수(사회적 선호)가 정의되고 도출되기 위해서는 다음 다섯 가지 조건을 만족해야 한다.

(1) 완전성(completeness)과 이행성(transitivity)

완전성이란 모든 사회적 자원배분상태를 완전하게 비교평가할 수 있다는 것을 말한다. 이행성이란 A, B, C의 자원배분 상태가 있을 때 $A \succsim B$, $B \succsim C$이면 $A \succsim C$이어야 하고, 이를 위배하는 다른 선호대상이 존재하지 않는다는 것을 의미한다.

(2) 파레토 원칙(Pareto principle)

파레토 원칙이란 경제 내에 모든 주체들이 자원배분 A를 자원배분 B보다 선호하면, 사회도 A를 B보다 선호해야 한다는 기준이다.

(3) 비독재성(non-dictatorship)

비독재성이란 어느 한 경제주체가 사회 전체의 선호를 일방적으로 결정하지 못한다는 기준이다.

(4) 보편성(universality)

보편성이란 개인의 선호를 어떤 특정한 선호로 제약해서는 안 된다는 성질을 말한다. 다시 말하면 개인의 어떠한 선호체계 하에서도 사회적 선호체계가 도출되어야 한다.

(5) 독립성(independence of irrelevant alternatives)

사회적 선호의 우선순위는 개별경제주체의 이들에 대한 선호의 우선순위에 의해서만 결정되고 이와 관련이 없는 다른 제3의 선택 대안에 영향을 받지 않는다는 것이다.

4.3 애로우의 불가능성정리와 내용

애로우는 사회후생함수가 존재하기 위해서는 최소한 위의 5가지 조건이 충족되어야 한다고 하나 이들을 검토한 결과 (1), (2), (4)와 (5)를 만족시키는 사회적 선호체계는 반드시 (3)을 위배하게 되기 때문에 (1)~(5)를 모두 충족하는 사회후생함수를 도출하는 것은 불가능하다고 주장하였다.

만일 A와 B가 모두 파레토 효율적인 자원배분이면 완전성과 이행성의 공리에 의해 두 개의 파레토 효율적인 자원배분을 비교하여 선택을 하여야 한다. 그러나 두 자원배분이 모두 파레토 효율적이기 때문에 다수결에 의한 의사결정방식으로는 사회적 선호를 결정할 수는 없다. 따라서 이러한 선택은 특별한 힘을 가진 경제주체(독재자)에 의해서만 가능하다.

결론적으로 완전성과 이행성, 파레토 원칙, 보편성, 독립성의 조건이 만족되면 비독재성을 위배할 수밖에 없다. 따라서 이 모든 조건을 충족시키는 민주적이고 합리적인 사회후생함수로 존재할 수 없게 된다.

4.4 투표의 역설과 불가능성정리

콩도르세(M. J. A. N. de C. Condorcet)는 투표모형을 통해 불가능성정리를 설명하고 있다. *A*, *B*, *C*의 정책에 대한 선호순위를 표로 나타내면 〈표 19-1〉과 같다. 이제 *A*, *B*, *C*의 대안 중 '다수결의 원리'에 따라 사회적 선호를 결정해 보자.

표 19-1 **투표의 역설**

주체 \ 정책	*A*	*B*	*C*
갑	1	2	3
을	2	3	1
병	3	1	2

표에서 정책 *A*, *B*를 비교하면 갑, 을은 모두 *A*를 *B*보다 선호하고 *B*, *C*를 비교하면 갑과 병은 *B*를 *C*보다 선호한다. 정책 *A*, *C*를 비교하면 을, 병은 *C*를 *A*보다 선호한다.

이상의 선호순위를 결정하면 $A \succ B$, $B \succ C$이기 때문에 $A \succ C$이다. 그런데 을, 병은 $C \succ A$이므로 이는 서로 모순이다. 이를 투표의 역설(voting paradox)이라 한다. 이는 *A*, *B*, *C*에 대한 사회적 선호를 다수결원리로 결정할 수 없다는 것을 의미한다.

제20장 시장실패

microeconomics + macroeconomics, Economics ch. twenty

1. 의의

Economics ch. twenty

제19장까지 살펴본 일반균형과 파레토 최적은 자유방임의 정책이념을 정당화시켜 주는 이론이 결코 아니다. 그것은 가격의 기능이 무엇인가를 분명하게 보여주고, 한편으로 엄격한 가정 속에서 성립하는 것이기 때문에 현실적으로 실현이 어려운 이론인 것을 아울러 보여주고 있다.

시장실패란 시장에서 가격이 자원을 파레토 비효율적으로 배분하는 상태를 의미한다. 시장실패에는 '미시적 시장실패'와 '거시적 시장실패'가 있다. 미시적으로는 공공재, 외부성, 규모의 문제, 불완전경쟁시장과 불완전정보 등을 들 수 있다. 거시적으로는 인플레이션, 불완전고용, 국제수지 불균형 등이 있다. 여기에서는 미시적 시장실패를 살펴보고, 거시적 요인은 거시경제학에서 다루기로 하자.

2. 규모의 경제

Economics ch. twenty

규모의 경제에 의한 시장실패는 자발적으로 재화를 교환할 수 있는 시장이 존재하더라도 완전경쟁시장과 양립할 수 없기 때문에 파레토 비효율적인 자원배분이 초래되는 경우이다.

생산기술이 규모의 경제를 보일 때 [그림 20-1]에서 생산함수는 *bea*이다. 이는 여가(H)축의 a점에서 노동량을 증가시킴에 따라 Y재 생산량이 체증적으로 증가하는 형태이다. 규모의 경제 하에서 기업은 산출량을 증가시킬수록 장기평균비용이 하락하기 때문에 산출량공급은 가파르게 증가한다. 따라서 생산자 균형점은 b점이다.

그림 20-1
규모의 경제와 시장실패

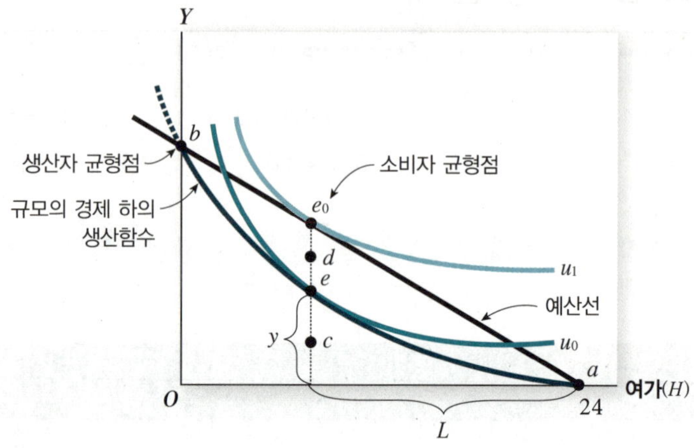

이에 대해 소비자는 주어진 예산선(a–b) 하에서 효용극대화를 추구하여 e_0점에서 균형을 이룬다. 따라서 예산선 ab 하에서 소비자균형점(e_0)과 생산자균형점(b)이 불일치한다. 그러므로 일반균형은 성립하지 않는다.

규모의 경제가 나타나면 일반균형은 존재하지 않지만 파레토 효율적인 배분은 존재한다. 즉, 그림에서 생산이 e점에서 이루어지고 소비 또한 e점에서 이루어진다면 가장 효율적인 자원배분을 이룬다. 왜냐하면 임의의 점 c점에 비해서 e점은 보다 높은 만족, 보다 높은 산출량을 실현하여 c점에서 e점으로 이동은 파레토개선이기 때문이다. 그런데 e점보다 더 높은 d점은 생산함수 외부영역이므로 실현이 불가능하다. 따라서 더 이상 개선이 불가능하다. 그러므로 점 e는 파레토 효율적 자원배분이다. 그러나 규모의 경제는 일반경쟁균형의 존재를 불가능하게 하기 때문에 시장에서 사회후생경제학의 제1정리가 성립하지 않는다.

3. 불완전경쟁시장

Economics ch. twenty

독점 등 불완전경쟁시장이 파레토 비효율적으로 자원을 배분하는 것은 일반균형 분석방법으로 설명할 수 있다.

Y재 시장은 완전경쟁적이나 X재 시장이 불완전경쟁적이라면 $P_y = MC_y$이지만 $P_x > MC_x$이므로 식 (20.1)로 정리할 수 있다.

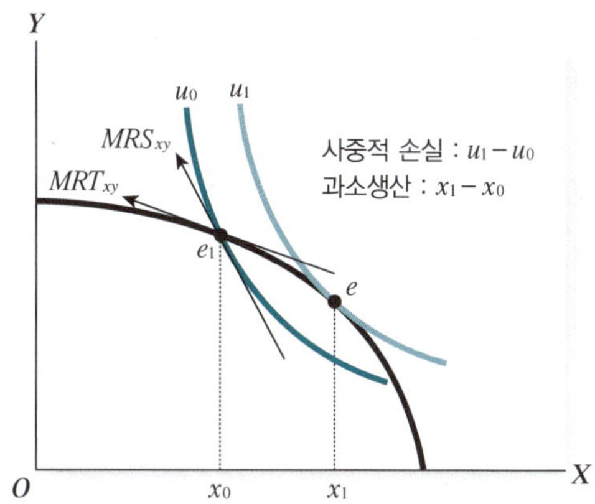

그림 20-2
독점 등 불완전경쟁시장과 파레트 효율

$$MRT_{xy} = -\frac{dy}{dx} = \frac{MC_x}{MC_y} < \frac{P_x}{P_y} = MRS_{xy} \qquad (20.1)$$

그런데 식 (20.1)은 상품구성의 파레토 최적조건인 $MRT_{xy} = MRS_{xy}$를 만족하지 못한다. 따라서 독점 등 불완전경쟁시장은 파레토 효율조건을 만족하지 못한다.

식 (20.1)을 [그림 20-2]에 나타내면 e_1점으로 표시된다. 점 e_1에서는 무차별곡선의 기울기가 생산가능곡선의 기울기보다 가파르게 교차한다. e_1점에서 X재 생산량은 파레토효율적인 산출량보다 과소생산된다. 이 결과 $u_1 - u_0$만큼 사중적 손실이 발생한다. 불완전경쟁시장에 대한 정부대책은 제11장 독점시장에 대한 규제대책을 원용할 수 있다.

4. 공공재

Economics ch. twenty

4.1 정의

공공재(public goods)란 '공동소비(nonrivalry)'와 '비배제성의 원칙(non-excludability)'이 적용되는 재화이다. 비배제성이란 대가를 치르지 않고 소비하는 사람을 배제할 수 없는 특성이고, 공동소비란 한 사람의 추가적인 소비가 타인의 소비가능성이나 효용수준에 영향을 주지 않는 특성을 말한다.

4.2 게임적 접근

공공재가 경기자의 무임승차로 과소공급되어 시장실패가 나타나는 현상은 용의

그림 20-3
공공재의 배분과 가격결정

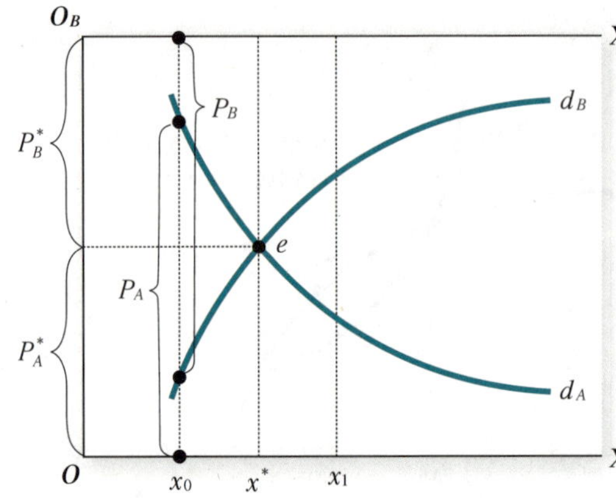

자 역설게임으로도 설명할 수 있다. A와 B 두 경기자(player)가 사는 어느 섬에서 육지와 연결되는 다리를 지으려고 한다고 하자. 다리를 건설하는 데 드는 총 공사비용은 100만원이고 A, B 두 사람이 다리 건설로부터 각각 모두 80만원씩의 편익을 얻는다고 하면, 이때 보수표를 〈표 20-1〉과 같이 나타낼 수 있다.

표 20-1 **공공재의 과소공급 : 게임에 의한 설명**

A \ B	건설	반대
건설	(30, 30)	(−20, 80)
반대	(80, −20)	(0, 0)

경기자의 보수(pay-off)는 각자가 다리 건설로부터 오는 편익에서 다리 건설에 부담한 비용을 뺀 크기로 정해진다. 즉, A와 B가 둘 다 다리 건설에 찬성하고 비용을 50만원씩 분담한다면 각각 30만원씩의 이득(80 − 50 = 30)을 얻게 된다. 둘 다 다리 건설에 반대하는 경우 비용을 지불하지 않기 때문에 이득이 0이다.

그러나 만약 A, B 둘 중 하나가 다리 건설에 반대하고 다른 사람은 찬성하면 한 사람이 다리 건설비용을 모두 분담하여 20만원의 손해(80 − 100 = −20)를 보게 되고 공공재의 특성상 다른 사람의 이용을 배제할 수 없어 반대했던 사람이 오히려 80만원의 이득을 보게 된다. 이러한 보수표의 가장 중요한 특징은 공공재의 과소공급현상이 용의자의 딜레머(prisoner' s dilemma)와 같은 상황으로 설명할 수 있다는 것이다.

이 게임의 균형은 경기자의 내쉬전략의 배합으로 이루어진 내쉬균형(Nash equilibrium)이 된다. 이와 같은 게임적 상황에서 A와 B는 모두 자신의 다리 건설에 대해 거짓선호를 표출하여 상대방으로 하여금 다리 건설비용을 모두 부담하게 하고 자신은 무임승차하려는 유인을 갖게 된다. 〈표 20-1〉에서 *A*, *B* 모두에게 다리 건설에 반대하는 전략이 우월적 전략(dominant strategy)이 되며 결국 우월균형(dominant equilibrium)은 (반대, 반대)에서 이루어져 다리는 건설되지 않는다. 두 경기자가 내쉬 전략을 사용할 때도 결국 (반대, 반대)가 내쉬균형으로서 이 게임의 균형이 된다. 결론적으로 공공재는 공급되지 않는다.

5. 외부효과

Economics ch. twenty

5.1 의의

외부효과는 어떤 경제주체의 행동이 시장기구를 통하지 않고, 즉 가격을 지불하지 않고 다른 경제주체의 생산 및 선호에 영향을 미치는 효과를 말한다. 피구(A. C. Pigou)는 비용과 편익을 사적 비용과 사회적 비용, 사적 편익과 사회적 편익으로 구분하여 외부효과를 체계적으로 연구하였다. 사적 비용이란 어떤 재화의 생산과정에서 직접 발생한 비용이고, 사회적 비용은 사회적 관점에서 평가된 재화의 비용이다. 외부성으로 인해 재화생산시에 발생하는 비용을 외부비용(external cost)이라 한다.

예를 들어 *X*재 산업이 공해유발산업일 때 *X*재 산업의 사회적 한계비용은 *X*재 생산을 위해 기업이 실제 지불한 사적 한계비용(PMC_x)에 공해로 인해서 사회가 지불한 비용, 즉 외부 한계비용(EMC_x)을 더한 값이다.

또한 사적 편익이란 경제주체가 소비행위로부터 직접적으로 얻게 되는 이익이며, 사회적 편익이란 사회적 측면에서 평가된 소비행위의 이익을 말한다. 외부편익(external benefit)이란 외부성으로 인해 소비자가 얻게 되는 편익을 말한다.

표 20-2 **사회적 한계비용, 사회적 한계편익**

사회적 한계비용(social marginal cost, *SMC*) = 사적 한계비용(private marginal cost, *PMC*) + 외부한계비용(external marginal cost, *EMC*)
사회적 한계편익(social marginal benefit, *SMB*) = 사적 한계편익(private marginal benefit, *PMB*) + 외부한계편익(external marginal benefit, *EMB*)

생산의 외부성은 사회적 한계비용과 사적 한계비용을 기준으로, 소비의 외부성은 사회적 한계편익과 사적 한계편익을 기준으로 각각 정의된다.

먼저, 생산의 외부경제란 어떤 기업의 행위가 다른 기업의 생산비용을 줄여서 $EMC < 0$가 되는 현상을, 생산의 외부비경제란 다른 기업의 생산비용을 증가시켜 $EMC > 0$가 되는 현상을 각각 말한다. 생산의 외부경제가 나타나면 $EMC < 0$이기 때문에 $PMC > SMC$이고, 생산의 외부비경제가 나타나면 $EMC > 0$이기 때문에 $SMC > PMC$가 된다.

다음, 소비의 외부경제란 어떤 경제주체의 행위가 다른 경제주체의 효용이나 편익을 증가시켜 $EMB > 0$가 되는 현상을 의미하고, 소비의 외부비경제란 다른 경제주체의 편익을 감소시켜 $EMB < 0$가 되는 현상을 말한다. 소비의 외부경제가 나타나면 $EMB > 0$이기 때문에 $PMB < SMB$가 되고, 소비의 외부비경제가 존재하면 $EMB < 0$이기 때문에 $PMB > SMB$가 된다.

끝으로, 생산이나 소비의 외부성이 없으면 $EMB = EMC = 0$이 되어 $SMC = PMC$, $SMB = PMB$가 된다. 이때 재화를 생산하는 사회적 한계비용과 사적 한계비용이 일치하고, 소비자의 사회적 한계편익과 사적 한계편익이 일치하여 자원이 파레토 효율적으로 배분된다.

5.2 생산의 외부성과 시장실패

(1) 생산의 외부경제

완전경쟁시장에서 소비측면의 외부성은 없다는 전제 하에 생산의 외부성이 자원배분에 미치는 효과를 살펴보자. 소비의 외부성이 없기 때문에 [그림 20-4]에서 X재의 수요곡선은 사적 한계편익곡선인 동시에 사회적 한계편익곡선을 나타낸다. 생산의 외부경제가 나타나면 $EMC < 0$이므로 외부 한계비용곡선은 하방에 그려지고, 사적 한계비용 PMC에 음의 값을 가지는 외부 한계비용 EMC를 더하면 PMC보다 작은 SMC가 구해진다. 완전경쟁시장에서 외부성이 나타날 때 사회적으로 효율적인 생산량은 수요곡선과 사회적 한계비용곡선이 일치하는 $D = SMB = SMC$에서 결정되고, 개별기업의 이윤극대화 생산량은 수요곡선과 사적 한계비용곡선이 일치하는 $D = PMB = PMC$에서 결정된다.

그림에서 사회적으로 효율적인 생산량은 $SMC = SMB = D$인 e_S점에서 x_S가 된다. 사적인 생산량은 $PMC = PMB = D$인 e_P점에서 x_P가 된다. 그런데 개별기업이 X재를 사적으로 생산할 때 사회적 한계비용을 넘어서 많은 비용이 지불되기 때문에 X재 생산은 사회적으로 바람직한 산출량에 비해 $x_S - x_P$만큼 과소생산된다. 따라서 시장실패가 나타난다. 과소생산함으로써 사회적으로 상실된 소비자잉여와 생산자잉여인 사중적 손실의 크기는 삼각형 $e_P e_S a$이다.

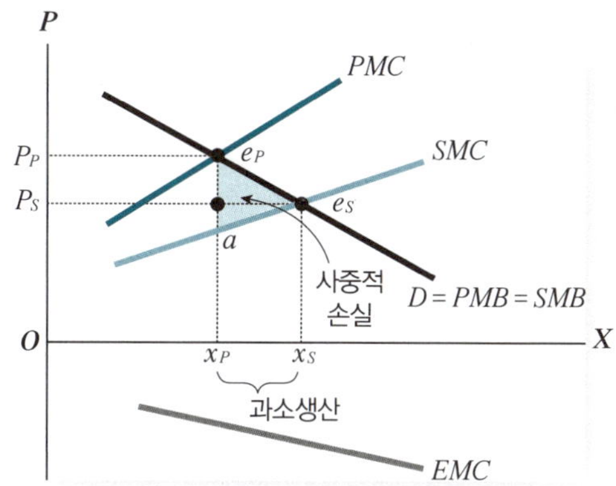

그림 20-4
생산의 외부경제

(2) 생산의 외부비경제

[그림 20-5]에서 사회적으로 효율적인 X재 생산량은 $SMC = SMB = D$가 성립하는 e_S점에서 x_S만큼 생산된다. 개별기업의 이윤극대화생산량은 $PMC = PMB = D$가 성립하는 e_P점에서 x_P만큼 생산된다. 그런데 개별기업이 X재를 생산하는 비용이 사회적 한계비용보다 작기 때문에 X재는 사회적으로 바람직한 생산량 x_S에 비해 $x_P - x_S$만큼 과잉생산된다. 이에 따라 $e_P e_S b$만큼 사중적 손실이 발생한다.

결론적으로 경제에 생산의 외부경제나 외부비경제가 발생하면 과소 또는 과잉생산되면서 파레토 효율적인 적정생산을 할 수 없게 된다. 이 결과 시장실패가 일어나면서 사중적 손실이 발생하게 된다.

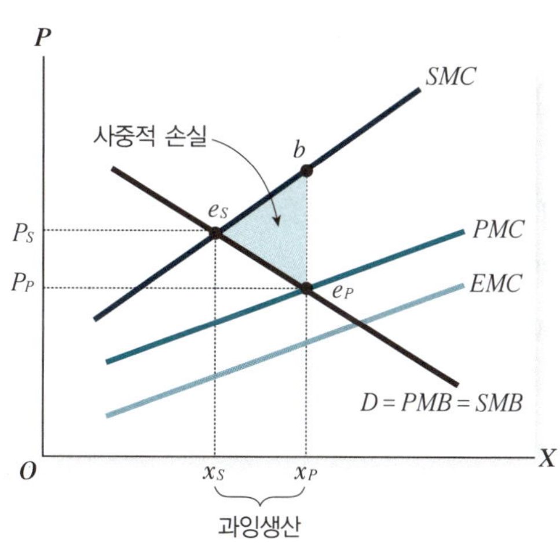

그림 20-5
생산의 외부비경제

그림 20-6
소비의 외부경제

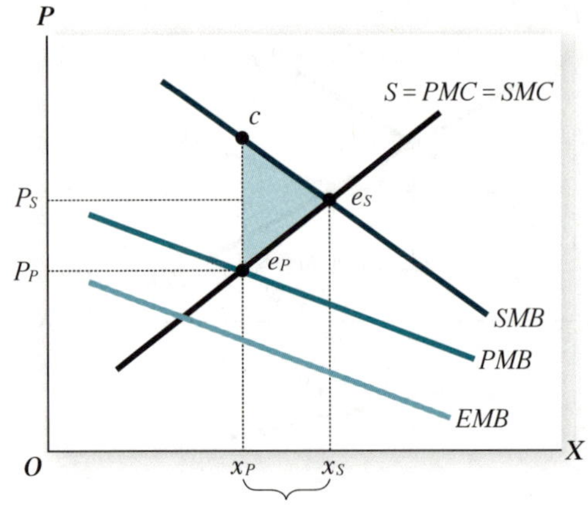

5.3 소비의 외부성과 시장실패

(1) 소비의 외부경제

생산의 외부성은 없다는 전제 하에서 완전경쟁시장에서 소비의 외부성이 자원배분에 미치는 효과를 살펴보자. 생산의 외부성이 없기 때문에 [그림 20-6]에서 X재의 공급곡선은 사적 한계비용곡선인 동시에 사회적 한계비용곡선을 나타낸다. 소비의 외부경제가 나타나면 $EMB > 0$이므로 사회적 한계편익곡선이 사적 한계편익곡선보다 우상방에 존재한다.

[그림 20-6]에서 사회적으로 효율적인 X재 소비량은 $SMB = SMC = S$가 성립하는 e_S점에서 x_S로 결정되고, 사적으로 효율적인 X재 소비량은 $PMB = PMC = S$가 이루어지는 e_P점에서 x_P가 된다. 따라서 X재는 사회적으로 필요한 크기에 비해 $x_S - x_P$만큼 과소소비된다. 이 결과 $e_P e_S c$만큼 과소소비에 따른 사중적 손실이 나타나게 된다.

(2) 소비의 외부비경제

소비의 외부비경제가 존재하면 $EMB < 0$이어서 사회적 한계편익이 사적 한계편익보다 작아 $SMB < PMB$가 된다.

[그림 20-7]에서 사회적으로 효율적인 X재는 $SMB = SMC = S$인 e_S점에서 x_S이고, 개별소비자의 효용을 극대화하는 X재 소비량은 $PMB = PMC = S$인 e_P점에서 x_P이다. 따라서 사회적으로 필요한 X재 소비량에 비해 $x_P - x_S$만큼 과잉소비되면서 $e_S e_P d$만큼 사중적 손실이 발생한다.

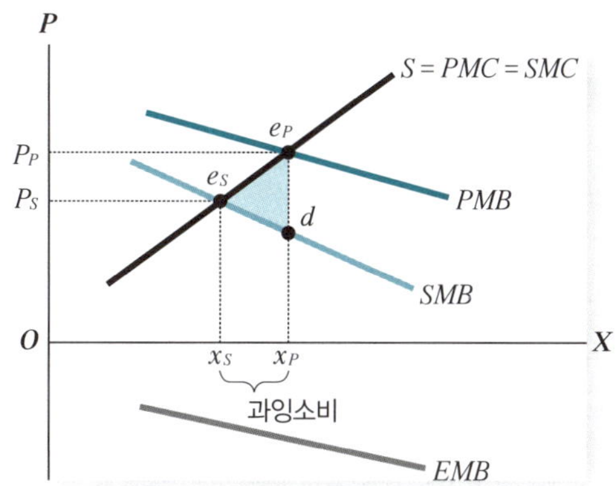

그림 20-7
소비의 외부비경제

결론적으로 외부효과가 존재하지 않으면 $EMB = 0$이기 때문에 $SMC = SMB$이고 $PMB = PMC$로, 두 값이 같아서 사회적으로 필요한 양만큼 시장 내에서 개별 소비되므로 X재가 적정소비된다. 그러나 외부효과가 존재하면 $SMB \neq PMB$이기 때문에 과소 또는 과잉소비되어 적정소비에서 이루어지는 파레토 효율성을 충족하지 못하면서 시장실패를 초래하게 된다.

6. 내부화 방법

Economics ch. twenty

내부화(internalization)란 외부효과에 대한 대책으로서 외부비용이나 외부편익을 시장기구 내에서 사적 비용이나 사적 편익으로 흡수하는 것을 말한다. 즉, 사적 비용과 사회적 비용의 차이를 제거하는 것이다. 피구는 이를 황금법칙(Pigou' s golden rule)이라 하였다. 내부화의 방법에는 시장기구에 의한 방법과 정부개입에 의한 방법이 있다.

6.1 코즈정리와 시장기구에 대한 접근방법

(1) 의의

대표적인 시장기구에 의한 내부화방법으로 코즈(R. Coase) 정리가 있다. 코즈는 외부성을 거래하는 비용이 매우 작고, 외부성의 상호관계가 분명하며, 외부성에 대해 명확한 재산권을 설정할 수 있다고 가정하고 논의를 전개한다.

(2) 코즈정리(Coase theorem)

코즈는 외부효과가 발생하는 근본원인은 외부성의 대상이 되는 자원에 대한 '소유권 부재' 에 있다고 분석하였다. 따라서 그는 자원에 대한 소유권만 명확히 설정되면 외부성은 당사자 간의 자발적 교환으로 해결될 수 있다고 하였다.

> ■ **코즈정리**
>
> 외부성에 대한 소유권이 확정되면, 그 권리가 어느 경제주체에 귀속되는가에 구애되지 않고, 정부의 개입 없이 당사자 간의 자발적인 거래를 통해 파레토 효율적으로 자원을 배분하게 된다.

(3) 모형 설정

코즈정리가 적용될 수 있는 대표적인 영역으로 환경오염을 들 수 있다. 만약 깨끗한 환경에 대한 재산권이 오염유발자에게 있다면 피해자가 오염유발자에게 적정한 수준까지 오염배출을 낮추어 달라고 대가를 지불할 것이며, 반대로 피해자에게 재산권이 있다면 오염유발자는 적정한 수준까지 오염배출을 늘리는 대신 피해자에게 대가를 지불해야 할 것이다. 이러한 상황을 구체적인 모형을 통해 살펴보기로 하자.

[그림 20-8]에서 오염유발산업의 수요곡선(D)은 우하향하는 형태를 띠고 사적 한계비용(PMC)은 우상향하며 사회적 한계비용(SMC)은 외부성의 존재로 더욱 가파른 형태를 갖는다.

한편 그림 [그림 20-9]는 [그림 20-8]에서 유도한 것으로 외부 한계비용과 사적, 사회적 순한계편익곡선을 각각 나타낸 것이다. 외부 한계비용곡선은 사회적 한계비용(SMC)에서 사적 한계비용(PMC)을 뺀 값으로 도출되고, 생산량증가에 따른 오염증가로 인한 피해를 나타낸다. 또한 수요곡선(D)에서 사적 한계비용(PMC)을 제외한 값이 사적인 순한계편익($PNMB$)이고 이는 생산량증가에 따라 점차 감소한다는 의미에서 우하향한다.

(4) 사회적 최적생산량의 결정

[그림 20-8]에서 사회적으로 최적인 생산량이란 오염물질에 대한 수요와 사회적 한계비용이 일치하거나 [그림 20-9]에서처럼 오염물질 정화에 따른 사적 순한계편익과 외부 한계비용이 일치하여 사회적 총편익이 극대화되는 수준의 생산량을 말한다. 그림에서 사회적 최적생산량은 $D = SMB = SMC$가 성립하거나 $PNMB = EMC$가 성립하는 x^*에서 성립한다.

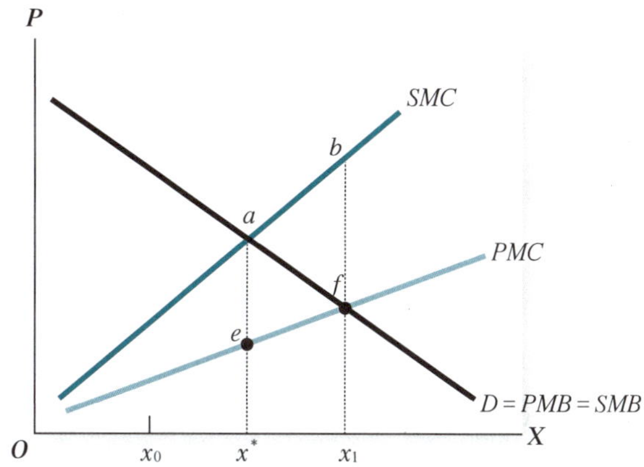

그림 20-8
외부성 유발산업의 수요 · 공급곡선

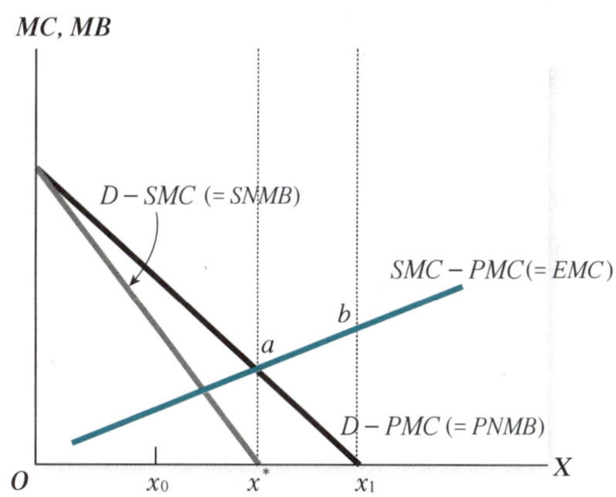

그림 20-9
외부성 유발산업의 외부한계비용 · 편익곡선

한편 기업의 입장에서 이윤을 극대화하는 산출량은 사적 한계비용과 수요곡선이 일치하거나 사적 총편익이 극대화되는 x_1에서 결정된다. 이는 사회적 최적생산량인 x^*와는 외부비용으로 인해 불일치한다.

(5) 자발적 거래를 통한 최적생산량의 실현

코즈정리에 따라 자발적인 거래를 통해 사회적으로 바람직한 생산량이 실현될 수 있음을 살펴볼 수 있다. [그림 20-8]과 [그림 20-9]의 모형을 사용해서 소유권 귀속에 따른 오염생산의 결과를 도출해 보자.

오염유발기업에게 재산권이 귀속되는 경우

오염유발기업은 자신의 사적 순한계편익이 0이 되어 사적 총편익이 극대화되는 x_1수준에서 최적생산을 할 것이다. 개별기업의 최적산출량 x_1은 사회적으로 바람직한 산출량 수준 x^*를 초과하고 있다.

이 과정에서 오염물질 방출로 피해를 보는 사람들이 기업에게 사회적으로 바람직한 산출량 수준으로 산출량을 줄여줄 것을 요청할 수 있다. 피해자들은 기업이 산출량을 x^*로 줄임으로써 x^*x_1ba만큼 피해가 감소하는 이익을 보게 된다. 이에 대해 기업은 산출량을 x_*로 줄임으로써 $aef(=ax^*x_1)$만큼 이윤이 감소한다.

만약 피해자들이 x^*x_1ba의 이익 중에서 기업의 이윤감소액 $aef(=ax^*x_1)$ 이상을 보상해 주겠다고 협상을 제의하면 기업은 이를 수용할 수 있을 것이다. 왜냐하면 최소한 자신의 이윤감소분만큼 또는 그 이상을 보상받기 때문이다. 피해자 또한 협상의 결과 최대 $x^*x_1ba - aef(=ax^*x_1)$의 순이익이 발생하기 때문에 협상을 제의할 것이다.

피해자에게 재산권이 귀속되는 경우

먼저, 오염유발기업이 최적생산량(x^*)보다 과소생산하는 경우를 보자. 산출량이 x_0일 때 $PNMB > EMC$여서 기업의 사적 순한계편익이 오염에 따른 외부한계비용보다 크기 때문에 산출량을 증가시키는 것이 우월한 전략이 된다. 왜냐하면 기업이 산출량을 증가시키면서 부수적으로 발생하는 오염방출량으로 인한 피해비용(EMC)을 충분히 보상하고도 남는 편익($PNMB$)이 있기 때문이다. 이때 기업은 산출량을 사회적으로 바람직한 산출량 x^*까지 증가시킨다.

다음으로, 오염유발기업이 최적생산량보다 과다 생산하는 경우를 살펴보자. 산출량이 x_1일 때 $EMC > PNMB$여서 오염물질 방출에 따른 기업의 외부한계비용이 사적 순한계편익보다 커서 오염 방출량에 따른 피해를 보상할 수 없기 때문에 산출량을 줄이는 것이 우월적 전략이 된다. 이때 기업은 산출량을 사회적으로 바람직한 산출량 x^*까지 감소시킨다. 최종적으로 오염유발기업은 사회적으로 바람직한 산출량 x^*에서 재화를 생산하게 된다.

결론적으로 외부성이 존재하는 환경에 대한 재산권이 누구에게 귀속되는지와 관계없이 당사자 간의 자발적인 협상에 의해 사회적으로 적정한 오염수준이 항상 달성될 수 있다.

(6) 정책적 함의

코즈정리는 당사자 간의 자발적인 협상이 이루어질 수 있도록 소유권확정과 그에 따른 거래비용을 최소화시키거나 피해자의 의사를 대변할 수 있는 제도적 장치를 마련하는 데 정책의 주안점을 두어야지 정부의 직접적 개입에 의한 조세나 보조금정책 등이 반드시 필요하지는 않다는 것을 시사하고 있다.

따라서 정부의 개입방식은 개별적, 직접적, 구체적 규제방식보다는 민간의 자율 보장과 시장기능의 원활한 작용을 위한 일반적, 간접적 규제방식으로서의 정책 전환이 요구된다.

(7) 한계

이러한 코즈정리는 재산권이 소재와 관계없이 사적으로 문제가 해결되고 또 최적 방출량에 대한 정보 없이도 해결 가능한 유연한 방법이라는 장점을 갖고 있으나 다음과 같은 한계가 존재한다.

먼저, 편익(*B*)과 비용(*C*)에 관한 정보가 부족할 경우 당사자 사이에 전략적 이익 추구 행위가 가능하여 사회적으로 바람직한 결과가 도출되지 않을 수 있다.

그리고, 이해당사자가 누구인지 명확하지 않을 경우 협상 자체가 불가능할 수도 있다. 산성비나 황사의 경우와 같이 가해자와 피해자를 정의하기조차 쉽지 않은 경우가 많은 것이 현실이다.

끝으로, 소유권확정과 계약에 따른 거래비용과 협상비용이 무시할 수 없을 정도로 클 경우 코즈정리는 성립하지 않을 수 있고, 설령 가능하더라도 당사자의 자유로운 협상(계약)에 맡기면 사회적 약자가 불리해지기 쉽다.

6.2 공유지의 비극(tragedy of commons)

공동소유자원(common property resources)은 비배제성과 경합성(rivalry)을 가진 재화로 소유권이 경제 내의 누구에게도 귀속되지 않기 때문에 특정인의 소비를 배제할 수 없으나 공동소유자원 역시 경제적 재화로서 한정된 양만이 존재하므로 한 개인의 사용이 다른 개인의 사용량을 감소시키는 외부효과를 초래하는 자원을 말한다.

공유지의 비극이란 소비자나 생산자가 이러한 외부효과를 고려하지 않고 자신의 사적 효용이나 이윤을 극대화하는 수준에서 소비나 생산을 결정하므로 공동소유자원은 사회적으로 바람직한 수준 이상으로 과다소비되거나 생산되면서 고갈되고 사회후생이 크게 감소하는 현상을 말한다.

6.3 정부개입에 의한 접근방법

정부개입에 의한 내부화방법이란 외부효과 발생시에 '외부비경제'를 창출하는 산업에는 조세부과를, '외부경제'에 대해서는 보조금을 지불함으로써 내부화하는 방

그림 20-10
조세부과에 의한 내부화

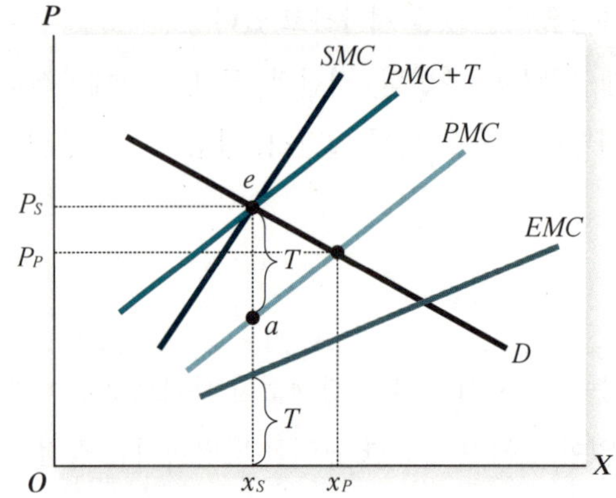

법이다.

(1) 조세(Pigouvian tax)에 의한 내부화[1]

X재 산업에서 '외부비경제' 를 창출할 때 외부 한계비용은 $EMC > 0$이다. 따라서 $SMC > PMC$이다. 정부는 X재에 세금을 부과하여 $SMC = PMC + T$가 되도록 할 때 조세부과에 의한 내부화를 이룰 수 있다.

[그림 20-10]에서 사회적으로 바람직한 X재의 산출량은 $SMC = D$가 성립하는 x_S이고 가격은 P_S이다. 이 산출량에 대한 사적 한계비용(PMC)은 ax_S이다.

이제 정부가 외부 한계비용에 해당하는 $e - a$만큼의 세금 T를 X재에 부과하면 PMC는 $PMC + T$로 이동하여 X재의 새로운 균형은 파레토 최적점인 e에서 이루어지게 된다.

이때 최적조세는 사회적으로 바람직한 산출량 x_S에서 $T^* = EMC$이다. 즉, 외부 한계비용만큼을 조세로 부과해야 한다. 왜냐하면 SMC와 PMC의 차이가 EMC이고, 정부는 PMC에 조세를 부과해서 $PMC + EMC$와 SMC를 일치시켜 최적생산량을 생산해야 하기 때문이다.

(2) 보조금(Pigouvian subsidy)에 의한 내부화

X재 산업에서 '외부경제' 를 창출하면 [그림 20-11]에서 $EMC < 0$(또는 $EMB >$

1. 피구(Arthur Pigou, 1887~1959)는 외부효과의 내부화 방법으로 조세정책과 보조금정책을 제시하였다. 이 때문에 조세와 보조금을 각각 피구 조세(Pigouvian tax), 피구 보조금(Pigouvian subsidy)이라 한다.

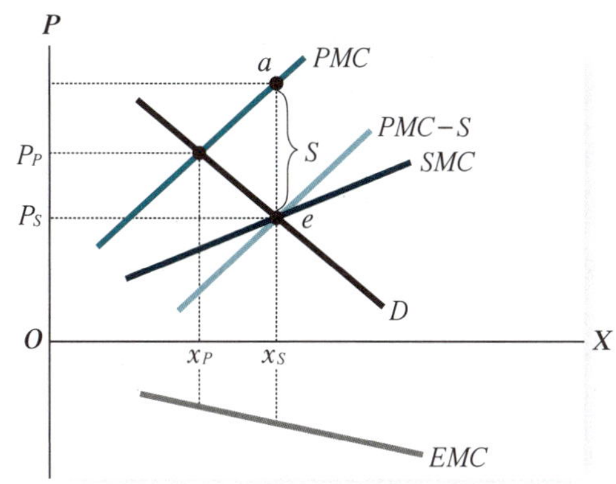

그림 20-11
보조금에 의한 내부화

0)이다. 따라서 $PMC > SMC$이다. 이때 정부가 사회적으로 바람직한 최적산출량을 기준으로 X재 산업에 보조금 S를 지불하면 보조금은 음의 조세이기 때문에 PMC곡선이 하방으로 이동하여 $PMC - S = SMC$가 성립하므로 보조금에 의한 내부화를 이룰 수 있다.

[그림 20-11]에서 정부는 x_S에서 $a-e$만큼 보조금 S를 지불한다. 이에 따라 X재를 생산하는 사적 비용이 줄어들어 $PMC - S = SMC$가 되고, e점에서 파레토 최적으로 X재를 생산하게 된다. 이때 최적보조금은 최적조세와 같은 논리로 사회적으로 바람직한 산출량수준에서의 외부 한계비용으로서 $S = -EMC$이다.

6.4 오염배출권

(1) 의의

오염배출권제도란 정부가 오염물질을 거래할 수 있는 시장을 만들고 기업들은 오염물질을 배출할 권리를 시장에서 자발적으로 거래하여 최적의 오염배출량을 결정하는 제도이다.

(2) 경제적 특성

오염배출권제도는 다음과 같은 경제적 의미를 지닌다.

첫째, 배출권의 매입, 매각과정에서 사람들은 환경보존과 관련된 자신들의 진정한 선호를 표출하게 된다.

둘째, 환경보존과 관련된 비용을 절약할 수 있다. 정부가 별도의 감시, 감독을 하지 않더라고 기업들이 자발적으로 오염배출권을 거래하여 정해진 오염원을 배출하기 때문에 감시, 감독과 관련한 각종 비용을 절약할 수 있다.

다음으로, 정해진 오염물질량만을 방출할 수 있도록 배출권을 발행하므로 언제나 확실하게 환경기준을 달성한다.

끝으로, 경제 환경의 변화에 상당한 정도의 신축성을 가진다. 오염방지기술의 발전 또는 정화비용의 증가 등의 변화로 인하여 기업들의 생산활동과 관련된 여건이 변하더라도 오염배출권의 가격이 변함으로써 적정 배출량에는 아무런 영향을 미치지 않으므로 환경 변화에 신축적이다.

(3) 한계

이러한 오염배출권제도에도 단점은 존재한다. 우선, 시행 초기에 어떠한 기준으로 배출권을 배분할 것인가가 문제된다. 그리고 오염배출권을 독·과점하여 경쟁기업의 시장진입 자체를 막으려고 하는 형태를 조장할 수 있을 뿐만 아니라 시장이 협소할 경우 오염배출권 거래 자체가 활발하지 못할 수 있다.

7. 정부실패

7.1 의의

시장에 의한 자원배분과정에서 시장실패가 발생한 경우에, 정부는 시장실패의 요인을 제거하기 위해 경제개입을 하여 자원배분을 효율적으로 달성하려고 한다. 이때 후생경제학 정리는 시장의 실패가 존재하는 경우에 시장기구에 의한 자원배분은 파레토 효율성(Pareto efficiency)을 달성시키지 못하기 때문에 자원배분의 효율성 증진을 위해 개입이 필요하다는 주장의 근거가 될 수 있다.

그러나 립시와 랭카스터(R. Lipsey & K. Lancaster)의 차선의 이론(theory of the second best)이나 애로우(Arrow)의 불가능성정리(impossibility theorem), 그리고 공공선택학파의 공공선택이론(public choice theory)에 의할 때 정부 개입은 한계가 존재할 수 있고 정부의 개입이 본래 의도와는 달리 오히려 경제의 효율성을 저하시키는 결과를 유발할 수도 있다.

이처럼 '정부실패(government failure)' 란 시장실패를 치유하기 위한 정부의 개입이 또 다른 왜곡과 비효율을 유발하여 경제 내의 효율성을 상실시키는 결과를 초래하는 현상을 의미한다. 이하에서는 '시장실패' 에 대응한 개념으로서의 이러한 '정부실패' 에 대하여 알아보고 그것이 정부 정책에 주는 시사점에 대해 알아보고자 한다.

7.2 정부실패의 원인과 유형

정부실패는 구체적으로 다음과 같은 경우에 발생한다.

(1) 관료시스템에서의 본인-대리인 문제

정부의 정책을 집행하는 관료들이 정책을 집행하면서 자신들의 이익을 추구하는 경우 정책이 변질되고 그에 따라 효율성이 달성되지 못할 수 있다. 관료제의 비효율성을 설명하는 니스카넨 모형(Niskanen model)이나 지대추구 모형(rent seeking model)이 시사하듯이 관료들의 사익추구는 정책의 방향과 효과를 왜곡시킬 가능성이 높다.

(2) 정치인에 대한 통제장치의 미비

정책의 실시로 인하여 이익과 손해를 보는 사람이 존재할 경우, 정치적인 타협의 과정에서 정책이 변질되고 이에 따라 경제적인 합리성이 희생되는 경우가 있을 수 있다.

압력단체가 존재하여 정책이 왜곡되거나 특수이익단체-정치가-관료의 삼자가 결탁하는 철의 삼각형(iron triangle) 현상이 만연하고 정당에 의해 정치가의 행동이 제약되는 등 정치적인 이유로 효율적인 선택이 방해되는 경우 정부의 개입은 오히려 비효율을 유발할 수 있다.

(3) 민간부문에 대한 통제 불가능성

정부의 정책 실시의 경우 민간이 이에 어떤 방향으로 대응할 것인지를 기대하고 정책을 수행하게 되는데, 기대한 것과 다른 반응이 도출될 경우에 정책은 원래 의도한 효과를 달성할 수 없게 된다.

투표자들이 합리적 무지(rational ignorance)나 근시안적 태도는 이러한 민간부문의 행동으로 인해서도 정부실패가 발생할 수 있음을 보여준다.

(4) 불완전한 정보

정부의 경우도 완벽한 정보를 보유할 수 없기 때문에 제한된 정보만을 가지고 시장실패현상을 치유하기 위하여 정책을 통한 시장개입을 시도할 경우 의도한 효과를 제대로 거둘 수 없는 경우가 있다.

정책의 효과를 예상하여 타당한 정책을 선택하고 실행하기 위해서는 수많은 정보가 필요한데 정부의 정보수집이나 처리능력에는 한계가 있으므로 제한된 정보에 의한 정부실패가 발생할 수 있는 것이다.

(5) 재원조달과정에서의 자원배분 왜곡과 사중적 손실 발생

정책의 수행을 위한 재원조달 방법은 크게 조세에 의한 방법과 공채발행을 통한 방법이 있다. 그런데 일반적으로 조세는 초과부담(excess burden)을 발생시키고, 공채를 발행할 경우 이자율상승에 따른 투자감소와 순수출(net export)의 감소 그리고 그에 따라 장기자본형성에 미치는 악영향이 발생하는데 이러한 현상은 정부실패의 한 유형으로 볼 수 있다.

7.3 정부개입의 원칙

정부가 시장의 왜곡을 시정하기 위해 개입하는 경우에는 왜곡된 부분에 한정하여 왜곡된 정도만큼만 개입하여야 한다. 시장실패를 치유하기 위한 정부개입은 정부실패라는 또 다른 문제가 발생할 수 있기 때문에 시장실패에 의한 효율성의 상실보다 정부개입에 의한 효율성 상실이 적어 사회적인 효율성이 명백히 증가한다고 예견될 경우에 한하여 선택적인 정부의 개입이 필요하다. 결론적으로 시장실패는 정부개입을 위한 필요조건일 뿐 충분조건이 될 수는 없으므로 정부정책에는 신중을 기해야 하는 것이다.

7.4 정부실패에 대한 개선방안

위에서 살펴본 바와 같이 정부실패의 가장 큰 원인은 정보의 문제, 특히 정보의 비대칭성(information asymmetry)에 있다고 볼 수 있다. 따라서 이러한 정부실패를 치유하기 위해서는 정보의 비대칭성을 완화시키는 노력이 필요하다. 예를 들어 정책사업에 대한 세부정보를 공개한다거나 적절한 유인설계(incentive design)를 통하여 *X*-비효율성(*X*-inefficiency)문제를 비롯한 각종의 정책 비효율성을 완화 또는 제거할 수 있다. 또한 조세나 공채를 통한 재원조달상의 문제점을 해결하기 위하여 정액세(lump sum tax)를 이용할 수 있다. 그러나 이 방법은 보편적으로 시행하기 어렵다는 한계가 있다.

7.5 정책적 시사점

후생경제학 제2정리에 의하면 정부가 시장에 개입하려는 경우 정부는 최초의 자원보유량에 대한 적정한 재분배를 한 후에 시장에 일임하면 임의의 파레토 최적 배분

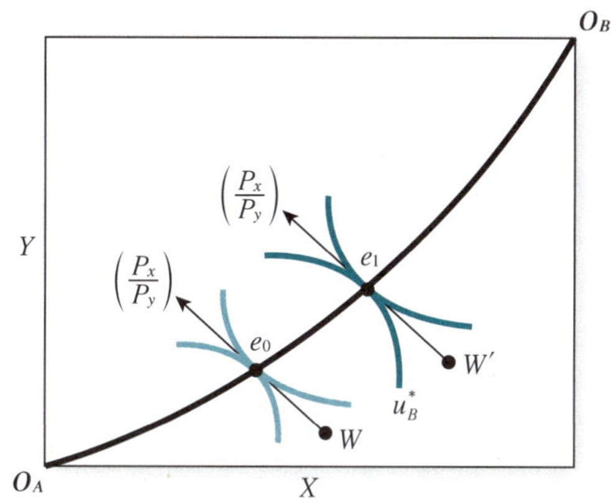

그림 20-12
정부정책에의 시사점 : 후생경제학 제2정리

이 일반균형을 통해서 자동적으로 달성된다. 즉 정부는 시장에 추가적인 왜곡을 초래하지 않는 방식으로 최소한의 개입만을 하여야 한다.

예를 들어 [그림 20-12]와 같이 e_0보다는 e_1이 사회적으로 바람직한 자원배분일 때, 조세제도를 통한 소득재분배정책에 의해서 초기부존상태를 W에서 W'으로 이동시킨 후 다시 시장기구가 자원배분을 결정하도록 맡긴다면 가격 변화로 인한 추가적인 비효율성이 발생하지 않고 e_1의 최적배분을 달성할 수 있다.

거시경제론

제8편 거시경제학의 기초

제9편 거시경제의 일반균형

제10편 경제안정화정책 : 재정정책과 금융정책

제11편 총수요의 미시적 기초

제12편 경제의 안정성 논쟁

제13편 경기변동론

제14편 경제성장론

거시경제학의 기초

part eight

8

제21장 거시경제학의 흐름

microeconomics + macroeconomics, Economics ch. twenty-one

1. 거시경제학의 정의

Economics ch. twenty-one

거시경제학(Macroeconomics)은 경기변동과 경제성장에 관한 이론이다. 경기변동은 총체적 경제활동(aggregate economic activity)의 순환과정이고, 경제성장은 이의 발전과정이다. 경기변동은 경제성장에 비해 상대적으로 단기의 문제이고, 경제성장은 상대적으로 장기의 문제이다. 따라서 거시경제학이란 단기에는 경기변동에 관해, 장기에는 경제성장에 관해 연구하는 이론이다.

경기변동은 실업과 인플레이션으로 표현할 수 있다. 경기침체기에는 실업이 증가하고 물가가 하락하며, 경기호황기에는 산출량이 늘면서 실업이 줄고 물가가 상승하는 현상이 나타나기 때문이다.

그런데 국민경제에서 실업이 증가하면 산출량(yield)이 감소하고, 인플레이션이 진행되면 일반물가수준(price)이 지속적으로 상승한다. 따라서 실업과 인플레이션은 y와 $\dot{P}$라는 거시변수로 나타낼 수 있다. [그림 21-1]에서 한 나라의 실업과 인플레이션

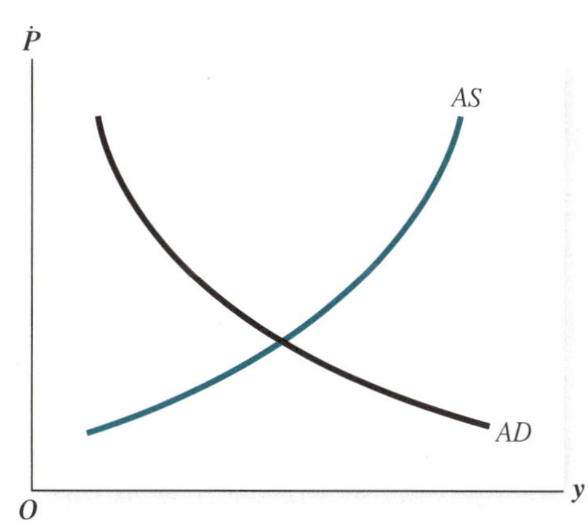

그림 21-1
단기 거시경제이론의 주제 : 경기변동
(실업과 인플레이션)

은 $\dot{P}-y$평면에서 총수요(AD)곡선과 총공급(AS)곡선이 교차하는 수준에서 결정된다.

2. 거시경제학의 흐름

거시경제에 나타나는 여러 학파는 '자본주의 안정성' 에 대한 견해 차이로 구분된다. 자본주의의 안정성은 이론적으로는 사회주의나 공산주의에는 없고, 자본주의에만 있는 것으로 '실업과 인플레이션' 의 근본적 성질이 무엇이냐의 문제이다. 여기에는 두 가지 견해가 있다.

하나는 실업과 인플레이션을, 시장이 존재하면 어떤 체제 하에서도 나타날 수 있고 시장에 의해서 자동적으로 해결되는 '자연적인 현상' 으로 이해하는 입장이다. 이 견해에 따르면 자본주의는 안정적이다.

다른 하나는 실업과 인플레이션을, 시장경제의 병적이고 구조적 모순 때문에 발생하고, 최소한 단기에서는 시장기능에 의해 해결할 수 없는 것으로 보는 견해이다. 이 입장에 따르면 자본주의는 불안정적이다.

전자의 견해에 의하면 시장 내 가격의 자동조절기능에 의해서 실업과 인플레이션이 자연스럽게 해결되기 때문에 가격을 대신할 다른 장치, 예를 들면 정부 등의 시장개입이 불필요하다. 이러한 의미에서 이들을 비개입주의(non-interventionism)라 한다.

반면, 후자의 견해에 따르면 실업과 인플레이션은 현실적으로 가격이 제대로 작동하지 않기 때문에 가격의 자동조절기능으로는 해결될 수 없고, 또는 자본주의의 구조적 모순으로 발생되었으므로 가격을 대신해서 해결할 수 있는 시스템, 즉 정부의 경제개입이 필요하다. 이런 의미에서 이들을 개입주의(interventionism)라 한다.

비개입주의에 속하는 대표적인 경제학파는 고전학파(the classical school)이고, 이들의 자유주의사상을 이어받은 통화주의(monetarism), 그리고 1980년대 말부터 등장한 고전학파에 가장 가까운 새고전학파(new classical) 등이다.

개입주의에 속하는 대표적인 경제학자와 경제학파가 케인즈(J. M. Keynes) 및 케인즈학파(Keynesian)이다. 이외에도 케인즈를 재해석하면서 등장한 불균형거시이론(disequilibrium theory), 미국의 케인즈학파인 이른바 신고전학파종합(neo classical synthesis), 그리고 1990년대 이후 등장한 새케인즈학파(new Keynesian)가 있다.

거시경제학은 케인즈에 의해서 탄생되었다. 케인즈의 『일반이론(*The General Theory of Employment, Interest and Money*, 1936)』이 출간되면서 케인즈이론이 탄생하였고 거시경제학이 정립되기 시작하였다.

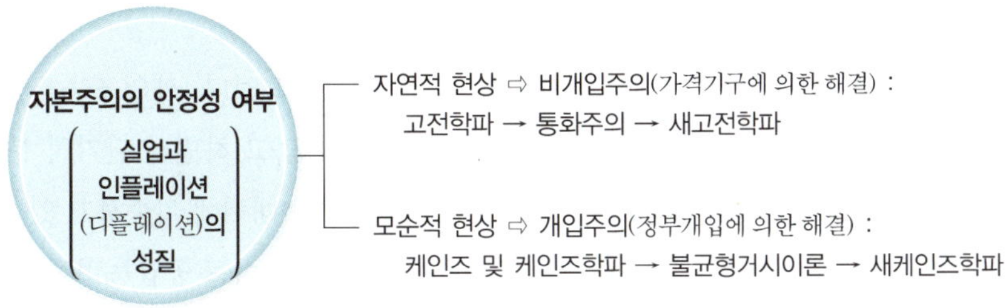

그림 21-2
거시경제학파의 분류

2.1 케인즈학파

(1) 의의

케인즈의 유효수요이론은 리카도(D. Ricardo)와 멜더스(T. R. Malthus) 논쟁에서 멜더스의 영향을 받았다. 당시 공급측면을 중시하고 투하노동가치설을 주장하는 리카도의 견해를 멜더스는 비판하면서 수요측면을 중시하고 수요가 부족하면 실업이 발생할 수 있다고 주장하였다.

멜더스의 이런 생각은 약 100년간 단절되었다가 케인즈가 '일반이론' 에서 이어받았다. 케인즈의 거시경제이론은 멜더스의 수요측면 중시와 실업이론을 수용하고, 1929～1932년의 세계대공황을 겪음으로써 탄생하게 되었다.

(2) 주요 특징

우선, 케인즈와 케인즈학파는 실업과 인플레이션을 자본주의의 병적 현상으로 이해하고 자본주의를 불안정한 체제로 본다. 이를 해결하기 위해서 정부는 가격기구를 대신하여 시장에 개입하고 시장의 불안정성을 제거하여야 하며, 정부의 개입은 최소한 단기에서는 유효하다고 주장한다.

둘째, 케인즈의 '일반이론' 은 고용에 관한 이론이므로 실업과 인플레이션 중에서 특히 실업의 비중이 크다. 이들은 실업과 인플레이션을 실물시장에서 유효수요가 부족하거나 완전고용수준을 넘어서 지나치게 많기 때문에 발생하는 실물적 현상으로 이해하고 있다.

셋째, 이들은 수요측면을 중시한다. 즉, 수요가 공급을 창출한다고 주장한다. 국민경제는 자본, 노동 등 잉여생산능력이 충분히 있기 때문에 공급능력은 여유가 있다. 반면 경제주체의 구매력 등의 유효수요는 상대적으로 부족하다. 따라서 공급능력보다 수요측면과 수요가 중요하다고 생각한다. 만약 수요가 있으면 공급은 그 스스로 창출된다. 이는 세이의 법칙인 "공급은 그 스스로 수요를 창출한다"는 견해와 대조적 입장이다.

다음으로, 이들은 장기분석보다는 단기분석에 치중하고 있다. 케인즈는 "장기에서 우리 모두는 죽는다(In the long run, we are all dead)"라고 하면서 단기적 분석에 적극적 관심을 보였다. 정부정책도 장기적 대책보다 단기적 대책에 치중하고 있다.

다섯째, 케인즈모형에서 임금 등 가격은 경직되어 있다. 이는 공급능력이 충분하게 존재하고, 노동시장에서 잉여노동력이 존재하기 때문에 나타나는 현상이다.

끝으로, 화폐를 자산의 한 형태로 취급하고 가치저장기능을 중시하였다. 이들은 화폐의 교환 및 지불의 수단을 강조하는 고전학파이론과 달리, 유동성선호설에 근거하여 투기적 화폐수요이론 등 화폐의 가치저장기능을 강조하면서 화폐이론을 발전시켰다.

2.2 고전학파

(1) 의의

고전학파는 일반적으로 스미스(A. Smith)부터 피구(A. C. Pigou) 때까지의 경제이론과 사상을 말한다. 스미스에 의해서 체계화된 경제학은 리카도(D. Ricardo)에 의해서 크게 발전하고 밀(J. S. Mill)에 의해 집대성되었다.

고전학파 중 특별히 마샬(A. Marshall)부터 피구까지를 신고전학파라 부른다. 왜냐하면 마샬에 의해서 수요-공급의 법칙 등 근대적 경제이론이 만들어지고 피구에 의해서 후생경제학이 태동하여, 이들의 경제학은 스미스 이래 고전학파와 질적으로 구별되기 때문이다.

(2) 주요 특징

첫째, 이들은 가격과 시장의 자동조절기능을 매우 신뢰하기 때문에 자본주의 경제를 매우 안정적이고 낙관적으로 본다.

둘째, 고전학파이론은 현금잔고방정식과 세이의 법칙(Say' s law) 등을 이론적 토대로 하여 발전하였다. 이 중 세이의 법칙은 실물에 관한 이론으로서, 공급은 항상 그 스스로 수요를 창출한다는 이론이다. 고전학파시대에는 제품에 대한 수요는 충분한데 이를 충족할 공급이 부족한 초과수요경제였다. 때문에 공급만 있으면 항상 수요가 창출되었다. 따라서 이들은 경제의 공급측면을 중시한다.

셋째, 화폐는 가치저장기능이 없기 때문에 소득 중 소비되고 남는 저축(S)은 즉시

전액 투자(I)로 전환되므로 $S \equiv I$이다. 이는 두 가지 의미를 갖고 있다. 먼저 고전학파에서는 저축이 있어야만 투자가 존재하기 때문에 선저축 후투자의 인과관계가 존재한다. 또한 $I \equiv S$이기 때문에 경제는 항상 균형상태에 있다는 것을 의미한다.

다음으로, 명목임금이 상하방 신축적이므로 노동은 존재하기만 하면 고용된다. 따라서 노동시장은 완전고용상태에서 균형을 이룬다.

그다음으로, 이들은 단기보다는 장기분석에 치중하고 있다. 고전학파시대에는 시간이 정태적(static)이기 때문에 장기적 분석이 강조되었다.

여섯째, 고전학파의 화폐수량설, 현금잔고방정식은 화폐에 관한 이론이다. 여기서 화폐는 교환 및 지불수단, 거래수단으로 사용되었다.

끝으로, 화폐수량설에 의하면 화폐시장과 실물부분이 분리되어 있는 고전적 이분성(classical dichotomy)의 성질이 있다. 고전적 이분성이란 화폐는 실물부문을 감싸고 있는 하나의 베일(veil)로서 산출량 등 실질변수는 실물부문에서, 물가 등 명목변수는 화폐부문에서 각각 분리되어 결정된다는 성질이다.

2.3 통화주의(monetarism)

(1) 의의

케인즈학파의 자유재량적 총수요관리정책은 1970년대 스태그플레이션(stagflation)을 맞이하면서 한계를 드러내기 시작하였다. 케인즈학파의 한계를 비판하고, 1960년대 말부터 '화폐와 금융정책'을 중시하고, "화폐만이 중요하다(Only money matters)"고 주장하는 이른바 통화주의자들이 등장하였다.

이들은 케인즈학파가 경제에서 정부와 재정정책의 역할을 강조하는 재정주의자(fiscalist)로 불리는 것과 대조적이다. 케인즈학파는 "화폐도 중요하지만 다른 것도 중요하다(Money matters along anything else)"고 주장했다.

(2) 주요 특징

통화론자들은 고전학파를 계승하면서 시장기능을 신뢰하고, 정부의 경제개입을 반대한다. 또한 화폐가 단기에서 비중립적임을 인정하고 있다. 주요 특징을 살펴보자.

첫째, 화폐수요함수는 매우 안정적이다. 이들은 화폐유통속도(V)가 항상소득과 여러 금융자산수익률에 매우 안정적이고, 화폐수요의 이자율탄력성이 비탄력적이기 때문에 경제주체의 행태방정식 중 화폐수요를 가장 안정적이라고 주장한다.

둘째, 통화량은 명목국민소득(Y)을 결정하는 주요 변수이다. 화폐수요함수가 안정적일 때 통화량이 M_0^S에서 M_1^S으로 증가하면 화폐수요는 별반 변하지 않고 물가만 상승시켜, 명목국민소득(Y_0에서 Y_1으로)을 증가시킨다.

셋째, 적응적 기대(adaptive expectations)를 사용한다. 정부정책이 단기에서 유효하고, 장기에서 무력한 것은 경제주체가 적응적으로 기대하기 때문이다.

다음으로, 자유재량적 재정 · 금융정책보다 소극적(passive)인 준칙(rule)에 입각한 정책을 강조한다. 통화론자들은 화폐수량설을 통해 화폐공급의 준칙을 도출하고, 이에 따라 통화량을 공급할 것을 주장한다. 준칙에 의한 정책은 경제주체가 단기에 가질 수 있는 불합리한 예상을 제거할 수 있어 경제안정화를 도모할 수 있기 때문이다.

그다음으로, 재정정책은 일시적으로 효과가 있지만 구축효과로 상쇄된다. 정부가 통화량증가를 동반하지 않고 정부의 재정적자를 국공채발행을 통해 보전하면 이자율을 상승시켜 민간의 소비와 투자를 줄여 정부지출증가로 늘어난 소득의 일부 또는 전부를 상쇄시킬 수 있다.

여섯째, 자연실업률가설이다. 이 이론에 의하면 장기에서 정부는 자유재량적 재정 · 금융정책으로 실업을 자연실업률 이하로 줄일 수 없다. 극히 단기에서 일시적으로 산출량을 증가시켜 실업을 줄일 수 있을 뿐이다.

끝으로, 인플레이션은 언제 어디서나 화폐적 현상이다(Inflation is always and everywhere a monetary phenomenon). 화폐수량설($MV=Py$)을 동태적으로 변형하면 $\dot{M}_t+\dot{V}_t=\dot{P}_t+\dot{y}_t$에서 유통속도증가율과 산출량증가율을 각각 $\dot{V}_t=\dot{y}_t=0$이라 하면 $\dot{M}_t=\dot{P}_t$여서 통화량증가율과 물가상승률이 정비례관계에 있기 때문이다.

3. 현대 주류 거시경제학 : 새고전학파와 새케인즈학파

Economics ch. twenty-one

새고전학파와 새케인즈학파는 통화주의 이후 1990년대 주류 거시경제학파이다. 두 학파는 각각 고전학파와 케인즈 및 케인즈학파의 연장선 상에 있다.

3.1 새고전학파

(1) 의의

뮤스(J. Muth, 1961)에 의해 처음 소개되었던 합리적 기대가설을 거시경제모형에 도입하여 케인즈학파모형에서 외생적으로 처리되었던 기대와 정보변수를 내생변수화한 일군의 경제학자들을 '합리적 기대학파' 라 부른다.

1970년대에 등장했던 이들은 루카스(R. Lucas)와 사전트(T. Sargent) 등을 중심으로 발전하여 1980년에 들어서 새고전학파를 형성하게 된다. 새고전학파의 형성에 결정적 공헌을 한 것은 합리적 기대와 루카스 비판(Lucas' critique)이다. 또한 이들은 거시경제학을 미시적 기초를 사용하여 균형분석을 한다. 즉, 일정한 예산제약 하에 경제주체의 효용이나 이윤 등을 극대화하는 최적화행동을 유도하여 거시경제 현상을 분석한다. 이 특징을 순서대로 살펴보자.

(2) 합리적 기대

기대(또는 예상)라는 개념은 피셔(I. Fisher)가 예상인플레이션이 명목이자율에 미치는 영향을 분석하는 데 적응적 기대의 개념을 사용한 이후부터 발전하여 왔다. 합리적 기대는 뮤스에 의해 처음으로 도입되었고 루카스, 사전트 등에 의해 새고전학파에서 적극적으로 발전되었다.

합리적 기대와 비합리적 기대를 구분하고 정의하기 위해서는 '합리적'과 '기대'라는 용어의 정의가 필요하다. '합리적' 이란 경제주체가 미래를 예상하는 데 예측치와 실제치를 일치시키지 못하는 실수(error)를 반복하지 않는 상태를 말한다. '기대'는 수학에서 평균값을 말하는데 합리적 기대에서는 조건부 평균값을 의미한다.

이상의 두 개념을 근거로 합리적 기대를 정의하자. 합리적 기대란 예측하고자 하는 변수와 관련하여 불완전하지만 이용가능한 모든 정보(all available informations)를 사용하여 연속적이고 체계적인 실수(continuously & systematically errors)를 범하지 않고 예측치와 실제치를 일치시키는 기대를 말한다.

합리적 기대 하에서 정보란 예측하고자 하는 변수와 관련된, 불확실성 하에서 불완전하지만 이용가능한 모든 것을 말한다. 이 정보에는 정책당국이나 통화당국이 발표하는 각종 경제정책의 내용들이 포함되어 있다. 미래물가에 대해서 합리적 기대를 하면 식 (21.1)과 같이 정의할 수 있다.

$$\dot{P}_t^e = E\left[\dot{P}_t \mid I_{t-1}\right] \qquad (21.1)$$

(단, I_{t-1} : $t-1$기까지 불완전하지만 이용가능한 모든 정보집합, E : 조건부 기대치)

이때 $E\left[\dot{P}_t \mid I_{t-1}\right]$은 $t-1$기까지의 이용가능한 모든 정보를 사용한 $\dot{P}_t$의 조건부 기대값이 $\dot{P}_t^e$가 되는 기대형성방식이라고 해석할 수 있다. 합리적 기대 하에서 정부정책이 충분히 예상되면 실제물가상승률($\dot{P}_t$)과 예상물가상승률($\dot{P}_t^e$)이 정확히 일치하기 때문에 $\dot{P}_t^e = \dot{P}_t$이다. 그러나 예상할 수 없는 정부정책이 집행되면 이것은 경제주체의 정보집합(I_{t-1})에 포함되어 있지 않기 때문에 $\dot{P}_t^e \neq \dot{P}_t$가 된다.

(3) 비합리적 기대

합리적 기대와 비합리적 기대의 구별은 i) 기대값의 종류와 ii) '합리적' 이라는 단어의 의미에 의해서 구별된다. 즉 합리적 기대에서 기대는 조건부 기대값을, 비합리적 기대에서의 기대는 산술평균 또는 가중평균값 등을 각각 의미한다.

'합리적' 은 실제값과 예측치의 불일치인 예측오차($\dot{P}_t - \dot{P}_t^e$)를 연속적이고 체계적으로 범하지 않는 것을, '비합리적' 은 예측오차를 반복하는 상태를 의미한다. 적응적 기대는 비합리적 기대의 대표적인 예이다.

표 21-1 합리적 기대와 비합리적 기대의 비교

	합리적 기대	비합리적 기대
종류	합리적 기대가설	정태적, 적응적 기대가설 등
정보의 내용	불완전하지만 이용가능한 모든 정보	과거의 정보
기대의 내용	조건부 기대값	가중평균, 산술평균 등
실수의 의미	체계적 실수가 반복되지 않음	체계적 실수를 범함
기대변수의 성질	내생변수	외생변수

(4) 루카스 비판과 정책무력성

루카스에 의하면 케인즈학파가 경제학 발전에 공헌한 점은 소비 · 투자 등 개별경제주체의 행태방정식으로 거시계량모형(*IS*–*LM*, *AS*–*AD*)을 만들고, 이 모형을 통해 정부정책 효과를 실증분석하여 계량화하고, 이를 근거로 실천적 대안을 제시한 점이다. 그러나 루카스는 케인즈학파의 거시계량모형이 잘못 설정되었기 때문에 이 모형을 근거로 한 케인즈학파의 재량적인 정부정책 효과는 정부가 의도한 대로 발생하지 않고 오히려 경기불안정을 심화시킬 것이라고 비판했다. 정부정책 효과와 관련한 루카스의 전통적 케인즈학파 계량모형에 대한 비판을 루카스 비판(Lucas' critique, 1976)이라 한다.

케인즈학파의 정책은 경기상태에 따라 정부가 재량껏 정책을 사용하여 경기를 안정화시키는 자유재량적 정책(with feedback policy)이다. 통화량은 전기의 산출량을 고려하여 통화량을 조절(즉, with feedback policy)한다는 것을 의미한다. 구체적으로 케인즈학파정책은 경기가 불황이면(y_{t-1}이 추세보다 낮으면) 통화량 M_t를 늘리고, 호황이면(y_{t-1}이 추세보다 높으면) M_t를 감소시킨다. 그러면 M_t의 변화에 의해 y_t가 증감한다. 이 결과 [그림 21-3]에서 정부는 적기 조정(fine tuning)을 실현하게 되고 경기를 안정화시킬 수 있다.

그러나 통화주의나 새고전학파의 '준칙에 의한 정책(without feedback rule)' 은

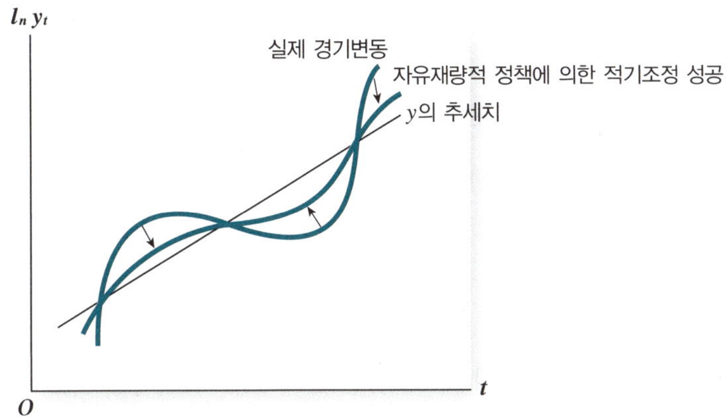

그림 21-3
자유재량적 정책과 경기안정화

$a_1 = 0$일 때이다. 왜냐하면 y_{t-1}의 증감에 관계없이 통화량 M_t가 a_0의 값으로 일정하게 공급되기 때문이다.

루카스 비판의 핵심은 케인즈학파의 거시계량모형은 두 가지 문제점이 있다는 것이다. 첫째, 내생변수와 외생변수를 임의적(ad hoc)으로 구분하였다는 점이다. 통화량은 내생적으로 취급되었지만 외생적이라는 주장도 있다. 그런데 케인즈학파는 이론적 검증 없이 임의적으로 통화량을 내생변수화했다. 따라서 이를 통한 거시계량모형은 잘못되었고 정부정책 효과는 정부가 원하는 대로 발생할 수 없다.

둘째, M_t가 변하더라도 '고정된 기대 또는 외생적 기대' 를 전제했기 때문에 정부정책이 유효하다.

(5) 새고전학파의 특징

첫째, 새고전학파는 고전학파가 강조하는 가격변수의 상하방 신축성과 즉각적이고 연속적 시장균형, 왈라스균형을 보다 철저하게 신뢰하고 있다. 따라서 새고전학파는 정부가 경제에 개입하는 것을 반대하는 비개입주의(noninterventionism)를 주장한다.

둘째, 그러나 새고전학파는 고전학파의 완전정보와 완전예견, 그리고 확실성의 경제세계를 불완전정보와 합리적 기대, 그리고 불확실성의 세계로 바꾸었다. 이러한 완화된 가정 하에서도 고전학파와 매우 유사한 거시경제학의 전체 결론을 유도하고 있다는 점에서 새고전학파이론은 고전학파의 철학적 기조 위에서 고전학파를 정교하게 발전시켰다고 평가할 수 있다. 이런 의미에서 '새' 고전학파이다.

셋째, 새고전학파는 통화론자와 같이 자유주의적이며 경제에서 재정보다는 화폐의 역할을 강조하고 있다는 점이 공통적이다. 그러나 새고전학파는 통화론자보다 철

저하게 균형분석(market clearing model)적이고 합리적 기대를 사용하고 있는 점에서 다르다. 반면 통화론자는 적응적 기대를 주로 사용한다.

(6) 새고전학파의 성과와 한계

새고전학파의 성과는 다음과 같다.

첫째, 합리적 기대를 도입함으로써 이윤극대화와 효용극대화라는 미시적 분석방법을 거시경제학과 연결시켰고, 또한 '미시적 기초 하의 거시경제분석방법' 을 거시경제학의 방법론으로 정착시키는 데 공헌하였다.

둘째, 미시적 방법을 체계적으로 도입한 결과 케인즈학파이론이 결여한 거시경제이론의 이론적 정합성과 정교성을 상당수준으로 높였다.

셋째, 새고전학파이론은 고전학파의 완전예견이나 확실성의 가정보다 완화된 합리적 기대이론과 연속적 시장청산의 가정, 불완전한 정보 하에서 고전학파와 같은 정책무력성 명제를 도출했다.

넷째, 준칙에 입각한 통화정책을 강조하여 통화주의를 더욱 정교화했다. 토빈(J. Tobin)은 합리적 기대가설을 '제2의 통화주의' 라 하였다.

반면 새고전학파이론의 '한계점' 은 새고전학파는 가격의 완전신축성과 시장의 연속적, 즉각적 청산을 주장하나 현실적으로는 메뉴비용(menu cost)이나 장기계약 등 여러 요인 때문에 가격조정이 신속하게 이루어지지 않을 수 있다. 따라서 합리적 기대를 하더라도 가격변수가 경직적일 수 있으므로, 시장은 즉각적으로 균형을 이루지 못할 수 있다.

3.2 새케인즈학파

(1) 의의

1990년대 이후 거시경제는 새케인즈학파와 새고전학파의 실물적 균형경기변동론자(real equilibrium business cycle theorist)와의 논쟁이다. 이 논쟁에서 새케인즈학파는 새고전학파의 케인즈학파에 대한 비판이 케인즈학파의 임의적 접근방법에 있다고 보고 미시경제적 분석방법을 도입하여 케인즈학파의 경제학을 보다 정교화시켰다.

새케인즈학파는 케인즈 및 케인즈학파가 합리적 기준 없이 임의적, 직관적으로 설정한 경직성(rigidity)에 대해 미시적 기초와 합리적 기대를 사용하여 경직성에 대한 정교한 이론적 근거를 제시하고 있다. 또한 경직성이 경제주체의 이윤극대화 등 최적화 행동과 일치한다고 주장하고 있다.

새케인즈학파는 현실적으로 존재하는 비자발적 실업을 만족스럽게 설명하지 못하는 새고전학파의 한계를 지적하면서 케인즈적 비자발적 실업이 발생하는 상황을 보다 정교하게 설명하고 있다.

새케인즈학파는 케인즈 및 케인즈학파의 외생적, 적응적 기대를 합리적 기대로 바꾸어 노동자 등 경제주체를 합리적 주체로 새롭게 설정한다. 케인즈학파에서 기업은 합리적이고 노동자는 비합리적 주체이기 때문에 노동시장에서 비대칭성이 존재하였지만, 새케인즈학파는 기업과 노동자 모두를 합리적 주체로 보았기 때문에 노동시장이 대칭적이다.

이상의 생각을 갖고 최소한 단기에서 케인즈학파와 유사한 결론을 유도하고 있다는 점에서 이들을 '새' 케인즈학파라 한다. 여기에 속하는 경제학자들로 맨큐(N. G. Mankiw), 로머(D. Romer)와 피셔(S. Fischer) 등이 있다.

(2) 기본전제

새케인즈학파의 전제를 새고전학파와 비교해 보자.

첫째, 새케인즈학파모형에서 물가, 임금, 이자 등 가격변수는 경직적이다. 이에 대해 새고전학파는 모든 가격변수가 상하방 신축적이다.

둘째, 새케인즈학파는 가격의 경직성 때문에 시장은 즉각적으로 균형을 이루지 못하는 불균형모형이다. 반면, 새고전학파는 시장이 항상 즉각적이고 연속적으로 균형을 이루고 있다는 균형모형이다.

셋째, 새케인즈학파는 새고전학파와 같이 합리적 기대는 수용하지만, 모든 시장은 즉각 청산된다는 새고전학파의 가정은 비현실적이고 극단적이라고 한다. 특히 실업은 노동시장이 즉각 균형수준으로 조정되지 않기 때문에 나타나는 현상이라고 분석한다.

넷째, 새케인즈학파는 불완전경쟁시장을, 새고전학파는 완전경쟁시장을 각각 전제한다. 따라서 새케인즈학파는 수량조정에 의해, 새고전학파는 가격조정에 의해 각각 시장을 청산한다.

(3) 새케인즈학파와 케인즈학파와의 비교

새케인즈학파와 케인즈학파는 시대적 차이에도 불구하고 다음과 같은 공통점이 있다.

첫째, 비시장청산모형(nonmarket clearing model)이다. 케인즈학파는 명목경직성, 새케인즈학파는 명목경직성과 실질경직성 때문에 단기에서 시장은 불균형상태에 있다. 그리고 시장불균형은 가격이 신속하게 조정되지 못하기 때문에 지속된다.

둘째, 총수요충격에 의한 경기변동이론이다. 전통케인즈학파는 경기변동을 유효수요의 과부족으로 발생하는 시장실패현상으로 파악한다. 새케인즈학파도 총수요충격에 의한 임금-가격의 경직성이 경기변동을 발생시킨다고 보았다.

셋째, 불완전경쟁시장과 수량조정을 강조한다. 이들 학파는 완전경쟁시장보다 불완전경쟁시장이 보다 현실적이라고 본다. 이런 시장에서는 가격조정보다 수량조정이 일반적이다. 두 학파에서는 시장불균형이 산출량에 의해 마샬균형적으로 조정된다.

넷째, 정부의 재정 · 금융 정책은 장기에서는 효과가 없지만 가격이 경직되어 있는 단기에서는 최소한 유효하다. 다만, 장기에 대한 고려가 없는 케인즈학파와는 달리 새케인즈학파는 가격이 신축적이 되는 장기에서는 새고전학파와 같이 정책은 무력하고 물가만을 상승시킨다고 주장한다.

새케인즈학파와 케인즈학파의 차이점은 다음과 같다.

첫째, 거시경제이론에 대한 접근방법론에서 케인즈는 임의적이고 주관적이나, 새케인즈학파는 미시경제적 기초 하에 거시경제분석방법을 사용한다. 예를 들어 가격의 경직성에 대해 케인즈는 왜 이런 현상이 나타나는지 특별한 설명 없이 임의적으로 이를 설정한다. 그러나 새케인즈학파는 이에 대해 미시적 기초를 제공하여 가격의 경직성이 경제주체의 최적화행동과 일치한다는 것을 보여주고 있다.

둘째, 기대에 있어서도 케인즈학파는 적응적 기대, 정태적 기대 등 비합리적 기대를 사용하지만 새케인즈학파는 합리적 기대를 사용한다.

표 21-2 새케인즈학파와 케인즈학파 비교

비교사항	새케인즈학파	케인즈학파
이론 접근방법	microfoundation analysis	Ad hoc manner
화폐환상	존재하지 않음	존재
경직성	명목경직성 실질경직성	명목경직성
고용이론	비자발적 실업이 일반적임	비자발적 실업이 일반적임
불균형에 대한 해석	단기 시장실패	시장실패의 한 형태
기대(expectations)	합리적 기대 사용	정태적 · 적응적 기대 등 비합리적 기대 사용
기업가-노동자	기업가와 노동자는 모두 합리적 주체. 따라서 노동시장은 대칭적임	기업가는 합리적 주체, 노동자는 비합리적 주체. 따라서 노동시장은 비대칭적임
경제안정화 정책효과	단기에는 유효하지만 장기에는 새고전학파와 같이 무력함	장기는 모르지만 단기에는 최소한 유효함
필립스곡선	단기필립스곡선은 우하향이나 장기필립스곡선은 자연실업률 수준에서 수직임	단기필립스곡선은 우하향하고 장기필립스곡선을 고려 안 함

끝으로, 케인즈학파의 노동시장에서 노동자는 비합리적, 기업가는 합리적이어서 노동시장의 비대칭성이 존재한다. 그러나 새케인즈학파에서는 노동자와 기업이 모두 합리적이기 때문에 대칭적이다.

(4) 경직성

경직성(rigidity)이란 경제에 충격이 가해졌을 때 왈라스불균형 상태에서 왈라스균형으로 모색하는 과정에서 가격변수가 즉각적으로 변하지 못하고 고정되어 있거나 완만하게 변동하는 현상을 말한다.

거시경제모형의 차원에서 경직성은 새케인즈학파와 새고전학파를 구별하는 가장 중요한 개념이다. 새케인즈학파는 합리적 기대와 미시적 분석방법을 사용하여 경직성의 합리적 근거를 도출하고 있다.

(5) 새케인즈학파모형의 평가

새케인즈학파가 거시경제이론의 발전에 공헌한 점을 살펴보면 다음과 같다.

첫째, 케인즈모형을 정치하게 발전시켰다. 임금과 물가의 경직성에 대한 미시경제적 원인을 제시하였고, 노동시장에서 합리적 기대를 도입하여 기업과 노동자의 비대칭적인 문제를 해결하였다.

다음으로, 새케인즈학파는 명목경직성을 통해 단기에서 화폐가 비중립적인 것을 보였고, 실질경직성을 통해 현실적으로 나타나는 비자발적 실업과 경기변동의 지속성(persistence)을 만족스럽게 설명하고 있다.

끝으로, 경직성에 근거하여 경기변동을 설명하고 있다. 경기변동은 주로 총수요충격으로부터 발생하고, 예외적으로 공급충격에 의해서도 발생할 수 있음을 보이고 있다.

제22장 GDP의 유용성과 한계

microeconomics + macroeconomics, Economics ch. twenty-two

1. 국내총생산(GDP)

GDP란 당해기간 동안에 한 국가 내에서 생산한 재화 및 서비스의 최종생산물의 시장가치를 말한다. GDP가 갖는 주요 특징을 간단하게 정리하면 다음과 같다.

GDP는 일정기간을 전제로 하는 유량(Flow)변수이다. 거시지표 중 국제수지, 투자 등은 반드시 유량변수로만 사용된다. 그리고 GDP는 생산된 것이어야 한다. 따라서 상속, 증여, 장학금, 복권의 당첨, 이전지출 등은 생산된 것이 아니기 때문에 GDP 계산에서 제외된다.

또한 GDP는 최종생산물의 시장가치로 계상한다. 이때 주의할 점은 재화와 서비스의 최종생산물이기 때문에 중간투입물은 제외되어야 한다는 점이다. 즉 GDP는 부가가치만을 계산한다. 또한 GDP는 시장가격으로 평가되기 때문에 시장에서 거래되는 재화와 서비스만을 포함하는 것이 원칙이다. 예를 들어 주부의 가사노동은 GDP 계산의 주요 기준을 다 만족하지만 시장가치로 평가되지 않기 때문에 GDP 계산에서 제외된다.

다만, 이 원칙에는 두 가지 중요한 예외가 있다. 하나는 귀속항목이다. 농가의 농작물 자가소비, 자가소유주택의 임대료가 그 예이다.[1] 다른 하나는 정부가 국민 일반에 대하여 제공하는 공공서비스이다. 이런 서비스로는 경찰이나 소방, 도로이용, 국공립학교에서의 교육, 국방과 외교 등이 있다. 이들은 생산에 필요한 비용으로 측정되어 GDP에 계산된다.

1. GDP 계산에 포함되는 항목을 귀속항목이라 하고, 제외되는 것을 배제항목이라 한다. 귀속항목은 상기의 두 가지 예 이외에 ① 피고용자의 비현금 현물보수, ② 자연과실물, ③ 가정부의 가사노동, ④ 금융기관의 서비스 수수료, ⑤ 재고 및 반제품 등이 있다. 배제항목에는 ① 자산재평가 이익(손해), ② 상속, 증여, 장학금, 이전지출, ③ 도박 같은 불법수입 등이 있다.

2. GDP의 종류와 유사개념

2.1 명목GDP와 실질GDP

국내총생산(GDP)은 시장가격으로 평가된다. 만약 GDP가 당해연도의 시장가격, 즉 '시가'로 계산되면 이를 경상가격GDP 또는 명목GDP라 한다. 그러나 명목GDP는 물가수준의 변화를 포함하고 있으므로 최종생산물의 수량은 작년과 같이 불변인데 물가가 두 배로 상승하면 GDP도 두 배로 상승하는 문제점이 있다. 따라서 명목GDP는 생산규모의 실질적 지표로서 사용하는 데는 제약이 있다.

반면에 실질GDP는 산출량의 실질적인 증가를 나타낸다. 실질GDP는 기준연도 시장가격으로 평가되기 때문에 불변가격GDP라고 한다.

국민총생산 = 시장가격 × 최종생산물 = 총부가가치

명목GDP = 비교연도시장가격 × 최종생산물

실질GDP = 기준연도시장가격 × 최종생산물

2.2 완전고용국민소득

완전고용국민소득은 한 나라에 존재하는 노동, 자본 등 생산요소를 완전히 고용하여 생산한 GDP를 말한다. 이는 일국이 최대로 생산할 수 있는 잠재능력을 나타내기 때문에 잠재적 산출량(potential output)이라고 한다. 또한 생산요소가 완전히 고용되면 비자발적으로 고용되지 않은 생산요소는 존재하지 않고 자발적 · 마찰적 실업만이 존재하기 때문에 자발적 · 마찰적 실업 하의 국민소득수준이라고 한다.

2.3 자원총사용량(absorption)

자원총사용량은 일정기간 동안 자국민이 사용한 자원총량을 말한다. 따라서 자원총사용량(A)은 소비지출(C), 투자지출(I), 정부지출(G)의 합으로 정의할 수 있다. GDP와 A의 관계를 식 (22.1)과 식 (22.2)로 표시할 수 있다.

$$A = C + I + G \tag{22.1}$$

$$\begin{aligned} \text{GDP} &= C + I + G + x - im \\ &= A + x - im \end{aligned} \tag{22.2}$$

식 (22.2)에서 GDP에는 순수출($x - im$)이 존재하는데, 식 (22.1)에서 자원총사용량에는 이 값이 없다는 것이 중요한 차이이다. 식 (22.2)로부터 A를 풀면, GDP와 자원총사용량은 식 (22.3)으로 정리할 수 있다.

$$A = \text{GDP} + im - x \tag{22.3}$$

2.4 국부(national wealth)

국부는 어떤 일정시점에서의 일국의 자산총량을 말한다. 즉, 자국민이 보유하고 있는 자산소득의 화폐가치이다. GDP가 유량(flow)개념인 데 반해 국부는 저량(stock) 개념이다.

자산은 유형자산과 무형자산으로 구성된다. 유형자산은 다시 자본재 등 재생가능한 부와 토지 등 재생불가능한 부로 나눌 수 있다. 무형자산은 현금, 예금, 채권, 주식 등 금융자산을 말한다. 그런데 금융자산 중에 대외자산에 포함된 것을 제외하고는 금융자산의 소유자는 실물자산에 대한 청구권을 가진 채권자이고 금융자산의 발행자는 그 반대로 채무자이다.

따라서 국민경제 전체적으로 금융자산은 서로 상쇄된다. 이상의 내용을 종합하면, 국부는 다음으로 구성되는 자산총액을 말한다.

국부 = 재생가능한 유형자산 + 재생불가능한 유형자산 + 대외순자산

3. GDP의 유용성과 한계

Economics ch. twenty-two

국민총생산은 $\text{GDP} = \Sigma p_i y_i$로 계산되지만, 경제학에서 필요로 하는 균형국민소득은 $\text{GDP} = C + I + G + x - im$으로 계산된다. 단, 이때 투자($I$)는 순투자와 대체투자까지를 포함한 총투자(total investment)의 개념이다. GDP는 거시경제학의 매우 중요한 변수이지만, 일부 한계점을 갖고 있다.

3.1 GDP의 유용성

GDP는 국내생산소득이다. 따라서 GDP는 일정기간 동안에 한 나라의 경제적 성과(economic performance)와 경제적 활동(economic activity)수준을 측정하는 지표이다. 특히 1인당 GDP(per capita GDP)는 국가 간 경제력과 생활수준, 간접적인 후생의 비교지표로 사용된다.

3.2 GDP의 한계점

GDP는 두 가지 한계점, 즉 측정상의 문제점과 복지지표로서의 한계가 있다.

(1) 측정상의 문제

GDP는 당해기간 동안에 생산된 모든 재화를 포함하고 있지 않다. 예를 들어 비록 당해기간 동안에 생산되었지만 주부의 가사노동처럼 시장에서 거래되지 않는 재화와 용역은 GDP 계산에서 제외된다.

반제품과 재고는 그 가격을 추정하여 실제GDP(actual GDP) 계산에 포함시킨다. 그러나 가격을 추정하여 계산하는 과정에서 오차가 발생할 수 있고, 이에 따라 GDP 크기가 부정확할 수 있다.

(2) 복지지표로서의 한계

한 나라의 복지나 후생수준의 중요한 지표가 여가, 환경 및 문화수준 등이다. 그런데 GDP에는 이들 복지를 나타내는 값들이 계상되어 있지 않기 때문에 복지지표로서 부적합하다.

또한 GDP는 생산에 따른 물질적 결과만을 계상하고 생산과정에서 부수적으로 발생하는 수질오염, 매연 등 외부비경제비용이 계상되어 있지 않다. 만약 GDP가 복지지표로서 사용되면 외부비경제비용만큼 복지를 과대평가하게 된다. 따라서 GDP가 복지지표로서 사용되기 위해서는 GDP에서 외부비경제비용이 제외되어야 한다.

GDP에는 국방, 치안, 외교 등 우리들의 후생을 직접 창출하지는 않지만 간접적으로 후생을 창출하는 필요악적인 지출(수단적 지출)이 계상되어 있다. 따라서 GDP가 복지지표로 사용되기 위해서는 수단적 지출을 제외해야 한다.

3.3 새로운 복지지표

이상의 두 가지 GDP의 한계점을 극복하고자 노력한 끝에 MEW(measure of economic welfare)와 NEW(net economic welfare) 등 새로운 복지지표가 개발되었다.

사뮤엘슨(P. Samuelson)은 NEW를 식 (22.4)로 정리하였다.

$$\text{NEW} = \text{GDP} + \text{여가} + \text{주부의 가사노동} - \text{외부비경제비용 등} \qquad (22.4)$$

국가별로 다소 차이가 있지만 일반적으로 NEW가 GDP보다 크고, 그 증가율은 GDP보다 작다.

제23장 국민소득결정

microeconomics + macroeconomics, Economics ch. twenty-three

1. 케인즈의 균형국민소득결정이론

본 장의 목적은 국민소득결정에 관한 단순모형으로 경제주체의 경제행동과 수급의 조정기구를 통한 소득결정 메커니즘을 분석하는 데 있다. 이를 처음으로 체계적으로 제시한 것이 케인즈의 유효수요원리(the principle of effective demand)이다.

균형국민소득이란 국민소득의 순환과정에서 총공급과 총수요가 일치하거나 유입과 유출이 일치하는 상태에서 결정된 국민소득수준이다.[1] 균형국민소득을 결정하기 위해 케인즈는 국민경제가 자본, 노동 등 충분한 잉여생산능력(excess capacity)을 보유하고 있다고 전제한다. 충분한 잉여생산능력의 존재는 케인즈모형에서 물가를 고정시키는 역할을 한다.

1.1 총수요-총공급 접근방법

총공급(aggregate supply)은 주어진 물가수준에서 국민경제 내에 개별기업이 생산한 산출량의 합, 즉 총산출량을 말한다. 총수요(aggregate demand) 또는 유효수요는 가계의 소비수요, 기업의 투자수요, 정부의 정부지출수요 등 개별수요를 합한 것이다.

케인즈에 의하면 국민경제가 충분한 잉여생산능력을 보유하고 있기 때문에 수요가 있으면 즉각 그에 해당하는 만큼 재화를 공급할 수 있다고 보았다. 즉, 수요는 스스로 공급을 창출한다. [그림 23-1]에서 45° 선은 이러한 케인즈의 명제를 반영한 곡선이다.[2]

유효수요(E) 중 투자수요와 정부지출수요는 소득에 독립적이므로 수평이고, 소비

1. 이때 총수요란 우리가 앞으로 검토할 수요측면의 균형($IS-LM$)을 포괄하는 총수요(AD)와는 차이가 있는 개념이다. 본 장에서 총수요란 소비(c), 투자(I), 정부지출(G)의 합, 즉 $c + I + G$를 말한다. 즉, 총수요는 산출물시장에 국한해서 파악된 개념이고 화폐시장이 배제되어 있다. $IS-LM$, $AD-AS$모형에 의한 균형국민소득결정은 1960년대 $AD-AS$곡선이 개발되면서 가능했다. 이에 대해선 24, 25장 참조 바람.
2. 이는 "공급은 항상 그 스스로 수요를 창출한다"는 세이의 법칙과 대조적이다.

그림 23-1
유효수요원리에 의한 균형국민소득 결정

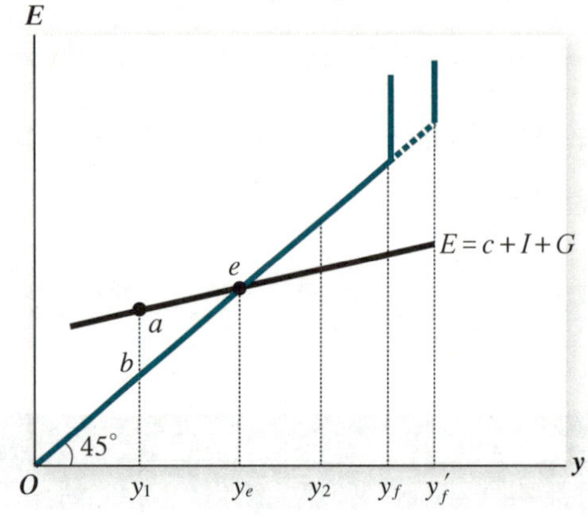

수요는 소득의 증가함수이다. 때문에 세 개 요소를 합한 유효수요 또는 총수요 $E = c + I + G$는 소득의 증가함수로서 우상향하는 형태를 취한다.

그림에서 만약 총산출량이 y_1이면 총수요는 $a - y_1$이고 총공급은 $b - y_1$이어서 총수요 > 총공급이기 때문에 국민경제는 총산출량을 증가시킨다. 반대로 y_2이면 총공급 > 총수요이기 때문에 총산출량은 감소한다. 따라서 총공급 = 총수요일 때 산출량이 더 이상 증가하거나 감소하지 않는 균형상태이고 이때 결정되는 소득을 균형국민소득 y_e라 한다.

1.2 유입-유출에 의한 접근방법

유입(injection)은 국민경제의 소득순환과정에 새롭게 도입되는 부분이고, 유출(leakage)은 국민소득의 순환과정에서 빠져나가는 부분이다.[3] 유입은 국민소득을 결

3. 유출과 유입은 국민경제의 순환과정에 화폐의 유출입을 기준으로 구분한 개념이다. 예를 들어 수입은 국민경제 상품이 외국으로부터 들어왔지만 국내에서 화폐가 외국으로 나갔기 때문에 유출의 한 종류이다. 유입과 유출을 정리하면 다음과 같다.

유입과 유출 비교

	유입(injection)	**유출**(leakage)
개념	소득순환의 외부에서 도입되어 새롭게 소득을 창출하는 부분	소득의 순환과정으로부터 빠져나가는 부분
의미	■ 소득순환을 증가시킴 ■ 소득의 크기를 결정하는 독립변수임 ■ 모든 유형의 유입은 독립적 지출임	■ 단기적으로는 소득순환을 감소시킴 ■ 소득의 처분과정에서 결정됨 ■ 소득의 함수
요소	투자(I), 정부지출(G), 수출(x), 정부의 이전지출(정부지출 가운데 생산적 용역에 대한 대가를 의미하지 않는 지출)	저축(S), 조세(T), 수입(im), 기업의 사내유보이윤

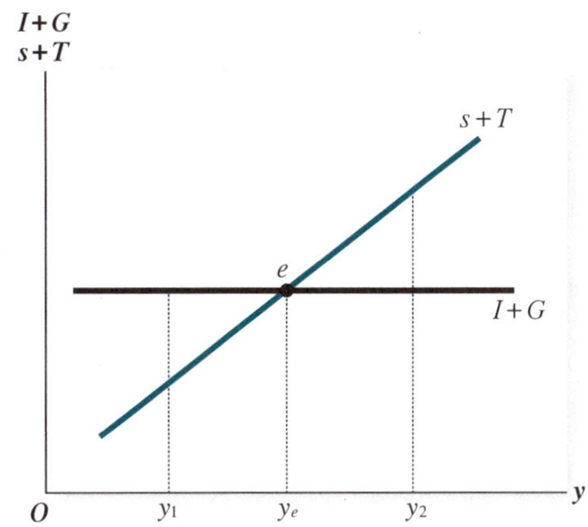

그림 23-2
유입-유출에 의한 균형국민소득결정

정하지만 국민소득에 영향을 받지 않는 독립변수이다. 유출은 국민소득의 크기에 의해서 결정되는 변수이다.

[그림 23-2]에서 소득이 y_1일 때는 유입$(I+G)$ > 유출$(s+T)$이기 때문에 산출량이 증가하고, y_2일 때는 유입 < 유출이기 때문에 산출량이 감소한다. 그런데 e점에서는 유입 = 유출이기 때문에 국민소득은 계속 순환되지만 산출량은 더 이상 변화가 없다. 이를 국민소득순환의 균형상태라 하고, 여기서 결정되는 소득을 균형국민소득 y_e라 한다.

[그림 23-1]과 [그림 23-2]의 균형국민소득결정식을 식 (23.1)로 표시할 수 있다.

$$\text{균형국민소득결정식}^{4}: y = c + I + G, \qquad (23.1)$$
$$I + G = s + T$$

1.3 특징

먼저, [그림 23-1]에서 균형국민소득은 유효수요(E)의 크기에 의해서 결정된다. E가 증가하면 $E = c + I + G$곡선이 상방으로 증가하면서 y_e가 증가한다.

둘째, [그림 23-1], [그림 23-2]에서 균형국민소득은 완전고용국민소득과 불일치하는 것이 일반적이다. 따라서 경제는 불완전고용 하에서 균형상태에 있게 되며 여기서 비자발적 실업이 나타난다.

4. 식 (23.1)은 모두 네 가지 의미를 가지고 있다. 먼저 고전학파에서는 y가 c, I, G로 처분된다는 의미에서 국민소득처분방정식이다. 둘째, 케인즈학파에서는 $c + I + G$가 y를 결정하기 때문에 국민소득창출방정식이다. 셋째, 이 식은 뒤에 배우게 될 IS곡선식이기도 하다. 끝으로 균형국민소득결정방정식이다.

2. 고전학파의 균형국민소득결정이론

2.1 모형

고전학파의 균형국민소득결정이론은 세이의 법칙(Say's law)이다. 세이는 실물에 관한 경제이론을 물물교환경제 위에서 설명하면서, 경제상태가 수요는 충분한데 공급이 부족하다고 주장한다. 따라서 공급이 있으면 항상 스스로 수요를 창출한다고 주장하였다.

[그림 23-3]에서 고전학파의 노동시장에서 노동수요는 실질임금의 감소함수, 노동공급은 실질임금의 증가함수이다. 균형국민소득(y_e)은 노동시장의 균형상태에서 균형노동량(L_0)을 결정하고 이를 총생산함수에 대입함으로써 도출한다.

그림 23-3
고전학파의 균형국민소득결정

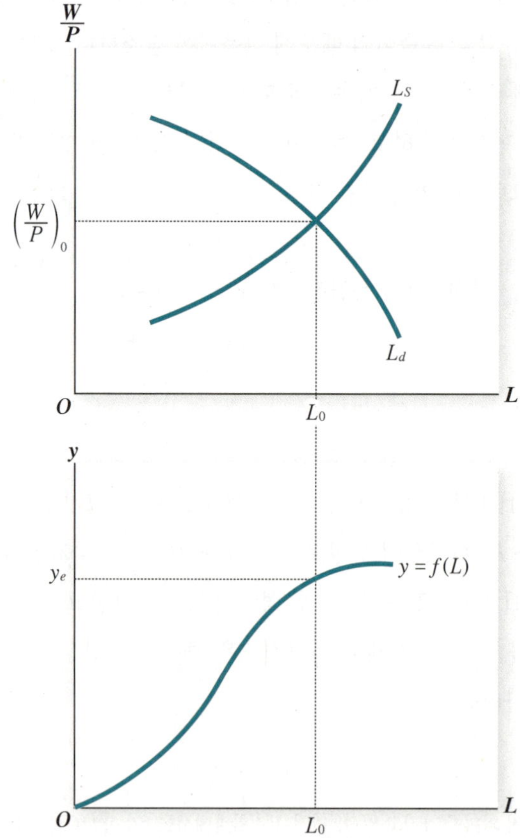

2.2 특징

첫째, 고전학파에서 y_e의 크기는 노동시장에서 결정되는 균형노동량의 크기에 의해서 결정된다. [그림 23-3]에서 균형국민소득 y_e는 균형고용량 L_0가 증가하면 증가하고, 감소하면 감소한다. 따라서 균형국민소득은 투입노동량의 증가함수이다.

다음으로, 고전학파에서 균형국민소득은 수요측면은 전혀 역할을 하지 못하고 공급측면에 의해서만 결정된다. 경제에서 공급측면이란 자본, 노동 등 생산요소시장을 말한다. [그림 23-3]으로 표시되는 고전학파모형에 의하면 균형국민소득은 노동시장균형과 생산함수를 통해서만 결정되고 있다.

셋째, 노동시장이 완전고용상태에 있기 때문에 균형국민소득과 완전고용국민소득은 항상 서로 같다. 따라서 고전학파모형에서는 비자발적 실업은 존재하지 않고 자발적 · 마찰적 실업만이 존재할 뿐이다.

3. 케인즈학파와 승수이론

이제 케인즈모형을 중심으로 투자나 정부지출 등 독립변수가 변했을 때 균형국민소득의 변화를 살펴보자.

3.1 정의

승수(multiplier)란 한 나라 국민경제에서 소득에 영향을 받지 않으면서 소득을 결정하는 투자, 정부지출 등 독립변수가 변했을 때 국민소득이 변화하는 정도를 양적으로 나타내는 값이다.

승수이론은 완전고용상태에서는 성립하지 않는다. 만약 완전고용상태에서 투자나 정부지출이 변하면 국민소득은 변하지 않고 물가만이 상승한다. 따라서 승수이론이 성립하기 위해서는 국민경제는 자본, 노동 등 충분한 잉여생산능력이 있는 불완전고용상태에 있어야 한다.

3.2 폐쇄경제 하에서의 승수

(1) 도출

폐쇄경제 하에서 조세가 정액세일 때 투자승수의 크기는 [그림 23-4]와 같다.

그림 23-4
투자승수

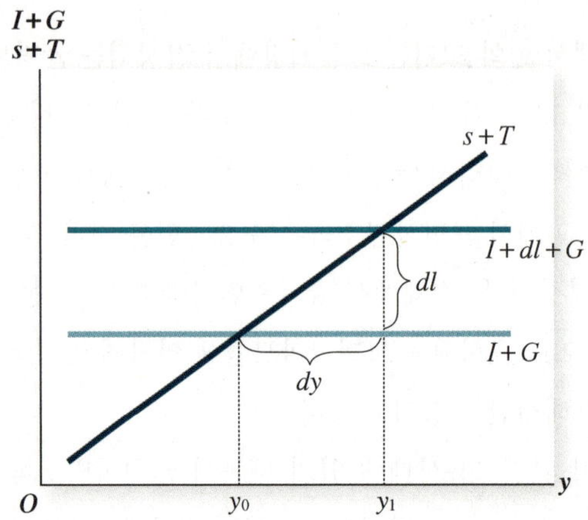

그림에서 투자가 I에서 dI만큼 증가하면 $I+G$곡선이 투자증가분만큼 이동한다. 이에 따라 소득은 y_0에서 y_1으로 증가한다. 투자승수는 $\frac{dy}{dI}$이다. 그런데 그림에서 $\frac{dy}{dI}=\frac{1}{(s+T)\text{곡선의 기울기}}$로 표시할 수 있다.

소비함수가 $C=a+cy$일 때 저축함수는 $S=y-c=-a+(1-c)y$이다. T가 정액세이기 때문에 $s+T=(T-a)+(1-c)y$이다. 그러므로 $s+T$의 기울기는 $1-c$이다. 따라서 투자승수는 식 (23.2)로 표시할 수 있다.

$$\frac{dy}{dI}=\frac{1}{(s+T)\text{의 기울기}}=\frac{1}{1-c} \qquad (23.2)$$

$$(\text{단}, 0<c=MPC<1)$$

이런 논의를 확대해 가면 폐쇄경제 하의 정액세, 정률세 부과시 여러 승수를 정리할 수 있다.

(2) 특징

폐쇄경제 하에서 승수가 갖는 주요 특징을 정리하면 다음과 같다.

첫째, 정부지출승수와 투자승수는 항상 같다. 이는 폐쇄경제에서 개방경제로 확대되거나 다른 시장을 추가해도 성립한다. 예를 들어 폐쇄경제 하의 정률세일 때 정부지출승수 = 투자승수 = $\frac{1}{1-c(1-t)}$이고, 개방경제 하의 정률세일 때 정부지출승수 = 투자승수 = $\frac{1}{s+m}$이다(단, m은 한계수입성향, $m>0$).

둘째, 정부지출승수 = 투자승수는 한계소비성향(c)이 클수록, 한계저축성향(s)이 작을수록 크다. 또한 그 크기는 $0<c<1$이기 때문에 승수 $\frac{1}{1-c}$은 1보다 크다. 즉, 투

자나 정부지출이 증가하면 국민소득을 배 이상으로 증가시킨다.

셋째, 조세승수는 음의 값을 가지므로 조세가 증가하면 국민소득은 감소한다. 정액세 부과시 투자승수와 정부지출승수가 정률세 부과시의 그것보다 크다. 이 성질은 폐쇄경제나 개방경제 하에서 모두 성립한다. 즉, $\frac{1}{1-c} > \frac{1}{1-c(1-t)}$이고 $\frac{1}{(1-c)+m} > \frac{1}{1-c(1-t)+m}$이다. 정액세 부과시에 균형재정승수(balanced budget multiplier)는 1이지만 정률세 부과시에 균형재정승수는 1보다 작다.

3.3 균형재정승수(balanced budget multiplier)

(1) 정의

균형재정승수란 균형재정이라는 용어에서처럼 정부가 일정한 조세액을 징수하여 그 조세액만큼 정부지출을 하게 되는, 즉 확대된 새로운 균형재정 하에서 국민소득이 변화하는 정도를 나타내는 양적 지표이다.

(2) 도출

하벨모(T. Haavelmo)는 균형재정승수 효과가 1이라는 것을 처음으로 보였다. 실물부문에서 폐쇄경제 하의 정액세일 때에만 균형재정승수가 1이다. 정률세 부과시, 시장이 실물부문에서 화폐부문까지 확대되거나 폐쇄경제에서 개방경제로 확대되면 균형재정승수는 1보다 작아진다. 이를 도출하면 다음과 같다.

정액세일 때 정부지출승수 $\frac{dy}{dG} = \frac{1}{1-c}$이고, 조세승수 $\frac{dy}{dT} = \frac{-c}{1-c}$이다. 이를 합하면 $\frac{dy}{dG} + \frac{dy}{dT} = \frac{1}{1-c} + \frac{-c}{1-c} = 1$이다. $dG = dT$이기 때문에 균형재정승수 $\frac{dy}{dG}$는 1이다.

그러나 조세가 정률세이면 균형재정승수는 1보다 작아진다. 정부지출승수 $\frac{dy}{dG} = \frac{1}{1-c(1-t)}$이고, 조세승수 $\frac{dy}{dT} = \frac{-c}{1-c(1-t)}$이다. 이를 합하면 $\frac{dy}{dG} + \frac{dy}{dT} = \frac{1-c}{1-c(1-t)}$가 된다. $dT = dG$이므로 균형재정승수는 다음과 같다.

$$\frac{dy}{dG} = \frac{1-c}{1-c(1-t)} < 1$$

3.4 승수이론의 경제정책적 의미

승수효과는 재정정책을 강조하는 케인즈학파에서 매우 중요한 의미를 갖는다. 재정정책의 효과는 승수효과를 통해서 직접적으로 발생한다. 그러나 완전고용상태에서는 투자, 정부지출증가는 승수효과를 발휘하기보다는 물가만 상승시킨다.

또한 재정정책의 효과는 승수의 안정성 여부에 의해 결정된다. 즉, 승수가 불안정적이면 케인즈학파의 경제안정화정책의 효과가 불안정해진다. 왜냐하면 소비함수가 불안정적이면 소비함수의 기울기인 한계소비성향(c)이 불안정해지므로 승수($\frac{1}{1-c}$)가 불안정해지기 때문이다.

3.5 결론

케인즈모형의 승수이론에 의하면, 투자나 정부지출 등 독립변수가 변화할 때 균형국민소득도 변한다. 이를 구체적으로 살펴보면 다음과 같다. 국민경제가 잉여생산능력을 보유하고 있을 때 투자승수는 한계소비성향이 클수록 크다는 것이다.

모든 승수는 산출물시장에서 제일 크지만, 시장을 추가해 갈수록 작아진다. 구체적으로 보면 산출물시장에 화폐시장을 추가하거나, 폐쇄적 산출물시장을 개방경제로 확대하면 승수는 더욱 작아진다. 따라서 폐쇄경제승수 > 개방경제승수이고, 실물경제승수 > (실물경제 + 화폐경제)승수이다.

균형재정승수는 폐쇄경제 하에서 정액세일 때만 1이고, 정률세이거나 시장이 확대되면 균형재정승수는 1보다 작아진다.

거시경제의 일반균형

part nine

9

제24장 수요측면의 균형

microeconomics + macroeconomics, Economics ch. twenty-four

1. 의의

산출물시장에서 재화 및 서비스에 대한 총수요와 총공급(y)이 일치하는 상태를 산출물시장의 균형이라 한다. 이는 *IS*곡선으로 나타낸다. *IS*곡선을 결정하는 한 요소인 투자(I)는 이자율(r)의 영향을 받는다. 그런데 이자율은 자산시장에서 결정된다.

따라서 일반균형분석에서 수요측면의 균형을 도출하기 위해서는 산출물시장과 자산시장을 동시에 분석해야 한다. *AD*곡선을 도출하기 위해서 산출물시장의 균형(*IS*곡선), 자산시장의 균형(*LM*곡선)을 순서대로 살펴본다.

2. 산출물시장의 균형 : *IS* 곡선

2.1 정의

IS(investment–save)곡선이란 한 나라 국민경제에서 산출물시장의 균형을 나타내는 곡선이다. 즉, 유입과 유출이 일치하거나 총공급(y)과 총수요($c+I+G$)가 일치하는 소득과 이자율의 배합수준을 연결한 곡선이다. *IS*곡선에서 I는 유입변수인 투자를, S는 유출변수인 저축을 각각 나타낸다. 그리고 총공급(y)은 개별기업이 생산한 산출량을 모두 합한 공급량을 의미하고 총수요는 민간의 소비수요(c), 기업의 투자수요(I), 정부의 지출수요(G)를 합한 수요를 말한다.

2.2 도출

*IS*곡선은 유입과 유출을 이용하거나 재화 및 서비스에 대한 총공급(y)과 총수요곡

그림 24-1
***IS*곡선 도출**

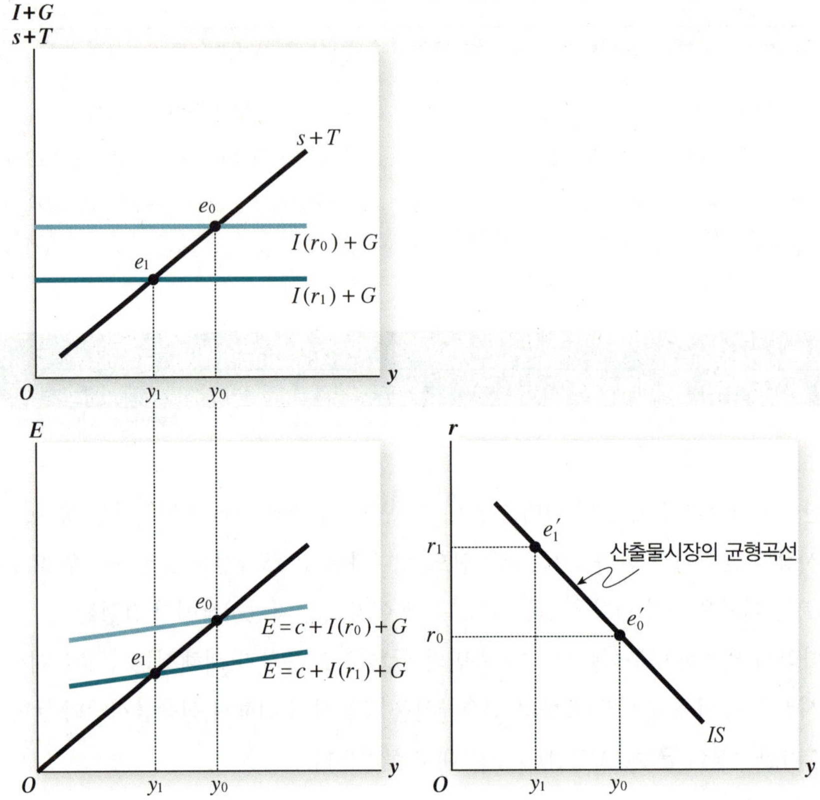

선을 사용해서 도출할 수 있다. [그림 24-1]에서 최초의 이자율이 r_0일 때 산출물시장의 균형은 $I(r_0)+G=S+T$ 또는 $y=c+I(r_0)+G$인 e_0점에서 성립한다. 이때 산출량은 y_0이다. (r_0, y_0)의 배합을 산출물시장의 균형을 나타내는 $r-y$평면에 e_0'으로 표시할 수 있다. 이때 r은 실질이자율, y는 실질국민소득이다.

이자율이 r_1으로 상승하면 투자 I가 감소하고 $I(r_0)+G$곡선이 하락하여 산출물시장의 균형은 $I(r_1)+G=S+T$ 또는 $y=c+I(r_1)+G$인 e_1점에서 이루어진다. 이때 산출량은 y_1이다. (r_1, y_1)의 배합은 $r-y$평면에 e_1'으로 표시된다. *IS*곡선은 이와 같은 작업을 반복하면서 e_0', e_1'점을 연결함으로써 도출된다. 그 형태는 우하향한다.

*IS*곡선식은 식 (24.1)로 표시된다.

$$IS\text{곡선}: y=c(y-t(y))+I(r)+G \tag{24.1}$$

식 (24.1)의 변화분을 통해 *IS*곡선 기울기는 식 (24.2)로 도출된다.

■ *IS*곡선 기울기

$$\left(\frac{dr}{dy}\right) = \frac{1 - c'(1 - t')}{I'} = \frac{\text{가처분소득의 한계저축성향}}{\text{투자의 이자율탄력성}} < 0 \qquad (24.2)$$

식 (24.2)에서 $1 - c'(c - t')$은 정률세일 때 가처분소득에 대한 한계저축성향으로 양수이다. I'은 투자의 이자율탄력성으로 음수이다. 따라서 *IS*곡선은 음의 기울기를 갖는다.

2.3 형태

*IS*곡선의 형태는 *IS*곡선의 기울기에 의해서 결정된다. *IS*곡선은 한계저축성향이 크거나 투자의 이자율탄력성이 작을수록 가파른 기울기를 갖는다. 만약 가처분소득의 한계저축성향이 일정하다면, *IS*곡선의 형태는 투자자의 이자율탄력성 크기에 의해서 결정된다. 그런데 이 값은 학파별로 견해가 다르다.

(1) 케인즈학파

1940년대 케인즈 및 케인즈학파에 의하면 투자는 기업가의 축재의욕(animal spirit)에 의해서 결정된다. 따라서 이자율이 변하더라도 투자는 거의 변하지 않는다. 즉, 투자의 이자율탄력성 I'이 완전비탄력적이므로 *IS*곡선은 무한대의 기울기를 갖는다. 이때 투자가 이자율에 완전비탄력적이어서 이자율이 하락하더라도 투자가 증가하지 않는 영역을 투자함정(investment trap)이라 한다. 투자함정에서 *IS*곡선은 수직이다.

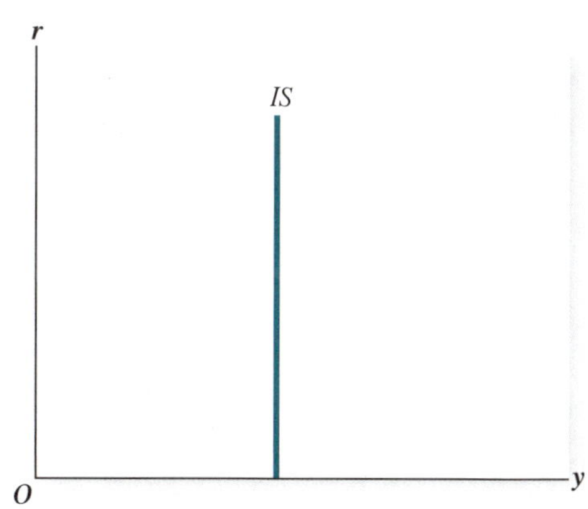

그림 24-2 투자함정 하의 *IS*곡선

그림 24-3
초기고전학파의 *IS*곡선

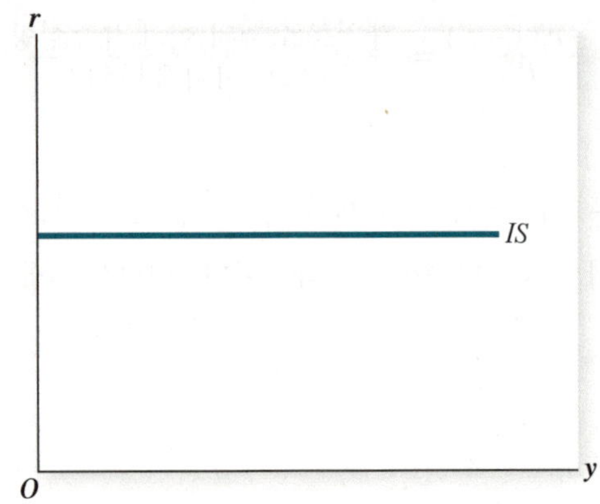

1960년대 이후의 케인즈학파는 초기케인즈학파의 생각을 많이 완화하여 투자가 이자율에 영향을 받는다고 보았다. 그러나 그 정도는 크지 않다고 생각했기 때문에 투자의 이자율탄력성은 매우 비탄력적이다. 따라서 *IS*곡선은 가파른 기울기를 갖는다.

(2) 고전학파

초기고전학파는 임금, 이자율, 상품의 가격 등이 매우 신축적이라고 보았다. 이런 차원에서 이들은 이자율의 미세한 변화가 투자를 매우 큰 폭으로 변화시킨다고 생각하였다. 따라서 투자의 이자율탄력성은 거의 완전탄력적이다. 식 (24.2)에서 분모의 값이 거의 무한대이기 때문에 *IS*곡선의 기울기는 '0' 에 가까워진다. 이때 *IS*곡선은 [그림 24-3]처럼 수평한 형태를 갖는다.

고전학파는 초기고전학파의 생각을 완화하여, 투자의 이자율탄력성은 완전탄력

그림 24-4
고전학파와 케인즈학파의 *IS*곡선 비교

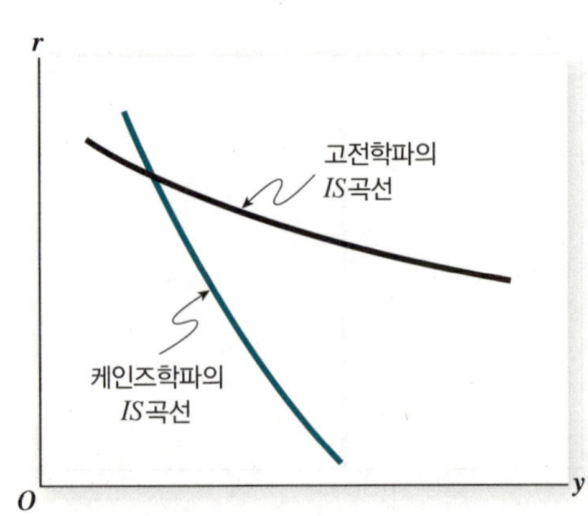

적이라기보다는 매우 탄력적이라고 보았다. 따라서 IS곡선은 상대적으로 완만한 기울기를 갖는다. 고전학파와 케인즈학파의 IS곡선을 보면 [그림 24-4]로 나타낼 수 있다. 그림에서 케인즈학파의 IS곡선은 상대적으로 가파르고, 고전학파는 상대적으로 완만하다.

(3) 피구효과(Pigou effect)를 고려했을 때 *IS*곡선

피구효과란 소비가 실질재산(real wealth, $\frac{W}{P}$)의 증가함수일 때 이자율이나 물가하락이 실질재산을 증가시켜 소비를 증가시키고 총수요를 확대시키는 효과를 말한다.

$$y = c\left(y, r, \frac{W}{P}\right) + I(r) + G \qquad (24.3)$$

(단, $\frac{W}{P} = \frac{M}{P} + \frac{K}{P} + \frac{b}{rP}$[1], M : 화폐, K : 자본스톡, b : 보유채권 수)

식 (24.3)에서 이자율 r이나 물가 P가 하락하면 $\frac{M}{P}$, $\frac{K}{P}$, $\frac{b}{rP}$값이 증가하면서 $\frac{W}{P}$를 증가시킨다. $\frac{W}{P}$의 증가는 소비 c를 증가시켜 총수요 $c + I(r) + G$를 확대시키게 된다.

[그림 24-5]에서 피구효과를 IS에 도입할 때 r이 하락하면 투자가 증가하는 효과와 피구효과에 의해 소비수요를 늘리는 이중적 효과 때문에 IS곡선은 보다 완만해진다.

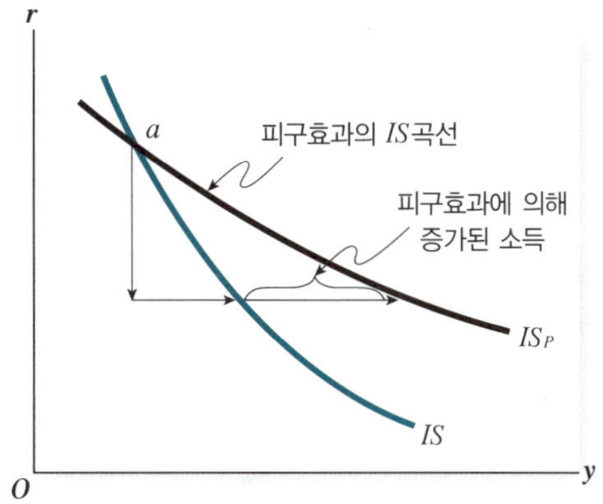

그림 24-5
피구효과를 고려한 IS

1. 경제주체가 자신의 재산을 현금(M)과 자본(K), 금융자산(B)으로 보유한다고 할 때 실질재산 $\frac{W}{P} = \frac{M}{P} + \frac{K}{P} + \frac{B}{P}$이다. 이때 금융자산 B는 매년 1원의 수익을 주는 영구채라고 하면 영구채의 현재가치는 $\frac{1}{r}$이다. 영구채권의 보유수를 b라 하면 금융자산의 총가치는 $\frac{b}{r}$이다. 이를 물가 P로 나누면 실질 금융자산의 가치 $\frac{b}{rP}$가 도출된다.

■ **피구효과가 *IS*곡선에 미치는 효과**

$$r \text{ 하락} \rightarrow \begin{bmatrix} I \text{ 증가} \longrightarrow y \text{ 증가} \\ \frac{b}{rP} \text{ 상승} \rightarrow \frac{W}{P} \text{ 상승} \rightarrow y \text{ 증가} \end{bmatrix} \rightarrow \begin{matrix} y\text{가 더} \\ \text{크게 증가} \end{matrix} \rightarrow \begin{matrix} IS\text{곡선은} \\ \text{보다 완만해짐} \end{matrix}$$

2.4 *IS*곡선의 이동

*IS*곡선의 이동에는 *IS*곡선 상의 이동이 있고 *IS*곡선 자체가 이동하는 경우가 있다. 이자율변화는 *IS*곡선 상의 이동으로 나타난다.

*IS*곡선 자체를 이동시키는 요인은 주어진 이자율에서 소득을 변화시키는 것들이다. *IS*곡선식 $y = c + I + G + x - im$에서 y를 변화시키는 것은 $\overline{C}$, I, G, x, im이 있다. 또 소비의 다른 표현인 저축(S), 소비와 저축에 영향을 미치는 조세(T)가 있다. 만약 이자율이 주어져 있을 때 투자 I가 증가하면 소득이 증가하기 때문에 [그림 24-6]에서처럼 *IS*곡선은 우측으로 이동한다.[2] 이런 변화는 소비, 정부지출 등이 증가했을 때도 일어난다.

또한 예상물가상승률($\dot{p}^e$)이 상승하면 *IS*곡선은 우측으로 이동한다. 왜냐하면 피셔방정식(Fisher equation)에 의하면 예상실질이자율 $r_t^e = i_t - \dot{p}_t^e$(단, i_t : 명목이자율)이므로, i_t가 일정할 때 $\dot{p}_t^e$가 상승하면 r_t^e가 하락하고 I가 상승하여 y가 증가할 수 있기 때문이다.

그림 24-6
***IS*곡선이 우측으로 이동하는 경우**

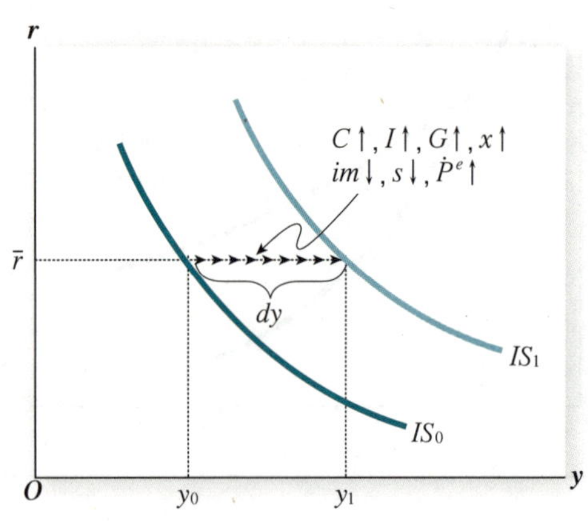

2. *IS*곡선은 상하방이 아닌 좌우측으로 이동한다.

$\overline{C}\uparrow, I\uparrow, G\uparrow, x\uparrow$ / $im\downarrow, s\downarrow, \dot{p}_t^e\uparrow$ → y가 증가 → IS 우측상방으로 이동 : IS곡선 자체 이동

2.5 산출물시장의 불균형

IS곡선 상의 모든 점은 산출물시장의 균형을 나타낸다. 따라서 IS곡선 외의 영역은 산출물시장이 불균형상태에 있음을 의미한다.

[그림 24-7]에서 e점은 균형점이지만 g와 f점은 불균형점이다. 세 점을 비교하면 e, g, f점 모두 소득은 y_0로 같다. 그러나 이자율은 e점보다 f점에서 더 높다. 따라서 f점에서 투자가 e점보다 작다. 때문에 e점에서 성립하는 산출물시장의 균형이 f점에서는 $S+T > I(r)+G$가 된다. 이는 유출이 유입보다 크고 총공급이 총수요보다 커서 산출물시장이 초과공급상태에 있음을 나타낸다. g점은 f점과 반대로 초과수요상태에 있다.

2.6 개방경제 하의 IS곡선

개방경제 하에서 IS곡선을 도출해 보자. 폐쇄경제를 전제로 도출된 IS곡선을 IS_c라 하자. 이제 경제가 개방경제로 확대되면 IS곡선식은 IS_c에 순수출$(x-im)$이 더해져 개방경제 하의 IS곡선(IS_o)은 다음과 같이 표현된다.

$$\text{개방경제 하의 } IS\text{곡선} : \underbrace{y = c(y-t(y)) + I(r) + G}_{\text{폐쇄경제 하의 } IS} + \underbrace{x - im(y)}_{\text{순수출}}$$

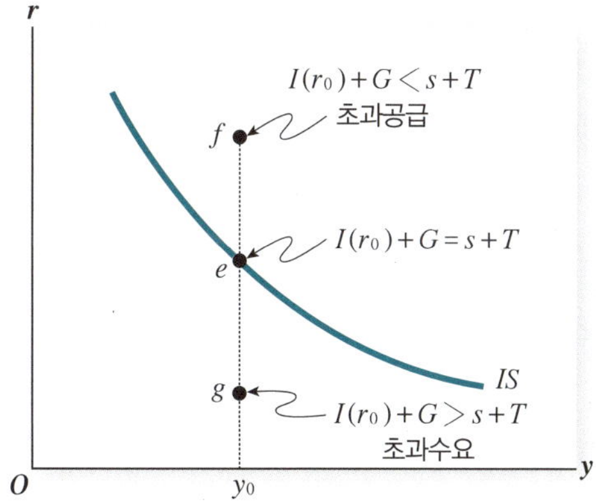

그림 24-7
산출물시장의 불균형

그림 24-8
폐쇄경제와 개방경제 하의 *IS*곡선

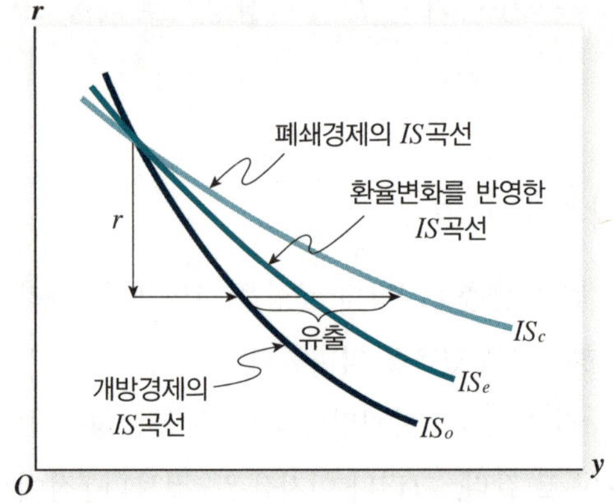

IS_o와 IS_c의 형태를 비교해 보자. 결론부터 말하면 IS_o가 IS_c보다 가파른 기울기를 갖는다. 왜냐하면 개방경제 하에서 이자율이 하락하면 [그림 24-8]에서 투자와 소득이 증가하고, 소득증가가 수입을 증가시켜 소득을 해외로 유출시키기 때문이다. 즉, IS_o가 IS_c보다 가파른 기울기를 갖는 것은 '소득의 유출' 부분 때문이다.

한편, 국내 이자율하락으로 자본의 해외유출이 일어나고 환율이 상승하는 효과를 고려하면 *IS*곡선은 개방경제 하의 IS_o보다 완만한 형태를 갖는다. 왜냐하면 환율인상으로 수출이 증가하고, 수입이 감소하면 순수출 $x - im$이 증가하기 때문이다. 환율변화를 반영한 곡선을 IS_e라 할 때, IS_e곡선이 IS_c보다 완만한 형태인지 여부는 순수출의 환율탄력성의 크기에 달려 있다. 이 값이 클수록 환율상승에 의한 순수출이 크게 증가하여 *IS*곡선은 보다 완만해지기 때문이다.

2.7 유발투자 하의 *IS*곡선

유발투자를 고려했을 때 *IS*곡선을 살펴보자. 유발투자란 소득(소비)에 영향을 받는 투자를 말한다. 지금까지의 투자는 소득에 영향을 받지 않는 독립투자를 가정하였다. [그림 24-9]에서 유발투자를 고려하면 *IS*곡선은 보다 완만해진다.

독립투자 하의 *IS*곡선 : $y = c(y - t(y)) + I(r) + G$

유발투자 하의 *IS*곡선 : $y = c(y - t(y)) + I(r) + v(y) + G$

단, $I(r)$: 독립투자, $v(y)$: 유발투자

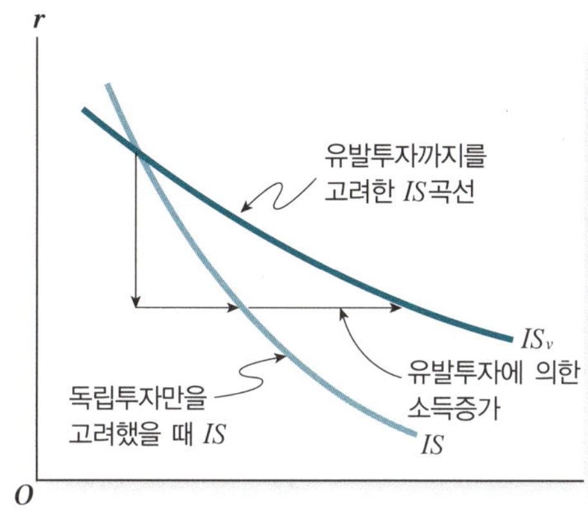

그림 24-9
유발투자 하의 *IS*곡선

왜냐하면 독립투자만을 고려했을 때는 이자율하락이 투자와 소득을 증가시키는 것으로 끝나지만, 유발투자를 고려하면 이자율하락이 독립투자와 소득을 증가시키고, 이것이 다시 유발투자를 증가시키고, 소득을 증가시키기 때문에 소득이 더욱 크게 증가하기 때문이다.

3. 화폐시장의 균형 : *LM*곡선

Economics ch. twenty-four

3.1 의의

자산시장의 균형(asset market equilibrium)이란 금융자산의 수요와 공급이 일치하는 수준에서 이루어진다. 자산시장의 균형을 보기 위해서는 화폐시장의 균형을 살펴보면 된다.

금융자산시장의 균형 = 화폐시장의 균형 : *LM*곡선

*LM*곡선은 화폐시장의 균형을 나타내는 곡선이다. 즉, 한 나라의 경제에서 화폐의 수요(liquidity preference)와 화폐의 공급(money supply)이 일치할 때 결정되는 국민소득과 이자율의 배합수준을 연결한 곡선이다.

그림 24-10
***LM*곡선 도출**

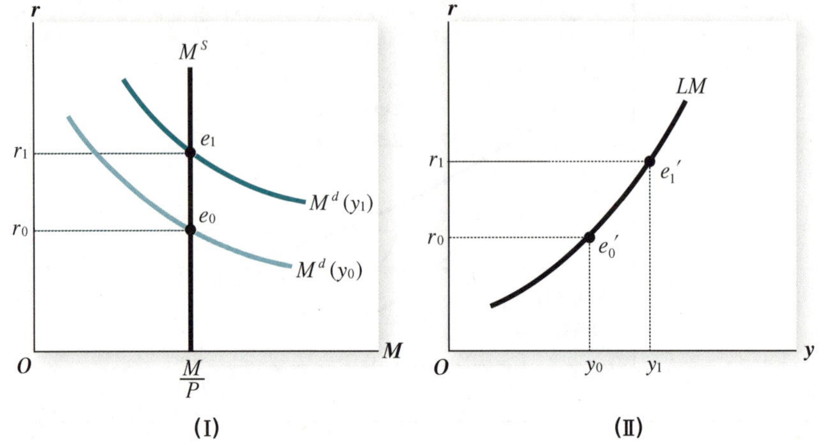

3.2 도출

*LM*곡선은 화폐의 수요곡선과 화폐의 공급곡선을 통해서 도출된다. 화폐공급이 외생적으로 결정됨을 가정할 때 일정시점에서 화폐의 공급량은 $\frac{\overline{M}}{P}$으로 고정되어 있기 때문에 화폐공급곡선 M^S는 수직이다. 화폐수요함수는 소득의 증가함수이고 명목이자율[3]의 감소함수이므로 [그림 24-10]의 (I)에서 우하향한다.

e_0점은 화폐의 수요-공급이 일치하는 화폐시장의 균형을 나타낸다. 그때 소득(y_0)과 이자율(r_0)을 $r-y$평면에 e_0'으로 표시할 수 있다. 같은 논리로 소득이 y_1으로 증가하면 화폐수요가 증가하여 새로운 균형은 e_1에 성립한다. 이를 $r-y$평면에 e_1'으로 나타낼 수 있다. 그림 (II)에서 e_0', e_1'을 연결함으로써 우상향하는 *LM*곡선을 도출할 수 있다.

*LM*곡선은 식 (24.4)로 표시된다.

$$LM\text{곡선식}: \frac{\overline{M}}{P} = l_t(y) + l_s(r) = L(y, r) \quad (24.4)$$

(단, l_t는 거래적 화폐수요, l_s는 투기적 화폐수요)

식 (24.4)의 *LM*곡선식에서 *LM*곡선의 기울기 $\frac{dr}{dy}$을 구하여 보자. *LM*곡선의 기울기를 도출하면 식 (24.5)로 나타난다. 식에서 *LM*곡선의 기울기는 거래적 화폐수요의 소득탄력성과 투기적 화폐수요의 이자율탄력성 크기에 의해서 결정된다. 그런데

3. 화폐수요가 명목이자율의 함수이지만, 단기경제분석에서는 물가가 고정되어 있어 명목이자율과 실질이자율의 변화는 동일하다.

$l_t' > 0$와 $l_s' < 0$이기 때문에 *LM*곡선의 기울기는 양의 기울기를 갖고 우상향한다.

$$LM\text{곡선의 기울기}:\left(\frac{dr}{dy}\right) = -\frac{l_t'(y)}{l_s'(r)}$$

$$= -\frac{\text{거래적 화폐수요의 소득탄력성}}{\text{투기적 화폐수요의 이자율탄력성}} > 0 \qquad (24.5)$$

3.3 형태

*LM*곡선의 형태는 *LM*곡선의 기울기[4]에 의해서 결정된다. 즉, 거래적 화폐수요의 소득탄력성과 투기적 화폐수요의 이자율탄력성의 크기에 의해서 결정된다. 만약 거래적 화폐수요의 소득탄력성이 일정하다면 *LM*곡선의 형태는 투기적 화폐수요의 이자율탄력성 크기에 의해서 결정된다. 그런데 이 크기에 대해서 고전학파와 케인즈학파 간의 견해 차이가 있다.

(1) 케인즈학파

초기케인즈학파는 투기적 화폐수요의 이자율탄력성이 완전탄력적이라고 한다. 때문에 식 (24.5)에서 분모값이 무한대여서 *LM*곡선의 기울기는 '0' 이다. 따라서 *LM*곡선은 수평이다.

특히 [그림 24-11]처럼 사회최저한의 이자율수준에서 *LM*곡선이 수평인 영역을 유동성함정(liquidity trap) 영역이라고 한다. 이 영역에서는 통화당국이 화폐를 공급하

그림 24-11
초기케인즈학파의 *LM*곡선

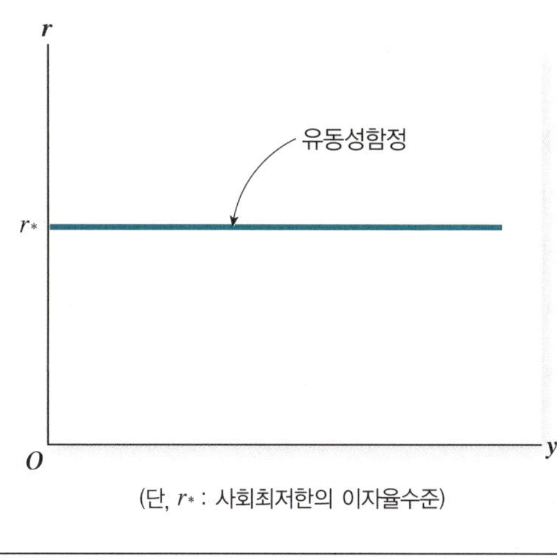

(단, r_* : 사회최저한의 이자율수준)

4. *IS*곡선의 기울기와 같이 절대값을 의미함.

그림 24-12
고전학파와 케인즈학파의 *LM*곡선

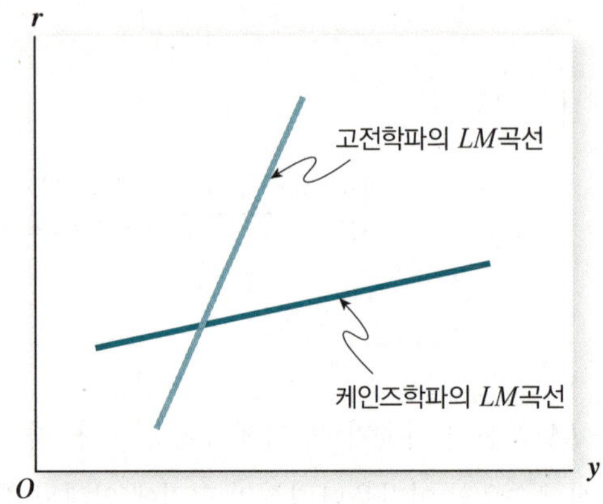

면 공급액 전액이 투기적 화폐로 흡수되어 투기적 화폐수요의 이자율탄력성이 무한대가 되고 *LM*곡선은 수평이 된다.

케인즈학파는 초기케인즈학파의 극단적인 생각을 완화하여 투기적 화폐수요의 이자율탄력성을 매우 탄력적이라고 수정하게 된다. 이때 *LM*곡선의 기울기를 식 (24.5)에서 도출하면 매우 작은 값을 갖는다. 따라서 *LM*곡선은 완만한 기울기를 갖는다.

(2) 고전학파

초기고전학파는 화폐의 베일(veil)관에 따라 화폐는 교환과 지불수단의 역할만을 한다고 보았기 때문에 이자율에 영향을 받는 가치저장기능을 하는 화폐는 거의 존재하지 않는다고 주장했다. 따라서 이자율이 변하더라도 화폐수요는 전혀 변하지 않는다. 식 (24.5)에서 분모값이 0이기 때문에 *LM*곡선의 기울기는 무한대이다. 따라서 *LM*곡선은 수직이다.

고전학파 특히 마샬, 피구 등의 신고전학파에 오면 화폐가 금융자산의 한 형태로 취급되면서 화폐수요가 이자율에 의해 영향을 받는다. 그러나 그 영향의 정도는 여전히 미약하다. 때문에 화폐수요의 이자율탄력성이 완전비탄력적이지는 않지만 매우 비탄력적이다. 따라서 *LM*곡선은 가파른 기울기를 갖는다.

이상의 근거에 따라 *LM*곡선을 그리면 [그림 24-12]에서 케인즈학파의 *LM*곡선이 상대적으로 완만한 기울기를 갖는다. 즉, *LM*곡선의 형태는 투기적 화폐수요의 이자율탄력성이 탄력적일수록 상대적으로 완만하다.

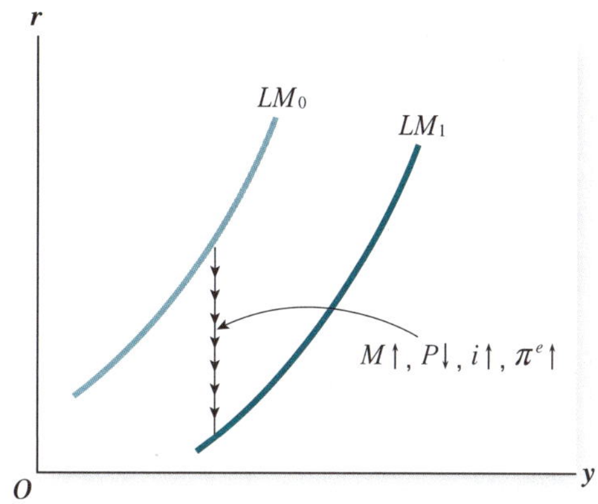

그림 24-13
*LM*곡선이 하방이동하는 경우

3.4 *LM*곡선의 이동

*LM*곡선의 이동에는 *LM*곡선 상의 이동이 있고, *LM*곡선 자체가 이동하는 경우가 있다.[5] *LM*곡선 상의 이동은 이자율에 영향을 받고 *LM*곡선 자체를 이동시키는 요인에는 명목통화량 변화, 물가변화, 화폐수요의 변화와 예상물가상승률의 변화가 있다.

통화량증가나 물가하락은 실질통화량을 증가시켜 실질이자율을 하락시킨다. 따라서 [그림 24-13]에서 *LM*곡선은 하방으로 이동한다. 같은 논리로, 화폐수요의 감소는 화폐시장에서 화폐의 초과공급을 유발해 이자율을 하락시키기 때문에 *LM*곡선을 하방으로 이동시킨다. 예상물가상승률 $\dot{p}^e$가 상승하면 명목이자율이 상승하여 화폐수요가 감소하기 때문에 *LM*곡선이 하방으로 이동한다. 이상을 정리하면 〈표 24-1〉과 같다.

표 24-1 *LM*곡선의 이동

이동요인	*LM*곡선의 이동방향	근거
■ 명목통화량 증가	하방	■ 실질통화량 증가, 실질이자율 하락
■ 물가수준 하락	하방	■ 실질통화량 증가, 실질이자율 하락
■ 화폐에 대한 명목이자율(i) 상승	하방	■ 화폐수요 감소
■ 예상물가상승률 상승	하방	■ 명목이자율 상승, 화폐수요 감소

3.5 화폐시장의 불균형

*LM*곡선 상의 모든 점은 화폐시장의 균형을 나타낸다. 따라서 *LM*곡선 상의 점이 아닌 바깥영역은 화폐시장의 불균형을 나타낸다. [그림 24-14]에서 e점은 화폐시장의 균형을, f와 g는 각각 불균형을 나타낸다.

5. *LM*곡선은 상하방으로 이동한다. *IS*곡선이 좌우로 이동하는 것과 비교된다.

그림 24-14
화폐시장의 불균형

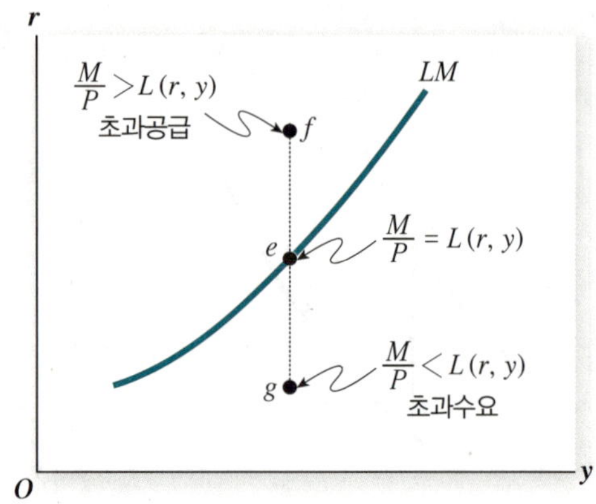

f점과 e점을 비교하면 소득수준은 같고 이자율은 f점이 e점보다 높다. 따라서 f점은 e점과 거래적 화폐수요의 규모는 같고 투기적 화폐수요의 크기는 작다. 그러므로 f점에서는 $\frac{M}{P} > l_t(y) + l_s(r)$이다. 즉, 화폐시장은 초과공급상태에 있다. g점에서는 f점과 반대로 화폐시장이 초과수요상태에 있다.

3.6 내생적 화폐공급의 *LM*곡선

앞에서는 화폐공급의 외생성을 가정하여 화폐공급이 이자율에 독립적이라고 보았다. 반면, 화폐공급이 내생적이라는 것은 경제모형 내에 결정되는 변수에 의해 통화량이 결정된다는 것을 의미한다. 예를 들어 *IS-LM*모형에서 결정되는 이자율에 의해 통화량이 결정되면 화폐공급은 내생적 성질을 갖는다. 화폐공급방정식에 의하면 이자율상승은 일반적으로 통화량을 증가시킨다. 이와 같이 화폐공급이 이자율의 증가함수일 때 *LM*곡선은 보다 완만해진다.

이를 [그림 24-15]에서 설명하면, 소득이 증가하면 화폐수요가 늘면서 화폐수요곡선이 우상방으로 이동한다. 이때 이자율이 상승한다. 화폐공급이 이자율의 증가함수인 경우 이자율상승으로 화폐공급이 증가하게 되고 이는 늘어나는 화폐수요를 일부 충당하게 된다. 따라서 화폐공급이 이자율에 독립적일 때보다 이자율의 증가함수일 때 이자율상승이 상대적으로 작아진다. 그러므로 화폐공급이 외생적일 때보다 내생적으로 결정될 때 *LM*곡선의 기울기는 완만하다.

화폐공급이 이자율에 독립적일 때 $LM : \frac{\overline{M}}{P} = l_t(y) + l_s(r)$

화폐공급이 이자율의 증가함수일 때 $LM : \frac{M(r)}{P} = l_t(y) + l_s(r)$

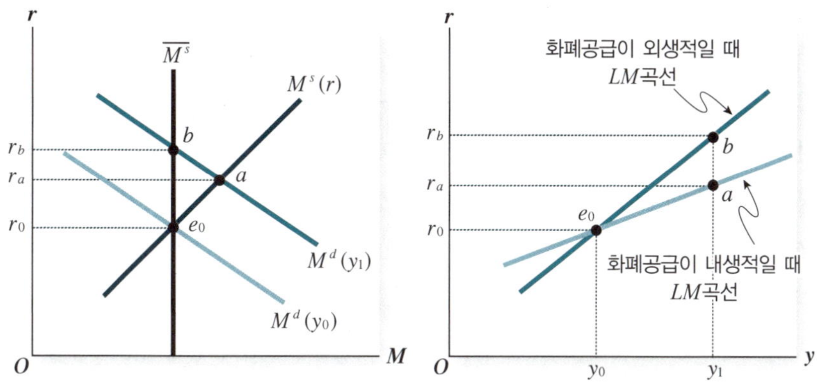

그림 24-15
화폐공급이 이자율의 증가함수일 때 LM곡선

4. 산출물시장과 화폐시장의 균형 : *IS*−*LM*

Economics ch. twenty-four

4.1 의의

산출물시장과 화폐시장의 동시적 균형은 *IS*와 *LM*곡선이 교차하는 수준에서 이루어진다. [그림 24-16]에서 e_0점(r_0, y_0)은 산출물시장의 유입과 유출이 일치하고, 동시에 화폐의 수요와 공급이 일치했을 때 결정되는 균형이자율, 균형소득 수준이다.

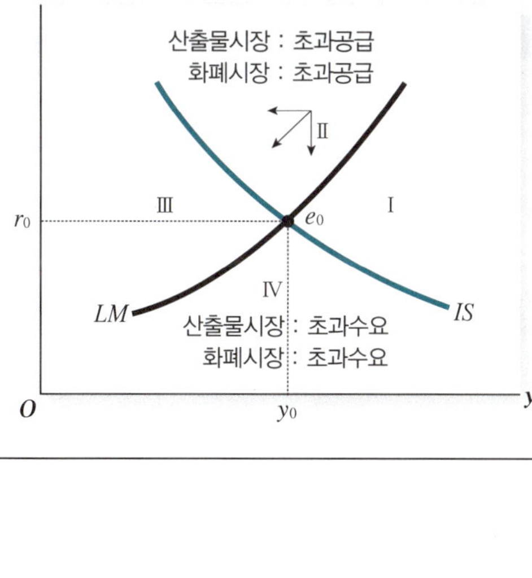

그림 24-16
산출물시장과 화폐시장의 균형 및 불균형

4.2 산출물시장과 화폐시장의 불균형

[그림 24-16]에서 e_0점을 제외한 영역은 산출물시장과 화폐시장 중 최소한 한 시장이 불균형이거나 두 시장 모두 불균형한 상태이다. 이를 파악하기 위해서는 [그림 24-7]과 [그림 24-14]를 결합하면 [그림 24-16]이 도출된다. 그림에서 Ⅱ영역은 산출물시장과 화폐시장이 모두 초과공급상태이다. Ⅳ영역은 e_0점을 기준으로 Ⅱ영역의 반대영역에 있기 때문에 화폐시장과 산출물시장이 모두 초과수요상태에 있다.

Ⅰ영역과 Ⅱ영역은 *IS*곡선 우측상방에 있다는 점은 공통적이나 *LM*곡선으로 나누어져 있다. 따라서 Ⅰ영역은 Ⅱ영역과 같이 산출물시장은 초과공급상태이나 화폐시장은 반대로 초과수요상태에 있다. Ⅲ영역은 e_0점을 기준으로 Ⅰ영역의 반대영역에 있다. 따라서 Ⅰ영역을 반대로 해석하면 된다. 즉, 산출물시장은 초과수요, 화폐시장은 초과공급 상태이다.

4.3 *IS-LM* 분석의 한계

힉스(J. R. Hicks)의 *IS-LM*모형은 케인즈의 거시경제학체계의 일부를 정식화했다는 의의를 가지고 있다. *IS-LM*모형과 케인즈의 '일반이론'은 모두 경제의 일시적인 단기균형을 설명하고 있다는 점에서 공통적이다.

그러나 *IS-LM*모형은 케인즈가 의도했던 것을 모두 포괄하지 못하고 있다는 비판을 받고 있다. *IS-LM*모형은 경제주체의 주관적 심리요소, 불확실성과 기대 등이 명시적으로 고려되어 있지 않다. 케인즈는 어느 경제학자 못지않게 경제주체의 심리요소, 기대, 불확실성을 강조했는데 *IS-LM*모형에서는 이를 찾아보기 어렵다.

5. 국제수지균형(balance of payment) : *BP*곡선

Economics ch. twenty-four

5.1 정의

국제수지균형곡선 또는 *BP*곡선이란 한 나라의 대외균형을 나타내는 국민소득과 이자율의 배합수준을 연결한 곡선이다. 대외균형은 경상수지와 자본수지를 합한 국제수지가 균형을 이룬다는 것을 의미한다.

5.2 도출

한 나라의 국제수지는 경상수지와 자본수지의 합이다. 이때 경상수지는 수출(x)에서 수입(im)을 차감한 $x(y_f, P, e) - im(y, P, e)$값으로 표시된다.[6] 수출은 다른 나라(수출대상국) 국민소득에 증가함수이고, 물가에 대해 감소함수이며, 환율에 대해서는 증가함수이다. 수입은 소득과 물가에 대해 증가함수이고, 환율에 대해서는 감소함수이다. 자본수지는 자본유입에서 자본유출을 차감한 순자본유입(net capital flow)으로 표시할 수 있다. 순자본유입 $f(r)$은 국내이자율이 상승하면 증가하기 때문에 이자율의 증가함수이다. 식 (24.6)으로 표시되는 국제수지가 균형을 이룬다는 것은 식에서의 값이 0이 된다는 것을 의미한다. 따라서 $x(y_f, P, e) + f(r) = im(y, P, e)$가 성립한다.

$$BP = \overbrace{\{x(\underset{\oplus}{y_f}, \underset{\ominus}{P}, \underset{\oplus}{e}) - im(\underset{\oplus}{y}, \underset{\oplus}{P}, \underset{\ominus}{e})\}}^{\text{경상수지}} + \overbrace{\underset{\oplus}{f(r)}}^{\text{자본수지}} \tag{24.6}$$

$$BP \gtreqless 0 \Leftrightarrow \begin{cases} \text{국제수지흑자} \\ \text{국제수지균형} \\ \text{국제수지적자} \end{cases}$$

국제수지균형을 나타내면 [그림 24-17]과 같다. II 상한에서 순자본유입 $f(r)$

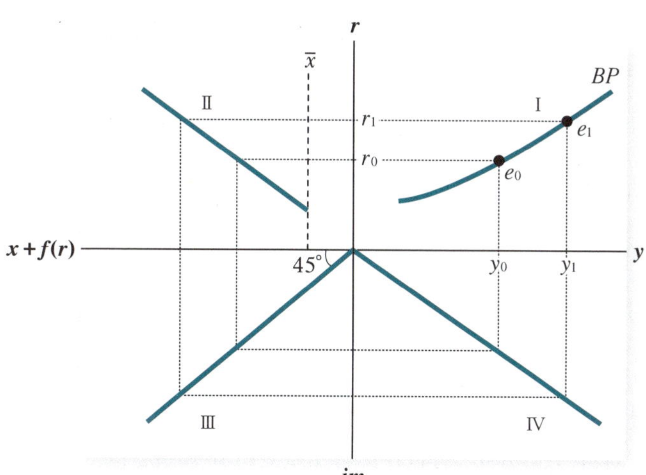

그림 24-17
국제수지균형곡선

6. 자국화폐와 외국화폐가 1:1로 교환된다는 전제 하에 수출과 수입의 화폐단위는 생략한다. 또한 y_f는 다른 나라의 국민소득이다.

그림 24-18
완전탄력적인 *BP*곡선

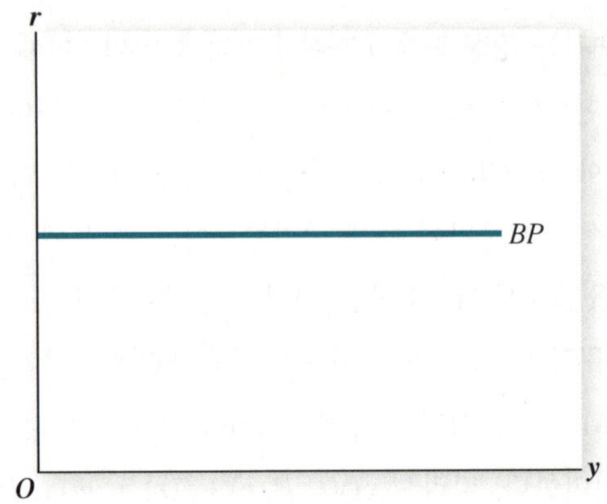

은 이자율의 증가함수이므로 원점에서 뻗어 나오는 직선이고, 수출(x)은 이자율에 영향을 받지 않으므로 수직으로 그려진다. 따라서 수출과 순자본유입을 합한 곡선 $x(y_f, P, e)+f(r)$곡선은 $f(r)$곡선을 수출액만큼 좌측으로 평행이동했다는 것을 의미한다.

Ⅳ 상한에는 수입곡선이 그려진다. 수입은 소득의 증가함수이므로 수입곡선은 원점에서 뻗어 나오는 직선이 된다. Ⅲ 상한은 $x(y_f, P, e)+f(r)$과 $im(y, P, e)$를 일치시키는 원점에서 뻗어 나오는 45° 선이 그려져 있다.

$x(y_f, P, e)+f(r)=im(y, P, e)$를 성립시키는 최초의 균형 e_0점에서 이자율은 r_0이고, 소득은 y_0이다. 이제 이자율이 r_1으로 상승하면 확대된 대외균형을 나타내는 소득은 y_1이다. 이런 작업을 반복하면서 도출된 $(r-y)$의 배합을 연결함으로써 우상향하는 국제수지균형곡선이 도출된다. *BP*곡선의 기울기는 식 (24.7)과 같다.

$$\frac{dr}{dy}=\frac{\text{한계수입성향}}{\text{순자본유입의 이자율탄력성}}>0 \qquad (24.7)$$

*BP*곡선의 기울기는 한계수입성향과 순자본유입의 이자율탄력성에 의해서 결정된다. 즉, 한계수입성향이 클수록, 순자본유입의 이자율탄력성이 작을수록 *BP*곡선은 가파른 기울기를 가진다. 만약 한계수입성향이 일정하면, 순자본유입의 이자율탄력성에 의해서 *BP*곡선의 기울기가 결정된다. 순자본유입의 이자율탄력성이 완전탄력적이면 [그림 24-18]처럼 *BP*곡선은 수평한 기울기를 갖는다. 만약 완전비탄력적이면 *BP*곡선은 수직이다.

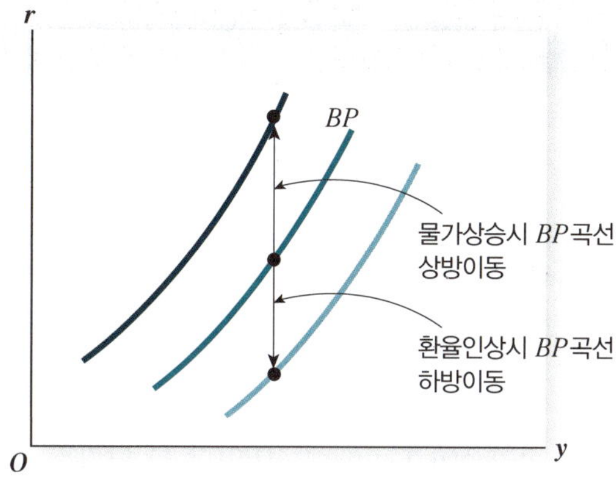

그림 24-19
*BP*곡선의 이동

5.3 *BP*곡선의 이동

환율과 물가의 변화는 *BP*곡선 자체를 이동시킨다.[7] 먼저 [그림 24-19]에서 환율이 인상되었을 때 *BP*곡선의 이동을 살펴보자. 환율이 상승하면 $BP=\{x(y_f, P, e)-im(y, P, e)\}+f(r)$에서 수출이 증가하고 수입이 감소하여 경상수지가 흑자가 된다. 국제수지가 새로운 균형을 이루기 위해서는 자본수지가 음수가 되어야 한다. 다시 말하면, 이자율이 하락하여 순자본유출이 있어야 한다. 따라서 *BP*곡선은 하방으로 이동한다.

또한 물가가 상승하면 *BP*곡선식에서 수출이 감소하고 수입이 증가하여 경상수지가 적자를 나타낸다. 국제수지가 새로운 균형을 이루기 위해서는 이자율이 상승하고 순자본유입이 일어나야 한다. 따라서 *BP*곡선이 상방으로 이동한다.

이를 정리하면 〈표 24-2〉와 같다.

표 24-2 국제수지균형곡선(*BP*)의 이동

이동요인	*BP*곡선의 이동방향	근거
■ 환율(e) 상승	하방	- 환율이 인상되면 수출이 증가하고 수입이 감소하여 경상수지 흑자 - 국제수지균형을 위해서는 이자율하락을 통해 자본수지 적자를 유도해야 함
■ 물가(P) 상승	상방	- 물가가 상승하면 수출이 감소하고 수입이 증가하여 경상수지 적자 - 국제수지균형을 위해서는 이자율상승을 통해 자본수지 흑자를 유도해야 함

7. *BP*곡선은 상방, 하방으로 이동한다.

6. 수요측면의 균형 : 총수요곡선(AD곡선)

6.1 의의

수요측면의 균형이란 산출량(y)을 생산하고 이를 처분하는 과정에서 소비자는 효용극대화, 기업은 이윤극대화를 실현하는 상태이다. 이 균형상태를 나타내는 곡선이 총수요곡선이다.

총수요곡선(aggregate demand curve : *AD*)이란 한 나라의 국민경제에서 물가가 변함에 따라 산출물시장과 자산시장 등 수요측면을 동시에 균형시키는 균형국민소득이 변화하는 형태를 연결한 곡선이다. *AD*곡선에는 총수요에 시간을 도입하지 않은 정태적 곡선과 시간을 도입한 동태적 곡선이 있다.

6.2 도출

물가변화가 실질소득에 미치는 효과를 나타내는 총수요곡선은 *IS*-*LM*모형으로부터 직접 도출된다. [그림 24-20]에서 최초에 수요측면의 균형은 e_0에서 성립하고 물가와 균형국민소득수준은 (P_0, y_0)이다. 이제 물가가 P_1으로 하락하면 실질통화량이 증가하면서 *LM*곡선은 하방으로 이동하고 새로운 수요측면의 균형은 *IS*-*LM*이 교차하는 e_1에서 이루어진다. 이때 균형국민소득은 y_1이다. 같은 논리로 물가가 P_2로 상승하면 *LM*은 상방으로 이동한다. 이에 균형점은 e_2, 소득은 y_2이다. 이상의 균형점 $e_0-e_1-e_2$를 $P-y$ 평면에서 연결하면 *AD*곡선이 도출된다.

*AD*곡선은 *IS*-*LM*곡선으로부터 도출된다. *AD*곡선을 대수적으로

$$IS\text{곡선} : y = c + I(r) + G$$
$$LM\text{곡선} : \frac{M}{P} = l_t(y) + l_s(r)$$

도출한다는 것은 *LM*곡선을 이자율 r로 풀어서 *IS*곡선식의 $I(r)$에 대입하고 이를 P와 y로 정리한다는 것이다. 이렇게 도출된 *AD*곡선은 실질통화량($\frac{M}{P}$), 정부지출(G)과 조세(T)의 함수로서 식 (24.8)로 표현된다. 이때 총수요는 실질잔고와 정부지출의 증가함수이지만, 조세에 대해서는 감소함수이다.

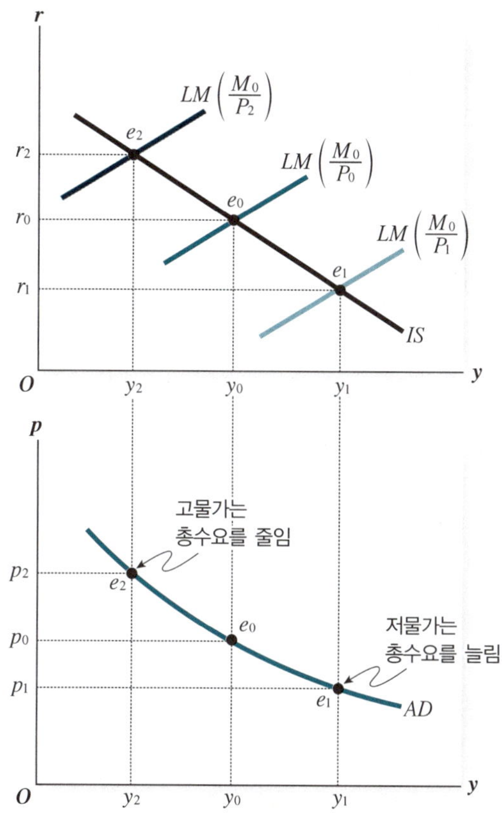

그림 24-20
총수요곡선의 도출

$$y = y\left(\underset{\oplus}{\frac{M}{P}},\ \underset{\oplus}{G},\ \underset{\ominus}{T}\right) \tag{24.8}$$

식 (24.8)에서 특히 총수요와 실질잔고와의 관계를 보면, 물가 P가 상승하면 실질통화량 $\frac{M}{P}$이 감소하고 이에 따라 총수요 y가 감소한다. 따라서 y와 P 간에 역의 관계가 있다.

6.3 *AD*곡선이 우하향하는 근거

총수요곡선이 우하향한다는 것은 수요측면에서 물가(P)와 산출량(y) 간에 역의 관계가 있음을 의미한다. 이런 현상이 나타나는 근거는 '피구효과(Pigou effect)', '케인즈의 이자율효과(Keynes interest rate effect)', 그리고 '플레밍-멘델의 환율효과(Fleming-Mundell exchange rate effect)' 때문이다.

(1) 피구효과

피구효과 또는 피구의 자산효과란 식 (24.9)에서 물가 P가 하락하면 화폐의 실질가치와 자산의 실질가치를 상승시켜 순자산 $\frac{W}{P}$가 증가하고, 이는 식 (24.10)의 소비함수에서 소비를 늘리고, 소비증가는 식 (24.11)에서 총수요를 늘리면서 산출량 y가 증가하는 효과이다. 이 과정에서 P와 y 간의 역의 관계가 나타난다.

$$\text{순자산 } \frac{W}{P} = \frac{M+K+B}{P} \tag{24.9}$$

(단, W : 자산, M : 화폐, K : 자본스톡, B : 채권)

$$\text{소비 } C = C\left(y, \frac{W}{P}\right) \tag{24.10}$$

$$\text{총수요 } y = C + I + G \tag{24.11}$$

(2) 이자율효과

케인즈의 이자율효과란 물가하락 → $\frac{M}{P}$증가 → 이자율하락 → 투자증가 → 총수요증가 → 산출량증가의 전달과정을 말한다. 이 전달과정에서 물가와 산출량 간에 역의 관계가 나타난다.

(3) 먼델–플레밍의 환율효과

먼델–플레밍의 환율효과란 물가하락으로 이자율이 낮아졌을 때 국내자본이 해외로 유출되면서 국내화폐가치가 하락하는 환율상승이 나타난다. 이는 수출증가와 수입감소를 통해 순수출($x - im$)을 확대하고, 다시 총수요를 늘리면서 산출량 y가 증가하는 효과를 말한다. 역시 이 과정에서 물가와 산출량 간에 역의 관계를 볼 수 있다.

- **총수요곡선이 우하향하는 근거**
  - 피구의 자산효과
  - 케인즈의 이자율효과
  - 플레밍–멘델의 환율효과

6.4 *AD*곡선의 형태

*AD*곡선은 *IS*–*LM*으로부터 도출했기 때문에 그 형태는 *IS*–*LM*의 기울기에 의해서 결정된다. *AD*곡선의 기울기는 먼저 *LM*곡선의 기울기에 의해서 결정된다. 즉, *LM*

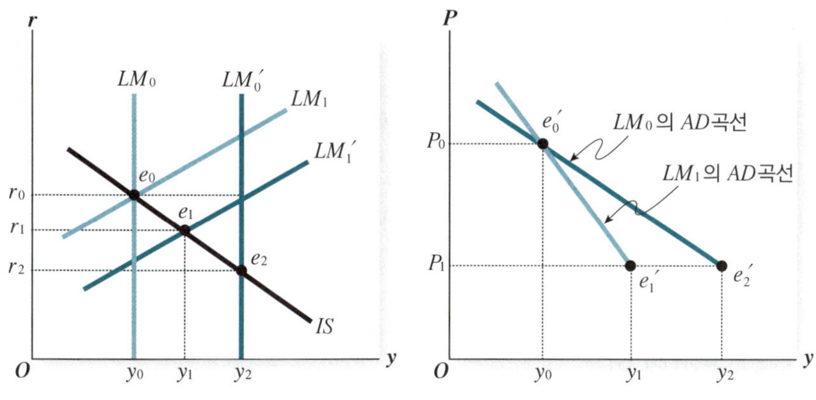

그림 24-21
가파른 LM-완만한 AD곡선

이 가파를수록 AD곡선은 완만하다. LM곡선이 가파르다는 것은 투기적 화폐수요의 이자율탄력성이 비탄력적이라는 것을 의미한다. 종합하면 투기적 화폐수요의 이자율탄력성이 비탄력적일수록 LM곡선은 가파르고 AD곡선은 완만하다.

[그림 24-21]에서 최초의 시장균형은 $e_0(r_0, y_0)$에서 이루어졌다. 물가가 P_0에서 P_1으로 하락하면 LM곡선의 기울기가 수직일 때 균형점은 $e_2(r_2, y_2)$에서 형성된다. 이를 (P, y)평면에 나타내면 e_2'이다. LM이 수직일 때 AD곡선은 e_0', e_2'을 연결함으로써 도출된다.

한편 LM곡선의 기울기가 비교적 완만할 때 물가하락에 따른 균형점은 $e_1(r_1, y_1)$에서 형성된다. 이때 LM_1곡선의 이동은 LM_0의 이동폭만큼 이동하였다. AD곡선은 e_0', e_1'을 연결함으로써 도출된다. 그림에서 LM곡선이 우상향하는 기울기를 가질 때보다 LM곡선이 수직일 때 AD곡선은 보다 완만한 기울기를 갖는다.

또한, AD곡선의 기울기는 IS곡선의 기울기에 의해서 결정된다. IS곡선이 완만할

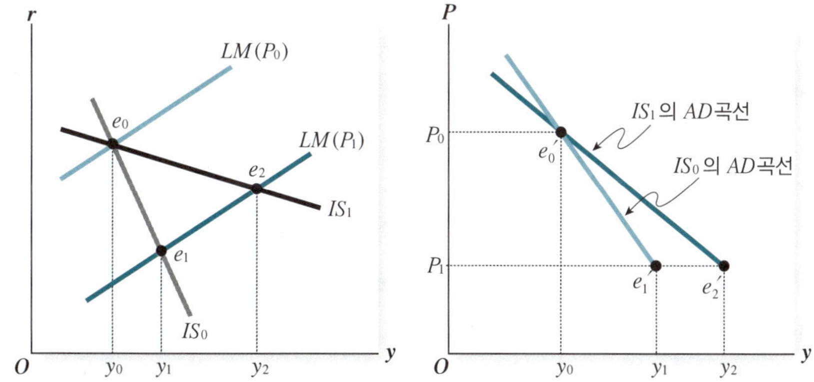

그림 24-22
완만한 IS-완만한 AD곡선

수록 *AD*곡선은 완만한 기울기를 갖는다. *IS*곡선이 완만한 기울기를 갖는다는 것은 투자가 이자율에 탄력적임을 의미한다. 따라서 투자의 이자율탄력성이 탄력적일수록 *IS* 곡선은 완만하고, *AD*곡선도 완만하다.

[그림 24-22]에서 투자가 이자율에 탄력적인 IS_1곡선일 때 균형점은 e_2이고, (P, y)평면에서는 e_2'이다. 따라서 완만한 기울기의 IS_1곡선이 가파른 기울기의 IS_0곡선보다 물가하락에 대해서 더 많은 산출량증가로 나타나기 때문에 *AD*곡선은 보다 완만해진다.

6.5 *AD*곡선의 이동

*AD*곡선의 이동에는 *AD*곡선 상의 이동이 있고, *AD*곡선 자체가 이동하는 현상이 있다. 물가가 변하면 *AD*곡선 상에서 이동하고, *IS*-*LM*곡선이 이동하면 *AD*곡선 자체가 이동한다.

구체적으로, *IS*곡선을 우측으로 이동시키는 요인들은 *AD*곡선을 우측으로, *LM*곡선을 하방으로 이동시키는 요인들은 *AD*곡선을 상방으로 각각 이동시킨다. 이는 〈표 24-3〉에 정리되어 있다. 이제 예를 들어보자.

표 24-3 **AD곡선의 이동**

이동요인	이동방향
*IS*곡선을 우측으로 이동	*AD*곡선을 우측으로 이동
*LM*곡선을 하방으로 이동	*AD*곡선을 상방으로 이동

먼저, 명목통화량이 변할 때 *AD*곡선의 이동을 보자. [그림 24-23]에서 명목통화량이 M_0에서 M_1으로 증가하면 *LM*곡선은 $LM\left(\frac{M_0}{P_0}\right)$에서 $LM\left(\frac{M_1}{P_0}\right)$으로 이동한다. 그림에서 *LM*의 이동은 균형을 e_0에서 e_1으로 이동시킨다. 이때 소득은 y_1이다. 소득 y_0에서 명목통화량의 변화만큼 *AD*곡선은 수직으로 상방이동한다. 왜냐하면 명목통화량 변화에도 불구하고 물가가 같은 비율만큼 상승하게 되면 실질화폐공급에는 변화가 없기 때문이다.

다음, 독립적 지출이 변했을 때 효과를 보자. 투자지출, 정부지출 등 국민소득에 영향을 받지 않는 독립적 지출이 감소하면 *IS*곡선을 좌측이동시키고 *AD*곡선을 좌측이동시킨다. 물가수준이 P_0에 있을 때 실질산출량은 y_0에서 y_1으로 감소하고, 균형은 e_0에서 e_1으로 이동한다.

재정정책과 금융정책은 *AD*곡선의 이동에 차이가 있다. 명목통화량의 변화 등 금

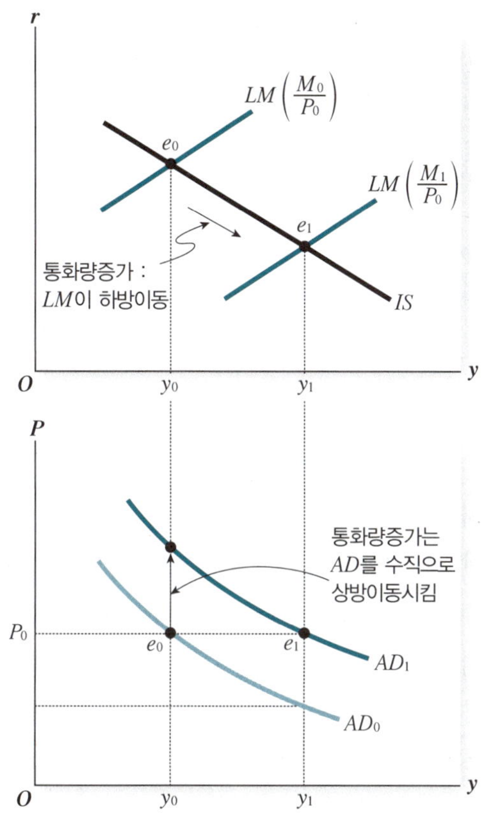

그림 24-23
통화량증가가 총수요에 미치는 영향

융정책은 *LM*곡선에 영향을 미치므로 *AD*곡선을 상 · 하방으로 수직이동시킨다. 이에 반해 재정정책은 *IS*곡선에 영향을 미치므로 좌우로 수평이동시킨다.

6.6 특수한 경우의 *AD*곡선

(1) 투자함정 하에서의 *AD*곡선

투자함정에서는 투자의 이자율탄력성이 완전비탄력적이므로 *IS*곡선이 수직이다. [그림 24-24]에서 보면 최초의 균형 e_0점에서 물가가 P_1으로 상승하면 *LM*이 $LM(P_0)$에서 $LM(P_1)$으로 이동하면서 e_1에서 새로운 균형이 형성된다. 이러한 과정을 (P, y) 평면에 나타내면 e_0'에서 e_1'으로 표시할 수 있다. 이 두 점을 연결하면 수직의 *AD*곡선이 도출된다. 투자함정에서 *AD*곡선이 수직인 이유는 예를 들어 물가가 하락하여 실질통화량이 늘고 이자율이 하락하더라도 투자가 전혀 변함이 없고 산출량이 불변이기 때문이다.

그림 24-24
투자함정과
AD곡선

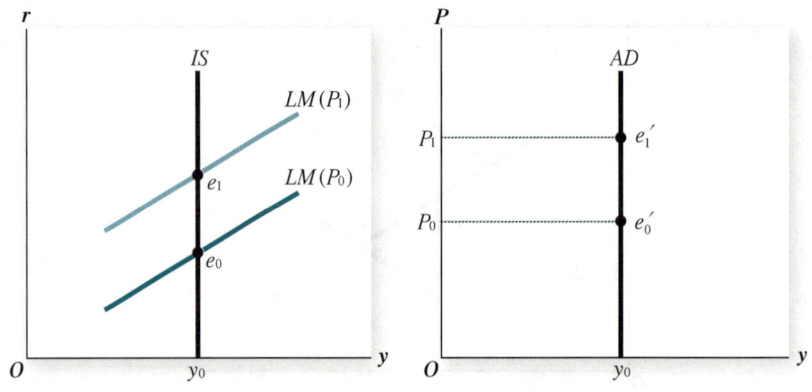

(2) 유동성함정 하의 AD곡선

[그림 24-25]에서 최초의 균형은 e_0이다. 경제가 유동성함정 하에 있다. 이제 유동성함정 영역에서 물가 P_0가 P_1으로 하락하면 LM곡선이 $LM(P_0)$에서 $LM(P_1)$으로 이동한다. 그러나 소득은 y_0로 동일하다. 왜냐하면 물가가 하락하여 실질통화량이 늘어나면, 늘어난 통화량이 모두 투기적 화폐로 흡수되고 사회최저한의 이자율수준에서 이자율은 불변이고 투자와 산출량이 변하지 않기 때문이다. 그러므로 AD는 수직이다. 따라서 투자함정이나 유동성함정 영역에서 AD곡선은 모두 수직이다.

그림 24-25
유동성함정과
AD곡선

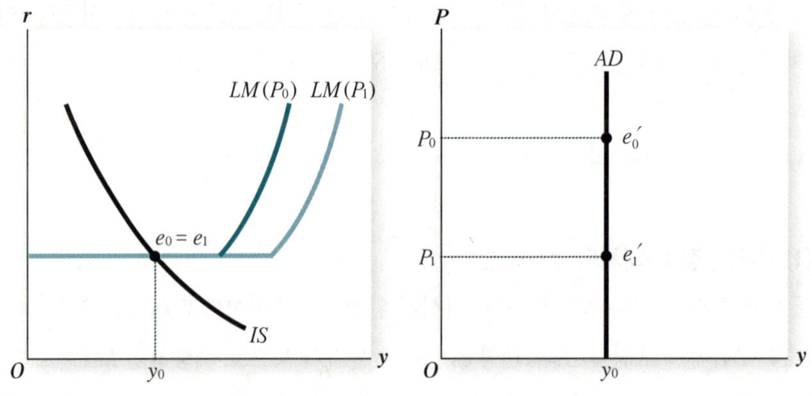

제25장 공급측면의 균형

microeconomics + macroeconomics, Economics ch. twenty-five

1. 의의

총공급량(aggregate supply)이란 주어진 물가(가격)수준에서 개별기업이 이윤을 극대화할 때 국민경제에 참여한 전체 기업이 산출한 총량을 의미한다.

공급측면이란 산출량(y)을 생산하는 기술, 즉 생산함수와 여기에 투입되는 노동, 자본 등 생산요소시장을 말한다. 따라서 공급측면의 균형이란 생산요소시장, 특히 노동시장이 균형을 이룬 상태를 말한다. 이 균형상태를 나타내는 곡선을 총공급곡선이라 한다.

총공급곡선은 1958년에 필립스곡선이 도출되면서 비로소 만들어진 개념이다. 그 전까지는 *IS*-*LM*모형에 의해 경제분석을 하였다. 거시경제에서의 총공급곡선과 미시경제에서의 공급곡선은 차이가 있다. 미시에서 공급곡선은 어떤 재화의 공급량과 그 재화의 상대가격 간의 관계를 나타내는 곡선이다. 반면 거시에서 총공급곡선은 총공급량과 일반물가수준과의 관계를 나타내는 곡선이다.

2. 총공급곡선(aggregate supply curve) : AS곡선

2.1 의의

총공급곡선(*AS*)이란 국민경제에서 물가가 변함에 따라 생산함수와 노동시장의 균형상태에서 만들어지는 균형산출량이 변화하는 형태를 연결한 곡선이다.

최근 경제학자들은 *IS*, *LM* 및 *AD*곡선에 관해서는 대략적으로 의견의 일치를 보이고 있다. 즉, 그들은 투자 및 투기적 화폐수요가 이자율에 탄력적이어서 *IS*와 *LM*곡선이 모두 완만한 기울기를 갖고, *AD*곡선도 우하향한다고 의견을 모아 가고 있다. 그러나 단기 *AS*곡선의 형태에 대해서는 여전히 의견이 불일치하고 있다. 여기에는 모두 네 가지 형태의 *AS*곡선이 있다. 케인즈학파나 통화론자들이 주장하는 노동자의 화폐환상모형(worker money illusion model), 새고전학파의 불완전정보모형(imperfect information model), 새케인즈학파의 가격경직성모형(sticky price model) 등이 있다.

▪ **총공급곡선의 종류**
- 노동자의 화폐환상모형(worker money illusion model)
- 불완전정보모형(imperfect information model)
- 가격경직성모형(sticky price model)

2.2 노동자의 화폐환상

이 모형에 의하면 노동시장이 비대칭적이다. 구체적으로 기업가는 노동시장에 대한 정보, 특히 물가에 대한 정보를 충분히 보유하는 반면, 노동자는 불충분하게 보유하고 있다.

이 과정에서 노동자는 화폐환상에 사로잡히게 된다. 화폐환상(money illusion)이란 경제주체가 실질변수의 변화와 명목변수의 변화를 구별하지 못하고 착각하는 현상이다. money illusion에서 money는 명목변수를 의미한다. 따라서 화폐환상이란 명목임금 등 명목변수(money)가 상승했을 때 이를 실질임금 등 실질변수가 상승했다고 착각하는 현상이다. 노동자에게 화폐환상이란 물가가 상승함에 따라 명목임금이 상승한 것을 노동자는 실질임금이 상승한 것으로 착각하고 명목임금을 기준으로 노동을 공급하는 현상을 말한다. 이 모형에 의한 *AS*를 도출하기 위해서 먼저 노동시장의 균형을 살펴보자.

(1) 노동공급곡선 도출

노동자는 일단 고용계약에 서명하면 계약기간 동안에 물가가 상승하여 실질임금이 하락하더라도 노동을 계속 공급해야 한다. 따라서 노동자는 자신의 실질임금을 안정적으로 유지하기 위해서 계약기간 동안에 물가변동을 예상하고 이를 근거로 예상실질임금을 계산하여 노동공급 여부를 결정한다.

만약 예상실질임금이 상승하면 노동자는 노동을 더 많이 공급하고, 하락하면 노동공급을 줄이게 된다. 따라서 노동공급함수는 예상실질임금의 증가함수이다. 이를 식 (25.1)로 표시할 수 있다. 노동공급함수는 [그림 25-1]처럼 우상향하게 된다.

그림 25-1
노동시장의 균형

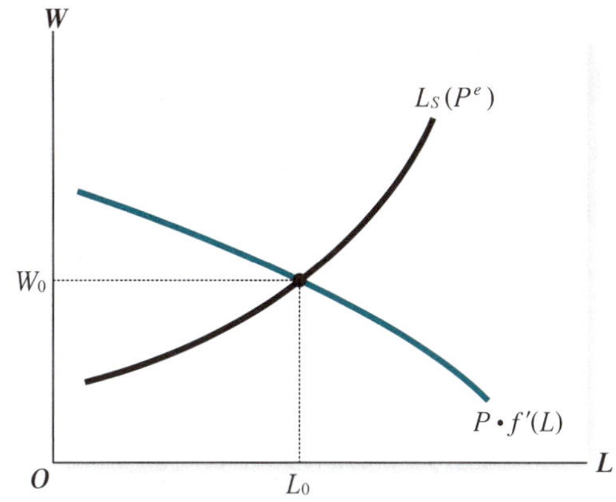

(I) 명목임금으로 표시된 노동시장균형

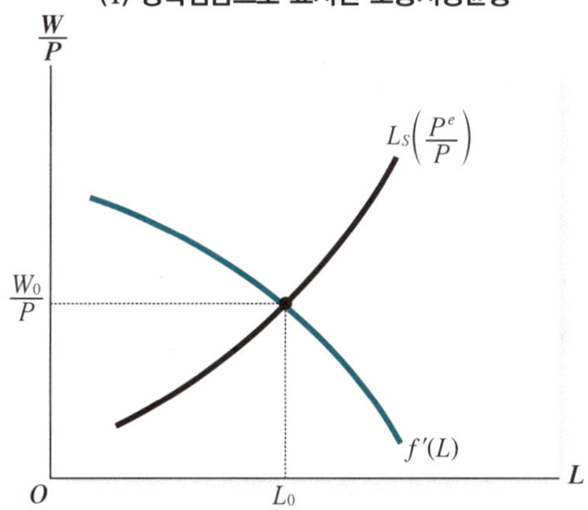

(II) 실질임금으로 표시된 노동시장균형

$$L^S = L\left(\frac{W}{P^e}\right),\ L' > 0 \tag{25.1}$$

이제 노동공급함수의 이동에 대해서 살펴보자. 노동인구나 노동시장 참여율, 노동자의 부(wealth), 그리고 미래의 예상실질임금 등이 변화하면 노동공급곡선은 이동한다. 구체적으로 설명하면 다음과 같다.

노동인구나 노동시장 참여율이 증가하면 노동공급이 증가하기 때문에 노동공급곡선은 오른쪽으로 이동한다. 그리고 가계의 부가 증가하면 소득을 증가시켜 노동자는 노동공급보다 여가를 더 선호하게 되어 노동공급을 줄이기 때문에 노동공급곡선은 왼쪽으로 이동한다.

(2) 노동수요곡선 도출

완전경쟁시장을 전제할 때 노동수요곡선은 노동의 한계생산가치곡선이다. 단기에서 노동의 한계생산가치곡선은 노동이 증가함에 따라 노동의 한계생산성이 체감하기 때문에 우하향한다. 그리고 생산성, 자본축적이 변화하면 노동수요곡선은 이동한다. 즉, 생산성 향상 등 유리한 공급충격 및 자본축적이 증가하면, 노동의 한계생산성을 증가시키므로 노동수요곡선은 우측이동한다.

$$W = P \cdot f'(L)$$

$$(\text{단}, y = f(L),\ f' > 0,\ f'' < 0)$$

(3) 노동시장의 균형

노동시장의 균형은 [그림 25-1]과 같다. 즉, 그림에서 명목임금으로 표시된 노동시장의 균형(I)은 노동수요곡선과 노동공급곡선이 일치하는 수준에서 이루어진다. 이때 균형명목임금은 W_0, 균형고용량은 L_0이다. 실질임금으로 표시된 노동시장의 균형(II)은 명목임금으로 표시된 노동수요, 공급곡선을 물가 P로 나누어서 구해진다. 이때 균형실질임금과 균형고용량은 $\left(\frac{W_0}{P}, L_0\right)$이다.

2.3 실제물가 P와 예상물가 P^e와의 관계

(1) 노동시장과 AS곡선

[그림 25-1]에서 물가가 P로 주어져 있을 때 노동시장의 균형에서 균형고용량을 총생산함수에 대입하면 균형산출량이 도출된다. 총공급곡선은 물가 P가 변할 때 균형산출량이 변하는 형태를 연결함으로써 도출된다. 그런데 물가 P가 변했을 때 P^e가 변하는 형태에 따라 노동시장의 균형은 달라진다. 이때 P^e는 노동자가 예상하는 물가수준이다. 따라서 노동자가 노동시장에서 물가에 대한 정보를 얼마만큼 보유하고 있는가에 따라 그 이동폭이 달라진다. 이에 대해서는 경제학파별로 상이한 입장을 갖고 있다.

(2) 기업가의 노동수요 결정

기업가에 대해서는 고전학파와 케인즈학파는 공통적으로 물가에 대한 정보를 충분히 갖고 있는 합리적인 경제주체로 가정한다. 따라서 기업가는 노동수요를 결정하는 실제물가 P를 정확하게 파악하고 있다.

(3) 노동자의 노동공급 결정

노동자에 대해서 고전학파는 기업가와 같이 합리적인 경제주체로 본다. 반면 케인즈학파는 노동시장에 대한 정보, 특히 물가에 대한 정보를 불충분하게 보유하고 있거나 전혀 보유하지 못하고 있는 비합리적인 경제주체로 본다.

따라서 고전학파에서 노동자는 실제물가 P가 상승하는 것만큼 정확하게 물가를 예상하기 때문에 물가변화시에 노동수요곡선의 이동만큼 노동공급곡선이 이동한다고 본다.

그러나 케인즈학파에서는 예상물가를 정확하게 예상할 수 없기 때문에 예상물가와 실제물가는 정확하게 일치하지 못한다. 만일 노동자들의 기대가 과소기대(under expectations)라면 물가변화시에 노동수요곡선은 변동하나, 노동공급곡선은 노동수요곡선보다 작게 이동한다. 이와 반대로 노동자가 과대기대(over expectations)하면, 노동시장에서 균형은 성립하지 않는다. 왜냐하면 기업가는 합리적이어서 P를 정확하게 예상하는 반면 노동자들이 과대예상을 하게 되면 기업가가 지불하고자 하는 임금보다 노동자가 요구하는 임금이 높기 때문에 기업이 임금교섭에 응하지 않기 때문이다.

2.4 학파별 AS곡선 형태

(1) 케인즈학파의 AS

최초의 공급측면의 균형은 [그림 25-2]와 같이 이루어지고 있다. 이제 물가가 P_0에서 P_1로 상승했다고 하자. 먼저, 노동수요곡선의 이동을 살펴보면, 명목임금으로 표시된 노동시장 균형에서 노동수요곡선은 상방이동한다. 반면 실질임금으로 표시된 노동수요곡선은 물가가 반영되어 있지 않기 때문에 변하지 않는다.

다음, 명목노동공급곡선의 이동을 살펴보자. 만약 $0 < \dfrac{dP^e}{dP} < 1$이면 P가 P_0에서 P_1으로 상승했을 때 예상물가는 상승하지만 실제물가보다 작게 상승하기 때문에 노동수요곡선보다 작게 상방으로 이동한다. 그러나 실질노동공급곡선은 $L_S\left(\dfrac{P_0^e}{P_0}\right)$에서 $L_S\left(\dfrac{P_1^e}{P_1}\right)$로 하방이동한다. 따라서 실질임금으로 표시된 노동시장(II)의 새로운 균형은 $f'(L) = L_S\left(\dfrac{P_1^e}{P_1}\right)$가 성립하는 e_1점에서 이루어진다. 물가변화 후에 노동시장에서 새롭게 형성된 균형고용량은 L_0보다 증가한 L_1이다. 그림 (III)에서 L_1을 생산함수에 대입하면 증가한 산출량 y_1이 생산된다.

총공급곡선(IV)은 물가가 P_0일 때 공급측면의 균형산출량 y_0와 물가가 P_1으로 변했을 때 공급측면의 균형산출량 y_1과 같은 작업을 반복하여 구해지는 점들을 연결함으로써 도출된다.

그림 25-2
케인즈학파의 총공급곡선

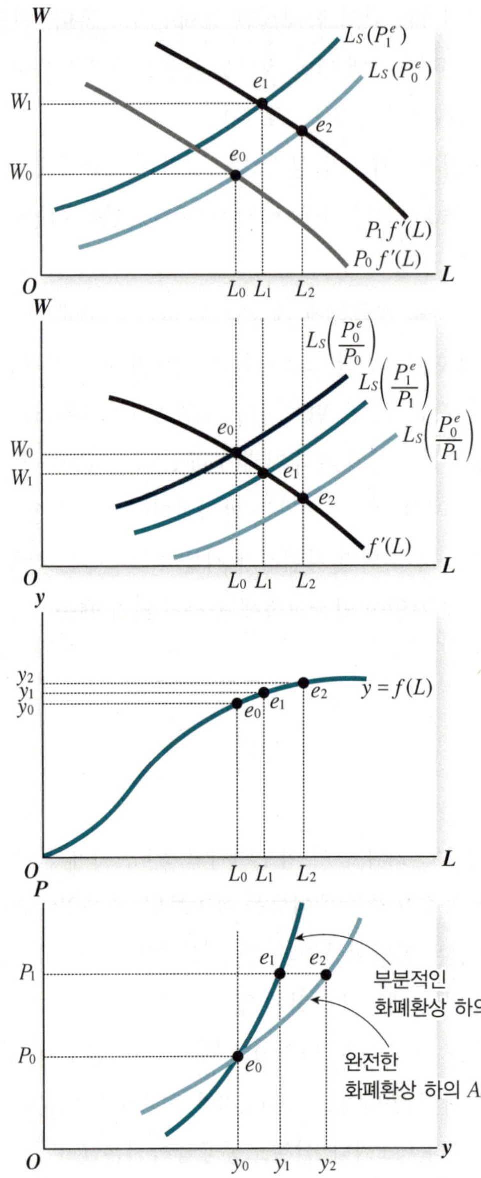

(I) 명목임금으로 표시된 노동시장

(II) 실질임금으로 표시된 노동시장

(III) 생산함수

(IV) 총공급곡선

핵심은 총공급곡선이 우상향하는 이유이다. 그것은 노동자가 노동시장에서 화폐환상에 부분적으로 사로잡혀 있기 때문이다. 그 이유는 다음과 같다. 그림에서 명목임금은 상승하였지만, 실질임금은 하락하였다. 만약 노동자가 실질임금을 기준으로 노동을 공급했다면 실질임금이 하락하였기 때문에 노동공급을 감소시켜야 할 것이다. 그러나 노동자는 실제로 노동공급을 증가시켰다. 즉, 물가가 상승할 때 노동자는 명목임금이 상승한 것을 실질임금이 상승했다고 착각하는 화폐환상에 부분적으로 사로잡

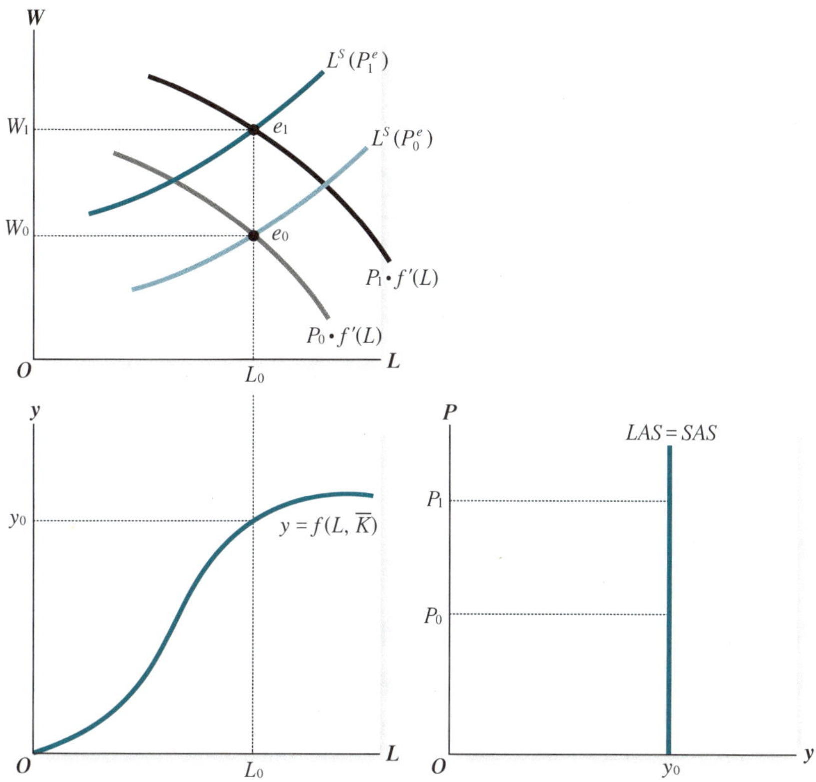

그림 25-3
고전학파의 총공급곡선

혀 노동공급을 증가시킨 것이다. 이런 의미에서 케인즈학파의 총공급곡선을 노동자의 화폐환상에 의한 총공급곡선이라 한다.

(2) 고전학파의 *AS*

케인즈학파와는 달리 고전학파에서는 화폐현상이 존재하지 않는다. 따라서 고전학파에서는 노동자와 기업가가 모두 합리적이므로 실제물가 P의 변화에 따라 노동수요곡선이 이동하면 노동공급곡선도 같은 폭으로 이동한다.

[그림 25-3]에서 실제물가가 상승해도 균형노동량 L_0는 불변이기 때문에 균형산출량은 여전히 y_0이다. 따라서 고전학파의 AS는 완전고용수준에서 수직이다. 여기서 산출량이 변하지 않는 이유는 물가가 상승하여 명목임금이 상승하였지만 실질임금이 변동하지 않았기 때문이다. 즉, 노동자들이 화폐환상으로부터 자유로웠기 때문이다.

그림 25-4
총공급곡선의 형태

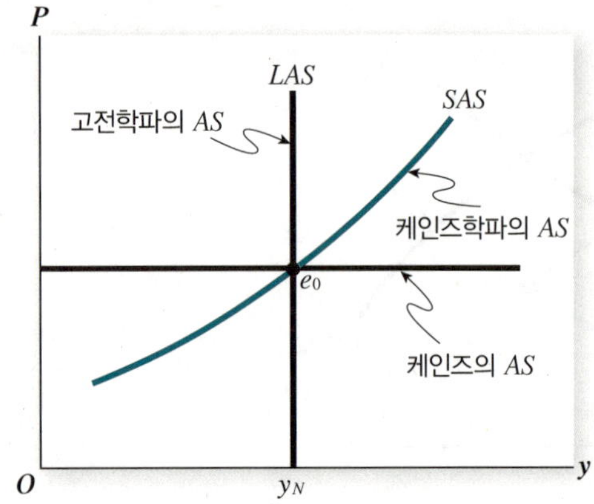

(3) *AS*곡선의 형태 정리

첫째, 총공급곡선의 형태는 노동시장에서 노동자들이 화폐환상에 사로잡혀 있는가 여부에 따라 결정된다. 만약 노동자들이 화폐환상으로부터 자유로우면 *AS*곡선은 자연산출량 수준에서 수직이다. 그러나 화폐환상에 사로잡혀 있으면 *AS*곡선은 우상향하게 된다. *AS*가 우상향한다는 것은 공급측면에서 P와 y 간에 정(+)의 관계가 있다는 것을 의미한다. 이 중간과정을 매개하는 것이 화폐환상이다.

둘째, 화폐환상에 사로잡혀 있더라도 그 정도에 따라 *AS*곡선의 기울기는 다르다. 화폐환상에 완전하게 사로잡혀 있을 때의 *AS*곡선은 부분적인 화폐환상 하의 *AS*보다 완만한 기울기를 갖는다.

다음으로, 단기총공급은 여러 형태를 갖는다. 물가가 고정되어 있는 케인즈의 *AS*곡선은 수평이다. 고전학파의 *AS*는 자연산출량 수준에서 수직이다. 케인즈학파의 *AS*는 우상향하는 기울기를 갖는다. 이를 학파별로 정리하면 [그림 25-4]와 같다.

끝으로, 총공급곡선의 형태는 경제안정화정책의 유효성과 관련하여 매우 중요한 함의를 갖는다. *AS*가 수직이면 정부의 여하한 경제안정화정책도 효과가 없다. 즉, 완전한 구축효과가 발생한다. 반면에 *AS*가 우상향하면 정부정책은 최소한 단기에서는 효과가 있다.

2.5 총공급곡선의 이동

총공급곡선을 이동시키는 요인, 즉 공급충격은 다음과 같다. 한계비용(*MC*)에 영향을 미치는 요인들이다. 왜냐하면 총공급곡선은 개별기업의 $P = MC$라는 이윤극대화조건 하에서 생산되는 산출량을 합한 것이므로 개별기업의 공급곡선 *MC*를 반영하

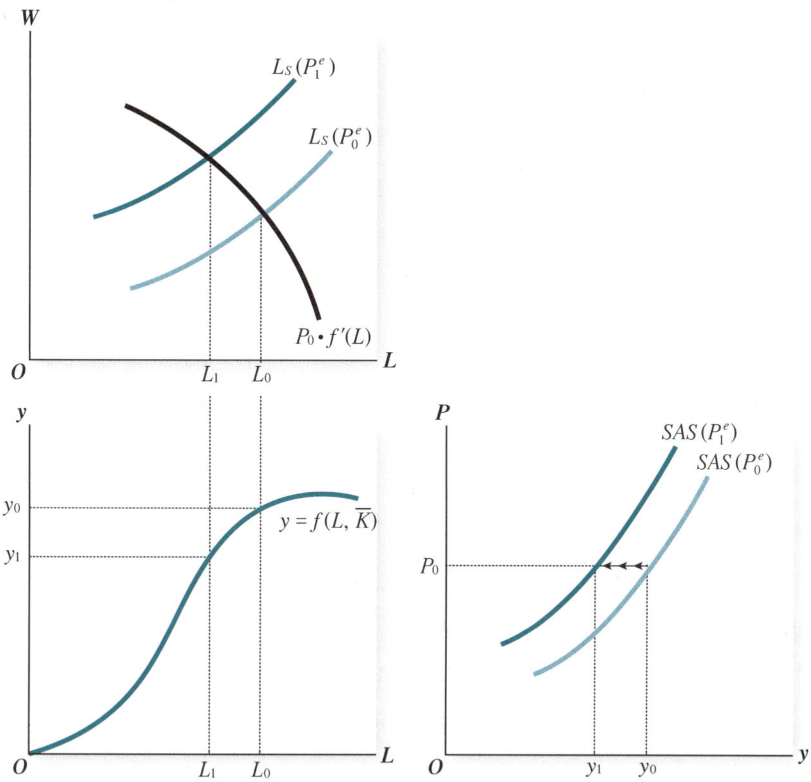

그림 25-5
예상물가(P^e)의 상승이 총공급에 미치는 영향

고 있기 때문이다. 따라서 주어진 물가 P에서 MC가 증가하면 기업은 $P < MC$이기 때문에 산출량을 줄여야 한다. 그 결과 단기총공급곡선(SAS)은 좌상방으로 이동한다.

[그림 25-5]에서 예상물가가 상승하면 노동공급곡선이 좌상방으로 이동하면서 SAS는 좌상방으로 이동한다. 왜냐하면 주어진 명목임금 하에서 기대물가의 상승은 기대실질임금을 떨어뜨려 노동자가 노동공급을 줄이게 되어 산출량이 감소했기 때문이다.

3. 새고전학파의 불완전정보모형과 *AS*곡선

Economics ch. twenty-five

새고전학파는 불완전정보모형(imperfect information model) 하에서 프리드만-펠프스의 필립스곡선과 오쿤의 법칙을 이용하여 총공급곡선을 도출하였다. 불완전정보란 경제주체가 예측하고자 하는 변수와 관련하여 불완전하지만 이용가능한 모든 정보를 말한다.

3.1 오쿤의 법칙

단기산출량의 변화는 노동시장의 고용변화로부터 발생한다. 이는 노동시장상태와 산출량이 연결되어 있다는 것을 의미한다. 오쿤은 이를 정식화하였다.

오쿤의 법칙에 의하면, 한 나라의 완전고용산출량과 실제산출량 간의 차이는 실업률이 1%포인트 증가할 때마다 약 2.5%포인트씩 증가한다.

$$\text{오쿤의 법칙}: \frac{y_f - y_t}{y_f} = 2.5\,(u_t - u_n) \tag{25.2}$$

경기적 실업률은 실제실업률에서 경기변동과 관련이 없는 자발적, 마찰적 자연실업률을 제거하여 도출된다. 따라서 식 (25.2)에서 $u_t - u_n$은 경기적 실업률(unemployment rate)을 나타낸다. 식에서 오쿤의 법칙은 완전고용산출량에서 완전고용산출량과 실제산출량 간의 차이가 차지하는 비율은 경기적 실업률의 2.5배와 같다는 것을 의미한다. 이때 실업률 1%포인트 상승이 실제산출량을 1%포인트 하락시키지 않고 2.5%포인트 하락시키는 이유는 실업이 증가할 때 산출량을 결정하는 다른 요인, 예를 들면 노동력, 노동시간, 평균생산성 등이 경제성장에 영향을 미친다는 것을 의미한다.

▪ 오쿤의 법칙 정리

첫째, 산출량시장과 노동시장을 연결한 경험법칙

둘째, u_t를 1% 포인트 낮추기 위해서는 α%(대략 2.0 ~ 2.5%)의 y_t의 성장이 필요함

3.2 새고전학파의 *AS*곡선 도출

새고전학파이론에 의하면, 정부가 민간이 예상할 수 없는 정책에 변화를 가하거나 불리한(adverse) 공급충격이 발생하면 실제물가가 상승한다. 특히 (민간)경제주체가 합리적 기대를 하더라도 불완전한 정보 하에서 예상할 수 없는 정책을 변화시키면 민간은 이를 정확히 예측할 수 없다. 따라서 실제물가와 예측물가가 불일치하게 된다.

왜냐하면 민간이 예상할 수 없는 정부정책의 변화는 경제주체가 물가에 대해 잘못 인식(price misperception)하게 만들기 때문이다. 이때 개별기업이 예상한 인플레이션율보다 실제인플레이션율이 크게 상승하면 개별기업은 이것을 상품가격이 상승하였다고 생각하고 생산량을 증가시킨다. 반대의 경우 개별기업은 자신들이 예상한 가격

보다 상품가격이 하락했다고 보고 생산량을 감소시킨다. 이를 반영한 곡선이 불완전 정보모형 하에서의 총공급곡선의 식 (25.6)이다.

이제 프리드만-펠프스 필립스곡선과 오쿤의 법칙을 이용하여 식 (25.6)을 도출해보자.

$$\text{프리드만-펠프스 필립스곡선} : \dot{P}_t = \dot{P}_t^e + h(u_t - u_N) \quad (\text{단}, h < 0,\ h(0) = 0) \tag{25.3}$$

$$\text{오쿤의 법칙} : \frac{y_f - y_t}{y_f} = \alpha(u_t - u_N) \quad (\text{단}, \alpha > 0) \tag{25.4}$$

오쿤의 법칙을 통해 경기적 실업률을 구하면

$$u_t - u_N = -\frac{1}{\alpha}\left(\frac{y_t - y_f}{y_f}\right) \tag{25.5}$$

이다. 이를 프리드만-펠프스 필립스곡선에 대입하면

$$\dot{P}_t = \dot{P}_t^e - \frac{h}{\alpha}\left(\frac{y_t - y_f}{y_f}\right)$$

즉, 총공급곡선은 다음과 같은 식으로 표시된다.

$$\dot{P}_t = \dot{P}_t^e + g(y_t - y_f) \tag{25.6}$$
$$\text{또는 } y_t = y_f + f(\dot{P}_t - \dot{P}_t^e)$$
$$(\text{단}, g > 0,\ f = \frac{1}{g} > 0)$$

3.3 새고전학파 *AS*곡선 형태와 의미

식 (25.6)에서 총공급곡선의 핵심은 예상할 수 없는 물가상승률이 생산량을 결정한다는 것이다. 즉, 실제물가가 기대물가보다 크면 생산량은 증가하고, 그 반대의 경우는 감소한다. 따라서 $\dot{P}_t - \dot{P}_t^e$와 산출량 y_t 간에는 정의 관계가 있고, 그 형태는 우상향한다. 만약 기대와 실제가 일치하면 경제는 완전고용상태에 있게 된다. 또한 $f > 0$이기 때문에 물가와 산출량 간에도 정의 관계가 있고, 곡선의 형태는 우상향한다.

식 (25.6)의 총공급곡선의 의미를 보면 다음과 같다.

먼저, 식 (25.6)에서 $\dot{P}_t - \dot{P}_t^e$은 실제물가상승률과 예상물가상승률의 차이이기 때

그림 25-6
새고전학파의 총공급곡선

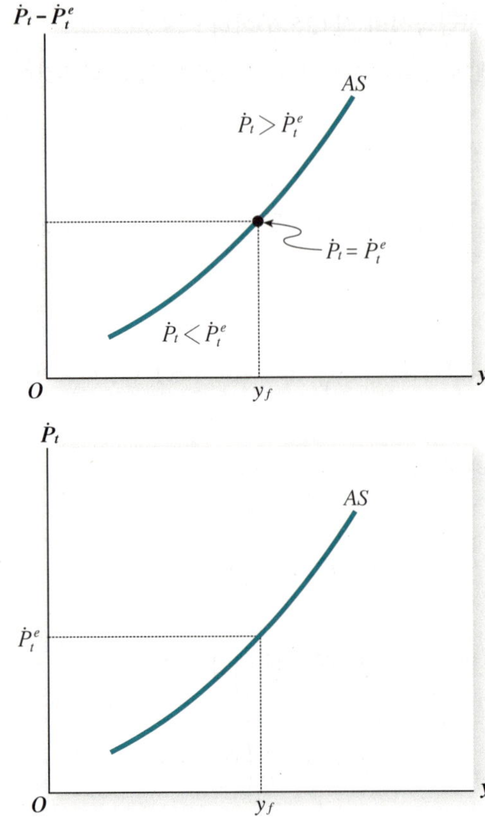

문에 예상할 수 없는 물가상승률이며 일종의 물가 또는 가격충격을 의미한다. 그리고 개별기업이 실제물가에 대한 잘못된 인식으로부터 나타난 물가에 대한 예측오차로 해석된다.

■ **$\dot{P}_t - \dot{P}_t^e$의 경제적 의미**

- $\dot{P}_t - \dot{P}_t^e \neq 0$은 예상물가상승률($\dot{P}_t^e$)과 실제물가상승률의 불일치를 의미하기 때문에 예상할 수 없는 물가상승을 의미함
- 예상할 수 없는 물가상승률은 물가에 대한 잘못된 예측 또는 인식으로 나타나기 때문에 물가 또는 가격에 대한 잘못된 인식이라 함

둘째, 식 (25.6)의 핵심은 총공급량 y_t가 예상할 수 없는 물가상승률에 의해서 결정되고, 이 값의 증가함수라는 것이다. 즉, 기업들이 예상한 것보다 실제물가가 더 많이 상승하면 개별기업은 자기 제품가격이 상승했다고 보고 자사제품의 공급량을 증가

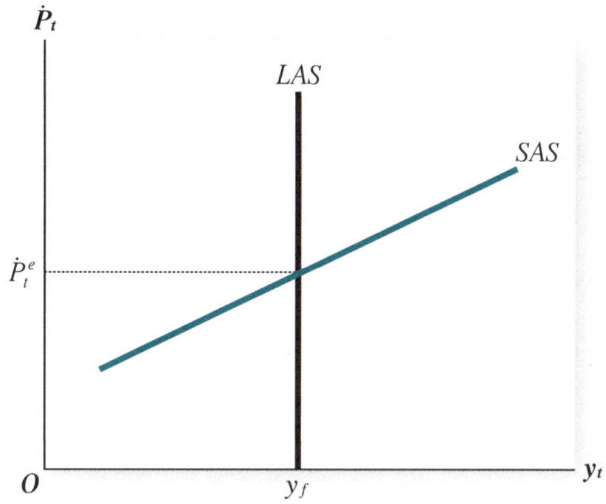

그림 25-7
불완전정보모형에서 장 · 단기공급곡선

시킨다는 것을 의미한다.

셋째, 총공급함수를 장 · 단기 총공급함수로 구분하여 살펴볼 수 있다. 단기란 실제와 기대물가가 불일치하거나 예상물가상승률이 고정되어 있는 기간을 말한다. 실제와 기대물가가 불일치하면 y_t와 y_f가 일치하지 않는다. 따라서 단기총공급곡선(*SAS*)은 우상향한다. 그러나 장기에는 $\dot{P}_t$가 변할 때, $\dot{P}_t^e$도 충분히 변하면서 일치한다. 따라서 식 (25.6)에서 y_t와 y_f가 일치하므로 장기총공급곡선(*LAS*)은 수직이다.

■ **동태분석에서 장 · 단기 구분**
- 단기란 $\dot{P}_t$와 $\dot{P}_t^e$가 불일치하거나 $\dot{P}_t^e$가 고정되어 있는 기간 동안을 말함
- 장기란 $\dot{P}_t^e$가 완전하게 조정되어 $\dot{P}_t = \dot{P}_t^e$가 이루어진 상태임

4. 새케인즈학파의 경직성모형과 *AS*곡선

Economics ch. twenty-five

새케인즈학파의 총공급곡선은 임금경직성모형(sticky wage model)과 가격경직성모형(sticky price model)으로 구분하여 도출할 수 있다. 총공급곡선의 기본적 형태는 새케인즈학파도 합리적 기대를 수용하고 있기 때문에 새고전학파의 모형과 일치한다. 그러나 예상치 못한 물가변동과 산출량과의 연결고리에 대한 근거가 서로 다르다. 새고전학파는 불완전정보를, 새케인즈학파는 임금과 가격의 경직성의 연결고리를 각각 제시하고 있다.

4.1 가격경직성 하의 총공급곡선

(1) 의의

피셔의 명목임금경직성모형에 대해서 로템버그(J. J. Rotemberg)는 상품가격의 경직성을 강조하였다. 그는 불완전경쟁시장에서 기업은 제품수요의 변화가 있을 때 제품가격을 신축적으로 움직이기보다는 재고상품의 공급량을 변화시킨다고 보았다. 이것은 단기에서 가격경직성을 보이는 것이 기업의 이윤극대화원리와 일치함을 의미한다.

(2) 도출

불완전경쟁에서 기업이 자사상품에 대해 받고자 하는 희망가격(P_t^*)은 일반물가수준과 국민소득수준에 의해서 결정된다. 이는 다음과 같다.

$$P_t^* = P_t + \alpha (y_t - y_f), \ \alpha > 0 \qquad (25.7)$$

식 (25.7)은 P_t와 $y_t - y_f$가 각각 클수록 기업이 자사제품에 대해 원하는 희망가격도 상승한다는 것을 의미한다. 따라서 좌변은 P_t와 y_t의 변화에 따라 신축적으로 움직인다는 것을 의미한다.

그러면 희망가격은 어떻게 경직성을 보이는가? 기업은 물가와 산출량 등 이용가능한 모든 정보를 사용하여 앞으로 예상되는 자사제품가격을 결정하고 이를 공표한다. 그리고 이를 준수함으로써 희망가격은 다음과 같이 경직적이게 된다.

$$\overline{P_t^*} = P_t^e + \alpha (y_t - y_f), \ \alpha > 0 \qquad (25.8)$$

다음으로, 일반물가를 계산해 보자. 한 시장 내에 가격경직적 기업과 가격신축적 기업이 있을 때 전자의 비율을 s라 하면 후자는 $(1-s)$이다. 일반물가는 이들의 가중평균값으로 다음과 같이 정의된다.

$$P_t = s \cdot \overline{P_t^*} + (1-s) P_t^* \qquad (25.9)$$

식 (25.8)을 식 (25.9)에 대입하면 가격경직성 하의 총공급곡선을 얻을 수 있다.

$$P_t = P_t^e + \alpha(y_t - y_f),\ \ \alpha > 0 \tag{25.10}$$
$$\text{또는 } y_t = y_t + f(P_t - P_t^e),\ \ \text{단, } f = \frac{1}{\alpha} > 0$$

그런데 이 곡선은 새고전학파의 총공급곡선의 식 (25.6)과 동일하다.

4.2 새케인즈학파 *AS*곡선의 특징

새케인즈학파의 경직성모형 하의 총공급곡선의 특징은 다음과 같다.

식 (25.10)으로 표시된 새케인즈학파의 총공급곡선과 식 (25.6)으로 표시된 새고전학파의 총공급곡선은 동일하다. 따라서 단기총공급곡선은 우상향하고 장기총공급곡선은 자연실업률수준에서 수직이다.

그러나 식 (25.6)과 식 (25.10)에서 예상치 못한 물가상승률이 산출량에 미치는 연결근거가 다르다. 새고전학파는 불완전정보에 기인하고, 새케인즈학파는 가격(임금)경직성에 기인한다.

■ 새고전학파와 새케인즈학파의 비교

새고전학파 : 불완전정보
새케인즈학파 : 가격(임금)경직성] → $\dot{P}_t - \dot{P}_t^e \neq 0$ → 산출량 y_t 변화

새케인즈학파와 케인즈학파의 단기 *AS*형태는 주어진 물가에서 수평이거나 우상향한다. 그러나 장기를 고려하지 않는 케인즈학파와는 달리 새케인즈학파는 장기총공급곡선이 존재하며 완전고용산출량수준에서 수직이다.

5. 거시경제의 일반균형

Economics ch. twenty-five

5.1 정의

거시경제의 일반균형이란 산출물시장(*IS*)과 화폐시장(*LM*)의 균형을 나타내는 수요측면의 균형(*AD*)과, 총생산함수와 노동시장의 균형을 연결하는 공급측면의 균형(*AS*)이 동시에 실현되는 산출량(y), 물가(P), 이자율(r), 실질임금(w), 명목임금(W), 고용량(L)의 배합수준을 말한다.

그림 25-8
거시경제의 일반균형

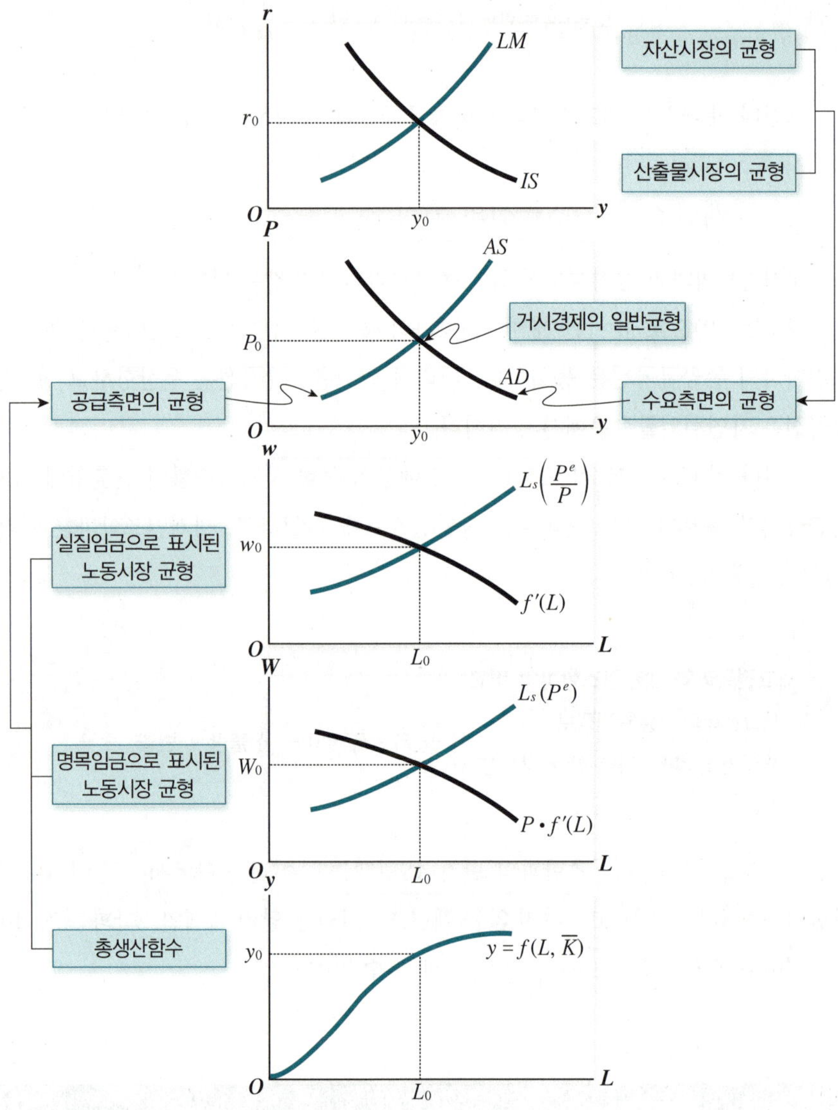

5.2 거시경제 일반균형

앞으로 경제분석에서 사용할 일반적인 *IS–LM*, *AD–AS*모형을 이용하여 [그림 25-8]처럼 거시경제의 일반균형을 도출할 수 있다. 그림에서 *AD*곡선은 상단에 있는 *IS–LM*으로부터 도출된다. *AS*곡선은 하단에 있는 노동시장의 균형으로부터 도출된다.

경제안정화정책 : 재정정책과 금융정책

part ten

10

제26장 거시경제정책 논쟁

microeconomics + macroeconomics, Economics ch. twenty-six

1. 의의

Economics ch. twenty-six

'경제정책의 수립과 집행'은 경제학자들이 가장 격렬하게 논쟁하는 한 분야이다. 때문에 경제정책 수립에 있어서 '최적 feedback rule'은 케인즈학파와 통화주의학파(새고전학파 포함)를 구분하는 실천적 기준이다.

결론부터 말하면, 케인즈학파는 현재 및 과거의 경제상황(feedback)을 정책수립에 반영시키는(with feedback) 재량적 정책을 강조한다. 반면 통화주의자들은 현재 및 과거의 경제상황에 관계없이(without feedback rule) 준칙정책을 주장한다.

케인즈학파는 정부가 경제에 개입하여 적기조정(fine tuning)을 통해 [그림 26-1]에서처럼 경기변동을 완화시킬 수 있다고 한다. 그러나 통화주의자 또는 새고전학파들은 적극적이고 자유재량적인 정책은 경기변동을 오히려 심화시킨다고 한다.

본 장에서는 이상의 논쟁에서 제기되는 두 가지 질문을 소개할 것이다. 첫째, 금융 및 재정정책은 경제를 안정화시키기 위해 적극적(active)인 역할을 해야 하는가 또

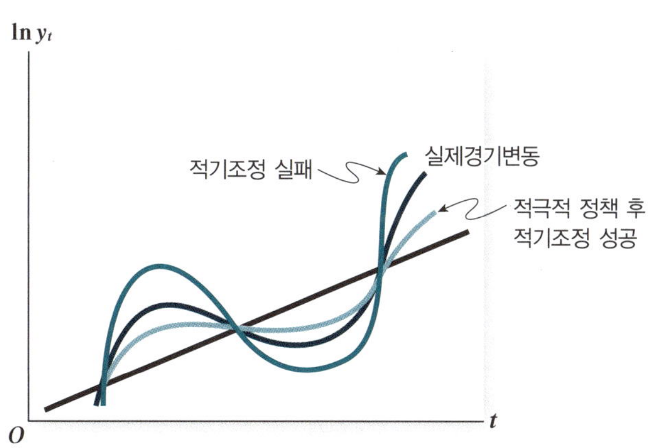

그림 26-1
케인즈학파 정책과 경기안정화 효과

그림 26-2
거시경제정책의 흐름

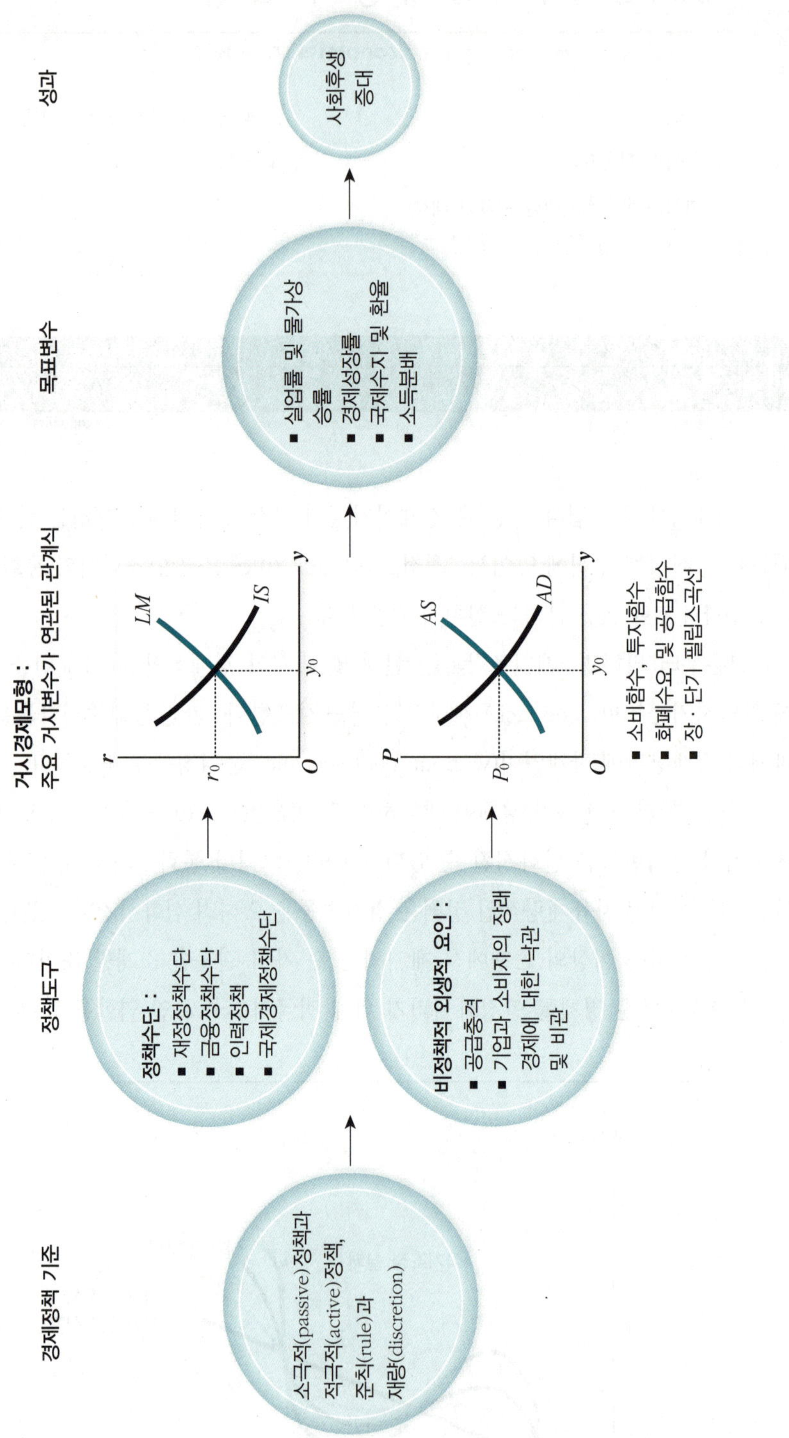

는 소극적(passive)인 역할을 해야 하는가 문제이다. 둘째, 정책입안자들은 변화하는 경제상황에 따라 자유재량적 정책(discretion)을 추구해야 하는가 또는 준칙(rule)을 따라야 하는가 문제이다.

2. 적극적 정책과 소극적 정책

적극적(active) 정책을 지지하는 자들은 경제를 안정화시키기 위하여 정부가 경제에 개입할 것을 강조한다. 소극적(passive) 정책 지지론자들은 정부개입에 대해 비판적이다. 아래에서 소극적 정책 지지자들이 경제안정화를 위한 정부의 금융 및 재정정책의 사용을 억제해야 한다고 주장하는 근거를 살펴보도록 하자.

2.1 자본주의의 안정성 여부

적극적 정책을 지지하는 케인즈학파는 자본주의를 본질적으로 경기침체와 경기과열이 지속적으로 반복되는 불안정한 체제로 본다. 이에 대해 통화주의자 등 고전학파류의 경제학자들은 자본주의 체제가 안정적이라고 본다. 따라서 소극적인 정책을 옹호한다.

케인즈학파는 경제를 안정화시키기 위해 정부가 적극적으로 개입하여 경제가 위축되면 확장적 재정·금융정책을 사용하고, 과열되면 긴축적 재정·금융정책을 사용하여야 한다고 주장한다. 만약 정부가 이러한 정책을 사용하지 않으면 총수요 및 총공급충격으로 불필요한 경기변동이 발생할 수 있다.

2.2 시차문제

정부의 안정화정책의 수립과 집행 및 그 효과를 얻기까지에는 두 가지 시차, 즉 '내부시차'와 '외부시차'가 존재한다. '내부시차(inside time lag)'는 정부가 경제에 충격이 발생했다는 사실을 알았을 때부터 적절한 정책을 집행하는 데까지의 시간을 말한다. 내부시차에는 인식시차, 결정시차와 집행시차가 존재한다. '외부시차(outside time lag)'는 정책집행 후 정책이 지출, 소득, 고용 등 목표변수에 영향을 미칠 때까지의 기간을 말한다. 이는 [그림 26-3]과 같이 구분된다.

재정정책은 일반적으로 내부시차가 상대적으로 길다. 예를 들어 정부지출을 하거나 세입예산을 위해 세법을 개정하려고 하면 국회 내에 치열한 심의과정을 거쳐야 한

그림 26-3
시차의 종류

- 시차
  - 내부시차
    - 인식시차 : 경제상황변화를 인식하기까지의 시차
    - 결정시차 : 정책수단과 목표변수를 결정할 때까지의 시차
    - 집행시차 : 의회 등의 승인을 얻어 집행하기까지의 시차
  - 외부시차 (충격시차) — 정책수단의 변화부터 목표변수의 변화까지의 시차

다. 따라서 재정정책은 경제를 안정화시키는 데 있어 부정확한 수단이 된다. 금융정책은 상대적으로 외부시차가 길다. 금융정책은 일반적으로 이자율을 변화시켜 기업의 투자지출에 영향을 미친다.

따라서 소극적 정책 지지자들은 금융 및 재정정책과 관련된 이상의 장기적 시차 때문에 적극적인 경제안정화정책이 성공하기가 거의 불가능하다고 한다. 한편 적극적 정책 지지자들은 이러한 시차문제에 주의를 기울여야 한다는 점을 인정하지만 경제정책이 완전히 소극적이어야 한다는 점에 대해서는 비판적이다. 또한 소극적 정책 지지자들도 극심한 장기적 경제침체에 직면하면 경제정책이 반드시 소극적이어야 한다고 주장하지는 않는다.

2.3 정부와 중앙은행에 대한 불신

정부나 중앙은행에 대한 정치적 신뢰나 그들에 대한 불신도 소극적 정책을 지지하는 하나의 근거가 되고 있다. 통화주의자들은 정부나 중앙은행의 능력이나 신뢰성에 대해 비판적인 견해를 갖고 있어 이들에 의한 적극적인 경제개입은 경기변동을 오히려 증폭시킬 수 있다는 것이다.

2.4 경제예측력의 한계

적극적인 경제안정화정책이 유효하기 위해서는 장래의 경제를 정확히 예측하는 능력이 필요하다. 만약 장래의 경제상황을 예측할 수 없다면 금융 및 재정정책을 통한 총수요의 확장 또는 긴축 여부를 결정할 수 없다. 불행히도 현재 우리는 경제에 대한 낮은 이해수준으로 인해 미래 경제상황을 정확히 예측할 수 없는 경우가 빈번히 발생하고 있다.

3. 준칙과 자유재량

두 번째 주제는 경제정책이 준칙에 따라 시행되어야 하는가 또는 자유재량에 따라 실시되어야 하는가에 대한 문제이다. '준칙'에 의한 정책이란 정부가 변화하는 경제상황에서 사전에 어떤 정책을 실시할 것인가를 밝히고, 이에 근거하여 정책을 집행할 것을 약속 · 공고하고 경제상황과 관계없이 실시하는 정책을 말한다. 이에 대해 '자유재량적' 정책이란 정책입안자가 사안별로 상황을 판단하여 어떤 정책이 적합한지를 선택하고, 이 선택된 정책을 실시하는 것을 의미한다. 이하에서 준칙론자들의 이론적 근거를 살펴보자.

3.1 루카스 비판

거시계량모형에서 케인즈학파의 자유재량적 경제정책이 효과를 발생하는 경우는 민간경제주체가 고정된 기대 등 비합리적 기대를 할 때이다. 그러나 루카스 비판에 의하면 경제주체가 합리적 기대를 할 때 케인즈학파의 정부정책이 예상가능한 경우 정책변화가 경제주체의 기대에 반영되므로 그 효과는 무력하다.

그러나 예상하지 못한 정책은 경제주체의 이용가능한 정보집합(I_{t-1})에 포함되지 않으므로 극히 일시적인 효과가 있지만, 합리적 기대 하에서 체계적 오류를 범하지 않기 때문에 곧 아무 효과도 발휘하지 못한다. 특히 예상치 못한 정부정책은 정부의 신뢰에 대해 부정적인 영향을 미치므로 바람직하지 못하다.

3.2 최적정책의 비일관성(inconsistency of optimal policy) 문제[1]

케인즈학파의 자유재량적 경제정책은 최적정책의 비일관성 문제를 야기시킨다. 최적정책의 비일관성 하에서 적극적 정책을 실시했을 때 소극적 정책보다 인플레이션이 보다 높아지기 때문에 경기불안정성이 확대된다.

3.3 정책입안자에 대한 불신과 정치적 경기변동

준칙론자들은 정치가들이 거시경제정책을 자신의 정치적 목적을 위해 사용할 것을 우려한다. 득표를 위해 경제를 조작하는 것을 '정치적 경기변동(political business

---

1. 구체적 분석은 본 장 5절 참조.

cyle)' 이라 한다. 따라서 정책결정자에 의한 자유재량적 정책은 정치적 경기변동을 초래할 수 있으므로 정책은 준칙에 따라 실시되어야 한다.

4. 금융정책의 준칙

4.1 통화당국의 준칙을 위한 명제

프리드만과 스와르츠(1963)는 경험적으로 다음과 같은 네 개 명제를 도출하였다.

[명제 1] 통화량은 단기에서 실질변수에 강력한 영향을 미친다. 그러나 장기에서는 물가수준만을 상승시킨다. 이것은 화폐가 단기에서 비중립적이라는 것을 의미한다. 프리드만 등은 통화량공급이 경기변동의 주요한 원인 중에 하나라고 강조했다.

[명제 2] 통화정책의 강력한 단기효과에도 불구하고, 경기변동을 안정화시키기 위해 통화정책을 자유재량적으로 사용할 수는 없다.

[명제 3] 설령 경기변동을 안정화시키기 위해 통화정책을 사용하더라도 중앙은행은 효과적으로 경기를 안정화시킬 수 없다. 왜냐하면 거시경제 역사를 볼 때 중앙은행은 대통령이나 행정부로부터 정치적 압력을 받았고, 중앙은행의 재량적 정책이 오히려 경기변동을 심화시켰기 때문이다. 따라서 통화주의는 중앙은행에 의한 경기안정화정책을 신뢰하지 않는다.

[명제 4] 중앙은행은 M_1이나 M_2 같은 구체적인 통화총량을 선택하여 이를 고정된 준칙으로 증가시켜야 한다.

4.2 준칙의 종류

준칙이 자유재량보다 우월하다고 할 때 중앙은행은 어떤 거시변수를 금융정책의 준칙으로 설정해야 하는가 하는 문제에 직면한다. 여기에서는 통화량 준칙을 살펴본다.

통화주의자들의 첫 번째 준칙은 통화량증가율을 목표치로 설정하는 것이다. 이론적 근거는 화폐공급량은 소득수준의 변화에 가장 큰 영향을 미친다는 점이다. 따라서 장기경제성장률을 기준으로 통화량증가율을 일정률에 고정시킨 준칙적 통화정책이 소득과 산출량 변화 등을 보다 안정화시킨다.

이에 대해 케인즈학파는 '통화량 준칙' 에 대해 다음과 같이 비판한다.

첫째, 통화량이 소득수준에 미치는 영향이 불명확하다. 케인즈학파에 의하면 통화량은 이자율을 매개로 하여 간접적으로 소득수준에 영향을 미친다.

둘째, 화폐유통속도 V의 변화를 예측하기 어려우며 안정적이라는 실증적 근거가 없다. 준칙을 주장하는 통화론자들은 신화폐수량설에 근거하여 화폐유통속도 V는 항상소득의 매우 안정적인 함수이기 때문에 안정적이고, y는 완전고용수준(y_f)에 있다. 그러나 화폐유통속도 V의 변화에 대한 통화론자의 주장을 지지하는 실증적 근거가 아직 미약하다.

끝으로, 준칙론자들은 중앙은행이 통화공급량에 대해서 완전히 통제할 수 있다고 전제한다. 그러나 통화공급은 중앙은행 외에 비은행민간의 현금선호율, 일반은행의 초과지급준비율 결정 등에 영향을 받기 때문에 중앙은행이 통화량을 완전하게 통제할 수 있는 것은 아니다.

4.3 통화량 준칙 도출

이상의 여러 준칙 중 '통화량 준칙'을 화폐수량설을 통해서 도출해 보자. $MV = Py$에서 $M = \frac{Py}{V}$이고 이를 자연로그 취하고 시간으로 미분하면 통화량증가율이 도출된다.

$$\text{통화량증가율}(\dot{M}) = \text{실질경제성장률}(\dot{y}) + \text{물가상승률}(\dot{P}) - \text{유통속도변화율}(\dot{V})$$

통화량증가율식에서 $\dot{V} = 0$이라면, 일반적으로 통화량증가율($\dot{M}$)은 실질경제성장률($\dot{y}$) + 물가상승률($\dot{P}$)만큼 공급하는 것이 바람직하다. 또한 장기적으로 인플레이션이 없다면($\dot{P} = 0$), 통화량증가율($\dot{M}$)은 실질경제성장률($\dot{y}$)에 따라 증가시키는 것이다.

식에서 중앙은행이 통화량 준칙을 세울 때 화폐수량설에 국제수지(BP)흑자(적자)에 따른 통화량변화를 추가하기도 한다. 이때는 $\dot{M} = \dot{y} + \dot{P} + \dot{V} + BP$ 변동

5. 최적정책의 비일관성 문제와 대책

Economics ch. twenty-six

5.1 의의

준칙론자들의 주장에 의하면 자유재량적인 정책은 최적정책(optimal policy)의 비일관성 문제(problem of time inconsistency)를 야기시킨다. 이를 위해 '최적정책'과

'비일관성' 을 개념화하자. '최적정책' 이란 정부가 예산 등 여러 예산제약 하에서 사회후생을 극대화시키는 정책을 말한다. 최적정책의 일관성이란 t기에 결정되어 $t+1$기에 실시될 것으로 예상되는 최적정책과 $t+1$기가 도래하여 실제로 실시되는 최적정책이 일치하는 경우를 의미한다. 반대로 두 정책이 일치하지 않으면 이를 최적정책의 '비일관성' 이라 한다. 따라서 최적정책의 비일관성이란 정책당국이 임의의 시점에 실시한 최적정책이 미래의 어떤 시점에서는 더 이상 최적정책이 아니어서 이를 변경할 때 발생하는 문제이다.

5.2 최적정책의 비일관성

전통케인즈학파의 정책결정과정은 거시계량모형을 만들고 이를 이용하여 현재 및 미래의 최적정책을 결정하는 것이다. 여기서 결정된 정책은 최적정책의 비일관성 문제를 야기하지 않는다. 왜냐하면 민간의 기대가 고정되어 있어 정부가 이미 공고한 정책을 미래에 변경하더라도 현재시점에서 민간의 의사결정에 아무런 영향을 미치지 못하기 때문이다.

그러나 경제주체의 기대가 합리적이라면 또는 비합리적이라 하더라도 어느 정도 미래를 예측할 수 있다면 정부정책은 최적정책의 비일관성 문제를 야기시킨다. 왜냐하면 민간 경제주체는 미래에 예상되는 정부정책이 변할 것이라 예상하고 이미 현재시점에서 정부정책에 대응하여 자신의 기대와 행동을 변화시키게 되므로 최적정책의 효과가 정부의 정책목표를 실현시킬 수 없기 때문이다.

따라서 최적정책이 일관성을 갖기 위해서 현재시점에서 결정되어 실시되는 정부정책은 사전공고없이 급격하게 변화되지 않고 지속적으로 실시되어야 한다. 이때는 민간도 정부정책에 신뢰를 갖고 자신의 기대나 행동을 변화시키지 않기 때문에 정부정책은 당초의 목표를 실현할 수 있다.

비일관성의 문제를 화폐금융정책에서 살펴보자. 중앙은행은 물가안정과 완전고용을 정책목표로 설정할 수 있다. 현재(t기) 중앙은행은 상충관계에 있는 이 두 경제목표 중 물가안정을 정책목표로 설정했다고 하자. 기대인플레이션을 낮추기 위해 중앙은행은 통화정책의 최고목표를 물가안정의 실현이라고 발표한다. 그리고 중앙은행은 이 목표를 달성하기 위해 재량적으로 긴축적 정책을 실시한다. 정부의 일정한 통화량 긴축정책의 결과 일정시간 경과 후에 어느 정도 물가안정을 이룩했다고 하자. 그런데 우하향하는 필립스곡선에서 인플레이션율 하락은 실업률을 높이게 된다. 이제 $t+1$기에 경제문제의 관심은 인플레이션에서 실업으로 바뀌게 된다.

가계가 인플레이션에 대한 기대를 형성하고, 이에 근거하여 행동할 때 중앙은행은 이미 어느 정도 인플레이션 목표를 달성했기 때문에 이제 실업을 낮추기 위하여 이미 발표된 정책목표를 물가안정 실현에서 고용안정으로 변화시키고자 하는 유인이 발생하게 된다. 중앙은행은 정책목표와 이를 달성하기 위한 정책수단의 변경을 놓고 많은 고민을 하게 된다. 결국 앞의 유인에 따라 중앙은행은 팽창적 통화정책을 사용하여 고용안정을 실현하고자 정책목표를 변경하게 된다. 그 결과 고용안정을 이룩했다고 하자.

이때 〈표 26-1〉에서와 같이 '최적정책의 비일관성' 문제가 발생한다. 왜냐하면 t기와 $t+1$기에는 각각 물가안정과 완전고용을 달성하는 것이 사회후생을 극대화하는 최적정책이지만 $t+1$기에 실시될 것으로 예상된 최적정책과 실제 실시한 최적정책이 불일치하기 때문이다.

만약 케인즈학파모형에서 정부가 t기에 실시한 인플레이션 대책을 $t+1$기까지 계속 실시하면 '일관된 정책의 비최적성'의 문제가 발생하여 일관성은 유지하지만, 사회후생을 극대화하지 못한다. 왜냐하면 t기에 사회후생을 극대화하는 정책은 '인플레이션 정책'이지만 $t+1$기에는 '실업대책'이 사회후생을 극대화하기 때문이다. .

표 26-1 최적정책의 비일관성과 일관된 정책의 비최적성

정책 \ 기간	t기		$t+1$기
예상된 최적정책	인플레이션 대책	→	인플레이션 대책
		↕ 최적정책의 비일관성	
실제 실시된 최적정책	인플레이션 대책	유혹 →	실업대책

5.3 본인-대리인 문제에 의한 최적정책의 비일관성 문제

경제상황에 대한 정보는 본인과 대리인 간에 비대칭적이다. 즉, 본인인 국민은 대리인인 금융당국만큼 경제상황에 대한 정보를 갖고 있지 못하다. 이런 상태에서 준칙에 의한 정책과 재량에 의한 정책의 효과를 분석해 보자.

먼저, 준칙에 의한 정책을 보자. 금융당국이 물가안정을 위한 정책을 공고하고 공고한 대로 정책을 집행하면 금융당국은 국민으로부터 신뢰를 획득한다. 이를 평판(reputation)이라 한다. 국민이 금융당국의 물가안정정책에 대해 신뢰성(credibility)을 갖게 되면 예상물가(P^e)가 낮게 형성되고 이에 따라 실제물가(P)도 낮아진다. 따라서 물가안정을 이룩할 수 있다.

▪ 준칙에 의한 정책

공고(약속) → 공고한 대로 집행 → 대리인이 본인으로부터 신뢰획득 → 경제정책에 대한 신뢰성(credibility) 축적, 통화당국의 좋은 평판(reputation) 형성 → P^e 낮게 형성됨 → P 낮게 실현됨 → 물가안정정책이 성공함

다음, 재량에 의한 정책을 보자. 금융당국이 경제상황에 따라 자유재량적으로 정책을 집행하면 금융당국은 정책에 대해서 민간으로부터 좋은 평판과 신뢰를 획득하지 못한다. 따라서 국민은 금융당국에 대해 불신을 갖게 되어 예상물가(P^e)가 높게 형성되고, 실제물가(P)도 높아지게 된다.

▪ 재량에 의한 정책

상황에 따라 정책을 집행 → 대리인이 본인으로부터 신뢰를 얻지 못함 → 경제정책에 대한 신뢰성 축적 안 됨. 통화당국의 좋은 평판이 형성 안 됨 → 본인-대리인 문제 발생 → 대리인을 불신함 → P^e 높게 형성됨[정부가 경제상황에 따라 정책을 변경할 것이라는 사실이 본인들 간에 상식(common knowledge)이 되어버림] → P 높게 실현됨 → 물가안정정책이 실패함

5.4 대책

물가안정과 고용안정을 달성하는 정책집행에서 핵심은 '신뢰성'이다. 이를 얻기 위해서는 정부정책을 사전에 공고하고 이 정책을 법률적 조치 등으로 확약(commitment)을 한 후에 준칙에 따라 정책을 집행해야 한다. 준칙에 의한 정책의 예로 국회가 법이나 제도적으로 고정된 준칙에 의한 정책을 입법화하여 정책결정자에게 확약하게 하고 그들의 재량권을 제약하는 것을 들 수 있다.

결론적으로 최적재량에 의한 정책은 경제상황을 정책수립에 반영시키므로 비일관적일 수밖에 없고, 최적준칙에 의한 정책보다 높은 인플레이션을 기록하여 사회후생수준이 낮아진다.

제27장 재정정책의 효과

microeconomics + macroeconomics, Economics ch. twenty-seven

1. 의의

재정정책이란 정부가 정부지출이나 조세를 수단으로 IS곡선 혹은 AD곡선을 조정하여 경제목표를 실현하는 정책이라고 할 수 있다. 그러나 본 장에서 말하는 재정정책은 정부적자($G-T>0$)를 국공채발행(ΔB)을 통해 조달하는 정책으로 한정한다.

재정정책 유효성에 관한 본격적인 논쟁은 케인즈학파의 적극적인 재정정책의 유효성 주장에 대해 프리드만 등 통화론자가 구축효과를 주장하면서 시작되었다.

2. 재정정책의 효과

2.1 재정정책의 전달경로

재정정책의 전달경로란 정부의 재정정책이 산출물에 영향을 미치기까지의 경로를 말한다. 케인즈학파와 통화론자 간의 전달경로의 차이는 정부지출이 산출물에 미치는 영향이 직접적이냐 간접적이냐의 문제이다. 케인즈학파는 직접적이라고 주장하는 반면 통화론자는 간접적이라고 주장한다.

- **케인즈학파의 전달과정**

  불완전고용상태에서 G 증가 → 승수효과 → 산출량(y) 증가

이에 대해 통화론자들은 정부가 국공채를 발행하여 정부지출을 하면 전체 통화량은 변동하지 않지만 자본시장에서 국공채량이 증가하면서 채권가격이 하락하고 채권

수익률, 즉 이자율이 상승하게 된다. 그 결과 실물시장에서의 소비와 투자 등 민간지출을 감소시킴으로써 정부지출증가에 따른 산출량 증가를 상쇄시킨다고 주장한다.

■ 통화주의와 전달과정

G 증가 → 승수효과 ⟶ y 증가 / r 상승 → I 하락 → y 감소 (구축효과) → 승수효과로 증가된 소득이 구축효과로 일부 또는 전부가 상쇄됨

2.2 재정정책의 효과

(1) 케인즈학파

[그림 27-1]에서 정부가 확장적 재정정책을 사용하면 먼저, IS곡선이 IS_0에서 IS_1으로 이동한다. 이에 따라 AD곡선은 AD_0에서 AD_1으로 이동한다. 물가가 P_0수준으로 고정되어 있으면 국민경제 내에 $y_1 - y_0$만큼의 초과수요를 발생시켜 물가상승 압력으로 작용한다. 따라서 P_0에서 점차 상승하기 시작한다. 이는 경제에 두 가지 측면에 영향을 미친다.

첫째, 물가상승은 실질통화량을 감소시키므로 화폐시장에서 초과수요를 발생시켜 LM곡선을 LM_0에서 LM_1으로 이동시킨다. 물가상승은 노동수요-공급곡선을 이동시킨다. 명목임금으로 표시된 노동시장을 나타낸 그림 (IV)에서 노동공급곡선의 이동폭은 노동수요곡선의 이동폭보다 작다. 케인즈학파모형에서 노동자는 기업가만큼 노동시장에 대한 정보를 충분히 갖고 있지 못한 비합리적인 주체이기 때문에 물가의 변화를 정확히 예측하지 못한다. 이 결과 노동자는 과소기대(under expectations), 즉 $dP > dP^e$이기 때문에 노동공급곡선은 노동수요곡선보다 큰 폭으로 이동할 수 없다.[1]

거시경제의 조정이 끝난 후 새로운 균형은 $(y_2, r_2, P_1, w_1, W_1, L_1)$에서 성립한다. 즉, 재정정책으로 산출량은 y_0에서 y_2로, 고용량은 L_0에서 L_1으로 각각 증가하였고, 명목임금은 W_0에서 W_1으로, 물가는 P_0에서 P_1으로 각각 상승하였다. 반면 실질임금은 w_0에서 w_1으로 하락하였다.

이 분석에서 중요한 점은 산출량증가의 의미이다. 실질임금이 w_0에서 w_1으로 하락했음에도 불구하고 명목임금이 W_0에서 W_1으로 상승했고 노동자는 이러한 명목임금

1. 노동공급곡선이 노동수요곡선보다 더 큰 폭으로 이동하기 위해서는 $dP^e > dP$이어야 한다. 즉 합리적인 기업들이 지불하고자 하는 임금보다 비합리적인 노동자가 원하는 임금이 더 크기 때문에 기업은 임금 계약에 응하지 않는다.

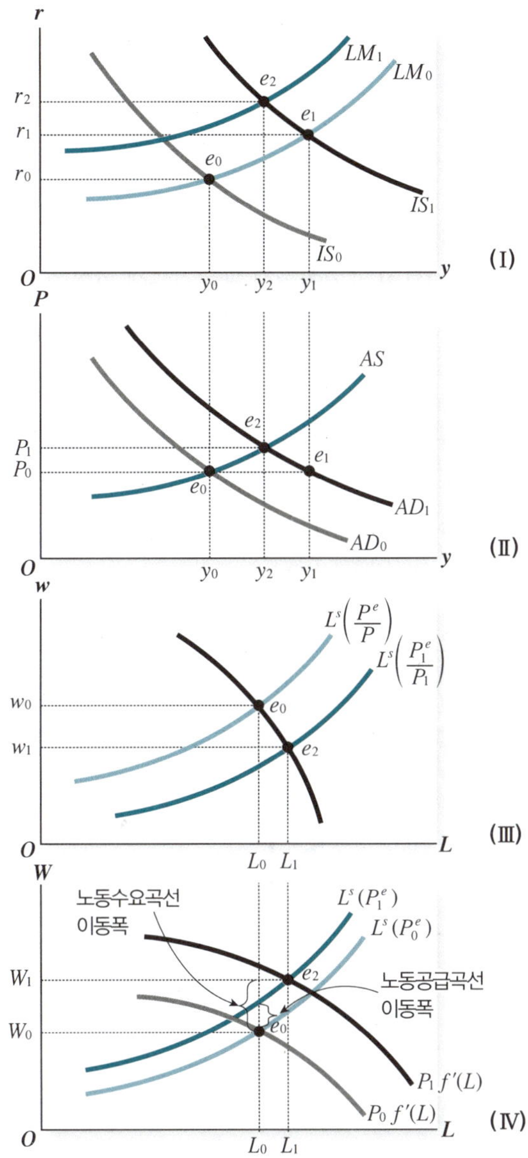

그림 27-1
***IS–LM, AD–AS* 모형에서 케인즈학파의 재정정책**

상승을 기준으로 노동공급을 늘려 균형고용량이 L_0에서 L_1으로 증가하고, 산출량이 y_0에서 y_2로 증가하였다. 이 현상을 노동자의 '화폐환상' 이라 한다. 따라서 산출량이 증가한 것은 노동생산성 향상 등의 실질적인 결과가 아니라 화폐환상 때문이다.

그러므로 케인즈학파에서 재정정책이 유효한 것은 노동자들이 노동시장에서 순간적으로 화폐환상에 사로잡힌 결과이다. 그 이유는 케인즈학파의 노동시장이 비대칭적이어서 기업은 합리적인데 노동자는 비합리적이기 때문이다.

(2) 통화론자와 구축효과

구축효과(crowding-out effect)란 광의적으로 국민경제에서 정부비중이 높아짐에 따라 민간부문의 활동이 위축되는 현상을 의미한다. 협의로는 통화량증가를 수반하지 않는 정부지출증가가 이자율을 상승시켜 소비, 투자 등 민간지출을 줄임으로써 정부지출증가로 늘어난 국민소득의 일부 또는 전부를 상쇄시키는 효과를 의미한다.

▪ 완전한 구축효과

완전한 구축효과란 정부의 재정정책이 국민소득에 전혀 영향을 미치지 못하여 재정승수가 0이 되는 경우이다. 완전한 구축효과는 *LM*이 수직이거나 *AS*가 수직일 때 나타난다.

[그림 27-2]에서 최초의 균형이 e_0일 때 정부가 국공채발행을 통해 정부지출을 증가시키면 *IS*곡선은 IS_1으로 이동한다. 이 과정에서 이자율상승으로 소비와 투자가 감소하면서 정부지출증가에 따라 증가된 소득이 상쇄되기 시작한다. e_1점에 이르렀을 때는 증가된 소득이 전부 상쇄되는 완전한 구축효과가 발생한다.

그림 27-2
완전한 구축효과

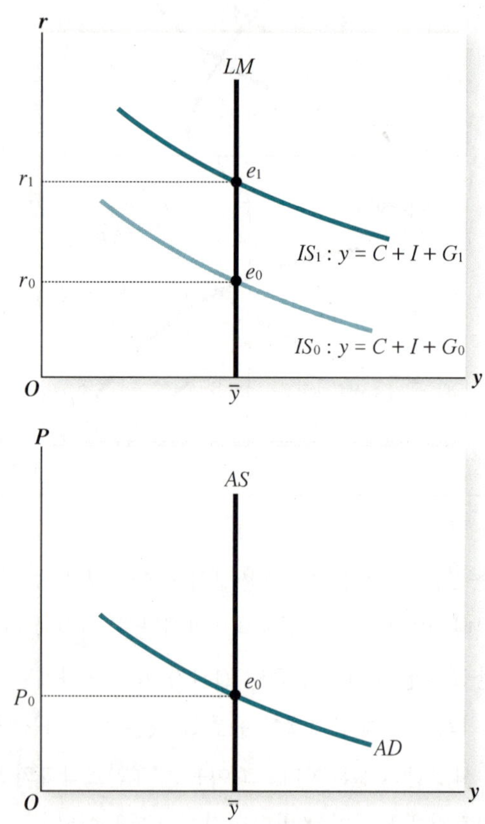

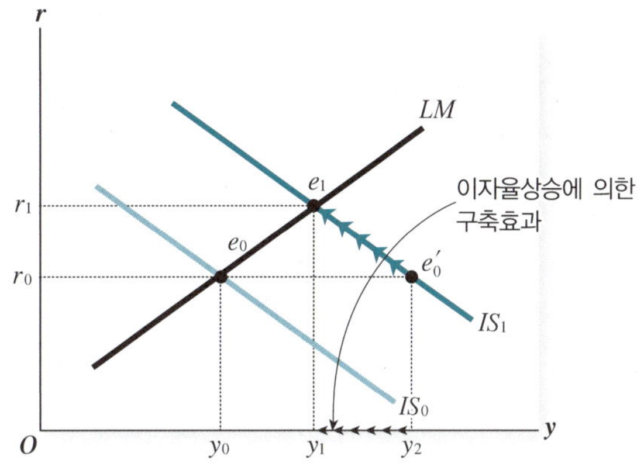

그림 27-3
부분적인 구축효과

▪ 부분적 구축효과

부분적인 구축효과는 이자율상승에 의한 구축효과로서, *LM*곡선이 우상향할 때 나타난다. 정부지출이 증가할 때 이자율상승으로 투자가 줄면서 증가된 국민소득이 일부 상쇄될 때 부분적인 구축효과가 발생한다.

[그림 27-3]에서 정부지출이 증가하면 *IS*곡선이 IS_0에서 IS_1으로 이동한다. 만약 이자율 변동이 없다면 일시적인 균형은 e_0'에서 형성된다. 그러나 e_0'에서 산출물시장은 균형이지만 화폐시장은 초과수요로 불균형 상태에 있다. 이런 불균형을 해소하기 위해 이자율이 r_0에서 r_1으로 상승하기 시작한다. 이자율상승은 점차 소비와 투자를 줄여 소득은 y_2에서 y_1으로 감소하기 시작한다. 새로운 균형은 화폐시장의 초과수요가 사라진 e_1에서 이루어진다. 이때 이자율상승에 의한 부분적 구축효과의 크기는 $y_2 - y_1$이다.

부분적인 구축효과는 *LM*곡선의 기울기에 의해 그 크기가 결정된다. 즉, *LM*곡선이 가파를수록 부분적인 구축효과는 더욱 커진다. [그림 27-4]에서 살펴보면, e_0점을 통과하는 LM_2보다 가파른 LM_1을 그리면 IS_1과 교차하는 점은 e_2보다 '좌측'에 형성되기 때문에 구축효과가 더욱 커진다.

(3) 신고전학파 종합과 재정정책

사뮤엘슨의 신고전학파 종합(neo classical synthesis)에 따르면 재정정책 효과는 *IS-LM*곡선의 기울기에 의해서 결정된다. *LM*곡선이 완만하거나 *IS*곡선이 가파를수록 그 효과가 크다. 즉, 투기적 화폐수요의 이자율 탄력성이 크거나 투자의 이자율탄력성이 작을수록 재정정책의 유용성은 크게 나타난다.

그림 27-4
***LM*곡선 기울기와 재정정책 효과**

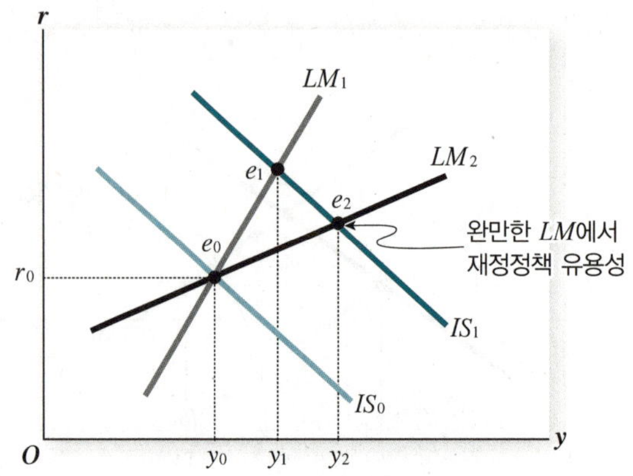

① *LM*곡선과 재정정책

확장적 재정정책은 [그림 27-4]에서 *IS*곡선을 IS_0에서 IS_1으로 이동시킨다. 이때 산출량의 증가는 *LM*곡선의 기울기에 의해서 결정된다. *LM*곡선이 보다 완만한 LM_2일 때 e_2점에서 균형을 이루고 산출량은 y_2이다. 이는 상대적으로 가파른 LM_1일 때의 균형점(e_1)에서보다 산출량이 많다.

② *IS*곡선과 재정정책

[그림 27-5]에서 확장적 재정정책은 *IS*곡선을 우측으로 이동시킨다. *LM*곡선이 주어져 있을 때 수직인 IS_0곡선과 우하향하는 IS_1곡선의 이동거리는 같지만 산출량에 미치는 영향은 *IS*곡선 기울기에 따라 다르다. 즉, *IS*곡선이 수직일 때 산출량은 y_2까지 증가하지만 *IS*곡선이 우하향할 때는 y_1까지 증가한다. 따라서 *IS*곡선이 가파를수록 산출량은 보다 많이 증가한다.

그림 27-5
***IS*곡선 기울기와 재정정책 효과**

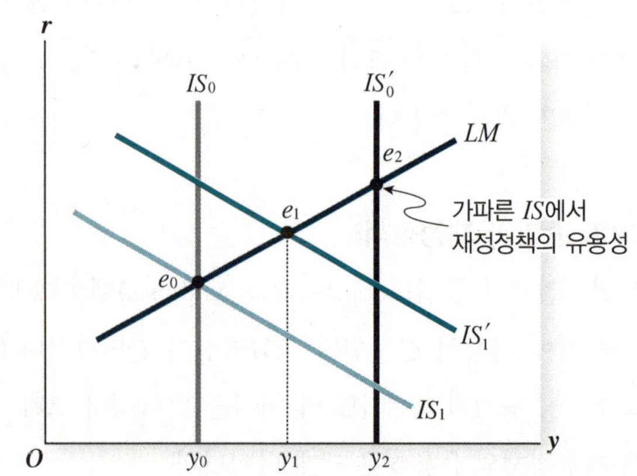

(4) 소결

재정정책의 유효성 논쟁에서 구축효과는 케인즈학파가 재정정책의 효과를 지나치게 과신하는 상태에서 재정정책의 한계를 제시한 데 의의가 있다. 구축효과는 *LM*곡선의 기울기, 즉 투기적 화폐수요의 이자율탄력성 크기에 의해서 결정된다. 투기적 화폐수요의 이자율탄력성이 작을수록 구축효과는 커지고 재정정책의 효과는 약해진다.

3. 리카도 동등성정리(Ricardian equivalence theorem)

Economics ch. twenty-seven

3.1 의의

균형재정($G-T=0$)에서 조세를 감면하면 재정적자($G-T>0$)가 발생한다. 정부의 재정적자는 i) 신규화폐발생(ΔM), ii) 국공채발행(ΔB)을 통해 보전할 수 있다.

이때 "정부의 조세감면으로 발생한 재정적자를 보전하기 위해 발생한 국공채가 민간의 자산인가"에 대해 케인즈학파와 배로(R. Barro) 등 경제학자들 간에 논쟁이 있다.

케인즈학파는 이 논쟁에서 정부의 세금감면이나 정부발행 국공채를 민간의 소득 또는 자산으로 본다. 반면 배로는 민간이 미래에 조세로 상환해야 할 부채(future tax liability)라고 본다.

3.2 조세감면에 대한 케인즈학파의 견해

조세감면에 대한 리카도 동등성정리를 살펴보기 전에 케인즈학파의 입장을 살펴보자.

케인즈학파이론에 의하면 $G-T$에서 조세감면으로 발생할 정부의 재정적자를 국공채발행을 통해서 보전했을 때 국공채는 민간의 순자산을 증가시키고 이로써 민간의 소비를 증가시켜 [그림 27-6]에서 *IS*곡선이 우측이동한다. 발행된 국공채를 만기에 조세를 징수하여 상환해도 균형재정승수효과로 IS_1은 원점으로 회귀하지 않기 때문에 산출량이 증가한다. 그리고 화폐수요가 증가함에 따라 화폐시장에서 초과수요가 나타나 실질이자율을 상승시킨다. 따라서 투자를 감소시킨다. 소비증가 효과로 *IS*곡선이 우측으로 이동하고, 이에 따라 *AD*곡선도 상방으로 이동하면서 산출량 y가 증가하고 고용이 늘어난다.

그림 27-6
조세감면효과 : 케인즈학파의 견해

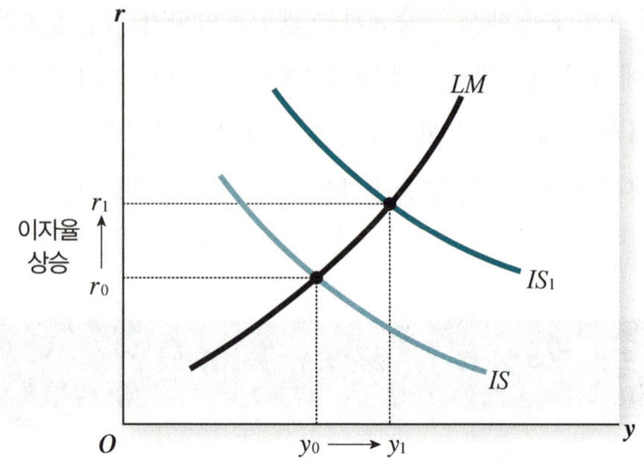

3.3 리카도 동등성정리(Ricardian equivalence theorem, RET)

(1) 개념

리카도 동등성정리는 재원조달방식의 중립성정리를 말한다. 이는 '정부가 재원을 조세를 징수하여 조달하든, 국공채를 발행하여 조달하든 재정정책은 민간의 소비에 아무런 영향을 미치지 않는다는 점에서 동일하다' 는 것을 의미한다.

(2) 전제조건

리카도 동등성정리는 다음과 같은 전제조건 하에서 성립한다.

① 경제주체는 '합리적 기대' 에 따라 합리적으로 행동한다.

② '무한계획기간(Infinite Horizon)' 에 걸쳐 장기간 경제활동을 한다.

③ '완전한 자본시장(perfect capital market)' 을 전제한다. 이는 민간경제주체는 자유롭게 언제든지 자금을 대차할 수 있다는 것을 의미한다. 그러므로 민간이 자금차입에 제약을 받는 유동성제약(liquidity constraint)과 같은 상황은 존재하지 않는다.

④ 조세는 '정액세(lump-sum tax)' 를 부과하기 때문에 정부의 조세감면이 소득과 자원의 왜곡을 일으키지 않는다.

(3) 재원조달방식의 중립성

민간경제주체는 정부발행 국공채를 자신들이 미래에 상환해야 할 조세부담이라고 생각한다. 그리고 합리적 기대 하에서 미래의 조세상환액은 현재의 조세부담이 된다. 따라서 조세감면으로 발생한 재정적자를 국공채 발행을 통해 보전하는 것은 민간이 합리적 기대를 하는 한 현재시점에서 조세를 징수하는 것과 실질적으로 같고 순자산에 아무런 영향을 미치지 못한다. 이를 재원조달방식의 중립성이라고 한다.

■ 리카도 동등성정리 내용 1 : 재원조달방식의 중립성

정부의 현재 및 미래지출이 일정할 때, 정부지출을 조세징수로 하든 국공채를 발행하여 조달하든 소비에 미치는 효과는 동일하다.

(4) 정부의 재정정책의 효과

이제 조세감면이 민간에 미치는 영향을 살펴보자. 여기서 주목해야 할 거시변수는 민간의 순자산, 현재 및 미래의 소비수준, 현재 및 미래의 저축과 국민저축 수준 그리고 민간의 현재 및 미래의 소득수준이다. 순서대로 살펴보자.

먼저, 민간의 순자산을 도출해 보자. 정부가 1기에 민간에 국공채를 매각하고 2기에 민간으로부터 조세를 징수하여 국공채의 원리금을 상환한다고 가정하면 정부의 국공채는 민간에게 두 가지 의미를 갖는다. 하나는 1기에는 자산을 획득한 것이고, 또 하나는 2기에 부채를 부담한 것이다. 따라서 1기에서의 자산과 2기의 부채를 합하면 정부발행 국공채는 민간의 순자산등가에 아무런 영향을 미치지 않는다. 따라서 국공채는 민간의 순자산이 아니다.

■ 리카도 동등성정리 내용 2

정부가 발행한 국공채는 민간이 미래에 조세로 상환해야 할 부채이므로 민간의 순자산이 아니다.

이상의 예를 다기간으로 확대해 보자. 정부가 이자율이 r인 영구채 B를 발행했다고 하자. 이때 매년 발생하는 이자액 rB를 민간으로부터 조세를 징수하여 상환한다고 할 때 민간이 납부할 조세총액의 현재가치는 식 (27.1)로 도출된다.

$$\text{조세총액의 현재가치} := \frac{rB}{1+r} + \frac{rB}{(1+r)^2} + \cdots = \frac{\frac{rB}{1+r}}{1-\frac{1}{1+r}} = B \qquad (27.1)$$

식 (27.1)에서 민간이 납부할 조세총액의 현재가치는 민간이 보유하고 있는 영구채 금액과 같다. 따라서 정부가 발행한 국공채는 민간의 자산이 아니다. 이 성질에 근거하여 민간의 순자산은 화폐와 자본저량의 합인 식 (27.2)로 쓰여진다.

$$\frac{W}{P}=\frac{M+K}{P} \tag{27.2}$$

(단, W : 부(또는 자산), M : 화폐, K : 자본스톡)

그러나 케인즈학파는 민간의 순자산에 정부발행 국공채를 포함시켜 식 (27.3)으로 정의한다.

$$\frac{W}{P}=\frac{M+K+B}{P},\ (\text{단}, B : \text{금융자산}) \tag{27.3}$$

(5) 정부의 재정적자가 이자율에 미치는 효과

새고전학파는 정부의 재정적자는 이자율에 아무런 영향을 미치지 않는다고 주장한다. 정부지출을 위한 자금을 국공채발행(bond financing)을 통해 조달했을 때 이자율에 미치는 효과를 살펴보자.

이자율은 대부자금시장에서 결정되고, 균형이자율은 대부자금시장이 균형을 이룰 때 결정된다. 대부자금시장균형은 대부자금 수요($I+(G-T)$)와 공급(S)이 일치하는 수준에서 결정된다. 대부자금의 수요는 이자율의 감소함수이기 때문에 우하향한다. 반면 대부자금의 공급은 이자율의 증가함수로 우상향한다. 최초의 대부자금시장 균형을 e_0라 하자. 이때 균형이자율은 r_0이다. 그런데 정부가 조세감면으로 발생한 재정적자($G-T$)를 보전하기 위해 국공채를 발행하게 되면 대부자금수요가 증가하기 때문에 대부자금수요곡선이 상방으로 이동하여 새로운 균형은 e_1에서 형성된다.

조세감면으로 발행한 재정적자를 국공채발행을 통해 보전하는 경우, 합리적 기대를 하는 민간 경제주체는 이것을 미래에 자신들이 상환해야 할 추가적인 조세부담으로 인식하고 이를 위해 저축을 증가시킨다. 따라서 대부자금공급이 증가하여 대부자

그림 27-7
정부의 재정적자가 이자율에 미치는 영향

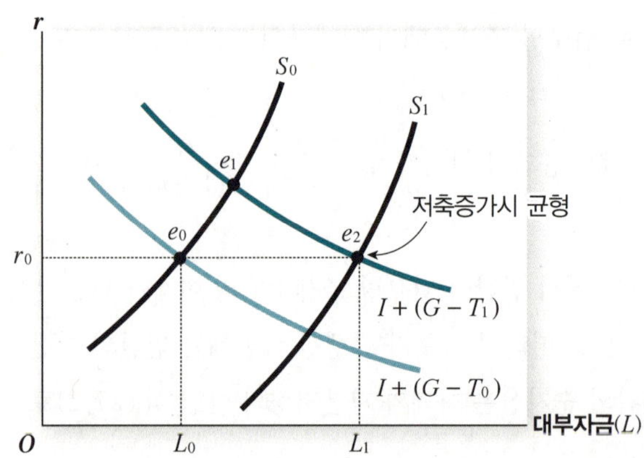

금공급곡선이 S_0에서 S_1로 이동하는데, 대부자금수요곡선의 이동 크기와 같다. 따라서 새로운 균형은 e_1에서 e_2로 이동한다. 새로운 균형점 e_2에서 이자율은 최초의 상태와 같이 r_0로 변화가 없다.

■ 리카도 동등성정리 내용 3
국공채발행에 의한 재정정책은 이자율에 아무런 영향을 미치지 않는다.

3.4 새케인즈학파의 동등성정리 비판

(1) 불완전한 자본시장

가계가 유동성 제약에 직면하여 자금 차입이 자유롭지 못하면 동등성정리는 성립하지 않는다. 현실적으로 자본시장은 불완전하기 때문에 가계가 자금을 차입하는 데 제약이 있다. 또한 민간의 신용은 정부와 차이가 있어 정부의 차입 이자율과 민간의 차입이자율이 다른데, 민간의 차입이자율이 정부보다 높은 경우가 일반적이다. 이때는 동등성정리가 성립하지 않는다.

(2) 유한계획기간(finite horizon)

동등성정리는 식 (27.1)에서처럼 경제주체의 경제활동기간을 무한하다고 가정하고 있다. 즉, 무한계획기간을 전제하고 있다. 그러나 현실적으로 민간의 경제활동은 주로 유한한 기간 동안에 이루어진다. 이때는 동등성정리가 성립하지 않는다.

(3) 비정액세

조세가 정액세가 아니라 소득의 함수일 때는 동등성정리가 성립하지 않는다. 이때는 가계의 미래소득이 높으면 조세부담이 높아지고, 미래소득이 낮으면 조세부담도 낮아진다. 따라서 조세감면을 민간이 미래에 조세로서 상환할 때 자신들의 납부하는 조세는 미래소득의 크기에 달려 있다. 또한 정액세는 민간의 소득재분배에 영향을 미치지 않지만 비정액세는 소득을 재분배시키기 때문에 정부의 조세감면은 민간의 소비에 영향을 미칠 수 있다.

(4) 근시안적인 소비

동등성정리는 경제주체가 합리적으로 기대하고 합리적으로 행동한다고 가정하고 있다. 때문에 정부의 재정적자가 발생하면 이를 자신이 미래에 상환해야 할 부채로 인식하고 저축을 증가시킨다. 그러나 현실적으로 민간은 정부의 재정적자가 얼마인지 관심도 없을 수도 있다. 또한 단기에는 비합리적으로 근시안적으로 소비할 수도 있다. 이때는 동등성정리의 타당성이 제약을 받는다.

3.5 소결

케인즈학파의 재정정책은 정부지출이나 조세의 변화를 통해서 이루어진다. 이에 리카도 동등성정리는 정부지출이 일정하다고 가정할 때 정부지출의 재원조달방식에 따라 재정정책의 효과를 분석하고 있다는 점에 의의가 있다. 결론은 재정정책은 재원조달방식과 관계없이 민간의 소비에 아무런 영향을 미치지 않고, 무력하다는 것이다.[2] 리카도의 동등성정리는 다음과 같이 요약할 수 있다.

표 27-1 리카도의 동등성정리

- 국공채는 민간의 순자산이 아니라 미래에 상환해야 할 부채이다.
- 정부적자는 합리적 기대를 가진 민간의 저축증가에 의해서 정확히 상쇄된다.
- 정부의 재정적자는 이자율에 아무런 영향을 미치지 않는다.

4. 새고전학파와 재정정책

Economics ch. twenty-seven

4.1 의의

새고전학파의 재정정책 효과는 [그림 27-8]의 루카스 총공급곡선과 총수요곡선을 사용하여 분석한다. 가격신축성과 합리적 기대를 가정할 때 정부의 재정정책은 경제주체가 이를 예상하는 경우와 예상치 못한 경우에 따라 그 효과가 다르다.

4.2 예상한 재정정책 효과

정부의 확대재정정책이 대중에게 공표되면, 합리적 기대에 근거하여 총수요 증가와 이에 따른 물가상승을 예상하게 된다.[3]

---

2. 리카도 동등성정리는 소비함수이론에서 정액세의 변화가 민간의 소비에 영향을 미칠 수 있는가 하는 문제에서 촉발되었다. 따라서 항상소득가설, 일생소득가설과 소비의 random walk 가설에서 조세정책의 효과를 파악하는 데 응용된다.

3. 예상한 재정, 금융정책을 체계적인 안정화정책(systematic stabilization policy)이라 한다. 예상하지 못한 재정, 금융정책을 정부의 비체계적인 안정화정책(nonsystematic stabilization policy)이라 한다. 따라서 예상한 재정, 금융정책의 효과를 체계적인 안정화정책의 효과로 볼 수 있다.

그림 27-8
새고전학파 모형

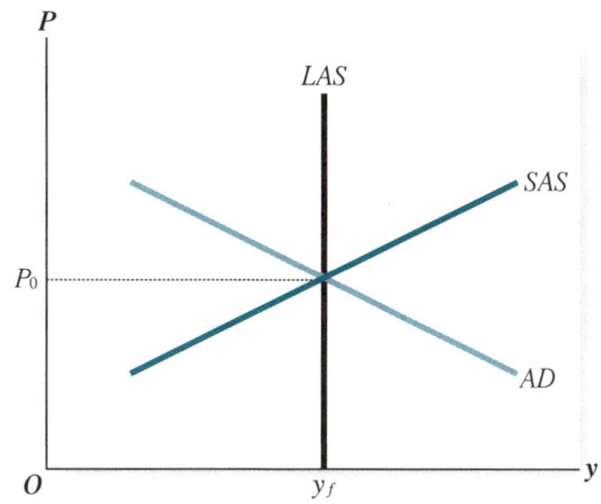

그림 27-9
예상한
재정정책 효과

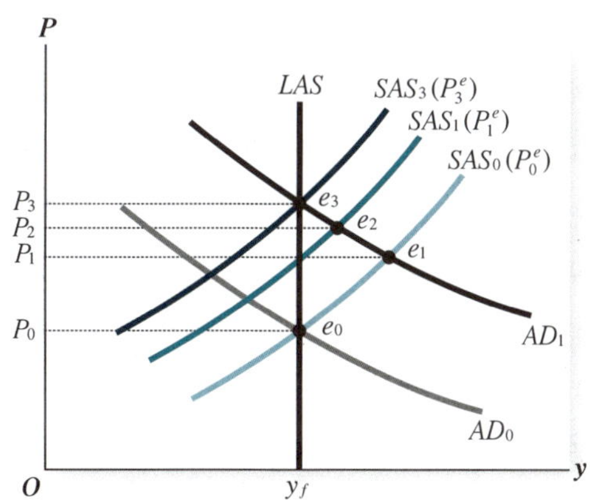

[그림 27-9]에서 확장적 재정정책은 총수요곡선을 AD_0에서 AD_1으로 이동시킨다. 실제물가가 상승함에 따라 예상물가도 상승하게 된다. 만약 경제주체의 기대가 비합리적이면 총수요증가에 따른 일시적 균형이 e_1점이다. 그러나 합리적 기대 하에 새고전학파는 $P_1 = P_1^e$여서 $y_t = y_f$이기 때문에 총공급곡선은 SAS_1으로 상방이동한다.

그런데 $SAS_1 = AD_1$인 균형점 e_2에서 실제물가는 $P_2 > P_1^e$이므로 즉각적이고 연속적으로 새롭게 물가를 예상하여 $P_2 = P_2^e$가 된다. 이런 과정은 최초의 총수요증가가 실제물가를 상승시킨 $P_3 = P_3^e$일 때까지 계속되어 최종적인 균형은 e_3에서 성립한다.

결론적으로 예상가능한 재정정책 실시는 산출량에는 아무런 영향을 미치지 못하고 물가만을 P_0에서 P_3로 상승시킨다.

그림 27-10
예상하지 못한 재정정책의 효과

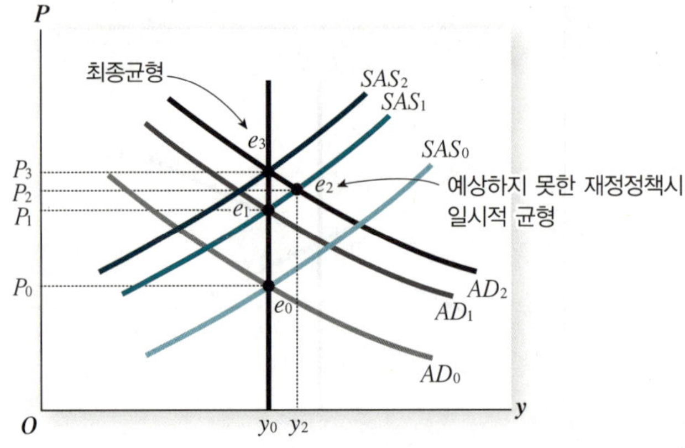

4.3 예상하지 못한 재정정책 효과

경제주체가 합리적 기대를 가졌음에도 정부의 재정정책 변화를 예상하지 못하는 경우의 정책효과를 살펴보자. [그림 27-10]에서 최초에 경제주체들은 정부가 공표한 대로 총수요를 AD_0에서 AD_1으로 증가시킬 것이라고 믿고, 실제물가를 합리적으로 기대하여 총공급곡선을 SAS_1으로 이동시켜 새로운 균형은 e_1에서 형성되었다.

그러나 실제로 정부는 확장적 재정정책을 사용하여 총수요 AD_2까지 증가시켰다. 이에 대해 현 상태에서 총공급곡선은 아무런 변동이 없다. 왜냐하면 경제주체가 이를 예상하지 못하여 예상물가가 변하지 않고 고정되어 있기 때문이다. 이 결과 일시적(일회적) 균형은 e_2에서 이루어진다. 이때 생산량은 y_2로 증가한다.

그러나 다음 기에는 경제주체들은 합리적으로 예상하기 때문에 실제물가가 P_3로 상승할 것으로 기대하게 된다. 총공급곡선은 SAS_1에서 SAS_2로 이동하게 되어 새로운 균형은 e_3에서 이루어진다.

결론적으로 예상하지 못한 재정정책은 일시적으로 산출량을 증가시키는 효과가 있다. 그러나 합리적 기대 하의 경제주체는 체계적 오류를 범하지 않으므로 다음 기에는 이 효과는 사라지고 예상된 재정정책을 사용했을 때보다 경기변동을 더 큰 폭으로 증가시켜 경제불안을 가중시킬 뿐이다. 이상에서 새고전학파의 재정정책의 전달과정을 〈표 27-2〉로 정리할 수 있다.

표 27-2 **새고전학파의 재정정책 전달과정**

최초균형 e_0 → G 증가 → 공표된 정부지출 증가에 따라 AD, SAS 이동 → 합리적 기대 하의 균형 : e_1 → 정부는 실제로 정부지출을 AD_2까지 증가시킴 → 일시적 균형 e_2 → 실제물가가 P_3로 상승 → 예상물가 P_3^e로 상승 → SAS곡선 SAS_2로 이동 → 최종적 균형 $SAS_2 = AD_2$인 e_3에 형성

결론적으로 새고전학파의 재정정책효과를 정리하면

- 예상된 정부의 재정정책은 장기뿐만 아니라 단기에서도 효과가 없다.
- 예상하지 못한 재정정책은 일시적으로 산출량을 증가시키지만 최종적으로는 산출량에 대해 아무런 효과가 없다. 오히려 산출량변동을 크게 하여 경제불안을 가중시킨다.
- 예상하지 못한 재정정책이 일시적으로 산출량을 증가시키는 것은 합리적 경제주체라 하더라고 불완전정보 하에서 물가를 잘못 인식(price misperception)했기 때문이다.

5. 새케인즈학파와 재정정책

Economics ch. twenty-seven

새케인즈학파는 경제주체가 합리적 기대를 가지고 있더라도 정부의 재정정책은 최소한 단기에서는 효과가 있다고 주장한다. 왜냐하면 임금, 물가의 경직성은 정부정책의 유용성을 낳는 결정적인 역할을 하기 때문이다. 현실적으로 독점적 경쟁시장의 존재나 메뉴비용(menu cost) 등 때문에 기업은 제품가격을 단기에서 일정한 P_0에 고정시키고, 이 가격 하에서 재화를 공급한다고 주장한다.

따라서 새케인즈학파의 단기총공급곡선(*SAS*)은 수평이다. 그러나 가격을 완전하게 조정할 수 있는 장기에서 총공급곡선(*LAS*)은 완전고용수준에서 수직이다. 새케인즈학파의 완전경직성모형(sticky model) 하의 장 · 단기 총공급곡선과 총수요곡선은 [그림 27-11]과 같다.

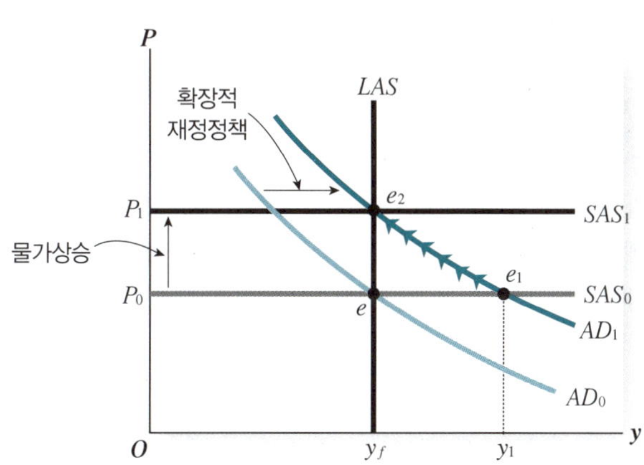

그림 27-11
완전고정모형
(sticky model) **하의**
재정정책

5.1 단기균형

현재 경제는 e점에 있다. 정부가 정부구매를 늘리는 확장적 재정정책을 사용하였다. 이 결과 IS곡선이 상방으로 이동하고, 주어진 물가수준에서 산출량에 대한 총수요를 증가시킨다. 따라서 총수요곡선은 AD_0에서 AD_1으로 이동한다. 총수요증가는 산출량을 y_f를 넘어 y_1까지 공급한다. 단기균형은 $AD_1 - SAS_0$가 교차하는 e_1점에서 성립한다.

5.2 장기균형

그러나 e_1점은 오래 지속할 수 없다. e_1점에서 산출량에 대한 총수요가 완전고용산출량 y_f를 초과하기 때문에 초과수요가 존재하고, 기업들은 장기에서 상품가격을 인상시키기 때문이다.

가격인상은 초과수요가 완전히 해소하는 e_2점에 이를 때까지 계속된다. 가격인상에 따라 예상물가가 상승하면서 SAS_0는 SAS_1로 이동한다. 새케인즈학파의 장기균형은 AD_1과 SAS_1, LAS곡선에 서로 교차하는 e_2점에서 이루어진다. 장기균형에서 산출량은 완전고용수준과 일치하고, 가격은 총수요와 총공급을 일치시킨다.

새케인즈학파의 재정정책의 전달과정을 정리하면 〈표 27-3〉과 같다.

표 27-3 **새케인즈학파의 재정정책 전달과정**

최초의 균형 $AD_0 = SAS_0$인 e_0 → G 증가 → AD_0에서 AD_1 이동 → 물가가 경직적이기 때문에 SAS 불변 → 단기균형 e_1
P_0에서 P_1 상승 → 예상물가 P_0^e에서 P_1^e 상승 → SAS_0에서 SAS_1으로 이동 → 장기균형 AD_1과 SAS_1, LAS곡선이 교차하는 e_2에서 성립

새케인즈학파의 재정정책의 효과를 정리하면

- 재정정책은 단기에서는 효과가 있지만 장기에서는 효과가 없다. 다만, 재정정책의 효과로서 산출량의 증가는, 정부구매 증가에 의한 재정정책은 정부지출증가에서 기인한 반면, 조세감면에 의한 재정정책은 소비증가에서 기인한다는 점이다.
- 경제주체의 기대가 합리적이더라도 재정정책이 효과를 발휘하는 것은 가격이 경직적이기 때문이다.

제28장 금융정책의 효과

microeconomics + macroeconomics, Economics ch. twenty-eight

1. 중간목표
2. 목표인플레이션제와 통화정책
3. 통화정책의 전달기구
4. 케인즈학와 금융정책
5. 고전학파와 신고전학파 금융정책
6. 새고전학파와 금융정책
7. 새케인즈학파와 금융정책

1. 중간목표 (intermediate targets)

Economics ch. twenty-eight

1.1 의의

중앙은행의 통화정책에는 두 가지 목표가 있다. 최종목표와 중간목표이다. 최종목표란 완전고용과 물가안정, 국제수지균형과 경제성장 등 중앙은행이 통화정책으로 달성하고자 하는 궁극적 목적을 말한다.

중앙은행은 금융정책수단을 통해 직접적으로 최종목표를 실현하기 어렵다. 외부시차가 가변적이고 길기 때문이다. 따라서 중앙은행은 중간목표를 설정하고 중간목표를 적절히 조절하여 최종목표를 간접적으로 실현한다. 이 전략을 중간목표전략 또는 2단계 전략(two stage strategy)이라 한다.

통화당국이 중간목표를 두는 것은 통화량이 최종목표인 실물경제에 이르기까지 통화량 전달기구가 가변적이고 그 과정이 매우 길고 복잡하기 때문이다. 이때 중간목표란 화폐 · 금융정책수단과 최종정책목표 사이에 있으면서 양자와 매우 긴밀한 관계를 갖고 있는 내생변수를 말한다. 금융정책의 전달과정은 통상적으로 정책수단과 중간목표, 중간목표와 최종목표의 2단계로 이루어진다.

▪ 금융정책의 전달과정

(외부시차)

화폐 · 금융정책수단 → 중간목표 → 최종목표(실물경제)

화폐 · 금융정책수단	중간목표	최종목표(실물경제)
공개시장조작 재할인율 법정지급준비율	통화량 이자율 등	물가안정 완전고용, 경제성장 및 국제수지균형

그림 28-1
통화량과 이자율의 상호대립성

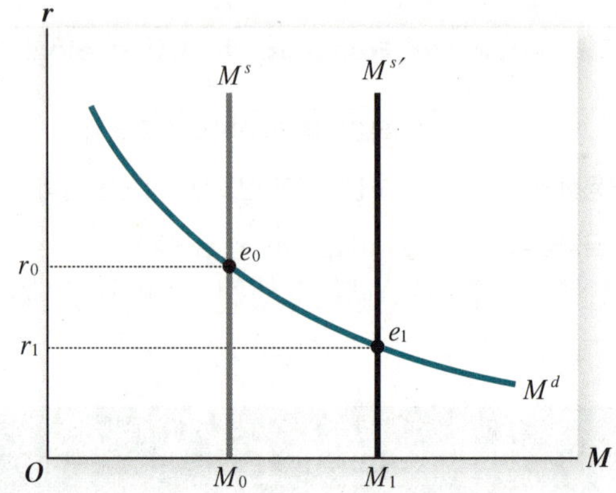

중간목표가 갖추어야 할 조건은 i) 중앙은행의 통제가능 정도와 ii) 최종목표인 실물경제의 반영 정도이다. 즉, 중간목표가 제대로 역할을 하기 위해서는 선정된 중간목표가 실물경제를 잘 반영하면서 중앙은행이 통제가능해야 한다.

1.2 통화량과 이자율

금융정책의 최종목표를 달성하기 위한 중간목표로서 통화량과 이자율, 신용량 등이 있다. 먼저, 통화량과 이자율 목표를 살펴본다.

(1) 상호대립성

통화량이나 이자율을 통화관리의 중간목표로 사용한다는 것은 '경기안정화' 를 위해 두 지표를 각각 '일정범위 내' 에서 안정적으로 유지한다는 것을 의미한다. 그런데 문제는 통화량과 이자율을 동시에 일정범위 내에서 안정적으로 관리할 수 없다는 것이다. 이를 통화량과 이자율의 상호대립성(exclusivity)이라 한다.

이는 [그림 28-1]에서 확인할 수 있다. 그림에서 M^d, M^s는 각각 화폐수요와 공급함수이다. 그림에서 통화량을 낮은 수준(M_0)에서 관리하려면 이자율이 높은 수준(r_0)에 있고, 이자율을 낮은 수준(r_1)에서 관리하려면 통화량증가(M_1)를 허용해야 한다.

따라서 중앙은행은 통화량과 이자율의 상호대립성 때문에 두 변수 중 어느 하나만을 중간목표로 사용할 수밖에 없다.

(2) 통화량 목표

통화량과 이자율 중 어느 것이 우월한 중간목표인가는 일국에서 '경기변동의 원천' 이 '실물부문' 이냐 '화폐부문' 이냐에 달려 있다. 결론부터 말하면 실물부문일 때

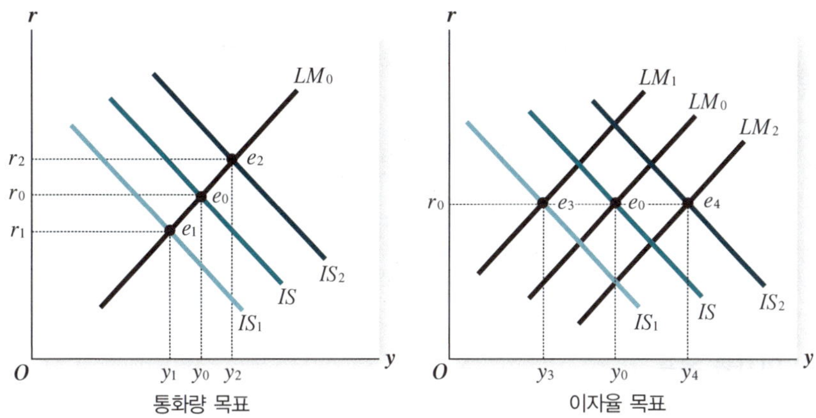

그림 28-2
실물부문의 교란과 중간목표의 효과

는 통화량이 우월하고 화폐부문일 때는 이자율이 우월하다. 학파별로는 통화주의자들은 통화량이, 케인즈학파는 이자율이 각각 바람직하다고 한다. 통화주의자들이 '통화량 목표' 를 지지하는 근거를 살펴보자.

첫째, 경제교란요인이 실물부문에서 소비나 투자 등 민간지출의 불안정성에서 발생하는 현상일 때는 통화량 관리가 우월하다. [그림 28-2]에서 투자함수의 불안정성이 경제의 주요 교란요인일 때 '통화량 목표' 와 '이자율 목표' 의 효과를 살펴보자.

먼저, '통화량 목표' 부터 분석하자. 통화량 목표정책은 통화량 일정한 범위 내에서 안정적으로 관리하기 때문에 LM곡선은 LM_0에서 안정되어 있다. 이때 투자의 불안정성으로 IS곡선이 IS에서 IS_1 또는 IS_2로 이동하면 이자율은 r_0에서 r_1 또는 r_2로, 산출량은 y_0에서 y_1 또는 y_2로 변동한다.

다음, '이자율 목표' 를 분석하자. 이자율 목표는 이자율을 안정범위 내에서 관리한다. 이때 투자변화로 IS곡선이 IS에서 IS_2로 통화량 목표와 같은 폭만큼 이동하면 통화당국은 이자율을 r_0에서 유지하기 위해 통화량을 증가시켜 LM곡선을 LM_0에서 LM_2로 이동시킨다. 이때 산출량은 y_0에서 y_4로 변동하여 통화량 목표시의 산출량변동(y_0에서 y_2)보다 더 큰 폭으로 변동한다. 따라서 경기변동이 심하다.

종합하면 경기변동이 실물부문에서 촉발될 때 '이자율 목표' 는 이자율안정을 도모할 수 있지만 산출량변동이 '통화량 목표' 보다 더 크기 때문에 '통화량 목표' 가 보다 우월한 중간목표이다.

둘째, 이자율을 목표로 하는 정책은 경기변동을 증폭시키기 때문이다. 예를 들어 경기호황 때에 이자율안정을 위해서는 화폐수요증가에 따라 통화량을 증가시켜야 한다. 또한 경기불황시 역시 이자율 안정을 위해서는 화폐수요감소에 따라 통화량을 감소시켜야 한다. 즉, 경기호황과 불황 때에 각각 통화량이 증가하고 감소하여야 하기 때문에 이자율 목표는 경기변동을 심화시킨다. 따라서 이자율 목표는 바람직하지 않다.

■ 통화량 목표정책의 근거

- 통화론자 지지
- 산출물시장에서 투자변동이 경기변동의 원천일 때
- 화폐유통속도 및 화폐수요함수의 안정성
- 이자율 목표는 경기변동을 심화시킴

(3) 이자율 목표

케인즈학파가 중간목표로서 '이자율 목표'를 주장하는 근거는 다음과 같다. 경기변동의 주요 원천이 화폐수요변동 등 '화폐부문'일 때 이자율 목표가 보다 우월하다. 이 효과를 [그림 28-3]에서 살펴보자.

■ 통화량 목표

화폐수요의 급격한 변동은 비록 통화량이 고정되어 있더라도 LM곡선을 LM_0에서 LM_2로 이동시킨다. 반면 산출물시장에서는 아무런 교란요인이 발생하지 않았기 때문에 IS곡선은 변동이 없다. 따라서 이자율은 r_0에서 r_2로, 산출량은 y_0에서 y_1으로 각각 변동한다.

■ 이자율 목표

화폐수요증가로 LM곡선이 LM_0에서 LM_3로 이동하면 통화당국은 이자율을 목표수준 r_0에서 유지하기 위해 통화량을 증가시킨다. 이 효과로 LM_3가 다시 LM_0로 이동한다. 따라서 이자율은 r_0에서, 산출량은 y_0에서 변동하지 않는다.

그림 28-3
화폐부문의 교란과 중간목표 효과

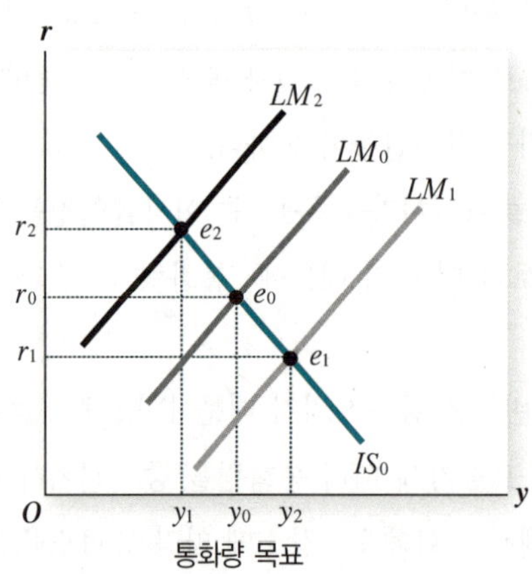

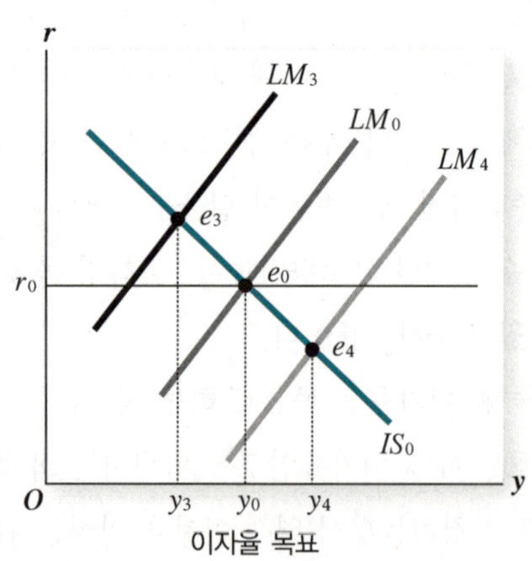

종합하면 경기변동이 화폐부문에서 발생할 때 '이자율 목표' 정책은 '통화량 목표' 정책보다 산출량변동이 안정적이기 때문에 우월하다.

■ **이자율 목표정책의 근거**

- 케인즈학파 지지
- 화폐부문이 경기변동의 원천일 때
- 화폐유통속도 및 화폐수요함수 불안정성

2. 목표인플레이션제(inflation targeting)와 통화정책

Economics ch. twenty-eight

2.1 의의

1970년대 이후 금융혁신으로 준화폐(near money)가 등장하고, 화폐가 쉽게 준화폐로 바뀔 수 있게 되어 준화폐와의 대체관계가 높아짐에 따라 화폐수요함수의 불안정성이 심화되었다. 이에 따라 통화량 준칙이 의미를 상실하고 새로운 통화정책의 운용방식이 필요하게 되었다.

목표인플레이션정책(inflation targeting 물가안정목표제)은 1990년대 들어 뉴질랜드, 캐나다, 영국 등이 채택하면서 등장하게 되었다. 목표인플레이션정책이란 기대인플레이션율을 암묵적인 중간목표로 설정하고 이자율 준칙을 통해 최종목표물가수준을 실현하고자 하는 통화정책이다.

우리나라는 1998년 한국은행법을 개정하여 한국은행이 목표물가를 정하고 이에 부합하는 통화정책을 운용하도록 제도화하였다. 이 개정으로 통화정책이 통화량 준칙에서 목표인플레이션에 의한 이자율 준칙으로 바뀌는, 통화정책 운용상의 큰 전기를 맞게 되었다.

2.2 중앙은행의 도입배경과 변화

중앙은행의 고유목표는 완전고용보다 물가안정이라는 인식이 정착되었다. 한국은행법이 개정되기 전에 한국은행의 주요 목적은 i) 국민경제 발전을 위한 통화가치 안정과 ii) 은행, 신용제도의 건전화와 그 기능 향상에 의한 경제발전과 국가자원의 유효한 이용의 도모였다.[1] 그런데 1998년 법개정으로 통화가치의 안정이 고유목적으로

1. (구)한국은행법 제3조.

정착되었다.

그러나 정책의 신뢰성문제 때문에 중간목표로 선정된 통화량이나 이자율 등을 자주 변경하는 것이 어려워지면서 통화정책의 신뢰성을 확보하기 위해 준칙에 의한 정책이 일반화되었다. 최근에는 금융혁신으로 금융자산의 종류가 다양해짐에 따라 통화량의 범위를 결정하기가 어려워졌고, 화폐수요함수의 불안정성이 심화되었다. 따라서 통화량 준칙을 유지하기가 어려워졌다.

2.3 통화정책의 전달경로

중앙은행은 먼저 통화량, 환율 이자율의 기간구조 등을 정보변수로 활용하여 기대인플레이션율을 도출한다. 다음, 기대인플레이션율을 암묵적으로 중간목표로 설정한다. 이어서 인플레이션율과 목표인플레이션 간의 차이의 일정비율만큼 단기금리를 조정하는 이자율 준칙(인플레이션 준칙)에 의해 통화정책을 실시한다.

■ 목표인플레이션제의 통화정책경로

통화정책수단	→	암묵적 중간목표	→	최종목표
(재량보다 이자율 준칙을 사용함. 왜냐하면 재량에 의한 정책은 최적정책의 비일관성 문제로 인해 inflation bias를 야기시키기 때문임)		(기대인플레이션율)		(실현하고자 하는 목표인플레이션율)

3. 통화정책의 전달기구(transmission mechanism)

Economics ch. twenty-eight

3.1 의의

통화정책 또는 통화량의 전달기구는 통화량변화가 통화정책의 최종목표인 실물경제에 이르기까지 영향을 미치는 과정을 말한다. 협의로는 통화정책이 지출결정에 영향을 미치는 여러 경로를 의미한다.

통화정책의 전달기구에 대해서는 학파별로 논쟁이 있다. 자산구성의 재조정과정, 그리고 부의 효과를 통한 전달경로 등이 있다. 논쟁의 초점은 i) 통화량이 영향을 미치는 금융자산의 범위와 ii) 이자율의 매개 여부이다.

3.2 자산구성의 재조정과정(portfolio readjustment)

통화량이 증가하면 경제주체는 적정수준 이상으로 화폐를 보유하게 되고, 금융자산 구입을 위해 화폐초과보유분을 처분하는 과정에서 경제주체는 보유자산의 구성을 재조정하게 된다. 이런 과정을 통해 실물변수에 영향을 미친다는 것이다.

통화량변화 → 자산구성의 재조정과정 → 실물경제

이때 자산구성의 대상인 자산의 범위를 놓고 케인즈학파와 통화론자 간의 논쟁이 있다.

(1) 케인즈 효과(Keynes effect)

케인즈학파의 *IS*-*LM*모형에서 자산의 범위는 화폐, 국공채, 실물자산으로 구성된다. 통화량변화는 국공채의 장 · 단기 이자율변화를 통하여 주식, 은행대출 같은 금융자산의 수익에 영향을 미친다. 최종적으로는 기업고정투자나 주택건설투자, 재고투자와 같이 서로 상이한 이자율탄력성을 가지는 (투자)지출을 변화시키게 된다.

■ 케인즈 효과

M 증가 → 화폐초과보유 → 화폐초과보유분으로 단기채권 구입 →

$\dfrac{\text{단기채권가격 상승}}{\text{(단기이자율 하락)}}$ → 장기채권 구입 → $\dfrac{\text{장기채권가격 상승}}{\text{(장기이자율 하락)}}$ → I 증가 → y 증가

따라서 케인즈학파의 *IS*-*LM*모형에서는 화폐수요와 상품수요의 두 이자율탄력성 간의 상대적인 크기(또는 *IS*-*LM*곡선의 상대적 기울기)가 통화정책의 유효성을 결정하는 핵심요인이다. *IS*곡선의 기울기가 가파르고(투자지출의 이자율탄력성이 상대적으로 낮음), 화폐수요의 이자율탄력성이 높은(*LM*곡선의 기울기가 상대적으로 완만함) *IS*-*LM*모형 내에서는 통화정책의 유효성이 크지 않다.

(2) 토빈(J. Tobin) 효과

토빈은 케인즈학파모형에 비해 자산의 범위를 화폐, 국공채, 회사채, 주식 그리고 실물자산 등으로 보다 확대하여 구성한다. 또한 케인즈학파는 통화량변화가 채권시장을 통한 파급효과를 강조하는 데 반해 토빈은 '주식시장'을 통한 파급효과를 보다 중시하고 있다.

■ **토빈 효과**

M 증가 → 적정수준 이상 화폐보유 → 화폐초과보유분 처분 → 금융자산 매입 → 금융자산가격 상승 → 금융자산발행 증가 → 자본재구입 증가 → 자본재가격 상승 → 자본재공급 증가 → I 증가 → y 증가

(3) 통화론자

통화론자들은 자산범위를 크게 확대하여 모든 형태의 금융자산과 실물자산으로 정의한다. 따라서 통화론자 입장에서 통화량변화는 광범위한 금융자산에 영향을 미치면서 실물부문에 영향을 미친다.

또한 그들은 실증적 검증결과를 근거로 화폐수요의 이자율탄력성이 매우 크다는

표 28-1 **케인즈학파와 통화주의 전달기구 비교**

주요 쟁점 \ 학파	케인즈학파	통화론자
1. 금융자산의 범위	■ 통화량은 협소한 금융자산에만 영향을 미침 ■ 케인즈는 통화량에 영향을 받는 자산으로 채권만을 고려함	■ 통화정책 효과에 있어 두 학파의 핵심적 차이는 통화량의 변화가 '이자율'을 매개로 하는가보다는 '금융자산의 범위'임 ■ 통화량은 광범위한 금융자산에 영향을 미침
2. 화폐와 가장 가까운 대체재	■ 실물자산과 금융자산 중 어떤 자산이 화폐와 가장 가까운 대체재인가에 대해 케인즈학파는 화폐와 실물자산 간의 직접적인 대체관계를 인정하지 않음 ■ 화폐와 채권, 채권과 실물자산 간의 연대작용만 인정	■ 화폐는 일반적으로 모든 재산과 대체관계가 있다고 봄
3. 이자율의 역할	■ 이자율은 통화정책을 전달해 주는 매개변수의 역할 통화량은 반드시 이자율을 매개로 간접적으로 실물경제에 영향을 미침 ■ 화폐수요와 공급을 일치시켜 주는 역할	■ 통화량은 이자율을 매개로 하지 않음. 따라서 이자율변화만으로는 통화정책의 효과를 설명할 수 없음
4. 공개시장조작 정책 (긴축적 금융정책 사용시)	■ 이자율은 투자지출 등 총수요에 강력한 영향을 미치지 못함 ■ 왜냐하면 공개시장조작 정책으로 이자율이 상승하면 사람들이 화폐를 적게 보유하려 하고 그 결과 이자율 상승폭이 크지 않고, ■ 또한 투자의 이자율탄력성이 작아서 통화량이 감소해도 총수요는 감소하지 않기 때문임	■ 이자율은 실물지출에 영향을 미침. 즉, 긴축적 통화정책은 통화량감소에 비례하여 실물적 지출을 감소시킴 ■ 왜냐하면 이자율이 상승하면 사람들은 자신의 자산에 비해 화폐보유를 줄이기보다는 실물자산을 적게 보유함 ■ 따라서 이자율상승은 실물자산 보유를 줄이고 이에 따른 실물적 지출을 줄이게 된다.

케인즈학파를 비판한다. 프리드만은 초기에 화폐수요의 이자율탄력성이 완전비탄력적이라고 생각했지만 이후에 이를 다소 완화하여 화폐수요함수는 매우 안정적이고 상대적으로 낮은 이자율탄력성을 갖는다고 주장하고 있다.

통화정책의 전달기구에 대해서 케인즈학파와 통화론자 간의 주요 쟁점을 〈표 28-1〉로 정리할 수 있다.

4. 케인즈학파와 금융정책

kotra Economics ch. twenty-eight

4.1 금융정책의 불신근거

케인즈는 화폐금융정책을 매우 중요시하였다. 그러나 다음과 같은 이유에서 금융정책의 효과에 대해서는 신뢰를 갖기 못했다. 그 이유로는 첫째, 통화당국이 공개시장조작을 통해 통화량을 변화시킬 때 반드시 이자율을 매개로 간접적으로 실물경제에 영향을 미쳐 그 효과가 간접적이기 때문이다. 반면 재정정책은 직접적으로 실물경제에 영향을 미친다.

둘째, 통화정책의 효과가 불연속적이고 불확실하기 때문이다. 왜냐하면 케인즈학파는 통화량 전달기구 'M 증가 → r 하락 → I 증가 → y 증가' 에서 통화량이 증가해도 화폐수요가 더 많으면 이자율이 하락하지 않을 수 있다($M\uparrow \nRightarrow r\downarrow$). 또한 투자가 이자율보다는 기업가의 장기적 기대에 의해서 결정되기 때문에 이자율이 하락하더라도 투자가 증가하지 않을 수 있다($r\downarrow \nRightarrow I\uparrow$). 따라서 통화량의 전달기구가 불연속적이고 불확실하기 때문에 통화정책의 효과가 불투명하다.

요약하면 케인즈학파는 화폐금융정책을 중요하게 생각하지만 금융정책이 이자율을 매개로 하므로 간접적이고 불연속적으로 나타나며, 그 시차가 길고 가변적이기 때문에 그 효과에 대해서는 신뢰성을 크게 두지 않는다.

4.2 유동성함정

유동성함정(liquidity trap)이란 한 나라의 이자율이 최저 수준에 있다고 사회 전체가 공통의 기대를 갖고 있을 때, 정부가 통화량을 증가시키면 그 증가분이 전액 투기적 화폐수요로 흡수되어 LM곡선이 수평이 되는 영역을 말한다.

그림 28-4
유동성함정 하의 금융정책 효과

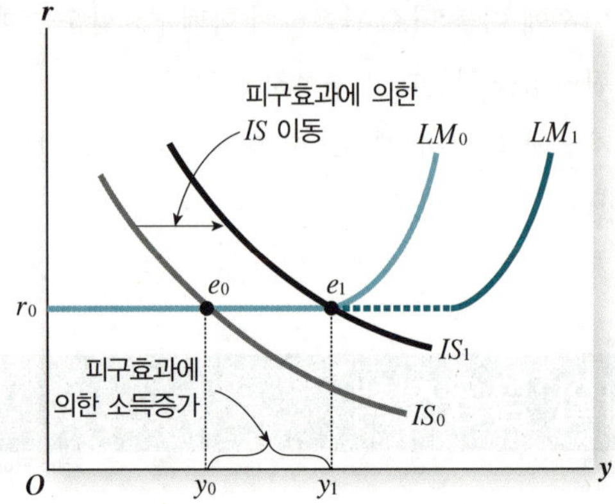

(1) 금융정책 효과

유동성함정에서 통화량이 증가하면 [그림 28-4]에서 볼 때, *LM*곡선이 LM_0에서 LM_1으로 이동하고 이자율은 더 이상 하락하지 않는다. 왜냐하면 r_0가 사회 최저한의 이자율수준이기 때문이다.[2] 통화량이 증가한 후 새로운 균형수준은 종전과 같이 여전히 e_0여서 국민소득은 y_0에서 불변이다. 따라서 유동성함정 하에서 금융정책은 무력하다.

(2) 유동성함정과 고전학파 이론체계

유동성함정은 금융정책 효과의 무력성 이상의 이론적 효과가 있다. 구체적으로, 유동성함정 하에서 고전학파의 이론체계는 극도로 불안정하게 된다.

*AD*곡선의 형태에서 살펴보았듯이 유동성함정 영역에서 *AD*곡선은 수직이다. 또한 고전학파의 주장대로 *AS*곡선은 완전고용수준에서 수직이다. 이 두 곡선을 [그림 28-5]에 반영하면 유동성함정 영역에서 총수요와 총공급이 불일치하고 경제 내에 만성적인 초과공급이 존재한다. 새로운 균형을 실현하기 위해 물가가 하락하지만, 지속적인 물가하락에도 불구하고 초과공급이 해소되지 않는다. 따라서 고전학파 경제는 극도로 불안정하게 되면서 이론체계가 붕괴될 수 있다.

---

2. 유동성함정 영역의 특징을 아래와 같이 요약할 수 있다.

① 사회 최저한의 이자율수준에서 성립 ② 경제주체가 최저한의 이자율이라는 동일한 기대를 가져야 함 ③ 투기적 화폐수요의 이자율탄력성이 완전탄력적이어야 함 ④ *LM*곡선은 수평이 되고 *AD*곡선은 수직이 됨 ⑤ 금융정책은 전혀 효과가 없음 ⑥ 재정정책은 최대효과가 나타남 ⑦ 고전학파 모형에서 만성적 초과공급이 나타나 고전학파 모형이 심각하게 불안정해짐 ⑧ 이에 대해 고전학파는 피구효과로 대응함

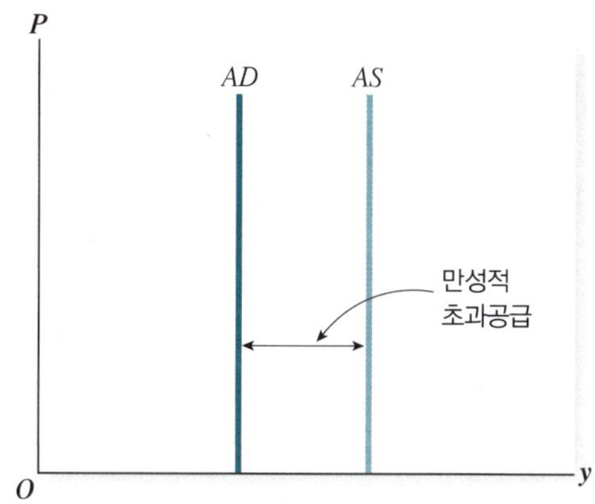

그림 28-5
유동성함정 하의 *AD-AS*모형

(3) *IS-LM*, *AD-AS*모형과 금융정책

지금까지 살펴본 *IS-LM*모형 하에 금융정책의 효과를 *AD-AS*모형으로 확대하여 분석하자. [그림 28-6]에서 먼저 *IS-LM*에 미치는 영향을 보자. 통화량증가는 *LM*곡

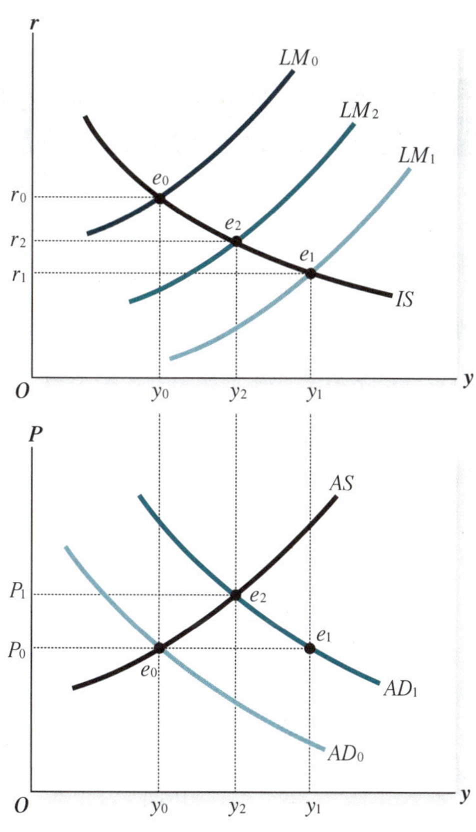

그림 28-6
***IS-LM*, *AD-AS* 모형 하에 케인즈학파의 금융정책**

선을 LM_0에서 LM_1으로 이동시키지만 IS곡선에는 아무런 영향을 미치지 않는다. 다음, $AD-AS$에 미치는 영향을 살펴보자. LM곡선의 이동은 AS곡선에 아무런 영향을 미치지 않지만 AD곡선을 AD_0에서 AD_1으로 이동시킨다. 물가가 P_0로 주어진 상태에서 경제 내에 $y_1 - y_0$만큼 초과수요가 발생하기 때문에 물가상승 압박이 존재하게 된다.

물가상승은 두 가지 효과를 발생시킨다. 하나는 화폐시장에서 실질잔고를 줄이면서 LM곡선을 LM_1에서 LM_2로 이동시킨다. 그리고 다른 하나는 노동시장에서 명목임금으로 표시된 노동수요-공급곡선을 이동시킨다.

물가상승으로 명목임금이 상승하면 케인즈학파에서 노동자는 화폐환상에 사로잡히기 때문에 명목임금으로 표시된 노동수요곡선의 이동폭이 노동공급곡선의 이동폭보다 크다. 또한 실질임금측면에서 보면 $\frac{dP^e}{dP}$가 감소하기 때문에 실질임금으로 표시된 노동공급곡선은 하방으로 이동하게 된다. 하지만 생산성에 아무런 변화가 없기 때문에 실질임금으로 표시한 노동수요곡선은 불변이다.

이상을 종합하면 새로운 균형점은 (y_2, P_1, r_2)에서 이루어진다. 즉, 산출량과 물가, 명목임금과 고용량은 증가하고 실질이자율과 실질임금은 하락하였다. 따라서 케인즈 및 케인즈학파는 단기에서 화폐가 비중립적이다.

5. 고전학파와 신고전학파 금융정책

Economics ch. twenty-eight

5.1 고전학파의 금융정책

고전학파에서 화폐금융정책은 화폐가 중립적이기 때문에 효과가 없다. 화폐의 중립성(monetary neutrality)이란 통화량변화가 실질변수를 전혀 변화시키지 못하고 명목변수만을 변화시키는 현상이다.[3] 고전학파의 화폐수량설에 의하면 통화당국이 공개시장에서 공채를 매입하여 통화를 증가시키면, 화폐수량설 $M\overline{V} = P\overline{y}$에서 화폐유통속도($V$)와 산출량($y$)이 고정되어 있기 때문에 통화량증가만큼 물가만 상승하고 명목임금도 그만큼 상승한다.

---

3. 〈고전적 이분성과 화폐의 중립성과의 관계〉

- 고전적 이분성은 ① 실물부분과 화폐부분이 별도로 분리되어 있는 성질을 말하며 ② 산출량, 고용량 등 실질변수는 실물부분에서, 물가 등 명목변수는 화폐부분에서 결정된다는 성질이고 ③ 실질변수가 화폐의 수요, 공급으로부터 영향을 받지 않는다는 성질이다.
- 화폐의 중립성은 화폐의 공급으로부터 실질변수가 아무런 영향을 받지 않는 성질이다.
- 고전적 이분성이 성립하면 화폐의 중립성이 성립하지만 그 역은 성립하지 않는다.

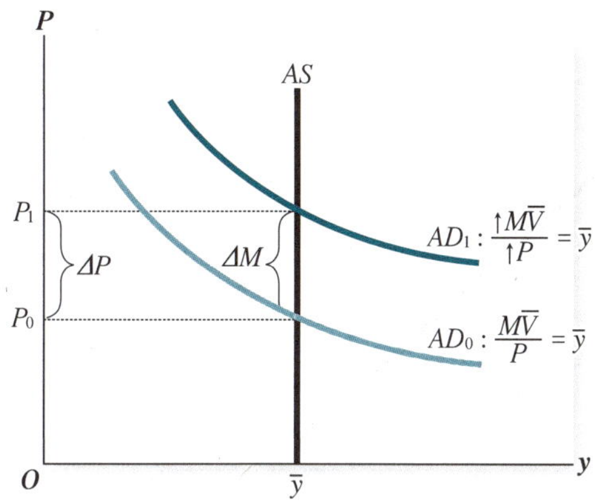

그림 28-7
고전학파의 화폐중립성

반면, 이자율은 산출물시장에서 결정되는 실물적 현상이므로 실질이자율은 불변이다. 또한 고용량, 실질임금, 실질산출량(국민소득), 실질소비, 투자 등도 전혀 변화가 없다.

5.2 신고전학파 종합의 금융정책

신고전학파 종합에 따르면 금융정책은 *IS*곡선이 완만하거나 *LM*곡선이 가파를수록 효과가 크다.

(1) *IS*곡선과 금융정책

[그림 28-8]에서 통화량이 증가하면 *LM*곡선은 LM_0에서 LM_1으로 이동한다. 이때 산출량의 증가 정도는 *IS*곡선의 기울기에 의해서 결정된다. *IS*곡선의 기울기가 가

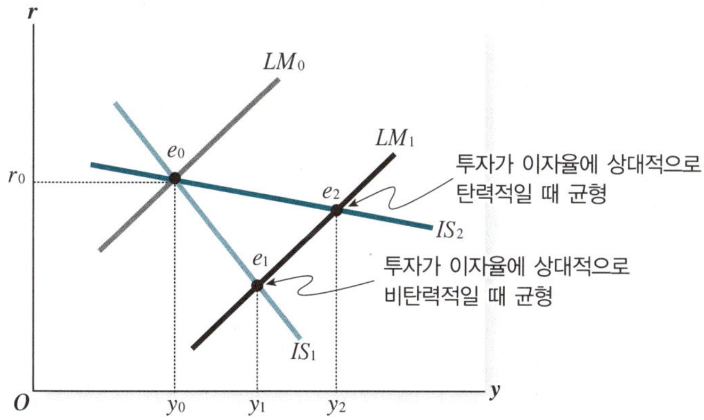

그림 28-8
***IS*곡선 형태와 금융정책 효과**

그림 28-9
***LM*곡선 형태와 금융정책 효과**

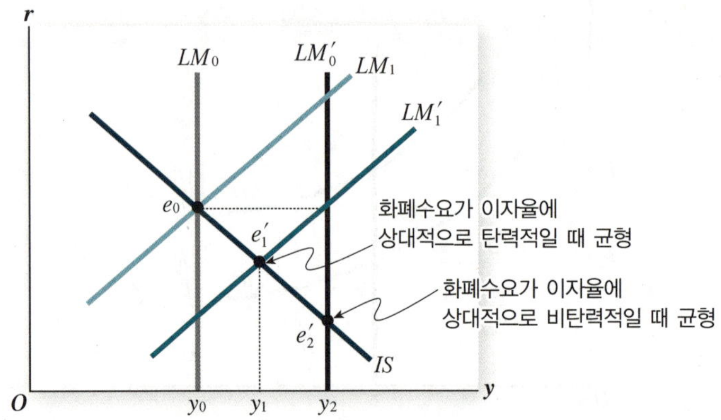

파를 때(IS_1)보다 기울기가 완만할 때(IS_2)에 산출량(y_2)이 보다 많이 증가한다. 따라서 투자가 이자율에 상대적으로 탄력적일수록 그 유효성이 상대적으로 크다.

(2) *LM*곡선과 금융정책

확장적 금융정책을 사용했을 때 [그림 28-9]에서 *LM*곡선의 기울기가 가파를 때(LM_0), 산출량(y_2) 증가가 더 크다. 따라서 화폐수요가 이자율에 상대적으로 비탄력적일수록 금융정책의 유효성이 상대적으로 커진다.

6. 새고전학파와 금융정책

Economics ch. twenty-eight

6.1 의의

새고전학파는 합리적 기대와 모든 가격변수의 상하방 신축성에 근거하여 정부의 경제안정화정책이 무력하다고 주장한다. 통화당국이 확장적 금융정책을 사용했을 때 금융정책의 효과는 경제주체가 i) 정책변화를 예상하고 있을 때와 ii) 예상하지 못했을 때에 따라 그 효과가 다르다.

이 분석의 초점은 화폐의 중립성이 성립하는가에 있다. 결론부터 말하면, 예상하지 못한 화폐금융정책은 일시적으로 실질효과가 나타나므로 화폐는 비중립적이지만 예상가능한 화폐공급은 아무런 효과 없이 물가만 상승시키므로 화폐는 중립적이다.

6.2 새고전학파모형

(1) 예상가능한 금융정책 효과

통화당국이 통화량을 증가시키면 M_t가 증가하므로 AD곡선이 AD_0에서 AD_1으로 이동한다. 이때 노동자들은 확대금융정책에 따라 물가가 상승할 것을 합리적으로 예상한다. 이에 따라 예상물가가 상승하고, 총공급곡선이 상방으로 이동한다. 그런데 $P_t = P_t^e$이므로, SAS는 $y_t = y_f$가 이루어지는 e_2점까지 이동한다. 이 과정을 〈표 28-2〉로 정리할 수 있다.

표 28-2 예측가능한 금융정책의 전달경로

최초의 균형 $SAS_0 = AD_0$인 e_0 → 확장적 금융정책 M_t 상승 → 총수요곡선 : 상방이동 → $(AD_0 \rightarrow AD_1)$ → 실제물가 P_t 상승 → 예상물가 P_t^e 상승 → $y_t = y_f + f(P_t - P_t^e)$ 상방이동 → 합리적 기대 $P_t = P_t^e$이므로 $y_t = y_f$가 성립, SAS는 SAS_1까지 이동 → 새로운 균형 : e_2

결론적으로 새로운 균형 e_2점에서 확대금융정책의 효과를 평가해 보면, 물가는 상승하고 산출량은 y_f에서 변동이 없다. 즉, 합리적 기대 하에서 예상가능한 금융정책은 무력하다. 따라서 장기는 물론 단기에서도 화폐의 중립성이 성립한다.

(2) 예상할 수 없는 금융정책 효과

이를 [그림 28-10]에서 보면 e_1으로 나타난다. e_1에서는 실제물가는 상승하지만 통화당국이 예고없이 통화량을 변화시켰기 때문에 예상물가는 변함없이 P_0수준에 고정되어 있으므로 SAS는 변동이 없다. 그러나 다음 기에는 예측할 수 없는 통화량변화가

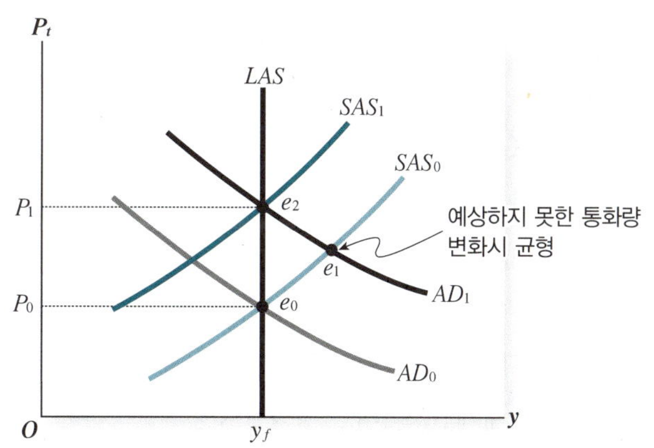

그림 28-10 새고전학파의 금융정책 효과

경제주체의 정보집합(I)에 반영되고, 경제주체가 합리적으로 기대를 형성하면 $P_{t+1} = P^e_{t+1}$이기 때문에 e_2에서 균형을 이루게 된다. 이 과정을 〈표 28-3〉으로 정리할 수 있다.

결론적으로 통화당국의 예측할 수 없는 금융정책은 일시적(일회적)으로 산출량에 영향을 미치지만, 다음 기에는 연속적, 즉각적으로 조정이 이루어져 아무런 영향을 미치지 않는다. 따라서 화폐는 최소한 일시적으로 비중립적이고 실질효과를 갖는다. 그러나 장기에서는 화폐의 중립성이 성립한다.

표 28-3 **예상할 수 없는 금융정책의 전달경로**

최초의 균형 $AS_0 = AD_0$인 e_0 → 예측할 수 없는 통화당국의 통화량 M_t 증가 → 총수요곡선 상방이동 → ($AD_0 \to AD_1$) → P_t 상승, $P_t \neq P^e_t$, $\overline{P^e_t}$이므로 SAS 불변 → 일시적 균형 $AD_1 = SAS_0$인 e_1 → 다음 기에는 예측하지 못한 정책의 실시를 알게 됨 → 합리적 기대 $P_1 = P^e_1$ → SAS (AS_1 까지) 상방이동 → 최종균형 : e_2

(3) 소결

새고전학파의 금융정책을 정리하면 다음과 같다. ① 합리적 기대 하에서 통화당국의 예상된 금융정책의 실시는 그 효과가 장기에서뿐만 아니라 단기에서도 중립적이다. ② 민간이 예상할 수 없는 금융정책의 실시는 그 효과가 단기에서 비중립적이지만, 장기에서는 중립적이다. ③ 예상할 수 없는 금융정책이 단기에서 비중립적인 것은 합리적 기대를 하더라도 불완전정보 하에서는 경제주체가 물가인식상의 오류(price misperceptions)를 범했기 때문이다.

7. 새케인즈학파와 금융정책

Economics ch. twenty-eight

7.1 의의

새케인즈학파는 새고전학파와 같이 합리적 기대와 미시경제적 기초라는 거시경제분석방법을 도입하지만, 새고전학파와 달리 최소한 단기에서는 정부의 적극적 개입에 의한 경제안정화정책이 유효하다고 주장한다.

이 주장의 근거는 가격변수의 경직성이다. 즉, 물가수준이나 명목임금 등 명목 가격변수들이 고정되어 있다는 것이 합리적 기대 하에서도 정부정책을 유효하게 만드는 근본적 원인이다. 따라서 새케인즈학파가 명목경직성을 주장하는 가장 중요한 이유는 단기에서 화폐의 비중립성을 강조하기 위해서이다.

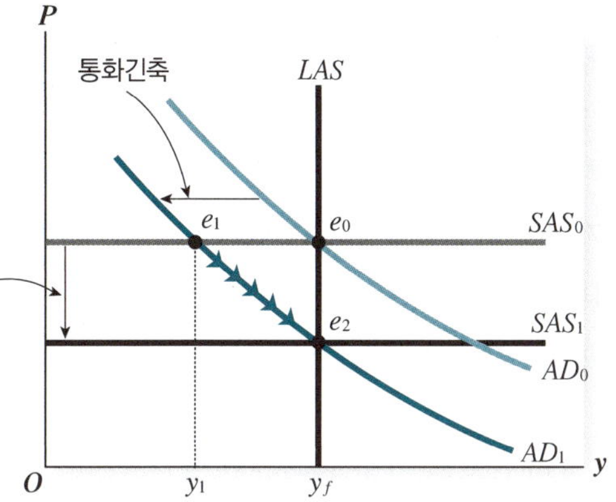

그림 28-11
가격경직성모형 (sticky model) **하의 금융정책**

7.2 가격경직성

[그림 28-11]의 새케인즈학파모형에서 경제는 현재 장기균형 e_0점에 있다. 불완전경쟁시장, 메뉴비용 등으로 가격이 경직적이므로 *SAS*는 수평으로 가정한다. e_0점에서 통화당국이 긴축적 화폐금융정책을 사용하면 총수요곡선이 AD_0에서 AD_1으로 이동한다. 단기균형은 AD_1곡선과 SAS_0가 교차하는 e_1점에서 이루어진다. 단기균형에서 물가수준은 P_0에서 변동이 없지만, 산출량은 총수요의 크기와 같은 y_1수준에서 결정된다.

단기균형 e_1점은 오래 지속될 수 없다. 수요된 산출량 y_1이 완전고용산출량 y_f보다 작아 초과공급이 존재하기 때문이다. 따라서 기업은 자사제품가격을 인하시킬 것이다. 이에 따라 예상물가수준도 하락하기 때문에 *SAS*곡선은 하방으로 이동한다. *SAS*곡선의 하방이동은 초과공급이 완전하게 소진되는 SAS_1으로 이동할 때까지 계속된다. 따라서 장기균형은 총수요 AD_1과 SAS_1, *LAS*곡선이 교차하는 e_2점에서 실현된다.

장 · 단기균형을 고려할 때 새케인즈학파모형에서 화폐는 단기에서 산출량을 변화시키기 때문에 비중립적이고 실질적 효과를 갖는다. 그러나 장기에서는 산출량에 아무런 영향을 미치지 못하기 때문에 중립적이다.

확장적 금융정책의 효과에 대한 새케인즈학파와 새고전학파의 비교는 〈표 28-4〉와 같이 정리할 수 있다.

표 28-4 **확장적 금융정책 효과**

학파	장 · 단기균형	금융정책 효과
새고전학파	장 · 단기균형 : e_2	없음
새케인즈학파	단기균형 : e_1 장기균형 : e_2	있음 없음

7.3 소결

새케인즈학파의 금융정책 효과를 정리하면 통화량은 단기에서 비중립적이다. 그러나 장기에서는 중립적이다. 최소한 단기에서는 정부의 적극적 개입에 의한 경제안정화정책은 유효하다.

통화량이 단기에서 비중립적인 것은 합리적 기대 하에서도 임금, 물가 등이 경직되어 있기 때문이다. 이 점은 정통 케인즈학파의 금융정책이 화폐환상 때문에 정책적 효과를 발휘하는 것과 차이나는 점이다.

총수요의 미시적 기초

part eleven

11

제29장 소비함수이론

microeconomics + macroeconomics, Economics ch. twenty-nine

1. 의의

이 장의 목적은 총수요(*AD*)를 결정하는 곡선의 하나인 *IS*곡선 $y = C + I + G$ 중에서 소비함수(*C*)에 관한 이론으로 소비의 결정요인과 소비함수의 성질, 소비함수의 경제정책적 의미를 고찰하는 데 있다. 소비는 $\text{GDP} = C + I + G + (x - im)$에서 가장 큰 비중을 차지하는 GDP의 구성요소이다.

장기적으로 소비와 GDP는 같은 비율로 변화하나 단기에서는 GDP의 변화율보다 소비의 변화율이 작다. 다시 말하면 소비는 안정적(smoothness)이다. 개인소비지출은 일반적으로 내구재, 비내구재, 서비스지출로 구성된다. 안정성 정도는 서비스지출, 비내구재지출 순이며 내구재지출은 기복이 가장 크다.

2. 소비함수의 분류

2.1 쿠츠네츠의 역설

제2차 세계대전 이전에는 케인즈의 절대소득가설만이 존재하였다. 케인즈에 의하면 현재소비는 현재 실질소득의 절대액에 의해서 결정된다. 단기소비함수를 나타내는 케인즈의 소비함수는 $APC > MPC$인 성질을 가지고 있다.

그러나 1946년 쿠츠네츠(S. Kuznets)가 미국의 소득-소비에 관한 시계열 자료를 분석한 결과 케인즈의 소비함수 결론과 일치하지 않았다. 여기서 소비함수에 관한 논쟁이 시작되었다.

쿠츠네츠에 의하면 단기적으로 소득이 증가함에 따라 평균소비성향이 감소하였다. 즉 $APC > MPC$이다. 장기적으로는 소득이 증가함에 따라 APC가 하락하지 않고 일정하였다. 즉, $APC = MPC$라는 경험적 결론을 도출했다. 이 결과는 케인즈의 소비함수 성질과 일치하지 않는다. 이를 쿠츠네츠의 역설(Kuznets' paradox)이라 한다.

2.2 소비함수의 분류

소비함수에 관한 논쟁의 초점은 소비가 소득의 함수라 할 때 소득의 개념과 종류에 맞추어져 있다. 소비함수이론은 미래의 예상소득이 현재소비를 결정한다는 미래적 이론(forward looking theory)과 과거소득이 현재소비를 결정한다는 과거적 이론(backward looking theory)으로 나눌 수 있다.

케인즈의 절대소득가설은 미래적 이론과 과거적 이론을 구분하는 기준으로서 역할을 한다. 미래적 이론에는 항상소득가설과 일생소득가설이 있다. 과거적 이론으로는 상대소득가설이 있다.

소비의 결정변수에 대한 논쟁에 이어 또 다른 논쟁은 소비함수의 안정성이다. 항상소득가설이나 일생소득가설은 임시 우연한 소득이 항상소비나 일생소비에 영향을 미치지 않고, 항상소비나 일생소비는 오직 항상소득이나 일생소득에만 영향을 받기 때문에 장기나 일생에 걸쳐서 소비함수가 안정적이라고 주장한다.

한편 홀(R. Hall)은 불확실성 하에서 소비함수이론을 연구하여 소비의 random walk 가설을 발표하였다. 이 이론의 등장에 따라 미래적 소비함수이론은 다시 확실성 하의 소비함수이론과 불확실성 하의 소비함수이론으로 구별하게 되었다. 전자에는 항상소득가설과 일생소득가설이 있다. 항상소득가설이나 일생소득가설은 미래소득을 알고 있는 상태에서 현재소비를 한다. 후자에는 소비의 random walk 가설이 있다. 이 가설은 미래소비의 변화를 예측할 수 없다는 의미에서 확률적(stochastic) 모형이다.

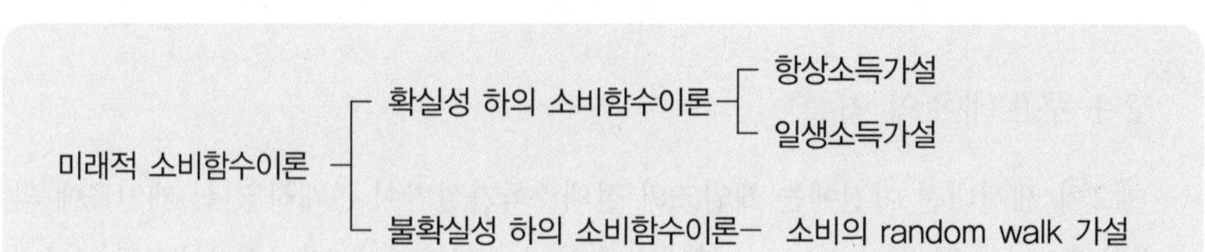

3. 케인즈의 절대소득가설

3.1 절대소득(absolute income)과 소비

케인즈에 의하면 소비의 결정요인에는 주관적 요인과 객관적 요인이 있다. 객관적인 요인은 개별경제주체가 현재 받고 있는 실질소득의 크기이다. 주관적인 요인은 이 소득 중에서 소비자가 얼마만큼을 소비할 것인가를 나타내는 소비자의 '소비하려는 의지(willingness to consume)', 즉 소비성향을 말한다.

케인즈는 가계의 실질소득의 크기를 절대소득이라 했다. 절대소득이란 개별경제주체가 현재 시점에서 받고 있는 실질소득의 절대액을 의미한다. 케인즈에게 있어서 소득은 주로 근로소득을 의미하며 소득의 평가시점은 현재이다.

3.2 단기소비함수의 특징

소비는 소득의 증가함수로서 $C = f(y)$이고 선형방정식으로 구체화하면 $C = a + cy$이다. 그리고 $a > 0$은 기초소비, $0 < c < 1$은 한계소비성향(MPC)을 각각 나타낸다. 여기서 소득 y는 객관적 요인이고, c는 주관적 요인이다. 케인즈 소비함수론은 장기소비함수를 고려하고 있지 않다. 따라서 장기소비함수에서 나타나는 $APC = MPC$ 성질이 유도되지 않는다.

케인즈소비함수의 특징은 다음과 같다.

첫째, 소비의 독립성이다. 즉, $C = f(y)$에서 소비는 타인의 소비나 과거소득에 영향을 받지 않고 오직 자신의 현재소득의 크기에 의해서만 결정된다. 둘째, 소비의 가역성이다. 소득이 증가하면 소비도 증가하고 그 역으로 소득이 감소하면 소비도 감소한다.

셋째, 소득이 증가함에 따라 APC가 점차 감소한다. [그림 29-1]에서 소득이 y_0일 때 평균소비성향은 APC_0이나 소득이 증가하여 y_1일 때 평균소비성향은 APC_1이다. 그런데 APC_1이 APC_0보다 작다. 이것은 $APC = \frac{C}{y}$에서 소득이 증가하면 소비도 증가하지만 소비가 소득에서 차지하는 비중이 점차 작아진다는 것을 의미한다. 소비함수상에서 소득이 증가함에 따라 평균소비성향이 감소하면 반드시 APC가 MPC보다 크다. 즉 $APC > MPC$이다.

넷째, 소득이 증가함에 따라 소비가 증가하지만 증가한 소득 중에서 일부만이 소비된다는 것이다. 즉, $0 < MPC = \frac{dc}{dy} < 1$이다. 만약 소비함수가 소득에 대해 오목한

그림 29-1
케인즈의
절대소득가설

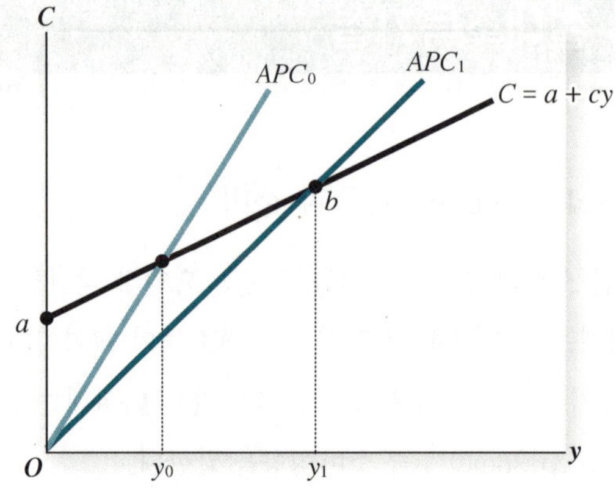

형태라면 소득이 증가함에 따라 $\frac{dMPC}{dy} = \frac{d^2C}{dy^2} < 0$이기 때문에 MPC는 체감한다.

3.3 경제정책적 의미

소비함수의 중요 성질은 소득이 증가할수록 APC가 감소한다는 것이다. 만약 고소득층의 소득 일부를 저소득층으로 재분배하여 저소득층의 소득이 증가하면 저소득층의 소비증가가 고소득층의 소비감소보다 크다. 따라서 공평한 소득분배는 사회 전체의 소비증가를 통해 수요증대를 가져온다.

4. 미래적 소비함수이론

미래적 소비함수이론은 "미래의 예상소득의 변화가 현재소비를 결정한다"는 이론이다. 미시경제 기초 하에 거시경제분석(micro foundation of macroeconomic analysis)방법을 이용하여 소비자의 최적소비수준을 유도한다. 이때 최적소비수준이란 소비자의 효용을 극대화하는 소비수준을 유도하고 있다는 점에서 합리적인 소비수준을 의미한다.

4.1 기간별 대체효과와 동태적 최적화

피셔(I. Fisher)는 소비가 현재소득에 의해서만 결정된다는 케인즈의 소비이론을 비판하였다. 그는 다기간(전생애)에 걸쳐 자원(소득 등)을 효율적으로 배분하여 효용을 극대화하면서 소비가 이루어진다고 주장하였다.

동태적 분석인 다기간별 소비함수이론은 미시경제 기초 하의 거시경제분석방법을 이용하여 소비자의 최적 행위, 합리적 소비행위를 설명하는 이론이다. 여기서 동태적 최적화와 기간별 대체효과라는 중요한 개념을 도출하게 된다.

(1) 2기간 예산제약식과 2기간 효용함수

현재소비 C_0과 미래소비 C_1을 합한 총소비의 현재가치는 현재소득 y_0와 미래소득 y_1을 합한 총소득의 현재가치의 범위 내에서 이루어져야 한다. 만약 총소득전액이 소비지출된다면 2기간에 걸친 예산제약식은 식 (29.1)로 표시할 수 있다.

$$\underbrace{y_0 + \frac{y_1}{1+r}}_{\text{총소득의 현재가치}} = \underbrace{C_0 + \frac{C_1}{1+r}}_{\text{총소비의 현재가치}} \tag{29.1}$$

주어진 소득 하에서 C_0가 증가하면 C_1은 감소하므로, 현재소비 C_0와 미래소비 C_1은 대체관계에 있다. 따라서 2기간 하의 예산선은 우하향하고 그 기울기는 $-(1+r)$이다.

효용함수 U가 t시점에서 소비의 함수이면 $U_t = U_t(C_t)$이다. 이 효용함수는 매 기간별로 분리할 수 있고 기간별로 더할 수 있다면 2기간 총효용함수는 식 (29.2)로 표시할 수 있다.

$$U = U_0(C_0) + \frac{U_1(C_1)}{1+\rho} \tag{29.2}$$

여기서 ρ는 현재시간선효율이다. 만약 $\rho > 0$이면 미래소비보다 현재소비를 더 선호하고, $\rho < 0$이면 미래소비를 현재소비보다 선호한다는 것을 의미한다.

(2) 동태적 최적화 : 기간별 효용극대화

최적소비수준은 [그림 29-2]의 예산제약식과 [그림 29-3]의 무차별곡선을 합성한 [그림 29-4]에서 예산선의 기울기와 무차별곡선의 기울기가 일치하는 점에서 이루어진다.

따라서 최적소비수준은 e_0점에서 (C_0^*, C_1^*)이다. e_0를 동태적 최적화(dynamic optimization) 또는 기간별 효용극대화라 한다. 이는 현재와 미래라는 기간을 도입한 다기간선택모형에서 주어진 예산제약으로 소비자가 자신의 효용을 극대화하는 최적

그림 29-2
2기간 예산선과 기울기

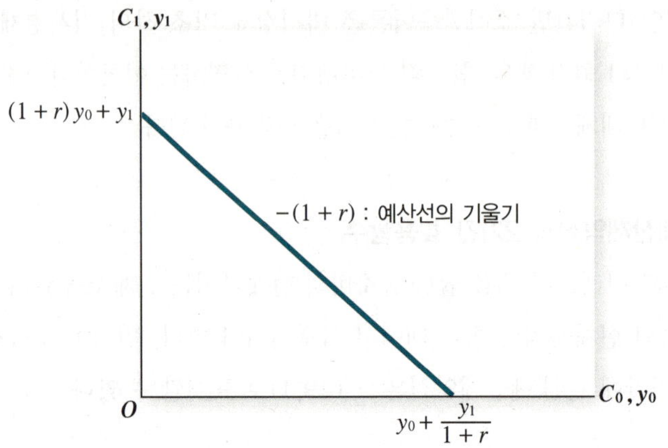

그림 29-3
2기간 무차별곡선

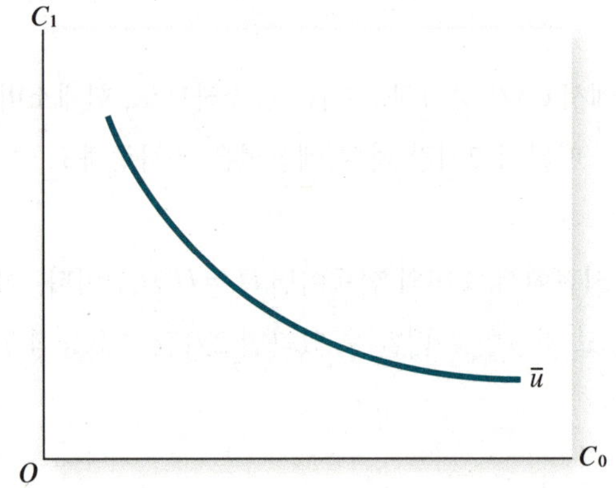

그림 29-4
동태적 최적화

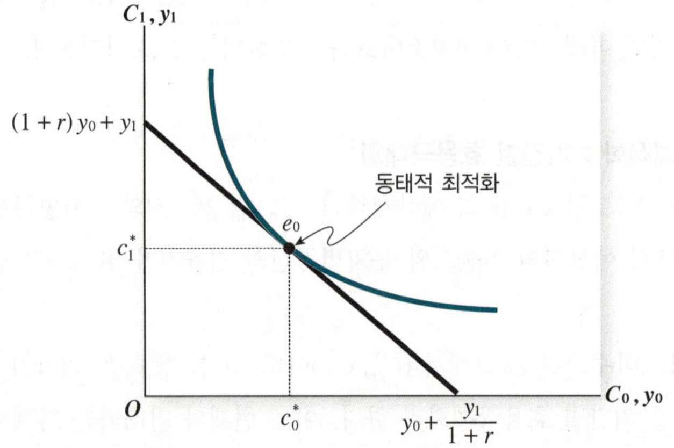

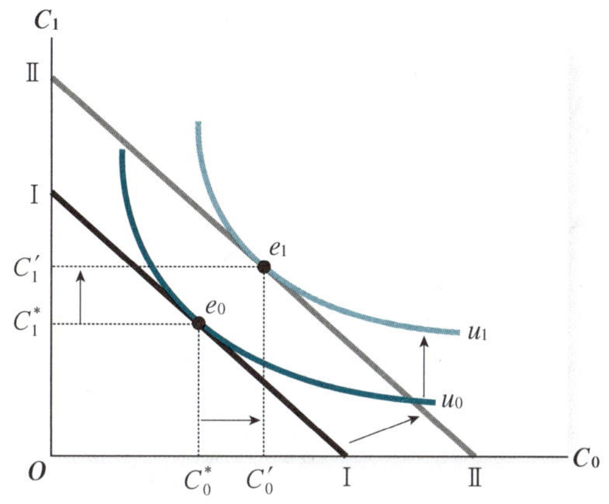

그림 29-5
소비와 소득효과

현재소비와 최적미래소비의 배합을 의미한다.

(3) 소득효과 : 소득증가가 소비에 미치는 효과

소득효과란 실질소득이 변했을 때 현재 및 미래소비에 미치는 영향을 말한다. [그림 29-5]에서 최초에 최적소비수준 $e_0(C_0^*, C_1^*)$에서 소득이 증가하면 예산선이 I I에서 Ⅱ Ⅱ로 이동하고, C_0, C_1이 정상재일 때 균형은 e_0에서 e_1으로 이동한다. 따라서 개별경제주체의 소득증가는 현재소비와 미래소비 모두를 증가시킨다.

여기서 중요한 점은 현재소비와 미래소비의 변화는 예산식이 변할 때만 일어난다는 점이다. 이에 따라 다기간 소비자선택모형을 이용하는 항상소득가설에서 항상소득의 증가는 예산식을 상방으로 이동시키면서 현재 및 미래소비를 증가시킨다. 반면 항상소득과 임시소득은 독립적 관계이므로 $(Cov(y_P, y_T) = 0)$, 임시소득증가는 항상소득을 증가시키지 않는다. 따라서 임시소득의 증가는 예산식에 별반 영향을 미치지 못하기 때문에 현재 및 미래소비에 영향을 미치지 못한다.

(4) 기간별 대체효과 : 이자율상승이 소비에 미치는 효과

다기간모형에서 이자율 상승시에 소비자가 상대적으로 비싸진 현재소비를 줄이고, 이를 상대적으로 저렴해진 미래소비로 교환하는 효과를 소비의 기간별 대체효과(intertemporal substitution effect)라 한다.

다시 말해서 이자율(r)이 상승하면 예산제약 $C_0 + \frac{C_1}{1+r}$에서 미래소비의 상대가격 $\frac{1}{1+r}$을 떨어뜨린다. 따라서 현재소비가 상대적으로 비싸지고 미래소비가 상대적으로 싸져서 소비자는 현재소비를 줄이고 미래소비를 증가시킨다.

그림 29-6
기간별 대체효과

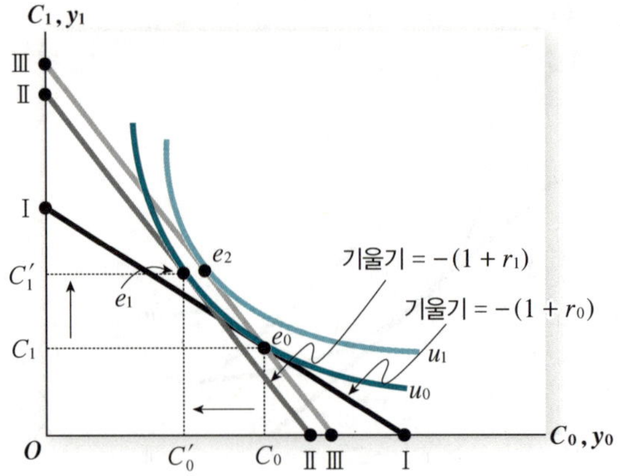

[그림 29-6]에서 이자율이 r_0에서 r_1로 상승할 때 u_0라는 최초의 효용을 향유한다는 조건 하에서 예산선은 Ⅰ Ⅰ에서 Ⅲ Ⅲ으로, Ⅲ Ⅲ에서 Ⅱ Ⅱ로 이동한다.[1] 왜냐하면 이자율상승으로 예산선의 x축 절편 $y_0 + \frac{y_1}{1+r}$값이 작아지고, y축 절편 $(1+r)y_0 + y_1$값이 상승하기 때문이다. 새로운 예산선 하에서 소비자균형은 e_1점이다. 이때 현재소비와 미래소비는 각각 (C_0', C_1')이다.

기간별 대체효과란 e_0에서 e_1까지의 거리를 말한다. e_0와 e_1을 비교하면 현재소비는 C_0에서 C_0'으로 줄었으나 미래소비는 C_1에서 C_1'으로 증가하였다. 소득효과는 e_1에서 e_2까지이다.

(5) 총효과

총효과란 이자율 변화시에 발생하는 기간별 대체효과와 소득효과를 합한 효과를 말한다. 이때 현재 및 미래소비에 미치는 영향을 도출해 보자. 그런데 이 영향은 소비자가 현재 채무자(적자단위)인지 또는 채권자(흑자단위)인지에 달려 있다.

소비자가 흑자단위라는 것은 현재소득이 현재소비보다 커서 저축을 하고 있는 상태이다. 이는 [그림 29-7]의 (A)로 나타낼 수 있다. 그림에서 e와 e_1점은 각각 최초의 소득수준과 소비수준을 나타낸다. 그런데 현재소득 y_0가 현재소비 c_0보다 커서 가계는 흑자를 기록하고 있다.

이 상태에서 이자율 r이 상승하면 예산선은 e점을 축으로 선분 Ⅱ Ⅱ로 이동한다. 예산선 Ⅱ Ⅱ 하에서 새로운 동태적 최적화수준은 e_3이다. 여기서 대체효과와 소득효과를 구하기 위해 힉스보상을 하면 예산선은 Ⅲ Ⅲ이 된다. 이때 새로운 균형점은 e_2가

1. 예산선이 Ⅲ Ⅲ에서 힉스보상을 하면 Ⅱ Ⅱ로 이동한다.

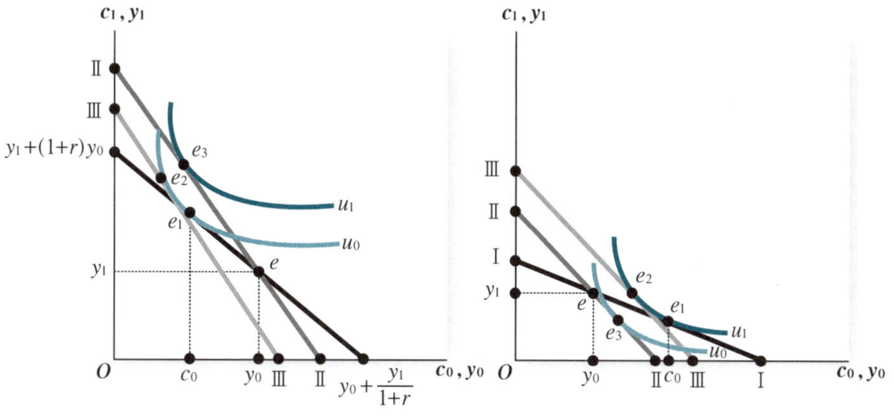

그림 29-7
흑자단위 및 적자단위 하에서 소비 및 후생수준의 변화

된다. 따라서 대체효과는 e_1-e_2이고, 소득효과는 e_2-e_3이며 총효과는 e_1-e_3이다.

대체효과의 결과로 현재소비는 감소하고 미래소비는 증가한다. 소득효과는 현재 및 미래소비 모두 증가한다. 따라서 두 효과를 합하면 미래소비는 확실히 증가한다. 그러나 현재소비는 두 효과의 상대적 크기에 의해서 결정된다. 만약 대체효과가 소득효과보다 크다면 이자율상승은 현재소비를 줄이게 된다. 이자율상승의 결과 흑자단위의 후생수준은 u_0에서 u_1으로 증가한다.

이제 소비자가 적자단위일 때를 살펴보자. 적자단위라는 것은 소비자의 현재소비가 현재소득을 초과하여 지출할 때 발생한다. 이는 [그림 29-7]의 (B)로 나타낼 수 있다. 그림에서 최초의 예산선은 I I이고, 동태적 최적화는 e_1점에서 이루어지고, 소득수준은 e점이다.

이제 이자율이 상승하면 예산선은 e점을 기준으로 Ⅱ Ⅱ로 이동한다. 예산선 Ⅱ Ⅱ 하에서 새로운 균형점은 e_3점이다. 이제 대체효과와 소득효과를 보기 위해서 보상을 하면 예산선은 Ⅲ Ⅲ이 된다. 예산선 Ⅲ Ⅲ 하에서 균형점은 e_2가 된다. 대체효과는 e_1-e_2, 소득효과는 e_2-e_3이고, 총효과는 e_1-e_3이다. 대체효과에 의하면 현재소비는 감소하고 미래소비는 증가한다. 소득효과는 현재 및 미래소비를 모두 감소시킨다. 이것은 이자율이 상승할 때 적자단위의 소비자는 채무부담이 커져서 소득이 감소하고, 그 결과 현재 및 미래소비가 감소하였음을 의미한다.

총효과를 보면 현재소비는 감소하지만, 대체효과가 소득효과보다 크다면 미래소비는 증가한다. 그리고 이자율상승의 결과 적자단위의 후생수준은 u_1에서 u_0로 감소한다.

그림 29-8
유동성제약 하에서 가계의 예산선

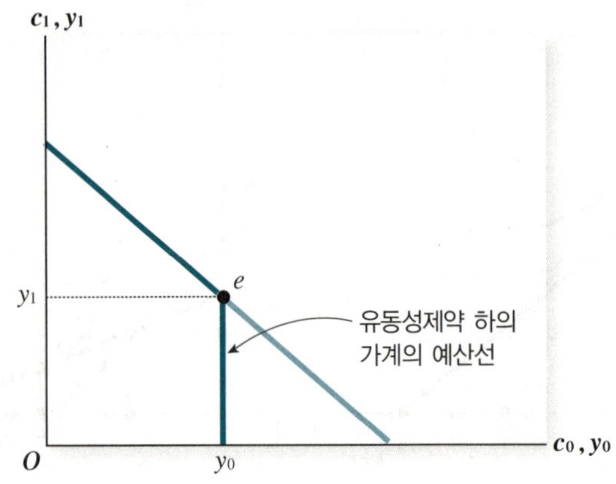

(6) 새케인즈학파와 유동성제약(liquidity constraint)

다기간소비자선택모형에서 가계는 유동성에 대한 제약 없이 미래소득을 담보로 자금을 자유롭게 차입하여 현재소비를 할 수 있다고 전제하고 있다. 그러나 현실적으로 유동성제약 하에 있는 가계가 많다.

유동성제약 하에서 다기간소비자선택모형을 분석해 보면 다음과 같다.

먼저, 가계의 예산제약식이 굴절된다. [그림 29-8]에서 굴절되는 점은 가계의 현재소득 y_0수준이 될 것이다. 이는 가계가 현재소득을 넘는 자금차입에 제약을 받고 있음을 의미한다. 추가로, 유동성제약 하에서 가계의 최대소비수준은 y_0를 넘을 수 없다. 따라서 현재소비는 현재의 소득수준에 의해서 결정된다.

끝으로, 케인즈의 절대소득가설에 의하면 현재실질소득이 현재소비를 결정한다. 이런 관점에서 보면 새케인즈학파의 유동성제약 하에서 소비함수이론은 케인즈학파

그림 29-9
유동성제약과 최적소비

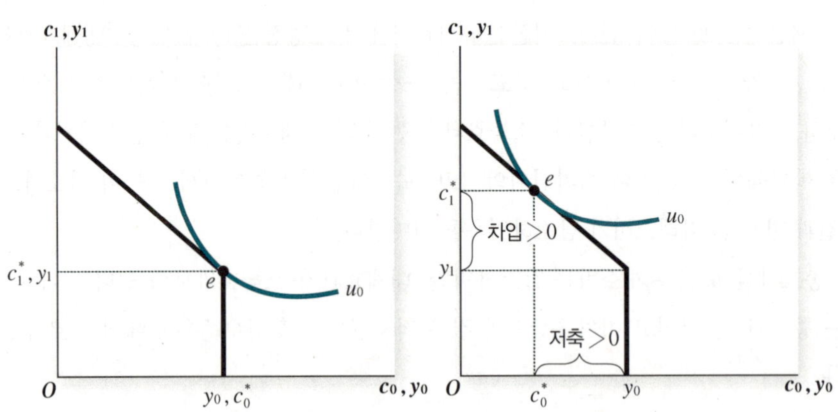

의 소비함수이론의 타당성을 높여주고 있다. 가계의 최적소비수준을 도해하면 [그림 29-9]의 좌측그림처럼 현재의 최적소비 C_0^*는 현재소득수준에서, 미래의 최적소비 C_1^*는 미래소득수준에서 각각 결정된다.

4.2 항상소득가설(permanent income hypothesis)

(1) 의의

프리드만은 케인즈의 절대소득가설을 비판했다. 그에 의하면 소비는 현재소득보다 미래소득인 항상소득에 의존한다. 또한 비합리적인 소비자를 가정하고 있는 듀센베리의 상대소득가설도 비판했다. 항상소득가설은 다기간 소비자선택모형을 이용한 미시경제분석방법을 사용하여 소비자의 최적소비행위로부터 합리적인 소비함수를 도출한다.

(2) 항상소득

항상소득이란 개별경제주체가 보유하고 있는 실물자산(인적, 물적 자산)과 금융자산으로부터 미래에 얻을 것으로 기대되는 장기소득의 평균값이다. 또는 간결하게 미래의 장기평균소득의 가중평균소득이라고 정의할 수 있다. 이에 대해 임시소득은 불규칙적이고, 임시 우연한 소득이다.

▪ 특징

첫째, 초기소득 y_0가 한 단위 증가하면 항상소득 y_p는 $\frac{r}{1+r}$만큼 증가한다. 따라서 초기소득 y_0의 한 단위 증가는 항상소득을 증가시키지만 그 크기는 1보다 작다.

둘째, 매 기간당 소득이 한 단위씩 일정하게 증가하면 항상소득도 한 단위 증가한다.

$$dy_p = \frac{r}{1+r}\left(dy_0 + \frac{dy_1}{1+r} + \frac{dy_2}{(1+r)^2} + \cdots\right) = 1$$

따라서 항상소득은 한기 소득이 증가하는 것보다 매기 소득이 일정하게 증가할 때 더 크게 증가한다. 그리고 항상소득은 실물자산소득과 금융자산으로 구성되어 있다.

▪ 소득과 소비의 상관관계

y_M은 현재시점에서 측정된 소득, y_P는 항상소득 y_T가 임시소득일 때 측정소득은 항상소득과 임시소득의 합이다.

$$y_M = y_p + y_T$$

유사하게, 현재시점에서 계산된 측정소비 c_M은 c_p가 항상소비, c_T가 임시소비일 때 항상소비와 임시소비의 합이다.

$$c_M = c_p + c_T$$

여기에서 임시소득(y_T)과 임시소비(c_T)의 성질은 다음과 같다. 임시소득 y_T와 임시소비 c_T는 비정규적, 일시적 소득 및 소비수준이다. 이 값들은 소득과 소비를 측정할 때 발생하는 통계상의 오차, 전차항이다. 때문에 평균값은 0이다.

■ 임시소득, 임시소비의 성질

- 비정규적, 일시적 소득과 소비수준을 의미함
- 임시소득이 양이면 내구재지출에 사용되거나 저축함[2]
- 임시소득이 음이면 부족한 만큼 저축에서 보전됨. 따라서 임시소득의 크기가 저축을 결정함

이상의 임시소득의 성질에서 임시소득이 저축을 결정한다는 것은 매우 중요하다. 구체적으로 현재소득이 항상소득보다 커서 임시소득이 양이면 저축은 증가하고, 현재소득이 항상소득보다 작아서 임시소득이 음이면 저축은 감소한다. 가계는 이렇게 형성된 저축을 지출하거나 차입을 통해 소비지출을 안정화시킨다. 즉, 가계는 미래소비를 위해 저축을 한다. 따라서 항상소득가설과 다음에 살펴볼 일생소득가설의 핵심은 "임시소득이 저축을 결정하고, 저축은 미래소비를 결정한다" 는 것이다.

■ 임시소득과 소비함수의 안정화

임시소득 → 저축결정 → 미래소비결정 → 소비함수 안정화
　　　　　자유로운 차입 ┘

이상에 분류된 소득, 소비 간의 관계를 공분산(covariance)을 통해 살펴보자. $Cov(y_p, y_T) = 0$이기 때문에 항상소득과 임시소득은 독립적인 관계에 있다. 따라서

2. 소비는 내구재, 비내구재 및 서비스에 대한 지출이다. 항상소득가설에서 소비는 비내구재 및 서비스에 대한 지출을 말한다. 내구재에 대한 지출은 임시소득으로 이루어진다.

임시소득이 변하더라도 항상소득은 변하지 않는다. 이를 다른 소득-소비 간에도 적용하면 다음과 같다.

$$Cov(y_P,\ y_T)=0,\ Cov(c_P,\ c_T)=0$$
$$Cov(y_T,\ c_P)=0,\ Cov(y_P,\ c_T)=0$$
$$Cov(y_T,\ c_T)=0$$

여기서 $Cov(y_T,\ c_T)=0$의 의미가 중요하다. 이것은 임시소득이 증가하더라도 임시소비가 변하지 않는다는 것을 의미한다. 왜냐하면 임시소득이 증가하면 저축을 하거나 내구재에 대한 지출을 늘리지만, 비내구재나 서비스지출 등 임시소비가 변하지 않기 때문이다. 역으로 말하면 항상소득증가에 따른 저축은 임시소득증가에 따른 저축보다 적다. 따라서 프리드만은 임시소득증가는 대부분 저축되고, 항상소득증가는 대부분 소비된다고 주장한다.[3]

따라서 $Cov(y_P,\ c_P)\neq 0$이므로 항상소득과 항상소비만 상관관계가 있다. 그러므로 항상소득가설에 의한 소비함수를 표현하면 다음과 같다.

$$C=C_P=ky_P=k(r,\ \mu,\ \rho)y_P,\quad 0<k<1$$

(단, r은 이자율, μ는 인적자산과 물적자산의 결합비율, ρ는 선호수준)

(3) 소비함수 도출 및 성질

항상소득가설을 횡단면분석에서 도출하기 위해 어떤 한 사회 전체의 소득분포가 정규분포를 이룬다고 하자. 만약 [그림 29-10]에서 조사대상자의 측정소득이 평균소득보다 높은 y_4일 때 이 소득이 모두 항상소득이라면 소비는 c_4가 된다. 그런데 측정소득이 평균소득보다 높으면 양(+)의 임시소득이 존재한다. 그 크기를 y_3부터 y_4까지라면 소득 y_4는 항상소득의 증가분($\bar{y}$부터 y_3까지)과 임시소득의 증가분(y_3부터 y_4까지)으로 구성된다. 이때 임시소득의 증가분은 저축을 증가시키고 소비에 영향을 주지 않는

3. 프리드만에 의하면 경제주체들은 임시소득이 발생하면 TV 등 내구소비재에 대한 지출이나 저축을 하고, 임시소득이 음이면 저축으로 보전하기 때문에 음식물 등 비내구소비재에 대한 지출인 '소비'에 아무런 영향을 미치지 않는다. 프리드만은 이를 농가소득과 농가소비를 예를 들어 실증하였다. 농가소득은 기후나 곡물가격변동에 매우 민감하기 때문에 비농가소득에 비해 불규칙적이고 임시 우연적이다. 만약 농촌에서 풍년으로 소득(임시소득)이 증가하면, 이 소득은 저축과 농기구 등 내구재 구입을 위한 지출을 증가시키지만 음식물 등 비내구재 및 서비스 지출은 거의 변화시키지 않는다. 따라서 농가의 현재소득변화는 예산제약식에 매우 적은 영향을 미치고 현재소비에 미치는 효과가 매우 적었다.

그림 29-10
횡단면분석에 의한 항상소득가설

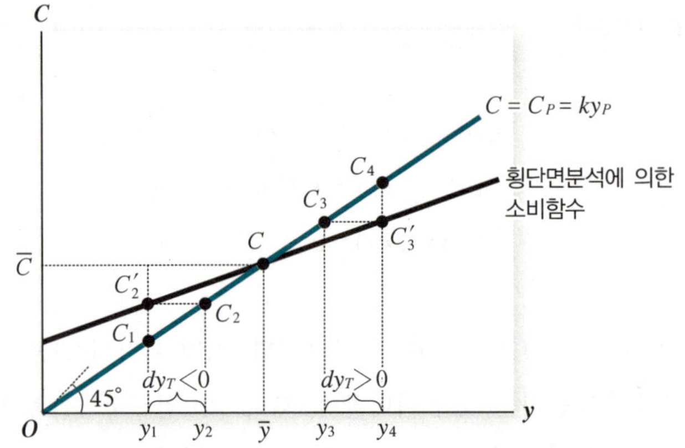

다. 왜냐하면 $Cov(y_T, c_p)=0$이기 때문이다. 따라서 소득 y_4의 소비수준은 c_4가 아니고 '항상소득의 증가분' 만을 반영하고 있는 소득 y_3의 소비수준 c_3가 된다. 이를 그림에서 c_3'이라 표시하자.

유사하게 측정소득이 평균소득보다 낮은 y_1일 때 이 소득이 모두 항상소득이라면 소비는 c_1이 된다. 그런데 측정소득이 평균소득보다 낮기 때문에 임시소득이 음(−)이고 저축이 부족하게 된다. 이 부족분은 임시소득 증가시 축적했던 저축으로 보전한다. 음의 임시소득을 y_2부터 y_1까지라면 소득 y_1은 항상소득의 감소분($\bar{y}$부터 y_2까지)과 임시소득의 감소분(y_2부터 y_1까지)으로 구성된다. 이때 임시소득의 감소분은 소비에 영향을 주지 않는다. 따라서 소득 y_1의 소비수준은 c_1이 아니고, '항상소득의 감소분' 만을 반영하고 있는 소득 y_2의 소비수준 c_2가 된다. 이를 그림에서 c_2'으로 표시하자.

횡단면분석에 의한 소비함수는 $c_3'-c-c_2'$을 연결함으로써 도출된다. 이 소비함수는 소득이 증가함에 따라 평균소비성향이 감소한다. 따라서 $APC > MPC$이다.

4.3 일생소득가설(life cycle income hypothesis)

(1) 의의

항상소득가설과는 접근방법이 다른 미래적 소비함수이론으로 일생소득가설이 있다. 이 이론은 사람들이 일생에 걸쳐 소비를 배분하고자 하므로 소비가 현재소득뿐만 아니라 미래소득에도 영향을 받는다고 한다. 따라서 소비수준은 각 기간별로 크게 차이가 나기보다는 전생에에 걸쳐 일정하다.

따라서 모딜리아니(F. Modigliani)는 프리드만과 같이 "개별경제주체는 임시적이고 우연한 소득변화에 따라 소비를 변화시키기보다는 전생애에 걸쳐 안정적인 소비를 선호한다" 라고 주장한다. 또한, 소비자의 일생에 걸친 소득, 소비, 저축의 형태를 설명하기 위해 다기간 모형을 사용한다.

(2) 일생소득의 정의

일생소득은 항상소득과 같이 미래의 장기평균소득이다. 따라서 미래의 장기평균소득의 변화가 소비에 영향을 미친다는 점에서 두 이론은 모두 미래적 소비함수이론이다. 다만 항상소득은 실물자산소득과 금융자산의 합으로 구성되어 있는 데 비해 일생소득은 근로소득과 자산소득의 합으로 구성되어 있는 점에 차이가 있다.

(3) 일생소득가설의 소비함수

모딜리아니에 의하면 개별경제주체의 소비형태는 전생애에 걸쳐 안정적이지만 소득의 흐름은 근로기간 동안 증가하다가 퇴직 후 감소하는 형태를 갖는다고 한다. 따라서 소비자들은 전생애에 걸쳐 안정적인 소비를 유지하기 위해 생애 초기에는 차용으로써, 중기에는 여분 소득의 저축으로, 소득이 감소하는 은퇴기에는 중기에 축적한 저축으로 각각 대응한다.

[그림 29-11]은 전형적인 소비자의 일생에 걸친 소득, 소비, 저축 그리고 자산의 축적과정을 보여주고 있다. 상단의 그림에서 볼 때 노동자가 L년을 살고 R년에 은퇴할 때 노동자의 소비는 생애에 걸쳐 일정하지만, 소득(y)은 R년까지 발생하고, R년 이후에는 없다. 저축(S)은 소득에서 소비를 빼서 구할 수 있고 R년까지는 존재하지만 은퇴 이후에는 소비가 소득을 초과하기 때문에 음(−)의 저축이 발생한다. 은퇴 후에는 근로기간 동안 축적한 저축을 소비함으로써 소비수준을 안정적으로 유지함을 의미한다.

'모딜리아니의 피라미드(modigliani's pyramid)' 란 경제주체가 전생애에 걸친 자산축적(과정)을 매 시간별로 나타낸 형태이다. 이것은 [그림 29-11]의 하단에 나타나 있다. 단, 노동자의 초기자산(A)은 없다고 가정한다. 자산축적은 근로기간 동안에는 지속적으로 증가하여, 퇴직시점인 R수준에서 극대가 되고 그 이후에는 자산을 소비에 사용하므로 점차 감소하여 L시점에는 0이 된다.

모딜리아니의 이론에서 자산소득은 소비의 형태를 결정하는 데 중요한 역할을 한다. 왜냐하면 자산소득은 전생애에 걸쳐 소비자의 소비를 증가시키는 데 사용되기 때문이다. [그림 29-12]에서 초기자산소득(A_1)이 있을 때의 소비수준(c_1)은 주어진 근로소득수준(y_0)에서의 소비수준(C_0)보다 높다. 왜냐하면 초기자산(A_1)이 더 많은 소비지출을 유인하기 때문이다. 한편, 저축액은 불변이지만 전체 자산(근로소득 + 자산소득)

그림 29-11
초기자산이 없을 때 모딜리아니의 피라미드

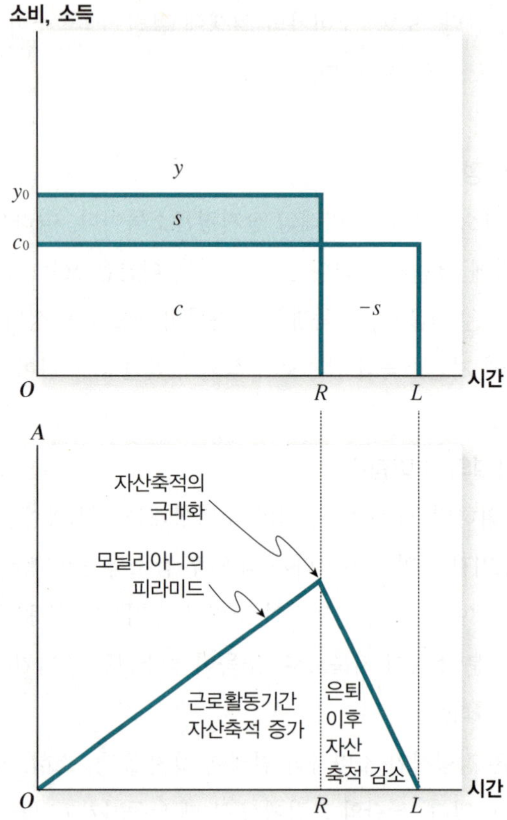

중 저축의 비율은 감소한다.

(4) 노년기의 소비와 일생소득가설

모딜리아니의 피라미드는 *R*년 이후 *L*년까지의 노년기에는 근로기간 동안 축적한 저축과 자산을 모두 소비하는 것을 보여준다. 그러나 현실적으로 많은 사람이 노년에도 정년까지 모은 저축과 축적된 자산을 다 소비하지 않고 일부를 보유하고 있다. 이러한 행위는 유산 및 상속을 하거나 예측할 수 없는 질병, 사고 등을 대비하기 위한 것으로 해석된다.

이런 가설이 성립하면 일생소득가설에서 모딜리아니의 피라미드는 [그림 29-12]처럼 변경된다. 그림에서 정년(*R*) 이후에 *abcd*만큼의 저축이 소비되지 않고 *L*년에 남아 있는 자산이 된다. 이때 소비함수는 c_1abd이다.

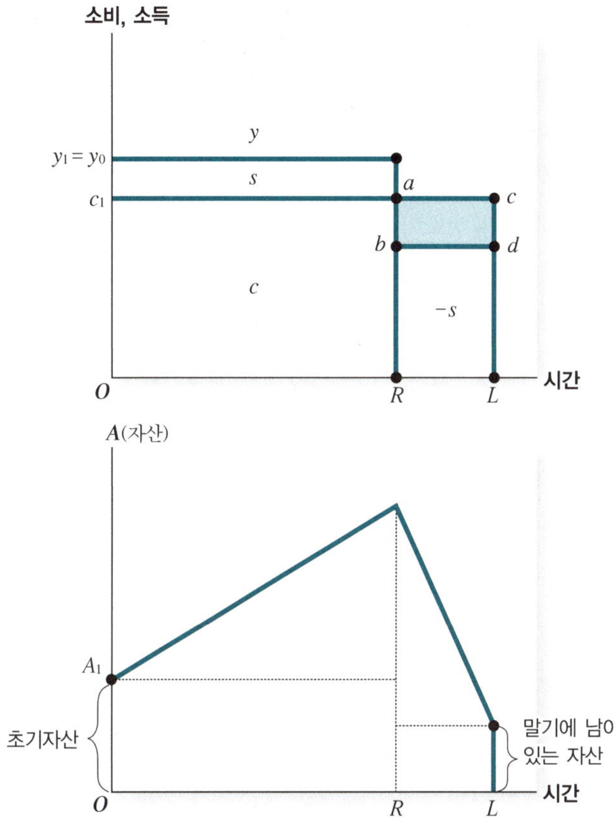

그림 29-12
노년기의 저축 및 자산 축적과정

(5) 정부정책과 소비

먼저, 정부의 조세정책이 일생소비에 미치는 영향을 살펴보자. 일시적으로 조세(정액세)를 변화시키는 정책은 소비에 거의 영향을 미치지 않는다. 왜냐하면 장기평균소득인 일생소득에 영향을 미치지 않으므로 소비자의 예산선이 불변하기 때문이다. 그러나 '지속적인' 조세의 변화는 장기평균소득에 영향을 미쳐 예산선을 크게 변화시키기 때문에 단기적인 조세정책보다 소비에 크게 영향을 미친다.

다음, 금융정책이 일생소비에 미치는 영향을 살펴보자. 일생소비가 자산소득의 크기에 의해 결정되기 때문에 정부의 금융정책이 채권이나 주식시장을 변화시키면 영향을 받는다. 예를 들어 채권이나 주식시장의 활황으로 금융자산 등의 자산가치가 상승하면 전체 자산, 즉 일생소득이 증가하므로 일생소비도 증가한다.

4.4 소비의 random walk 가설

(1) 의의

앞에서 배운 항상소득가설 등 미래적 소비함수이론은 두 가지 한계점이 있다. 첫째, 확실성을 전제로 하고 있다는 점이다. 이들 이론은 미래소득을 확실하게 알고 있다는 전제에서 항상소비나 일생소비를 결정한다. 둘째, 미래소득을 계산할 때 적응적 기대가설 등 비합리적 기대를 사용하고 있다는 점이다.

그런데 거시경제학에서 합리적 기대이론이 발전하면서 미래적 소비함수이론은 불확실성 하에 합리적 기대를 이용하여 그 타당성을 검증하게 되었다. 특히 1970년대 말에 홀(Robert Hall)은 이런 작업을 처음으로 시도하게 되었다.

그는 불확실성과 합리적 기대를 이용하여 항상소득가설을 확장시켰다. "미래소비의 변화는 예측할 수 없다" 라고 하며, 소비가 random walk하게 변동한다는 유명한 '소비의 random walk 가설' 을 주장하였다.

■ 소비의 random walk 가설

$$c_t = c_{t-1} + \varepsilon_t \qquad (29.3)$$

$$\begin{pmatrix}\text{미래소비수준;}\\ \text{예측할 수 없는}\\ \text{불규칙한 변수}\end{pmatrix} = \begin{pmatrix}\text{현재소비수준;}\\ \text{확실한 값}\end{pmatrix} + \begin{pmatrix}\text{예측할 수 없는}\\ \text{교란요인}\end{pmatrix}$$

$$\Delta c_t = c_t - c_{t-1} = \varepsilon_t$$

$$\begin{pmatrix}\text{미래소비의}\\ \text{변화}\end{pmatrix} = \begin{pmatrix}\text{현재 및 미래}\\ \text{소비의 차이}\end{pmatrix} = \begin{pmatrix}\text{예측할 수 없는}\\ \text{교란요인}\end{pmatrix}$$

(2) 특징

식 (29.3)이 홀의 소비의 random walk 가설이다. 이 식에 의하면 미래소비는 random walk을 따른다는 것을 의미한다. 소비의 random walk 가설의 특징을 정리하면 다음과 같다.

첫째, 미래소비수준 c_t는 random walk한 변화를 한다. 왜냐하면 c_t는 확실한 값 c_{t-1}과 불규칙한 ε_t로 구성되어 있는데 ε_t가 불규칙하게 움직이기 때문이다.

둘째, 미래소비의 변화(Δc_t)는 전적으로 ε_t에 영향을 받기 때문에 예측할 수 없다. 이는 전통적 소비함수이론과 분명하게 대조가 된다. 왜냐하면 전통적 이론에 따르면 소득이 감소하면 소비가 감소하고, 소득이 증가하면 소비도 증가하므로 소비의 변화를 예측할 수 있기 때문이다.

셋째, 미래소비의 예측치(기대치)는 현재소비이다. 식 (29.3)에서 양변에 조건부 기대값을 구하면 식 (29.4)가 도출된다.

$$
\begin{aligned}
E(c_t) &= E(c_{t-1}) + E(\varepsilon_t) \\
&= E(c_{t-1}) \quad (\because E(\varepsilon_t) = 0) \\
&= c_{t-1} \qquad (29.4)
\end{aligned}
$$

식 (29.4)는 현재소비는 미래소비를 예측하는 데 최선의 예측치라는 것을 의미한다. 왜냐하면 소비자가 현재소비를 결정할 때 현재 및 미래의 소비에 영향을 미칠 수 있는 이용가능한 모든 정보를 사용하여 합리적 기대로 최적인 현재소비를 결정하기 때문이다.

■ **소비의 random walk 가설의 특징**

- $c_t = c_{t-1} + \varepsilon_t$에서 미래소비수준 c_t는 불규칙하게 변함
- $\Delta c_t = c_t - c_{t-1} = \varepsilon_t$에서 '미래소비의 변화'는 예측할 수 없음
- 미래소비의 최선의 예측치는 현재소비임
- 예상된 정책은 미래소비에 영향을 미치지 못함
- 예상할 수 없는 정부정책의 변화는 미래소비의 변화를 가져옴

(3) 소비의 random walk 가설의 경제정책적 의미

미래소비수준의 최선의 예측치가 현재소비수준이라고 하는 것은 미래에 발생할 정부정책의 변화에 관한 정보는 모두 현재소비에 이미 포함되어 있다는 것을 의미한다. 따라서 미래소비의 변화는 예기치 못한 정책변화가 있을 때 나타난다. 이러한 정책변화 중에서 소득에 일시적인 효과만을 가져오는 경우에도 항상소비에 미치는 영향은 지속적인 점이 이 가설의 특징이다. 그러나 예상된 정부정책의 변화는 이미 현재소비에 반영되어 있기 때문에 미래소비에 전혀 영향을 미치지 못한다.

■ **소비의 random walk 가설과 정부정책 효과**

$$c_t = c_{t-1} + \varepsilon_t$$

c_{t-1} ↑ 예상된 정책

ε_t ↑ 예상하지 못한 정부정책이나 공급충격

(4) 소비의 random walk 가설과 전통적 소비함수론과의 비교

첫째, 절대소득가설이나 상대소득가설 등 전통적 이론은 과거나 현재소비행위에 대한 연구이나 '소비의 random walk 가설' 은 미래의 소비행위에 대한 연구이다.

둘째, 항상소득가설과 '소비의 random walk 가설' 은 미래적 소비함수이론이라는 점에서는 동일하나 소비자의 기대형성방식에서 차이가 있다. 전자는 적응적 기대를 이용하고 있으나 후자는 합리적 기대를 이용하고 있다.

셋째, 전통적 이론은 정부의 정책변수가 변하더라도 기대가 고정되어 있기 때문에 소비자의 소비행태에는 변화가 없으나, '소비의 random walk 가설' 에서는 합리적 기대를 이용하므로 정책변수의 변화는 행태방정식의 변수인 소비, 투자 등을 변화시킨다. 따라서 예상하지 못한 정부정책은 소비형태에 변화를 초래한다.

넷째, 전통적 이론은 확실성, '소비의 random walk 가설' 은 불확실성 하의 소비함수이론이다. 이런 의미에서 '소비의 random walk 가설' 은 확률적(stochastic) 모형인 데 비해 전통적 이론은 비확률적(non-stochastic) 모형이다.

끝으로, '소비의 random walk 가설' 은 합리적 기대와 미시경제에 기초한 거시경제분석을 이용하여 소비자의 최적화행동으로부터 소비함수를 도출하는 데 반해 전통적 이론은 상대소득가설처럼 소비의 합리적 결정이 약하다. 상대소득가설에서 개인의 소비는 자신의 과거소비나 다른 경제주체의 소비에 영향을 받기 때문이다.

(5) 소비의 random walk 가설의 한계

소비의 random walk 가설은 소비자가 저축을 할 때와 동일한 이자율로 자금을 무한히 차입할 수 있다는 완전자본시장을 전제하고 있다. 그러나 일반적으로 대출이자율은 저축이자율보다 높고, 일부 소비자는 또한 어떤 자금도 차입할 수 없는 유동성 제약에 직면할 수 있다.

만약 소비자가 자금을 전혀 차입하지 못하면 그들은 현재소득이 낮을 때 소비를 낮출 수밖에 없다. 따라서 유동성제약은 항상소득가설이 주장하는 것 이상으로 현재소득이 현재소비 결정에 중요한 역할을 한다. 그러므로 '유동성제약' 하에서는 '소비의 random walk 가설' 의 타당성이 제약을 받는다.

5. 경제안정화정책과 소비함수

Economics ch. twenty-nine

정부정책, 특히 조세정책이 소비함수에 영향을 미칠 수 있는지 여부는 경제안정화 정책의 유용성 논쟁과 관련하여 매우 중요하다. 최근 들어 이 논쟁은 배로(R. Baro)의 '리카도 동등성정리' 에 의해서 다시 촉발되었다.

5.1 절대소득가설

절대소득가설에 의하면 일시적이든 지속적이든 정부가 소득세율변화 등으로 조세를 감면하거나 조세를 징수하면 실질소득인 절대소득을 변화시켜 현재소비에 영향을 미친다. 이는 *IS*곡선과 *AD*곡선을 변화시켜 '승수효과' 를 통해 총수요와 산출량에 '직접적' 인 영향을 미친다. 따라서 정부의 경제안정화정책은 유효하다.

5.2 항상소득가설

항상소득가설(또는 일생소득가설)에 따르면 정부의 조세정책이 총수요에 영향을 주기 위해서는 '지속적인' 조세정책의 실시로 항상소득에 영향을 미쳐야 한다. 정부가 일시적으로 조세를 변화시키면 임시소득만 변화시킬 뿐이다. 그 결과 가계의 예산제약식이 변화하지 않으므로 항상소비가 변하지 않고 총수요가 영향을 받지 않는다. 따라서 정부가 경제상황에 따라 수시로 재정지출을 변화시키는 일시적인 재량적 재정정책과 경제안정화정책은 효과가 없다.

5.3 소비의 random walk 가설

'소비의 random walk 가설' 에 의하면 소비자가 최적인 현재소비를 결정할 때 이용가능한 모든 정보를 사용하여 결정한다. 때문에 정부의 예상된 조세정책은 소비자의 정보집합에 이미 반영되었기 때문에 미래소비에 아무런 영향을 주지 않는다.

그러나 민간이 예상하지 못한 정부의 조세정책의 변화는 소비자의 정보집합에 반영되어 있지 않기 때문에 미래소비를 변화시킨다. 그런데 이러한 예측할 수 없는 교란요인으로 미래소비는 일회적으로 변하지 않고 '지속적' 으로 변한다. 이 점이 '소비의 random walk 가설' 의 특징이다. 따라서 예상된 정부의 경제안정화정책은 전혀 무력하지만 예상되지 않은 정부정책은 민간의 소비를 지속적으로 변화시킨다.

5.4 배로의 리카도 동등성정리

정보의 현재 및 미래지출이 일정할 때 합리적 기대를 하는 경제주체는 조세감면을 미래에 상환해야 할 부채(future tax liability)로서 인식하기 때문에 이러한 조세감면은 소비자의 순자산에 아무런 영향을 미치지 않는다. 다기간 소비자선택모형에서 소비자의 예산선은 불변이기 때문에 소비자의 소비는 변하지 않는다. 그러므로 정부의 조세정책에 의한 경기안정화정책은 아무런 효과가 없다.

제30장 투자함수이론

microeconomics + macroeconomics, Economics ch. thirty

1. 의의
2. 신고전학파의 투자이론
3. 케인즈의 투자이론 : 투자의 한계효율이론
4. 케인즈학파의 투자이론
5. 토빈의 q투자이론

1. 의의

Economics ch. thirty

투자란 일정기간 동안에 증가한 자본스톡의 크기를 말한다. 구체적으로 생산에 사용되는 기계 및 설비의 신규구매, 주거 및 비주거용 건물의 신규건설, 그리고 재고수준의 증가를 말한다.

투자는 국민소득의 구성에서 GDP의 약 1/6 정도를 차지한다. 이 비중은 소비가 차지하는 비중보다 상대적으로 작음에도 불구하고 거시경제학에서 투자이론을 공부하는 이유는 두 가지가 있다.

첫째, 경기변동론에 대한 이해를 위해서이다. 소비는 매우 안정적(smoothness)인데 반해, 투자는 가변적(volatility) 성질을 가지고 있으므로 투자에 의해서 경기변동이 야기될 수 있고, 국민소득을 구성하는 다른 요인보다 훨씬 경기변동에 민감하게 반응을 보인다. 경기변동에서 기업의 투자는 경기순행적(procyclical)이다. 둘째, 경제성장 및 발전론에 대한 이해를 위해서이다. 투자는 경제에서 수요를 창출하기도 하지만 경제의 장기적 생산능력수준을 결정하는 이중적 성질을 갖기 때문이다.

투자결정원리를 설명하는 학파별 이론체계를 〈표 30-1〉로 정리할 수 있다. 표에 의하면 투자이론은 신고전학파의 투자이론과 케인즈학파의 투자이론으로 대별할 수

표 30-1 **투자이론의 체계**

- **투자이론**
  - 고전학파의 현재가치법
  - 신고전학파의 투자이론
  - 케인즈의 *MEI*이론
  - 케인즈학파의 투자이론
    - 가속도원리
      - 단순가속도원리
      - 근대적 가속도원리
      - 신축적 가속도원리
      - 적응적 기대가설 하의 가속도원리
    - 토빈의 q이론

있다. 이 중에서 현대투자이론은 조겐슨(D. Jorgenson)의 신고전학파 투자이론과 토빈(J. Tobin)의 투자이론이 주류를 이루고 있다.

2. 신고전학파의 투자이론

2.1 고전학파의 현재가치법

투자시에 예상수익의 현재가치(present value : *PV*)란 투자함으로써 얻어질 것으로 예상되는 수익을 시장이자율로 할인한 금액을 말한다. 이자율이 r일 때 총예상수익의 현재가치(*PV*)에서 투자비용(*C*)을 차감한 금액을 투자순수익의 현재가치(net present value : *NPV*)라 한다.

$$NPV = \frac{y_1}{(1+r)} + \frac{y_2}{(1+r)^2} + \cdots \frac{y_i}{(1+r)^i} \cdots + \frac{y_n}{(1+r)^n} - C \qquad (30.1)$$

(단, y_i는 i년의 투자의 예상총수익)

(1) 투자의 결정원리

투자순수익의 현재가치곡선을 그래프로 그리면 [그림 30-1]처럼 우하향한다. 왜냐하면 주어진 시장에서 투자가 증가하면 이로부터 얻어지는 예상순수익의 현재가치가 줄어들기 때문이다.

[그림 30-1]에서 만약 투자가 I_0이면 $NPV > 0$이고 $PV > C$이기 때문에 투자를 늘리고, I_2이면 $NPV < 0$이기 때문에 투자를 줄인다. 따라서 $NPV = 0$인 I_1수준에서

그림 30-1
투자순수익의 현재가치(*NPV*)

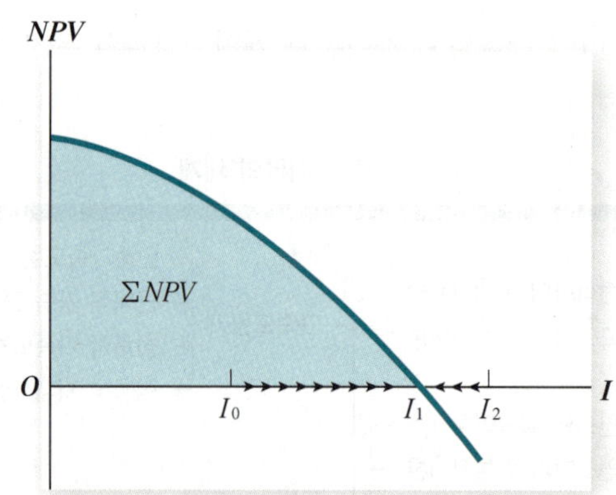

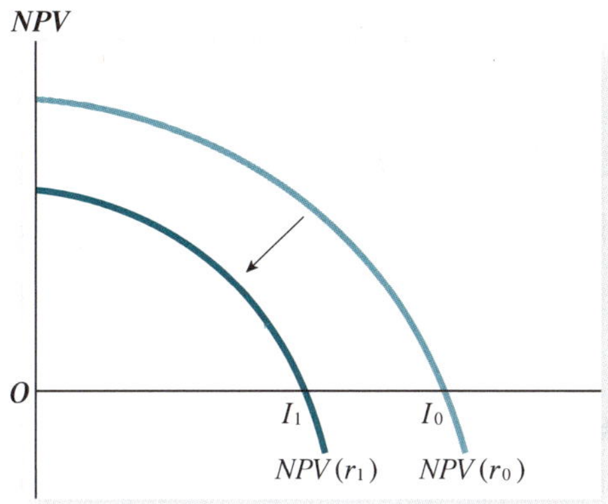

그림 30-2 이자율상승이 투자에 미치는 영향

균형투자량이 결정된다. 그런데 $NPV = 0$이 된다는 것은 NPV가 0이 될 때까지 투자를 할 때 또는 투자량을 늘릴 때 NPV의 합이 극대가 된다는 것을 의미한다. 즉 그림에서 청색음영으로 처리된 투자순이익의 현재가치의 총합(ΣNPV)이 극대가 되는 수준에서 최적투자량이 결정된다.

(2) 성질

다른 조건이 일정할 때 식 (30.1)에서 이자율 r이 상승($r_1 > r_0$)하면 NPV가 감소하여 투자는 [그림 30-2]에서 I_0에서 I_1으로 감소한다. 따라서 투자는 이자율의 감소함수이다. 기간이 장기일수록 $(1+r)^n$이 급수적으로 증가하여 NPV가 크게 감소하기 때문에 장기투자(투자의 수익이 장기간에 걸쳐 회수되는 투자)는 이자율에 대해 매우 탄력적이고 불안정하다.

2.2 신고전학파(neo classical) 투자이론

조겐슨(D. Jorgenson)은 완전경쟁적 생산물시장과 기업의 이윤극대화조건인 $MR = MC$라는 한계원리를 도입하여 최적자본량 결정이론을 전개하였다. 기업은 자본에 대한 한계수입이 자본에 대한 한계비용과 균등해질 때까지 자본을 사용한다. 이 때의 자본량이 '최적자본량(균형자본량)' 이고, 이 최적자본량의 변화를 통해 투자함수를 유도하는 것이 신고전학파의 투자이론이다.

(1) 최적자본량 결정

'최적자본량' 이란 기업이 투자한 자본재로부터 얻을 것으로 예상되는 기대이윤을 극대화하려는 자본량을 말한다. 이 값은 기업이 자본 한 단위를 투자했을 때 미래에 추가로 얻을 것으로 예상되는 이윤과 추가로 지불하게 될 비용이 일치하는 수준에서 결정된다. 실질단위로 계산했을 때 기업이 자본 한 단위로부터 추가로 얻는 이윤은 자본의 한계생산성(MP_K)이고, 추가로 지불하는 비용은 자본의 한계비용(MC)이다.

(2) 자본재의 사용자비용(user cost)

'자본재의 사용자비용' 이란 기업이 주어진 기간 동안에 자본재 한 단위를 사용함으로써 지불하는 기회비용, 감가상각비, 자본재의 가격변동에 따른 비용 등을 말한다. 구체적으로 살펴보면 첫째, 이자소득에 대한 기회비용이다. 기업이 자본재를 구입하면서 지불하는 자금은 금융시장에서 그 금액의 이자소득을 포기하는 것이기 때문이다. 둘째, 기업이 구매한 자본재의 가격변동을 들 수 있다. 만일 이 가격이 자본재 구입 후 상승한다면 비용은 감소한다. 마지막으로 자본재의 사용으로 인한 손실분, 즉 감가상각비가 있다. 투자자금의 사용자비용은 기회비용(r)과 감가상각비(δ)의 합에서 자본재가격의 변화분을 뺀 것이다.

$$uc = r + \delta - d$$

사용자비용 = 자본재사용의 기회비용 + 감가상각비용 − 자본재가격의 변화분

[단, r : 자본의 임대값(실질이자율), δ : 자본재의 감가상각률, d : 자본재의 가격변화분]

(3) 최적자본량 결정원리

[그림 30-3]에서 자본재의 한계생산성(MP_K)곡선은 노동 등 다른 조건이 일정할 때 자본량만이 증가하면 자본의 수확체감현상 때문에 우하향한다. 그리고 사용자비용곡선은 위의 정의식에서 자본량에 영향을 받지 않기 때문에 수평이다.

이때 기업의 이윤극대화를 나타내는 최적자본량은 MP_K와 uc가 일치하는 e_0점에서 K^*수준으로 결정된다. 왜냐하면 K_0에서 $MP_K > uc$이면 자본재 한 단위의 한계생산성이 사용자비용보다 커서 자본재사용을 증가시키고, K_1에서 $MP_K < uc$이면 자본재사용을 감소시키기 때문이다.

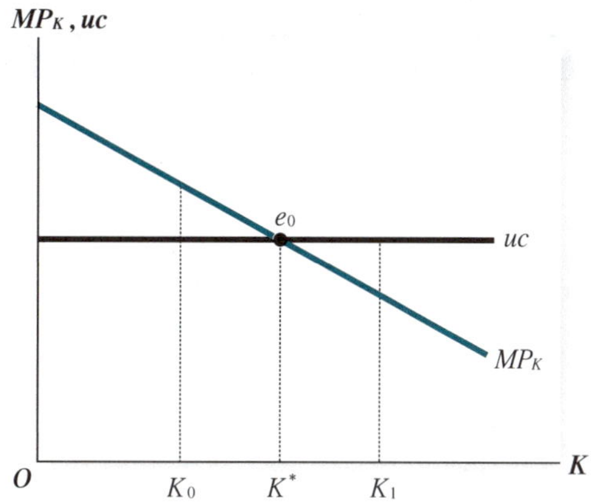

그림 30-3
최적자본량 결정

(4) 최적자본량의 변동

그림에서 최적자본량 K^*는 MP_K나 uc를 결정하는 요인들이 변화하면 새로운 자본량으로 변동하게 된다. 먼저, 기술진보는 자본의 한계생산성을 높여 MP_K곡선을 MP_K'으로 상방이동시킨다. 따라서 최적자본량이 [그림 30-4]의 (Ⅰ)에서 MP_K'과 uc가 일치하는 e^*에서 결정되므로 K_0에서 K^*로 증가한다.

추가로, 실질이자율(r)의 변화를 보자. 실질이자율이 하락하면 사용자비용 $uc = r + \delta - d$에서 자본재사용의 기회비용이 감소한다. 때문에 사용자비용곡선이 uc에서 uc'으로 이동한다. [그림 30-4]의 (Ⅱ)에서 최적자본량은 K^*에서 K_1으로 증가한다.

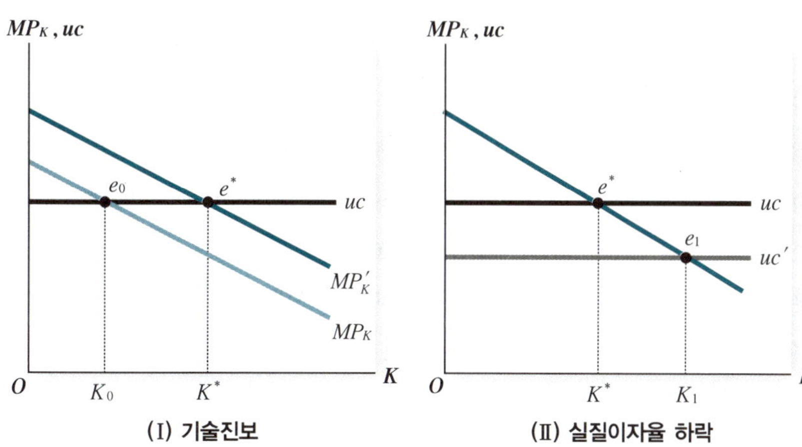

그림 30-4
최적자본량의 변동

3. 케인즈의 투자이론 : 투자의 한계효율이론

3.1 *MEI* 정의

투자의 한계효율(marginal efficiency of investment : *MEI*)이란 투자를 함으로써 얻을 것으로 기대되는 총수입의 현재가치와 투자조달비용(*C*)을 일치시켜 주는 할인율이다.

$$C = \frac{y_1}{1+\rho} + \frac{y_2}{(1+\rho)^2} + \cdots \frac{y_i}{(1+\rho)^i} \cdots + \frac{y_n}{(1+\rho)^n} \qquad (30.2)$$

(단, y_i는 i년의 투자의 예상총수익)

식 (30.2)에서 좌변과 우변을 일치시켜 주는 할인율 ρ를 *MEI*라고 한다. 케인즈의 *MEI*법에 의하면, 고전학파의 현재가치법과는 달리 투자는 시장이자율의 영향을 받지 않고 투자로부터 기대되는 예상수익률에 의해서 결정된다.

3.2 *MEI*의 성질

첫째, 식 (30.2)에서 1기간만을 고려할 경우에 $C = \frac{y_1}{1+\rho}$이고, 이를 ρ로 풀면

$$\rho = \frac{y_1 - C}{C} = \frac{\text{예상순이익}}{\text{투자비용}} = \text{예상순이익률}$$

이다. 따라서 투자의 한계효율(*MEI*)은 투자했을 때 기업들이 예상하는 순이익률을 의미한다.

둘째, ρ는 기업가가 생각하는 주관적 수익률, 즉 내부수익률이다. *MEI*는 주관적인 값이기 때문에 객관적인 이자율과 다른 개념이다. 만약 순현재가치(*NPV*)가 0이면 $\rho = r$이다. 즉, 순현재가치가 0일 때는 이자율과 투자의 한계효율은 일치한다.

셋째, 기업은 *MEI*곡선을 따라 투자하기 때문에 *MEI*곡선은 기업가의 '투자수요곡선' 이다. *MEI*곡선은 우하향한다. 왜냐하면 주어진 시장에서 투자가 증가함에 따라 투자의 예상수익률이 하락하기 때문이다.

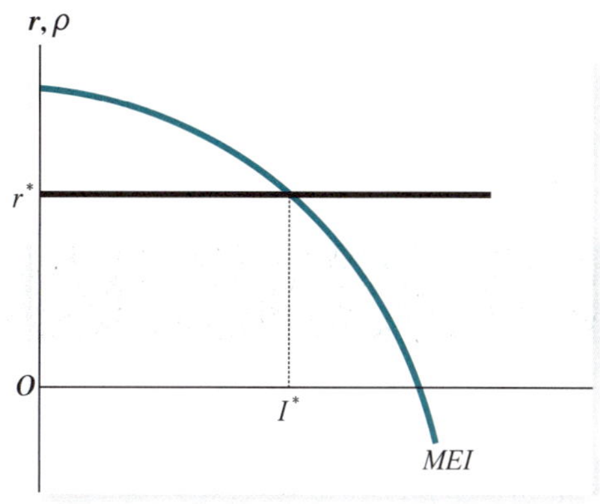

그림 30-5
최적투자량 결정

3.3 투자의 결정원리

경제가 확실성 하에 있을 때는 고전학파처럼 이자율이 투자를 결정한다. [그림 30-5]에서 이자율이 r^* 이상으로 상승하면 투자가 감소하고 r^* 이하로 하락하면 투자가 증가하기 때문에 투자는 이자율의 감소함수이다.

그러나 경제가 확실성 하에 있다는 것은 매우 예외적 현상이다. 케인즈에 의하면 불확실성 하에서 투자는 기업가의 장기적 기대나 축재의욕(animal spirit)에 의해서 결정된다. 기업가의 장기적 예상이 낙관적인 경우 [그림 30-6]에서 MEI_0가 MEI_1으로 증가하면서 투자는 I_0에서 I_1으로 늘어난다. 비관적인 경우 MEI_0가 MEI_2로 감소하여 투자는 I_0에서 I_2로 줄어든다. 따라서 투자는 기업가의 장기적 기대에 의해서 결정된다. 그런데 이 기대는 다시 기업가의 축재의욕 또는 모험정신(animal spirit)에 의해 결정된다.

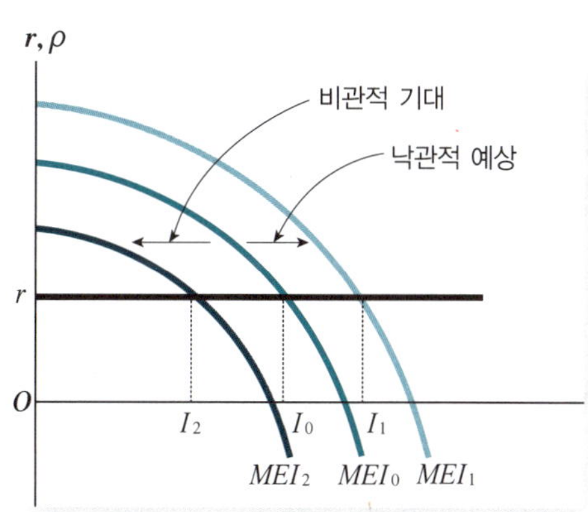

그림 30-6
기업가의 장기적 기대변화와 투자

결론적으로 경제가 확실성 하에 있을 때 케인즈학파의 투자이론은 고전학파의 투자이론과 동일하다. 즉, 투자는 이자율의 감소함수이다. 그러나 불확실성 하에서는 기업가의 축재의욕에 의해 결정되는 기업가의 장기적 기대가 투자를 결정한다.

4. 케인즈학파의 투자이론

4.1 가속도원리의 개념

투자의 가속도원리(acceleration principle)란 기업이 자본저량과 산출량 간에 고정된 관계를 유지하려고 하기 때문에 순투자의 결정은 산출량의 변화에 의해서 이루어진다는 원리이다. 이러한 원리는 아프탈리옹(A. Aftalion)과 클라크(J. M. Clark)에 의해서 제기되었다.

이들은 가속도원리를 이용하여 기존의 이자율로만 이루어진 투자함수에 '소득'을 포함시키는 역할을 하였다. 따라서 가속도원리는 미세한 산출량 혹은 소득의 변화가 매우 빠른 속도(가속도적)로 자본재 산출량의 변화를 가져오는 것을 투자이론화한 것이다.

(1) 단순가속도원리

'단순가속도원리' 는 소비증가가 자본재 산출량의 가속도적인 변화를 가져온다는 것을 투자이론화한 것이다. 식 (30.3)에서 소비의 변화가 자본재량의 변화(dK), 즉 투자를 가져온다. 이를 고전적 가속도원리라 칭하기도 한다.

$$I_t = dK_t = adC_t,\ \alpha : \text{고전적 가속도계수} > 0 \tag{30.3}$$

(2) 근대적 가속도원리

'근대적 가속도원리' 는 소득(산출량)의 증가와 유발투자 사이의 관계를 설명하는 이론이다. 최적자본량은 소득에 일정한 자본계수를 곱한 것으로 구해진다.

$$K_t^* = vy_t,\ \text{단},\ v = \frac{K_t^*}{y_t} > 0 \tag{30.4}$$

(단, K_t^* : 최적자본량, v : 자본계수)

t기의 실제자본량을 $t-1$기의 최적자본량이라 하면,

$$K_t = K^*_{t-1} = vy_{t-1} \tag{30.5}$$

이다. 실제자본량을 최적자본량으로 늘리기 위해서는 dK_t만큼을 투자해야 하므로

$$I_t = dK_t = K^*_t - K_t \tag{30.6}$$

이다. 식 (30.4), (30.5)를 (30.6)에 대입하면

$$\begin{aligned} I_t = dK_t &= vy_t - vy_{t-1} \\ &= vdy_t \end{aligned}$$

이다. 따라서 근대적 가속도원리에 의하면 투자는 소득증가분에 자본계수를 곱한 것만큼 이루어진다.

(3) 신축적 가속도원리(flexible acceleration principle)

'신축적 가속도원리'는 근대적 가속도원리에 소득변화가 투자를 유발시키는 데 소요되는 조정속도, 조정시차를 도입한 가속도원리이다. 만약 조정속도, 시차를 $0 < \alpha \leq 1$이라 하면 신축적 가속도원리는 식 (30.7)로 표시된다.

$$I_t = avdy_t \tag{30.7}$$

(단, av는 신축적 가속도계수, α는 조정속도, $0 < \alpha \leq 1$)

식 (30.7)은 만약 조정시차가 $\alpha = \frac{1}{2}$이면 소득증가분(vdy_t) 중 $\frac{1}{2}$은 이번 기에 투자로 전환되고, 나머지 $\frac{1}{2}$은 다음 기의 투자로 전환된다는 것을 의미한다.

4.2 성질

첫째, 투자는 소득변화분의 증가함수이다. $I_t = vdy_t$에서 소득변화분이 투자를 결정한다. 가속도원리에 따르면 고전학파나 케인즈가 지적했던 이자율이나 기업의 장기적 기대 등은 투자에 별반 영향이 없다.

둘째, 자본의 과잉상태, 즉 $K^*_t < K_t$이면 실제자본량이 의도된 최적자본량보다 많

기 때문에 산출량이 증가하더라도 투자가 일어나지 않아 가속도원리가 성립하지 않는다. 그러므로 자본의 부족상태, 즉 $K_t^* > K_t$ 하에서는 가속도원리가 성립한다.

셋째, 가속도원리를 도입하면 투자는 이자율의 감소함수이고 소득의 증가함수이다. 즉 $I = I(r, y)$이므로 *IS*곡선이 보다 완만해져 금융정책의 효과는 커진다.

4.3 한계점

$K_t^* = vy_t$의 근대적 가속도원리에서 최적자본량 K_t^*는 단순히 산출량수준에 의해서만 결정되는 함수로 되어 있다. 그러나 이것은 비현실적일 수 있다. 자본의 크기는 자본을 측정하는 매 시점의 이자율이나 시간에 따라서 영향을 받는 것이 현실적이다.

또한 가속도원리는 시간격차를 무시하고 있다. 투자가 이루어지기 위해서는 부족자본량의 파악과 투자계획의 수립에 어느 정도 시간의 차이가 있음을 무시하고 있다. 이러한 비현실적인 문제점을 보완해 주는 이론이 바로 신축적 가속도원리이다. 이 모델에서는 조정계수(av)를 사용해 줌으로써 근대적 가속도원리의 비현실성을 어느 정도 보완하고 있다.

5. 토빈의 q투자이론

5.1 의의

토빈의 q투자이론은 전통적 이론에 비해 두 가지 의의가 있다. 먼저, 기업이 자본스톡을 변화시키는 데 따른 '조정비용'이 발생한다는 점을 고려하고 있다는 점이다. 조정비용은 [그림 30-7]처럼 자본스톡이 증가함에 따라 '급속히', 즉 체증적으로 증가한다. 따라서 기업들은 자본스톡을 빠르게 조정시킬 수 없다.

다음으로, 효율적인 자본시장을 고려하고 있다는 점이다. 즉, 토빈의 투자이론은 자본시장을 고려하지 않았던 종래의 투자이론과 달리 자본시장에서 평가되는 기업의 시장가치와 효율적인 투자이론을 연결하고 있다는 점이 특징이다.

5.2 q의 정의

q는 자본재의 대체비용에 대한 자본재의 시장가치의 비율을 의미한다. 자본재의 대체비용이란 자본재를 구입하는 비용을 말한다. 주식 및 회사채 발행을 통해 자금을

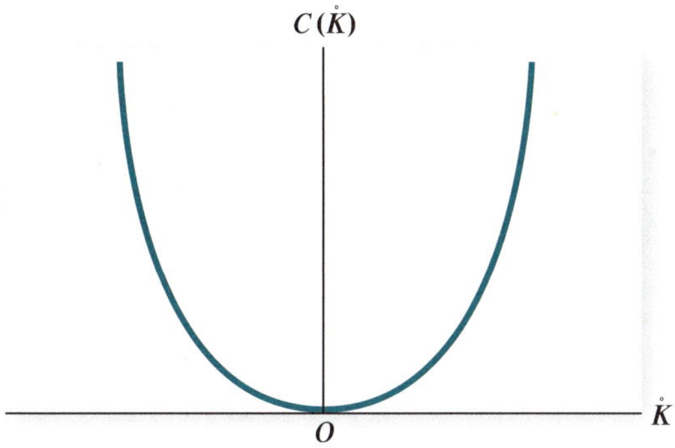

(단, $\dot{K}$는 자본스톡의 변화분, 즉 투자수준, $C(\dot{K})$는 조정비용임)

그림 30-7 투자의 조정비용곡선

조달하여 자본재를 구입하면 자본재의 시장가치는 주식총액과 부채총액의 합과 같다. 그런데 주식과 부채총액의 합은 기업의 시장가치라 할 수 있다. 따라서 q는 자본재의 대체비용에 대한 자본시장에서 평가되는 기업의 시장가치의 비율을 의미한다. 이를 정리하면 식 (30.8)과 같다.

▪ q의 정의

$$q = \frac{\text{자본재의 시장가치}}{\text{자본재의 대체비용}} = \frac{\text{주식총액 + 부채총액}}{\text{자본재의 대체비용}} = \frac{\text{기업의 시장가치}}{\text{자본재의 대체비용}} \qquad (30.8)$$

5.3 q와 투자행위

토빈의 q이론에서 투자는 식 (30.9)처럼 q의 증가함수이다.

$$I = dK = I(q-1),\ I' > 0 \qquad (30.9)$$
$$\left(\text{단}, q-1 = \frac{MP_K - (i+\delta-\pi)}{i-\pi}\right)$$

즉, $MP_K > i+\delta-\pi$라면 $q-1>0$이고 $q>1$이다. $q>1$이면 기업의 시장가치가 자본재의 대체비용보다 크기 때문에 기업은 투자를 늘린다. 만약 $MP_K < i+\delta-\pi$이면 $q-1<0$이고 $q<1$이다. 이때는 기업의 시장가치가 자본재의 대체비용보다 작기

때문에 기업은 투자를 줄인다.

$$q = \frac{\text{기업의 시장가치}}{\text{자본재의 대체비용}} \begin{cases} > 1\text{이면, 기업의 투자가 촉진되고} \\ = 1\text{이면, 기업은 투자에는 변화가 없으며} \\ < 1\text{이면, 기업의 투자는 감소된다.} \end{cases}$$

5.4 q의 기능

q는 기업의 시장가치와 자본재의 대체비용(= 구입비용) 간의 비율이다. 이 식에서 기업의 시장가치는 '자본시장' 에서, 자본재의 대체비용은 '실물부문' 에서 각각 결정된다. 따라서 토빈은 q를 경제의 '실물부문(real side)' 과 '금융부문(financial side)' 을 연결하는 매개변수로서, 통화정책이나 금융시장의 변화가 총수요에 영향을 미치게 되는 전달경로라고 보았다.

5.5 q투자이론의 평가

q투자이론을 전통적 이론과 비교해서 평가하면 다음과 같다. 먼저, '자본시장' 이 투자에 미치는 영향을 명시적으로 도입하여 투자의 실물적 측면과 금융적 측면을 동시에 고려하고 있다. 또한, q는 자본시장 및 기업의 자료로부터 자본재의 대체비용과 기업의 시장가치를 '객관적' 으로 측정할 수 있다. 이것은 케인즈학파의 투자이론이 가졌던 자본의 한계효율을 측정하기 어렵다는 난점을 극복하여 투자이론을 객관화하는 데 성공하였음을 의미한다.

그러나 q투자이론에 의해 투자를 결정하기 위해서는 효율적인 자본시장이 존재하여 주식가격이 기업의 시장가치를 정확하게 반영하고 있어야 한다. 만약 주식시장이 비효율적이면 주식가격이 기업의 시장가치를 잘 반영하지 못하기 때문에 q값이 의미를 갖지 못한다. 따라서 q에 의한 투자이론이 한계를 갖는다.

제31장 화폐수요이론

microeconomics + macroeconomics, Economics ch.thirty-one

1. 고전학파의 화폐수요이론

고전학파의 화폐이론에는 화폐수량설과 현금잔고방정식이 있다. 여기서 현금잔고방정식은 화폐수요이론이고, 화폐수량설은 고전학파의 물가이론이다.

1.1 화폐수량설(quantity theory of money)

(1) 교환방정식

M은 명목통화량, V는 화폐유통속도, P는 물가, y는 실질국민소득일 때 Py는 국민총생산(GDP)이고 MV는 GDP를 생산하기 위해 지출한 화폐액을 의미한다. 따라서 Py와 MV는 일치힌다. 이를 식 (31.1)로 표시할 수 있다.

▪ **교환방정식**

$$MV = Py \tag{31.1}$$

$$MV = PT \tag{31.2}$$

$$MV + M'V' = Py \tag{31.3}$$

(단, T는 총거래량, M', V'는 예금통화와 그 유통속도)

최종생산물 y에 중간투입물이 포함된다면 식 (31.1)을 식 (31.2)로 수정할 수 있다. 식 (31.2)가 의미하는 것은 거래에 이용할 수 있는 화폐량(MV)과 거래에 필요한 화폐량(PT)이 일치한다는 것을 의미한다.

식 (31.1)이나 식(31.2)가 항등식인지 여부는 V의 성질에 의해 결정된다. 만약 V가 사전적 의미로 정의된다면 화폐수량설은 방정식이고, 사후적으로 정의된다면 항등식이 된다.

고전학파는 화폐의 교환 및 지불수단의 역할을 강조하며 화폐를 $M_1 = C + D$로 정의한다. M이 현금통화량(= C), V가 현금통화의 유통속도, M'이 요구불예금, V'이 요구불예금의 유통속도일 때 식 (31.1)은 식 (31.3)으로 변형된다.

(2) 화폐유통속도(V)의 성질

첫째, 유통속도 $V = \frac{Py}{M} = \frac{Y}{M} = \frac{\text{명목국민소득}}{\text{통화량}}$으로 도출한다. 이 값은 일정기간 동안에 명목국민소득(Py)을 생산하기 위하여 통화량(M)이 경제를 회전한 횟수를 의미한다.

둘째, V는 교통, 통신의 발달정도 및 은행의 보급도 등 제도적 요인과 지불습관 등 관습적 요인에 의해서 결정된다. 즉, 화폐유통속도 V는 외생적으로 결정된다. 따라서 단기에는 고정되어 있다.

셋째, 고전학파와 통화론자는 화폐유통속도에 대한 이자율의 영향이 거의 없이 주어져 있기 때문에 화폐수요함수가 안정적이라고 한다.

(3) 경제적 의미

첫째, 화폐수량설은 고전학파의 물가이론이다. $MV = Py$에서 화폐유통속도 V는 주어져 있다. y는 노동시장의 완전고용수준에서 결정되기 때문에 완전고용산출량 수준에서 일정하다. 따라서 단기에는 $M\bar{V} = P\bar{y}$를 유도할 수 있고, 이 식에서 통화량과 물가는 정비례 관계에 있게 된다. 즉, 통화량증가는 통화량증가만큼 물가를 상승시킨다. 따라서 화폐수량설은 고전학파의 물가이론이다.

둘째, 화폐수요함수는 명목소득의 증가함수이다. 화폐시장이 균형을 이루려면 화폐의 수요와 공급이 일치하여야 하므로 $M^s = M = M^d$이다. 이를 식 (31.1)에 대입하

그림 31-1
화폐수량설과 화폐수요함수

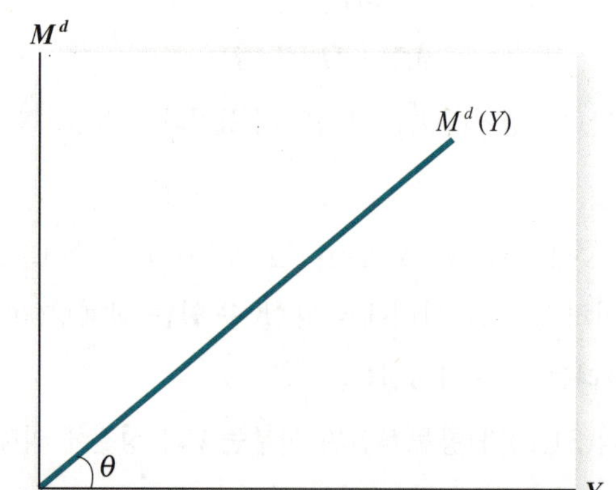

면 식 (31.4)로 바뀐다.

$$M^d V = Py \tag{31.4}$$

이를 정리하면, $M^d = \frac{1}{V} Py$이다. 그런데 Py는 산출량(y)에 물가(P)를 곱한 값으로 명목국민소득 Y이다. $M^d = \frac{1}{V} Y$이다. 그런데 V가 일정하므로 $\frac{1}{V}$도 일정하다. 따라서 Y가 증가하면 M^d가 증가하기 때문에 화폐수요함수는 명목소득의 증가함수이다.

1.2 현금잔고방정식

케임브리지학파의 마샬(A. Marshall) 등은 '개별경제주체가 자신의 소득 중 얼마만큼을 화폐로 보유하려고 하는가' 라는 미시적 자산구성의 관점에서 화폐수요이론을 전개하고 있다.

(1) 현금잔고방정식

$$M^d = kPy \tag{31.5}$$

[단, k는 마샬의 k(k of Marshallian), P는 물가, y는 실질소득]

(2) 마샬 k의 성질

k는 화폐보유비율이다. 식 (31.5)에서 k를 구해 보면 $k = \frac{M^d}{Py} = \frac{M^d}{\text{명목소득}(Y)}$이다. k를 사전적 의미로 해석하면 개별경제주체가 자신의 명목소득 중 화폐로 보유하고자 하는 비율이다. 사후적 의미로서 k는 개별경제주체가 자신의 명목소득 중 화폐로 이미 보유한 비율이다. 또한 k는 식 (31.5)에서 유량(Py)을 저량(kPy)으로 바꿔주는 매개변수로서 역할을 한다. 때문에 화폐수량설의 V와 역할이 다르다.

(3) 경제적 의미

현금잔고방정식이 갖는 경제적 의미는 먼저, 현금잔고방정식은 명시적인 화폐수요이론이다. 화폐수량설 $MV = Py$와는 달리 $M^d = kPy$는 화폐수요 M^d가 분명하게 방정식에 나타나 있기 때문이다.

둘째, $M^d = kY$로 화폐수요함수는 명목소득의 증가함수이다. 노동시장에서 항상 완전고용이 달성되므로 y는 y_f수준에서 일정하다($\bar{y} = y_f$). 또한 k는 제도적, 관습적 요인에 의해 일정하다. 따라서 $M^d = \bar{k}P\bar{y} = \bar{k}Y$이다. 화폐수요는 명목소득의 증가함수이다.

2. 케인즈학파의 화폐수요이론

케인즈는 고전학파의 화폐수량설(특히 화폐의 중립성)을 비판하고, 화폐가 이자율을 매개로 하여 유효수요를 변화시켜 실물경제에 영향을 끼친다는 유동성선호설을 전개하였다. 유동성은 화폐를 의미하므로 결국 유동성선호(liquidity preference)란 화폐에 대한 수요를 의미한다.

케인즈는 경제주체가 유동성을 선호하는 동기, 즉 채권 등 비유동성 자산을 보유하지 않고 화폐를 보유하려는 동기를 거래적 동기, 예비적 동기, 그리고 투기적 동기로 구분하였다.

2.1 거래적 동기에 의한 화폐수요

'거래적 동기에 의한 화폐수요(l_t)' 란 연속적 지출과 단속적 수입(소득) 간의 시간적 차이를 극복하기 위해 보유하는 화폐수요를 의미한다.

(1) 케인즈의 거래적 화폐수요

개별경제주체가 화폐를 보유하면 그에 따른 기회비용(이자)이 발생하기 때문에, 이자율이 높을수록 화폐보유에 따른 기회비용이 커져서 경제주체는 거래적 화폐수요를 줄일 것이다. 따라서 거래적 화폐수요는 이자율의 감소함수이고 소득의 증가함수이다. 그러나 그는 이자율이 거래적 화폐수요에 미치는 영향을 무시하였다.[1] 따라서 거래적 화폐수요함수는 식 (31.6)으로 표시된다.

$$l_t = l(y, \bar{r}) \tag{31.6}$$

1. 케인즈는 이자율이 거래적 화폐수요에 영향을 미칠 가능성을 인정하였으나 이자율변화에 민감하게 영향을 받는 투기적 동기에 의한 화폐수요를 보다 강조하기 위해 기회비용으로서 이자율이 거래적 화폐수요에 미치는 영향은 매우 작다고 가정하였다.

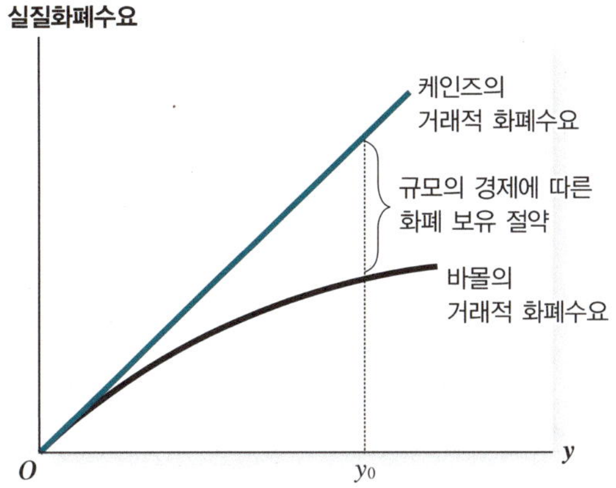

그림 31-2
케인즈의 거래적 화폐수요와 바몰의 거래적 화폐수요 비교

(2) 케인즈학파의 거래적 화폐수요이론 : 바몰-토빈의 재고자산이론

■ 의의

케인즈나 고전학파의 거래적 화폐수요함수의 한계점은 거래적 화폐수요가 이자율에 영향을 받지 않는다는 점과 소득에 대해서만 증가함수라는 점이다. 그러나 바몰-토빈에 의하면, 거래적 화폐수요는 소득뿐만 아니라 이자율의 영향을 받는다고 주장한다. 또한 거래적 화폐수요는 [그림 31-2]처럼 소득이 증가하면 현금관리능력이 제고되기 때문에 소득에 비례적으로 증가하기보다는 '체감적으로' 증가할 것으로 보고 기존이론을 발전시켰다.

■ 모형

바몰-토빈의 재고자산이론에서는 화폐를 일종의 재고상품으로 간주하였다. 경제

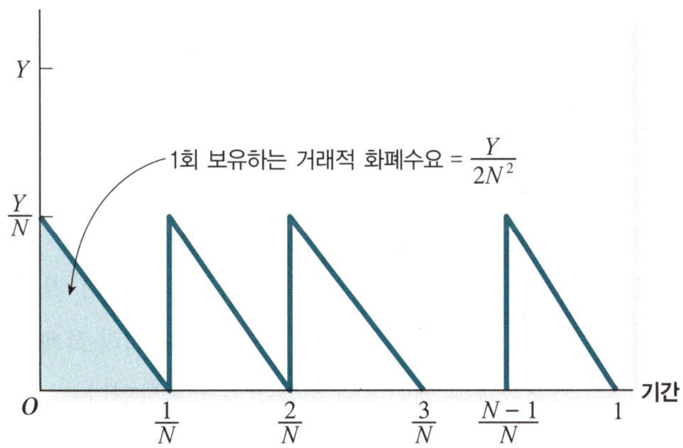

그림 31-3
바몰-토빈의 재고자산이론

그림 31-4
최적거래횟수 결정

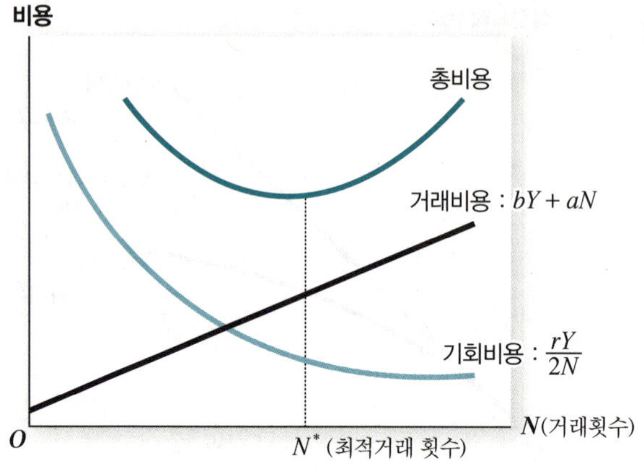

주체들은 화폐보유편익과 화폐보유비용을 비교하여 최적의 화폐보유수준을 결정한다고 보았다. 즉, 기업이 재고상품에 따른 재고비용을 최소화하는 것처럼 경제주체들은 화폐보유비용을 최소화하는 수준에서 최적의 거래적 화폐수요량을 결정하게 된다.

어떤 경제주체는 매 기간 초에 Y만큼의 소득을 은행에 예금하고, 1기간 동안에 N번 은행에 출입하여 1회에 $\frac{Y}{N}$만큼 동일한 금액을 인출하여 이를 연속적으로 지출한다고 가정하자. 그리고 은행에 한 번 갈 때마다 a만큼의 고정비용과 b만큼의 가변비용이 든다고 하자. 따라서 1회 인출시 $a + b\frac{Y}{N}$만큼의 거래비용을 지불한다. 시장이자율은 r이다.

■ **거래적 화폐수요**

거래적 화폐수요는 [그림 31-4]에서 화폐보유의 기회비용과 거래비용을 최소화하는 수준에서 결정된다. 최적거래적 화폐수요량(l_T^*)은 식 (31.7)과 같다. 이것이 바로 바몰-토빈의 재고자산이론에 따른 거래적 화폐수요함수이다.

$$l_t^* = \sqrt{\frac{aY}{2r}} \qquad (31.7)$$

■ **경제적 의미**

먼저, 거래적 화폐수요가 '이자율의 감소함수'이다. 따라서 거래적 화폐수요도 투기적 화폐수요처럼 이자율에 영향을 받는다. 그러므로 거래적 화폐수요가 이자율에 영향을 받지 않는다는 고전학파나 케인즈의 한계점을 극복하였다.

다음으로, l_t는 소득(Y)보다는 $\sqrt{Y}$의 증가함수이다. 소득이 증가함에 따라 개별경제주체의 현금관리능력이 증가하기 때문에 화폐수요가 증가하나 체감적으로 증가한다. 이를 '화폐보유의 규모의 경제' 라 한다.

거래적 화폐수요의 소득탄력성 $\frac{d\ln l_t}{d\ln Y}=\frac{1}{2}<1$이다. 이는 소득이 1%포인트 증가하면 거래적 화폐수요는 0.5%포인트 증가함을 의미한다. [그림 31-2]처럼 거래적 화폐수요는 소득이 증가한 것만큼 비례적으로 증가하지 않고 체감적으로 증가한다.

2.2 투기적 동기에 의한 화폐수요

자산은 안전자산(safe asset)과 위험자산(risk asset)으로 구분할 수 있다. 전자는 수익성은 없지만 원금의 안정성이 있는 자산이고 후자는 원금의 안정성은 없지만 자신의 가격변동에 따른 수익성이 있는 자산이다. 안전자산의 대표적인 예로는 화폐를, 위험자산의 대표적인 예로는 채권을 각각 들 수 있다. 투기적 화폐수요란 자본이득을 발생하는 위험자산, 즉 금융자산을 매매하기 위해 보유하는 화폐수요를 말한다.

(1) 케인즈의 투기적 화폐수요

■ 개별경제주체의 투기적 화폐수요함수

위험자산과 안전자산이 있을 때 개별경제주체가 자산을 선택하는 기준은 각 자산의 수익률이다. 자산의 수익률을 보면 화폐수익률은 0이다. 채권의 총수익률은 이자율 r과 가격등락에 따른 자본이득(손실)률 g의 합이다.[2] 즉, 채권의 총수익률은 $r+g$이다.

구체적으로, 만약 매년 1원의 수익이 지급되고 시장이자율이 r이라 할 때 영구채권의 현재가격은 $\frac{1}{r}$이다. 기말에 예상이자율 r^e라 하면 기말에 채권의 예상가격은 $\frac{1}{r^e}$이다. 따라서 예상되는 자본이득(손실)률은

$$g=\frac{\text{채권예상가격}-\text{채권현재가격}}{\text{채권현재가격}}=\frac{\frac{1}{r^e}-\frac{1}{r}}{\frac{1}{r}}=\frac{r}{r^e}-1$$

이다. 따라서 채권의 총수익률 $r+g=r+\frac{r}{r^e}-1$이다.

자산구성에서 채권을 보유할 것인가 화폐를 보유할 것인가를 판단하는 기준은 각 자산의 수익률인 이자율이다. 따라서 이자율은 채권의 수익률$(r+g)$과 화폐수익률이 일치할 때, 즉 $r+\frac{r}{r^e}-1=0$에서 결정된다. 이때 이자율을 기준이자율(critical interest rate)이라 하고, 그 값은 $r=\frac{r^e}{1+r^e}$이다.

---

2. 이때 이자율은 채권액면에 기재되어 있는 명목이자율이 아니라 할인발행시의 할인율 개념이다.

그림 31-5
개별경제주체의 투기적 화폐수요함수

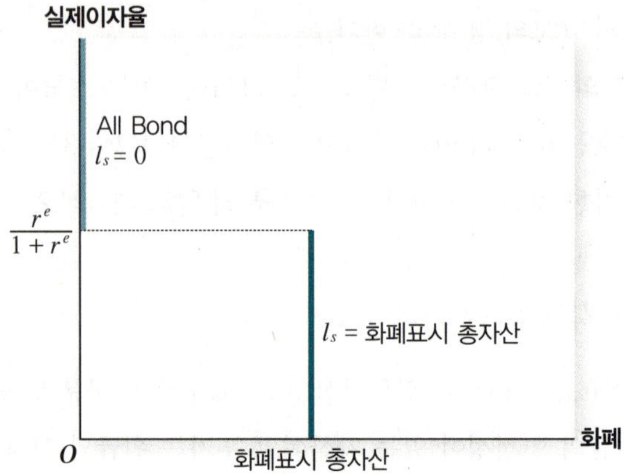

만약 $r + g = r + \frac{r}{r^e} - 1 > 0$이어서 이자율이 기준이자율보다 높으면($r > \frac{r^e}{1+r^e}$), 채권의 수익률이 화폐수익률보다 크므로 투자자는 자산을 모두 채권(all bond)으로 보유하려 할 것이다. 반대로 이자율이 기준이자율보다 낮으면($r < \frac{r^e}{1+r^e}$), 화폐수익률이 채권수익률보다 크므로 채권을 팔고 자산을 모두 화폐(all money)로 보유하려 할 것이다.

[그림 31-5]가 이와 같은 자산구성을 반영한 '개별경제주체의 투기적 화폐수요함수' 이다. 그림에서 개별경제주체의 투기적 화폐수요함수는 불연속적이다. 이는 경제주체가 자신의 전재산을 모두 화폐로만 보유하거나 혹은 채권으로만 보유하는 '극단적' 인 자산구성을 하기 때문에 나타나는 현상이다.

▪ 사회 전체의 투기적 화폐수요함수

사회 전체의 투기적 화폐수요함수는 개별경제주체의 투기적 화폐수요함수를 수평으로 합하여 도출한다. 불연속적인 개별경제주체의 화폐수요함수와 달리 사회 전체의 투기적 화폐수요함수는 연속적이면서 우하향한다. 왜냐하면 개별경제주체마다 화폐로 표시한 재산과 예상이자율(r^e)이 달라 기준이자율($\frac{r^e}{1+r^e}$)이 다르기 때문이다. 따라서 사회 전체의 투기적 화폐수요함수(l_s)는 이자율과 역의 관계를 갖는다.

사회 전체의 투기적 화폐수요함수는 [그림 31-6]의 사회 최저한의 이자율수준 r^*에서 유동성함정을 보인다. 유동성함정이 존재하기 위해서는 모든 사람들이 예상이자율의 변화방향에 대해 동일한 기대를 가져야 한다. 달리 표현하면 기준이자율 $= \frac{r^e}{1+r^e}$에서 예상이자율 r^e가 모든 사람에게 동일하게 형성되어야 한다는 것을 의미한다.

▪ 경제적 의미

사회 전체의 투기적 화폐수요함수는 이자율의 감소함수이다. 따라서 이자율이 상

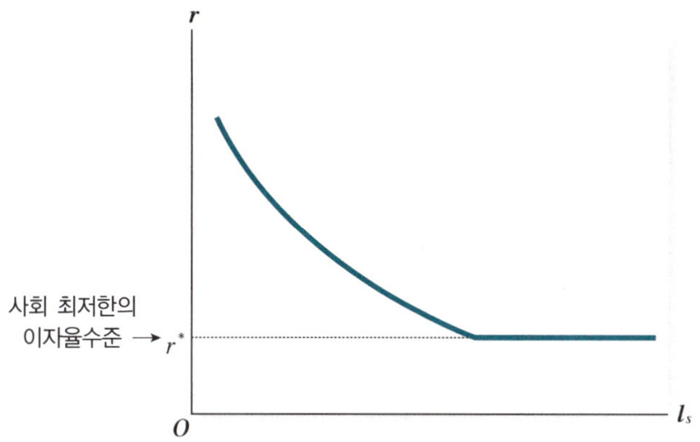

그림 31-6
사회 전체의 투기적 화폐수요함수

승하면 투기적 화폐수요는 감소한다. 이때 개별경제주체의 자산구성은 기준이자율을 기준으로 소득을 전부 화폐로 보유하거나 또는 채권으로만 보유한다. 즉, all money, all bond 식으로 자산을 구성한다. 이 결과 개별경제주체의 투기적 화폐수요는 불연속적이다. 반면, 사회 전체의 투기적 화폐수요함수는 연속적이고 우하향한다.

▪ 케인즈의 투기적 화폐수요이론의 한계

케인즈의 투기적 화폐수요함수는 세 가지 한계점이 있다. 첫째, 확실성을 전제로 화폐수요가 도출되었다는 점이다. 즉 케인즈는 개별투자자는 채권의 수익률을 확실하게 알고 있다고 가정하고 예상자본이득률(g)을 확실한 값인 비확률변수로 처리하였다. 그러나 현실적인 채권의 수익에는 위험(불확실성)이 존재하여 불확실한 것이 일반적이다.

둘째, 자산구성상의 문제점이다. 경제주체의 자산구성이 양자택일식이다. 즉, 자신의 전재산을 화폐만(all money)으로 보유하거나, 채권만(all bond)으로 보유하는 불연속적 자산구성을 한다. 이는 비현실적인 자산구성이다.

셋째, 케인즈의 화폐수요이론은 미시적 기초가 결여되어 있고, 투기적 화폐수요를 강조하기 위해 투기적 수요를 지나치게 과대평가하고 있다.

(2) 토빈의 자산선택이론(portfolio-selection theory)

토빈의 자산선택이론은 세 가지 점에서 케인즈의 투기적 화폐수요함수의 문제점을 극복하였다. 첫째, 채권의 예상자본이득률 g를 확률변수로 보고 g의 평균-분산을 이용하여 투기적 화폐수요이론을 전개하였다. 토빈의 이런 접근방법을 '평균-분산이론(mean-variance theory)' 이라고도 한다.

그림 31-7
투자자의 예산제약식

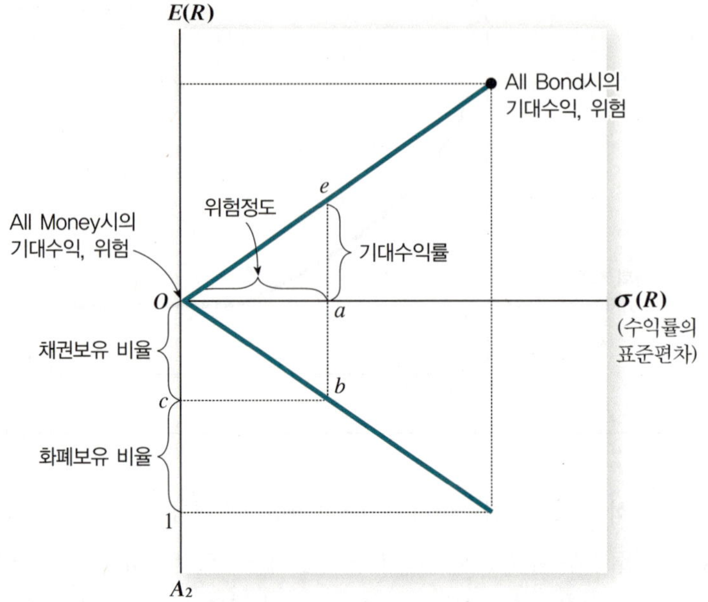

둘째, 토빈은 케인즈의 자산구성의 비현실성을 비판하고 개인은 자신의 전소득 중 일부는 화폐(some money), 일부는 채권(some bond)으로 자산선택을 하는 투기적 화폐수요함수를 도출했다.

셋째, 토빈이론은 일정한 예산제약식 하에 투자자의 효용을 극대화하는 미시적 기초 하에 투기적 화폐수요함수를 도출하였다.

▪ 투자자의 예산제약식

개인 총자산(total asset : A)은 개인이 보유하고 있는 화폐(M)와 채권(B)의 합으로 구성된다. $A = M + B$이다. $\frac{M}{A} + \frac{M}{B} = 1$이고, 화폐보유비율 $\frac{M}{A} = A_1$으로 채권보유비율 $\frac{B}{A} = A_2$로 표시하여, A_1과 A_2의 합은 1이다.

자산구성의 수익률 R은 화폐보유의 수익률과 채권보유의 수익률의 합으로 표시된다.

▪ 투자자의 효용함수

다음, 투자자의 효용함수를 도출해 보자. $E(R)$, $\sigma(R)$평면에서 투자자의 효용함수는 $U = U(E(R), \sigma(R))$이다. 여기서 기대수익은 재화로, 수익률의 표준편차는 비재화로서 의미를 갖는다. 왜냐하면 투자자를 위험기피자로 가정한다면 투자자의 효용은 기대수익이 증가하면 증가하나 수익률의 표준편차가 증가하면 감소하기 때문이

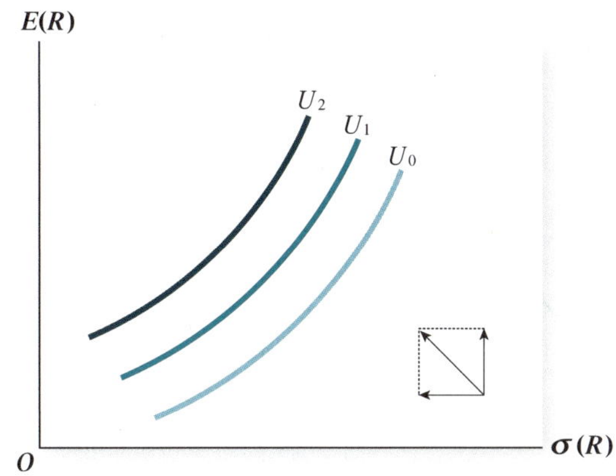

그림 31-8
투자자의 무차별곡선

다. 무차별곡선은 $\overline{U}=U(E(R),\sigma(R))$로 나타낼 수 있다. 따라서 무차별곡선은 [그림 31-8]과 같은 우상향하는 형태를 띠게 된다. 이때 효용의 크기는 $U_2>U_1>U_0$ 순이다.

■ **투자자의 최적자산구성**

투자자의 최적자산구성은 미시경제에 기초한 거시경제분석으로 유도된다. 투자자는 효용을 극대화하는 수준에서 자산을 구성하고 최적화폐수요를 결정한다. 투자의

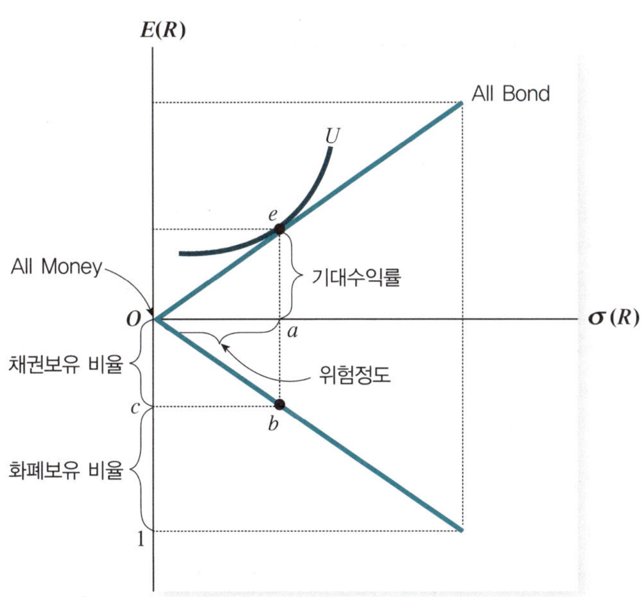

그림 31-9
내부해와 최적자산 구성

그림 31-10
극단적 위험애호자의 자산구성과 투기적 화폐수요함수

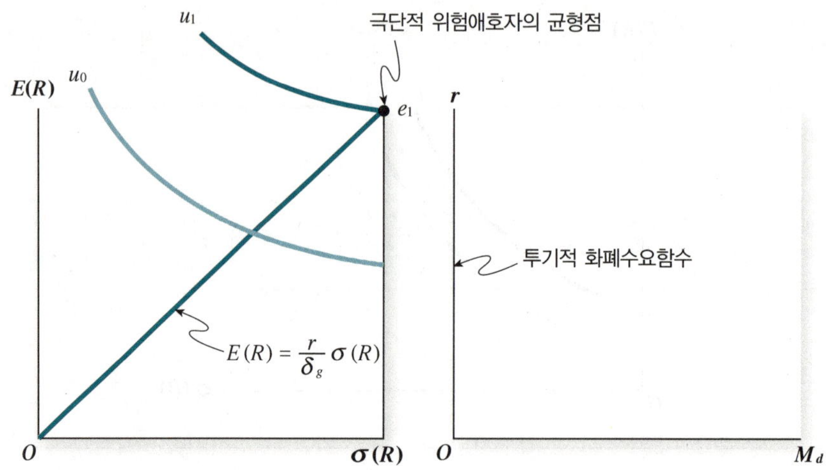

최적자산구성은 예산선과 투자자의 무차별곡선이 접하는 점에서 이루어진다.

투자자의 효용극대화는 [그림 31-9]에서 이자율이 r_0일 때 e점에서 균형을 이룬다. 이때 투자자의 채권보유비율은 $O\sim c$, 화폐보유비율은 $c\sim 1$로 자산을 구성하여 $O\sim a$의 위험과 $e\sim a$만큼의 기대수익을 얻어 효용을 극대화한다.

■ 투기적 화폐수요함수

투기적 화폐수요함수(l_s)는 이자율 r이 변함에 따라 투기적 화폐보유액이 변화하는 점들을 연결하여 도출한다. 여기에서 투기적 화폐수요는 화폐보유비율에 총자산(A)를 곱한 값이다. 그런데 이자율(가격) 변화시에는 '대체효과'와 '소득 또는 부의 효과'가 발생한다.

'대체효과'란 이자율 상승시에 채권수익률의 상승이 화폐를 채권으로 대체하게 하여 화폐수요를 감소시키는 효과를 말하며 '소득효과'란 이자율이 상승했을 때 채권수익률의 상승으로 투자자의 소득이 증가하여 위험자산보다 안전자산을 더 선호하게 되고 그 결과 채권수요를 감소시키고 화폐수요를 증가시키는 효과를 의미한다.

대체효과가 소득효과보다 큰 경우를 살펴보자. [그림 31-11]에서 최초의 균형점 e_0에서 이자율이 r_0에서 r_1으로 상승하면 예산제약식이 상방으로 이동한다. 그 결과 e_2에서 새로운 균형이 이루어진다.

대체효과를 구하기 위해 힉스보상을 하면 보상된 균형은 e_1에서 이루어진다. 대체효과는 $e_0\sim e_1$까지, 소득효과는 $e_1\sim e_2$까지이고 이를 합한 가격효과는 $e_0\sim e_2$이다.

그림에서 대체효과($e_0\sim e_1$)가 소득효과($e_1\sim e_2$)보다 크기 때문에 채권보유비율이 $O\sim a$에서 $O\sim b$로 증가하고 화폐보유비율은 $(1\sim a)$에서 $(1\sim b)$로 감소하여 투기적

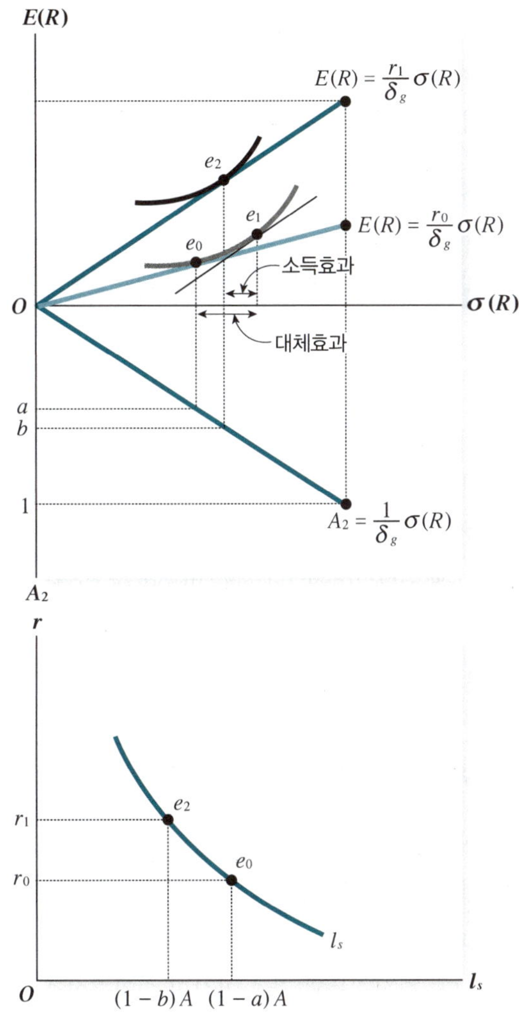

그림 31-11
대체효과 > 소득효과일 때 우하향하는 투기적 화폐수요

화폐수요는 감소한다. 따라서 이자율상승은 투기적 화폐수요를 줄이므로 투기적 화폐수요함수는 우하향한다.

■ **최적자산구성과 투기적 화폐수요**
- 자산구성에 대해 내부해에서는 some money, some bond이다.
- 극단적인 위험기피자나 위험애호자는 all money, all bond의 자산구성을 한다. 케인즈의 투기적 화폐수요이론에서 all money는 Tobin 이론에서 극단적 위험기피자의 자산구성이고, all bond는 극단적 위험애호자의 자산구성이다.

■ 케인즈의 투기적 화폐수요이론과 토빈의 자산선택이론 비교

두 이론의 공통점은 다음과 같이 정리할 수 있다.

화폐를 '안전자산'의 한 형태로 인정했고, 모두 화폐의 가치저장기능을 강조하고 있다. 추가적으로 투기적 화폐수요가 이자율의 함수라고 보았다.

3. 신화폐수량설

Economics ch. thirty-one

3.1 의의

물가와 통화량은 정비례관계에 있고 화폐유통속도가 외생적으로 결정된다는 화폐수량설의 현실 부적합성을 비판하고, 화폐유통속도가 내생적이고 안정적이라는 통화론자의 화폐이론을 신화폐수량설(new quantity theory of money)이라 한다.

신화폐수량설은 화폐를 가치저장기능이 강조되는 자산의 한 형태로 취급하고 있다. 통화론자는 화폐수요함수를 경험적으로 도출하고 있다.

3.2 프리드만의 화폐수요함수

프리드만은 실질화폐수요가 부(W), 증권수익률(r_e), 채권수익률(r_b), 화폐의 수익률인 물가상승률($\dot{P}$), 제품가격(P), 화폐에 대한 선호(T) 등에 영향을 받는다고 생각했다.

경험적 회귀분석에 의하면 제품가격(P)과 화폐에 대한 선호(T) 등은 화폐수요에 별로 영향을 미치지 않는다. 항상소득과 각종 자산의 수익률이 화폐수요의 결정에 중요한 역할을 하였다. 따라서 실질화폐수요함수는 다음과 같이 정의할 수 있다.

$$\frac{M}{P} \fallingdotseq f(y_p,\ r_e,\ r_b,\ \dot{P}) \qquad (31.8)$$

식(31.8)에서 실질화폐수요는 각종 자산의 수익률과 항상소득의 함수이다. 프리드만은 화폐수요도 재화의 수요인 소비와 동질적인 것으로 보았다. 즉, 재화소비가 항상소득의 증가함수이듯이 화폐수요도 항상소득의 증가함수로 보았다.

여기서 r_e, r_b를 대표하는 이자율수준을 r이라고 하고 나머지는 고정되어 있다고 가정하고 화폐수요함수를 간략화하면 $\frac{M}{P} = f(y_p,\ r_e,\ r_b,\ \dot{P}) = f(y_p,\ r,\ \dot{P})$이다. 이 식을 변형한 현대적인 신화폐수량설은 식 (31.9)로 표시된다.

$$\frac{M^d}{P} = k(r, \dot{P})y_p = \frac{1}{V(r, \dot{P})}y_p \tag{31.9}$$

3.3 신화폐수량설의 특징

신화폐수량설은 고적학파와 케인즈학파이론을 접목시켰기 때문에 각 이론과의 공통점, 차이점이 존재한다.

(1) 신화폐수량설과 고전학파 화폐수요

먼저, 고전학파와 통화론자 모두 화폐수요는 소득의 증가함수이다. 그러나 고전학파는 소득을 명목소득으로, 통화론자는 항상소득으로 각각 정의했다.

둘째, 화폐유통속도(V)가 고전학파에 의하면 외생적으로 결정되는 일정한 값인 데 반해 통화론자에 의하면 각종 금융자산수익률과 항상소득의 함수로서 내생적으로 결정된다.

셋째, 고전학파와 통화론자 모두 화폐유통속도 V가 고정되어 있거나 안정되어 있으므로 화폐수요함수가 매우 안정적이라고 주장한다. 끝으로, 고전학파는 화폐의 지불 · 거래적 측면을 강조하나 통화론자는 화폐의 가치저장기능을 강조한다.

(2) 신화폐수량설과 케인즈 화폐수요이론

첫째, 케인즈학파와 통화론자 모두 화폐를 자산의 한 형태로 규정하여 가치저장기능을 강조한다. 둘째, 두 학파 모두 화폐수요는 이자율과 소득의 함수이다. 그런데 이자율에 대해서 케인즈학파는 채권의 수익률만을, 통화론자는 모든 금융자산과 실물자산의 수익률을 고려하였다. 소득에 있어서 케인즈학파는 명목소득으로, 통화론자는 항상소득으로 규정한다.

셋째, 통화론자는 소득의 크기가 화폐수요에 지배적인 영향을 미친다고 보는 반면에, 케인즈학파는 소득보다는 이자율이 화폐수요에 큰 영향을 미친다고 한다. 넷째, 두 학파에 의하면 화폐유통속도는 모두 내생변수이다. 그러나 케인즈학파는 유통속도가 이자율에 매우 탄력적이기 때문에 유통속도를 불안정하다고 하지만, 통화론자는 각종 자산의 수익률과 항상소득의 안정적 함수라고 한다.

끝으로, 유통속도의 안정성과 불안정성에 근거하여 통화론자는 화폐수요함수를 안정적이라고 주장하나, 케인즈학파는 불안정하다고 주장한다.

제32장 화폐공급이론

microeconomics + macroeconomics, Economics ch. thirty-two

1. 화폐의 정의와 기능

Economics ch. thirty-two

1.1 화폐의 정의

화폐란 "고도의 유동성을 지닌 자산으로서 기준적인 회계단위로 표시되는 거래 또는 부채를 완결하는 지불수단" 이다. 구체적으로, 화폐는 중앙은행의 부채인 현금통화와 일반은행의 부채인 예금화폐로 구성되어 있다. 따라서 화폐는 화폐제도의 화폐적 부채(monetary liabilities of the monetary institution)라고 할 수 있다.

화폐의 정의는 i) 금융자산의 범위 ii) 통화성 금융기관과 비통화성 금융기관 간의 구분 iii) 그 나라의 경제 및 금융산업의 발달정도에 따라 매우 다양하다.

1.2 화폐의 기능

화폐의 정의는 선험적 정의와 기능적 정의로 대별할 수 있다. 선험적 정의란 사전에 화폐의 기능을 교환 및 지불수단의 기능, 가치저장의 기능 등으로 설정해 놓고 여러 금융자산 중에 이런 역할을 충족하는 금융자산을 화폐라고 규정하는 접근방법이다. 기능적 정의는 미리 화폐의 기능을 설정하지 않고 경제를 운영해 가면서 경제현상을 잘 설명하는 금융자산들을 화폐라고 정의하는 방법이다. 현재까지는 선험적 정의가 지배적인 화폐의 정의이다.

선험적 정의 중 첫째, 화폐를 교환 및 지불수단의 기능을 하는 금융자산으로 보는 견해이다. 이런 기능을 하는 자산에는 민간보유현금통화(C)와 통화성금융기관의 요구불예금(D)이 있다. 통화량(M_1)은 이 두 값, 즉 $M_1 = C + D$로 측정된다.

둘째, 화폐를 교환 및 지불수단의 기능에 추가해서 통화성금융기관의 가치저장기능을 하는 금융자산으로 정의하는 견해이다. 저축성예금(T)은 가치저장기능을 하는 대표적인 금융자산이다. 총통화량(M_2)은 M_1에 저축성예금을 더한 값으로 측정된다.

우리나라에서 M_2는 M_1에 저축성예금과 거주자외환예금을 합하여 도출된다.

이외에 화폐의 정의는 교환 및 지불수단의 기능과 가치저장기능을 하는 '비통화성금융기관의 자산' 을 어디까지 포함시키느냐에 따라 다양한 형태로 측정된다.

$M_2 = M_1 + T +$ 거주자외환예금

M_3(총유동성) $= M_2 +$ 비은행금융기관의 예수금 + 금융채 + 상업어음매출액 + 환매채(RP)

통화량(M_1) $= C + D$에서 현금통화와 요구불예금의 규모를 알아야 통화량이 결정된다. 그런데 현금통화는 중앙은행의 부채이고 예금통화는 일반은행의 부채이다. 따라서 중앙은행의 부채, 즉 본원통화의 크기가 현금통화(C)의 크기를 직접적으로 결정한다. 본원통화가 클수록 현금통화의 규모는 커진다.

2. 중앙은행과 현금통화

Economics ch. thirty-two

2.1 의의

이 절에서는 먼저 중앙은행에 의해서 어떻게 현금통화가 결정되는지를 살펴보고자 한다. 본원통화의 공급은 중앙은행의 기능과 밀접한 관계가 있다. 중앙은행은 ① 중앙은행권을 발행하는 기능 ② 정부의 은행 ③ 은행의 은행 ④ 해외자산을 관리하는 기능 ⑤ 기타 자산을 관리하는 기능을 한다.

2.2 중앙은행의 기능

본원통화는 중앙은행이 그 기본적 기능을 수행하면서 중앙은행으로부터 공급된다. 본원통화의 일부분은 민간보유의 현금통화(currency)로서 민간에 의해 수요되고, 나머지 부분은 은행의 지불준비금(reserves)으로 은행에 의해서 보유된다. 지불준비금을 기초로 은행은 대출을 하지만, 지불준비금 자체가 통화량의 일부를 구성하는 것은 아니다.

구체적으로 본원통화의 결정요인을 도출해 보기 위해서 중앙은행의 기능을 살펴보자. 첫째, 중앙은행은 정부의 은행이다. 중앙은행이 대정부자산을 갖게 되면 그 대가로 중앙은행화폐가 정부로 흘러가기 때문에 본원통화공급이 증가한다. 거꾸로 중앙은행이 대정부부채를 갖게 되면 정부보유현금통화가 중앙은행으로 유입되기 때문에 본원통화공급이 감소한다. 이때 본원통화공급의 순증가는 대정부자산에서 대정부부채를 차감한 만큼 증가한다. 따라서 대정부순자산(= 대정부자산 - 대정부부채)이 증가할수록 본원통화공급은 증가한다.

둘째, 중앙은행은 은행의 은행이다. 중앙은행이 대민간은행에 대해서 자산을 가지면 중앙은행권이 유출되기 때문에 본원통화공급이 증가하고, 부채를 가지면 본원통화공급이 감소한다. 따라서 본원통화의 순공급은 대민간은행 순자산(= 대민간은행 자산 - 대민간은행 부채)이 증가할수록 커진다.

셋째, 중앙은행은 해외부문과 거래한다. 중앙은행이 해외자산을 많이 보유할수록 중앙은행으로부터 해외자산에 환율을 곱한 만큼 본원통화가 공급되고 해외부채를 많이 가지고 있을수록 본원통화공급이 감소한다. 따라서 본원통화의 순공급은 해외순자산(= 해외자산 - 해외부채)이 증가할수록 커진다.

넷째, 중앙은행은 기타부문과 거래할 수 있다. 이에 따라 기타자산이 증가하면 그 대가로 중앙은행으로부터 현금통화가 유출되고, 기타부채가 증가하면 시중에 현금통화가 중앙은행으로 유입된다. 따라서 본원통화는 기타순자산이 증가할수록 증가한다.

2.3 본원통화의 공급(원천)

본원통화 공급의 원천에는 다음과 같은 경우가 있다. ① 대정부 순자산 증가 ② 대민간은행 순자산 증가 ③ 해외순자산 증가 ④ 기타 순자산 증가 등이 있다.

이상의 본원통화공급의 원천과 사용을 중앙은행 대차대조표로 정리할 수 있다. 〈표 32-1〉의 중앙은행 대차대조표에서 차변은 본원통화의 공급(원천)을 나타낸다. 이 값이 커질수록 본원통화의 공급은 증가한다. 대변은 본원통화의 수요(사용)를 나타낸다.

표 32-1 중앙은행의 대차대조표

차변(본원통화 원천)	**대변**(본원통화 사용)
대정부순신용	민간보유현금
대예금은행순신용	지급준비금
해외순자산	예금은행 시재금
기타순자산	중앙은행예치금
	자본

2.4 본원통화의 수요(사용)

본원통화수요(B^d)는 민간보유현금과 은행의 지불준비금의 합으로 구성된다. 그런데 은행의 지불준비금은 은행보유현금과 중앙은행예치금의 합이다. 따라서 본원통화수요는 아래와 같이 정의된다.

▪ **본원통화의 수요**(사용)

$H = B^d$ = 민간보유현금(C) + 은행의 지불준비금(A)

= 민간보유현금 + 은행보유현금(시재금) + 중앙은행예치금

결론적으로 본원통화의 원천인 대정부순신용, 대예금은행순신용, 해외순자산과 기타순자산이 증가하면 본원통화의 공급이 증가하고 이는 다시 본원통화의 수요의 하나인 민간의 현금통화수요를 증가시킨다.

3. 화폐공급방정식

Economics ch. thirty-two

3.1 의의

화폐공급방정식은 본원통화가 통화량을 창출하는 관계를 나타낸 방정식이다. 이 방정식은 본원통화의 수요와 공급이 일치하는 수준에서 도출된다.

통화량은 중앙은행과 시중은행, 그리고 비은행 민간에 의해서 창출된다. 이 모형을 위해 예금수준은 예금뿐만 아니라 현금을 보유할 수 있고, 예금은행도 일정한 초과지불준비금을 보유한다고 가정하자.

3.2 도출

본원통화의 공급과 수요는 식 (32.1)과 (32.2)이다. 이때 본원통화의 공급 B_s는 일정하게 주어져 있다고 하자.

$$B_s = \overline{B} \tag{32.1}$$

$$B_d = C + A \tag{32.2}$$

(단, C는 민간보유현금, A는 실제지불준비금)

식 (32.1)과 식 (32.2)를 같이 놓고 정리하면 M으로 표시한 화폐공급방정식이 도출된다. 이 식은 본원통화는 본원통화에 통화승수를 곱한 것만큼 통화량을 창출한다는 것을 의미한다.

$$\{e_1 + q(1-e_1)(1+t)\}M = \overline{B}$$

■ M_1일 때 화폐공급방정식

$$\underbrace{M}_{\text{통화량}} = \underbrace{\frac{1}{e_1 + q(1-e_1)(1+t)}}_{\text{통화승수}(m_1)} \underbrace{\overline{B}}_{\text{본원통화}}$$

(단, e_1은 현금보유비율, q는 실제지불준비율, t는 저축성예금비율)

3.3 경제적 의미

화폐공급방정식의 경제적 의미를 살펴보면 다음과 같다. 첫째, 화폐공급방정식에서 통화량(M)은 통화승수와 본원통화에 의해서 각각 결정된다.

둘째, $M = mB$ 식에서 통화승수가 일정할 때, 본원통화의 변화는 직접적으로 통화량의 크기를 결정한다. 중앙은행이 통화량을 통제할 수 있는지에 대해서는 많은 논쟁이 있지만, 본원통화는 상대적으로 정확하게 통제할 수 있다. 따라서 m이 주어져 있을 때 정책당국은 본원통화의 조절을 통해 통화량을 목표수준으로 조정할 수 있다.

셋째, 통화승수가 이자율의 증가함수이면 이자율이 상승할 때 통화승수가 커져 통화량이 증가한다. 끝으로, 통화량이나 총통화량을 결정하는 주체는 중앙은행, 일반은행, 비은행민간이다.

4. 일반은행과 예금통화

앞에서 살펴본 것처럼 통화량 $M = C + D$에서 현금통화(C)는 중앙은행의 본원통화에 의해서 만들어지는 반면, 예금통화(D)는 일반은행의 신용창조에 의해서 창출된다. 일반은행은 통화를 직접 창출하지 않지만, 통화량의 대부분은 은행의 예금과 이를 통한 대출과정에서 창출된다.

예금에는 본원적 예금(primary deposit)과 파생적 예금(derived deposit)이 있다.

본원적 예금은 현금이 외부로부터 은행에 유입되면서 만들어진 예금을 말한다. 이에 대해 파생적 예금은 은행이 스스로 자산을 구입하거나 대출을 하면서 만들어진 예금이다. 따라서 본원적 예금에 기초하여 유도된 예금이다.

4.1 신용창조(credit creation)

신용창조란 은행이 본원적 예금을 기초로 한 대출을 통해 파생적 예금을 창출하는 과정을 말한다. 파생적 예금창출액을 신용창조액이라 한다. 개별은행의 신용창조액은 그 은행의 초과지불준비금 크기에 의해 제한을 받는다. 즉, 개별은행이 최대로 신용을 창조할 수 있는 금액은 초과지불준비금만큼이다.

신용창조액을 구하기 위해 차입자가 차입액 전액을 은행에 예금하는, 즉 현금유출이 없는 것으로 가정한다. 현금유출이 없을 때 초과지불준비금이 E이고, 법정지불준비율이 r일 때 신용창조액(또는 순예금창조액) D_N은 식 (31.3)으로 표시된다. 또한 초과지불준비금 E는 최초의 본원적 예금(D)에서 법정지불준비금(rD)을 차감한 금액이다.

$$D_N = \frac{E}{r} = \frac{D - rD}{r} = \left(\frac{1-r}{r}\right)D \tag{32.3}$$

총예금창출액(D_g)은 순예금창출액(D_N)에 최초의 본원적 예금(D)을 더한 금액이 된다.

$$D_g = D_N + D = \frac{E}{r} + D = \frac{E + rD}{r} = \frac{A}{r} \tag{32.4}$$

4.2 경제적 의미

법정지불준비율 r이 $0 < r < 1$이기 때문에 신용승수 $= \frac{1}{r} > 1$이다. 따라서 현금유출이 없을 때 최초의 본원적 예금은 자신의 몇 배에 이르는 예금을 창출하게 된다. 신용창조액은 본원적 예금의 몇 배에 해당하는 파생적 예금 규모로 통화량 $M_1 = C + D$를 구성한다.

결론적으로 신용창조액은 파생적 예금액을 말하며 이 값에 본원적 예금을 합하면, 파생적 예금 + 본원적 예금이 $M_1 = C + D$에서 D의 값을 결정하게 된다.

5. 화폐공급의 내생성과 외생성

Economics ch. thirty-two

5.1 의의

화폐공급의 내생성 문제는 매우 중요한 통화논쟁의 하나이다. 화폐공급이 내생적이라 함은 통화량이 경제모형 내부에서 결정되는 이자율 등에 의해 결정되는 성질을 말한다. 반면 화폐공급의 외생성은 통화량이 경제모형 외부에서 결정되는 성질을 의미한다.

내생성과 외생성의 문제는 중앙은행이 통화량을 통제할 수 있는가의 문제로 귀결된다. 그리고 통화당국의 통화정책의 중간목표 전략의 문제로 연결되기 때문에 학자들 간에 치열한 논쟁이 있다.

만약 화폐공급이 내생적 성질을 가지면 중앙은행이 통화량을 완전하게 통제할 수 없고, 통화지표로서 통화량 이외의 변수, 예를 들어 이자율 등을 사용해야 할 것이다. 만약 화폐공급이 외생적 성질을 가지면 중앙은행이 통화량을 통제할 수 있고 통화량이 통화정책변수가 될 수 있다.

5.2 케인즈학파와 화폐공급의 내생성

케인즈학파는 화폐공급은 내생적이고 중앙은행은 통화량을 통제할 수 없다고 주장한다. 그 근거는 다음과 같다. 첫째, 화폐공급방정식에서 검토한 것처럼 통화량은 중앙은행에 의해서만 공급되는 것이 아니라 비은행민간경제주체나 시중은행에 의해서도 공급되기 때문이다. 이는 중앙은행의 목표대로 통화량을 정확히 조절할 수 없음을 의미한다.

둘째, 통화승수는 이자율의 증가함수이기 때문이다. 이자율상승은 두 가지 경로를 통해 통화량에 영향을 미친다. 먼저, 현금보유비율(e)은 이자율의 감소함수이다. 이자율이 상승하면 현금보유의 기회비용이 커서 현금보유를 줄이기 때문이다. 민간의 현금보유비율(e)이 낮아지고 화폐공급방정식에서 통화승수(m_1)가 증가하면서 통화량이 증가한다. 또 다른 경로는 초과지불준비율(ε)이 이자율의 감소함수라는 것이다. 이자율이 상승하면 은행의 초과보유에 따른 기회비용이 증가하기 때문에 은행은 초과지급준비율(ε)을 낮추고, 이에 따라 실제지불준비율을 하락시켜 통화승수를 증가시킴으로써 통화량을 증가시킨다. 따라서 화폐공급은 이자율에 영향을 받게 되는데 이때 이자율은 경제모형 내부에서 결정되므로 내생적이다.

■ **이자율상승이 통화량증가에 미치는 경로**

$$r\uparrow \begin{cases} e\downarrow \rightarrow m_1\uparrow \rightarrow M\uparrow \\ \varepsilon\downarrow \rightarrow q\downarrow \rightarrow m_1\uparrow \rightarrow M\uparrow \end{cases}$$

셋째, 통화승수(m)의 불안정성을 들 수 있다. 케인즈학파의 두 번째 주장의 근거에 따라 e와 ε가 이자율의 감소함수이기 때문에 통화승수가 이자율에 영향을 크게 받아 통화승수의 가변성을 증대시키고 있다.

통화공급의 '내생성' 이 갖는 정책적 시사점은 매우 크다. 화폐공급이 내생적이면 중앙은행이 통화량을 완전하게 통제할 수 없기 때문에 중간목표 전략으로서 통화량 목표와 준칙에 의한 통화정책은 크게 제한을 받는다.

5.3 통화론자와 화폐공급의 외생성

통화론자들은 다음과 같이 화폐공급은 외생적이라고 주장한다. 경험적으로 통화승수(m)가 안정적이고 시계열자료를 보면 거의 일정하다고 주장한다. 따라서 화폐공급방정식 $M = \overline{m}B$에서 외생적인 본원통화의 변화가 곧 화폐공급을 결정한다. 또한, 본원통화는 중앙은행에 의해서 잘 통제될 수 있으므로 본원통화를 통제하면 통화량을 금융당국이 통제할 수 있다는 것이다. 따라서 통화량은 외생적 성질을 갖는다.

결론적으로 케인즈학파는 통화량이 내생적 성질을 가지기 때문에 이자율을 통화정책의 중간목표로, 통화론자는 통화량이 외생적 성질을 가지기 때문에 통화량을 통화정책의 중간목표로 각각 사용할 것을 주장하고 있다.

경제의 안정성 논쟁

part twelve

12

제33장 실업이론

1. 의의

실업이란 자본, 노동 등 생산요소가 불완전하게 고용된 상태를 말하지만 협의적으로 실업이란 노동이 불완전하게 고용된 상태를 말한다. 15세 이상 인구 중 일할 의사와 능력을 가진 인구를 경제활동인구라 하며 이는 다시 취업자와 실업자로 구성된다. 실업률은 경제활동인구 중 실업자가 차지하는 비율을 말한다.

실업은 크게 자발적 실업과 비자발적 실업으로 구분한다. 자발적 실업에는 직장을 탐색하는 과정에서 발생하는 탐색적 실업이나 직장을 이동하는 과정에서 발생하는 마찰적 실업, 만성적인 자본부족이나 특정 생산요소의 이동이 제약되어 나타나는 구조적 실업(structural unemployment)이 있다. 비자발적 실업에는 총수요나 유효수요가 부족해서 경기침체시 발생하는 경기적 실업(cyclical unemployment)이 있다. 또 다른 종류로 기술적 실업(technical unemployment)은 새로운 기술이 도입되어 기존노동을 대체하면서 나타나는 실업이고, 계절적 실업(seasonal unemployment)은 계절변동에 따라 나타나는 실업이다.

실업
- **자발적 실업** : 탐색적 실업, 마찰적 실업, 구조적 실업
- **비자발적 실업**
  - 경기적 실업 : 유효수요 부족으로 발생
  - 기술적 실업 : 기술진보시에 발생
  - 계절적 실업 : 계절변동시에 발생

실업이론은 노동시장이 왈라스균형상태에 있는가 여부에 따라 [그림 33-1]과 같이 분류할 수 있다.

첫째, 실업은 노동시장이 '왈라스균형상태'에서 발생하는 일시적 현상이라는 견

그림 33-1
실업이론 분류

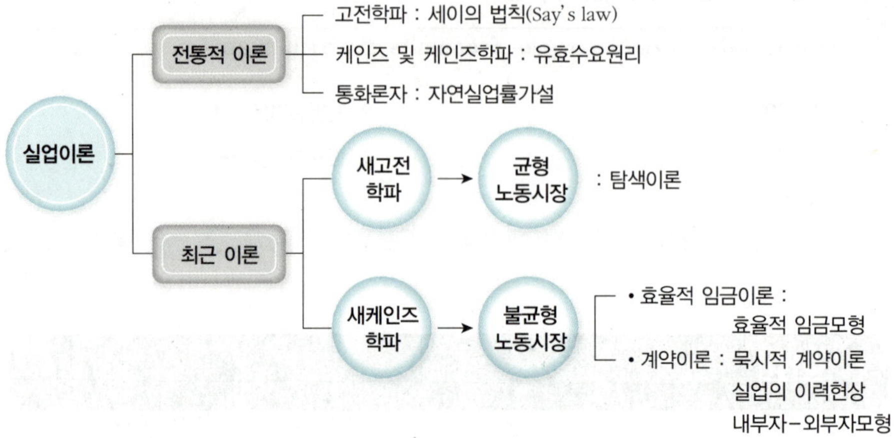

해이다. 이 이론에 의하면 실업은 노동자들이 직장을 이동하는 과정에서, 또는 현재 얻고 있는 고용조건보다 더 높은 임금을 주는 직장을 탐색하는 과정에서 발생하는 현상이라는 것이다. 이 견해 속하는 실업이론으로는 새고전학파의 탐색이론(search theory)이 있다.

둘째, 실업을 노동시장이 '왈라스불균형상태' 에서 발생하는 현상으로 이해하는 견해이다. 여기에 속하는 이론은 새케인즈학파의 효율적 임금이론과 계약이론이다. 이때 새케인즈학파는 명목경직성뿐만 아니라 실질경직성의 개념을 도입하여 비자발적 실업의 원인과 지속성, 그리고 경기변동의 지속성을 설명하고 있다. 따라서 이 이론들은 실업이론의 범위를 넘어 경기변동이론까지 연결시켜서 고찰해야 하는 경제학적 의미를 함축하고 있다.

먼저, '효율적 임금이론(efficiency wage theory)' 을 보자. 여기에 속하는 이론으로는 '효율적 임금모형' 이 있다. 이 모형의 중심적 전제는 노동시장에서 정보가 비대칭적일 때 기업이 노동자의 생산성을 완전하게 감시할 수 없기 때문에 노동자들의 근무태만을 막고, 생산성과 효율성을 높이기 위해 균형임금보다 높은 임금을 지불해야 한다는 것이다.

다음, '계약이론(the contract model)' 이다. '장기임금계약이론', '묵시적 계약이론' 과 '내부자-외부자이론' 등이 계약이론에 속하는 실업이론이다.

끝으로, '탐색과 직장일치이론(search and matching models)' 이 있다. 지금까지 이론들은 경제 내에 동질적인 노동시장을 전제로 하고 있다. 반면 노동시장의 유량접근이론에 의하면 노동자들이 갖고 있는 기술이나 기업의 고유한 기술 특성들이 서로 다르게 차별화되어 있다. 따라서 노동자가 직장을 구하기 위해서 또는 기업이 노동자를 구하기 위해서 상당한 기간 동안 비용을 지불하면서 복잡한 탐색과정을 거쳐 노동자와 직장이 일치하게(matching) 된다는 것이다.

2. 자연실업률(natural rate of unemployment) 가설

Economics ch. thirty-three

2.1 자연실업률 개념

자연실업률은 아직 일의적으로 구체화된 정의가 있는 개념은 아니다. 다양한 정의를 검토해 보면 다음과 같다. 첫째, 러너(A.P. Lerner)는 '한 나라의 국민경제가 완전고용상태에 있을 때의 실업률'을 자연실업률이라 정의하였다. 이는 오쿤의 법칙에서 확인할 수 있다.

$$\frac{y_f - y_t}{y_f} = a(u_t - u_N),\ a > 0,\ a(0) = 0$$

위의 오쿤의 법칙에서 만약 $y_f = y_t$이면 $a(u_t - u_N) = 0$이다. 그런데 $a > 0$이기 때문에 $u_t = u_N$이다.

둘째, '예상물가상승률($\dot{P}_t^e$)과 실제물가상승률($\dot{P}_t$)이 일치할 때의 실업률'을 자연실업률이라고 한다. 이는 프리드만-펠프스의 필립스곡선을 통해서 확인할 수 있다.[1]

$$\dot{P}_t = \dot{P}_t^e + h(u_t - u_N),\ h < 0,\ h' < 0,\ h(0) = 0$$

에서 $\dot{P}_t = \dot{P}_t^e$이면 $h(u_t - u_N) = 0$이다. 그런데 $h < 0$이므로 $h(u_t - u_N) = 0$이기 위해서는 $u_t = u_N$이다. 또한, '실제물가상승률($\dot{P}_t$) = 0일 때의 실업률'을 자연실업률이라고도 한다.

1. 자연실업률의 추정치로 NAIRU(non-accelerating inflation rate of unemployment)를 사용한다. NAIRU 또는 '인플레이션이 일정한 상태에서의 실업률'은 인플레이션 상승을 가속화시키지 않는 실업률을 의미한다. 이는 정책당국이 실업률을 자연실업률 이하로 줄이고자 할 때 인플레이션이 가속화되지만, 실업률을 자연실업률수준에서 유지하면 인플레이션의 급격한 상승을 막을 수 있다는 통화론자의 자연실업률가설에서 유도된 개념이다.

2.2 자연실업률 결정요인

프리드만(M. Friedman)은 자연실업률을 균형실업률이라고 정의했다. 자연실업률은 노동시장이 완전고용상태에 있을 때 실업률이고, 노동시장이 완전고용상태에 있다는 것은 노동시장이 균형상태라는 것을 의미하기 때문이다.

균형실업률 개념을 이용하여 자연실업률의 결정요인을 살펴보자. 먼저 균형실업률을 도출해 보자. 경제활동인구(labour force, LF)는 생산가능인구(15세 이상의 인구) 중에서 취업자(E)와 실업자(U)를 합한 인구를 말한다.

$$LF = E + U$$

이때 노동시장의 균형은 취업자(E)의 변화가 더 이상 없을 때 성립한다. 그런데 취업자의 변화는 실업자 중 재취업된 노동자 수에서 취업자 중 실업된 노동자 수를 제함으로써 구해진다. 이직률을 s, 재취업률을 η라 하면 취업자의 변화를 식 (33.1)로 나타낼 수 있다.

$$\underbrace{dE}_{\text{취업자의 변화}} = \underbrace{\eta \cdot U}_{\text{실업자 중 재취업자}} - \underbrace{sE}_{\text{취업자 중 실직자}} \tag{33.1}$$

노동시장의 균형은 $dE = 0$일 때 성립한다.

$$\begin{aligned} dE = 0\text{에서 } \eta U &= sE \\ &= s(LF - U) \end{aligned}$$

이다. 이 식에서 실업률 $\frac{U}{LF}$를 구하면 자연실업률(u_N)은 식 (33.2)로 도출된다.

$$u_N = \frac{U}{LF} = \frac{s}{s+\eta} = \frac{\text{이직률}}{\text{이직률} + \text{재취업률}} \tag{33.2}$$

그런데 취업자 중에 실업이 되는 노동자 외에 정년퇴직이나 은퇴 등으로 비경제활동인구로 나가는 노동자수까지 고려하면 자연실업률은 식 (33.3)으로 조정된다.

$$u_N = \frac{\text{이직률} + \text{취업자 중 비경제활동인구가 되는 비율}}{\text{이직률} + \text{재취업률} + \text{취업자 중 비경제활동인구가 되는 비율}} \tag{33.3}$$

이 식 (33.2)와 식 (33.3)을 비교하면 취업자 중 비경제활동인구가 되는 비율이 분자, 분모에 더해지는 점에 차이가 있다. 식 (33.3)에서 자연실업률의 결정요인은 이직률, 재취업률과 취업자 중 비경제활동인구가 되는 비율이다. 즉 '이직률'과 '취업자 중 비경제활동인구가 되는 비율'이 낮거나 '재취업률'이 높을수록 자연실업률은 낮아진다.

따라서 자연실업률을 변화시키기 위해서는 이상의 세 개의 결정변수에 영향을 미치는 정책을 사용할 것을 시사하고 있다.

2.3 자연실업률가설

통화론자의 자연실업률가설은 프리드만-펠프스 필립스곡선으로 설명할 수 있다.

(1) 실업의 원인

자연실업률가설에서 통화량이 적정수준 이하로 과소하게 공급되거나 통화공급이 불안정하게 공급되면 노동자들은 $\dot{P}_t \neq \dot{P}_t^e$로 불일치하게 된다. 이 경우 $u_t \neq u_N$이 되어 실업이 발생한다.

(2) 대책

실업을 치유하기 위한 케인즈학파의 자유재량적(discretion)이고 적극적(activism)인 정책은 단기에서 일시적으로 산출량을 증가시켜 실업을 줄일 수 있다. 그러나 이 정책은 최소한 장기에서는 효과가 없고 물가만 상승시켜 경제불안을 가중시킨다. 따라서 정부는 소극적인(passive) 준칙(rule)에 입각한 정책을 사용해야 한다. 준칙에 의한 통화공급이 고용을 안정시키는 효과는 〈표 33-1〉로 정리할 수 있다.

표 33-1 통화론자의 *k*% 준칙의 효과

k% 준칙 $\rightarrow \dot{P}_t = \dot{P}_t^e \rightarrow \dot{P}_t = \dot{P}_t^e + h(u_t - u_N)$에서
$h(u_t - u_N) = 0 \rightarrow h < 0$이므로 $u_t = u_N$

정부가 준칙에 의한 정책을 사용하면 경제주체들은 단기에서의 불필요한 물가예상을 제거하여 미래의 예상물가를 효과적으로 예측할 수 있다. 따라서 $\dot{P}_t = \dot{P}_t^e$이다. 식에서 $\dot{P}_t = \dot{P}_t^e$일 때 $h(u_t - u_N) = 0$이기 때문에 실업(u_t)은 자연실업률(u_N) 수준에 있게 된다. 이 상태에서 앞에서 언급한 자연실업률을 줄이기 위한 정책을 사용한다.

(3) 이력현상(hysteresis)과의 관계

자연실업률가설이란 결론적으로 케인즈학파의 총수요관리정책은 장기에서 실업률을 자연실업률수준 이하로 낮출 수 없다는 것을 말한다. 다만, 단기적으로 생산량과 고용에 일시적으로 영향을 미쳐 실업률을 자연실업률 이하로 줄일 수 있을 뿐이다. 따라서 자연실업률가설에 의하면 자연실업률은 변하지 않는다.

그러나 최근 블랭샤드(O. Blanchard) 등 일부 학자들은 장기에서 자연실업률이 변할 수 없다는 통화론자의 자연실업률가설에 이의를 제기하고 있다. 이들은 일시적으로 불리한 노동수요충격이 장기적으로 생산량과 고용량에 영향을 미쳐 자연실업률 자체를 변화시킬 수 있다고 주장한다. 이를 뒷받침하는 이론이 실업의 이력현상이다.

3. 탐색이론(search theory)

3.1 의의

탐색이론은 불완전정보 하의 노동시장에서 노동자는 보다 높은 임금을 주는 직장을 탐색하고 사용자는 보다 높은 생산성을 보유한 노동자를 탐색하는 과정에서 일시적으로 자발적 실업인 탐색적 실업이 발생한다는 이론이다.

탐색이론은 노동자가 직업을 탐색하는 노동공급측면의 탐색이론인 직장탐색이론과, 기업가가 노동자를 탐색하는 노동수요측면의 탐색이론인 노동자탐색이론으로 분류할 수 있다. 이때 탐색이론에서는 노동자와 기업은 모두 합리적 기대를 하기 때문에 노동자는 탐색과정을 통해 받을 것으로 예상되는 임금에 대해서 알고 있고, 기업도 자신이 구하고자 하는 노동자의 생산성에 대해서 알고 있다고 전제한다.

3.2 직장탐색이론(job search theory)

노동자가 새로운 직장을 탐색하는 것은 현재보다 높은 임금을 주는 직장을 구하기 위해서이다. 이때 노동자가 노동을 공급하는 기준이 되는 임금이 수용임금이다.

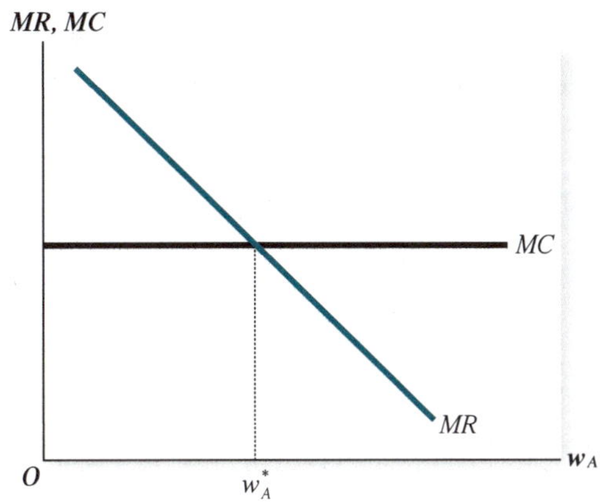

그림 33-2
최적수용임금

(1) 수용임금(acceptance wage, reservation wage)[2]의 개념

수용임금이란 노동자가 자신이 보유하고 있는 경력, 기술수준, 교육 등을 참작하여 기업가가 제시한 임금을 수락하고 노동을 공급할 용의가 있는 최저한의 임금수준을 말한다.

(2) 최적수용임금의 도출

최적수용임금은 노동자가 직장탐색을 한 번 더 할 때 정보수집 등을 위해 추가로 지불하는 비용(탐색의 한계비용)과 직장탐색을 한 번 더 할 때 추가로 얻을 것으로 예상되는 기대이윤(탐색의 한계수입)을 일치시켜 주는 임금을 도출함으로써 구해진다. 탐색의 한계비용곡선은 C로 일정하고, 탐색의 한계수입곡선은 우하향한다.

이를 [그림 33-2]에서 도출해 보면, 최적수용임금은 w_A^*이다.

(3) 최적수용임금의 성질

최적수용임금의 성질을 정리하면 다음과 같다. 첫째, 수용임금 w_A가 높을수록 실업이 장기화된다. 왜냐하면 노동자가 노동을 공급할 최저임금수준이 높으면 이를 충족시켜 줄 직장이 상대적으로 많지 않기 때문이다.

둘째, 역으로 실업이 장기화되면 수용임금이 하락한다. 노동자가 장기간 실업상

---

2. 수용임금은 예약임금 또는 유보임금(reservation wage)이라고 한다. 이는 노동자가 여러 직장을 탐색했을 때 기업들이 제시한 다양한 임금수준을 말한다. 이 임금은 노동자로서는 아직 확정된 임금은 아니지만 일종의 예약된 임금이다. 예약된 임금 중 수용가능한 최저임금을 reservation wage라 한다. 따라서 reservation의 동의어를 acceptance라 할 수 있다.

태에 따른 직업탐색의 한계비용이 증가하기 때문이다. 또한, 생산성이 향상되면 임금이 상승하여 높은 임금을 받을 가능성이 높아진다. 이에 따라 수용임금은 상대적으로 낮아져 취업률이 높아지고 실업기간은 낮아질 것이다.

3.3 노동자 탐색이론(search by firms)

(1) 의의

기업가는 기업 내 어떤 직위에 실업이 발생하면 이 자리에 적합한 노동생산성 수준을 설정하고, 이 직위에 취업하고자 하는 노동자들의 생산성을 탐색하게 되는데 이 과정에서 실업이 발생한다는 것이 노동자탐색이론이다.

(2) 수용노동생산성(acceptance marginal productivity of labour)

결원을 보충하고자 하는 직위의 작업을 수행하기 위해서 기업가가 합당하다고 생각하는 노동자의 최소한의 노동생산성 수준을 수용노동생산성($\overline{MP_L}$)이라 한다.

(3) 실업발생

노동자 j의 노동생산성 MP_L^j일 때 노동자의 생산성이 수용노동생산성보다 커서 $MP_L^j > \overline{MP_L}$이면 기업가는 노동자를 채용하고, 반대로 $MP_L^j < \overline{MP_L}$이면 노동자의 채용을 거절하고 노동자탐색을 계속한다. 이 과정에서 노동수요측면에서의 실업이 발생한다.

3.4 균형 탐색기간과 균형실업률

(1) 균형 탐색기간 및 균형실업률의 결정

균형 탐색기간과 균형실업수준은 노동자가 받고자 하는 최저임금인 수용임금과 기업가가 노동자에게 제시하는 제시임금이 일치하는 수준에서 결정된다. 이를 설명하기 위해 먼저 수용임금곡선(w_A)과 제시임금곡선(w_0)을 살펴보자.

[그림 33-3]에서 수용임금곡선(w_A)은 우하향한다. 즉 탐색기간과 수용임금 간 음(−)의 관계를 갖는 것은 탐색기간이 장기화되어 실업이 길어지면 탐색비용이 커지기 때문에 노동자는 수용임금을 낮추어 취업을 하고자 하기 때문이다. 반대로 제시임금곡선(w_0)은 우상향한다. 탐색기간과 제시임금 간에 정(+)의 관계가 있는 것은 기업의 노동자 탐색기간이 장기화될수록 기업 내에 결원이 장기화되어 기업의 비용이 커지기 때문에 노동자를 구하기 위해 더 높은 임금을 제시하기 때문이다.

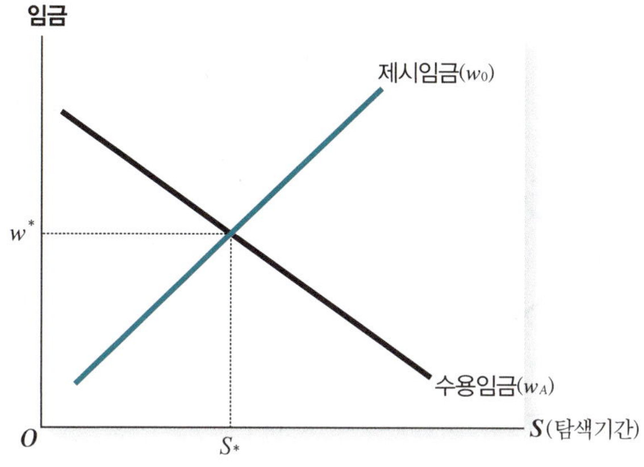

그림 33-3
균형 탐색기간

이제 균형 탐색기간의 결정을 살펴보자. [그림 33-3]에서 수용임금이 제시임금보다 크면 탐색이 계속되고, 반대로 제시임금이 수용임금보다 크면 탐색이 중단된다. 따라서 균형 탐색기간(S^*)은 수용임금곡선과 제시임금곡선이 일치하는 점에서 결정된다.

균형실업수준의 결정은 균형 탐색기간 하에서 결정된다. 왜냐하면 탐색기간의 장기화 여부는 실업의 증감을 결정하여 탐색기간이 늘어나면 실업이 증가하고, 탐색기간이 짧으면 실업이 감소하기 때문이다. 따라서 탐색기간이 균형을 이루면 실업도 균형상태에 있다.

(2) 균형 탐색기간의 결정요인

균형 탐색기간의 결정요인은 실업규모, 직장 내의 결원규모, 실업시의 소득수준(고용보험 등)과 최저임금수준 등이 있다. 이들의 효과를 [그림 33-4]에서 살펴보자.

첫째, 실업규모가 증가하면 노동자들은 수용임금을 낮출 것이다. 그림 (I)에서 수용임금하락은 수용임금곡선 w_A를 하방으로 이동시킨다. 이는 균형 탐색기간을 줄인다. 따라서 균형실업이 줄어든다.

둘째, 직장 내 결원의 규모가 증가하면 기업들은 제시임금을 높일 것이다. 왜냐하면 결원규모가 많을수록 또는 장기화할수록 기업은 많은 비용을 지불하기 때문이다. 제시임금상승은 제시임금곡선을 상방으로 이동시킨다. 따라서 그림 (II)에서 균형 탐색기간과 균형실업이 줄어든다.

셋째, 실업시 받는 임금, 예를 들면 실업수당이나 고용보험금액이 높으면 노동자들은 노동을 공급할 최저임금인 수용임금을 높일 것이다. 따라서 그림 (III)에서 균형 탐색기간과 균형실업이 늘어난다.

그림 33-4
균형실업률의 변화

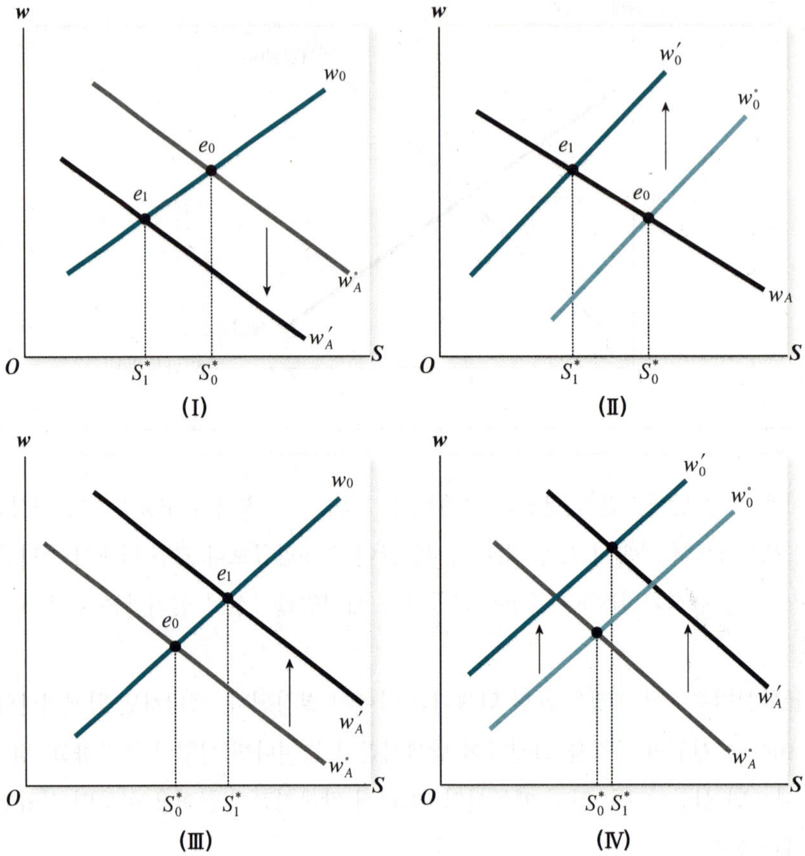

넷째, 최저임금이 상승하면 노동자들의 수용임금이 상승한다. 기업도 결원이 발생하면 보다 높은 제시임금을 제시해야 한다. 이는 수용임금곡선을 우측상방으로, 제시임금을 좌측상방으로 각각 이동시킨다. 그림 (IV)에서 균형 탐색기간과 균형실업률의 변화는 두 곡선의 상대적 이동의 크기에 달려 있다. 일반적으로 노동자들이 기업보다 높은 임금을 요구한다면 균형 탐색기간이 늘어나면서 균형실업률이 증가할 것이다.

3.5 탐색이론의 경제정책적 의미

탐색이론이 갖는 경제적 의미를 정리하면 다음과 같다. 첫째, 실업은 불완전한 노동시장에서 노동자가 직장을 탐색하거나 사용자가 노동자를 탐색하는 과정에서 발생하는 일시적인 현상이다. 따라서 탐색이론에 의하면 비자발적 실업은 존재하지 않고 자발적, 마찰적, 탐색적 실업만이 존재한다. 둘째, 직장탐색비용이 하락하면 노동자와 직장 간에 탐색이 보다 용이해져 실업의 규모는 줄어든다.

셋째, 노동시장이 보다 효율적으로 바뀌게 되면 노동자와 기업은 정보수집이 용이하게 되므로 직장탐색비용이 하락하여 탐색적 실업규모를 줄일 수 있다. 끝으로, 탐색 중인 실업자는 실업기간이 장기화될수록 수용임금이 낮아지므로 탐색적 실업은 장기적으로 감소한다.

이제 실업대책의 효과를 살펴보자. 탐색적 실업이론에 의하면 새케인즈학파의 자유재량에 의한 확대 재정·금융정책은 실업을 줄이는 효과가 거의 없다. 이 정책은 노동의 수요측면과 공급측면 모두에 영향을 미치기 때문에 두 효과를 구분해서 살펴본 후에 효과를 종합해야 할 것이다.

먼저, 노동수요측면을 보면 확장적 정책으로 생산이 증가하면 새로운 노동에 대한 수요가 발생하기 때문에 기업은 제시임금을 인상할 것이다. 따라서 제시임금곡선은 상방으로 이동한다.

노동공급측면을 보면 확장적 정책으로 물가가 상승하고 명목임금이 상승하면 수요임금이 상승한다. 따라서 수용임금곡선이 우상방으로 이동한다.

이때 노동시장의 균형은 어디에서 결정되는가? [그림 33-5]에서 노동자와 기업가 모두가 합리적 기대를 가졌기 때문에 e_1점에서 결정된다. 이 결과 균형임금만 상승하고 균형실업률에는 아무런 변화가 없다.

따라서 탐색이론은 실업대책으로 새케인즈학파의 확장적 총수요정책은 효과가 없다. 실업의 원인을 노동시장에 대한 정보의 불충분성으로 보았으므로 수용임금을 낮추고 탐색비용을 줄일 수 있도록 노동시장에 충분한 정보를 제공하여 노동시장의 유연성(flexibility)을 높일 것을 제의하고 있다.

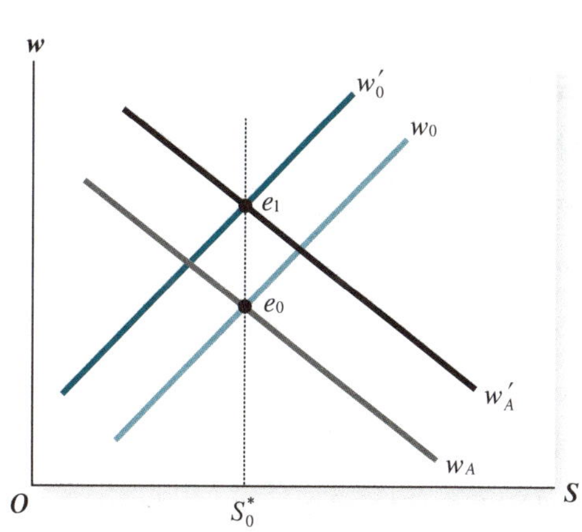

그림 33-5
새케인즈학파의 정책효과

4. 효율적 임금가설

효율적 임금가설에는 효율적 임금모형과 샤피로-스티글러츠모형이 있다. 두 모형은 모두 노동시장의 균형임금보다 더 높은 임금을 지불하여 노동자의 생산성을 높이고자 한다. 효율적 임금이론은 새케인즈학파이론에서 실질임금의 경직성을 설명하는 대표적 이론이라는 의미를 갖고 있다.

4.1 효율적 임금모형

(1) 의의

이론의 핵심적 가정은 기업이 균형임금보다 상대적으로 높은 임금을 지불하는 것은 생산비용의 증가를 상쇄시킬 만한 이익이 있으므로 기업의 이윤극대화 원리에 적합하다는 것이다. 이에 대한 근거는 다음과 같다.

첫째, 노동시장의 균형임금보다 높은 임금은 노동생산성이나 효율성을 높일 것이라는 것이다. 효율적 임금의 유래는 이 근거에 있다. 둘째, 상대적으로 높은 임금은 노동자의 능력을 개선시킬 것이라는 근거이다. 다시 말하면 능력이 많은 노동자들이 보다 높은 수용임금을 받는다고 하면, 높은 임금은 고용된 노동자들의 평균생산성을 향상시킬 것이다.

셋째, 상대적으로 높은 임금은 노동자들 사이에 충성심을 고조시켜 높은 작업열의를 유도할 수 있다는 것이다. 역으로 임금이 낮으면 노동자들은 기업에 대한 애사심이 작아지고, 근무태만을 초래할 수 있다는 것이다.

(2) 효율적 임금 도출 및 특징

기업의 실질산출량 y는 일반노동자(L) 중 근무의욕이 있는 노동자 eL에 의해서 결정된다는 것을 의미한다. 여기서 e는 노동자의 근무의욕 또는 작업열의(work effort)를 나타낸다. 이 모형에서 노동자의 근무의욕은 오직 실질임금만의 증가함수라는 것이다. 즉, 실질임금은 노동자의 작업열의를 결정하는 유일한 요소이다.

효율적 임금(efficient wage)이란 기업가가 노동자에게 지불하는 실질임금 한 단위당 작업열의를 극대화하는 임금수준이다.

[그림 33-6]은 실질임금(w)-근무의욕($e(w)$) 공간에서 근무의욕곡선은 작업열의가 실질임금에 체감적으로 증가하는 형태를 나타낸다.

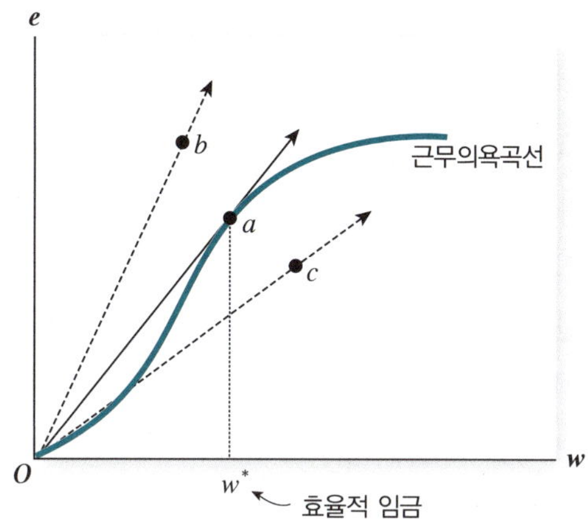

그림 33-6
근무의욕곡선과 효율적 임금의 결정

근무의욕곡선 상의 임의의 한 점과 원점을 연결한 직선의 기울기는 $\frac{e(w)}{w}$이다. 이는 임금 한 단위당 작업열의수준을 의미한다. 이 수준을 극대화하는 임금 w^*가 효율적 임금이다. 이는 그림에서 근무의욕곡선과 원점에서 뻗어 나오는 직선이 접하는 a점에서 결정된다. 직선 Ob는 실현할 수 없고, Oc는 실현할 수 있지만 최대수준이 아니기 때문이다.

■ **효율적 임금의 특징**

- 비대칭적 노동시장에서 노동자들의 근무태만을 방지하고, 효율성을 높이기 위한 임금
- 근무의욕의 임금탄력성이 단위탄력적일 때 임금수준
- 임금 한 단위당 근무의욕($\frac{e(w)}{w}$)이 최대일 때 임금수준
- 근무의욕을 가진 노동력 한 단위당 임금($\frac{w}{e(w)}$)이 최소일 때 임금수준

이제 효율적 노동량을 구해 보자. [그림 33-6]에서 구해진 효율적 임금 w^*를 대입하면 효율적 노동량 L^*가 구해진다.

(3) 효율적 임금의 경직성

이상에서 효율적 임금은 실업이 존재함에도 실질임금이 하락하지 않고 경직성을 보인다. 효율적 임금이 경직성인 것은 기업의 이윤극대화 행동과 부합하기 때문이다.

경직성은 다음에서 열거한 근거 때문에 발생한다. 먼저, 임금을 낮추면 노동생산성과 기업의 이윤이 감소하기 때문이다. 실업이 존재한다고 해서 임금을 낮추면 노동자의 근무의욕, 생산성이 하락하여 기업이윤이 줄기 때문이다.

둘째, 효율적 임금은 근무의욕 $e(w)$곡선이 변하지 않는 한 경직성을 보인다. [그림 33-6]에서 효율적 임금 w^*는 근무의욕곡선에 의해서만 결정된다. 때문에 총수요가 변하여 노동량이 변하더라도 효율적 임금은 변하지 않는다. 따라서 이 모형은 실질임금의 경기비순행과 고용의 대규모 변동성을 잘 설명할 수 있다.

셋째, '직장이동비용(turnover cost)'을 줄이고자 하기 때문이다. 실업이 존재한다고 해서 노동자를 해고하면 많은 해고비용이 든다. 때문에 기업은 이를 피하기 위해 현행임금수준을 유지한다.

넷째, '불리한 선택(adverse selection)'을 방지하기 위해서이다. 불완전정보 하의 노동시장에서 실업이 존재한다고 해서 임금을 하락시키면 생산성이 높은 노동자는 노동시장을 탈퇴하고 생산성이 낮은 노동자만이 시장에 진입하게 되고 결국엔 저생산성 노동자만이 노동시장에 남게 된다. 따라서 기업은 저생산성 노동자를 고용하는 불리한 선택문제에 직면한다. 그러므로 근무태만방지임금은 고생산성 근로자와 저생산성 근로자를 구분하는 신호(signal)의 역할을 한다. 다시 말하면, 근무태만방지임금은 신호균형(signal equilibrium) 하에서의 임금수준이다.

끝으로, 노동자들의 '도덕적 해이(moral hazard)'를 막기 위해서이다. 노동자와 기업 간 비대칭적 정보 하에서 기업이 노동자의 생산성을 감독하지 못하게 되므로 노동자는 근무를 태만히 할 수 있다. 즉, 도덕적 해이를 보일 수 있다. 따라서 기업은 실업이 존재하더라도 도덕적 해이를 피하기 위해서는 노동시장의 균형임금보다 높은 수준에서 형성된 근무태만방지임금을 현행대로 유지해야 한다.

5. 계약이론

5.1 내부자-외부자이론

(1) 의의

노동시장에는 내부자와 외부자 두 개의 노동자 그룹이 있다. 내부자는 취업자들로, 임금교섭시점에 기업과 일정한 관계를 갖고 있는 노동자들이다. 임금계약과정에 이들의 이해가 반영된다. 외부자는 실업자들로 기업과 어떤 고용관계를 가지고 있지 않아 임금계약과정에 이들의 이해를 반영시킬 수 없다.

(2) 내부자-외부자모형

기업과 내부자는 임금과 고용조건에 대해서 협상을 한다. 기업은 이윤을 극대화하는 내부자와 외부자를 고용하고자 한다. 내부자-외부자모형에서 실업의 정도는 내부자의 협상력(insider-power)에 의해서 결정된다. 만약 노동시장이 완전하게 내부자의 영향력 하에 있으면 내부자의 협상력은 임금을 상승시킨다. 이때 임금이 외부자를 고려할 때 보다 높아지기 때문에 기업은 신규고용을 증가시킬 수 없고 따라서 외부자는 계속해서 실업상태에 남아 있게 된다.

만약 일부 노동시장은 경쟁적이고 나머지 일부 노동시장은 내부자의 영향력 하에 있는 보다 현실적인 경우를 살펴보자. 만약 내부자의 영향력에 있는 노동시장이 다른 시장보다 높은 임금을 제시하면 노동자들은 보다 높은 임금을 주는 노동시장에서 노동하기를 원할 것이다.

신규노동자들은 경쟁적인 노동시장에서 직장을 구하는 노력을 기피하고, 보다 높은 임금을 주는 노동시장에서 직장을 구하기 위해 오랜 대기적 실업(wait unemployment)을 감수할 것이다. 따라서 내부자의 협상력을 평균실업을 증가시킨다.

써머스(L. Summers)는 대기적 실업이 평균실업의 결정에 중심적인 개념이라고 주장하고 있다. 그에 의하면 실업의 중요한 원인은 노동시장의 균형임금보다 높은 임금을 주는 직장을 얻으려는 노동자의 노력이라고 강조하고 있다.

(3) 실질임금의 경직성

내부자-외부자모형에 의하면 임금은 기업주와 내부자에 의해서 결정되는데 내부자란 일종의 노동공급을 독점하는 공급독점자의 역할을 한다. 따라서 임금은 경쟁적인 노동시장보다 높은 수준에서 결정된다. 또한 외부자를 고려할 때 보다 높은 수준에서 결정된다.

그런데 이 임금은 실업이 존재함에도 불구하고 하락하지 않는 경직성을 보인다. 그 이유는 첫째는 노동공급을 독점하고 있는 내부자 그룹이 임금하락을 수용하지 않기 때문이다. 이때 임금수준은 불완전경쟁적 노동시장에서 내부자의 협상력에 의해서 유지된다. 둘째는 노동이동비용 때문이다. 내부자를 해고하고 신규노동자를 채용하는 데 따른 많은 노동이동비용 때문에 실업이 존재함에도 불구하고 임금이 경직성을 보인다.

한편, 내부자-외부자모형에서는 물가가 고정되어 있기 때문에 임금의 경직성은 실질임금의 경직성을 의미한다.

5.2 실업의 이력현상(hystersis)

(1) 의의

제2차 세계대전 이후 약 30년 동안 프랑스, 독일과 영국 등 서유럽의 여러 나라들은 낮은 실업률을 기록하였다. 그러나 1970년대 석유파동과 경기침체 후에 서유럽의 자연실업률은 1970년대 1~3%에서 1980년대 5% 이상으로 급격히 높아졌다. 1990년대에도 이런 상승추세는 계속되어 10% 수준에 이르고 있다. 실업의 이력현상이란 서유럽의 자연실업률이 상승하는 현상을 설명하는 이론이다. 이 이론은 블랭샤드와 써머스(O. Blanchard and L. Summers)에 의해서 제기되었다.

(2) 이력현상의 정의와 근거

일반적으로 이력현상이란 일회적인 경제충격이 경제의 운행경로에 지속적인 영향을 미치는 상황을 말한다. 실업이론에서 이력현상이란 노동수요에 대한 일회적 불리한 충격이 실제실업률을 지속적으로 높여 자연실업률을 증가시키는 현상을 말한다. 즉, 장기에서의 실제실업률이 자연실업률을 결정하는 현상을 의미한다.

구체적으로, 만약 실제실업률이 장기간 동안에 자연실업률보다 높으면 자연실업률을 상승시키고, 반대로 실제실업률이 장기간 동안에 자연실업률보다 낮으면 자연실업률을 떨어뜨리는 현상이다.

그러면 실제실업률이 장기간 동안 높으면 자연실업률이 상승하는 원인이 무엇인가에 대한 의문이 드는데 다음과 같은 이유를 제시할 수 있다. 먼저, 노동자가 보유하고 있는 기술의 낙후성이다. 노동자가 오랫동안 실업상태로 휴직을 하면 특별히 재교육을 받지 않는 한 기술이 낙후하게 된다. 따라서 노동수요가 회복되어도 이들의 고용이 어려워지기 때문에 자연실업률이 증가한다.

둘째, 정부의 규제와 기업 및 노동조합의 관료화이다. 만약 정부가 기업의 해고능력을 제한하는 규제 및 노동시장의 조정기능을 제약하면 기업은 노동자의 해고가 어려워진다. 이런 제약 하에서 기업은 장기적 호황이 계속될 것이라는 확신이 없는 한 신규채용을 기피한다. 따라서 실업이 지속되고 자연실업률이 상승한다. 끝으로, '내부자-외부자이론' 이다.

(3) 실업

노동수요에 대한 일회적으로 불리한 충격은 고용량을 줄이고, 내부자(노동자) 수를 줄인다. 이로 인해 실업이 증가한다. 계속 고용되어 있는 나머지 내부자들은 다음

기에 임금을 결정할 때 기업주와 보다 높은 임금수준에서 고용계약을 체결한다. 왜냐하면 기업이 고용하는 내부자 수가 줄어들었기 때문이다. 기업은 종전보다 임금이 높아졌기 때문에 새로운 노동을 고용할 수 없다. 따라서 실업이 장기화된다. 이는 자연실업률을 높인다. 그러므로 노동수요에 대한 일회적 충격이 고용에 지속적인 영향을 미친다.

■ **실업의 이력현상**

- 노동수요에 일회적 충격이 고용에 지속적인 영향을 미치는 현상
- 장기에서 실제실업률(u_t)이 자연실업률(u_N)을 결정함
  즉, $u_t > u_N$이면 u_N이 증가하고, $u_t < u_N$이면 u_N이 감소함
- 자연실업률 u_N이 변할 수 있음
  그러나 내부자-외부자이론이나 자연실업률가설에서는 u_N이 변하지 않음
- 내부자-외부자이론으로 이력현상을 설명함

제34장 인플레이션이론

microeconomics + macroeconomics, Economics ch. thirty-four

1. 인플레이션과 통화팽창

1.1 의의

이 절은 인플레이션의 결정요인을 분석하는 데 있다. 특히 급속한 통화팽창이 인플레이션의 원인이라는 것을 설명하는 데 초점이 있다. 또한 인플레이션의 원인, 성질과 대책에 관한 새고전학파와 새케인즈학파 논쟁을 소개하고자 한다.

이런 분석이 끝난 후에 통화량증가가 이자율에 미치는 영향과 화폐의 초중립성 등을 분석하고자 한다. 그리고 통화팽창의 요인으로서 인플레이션조세(seignorage effect)를 살펴보고자 한다.

1.2 인플레이션과 명목통화량 팽창

인플레이션을 발생시킬 수 있는 잠재적 요인에 대해서 살펴보자. [그림 34-1]에서 인플레이션은 총수요곡선(AD)이 우측으로 이동하거나 총공급곡선(AS)이 좌측으로

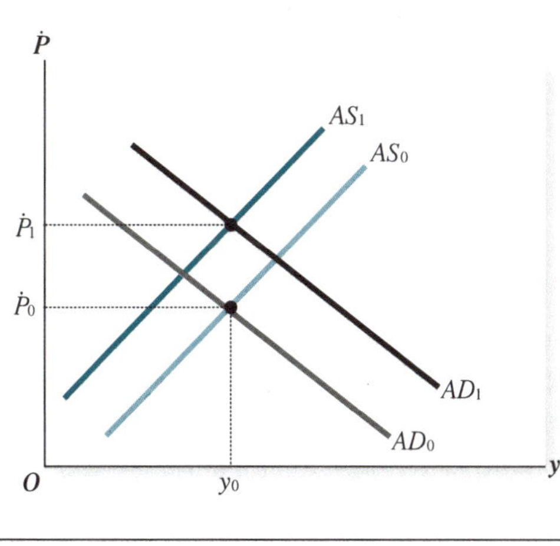

그림 34-1 인플레이션의 잠재적 요인

이동할 때 발생한다. 그림에서 *AD*를 우측으로 이동시키는 요인을 열거해 보면 통화량팽창, 화폐수요감소와 정부지출증가 등을 들 수 있다. *AS*를 좌측으로 이동시키는 요인은 불리한 기술충격이나 노동공급감소, 그리고 생산요소비용의 상승 등이 있다.

이와 같은 여러 잠재적 인플레이션의 원인에도 불구하고 물가수준을 '지속적' 으로 상승시키는 결정적 원인은 통화팽창뿐이다. 왜냐하면 물가가 지속적으로 상승하기 위해서는 총공급의 계속적인 감소나 총수요의 지속적인 증가를 요구한다. 그러나 통화팽창 이외의 다른 변수들은 현실적으로 지속적 증가나 하락이 어렵기 때문이다. 예를 들어 대규모의 정부구매증가나 조세감소를 지속적으로 변화시켜 총수요를 증가시키는 것은 현실적으로 제약이 있다.

반대로 화폐공급은 현실에서 대규모의 지속적인 증가를 관찰할 수 있다. 통화팽창은 두 가지 측면에서 인플레이션을 결정한다. 첫째, 앞에서 언급한 다른 요소들과 달리 화폐는 직접적으로 물가수준에 영향을 미친다. 둘째, 통화팽창이 총수요를 변화시켜 물가주순에 영향을 미친다.

이상의 두 가지 사실은 프리드만과 슈와르쯔(M. Friedman과 Anna J. Schwartz)에 의해 증명되었다. 그들은 미국의 1867년부터 1960년까지 자료를 이용하여 통화량증가가 장기에서 인플레이션을 결정한다는 경험적 근거를 제시하였다.

1.3 케인즈학파의 반론

인플레이션이 언제 어디서나 화폐적인 현상이라는 통화론자의 주장에 대해 케인즈학파는 인플레이션은 '실물적' 현상이라고 주장하면서 다음과 같은 근거로 반박했다.

$\dot{P}_t$상승이 반드시 $\dot{M}_t$에 의해서만 유래하는 것이 아니라 정부지출이나 공급충격 등에 의해서도 초래된다. 통화팽창에 의한 인플레이션은 장기인플레이션이나 초인플레이션(hyper-inflation) 시기[1]에 나타나는 현상이라고 한다. 따라서 케인즈학파에 따르면 통화팽창에 의한 인플레이션은 언제 어디서나 성립하지 않는 특수한 현상이다.

1. 제1차 세계대전에서 패배한 독일이 1922년 7월부터 1923년 12월까지 약 18개월 동안 경험했던 월 322%의 인플레이션이 최초의 초인플레현상이다. 1945년 8월부터 약 12개월 동안 진행되었던 헝가리의 평균인플레이션은 한 달에 19,800%였음. 볼리비아는 1984년 1,281%, 1985년에 11,750%, 1986년에 276%를 기록하였다. 프리드만(1956)은 최초의 물가상승률이 월 50%를 초과하여 진행되는 인플레이션을 '초인플레이션' 이라 정의하였다.

1.4 장기인플레이션

장기인플레이션을 도출해 보자.[2] 화폐수량설 $MV=Py$에서 인플레이션을 도출하면 식 (34.1)이다.

$$\dot{P}_t=\dot{M}_t+\dot{V}_t-\dot{y}_t \qquad (34.1)$$

이 식에서 장기인플레이션은 $\dot{V}_t=0$일 때 장기 실질경제성장율을 초과하는 통화공급 증가율이다. 즉, 유통속도가 안정적이어서 $\dot{V}_t=0$이고, 산출량은 완전고용국민소득과 같으므로 $\dot{y}_t=0$이다. $\dot{V}_t=\dot{y}_t=0$이면 $\dot{M}_t=\dot{P}_t$이므로 인플레이션율은 통화량증가율과 같다. 장기적으로 '0' 의 인플레이션을 실현하기 위해서는 중앙은행은 통화량증가율을 장기 실질경제성장률과 비례적으로 증가시켜야 한다.

2. 새고전학파와 인플레이션

Economics ch. thirty-four

2.1 의의

새고전학파 인플레이션이론의 핵심은 합리적 기대와 이를 바탕으로 형성되는 예상물가상승률($\dot{P}_t^e$)이다. 새고전학파의 이론은 기본적으로 고전학파와 통화론자의 연장선 상에 있다.

2.2 합리적 기대 하의 인플레이션

[그림 34-2]에서 최초 균형은 e_0점이다. 만약 정부가 통화량을 증가시키면 총수요곡선이 AD_0에서 AD_1으로 이동한다. 이 결과 실제물가상승률이 $\dot{P}_0$에서 $\dot{P}_1$으로 상승한다. 경제주체가 이를 합리적으로 예측하여 $\dot{P}_1^e=\dot{P}_1$이고, 노동자와 생산요소공급자들은 명목임금과 생산요소가격의 인상을 요구한다. 따라서 생산비가 상승하면서 총공급곡선은 SAS_0에서 SAS_1으로 이동한다. 따라서 새로운 균형은 e_1에서 형성된다.

만약 정부가 계속 통화량을 증가시키면 균형점은 $e_0 \rightarrow e_1 \rightarrow e_2$로 이동하면서 인

2. 장기인플레이션의 추정치로 Core인플레이션과 근원인플레이션이라는 개념이 있다. '근원(根源)인플레이션' 이란 일시적 외부충격에 의한 예상하지 못한 물가상승분을 제거한 장기물가상승률을 말한다. 'Core인플레이션' 이란 소비자물가상승률에서 원자재, 식료품 가격변화율을 차감한 물가상승률을 의미한다.

그림 34-2
새고전학파의
인플레이션

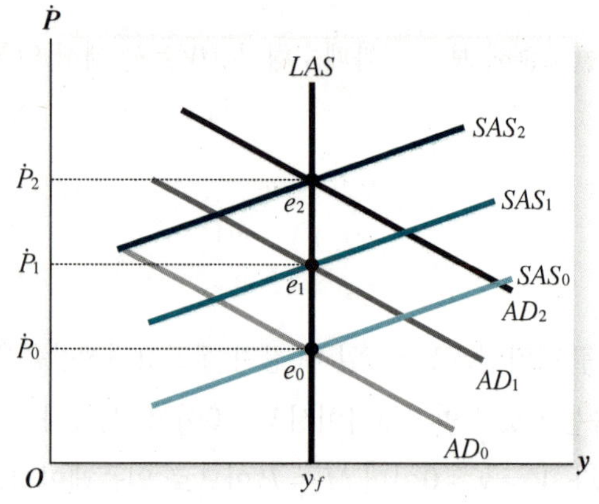

플레이션은 $\dot{P}_0 \rightarrow \dot{P}_1 \rightarrow \dot{P}_2$로 가속화된다.

2.3 대책

새고전학파의 인플레이션대책(disinflation)은 통화론자와 일맥상통한다. 즉, 화폐수량설 $\dot{M}_t = \dot{y}_t + \dot{P}_t - \dot{V}_t$에서 물가상승률 $\dot{P}$를 0으로 하는 통화량증가율($\dot{M}_t$)은 $\dot{M}_t = \dot{y}_t$가 성립하도록 통화량을 준칙에 입각하여 실질경제성장률에 따라 증가시키는 것이다. 그리고 이를 사전에 공고(announcement)함으로써 경제주체가 합리적 기대를 형성하여 행동하게 하면 물가안정을 도모할 수 있다는 것이다.

2.4 소결

새고전학파의 인플레이션 발생원인, 성질 등을 정리하면 다음과 같다.

인플레이션은 통화당국의 자유재량적 화폐금융정책에 따른 과다한 통화공급이 그 원인이다. 정부의 예상된 화폐금융정책은 실질산출량에 아무런 효과를 미치지 못하고 물가상승만을 가속화시킬 뿐이다. 이를 가속화원리(Acceleration principle)라 한다.

정부가 민간이 예상하지 못한 화폐금융정책을 실시하면 일시적으로 산출량을 증가시킬지 모르지만 장기적으로는 산출량에 아무런 영향을 미치지 못하면서 물가만을 더 큰 폭으로 상승시켜 경기불안만을 가중시킨다. 결론적으로 인플레이션은 기본적으로 장·단기에 모두 화폐적 현상이라고 본다.

3. 새케인즈학파와 인플레이션

Economics ch. thirty-four

3.1 의의

새케인즈학파는 케인즈학파와 유사하게 인플레이션에 영향을 미칠 수 있는 대표적 총수요충격으로 재정팽창을 들고 있다. 그러나 케인즈학파와의 차이점은 '경직성 모형' 을 이용하여 설명한다는 점이다. 또한 새케인즈학파는 새고전학파와 달리 공급측면의 인플레이션을 인정하고 있다. 생산요소가격 상승 등 불리한 공급충격이 경제에 가해지면 '비용상승인플레이션' 또는 '공급측면의 인플레이션' 이 발생한다.

3.2 수요측면의 인플레이션

수요측면의 인플레이션은 재정팽창이나 통화팽창으로 나타날 수 있지만 새케인즈학파는 재정팽창을 인플레이션의 주요 원인으로 보고 있다.

재정팽창으로 총수요가 증가하여 인플레이션이 진행되는 경로는 재정팽창이 일시적이냐 아니면 지속적인가 여부에 달려 있다. 따라서 수요측면의 인플레이션은 재정팽창의 지속성 여부를 기준으로 살펴보자.

[그림 34-3]에서 최초의 균형은 e_0이다. 일시적인 재정팽창으로 총수요가 증가하면 총수요곡선은 AD_0에서 AD_1으로 우측이동한다. 이에 대해 단기총공급곡선(SAS)은 물가수준이 P_0에서 경직적이기 때문에 이동하지 않는다. 따라서 단기균형은 AD_1과 SAS_0곡선이 일치하는 e_1점에서 이루어진다. 그런데 단기균형 e_1점은 오래 지속될 수

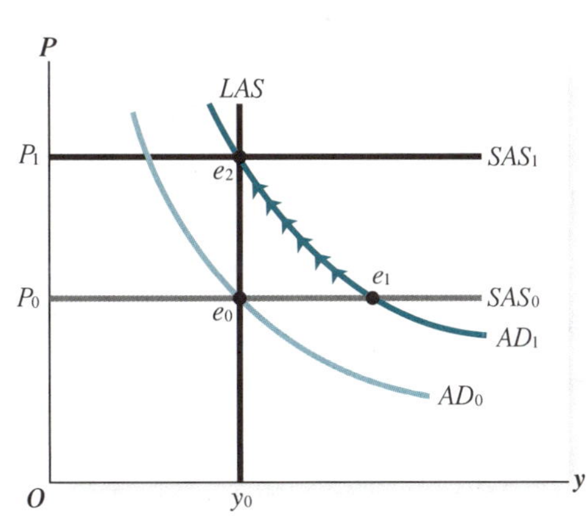

그림 34-3
일시적 재정팽창과 인플레이션

그림 34-4
지속적 총수요 충격과 인플레이션

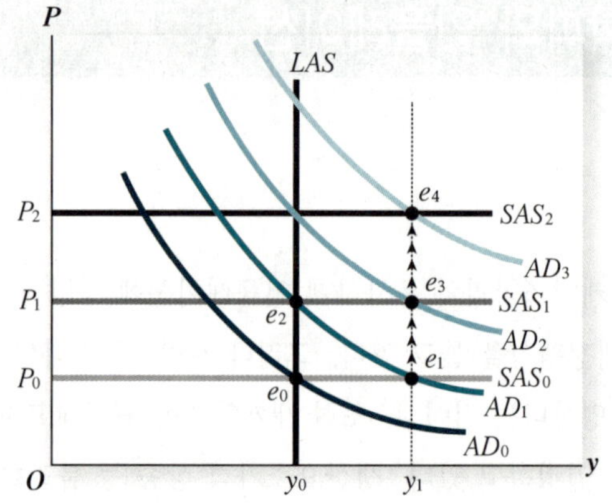

없다. 장기공급능력을 초과하는 초과수요압력이 존재하기 때문이다. 경제에 초과수요는 실제물가상승으로 나타난다. 이는 다시 예상물가를 상승키시면서 단기총공급곡선(SAS_0)을 상방으로 이동시킨다. 장기균형은 $LAS = SAS_1 = AD_1$이 성립하는 e_2점에서 이루어진다. e_2에서 더 이상 경제적 조정은 없다. 결론적으로 총수요의 일회적 증가는 물가수준을 일시적으로 P_0에서 P_1으로 상승시키는 데 그친다.

지속적인 총수요충격이 물가와 산출량에 미치는 효과를 살펴보자. [그림 34-4]에서 최초의 경제상태는 e_0점이다. 이제 정부가 일회적으로 재정지출을 늘리면 장기균형은 e_2점에서 이루어진다. 그런데 정부가 e_1점에서 산출량수준 y_1을 계속해서 유지하고자 한다면 단기총공급곡선 SAS가 이동한 만큼 총수요를 증가시켜야 한다. 총수요가 AD_1, AD_2, AD_3로 지속적으로 증가함에 따라 새로운 균형은 e_1, e_3, e_4로 이동한다. 물가도 P_0, P_1, P_2로 지속적으로 상승한다.

3.3 수요측면의 인플레이션대책(disinflation)

(1) 역행적 경기안정화정책[3]

역행적 경기안정화정책(countercyclical stabilization policy)이란 정부가 적극적으로 경제에 개입(interventionism)하여 자유재량(discretion)으로 총수요증가에 의한 인플레이션에 대해서는 총수요를 줄이고, 총수요부족에 의한 경기침체에 대해서는 총수요를 늘리는 정책을 말한다.

3. 역행적 경제안정화정책은 경기변동이론 중 새케인즈학파의 경기변동이론에 대한 대책으로 사용됨. 뒤의 경기변동이론 참조.

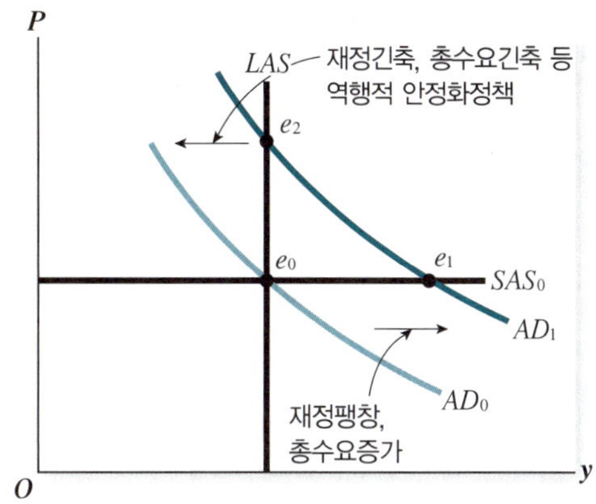

그림 34-5
역행적
경기안정화정책

총수요증가에 의한 수요측면의 인플레이션대책은 늘어난 총수요를 줄이는 긴축적 재정 · 금융정책 등 경제안정화정책이다. 역행적 안정화정책은 총수요를 줄이는 속도에 따라 급진적 총수요긴축정책(cold turkey)과 점진적 총수요긴축정책(gradualism)으로 구분할 수 있다.

[그림 34-5]에서는 재정팽창으로 인플레이션이 야기되었을 때, 재정팽창에 반대되는 재정긴축에 의한 역행적 안정화정책을 보여주고 있다.

(2) 급진적 총수요긴축정책

역행적 경기안정화정책의 핵심은 총수요(또는 명목통화량증가율)를 줄이는 속도이다. 급진적 총수요긴축정책은 총수요를 최단시간 내에 급격히 줄이는 정책이다.

[그림 34-6]에서 급진적 총수요긴축정책을 실시해 보자. 현재 경제는 [그림 34-4]의 e_4수준으로 높은 인플레이션이 진행되고 있다. 정부의 목표는 최초의 경제상태 e_0의 물가수준 P_0를 실현하는 것이다. 이를 위해 총수요 AD_3를 역행적 경기안정화정책을 통해 AD_0수준으로 낮추어야 한다. AD_0의 총수요수준이 목표총수요수준이다. 급진적 정책은 e_4에서 급격하게 총수요를 e_0수준으로 낮춘 후에 e_0수준의 총수요를 그 이후에도 유지하는 정책이다.

▪ 전제

급진적 정책이 성공하기 위해서는 다음 네 가지 전제가 필요하다. 첫째, 합리적 기대에 의해 미래인플레이션을 예상하고 둘째, 정부의 급진적 총수요긴축정책을 사전에 충분히 공고(announcement)하여 경제주체의 기대형성에 영향을 미쳐야 한다. 셋째, 단기에도 물가가 충분히 신축적이며 넷째, 정부정책의 신뢰성이 있어야 한다.

그림 34-6
급진적 총수요긴축정책과 점진적 총수요긴축정책 모형

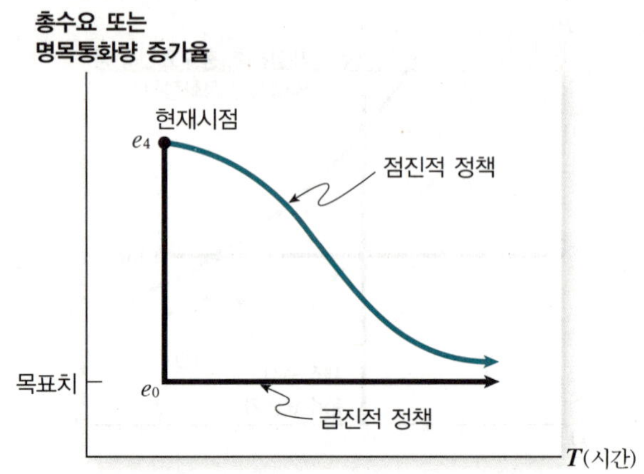

▪ 조정과정

이런 전제조건 하에 단기간에 총수요를 긴축하면 경제주체들의 기대물가가 하락하여 물가안정을 실현할 수 있다. 이 과정을 [그림 34-7]을 통해서 살펴보자.

그림 (I)에서 현재 경제가 e_4수준에 있다. 정부가 총수요긴축에 의한 반인플레이션정책, 즉 디스인플레이션(disinflation)정책을 사전에 공고하였다. 그리고 정부의 이런 정책에 대해 개별경제주체들이 신뢰를 형성하고 있다고 하자. 이제 e_4에서 정부가 총수요를 긴축하면 기대물가가 하락하면서 실제물가가 하락한다. 이에 따라 단기필립스곡선이 SP_4에서 SP_0로 급진적으로 이동한다. 그 결과 새로운 균형은 e_0에서 실현되어 물가상승률이 $\dot{P}_4$에서 $\dot{P}_0$으로 떨어져 인플레이션을 낮추게 되었다.

▪ 평가

급진적 정책은 세 가지 근거에서 지지되고 있다. 첫째, 빠른 물가안정이다. 총수요나 통화량을 빠른 속도로 줄이기 때문에 점진적 정책에 비해 물가안정이 빠르게 실현된다.

둘째, 합리적 기대 하에서 디스인플레이션정책이 성공하면 희생비용(sacrifice cost)과 희생률(sacrifice ratio) 없이 물가를 안정시키게 된다는 점이다. [그림 34-7]의 (I)에서 희생비용 및 희생률은 거의 '0' 이다. '희생비용' 이란 디스인플레이션정책으로 인플레이션율을 1%포인트 낮추기 위해 지불하는 산출량감소, 또는 실업증가의 정도를 말한다. 이때 '희생률' 이란 일정기간 동안 인플레이션율을 1%포인트 낮추기 위해서 감소된 실질국민소득의 비율을 말한다. 여기서 희생률이 클수록 반인플레이션정책에 따른 고통이 크다는 것을 의미한다.

오쿤(A. M. Okun)과 고든(Robert J. Gordon) 등의 추정에 의하면 미국의 경우 희

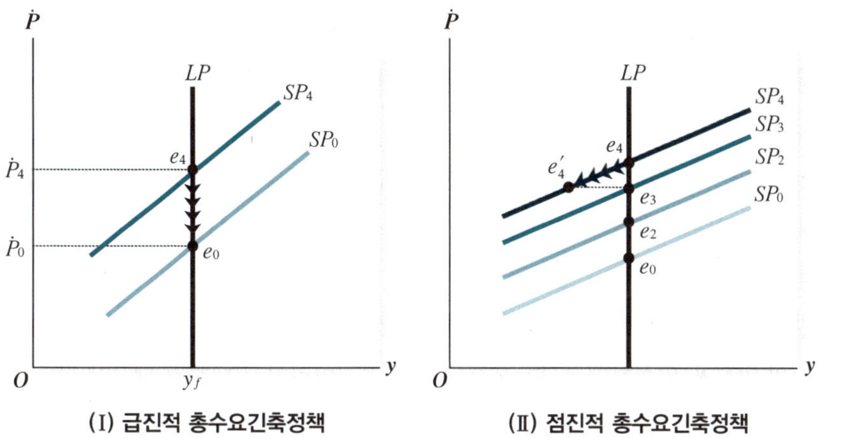

그림 34-7
급진적 총수요긴축정책과 점진적 총수요긴축정책의 조정과정

생률이 약 5이다. 이는 일정기간 동안에 인플레이션을 1%포인트 낮추기 위해서 실질 GDP가 약 5%포인트 감소했다는 것을 의미한다.

■ 희생비용과 희생률 정리

- 희생비용
  - 인플레이션 1%포인트 줄이기 위해 상실된 실질국민소득의 크기 또는 실업의 증가정도
  - 디스인플레이션정책에 따른 비용
  - 단기필립스곡선의 기울기가 완만할수록 큼
- 희생률
  - $\dfrac{\text{실질국민소득 감소의 백분율}}{\text{인플레이션 1\%포인트 하락}}$
  - 희생률이 클수록 국민고통이 큼

(3) 점진적 총수요긴축정책

'점진적 총수요긴축정책' 이란 역행적 경기안정화정책 중 일정한 기간을 갖고 완만하게 줄이는 정책이다. [그림 34-6]에서 점진적 총수요긴축정책을 실시하면 급진적 정책에 비해 총수요를 목표수준으로 줄이는 데 상당한 시간이 소요된다. [그림 34-4]에서 점진적 총수요긴축정책을 실시하면 총수요를 AD_3에서 AD_2로, 다시 AD_2에서 AD_1으로 소폭 점진적으로 조정하면서 목표수준 e_0에 이르게 된다.

■ 이론적 근거

대부분의 새케인즈학파 경제학자들은 다음 세 가지 근거로 급진적 정책을 반대하

고 점진적 총수요긴축정책을 선호한다. 첫째, 현실적으로 존재하는 메뉴비용과 장기계약 등으로 가격-임금 등이 최소한 단기에서 경직적이기 때문에 총수요긴축으로 가격-임금이 하락하고 기대물가가 조정되기 위해서는 어느 정도 시간이 필요하기 때문이다.

둘째, 높은 희생비용이다. 가격이 경직적인 경제상황 하에서는 총수요를 급격히 줄임에 따라 실질국민소득이 줄어들고 대규모 실업이 발생하는 등 희생비용이 크기 때문이다.

셋째, 정치적 이유이다. 국민들이 심각한 경기침체와 실업을 참을 수 없으면 정부는 국민의 반감을 의식하여 곧 이 정책을 포기할 것이라고 기대하기 때문에 급진적 정책은 기대인플레이션을 낮출 수 없다고 주장한다.

▪ 조정과정

[그림 34-7]의 (II)에서 점진적 총수요긴축정책의 효과를 살펴보자. 현재 경제는 e_4수준에 있다. e_4에 정부가 소폭으로 총수요를 줄이면 단기에서 경제는 e_4'으로 이동한다. 장기에서는 물가하락과 예상물가하락으로 단기필립스곡선이 SP_4에서 SP_3로 이동함에 따라 장기균형은 e_3가 된다. 이런 점진적 조정과정을 거쳐 경제는 $e_4 \rightarrow e_3 \rightarrow e_2 \rightarrow e_0$로 이동하여 물가안정을 이룩한다.

▪ 평가

점진적 정책의 장점은 첫째, 급진적 정책보다 실질소득감소가 크지 않고 상대적으로 안정적인 움직임을 보인다는 것이다. 둘째, 단기에서 경직적인 가격-임금이 충분한 시간을 갖고 안정된 수준으로 조정될 수 있기 때문이다. 그러나 점진적 정책은 급진적 정책보다 인플레이션기간이 상대적으로 길다는 한계점이 있다.

(4) 정부정책의 신뢰와 평판의 중요성

최적 디스인플레이션 정책은 높은 희생비용 없이 대중의 기대인플레이션을 낮추는 것이다. 이때 가장 중요한 요소는 발표된 정부의 디스인플레이션 정책에 대한 신뢰성(credibility)과 믿음성(believability)이다. 만약 노동자와 소비자, 기업이 정부정책에 대해 신뢰하면 기대인플레이션율은 아주 빠르게 하락할 수 있다.

그러면 정부는 어떻게 정책의 신뢰성을 높일 수 있는가? 첫째, 정부가 정책약속을 일관성 있게 실행함으로써 정부에 대한 좋은 평판(reputation)을 축적해 가는 것이다. 둘째, 대중으로부터 신뢰성을 얻도록 정책결정기구를 조직화하는 것이다. 예를 들어 강력하고 독립된 중앙은행 조직을 갖추는 것이다. 지금까지 많은 실증적 연구에 의하면 중앙은행의 독립성이 강한 나라일수록 물가가 안정되어 있다.[4]

그러나 만약 정부정책이 신뢰성을 갖지 못하면 최적정책의 비일관성의 문제가 나타나고 물가상승률은 상대적으로 높은 수준에서 유지된다. 따라서 디스인플레이션 정책이 효과를 얻기 위해서는 정부정책이 준칙화(rule)되어야 한다.

(5) 소결

급진적 방법과 점진적 방법은 인플레이션 치유비용이 대체로 같다. 왜냐하면 급진적 방법은 경기침체 정도는 심하지만 인플레이션 지속기간은 짧고, 점진적 방법은 경기침체 정도는 심하지 않지만 인플레이션이 오래 지속되기 때문이다.

따라서 비용이 거의 같기 때문에 점진주의와 급진주의의 선택은 가격의 경직성 여부에 있다. 가격이 경직적이면 점진적 방법을, 신축적이면 급진적 방법이 상대적으로 유효하다. 이 차원에서 가격의 신축성을 전제하는 새고전학파는 급진적 방법을, 가격의 경직성을 전제하는 새케인즈학파는 점진적 방법을 각각 지지한다. 또한 이 두 정책이 성공하기 위해서는 디스인플레이션 정책에 대한 경제주체의 신뢰가 확고하게 형성되어 있어야 한다.

3.4 공급측면 인플레이션

공급측면의 인플레이션은 불리한 공급충격(adverse supply shocks)에 의해서 발생한다. 불리한 공급충격은 생산요소 투입량이 일정한 상태에서 생산함수가 하방으로 이동하는 현상이고, 유리한 공급충격은 대조적으로 생산함수가 상방으로 이동하는 현상이다.

불리한 공급충격효과는 직접효과와 간접효과로 나눌 수 있다. 직접효과는 노동수요를 감소시켜 잠재적 산출량을 감소시키는 효과이다. 이는 통화량조절이나 재정정책으로는 나타날 수 없는 효과이다. 간접효과는 총공급곡선 *AS*를 좌측으로 이동시켜 인플레이션과 실업을 약화시키는 효과이다.[5]

(1) 일시적인 공급충격과 인플레이션

공급충격이 인플레이션에 미치는 효과는 충격의 지속성 여부에 따라 다르다. 먼저, 일시적으로 불리한 공급충격이 물가와 인플레이션에 미치는 효과를 살펴보자.

---

4. 그러나 그 역은 일반적으로 성립하지 않는다. 즉, 물가가 안정되어 있는 나라일수록 중앙은행 독립성이 강하다고 말하지는 않는다. 대표적인 예가 일본 중앙은행이다. 일본의 중앙은행은 대장성에 크게 종속되어 있지만 일본의 물가상승률은 안정되어 있다.

5. 공급충격의 경기변동에 미치는 효과는 제36장 RBC이론과 제37장 새케인즈학파의 경기변동이론을 참조할 것. 공급측면 인플레이션이론은 공급측면의 경기변동이론 중 물가와 물가상승률의 관점에서 분석한 것임.

그림 34-8
일시적으로 불리한 공급충격

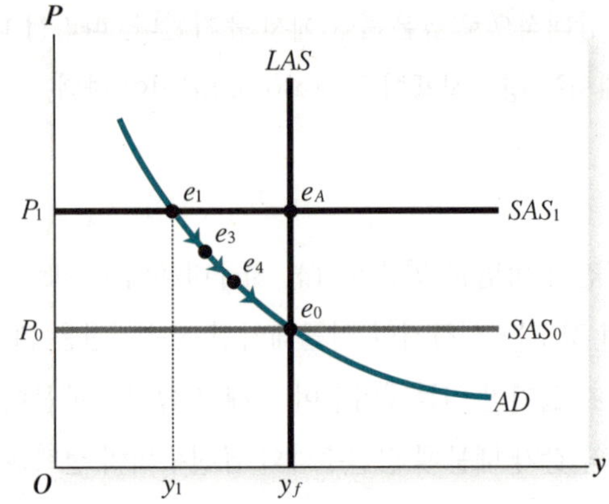

[그림 34-8]에서 최초의 경제상태는 e_0점이다. 이제 경제에 일시적으로 불리한 공급충격이 가해졌다고 하자. 공급충격은 단기총공급곡선을 SAS_0에서 상방으로 SAS_1까지 이동시킨다. 단기균형은 SAS_1과 수요곡선 AD가 일치하는 e_1에서 성립한다. e_1점에서는 물가와 물가상승률이 모두 상승하고 산출량은 y_f에서 y_1으로 감소하였다.

그러나 e_1은 오래 지속할 수가 없다. 왜냐하면 e_1점에서는 초과공급이 존재하기 때문이다. 또한 일시적 공급충격으로 사람들이 초기에 발생하는 인플레이션이 일시적 현상이라는 것을 알아서 예상인플레이션을 조정하지 않기 때문이다.

장기조정은 e_1점이 e_3, e_4로 이동하면서 초과공급이 완전히 사라진 e_0수준에서 형성된다. 따라서 장기에서는 물가와 인플레이션이 모두 최초의 수준으로 되돌아간다.

(2) 지속적인 공급충격과 인플레이션

만약 공급충격이 지속적이면 단기총공급곡선 SAS가 계속 상방으로 이동하기 때문에 산출량이 감소하면서 물가가 지속적으로 상승한다. 이때 상승한 물가수준(P)은 [그림 34-9]처럼 일시적 공급충격과는 달리 상승한 수준에서 하락하지 않는다.

반면 물가상승률($\dot{P}$)은 공급충격이 일시적이든 지속적이든 일정시점에서 원래의 상태로 수렴한다. 이 점이 핵심이다. 왜냐하면 충격이 가해진 후 일정시점부터 물가가 일정한 수준으로 지속되어 물가상승률은 원래의 상태와 변함이 없게 되기 때문이다.

(3) 공급측면 인플레이션의 대책

공급측면의 인플레이션대책을 필립스곡선을 이용해서 설명해 보자. [그림 34-10]에서 최초의 경제상태는 e_0점이다. 경제에 불리한 공급충격이 가해지면 단기필립

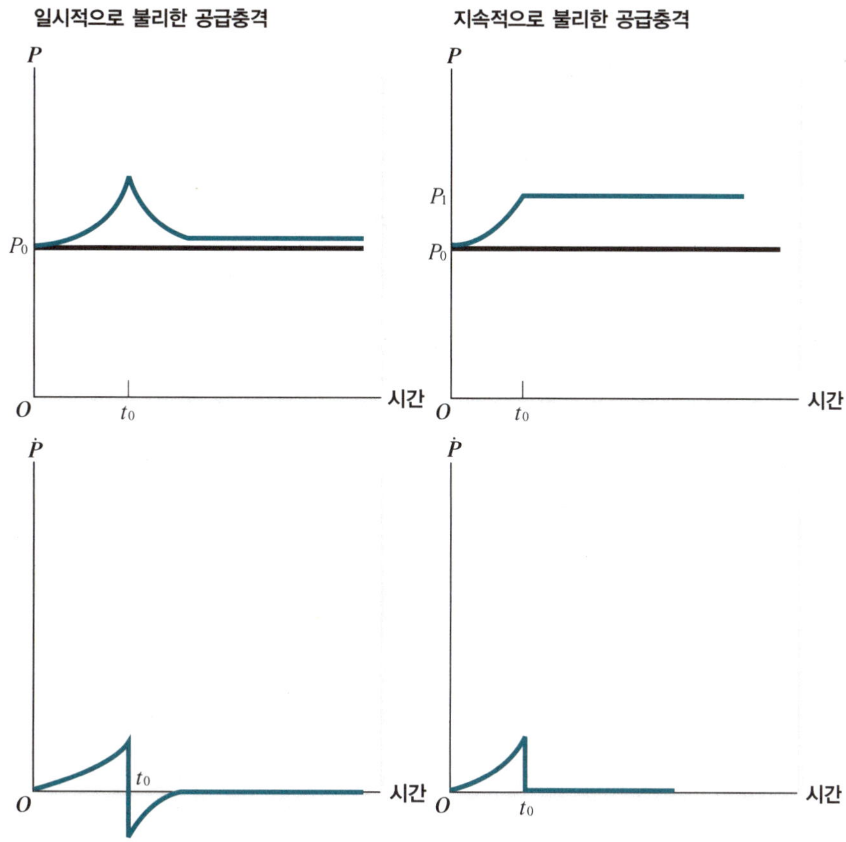

그림 34-9
공급충격이 물가와 인플레이션에 미치는 효과

스곡선이 SP_0에서 SP_1으로 이동한다. 왜냐하면 어떤 소득수준에 대해서도 공급충격이 있기 전 물가상승률 P_0에 동일한 비율로 물가상승률이 상승하기 때문이다.

그러면 경제는 SP_1곡선 상에서 어느 방향으로 이동할 것인가? 이 방향은 정부정책에 따라 달라진다. 공급충격에 대한 정부정책은 세 가지가 있다. 수용정책(accommodating policy), 중립정책(neutral policy), 그리고 억제정책(extinguishing policy)이다.

수용정책이란 공급충격이 있기 전 실질국민소득(y)을 공급충격 후에도 유지시키기 위해 공급충격에 의한 물가상승을 받아들이는 정책을 말한다. 식 (34.2)에서 실질경제성장률은 명목국민소득증가율에서 물가상승률을 차감한 값이다. 이 식에서 $\dot{P}$이 상승하는 상태에서 $\dot{y}$을 유지하기 위해서는 명목국민소득증가률은 물가상승률만큼 상승해야 한다.

그림 34-10
공급충격과 대책

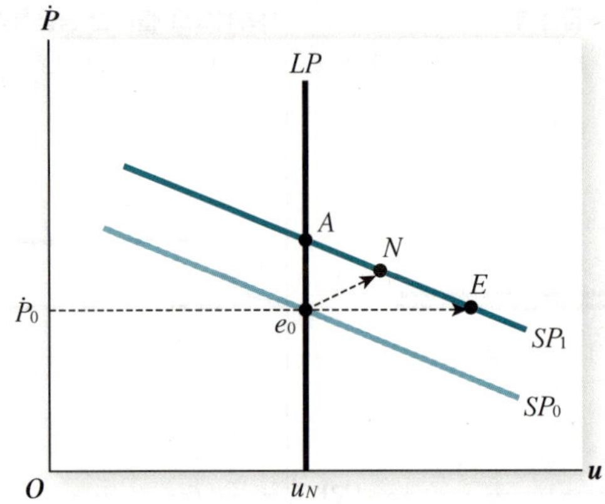

(단, A, N, E는 각각 수용정책, 중립정책 그리고 억제정책을 의미함)

$$\dot{y} = \dot{Y} - \dot{P} \tag{34.2}$$

$$\dot{Y} = \dot{y} + \dot{P} \tag{34.3}$$

여기에 합당한 정책으로는 확장적 금융정책이 있다. [그림 34-8]에서 불리한 충격으로 경제가 e_0에서 e_1에 있다. 이때 정부가 확장적 금융정책을 사용하면 총수요곡선 AD가 우측으로 이동한다. 만약 이 정책으로 AD곡선이 e_A까지 이동하면 실질국민소득은 원래 산출량수준을 유지하게 된다. 이는 [그림 34-10]에서 A점으로 나타난다. 수용정책의 장점은 공급충격에도 불구하고 실질산출량을 원래 수준에서 유지할 수 있다는 점이다. 단점은 물가가 크게 상승한다는 것이다.

중립정책이란 공급충격이 있기 전의 명목국민소득(Y)을 공급충격 후에도 동일한 수준에서 유지시키는 정책을 말한다. 식 (34.3)에서 공급충격으로 $\dot{P}$이 상승할 때 $\dot{y}$을 줄이면 $\dot{P}$의 상승이 일부 상쇄된다. 이때 $\dot{P}$의 상승과 $\dot{y}$의 감소가 일치할 때 명목국민소득증가율 $\dot{Y}$은 동일한 수준에서 유지된다. 중립정책은 [그림 34-10]에서 N점에 위치하게 된다. 중립정책의 장점은 공급충격에도 불구하고 수용정책만큼 물가가 크게 상승하지 않는다는 점이다. 그러나 산출량감소와 물가상승이 동시에 진행된다는 단점이 있다.

억제정책은 공급충격이 있기 전 물가수준을 공급충격 후에도 계속 유지하는 정책이다. 식 (34.3)에서 $\dot{P}$의 상승을 완전하게 상쇄하기 위해서는 실질소득증가율 $\dot{y}$이 크게 감소해야 한다. 억제정책을 사용했을 때 경제는 그림에서 E점에 있게 된다. 억제정책으로는 긴축적 금융정책을 들 수 있다. 이 정책의 장점은 물가를 안정시킬 수 있다는 점이다. 그러나 단점은 실질소득이 크게 감소하여 심각한 경기침체를 겪는다는 점이다.

3.5 소결

지금까지 논의된 새케인즈학파의 인플레이션의 원인, 성질과 그 대책을 아래와 같이 정리할 수 있다. 첫째, 인플레이션은 수요측면에서는 과다한 재정지출증가에 의한 총수요증가가, 공급측면에서는 불리한 공급충격이 각각 그 요인이다. 둘째, 물가에 미치는 영향에 대해 총수요증가가 일시적 현상이면 물가상승은 일시적이지만, 지속적 현상이면 물가도 지속적으로 상승한다.

셋째, 공급측면에서 불리한 공급충격은 필립스곡선을 상방으로 이동시켜 물가를 상승시킨다. 만약 이 충격이 일시적이면 물가와 인플레이션율은 일정시간 후에 최초의 상태로 회복된다. 그러나 지속적이면 상승한 물가가 지속된다. 그러나 물가상승률은 원래 수준으로 수렴한다.

넷째, 인플레이션은 기본적으로 실물적 현상이지만, 장기에서는 특히 초인플레이션은 화폐적 현상일 수 있다. 끝으로, 수요측면의 인플레이션대책으로 급진적 정책보다 점진적 총수요긴축정책을 선호한다. 공급측면의 인플레이션대책으로는 수용정책, 중립정책 및 억제정책이 있다.

4. 인플레이션과 이자율

통화팽창에 의한 인플레이션이 장, 단기의 명목이자율과 실질이자율에 미치는 효과를 분석해 보자. 이를 위해서 이자율의 종류를 살펴보아야 한다. 이자율에는 명목이자율과 실질이자율이 있다. 다시 실질이자율에는 사전적(exante) 실질이자율과 사후적(expost) 실질이자율이 있다.

4.1 피셔방정식

명목이자율이란 예금에 대한 이자율 또는 채권의 수익률을 말한다. 정확히 말하면 예금이나 채권을 보유하지 않고 화폐를 보유함으로써 지불하는 기회비용을 말한다. 실질이자율은 명목이자율로부터 구한다. 그런데 실질이자율은 사전적, 사후적 실질이자율로 나눌 수 있다.

이 개념을 구분하기 위해 어떤 개인 간에 자금의 대차관계를 살펴보자. 사전적, 사후적 실질이자율은 자금의 대차계약종료 전후를 기준으로 한 개념이다. 사후적 실질이자율이란 자금의 대차계약이 종료된 후에 실제로 실현된 실질이자율이다. 이에 대해 사전적 실질이자율이란 대차계약 직전에 대차계약이 만료되었을 때 예상되는 실질이자율이다. 이런 의미에서 사전적 실질이자율을 예상실질이자율(expected real interest rate)이라 한다.

사전적 실질이자율은 명목이자율(i_t)에서 현재시점에서 예상되는 대차계약 만료시점(t기)의 예상인플레이션율($\dot{P}_t^e$)을 차감함으로써 구해진다. 이를 식 (34.4)로 표시할 수 있다.

$$r_{ex-ante} = r_t^e = i_t - \dot{P}_t^e \tag{34.4}$$

사후적 실질이자율은 식 (34.4)처럼 명목이자율에서 대차계약이 만료되었을 때 실제로 실현되는 인플레이션($\dot{P}_t$)을 차감함으로써 구해진다.

$$r_{ex-post} = r_t = i_t - \dot{P}_t \tag{34.5}$$

이상의 피셔방정식을 정리하면 〈표 34-1〉과 같다.

표 34-1 **피셔방정식**

- 사후적 실질이자율 : $r_t = i_t - \dot{P}_t$
- 예상실질이자율 : $r_t^e = i_t - \dot{P}_t^e$

4.2 통화량증가가 이자율에 미치는 효과

통화량의 증가는 단기적으로 유동성효과에 의해 명목이자율을 하락시키지만, 장기적으로 나타나는 소득효과와 피셔효과에 의해 명목이자율을 상승시킨다. 통화량증가 전의 이자율수준에 비해 장기에서의 이자율수준이 높게 형성될지, 낮게 형성될지는 결국 유동성효과, 소득효과와 피셔효과 등 세 가지 효과의 크기에 의해 결정되는데 이에 대해서는 학파마다 견해가 다르다.

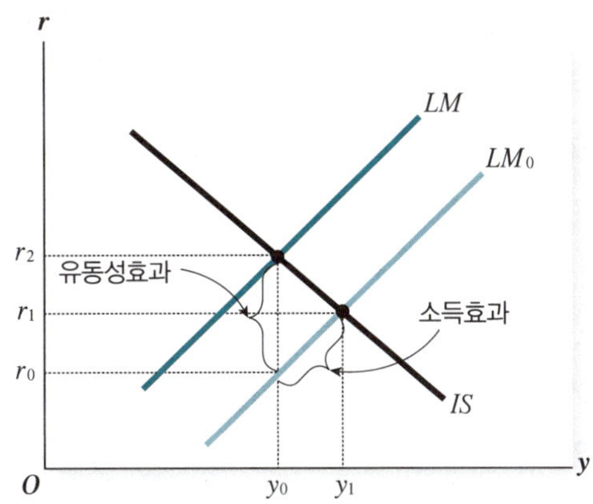

그림 34-11
유동성효과와 소득효과

(1) 유동성효과(liquidity effect)

먼저, 명목이자율에 미치는 효과를 보자. 통화량의 증가는 유동성의 초과공급을 발생시킨다. 사람들은 초과공급된 유동성으로 재화와 채권을 구입하게 되고, 그 결과 명목이자율이 하락(채권가격의 상승)하게 되는데 이것이 유동성효과이다.

다음, 실질이자율의 변화를 보자. 피셔방정식 $r_t = i_t - \dot{P}_t$에서 통화량이 증가하면 단기에서 물가에 미치는 영향은 크지 않다. 따라서 $\dot{P}_t$는 거의 변동이 없다. 그러므로 실질이자율 r_t는 하락한다. 이는 [그림 34-11]에서 이자율이 r_2에서 r_0수준으로 떨어지는 것으로 나타난다.

(2) 소득효과(income effect)

r_0수준으로의 이자율하락은 투자를 증대시키고 이는 소득을 증대시킨다. 소득증가는 화폐수요를 증가시키므로 명목이자율을 상승시키게 되는데 이것이 소득효과이다. 소득효과가 실질이자율에 미치는 효과를 보자. $r_t = i_t - \dot{P}_t$에서 i_t와 $\dot{P}_t$가 상승하기 때문에 통화량증가가 실질이자율 r_t에 미치는 영향은 i_t와 $\dot{P}_t$의 상대적인 상승정도에 의해 결정된다. 일반적으로 화폐수요증가에 의한 명목이자율 상승이 재화수요증가에 의한 물가상승보다 크고 빠르기 때문에 실질이자율이 상승한다. 이는 [그림 34-11]에서 이자율이 r_0에서 r_1수준으로 상승하는 것으로 나타난다.

(3) 피셔효과(fisher effect)

피셔효과는 통화량증가의 장기적 효과로서 물가예상효과(price expectation effect)라고도 한다. 이는 피셔방정식 $i = r - \dot{P}_t^e$에서 통화량증가로 인한 물가상승이 사람들의 인플레이션예상($\dot{P}_t^e$)을 상승시켜 명목이자율을 상승시키는 효과이다.

피셔효과에 의해 장기에는 통화량증가율과 인플레이션율과 명목이자율 간에 1:1:1의 대응관계가 나타난다. 그 이유는 다음과 같다.

장기에 경제는 완전고용상태(y_f)에 있게 되는데, 완전고용국민소득수준(y_f)에 대응되는 실질이자율을 자연이자율(r_n)이라 한다. 자연이자율(natural rate of interest)은 투자의 생산성 등에 의해서 결정되므로 화폐공급 · 수요의 변화와 관계없이 일정한 수준에서 안정되어 있다. 그런데 장기에서는 가격이 완전히 신축적으로 변화하기 때문에 통화량증가만큼 물가가 상승하여 통화량증가율과 물가상승률이 같게 된다.

그러므로 장기에 있어 피셔방정식은 식 (34.6)으로 나타난다.

$$\begin{aligned} i_t &= r_n + \dot{P}_t \\ &= r_n + m_t \end{aligned} \tag{34.6}$$

(단, m_t는 통화량증가율)

식 (34.6)에서 r_n은 일정하게 고정되어 있으므로 장기에 통화량증가율과 인플레이션율 그리고 명목이자율 간에는 1:1:1의 대응관계가 성립함을 알 수 있다. 예를 들어 통화량증가율이 5%포인트 증가하면 장기에서 인플레이션율과 명목이자율이 각각 5%포인트 상승하게 된다. 실질이자율은 변하지 않는다.

4.3 이자율의 기간별 구조(term structure of interest rate)

통화팽창이 장기이자율에 미치는 영향을 이해하기 위해서는 단기이자율과 장기이자율 간의 관계를 살펴보아야 한다. 만기가 다른 이자율 간의 관계를 이자율의 기간별 구조라 한다. 이대 대한 대표적인 이론이 '기간별 구조의 기대이론(exepectations theory of the term structure)' 이다. 이를 살펴보자.

만기가 1기간인 채권에 연속적으로 n기간까지 투자했을 때 매 기간의 수익률(이자율)을 $i_t, i_{t+1}, i_{t+2}, \cdots, i_{t+n-1}$이라 하자.

$$i_t^n = \frac{i_t + i_{t+1} + \cdots + i_{t+n-1}}{n} \tag{34.7}$$

식 (34.7)에서 복리에 의한 이자증식이 없다면, n기가 만기인 장기금리는 단기금리의 산술평균으로 정의된다. 따라서 식 (34.7)에서 불확실성이 없으면 이자율의 기간별 구조는 단기이자율에 의해서 결정된다.

그러나 만약 불확실성이 존재하면 미래이자율에 대한 기대가 이자율의 기간별 구조를 결정하는 데 중요한 역할을 한다.

$$i_t^n = \frac{i_t + E_t(i_{t+1}) + E_t(i_{t+2}) + E_t(i_{t+n-1})}{n} + \theta_t \tag{34.8}$$

(단, θ_t는 장기채권 보유시 기간별 프리미엄(term premium),

E_t는 t시점에서 기대값을 의미)

식 (34.8)에서 경제에 불확실성이 존재하면 만기가 n년인 장기채권의 수익률과 1년짜리 단기채권을 n년까지 연속해서 구입하는 수익률 간에는 위험의 차이가 있다. 즉, 장기채권이 단기채권보다 위험이 크다. 이는 θ로 표시된다. 따라서 θ는 장기채권을 보유하는 데 따른 기간별 프리미엄(term premium)이다.

이자율의 기간별 구조의 기대이론은 기간별 구조의 변화는 미래이자율에 대한 기대변화에 의해서 결정된다는 것이다. 이때 기대는 합리적 기대를 가정할 수 있다. 만약 가격이 불완전하게 신축적이면 통화량의 지속적 증가는 단기이자율을 지속적으로 하락시킨다. 만약 단기이자율이 일정기간 동안 하락한다고 할지라도 기대물가 상승으로 통화팽창은 장기이자율을 상승시킨다. 결론적으로 통화량증가는 단기이자율을 하락시킬 가능성은 있지만 장기이자율은 상승시킨다.

5. 인플레이션 조세 (inflation tax)

5.1 정의

실질주조차익(real seignorage revenue)이란 정부가 ΔM만큼의 신규화폐를 발행하여 정부지출을 할 때 정부의 신규화폐발행이익($\frac{\Delta M}{P}$)을 말한다. 그런데 정부지출재원으로 신규통화량을 발행하여 조달하는 정부수입은 정부가 인플레이션을 야기시켜 세금을 추징하는 것과 같은 결과를 가져오기 때문에 실질주조차익을 인플레이션 조세(inflation tax)라 한다. 이때 통화량증가율 또는 통화량증가에 의한 물가상승률을 인플레이션율(inflation tax rate)이라 한다. 프리드만(M. Friedman) 등에 의하면 높은 인플레이션 또는 초인플레이션의 주요 원인은 정부가 신규화폐발행을 남발했을 때, 즉 실질주조차익을 얻기 위한 정부의 욕구 때문에 발생한다고 한다.

이 절에서는 통화팽창과 인플레이션조세와의 관계, 그리고 실질주조차익이 어떻게 높은 인플레이션을 초래하는지를 살펴보고자 한다.

5.2 통화팽창과 인플레이션조세

통화발행에 의한 정부의 실질주조차익(S)는 식 (34.9)로 쓸 수 있다.

$$
\begin{aligned}
S &= \frac{\Delta M}{P} \\
&= \frac{\Delta M}{M} \cdot \frac{M}{P} \\
&= \mu \cdot \frac{M}{P} \quad (\mu : \text{통화량증가율})
\end{aligned}
\tag{34.9}
$$

식 (34.9)에서 실질주조차익(S)은 통화량증가율에 실질잔고를 곱한 값으로 구해진다. 그런데 $\mu = \pi$이므로 식 (34.9)는 식 (34.10)으로 다시 쓸 수 있다. 이 식에서 실질주조차익은 실질잔고와 인플레이션율 또는 통화량증가율에 의해서 결정된다. 이를 [그림 34-12]로 표시해 보자. 이때 실질주조차익(S)은 $\pi_0 \cdot \frac{M}{P}$으로 청색음영의 면적으로 도출된다.

인플레이션조세의 경제적 의미를 살펴보자. 정부의 실질주조차익은 $\frac{\Delta M}{P}$이고, 인플레이션율은 통화량증가율(μ) 또는 물가상승률(π)이다.

그림 34-12
실질주조차익

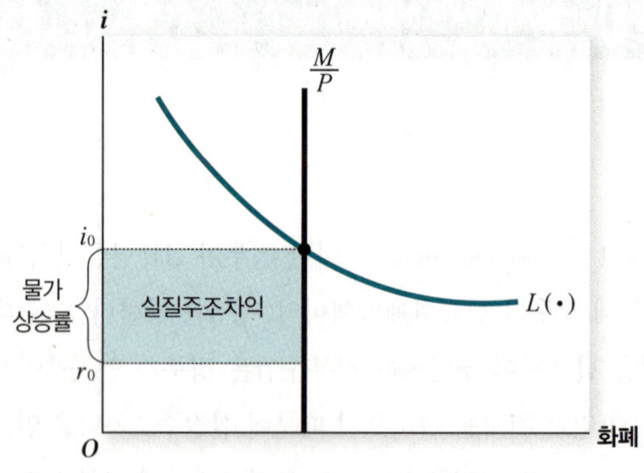

■ **정부의 실질주조차익**

$$
\begin{aligned}
S &= \pi \cdot \frac{M}{P} \\
&= \pi \cdot L(\bar{r}+\mu, \bar{y}) \qquad (34.10)
\end{aligned}
$$

실질주조차익 = 물가상승률 × 실질화폐수요

(인플레이션 조세수입) = (인플레이션 세율) × 과표

식 (34.10)에서 $\frac{M}{P}$이 일정할 때 물가상승률(π)의 상승은 정부의 실질화폐발행이익을 증가시킨다. 인플레이션은 화폐 구매력(화폐가격)을 떨어뜨리기 때문에 인플레이션 조세 납세자는 화폐자산을 많이 보유한 경제주체가 된다.

제35장 필립스곡선 논쟁

microeconomics + macroeconomics, Economics ch. thirty-five

1. 필립스곡선 논쟁

1.1 정의

필립스곡선은 실업률, 경제성장률 등 실질변수와 물가상승률, 임금상승률 등 명목변수와의 관계를 나타내는 곡선이다. 이 곡선은 미국에서 피셔(I. Fisher) 등에 의해서 발견되기는 했지만 필립스(A. W. Phillips)가 1958년에 1861년부터 1957년까지 영국자료를 이용하여 장기에서 명목임금상승률과 실업률의 두 정책목표 선택시 정책결정자에게 매우 안정적인 역의 상충관계가 있음을 발표하였다.

경제학사에서 필립스곡선은 세 가지 의미가 있다. 첫째, 물가상승률과 실업률의 두 정책목표 선택시 정책결정자에게 기준을 제시하고 있다는 점이다. 둘째, 고전적 이분법이 부인되고 실물부문과 화폐부문이 연결되어 있다는 것을 의미한다. 셋째, 총공급곡선이론의 기초가 되었다는 점이다.

1.2 필립스곡선 쟁점

필립스(A. W. Phillips, 1958)와 립시(R. G. Lipsey, 1960)에 의해 발전된 필립스곡선은 비선형의 볼록하고 우하향하는 곡선(nonlinear, convex, downward curve)이다. 여기서 우하향하는 것은 명목임금상승률과 실업률 간에는 역의 관계가 있음을 의미한다. 그리고 비선형이고 볼록하다는 것은 완전고용 이상으로 고용을 늘리기 위해서는 임금이 급격하게 상승해야 함을 의미한다.

이에 대해 많은 경험적 검증과 이론적인 반론이 있었다. 대표적인 반론이 프리드만(M. Friedman, 1968)과 펠프스(E. Phelps, 1970)에 의해 제기되었다. 이들은 노동자들이 화폐환상에 사로잡히는 단기에서는 필립스곡선이 존재할 수 있으나 노동자가 화폐환상으로부터 자유로운 장기에는 단기처럼 역의 상충관계가 나타나지 않는다고 주장하였다. 이후 케인즈학파와 통화론자들 간 필립스곡선 존재 여부에 대해 치열한 논쟁이 벌어졌다.

논쟁의 초점은 필립스곡선의 우하향성, 유일성, 안정성에 관한 것이다. 즉, 필립스곡선은 유일하게 존재하고 인플레이션율과 실업률 간의 역의 상충관계가 안정적으로 나타나면서 비선형의 볼록하고 우하향하는 곡선인가의 논쟁이다.

케인즈학파는 필립스곡선이 인플레이션율과 실업률 간의 안정적인 역의 상충관계를 나타내고 우하향하는 유일한 곡선이라고 주장한다. 반면 통화론자는 최소한 장기에서는 인플레이션율과 실업률 간의 역의 상충관계가 나타나지 않고, 새고전학파는 더 나아가 장기는 물론 단기에서조차도 안정적인 역의 상충관계가 나타나지 않는다고 주장한다.

2. 케인즈의 필립스곡선

2.1 의의

필립스곡선은 케인즈 사후에 등장한 개념이다. 따라서 케인즈 및 초기케인즈학파의 필립스곡선은 존재하지는 않지만 그들의 전제와 이론을 통해 이를 도출할 수는 있다. 필립스곡선이 나오기 전까지 케인즈(초기케인즈학파)의 이론은 *IS-LM*모형으로 설명되었다. 필립스곡선이 도출된 후에 *IS-LM*모형은 *AD-AS*모형으로 확장되었다. 필립스곡선은 총공급곡선의 다른 표현이기 때문이다.

2.2 케인즈의 필립스곡선

케인즈나 초기케인즈학파는 국민경제가 자본, 노동 등 충분한 잉여생산능력을 보유하고 있다고 전제한다. 만약 총수요가 증가하면 즉각 이에 대응하여 산출량을 공급할 수 있다. 따라서 물가와 물가상승률이 고정되어 있다.

또한 노동시장은 불완전고용상태에서 균형을 이루고 있으므로 추가로 고용될 수 있는 충분한 노동이 존재한다. 완전고용보다는 실업이 일반적이다. 따라서 물가상승률과 실업평면에 필립스곡선을 도출하면 [그림 35-1]에서 수평하게 그려진다.

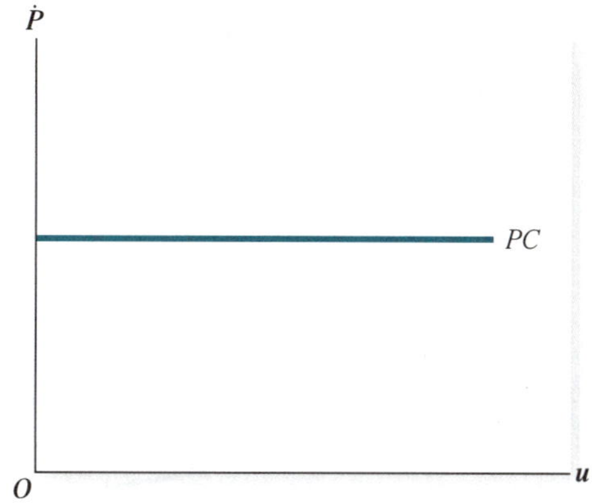

그림 35-1
케인즈 및 초기케인즈학파의 필립스곡선

3. 케인즈학파의 필립스곡선

Economics ch. thirty-five

3.1 의의

케인즈학파의 필립스곡선에 의하면 실질변수인 실업률과 명목변수인 인플레이션 간에는 화폐환상을 매개로 하여 역의 상충관계가 존재한다. 이런 케인즈학파의 필립스곡선은 1970년대 초 스태그플레이션이 있기 전까지 케인즈학파의 안정화정책이 최소한 단기에서는 유용하다는 이론적 근거로서 역할을 했다.

3.2 케인즈학파의 필립스곡선 도출

필립스곡선은 경험적으로 도출되었지만, 립시에 의해 통계적으로 보완되어 물가상승률과 실업률 간의 관계를 나타내는 곡선으로 발전하였다.

(1) 초기필립스곡선

초기필립스곡선은 노동시장에서 노동의 초과공급량이 임금상승률을 결정한다는 임금조정함수(wage adjustment function)의 형태였다. 임금조정함수를 식 (35.1)로 표시할 수 있다.

그림 35-2
명목임금상승률과 실업률과의 관계

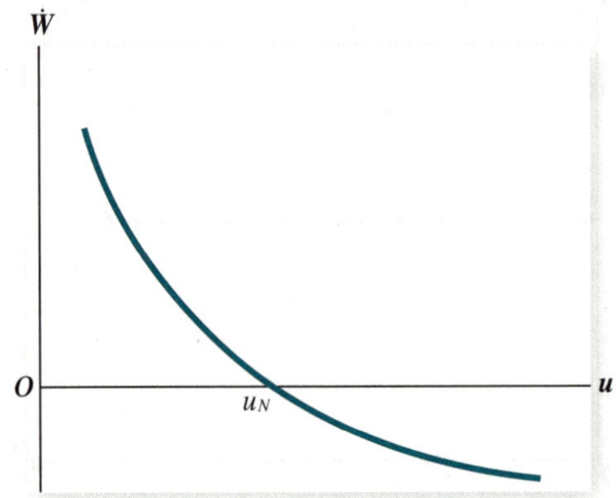

$$\dot{W}_t = f\left(\frac{L_S - L_D}{L_S}\right),\ f' < 0 \qquad (35.1)$$

명목임금상승률 = f(실업률)

(단, L_D와 L_S는 노동수요와 노동공급을 의미함.)

식 (35.1)에서 $L_S > L_D$로 노동시장에 초과공급이 존재하면 $\dot{W}$가 하락한다. 따라서 실업률과 명목임금상승률 간에는 역의 관계가 있다. 이를 [그림 35-2]로 표시할 수 있다.

(2) 케인즈학파의 필립스곡선

[그림 35-3]에서 케인즈학파의 필립스곡선은 $\dot{P}$축과 최저임금수준을 점근선으로 하는, 원점에 볼록한 비선형의 우하향하는 곡선이다. 최저임금수준에 점근선인 것은 물가가 떨어지더라도 최저임금수준 이하로 떨어질 수 없기 때문이다. $\dot{P}$축에 점근선인 것도 거의 모든 노동자들의 고용되어 실업률이 0에 가까워지면 임금이 급상승하기 때문이다.

■ **케인즈학파의 필립스곡선**

$$\dot{P}_t = \alpha(u_1 - u_N) \quad (\text{단}, \alpha < 0)$$

물가상승률 = α × 경기적 실업률

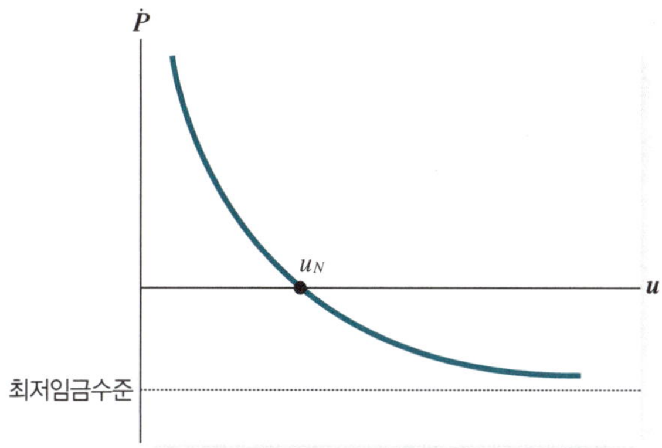

그림 35-3
물가상승률과 실업률과의 관계

(3) 경제적 의미

첫째, 케인즈학파에서는 우하향하는 필립스곡선이 유일하게 존재한다. 필립스곡선이 상하방으로 이동하는 경우는 예상물가상승률($\dot{P}_t^e$)이 변할 때이다. 그런데 케인즈학파의 필립스곡선은 $\dot{P}_t^e$를 반영되어 있지 않다. 따라서 필립스곡선은 변동하지 않는다.

둘째, 물가상승률과 실업률 간의 역의 상충관계가 안정적으로 나타난다. 이는 물가상승률과 실업률을 정책목표로 삼았을 때 두 목표 간에 정책적 딜레마가 있지만 최소한 두 가지 중 하나는 확실하게 잡을 수 있음을 의미한다.

셋째, 필립스곡선이 우하향하는 이유는 노동자가 노동시장에서 화폐환상에 완전하게 또는 부분적으로 사로잡혀 있기 때문이다. 즉 경기호황으로 경제성장률이 높아지면 물가가 상승하고 노동자는 화폐환상에 사로잡혀 노동공급을 증가시키므로 실업률이 낮아진다는 것을 반영하고 있다. 이는 또한 필립스곡선이 총공급곡선으로부터 도출되었기 때문이기도 하다. 우상향하는 총공급곡선은 화폐환상을 완전하게 또는 부분적으로 반영하고 있다.

4. 통화론자의 기대가 첨가된 필립스곡선

4.1 의의

통화론자에 의하면 필립스곡선의 형태는 경제교란요인에 대한 경제주체들의 정보의 완전성 여부와, 미래변수들에 대한 기대(expectations)에 의해서 결정된다.

이들은 단기에서 각 경제주체들의 경제교란에 대한 정보가 불완전하고 미래에 대한 기대가 정확하지 못하기 때문에 단기필립스곡선은 우하향한다고 한다. 그러나 장기적으로 사람들은 충분한 정보를 갖게 되고 미래에 대한 기대가 정확해지면서 필립스곡선은 자연실업률수준에서 수직이 된다.

4.2 장 · 단기 필립스곡선

(1) 도출

예상실질임금상승률($\dot{w}_t^e$)과 실업률($u_t - u_N$) 간에는 역의 관계가 있다. 실업이 증가하여 u_t가 커서 $u_t - u_N$값이 커지면 노동시장에는 향후 초과공급이 존재하기 때문에 예상실질임금상승률은 하락할 것이다. 식으로 표시된 프리드만-펠프스 필립스곡선을 도출할 수 있다.[1]

■ **프리드만-펠프스 필립스곡선**

$$\dot{P}_t = \dot{P}_t^e + h(u_t - u_N),\ h < 0,\ h' < 0,\ h(0) = 0 \qquad (35.2)$$

$$\underbrace{\dot{P}_t - \dot{P}_t^e}_{\text{예상치 못한 인플레이션}} = h \times \underbrace{(u_t - u_N)}_{\text{경기적 실업률}},\ h < 0$$

예상치 못한 인플레이션 = h × 경기적 실업률

- 예상치 못한 인플레이션과 경기적 실업률 간에 역의 상충관계가 있음
- 예상물가상승률이 상승하면 필립스곡선 상방이동함

h는 필립스곡선의 기울기를 말하며, $h < 0$이기 때문에 물가상승률($\dot{P}_t$)과 경기적 실업($u_t - u_N$) 간에는 역의 상충관계가 존재한다. 구체적으로 식 (35.2)는 경기적 실업이 0일 때 예상하지 못한 인플레이션율은 0이고, 경기적 실업이 양수일 때 예상하지 못한 인플레이션율이 음수이고, 음수일 때 양수라는 것을 수학적으로 나타낸 것이다.

프리드만-펠프스 필립스곡선과 케인즈학파의 전통적 필립스곡선과의 차이점은 $\dot{P}_t^e$가 첨가되었다는 점이다. 케인즈학파의 필립스곡선에서는 예상물가상승률($\dot{P}_t^e$)이 변하더라도 필립스곡선이 전혀 변화를 보이지 않는다. 반면 프리드만-펠프스 필립스곡선은 $\dot{P}_t^e$가 상승하면 상방으로 이동한다. 이런 의미에서 프리드만-펠프스 곡선을 기대가 첨가된 필립스곡선(price expectations augmented phillips curve)이라 한다.

---

1. 기대물가와 가격조정 간의 관계는 1970년에 Columbia대학에 있던 펠프스(Edmund Phelps)에 의해 시도되었다. 프리드만(M. Friedman)도 이와 별도로 1967년 미국경제학회 회장 취임연설에서 펠프스와 유사한 내용을 발표했다. 이를 합하여 프리드만-펠프스 필립스곡선이라 한다.

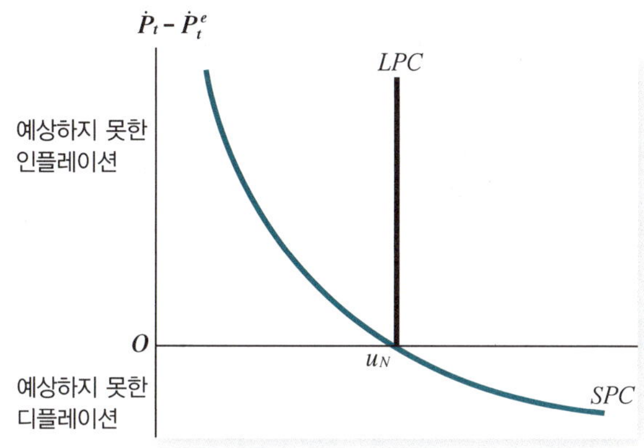

그림 35-4
기대가 첨가된 필립스곡선

(2) 필립스곡선의 형태

식 (35.2)로 표시된 필립스곡선을 인플레이션율과 실업률 평면에 그려보자. 단기에서는 경제주체가 물가에 대한 정보를 불충분하게 갖고 있기 때문에 $\dot{P}_t \neq \dot{P}_t^e$이다. 그리고 필립스곡선의 기울기는 $h < 0$이기 때문에 $\dot{P}_t$와 $(u_t - u_N)$ 간에는 역의 관계가 있다. 따라서 [그림 35-4]에서처럼 단기필립스곡선은 우하향한다.

4.3 필립스곡선의 이동

필립스곡선은 예상물가상승률과 자연실업률로 구성되어 있기 때문에 이들 요인이 변화하면 이동하게 된다. 첫째, 예상인플레이션율의 변화를 보자. 이제 실제물가상승률이 a'점에서 b'점까지 상승하였다고 하자. 그러면 예상물가상승률도 실제물가만큼 상승해야 실업률이 여전히 자연실업률수준에 있게 된다. 따라서 예상물가상승률

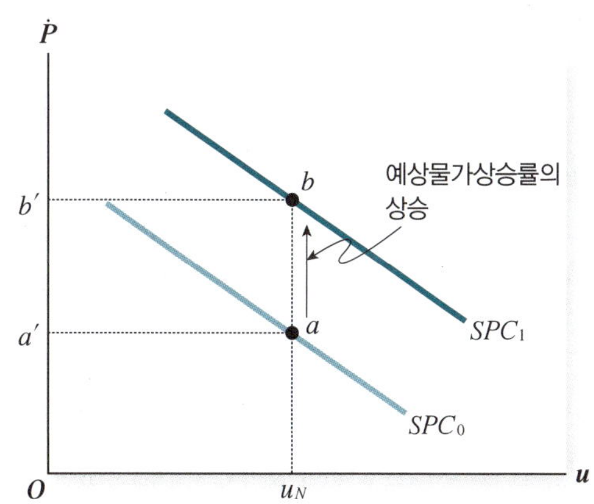

그림 35-5
예상물가상승률의 변화가 필립스곡선에 미치는 효과

그림 35-6
자연실업률의 변화가 필립스곡선에 미치는 효과

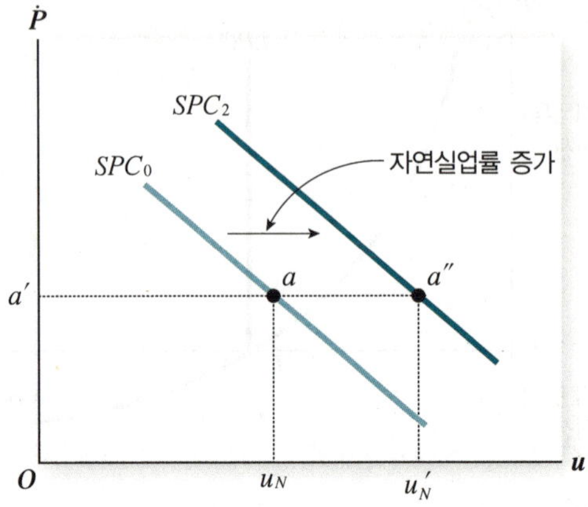

이 a점에서 b점으로 상승하고 필립스곡선이 b점을 통과하도록 상방이동해야 b점에서의 실업률이 자연실업률이 된다. 따라서 필립스곡선은 SPC_0에서 SPC_1으로 상방이동한다.

둘째, 자연실업률이 변화하면 필립스곡선은 이동하게 된다. [그림 35-6]에서 필립스곡선 SPC_0는 자연실업률 u_N과 예상인플레이션율 a' 수준을 보여주고 있다. 지금 예상물가상승률이 a'으로 주어져 있는 상태에서 자연실업률이 u_N에서 u_N'으로 증가하면 필립스곡선은 SPC_0에서 SPC_2로 우측이동하게 된다. 왜냐하면 새로운 u_N'에서 예상물가상승률과 실제물가상승률이 일치해야 하기 때문이다.

결론적으로, 프리드만-펠프스 필립스곡선은 예상물가상승률과 자연실업률이 증가할 때 우상방으로 이동한다.

4.4 특징

[그림 35-4]에서 도출된 단기·장기 필립스곡선의 특징을 살펴보면 다음과 같다.

첫째, 단기필립스곡선에서는 $\dot{P}_t \neq \dot{P}_t^e$이고 우하향하며, 장기필립스곡선에서는 $\dot{P}_t = \dot{P}_t^e$이고 자연실업률수준에서 수직이다. 둘째, 우하향하는 단기필립스곡선은 화폐의 중립성이 성립하지 않는 반면, 수직인 장기필립스곡선은 화폐의 장기적 중립성이 성립한다는 것을 의미한다. 새고전학파와 새케인즈학파 모두 장기에서 통화량변화는 실업을 포함한 실질변수에 아무런 효과가 없다는 것에 동의하고 있다.

셋째, 화폐의 중립성 성립 여부는 경제주체들의 경제변수의 기대에 의해 결정되는데, 화폐비중립적인 단기필립스곡선이 우하향하는 이유는 경제주체들의 정보가 불완전하고 기대가 완전하지 못하여 화폐환상에 사로잡혀 있기 때문이다. 화폐의 중립성이 성립하는 장기필립스곡선이 수직인 것은 정보가 충분해지고 기대가 완전하거나 합리적 기대를 하여 화폐환상으로부터 자유롭기 때문이다.

끝으로, 장기필립스곡선이 수직인 것은 인플레이션율과 같은 명목변수가 변화했을 때 실업률과 같은 실질변수들이 영향을 받지 않는다는 것을 의미하기 때문에, 실업률은 물가상승률에 대해 영차동차성의 성질을 갖고 있다.

4.5 경제정책적 의미

통화론자에 의하면 케인즈학파의 자유재량적 재정 · 금융정책은 산출량을 증가시키고 실업률을 낮추기 때문에 극히 일시적으로는 효과가 있지만, 장기에서는 실업률을 자연실업률수준 이하로 낮출 수 없다. 따라서 자유재량적 총수요관리정책은 장기에서는 효과가 없다. 이것이 통화론자의 자연실업률가설의 결론이다.

경기변동론

part thirteen

13

제36장 새고전학파 경기변동론

microeconomics + macroeconomics, Economics ch. thirty-six

1. 경기변동의 기본적 사실(business cycle facts)

경기변동은 단기에서 거시경제학 연구의 중심과제이다. 지금까지 살펴본 이론들이 모두 경기변동에 관한 것들이었다. 이제 최근 이론들을 본격적으로 살펴보자. 본 장에서는 새고전학파의 균형경기변동을 분석하고자 한다. 이를 위해 먼저 경기변동을 정의하고, 교란요인(disturbances)과 충격요인(shocks), 그리고 경기변동모형을 개발하고자 한다. 그리고 이 모형을 이용해서 경기변동의 성질과 전파과정을 화폐적 균형경기변동이론, 실물적 균형경기변동이론으로 구분하여 살펴보고자 한다.

1.1 경기변동의 정의

경기변동이란 '국민경제에서 총체적 경제활동(aggregate economic activity)이 변동하는 현상' 이다. 이 정의에 근거하면 경기변동은 첫째, '총체적 경제활동' 의 변동이다. 경기변동은 실질산출량 등 일부 개별변수의 변동보다는 대부분의 거시변수가 전체적으로 변동하는 현상이다. 둘째, '팽창과 수축' 이 일어난다. 경기변동은 총체적 경제활동이 팽창하고 수축하면서 진행되는 현상이다. 셋째, 이러한 변동은 '공행적(comovement)' 이다. 공행성이란 변수들이 주어진 시점에서 함께 움직이는 현상이다. 따라서 경기변동은 일부 변수가 팽창-수축하는 것이 아니고, 대부분의 경제변수가 동시에 팽창하거나 수축하는 공동의 움직임이라는 것이다.

넷째, '반복적' 이다. 경기변동은 주기를 예측할 수 없으므로 비규칙적이지만, 팽창-정점-수축-저점의 형태를 반복하면서 변동하는 현상이다. 끝으로, '지속성' 이다. 예를 들어 경기침체가 일단 시작되면 경제는 일정기간 동안 수축상태에 있게 된다.

1.2 경기변동의 기본적 사실 : 경기변동의 공행성

모든 경기변동에서 공통적으로 나타나는 현상은 경기변동의 공행성이다. 이를 경기변동의 기본적 사실(business fluctuation facts)이라 한다. 루카스는 "경기변동들은 모두 비슷하다(Business cycles are all alike)" 라고 주장한다. 이는 어떤 경기변동도 규칙적으로 예측가능한 주기성을 갖지 않지만 거의 대부분의 경기변동은 공통의 특징을 가지고 있다는 것을 의미한다. 이 특징이 공행성이다.

경기변동론에서는 개별거시변수가 움직이는 방향(direction)과 시점(timing)을 기준으로 거시변수의 순환성을 판단한다. 먼저, 개별변수의 움직이는 방향을 보자. 어떤 임의의 개별변수가 총체적인 경제활동과 같은 방향으로 변동하면 경기순행적(procyclical), 반대방향으로 변화하면 경기역행적(countercyclical), 그리고 변동하지 않으면 경기비순행적(acyclical)이라 한다.

다음, 개별변수가 변하는 시점을 보자. 만약 거시변수가 총체적 경제활동에 비해 앞서서 움직이면 경기선행적(leading), 동시에 움직이면 경기동행적(coincident), 후에 움직이면 경기후행적(lagging)이라 한다.

표 36-1 **주요 거시변수의 공행성과 순환성**

변수	방향	시점
생산		
• 산업생산	경기순행적임	경기동행적임
내구재산업이 비내구재 및 서비스 산업보다 더욱 가변적(volatility)임		
지출		
• 소비	경기순행적임	경기동행적임
• 투자	경기순행적임	경기동행적임
• 재고투자	경기순행적임	경기동행적임
• 정부구매	경기순행적임	판단 미정
노동변수		
• 고용	경기순행적임	경기동행적임
• 실업	경기역행적임	분류불가
• 평균노동생산성	경기순행적임	경기선행적임
• 실질임금	경기순행적임	판단 미정
통화팽창과 인플레이션		
• 통화팽창	경기순행적임	경기선행적임
• 인플레이션	경기순행적임	경기후행적임
금융관련변수		
• 주가	경기순행적임	경기선행적임
• 명목이자율	경기순행적임	경기후행적임
• 실질이자율	경기비순환적임	판단 미정

이상에 근거하여 주요 변수의 공행성과 순환성을 〈표 36-1〉과 같이 정리할 수 있다. 표에서 실질이자율을 제외한 대부분의 변수가 공행성을 보임으로써 경기변동의 기본적 사실을 확인할 수 있다.[1]

1.3 경기변동이론의 종류

교란요인 또는 충격요인이란 경제에서 총수요, 총공급곡선 상의 이동을 초래하는 외부적 변화를 말한다. 경제에 충격이 가해지면 거시경제의 일반균형(또는 왈라스균형)이 깨어지면서 불균형상태에 이르게 된다. 이때 경제가 즉각 연속적으로 균형상태를 회복하느냐, 아니면 불균형상태에서 일정기간 모색과정을 거치면서 균형상태에 이르느냐에 따라 균형경기변동이론(equilibrium business cycle theory)과 불균형경기변동이론(non-market clearing business cycle theory)으로 구분한다.

균형경기변동이론에서는 가격이 장, 단기에서 충분히 신축적일 때 경제에 충격이 발생하면 이에 개별경제주체가 최적화행동으로 대응하면서 나타나는 현상으로 경기변동을 이해한다. 이에 대해 불균형경기변동이론이란 가격이 경직적 상황에서 경제에 충격이 가해지면 시장은 효과적으로 빠르게 대응할 수 없기 때문에 불균형상태에 놓이게 되면서 나타나는 현상으로 이해하는 견해이다.

또한 균형경기변동론은 다시 경기변동을 일으키는 경제의 충격요인 또는 교란요인이 실물적(real)이냐, 화폐적(monetary)이냐에 따라 실물적 균형경기변동이론과 화폐적 균형경기변동이론으로 구분할 수 있다. 실물적 균형경기변동이론은 왈라스균형과 실물부문에서의 생산성충격을, 화폐적 균형경기변동이론은 왈라스균형과 화폐적 충격을 각각 결합한 경기변동이론이다.

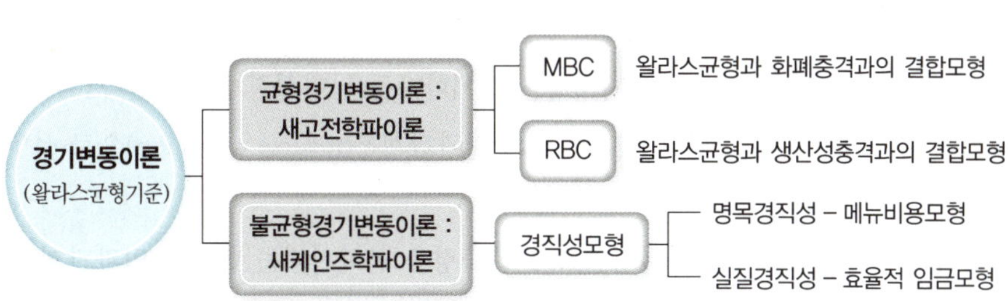

그림 36-1
최근 경기변동 이론의 분류

1. 실업이 경기역행적인 것은 경기호황기에 고용이 증가하여 실업이 감소하고, 경기침체기에 고용이 감소하여 실업이 증가하기 때문이다. 따라서 실업이 경기역행적인 것은 고용의 경기순행성과 같은 내용이기 때문에 경기공행성을 의미한다.

불균형경기변동이론은 경제의 충격요인이 총수요충격이냐 여부에 따라 수요측면의 경기변동이론과 공급측면의 경기변동이론으로 구분할 수 있다. 수요측면의 경기변동이론은 왈라스불균형과 총수요충격을, 공급측면의 경기변동이론은 왈라스불균형과 공급충격(생산성충격)을 각각 결합한 경기변동모형이다. 또한 이들은 경직성 때문에 불균형상태가 발생한다고 보고 경직성과 경기변동을 연결하는 경기변동모형을 제시하고 있다.

2. 화폐적 균형경기변동이론 (monetary equilibrium business cycle theory)

2.1 의의

화폐적 균형경기변동이론의 핵심은 화폐의 중립성 논쟁이다. 즉, 명목통화량의 변화가 실질효과를 갖는가에 대한 학파별 논쟁이다. 화폐적 균형경기변동이론은 왈라스균형상태에서 화폐수요와 공급의 변화, 즉 명목충격이 경기변동의 원인이라고 보는 견해이다.

새고전학파에 의하면 단기에서도 가격이 즉각적이고 연속적으로 조정되기 때문에 화폐는 중립적이라고 주장한다. 그러나 이런 견해는 통화량은 경기순행적이고 경기선행적이라는 〈표 36-1〉의 경기변동의 기본적 사실과 불일치한다. 따라서 화폐의 중립성을 주장하는 새고전학파 등은 실증되어진 통화량이 경기순행적이고 경기선행적이라는 경기변동의 기본적 사실을 합리적으로 설명해야 하는 과제를 안게 되었다.

2.2 화폐의 단기적 비중립성

단기에서 화폐의 중립성을 지지하는 경제학자들은 현실경제의 실질자료에서 나타나는 화폐의 비중립성 현상에 대해 역의 인과관계론(reverse causation)으로 설명하고 있다.

역의 인과관계론이란 통화량변화가 산출량을 변화시키는 현상을 인과관계라면, 반대로 산출량변화가 통화량변화를 가져온다는 견해이다. 이 주장의 핵심은 통화량이 내생적이고, 화폐수요함수가 현재 산출량뿐만 아니라 미래 산출량변화의 함수라는 점이다. 즉, 미래에 예상되는 산출량이 증가하면 현재의 통화공급이 증가하고, 미래에 예상되는 산출량이 감소하면 현재의 통화공급이 감소한다는 것이다. 때문에 역의 인과관계에 의하면 경제활동에 대한 통화량의 내생적 변화가 비중립적이라는 착각을 가져오게 한다는 것이다.

구체적으로, 미래에 경기가 호황일 것으로 예상되면 기업은 이에 대응하여 원료구입을 증가시키거나 노동자고용을 늘리게 되는데 이를 위해 현재 화폐수요를 증가시킨다. 다수의 기업들이 이와 같이 행동하면 화폐에 대한 총수요는 실제산출량 증가에 앞서 증가할 것이다. 이에 대해 중앙은행은 새로운 화폐수요에 대응하여 통화량을 증가시킬 것이다. 따라서 통화량은 실질적으로 중립적이면서 외관적으로는 실제 자료에서 나타난 것처럼 경기변동의 기본적 사실과 일치하는 경기순행적인 것처럼 보인다.

2.3 화폐적 균형경기변동의 모형 : 물가오인식이론 (price misperception theory)

단기에서 화폐가 비중립적이라는 이상의 연구들로 인해 새고전학파는 화폐의 비중립성을 설명하기 위해 자신들의 이론을 수정 및 확장하게 되었는데, 이것이 물가오인식이론(price misperception theory)이다.

물가오인식이란 정보를 불충분하게 보유하고 있는 기업가는 통화당국의 갑작스런 통화량의 변화를 알지 못하여 실제물가의 변화를 부정확하게 예상하는 실수를 말한다. 이때 실제물가와 예상물가가 불일치하면서 산출량이 완전고용산출량 수준(y_f)을 벗어나 변화하게 되면서 경기변동이 일어난다. 구체적으로 예상하지 못한 통화량의 변화로 실제물가가 예상물가보다 높으면 기업가는 제품가격이 상승하였다고 보고 제품공급을 증가시키고, 반대로 낮으면 제품가격이 하락하였다고 보고 제품공급을 줄이게 된다. 이 과정에서 화폐는 비중립적이다.

이제 통화량의 변화가 경기변동을 일으키는 과정을 보자. 이는 [그림 36-2]를 통해서 살펴볼 수 있다. 그림은 균형점과 산출량의 변동을 도해한 것이다. 그림에서 예상된 화폐금융정책의 변화는 경제를 e_0, e_2, e_3점으로 이동시킬 뿐이다. 따라서 어떠한 경기변동도 나타나지 않는다. 그런데 예상치 않은 화폐금융정책의 변화는 경기가 e_0-e_1-e_2로 전개되면서 변동성을 갖게 된다.

2.4 화폐적 균형경기변동이론에 대한 평가

화폐적 균형경기변동이론은 새고전학파에서 화폐가 단기에 비중립적일 수 있음을 보인 이론이다. 화폐의 비중립성은 불완전정보를 가진 민간(민간 중 특히 기업)이 실제물가의 변화를 잘못 인식하는 과정에서 발생한다.

또한, 민간의 정보시차(information lag)가 매우 짧기 때문에 경기변동의 지속성을 적절히 설명하지 못하는 한계를 드러내고 있다. 다시 말해 예기치 않은 통화량변화로

그림 36-2
화폐적 균형경기변동의 전개과정

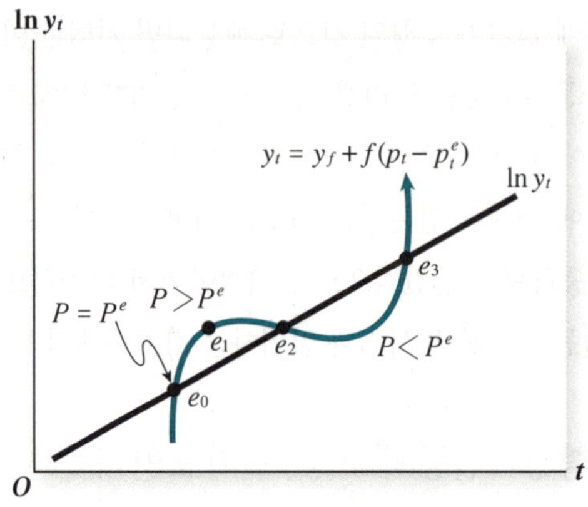

금기의 물가에 대한 예측오차가 발생하여 경기변동이 발생하더라도 다음 기에는 실제 물가와 예상물가가 일치하게 되어 실제산출량과 완전고용산출량이 일치하기 때문에 더 이상 경기변동이 일어나지 않는다.

3. 실물적 균형경기변동이론 (real equilibrium business cycle theory)

3.1 의의

(1) 등장배경

실물적 균형경기변동론은 화폐적 균형경기변동론이 일회적인 화폐적 충격으로 장기간 지속되는 경기변동현상을 만족스럽게 설명할 수 없다는 점, 피셔(S. Fishcher), 테일러(J. Taylor) 등 새케인즈학파의 경기변동이론이 미시적 기초를 결여한 점에서 보다 현실설명력이 있는 이론이 요구됨으로써 등장하게 되었다. 실물적 균형경기변동이론은 1980년대 초 프레스콧(E. Prescott), 키들랜드(F. Kydland), 킹(R. King) 등에 의해 전개되었다.

(2) MBC와의 비교

RBC와 MBC이론은 모두 왈라스균형상태에서 경기변동을 이해하고 있다는 점에서 균형경기변동이론이다. 그럼에도 다음과 같은 차이점이 있다. 먼저, RBC이론은 경기변동을 야기하는 교란요인을 공급측면에서의 실물적인 생산성충격으로 보고 있다. 따라서 경기변동은 실물적 현상이다. 이에 대해 MBC이론은 수요측면에서 화폐충격으로 보고 있다. 따라서 경기변동은 화폐적 현상이다.

둘째, MBC는 '화폐충격 → 물가에 대한 예측오차(오인식) → 산출량변화'를 통해 경기변동이 발생한다. 이에 대해 RBC는 '생산성충격 → 노동시장과 생산함수에서 기간별 대체효과 → 산출량변화'를 통해 경기변동이 일어난다. RBC에서 자연실업률과 완전고용산출량은 실제실업률이고 실제산출량이다. 끝으로, MBC는 정보시차가 너무 짧아 경기변동의 지속성(persistence)을 설명하는 데 부족하지만, RBC이론은 경기변동의 지속성을 충분하게 설명한다.

3.2 실물적 균형경기변동의 원인 : 생산성충격

(1) 생산성충격

실물적 균형경기변동이론은 왈라스균형 하에서 생산성충격이 경기변동의 직접적이고 거의 유일한 원인이라는 견해이다. 생산성충격 또는 기술적 충격이란 생산요소의 투입량이 고정되어 있는 상태에서 기술변화로 산출량이 증가 또는 하락하는 교란요인을 말한다.

RBC에 의하면 유리한 생산성충격은 경기호황을 가져오고, 불리한 생산성충격은 경기침체를 가져온다. 역으로 말하면 호황은 노동생산성을 증가시키는 유리한 공급충격이 발생한 기간이고, 불황은 노동생산성이 하락하는 불리한 공급충격이 발생한 기간이라는 것이다. 그리고 〈표 36-1〉은 경기변동의 기본적 사실에서 노동의 평균생산성이 경기순행성을 보이는 것은 RBC이론이 타당하다는 것을 지지하는 증거라고 주장하고 있다.

■ 실물적 균형경기변동이론

- 왈라스균형 하의 생산성충격 <
  - 유리한 충격 → 경기호황
  - 불리한 충격 → 경기불황

(2) 솔로우 잔차(Solow residual)

RBC에서 생산성충격 또는 기술적 충격은 구체적으로 솔로우 잔차항으로 나타낸다. 식 (36.1)의 생산함수에서 A는 현재의 기술수준을 나타내는 값으로 총요소생산성(total factor productivity)이라 한다.

$$y = Af(L, K) \quad (36.1)$$

식 (36.1)을 1차동차 콥-다글라스생산함수라면($y = AK^{\alpha}L^{1-\alpha}$), y의 성장률은 식 (36.2)로 나타낼 수 있다. 식 (36.2)를 성장회계방정식(growth accounting equation)이라 한다.

$$\frac{dy}{y} = \frac{dA}{A} + \alpha\frac{dK}{K} + (1-\alpha)\frac{dL}{L},\ 0 < \alpha < 1 \quad (36.2)$$

성장회계방정식에 총요소생산성의 증가율은 식 (36.3)으로 표시된다. 식에서 $\frac{dA}{A}$를 '솔로우의 잔차' 라고 부른다. 왜냐하면 솔로우(R. Solow)가 이 값을 처음으로 계산했기 때문이다.

■ **총요소생산성의 증가율**(솔로우 잔차)

$$\frac{dA}{A} = \frac{dy}{y} - \alpha\frac{dK}{K} - (1-\alpha)\frac{dL}{L},\ 0 < \alpha < 1 \quad (36.3)$$

$$\text{총요소생산성 증가율} = \text{산출량 증가율} - \alpha \times \text{자본 증가율} - (1-\alpha) \times \text{노동 증가율}$$

프레스콧(Edward Frescott)은 경기변동을 일으키는 기술적 충격의 역할을 살펴보기 위해 계산한 솔로우 잔차를 자본, 노동량의 변화로 설명할 수 없는 제3의 요소에 의한 산출량의 변화를 나타내는 값이라고 했다. 프레스콧은 이를 기술로 보고 솔로우의 잔차를 기술진보율값으로 해석하였다. 그리고 솔로우 잔차라고 표시된 생산성충격이 경기변동의 매우 중요한 원인이라고 주장했다.

이를 실증적으로 살펴보면 [그림 36-3]은 1948년부터 1994년까지 미국에서 솔로우 잔차와 산출량성장률과의 관계를 나타낸다. 솔로우의 잔차는 지속적으로 순환하면서 1982년에는 기술이 약화되었고, 1984년에는 개선되는 모습을 보여준다. 또한 솔로우 잔차는 산출량과 매우 밀접하게 움직이고 있다. 산출량이 하락할 때 솔로우 잔차도 함께 하락하고 있다. 따라서 생산성충격을 나타내는 솔로우 잔차는 경기변동을 잘 설명해 주는 지표이다.

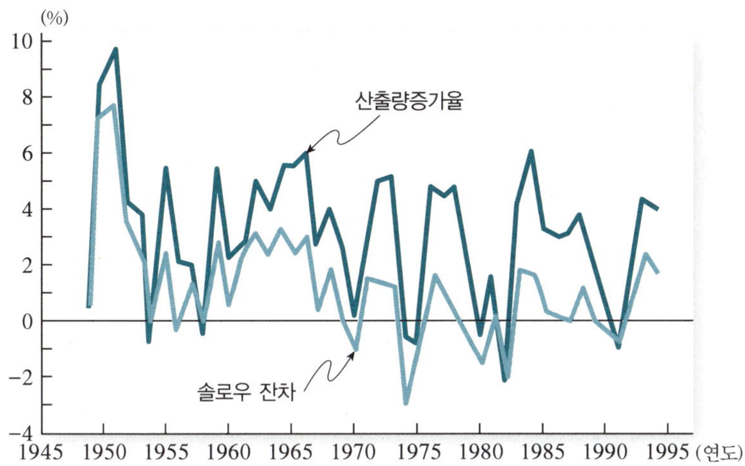

자료 : U.S. Department of Commerce
솔로우 잔차항은 콥-더글라스 생산함수를 이용하여 계산함

그림 36-3
솔로우 잔차와 산출량증가율과의 관계

3.3 RBC이론에 대한 비판

RBC이론은 많은 논쟁이 있지만 다음과 같은 측면에서 비판이 제기된다.

(1) 기술충격 또는 생산성충격 측정상의 문제점

RBC이론은 생산성충격을 솔로우의 잔차항의 변화로 나타낸다. 그런데 솔로우 잔차항의 단기변동은 기술충격 외에 환율의 변동, 유가의 변동, 제도적 요인의 변화 등 더 많은 것들을 반영하고 있다는 점이다. 즉, 솔로우 잔차항은 단기에서 정확하게 기술적 변화를 나타내지 못할 수 있다는 것이다.

(2) 노동공급의 기간별 대체효과의 문제

RBC의 경기변동전달기구, 즉 노동시장에서 노동공급의 '기간별 대체효과' 의 문제이다. RBC에서는 다른 기간에 노동을 하려는 유인의 변화가 고용량변동을 가져온다. 이것이 경기변동전달과정에서 핵심이다.

그러나 미시경제학연구에 따르면 노동공급의 기간별 대체탄력성이 경험적으로 크지 않은 것으로 밝혀지고 있다. 볼(Laurence Ball)에 의하면 일시적인 임금변화에 대한 노동공급의 기간별 대체탄력성이 매우 작았다. 따라서 그는 고용량의 변동은 기간별 대체효과 외에 다른 요인으로부터 유도된다는 것이다.

(3) 화폐충격의 간과

RBC는 경기변동의 원인을 화폐가 아닌 실물충격이라고 본다. RBC모형에 화폐충격이 생략되었다는 점이다. RBC론자들은 통화량변화는 실질변수에는 아무런 영향을 주지 못하고 명목변수만을 변화시킨다고 본다. 따라서 화폐금융정책의 변화는 경기변동을 설명할 수 없다고 주장한다.

제37장 새케인즈학파 경기변동론

microeconomics + macroeconomics, Economics ch. thirty-seven

1. 새케인즈학파의 경기변동이론

1.1 의의

가격(임금) 경직성(rigidity)은 새케인즈학파의 경기변동이론에서 중심적 역할을 한다. 또한 새케인즈학파는 경직성을 미시적 기초를 통해 도출하여 경제주체의 최적화행동과 일치시킨다. 반면 케인즈학파에서는 이론적 설명 없이 가격이 경직되어 있다고 전제한다. 이 점이 케인즈학파와 차이이다.

1.2 경기변동이론의 분류

새케인즈학파에서 경기변동의 핵심요소는 경직성이다. 각종 경직성모형이 경기변동을 설명하는 것이다. 명목경직성을 설명하는 이론으로 메뉴비용이론과 경기변동, 조정실패이론과 경기변동 등이 그 예이고 경기변동의 지속성을 설명하기 위한 실질경직성이론은 효율적 임금모형, 내부자-외부자모형이 있다.

2. 경직성모형과 경기변동

2.1 경직성모형

새케인즈학파는 경직성을 미시적 기초로 설명하고, 경직성은 기업의 이윤극대화 행동과 부합하며 가격이 신축적일 때 보다 경기변동이 크게 지속적으로 일어난다고 주장하고 있다. 이때 명목경직성은 경기변동의 원인을, 실질경직성은 실업이론과 경기변동의 지속성과 가변성을 각각 설명하는 이론적 역할을 한다.

본 절에서는 명목경직성에 의한 경기변동이론을 살펴본다. 여기에는 메뉴비용이론, 조정실패이론이 있다.

2.2 메뉴비용이론과 가격경직성

(1) 의의

메뉴비용(menu cost)이란 기업이 제품가격을 변경시켜야 할 때 소요되는 마찰적 비용을 말한다. 이 비용은 평균적으로 크지 않다. 예를 들어 물가수준에 관한 정보를 얻거나, 제품가격이나 임금 등 명목가격을 빈번하게 조정하는데도 비용이 크지 않다. 또한 메뉴비용은 산출량수준에 관계없이 지출하는 고정비용이다. 따라서 메뉴비용은 값이 크지 않은 일종의 작은 고정비용(small fixed cost)이다.

메뉴비용이론의 핵심은 고정비용성격의 작은 메뉴비용이 의미있는 명목경직성을 유도해내고 대규모의 경기변동을 야기시킬 수 있겠는가에 있다.

(2) 메뉴비용모형

불완전경쟁시장을 가정하고 [그림 37-1]을 이용해서 가격경직성을 설명해 보자. 최초의 수요곡선, 한계수입곡선과 한계비용곡선을 각각 D_0, MR_0, MC라 하자. 기업은 $MR_0 = MC$인 e_0점에서 이윤을 극대화하고 이때 가격과 산출량은 (P_0, y_0)이다.

이제 e_0점에서 명목통화량이 줄어드는 통화긴축으로 총수요충격이 가해졌다고 하자. 이때 새로운 수요곡선, 한계수입곡선은 각각 D_1, MR_1이다. 새로운 시장조건 하에서 기업의 이윤극대화는 $MR_1 = MC$인 e_1점에서 성립하고 가격과 산출량은 P_1과 y_1이다.

통화긴축이 있을 때 새고전학파에 의하면 기업은 가격을 P_0에서 P_1으로 즉각 신축적으로 조정한다. 이에 대해 새케인즈학파는 가격조정시에 메뉴비용이 존재하면 가격을 조정했을 때 얻을 이윤과 메뉴비용을 비교해서 결정한다.

[그림 37-1]에서 기업이 P_0가격 하에 y_2를 생산할 때 기업이윤은 $ebcf$이다. 가격을 P_1으로 인하했을 때 y_1 산출량수준에서 기업이윤은 eaf이다. 따라서 기업이 가격을 P_0에서 P_1으로 조정했을 때 추가로 얻는 이윤은 abc이다.

맨큐(N. G. Mankiw) 등 메뉴비용이론을 지지하는 학자들에 의하면 만약 작은 메뉴비용이 가격조정시 추가로 얻는 이윤 abc보다 크면 총수요충격에도 불구하고 가격은 P_0에서 경직될 것이라고 주장한다. 다시 말하면 기업은 가격을 조정하지 않는 것이 이윤을 극대화하는 것이다. 이때 산출량은 y_0에서 y_2로 변하는 경기변동이 발생한다. 그런데 이 크기는 가격이 신축적일 때 산출량 y_0에서 y_1으로 변동보다 크다. 따라서 가

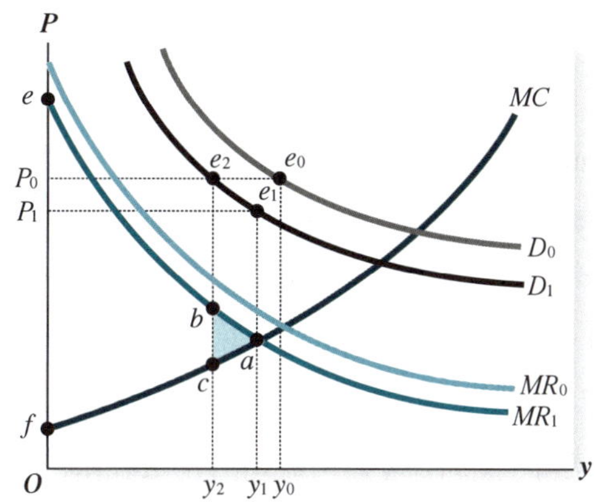

그림 37-1
메뉴비용과 경기변동

격경직성이 큰 경기변동을 일으킨다.

(3) 메뉴비용과 경기변동

이제 가격경직성이 대규모의 경기변동을 초래하는 현상을 살펴보자.

가격경직성은 대규모의 거시경제 외부성(macroeconomic externality)을 창출한다. [그림 37-1]에서 경제가 e_0에서 e_1으로 변하여 가격이 신축적이면 산출량은 y_0에서 y_1으로 감소하지만 가격이 P_0에서 경직적이면 경제가 e_0에서 e_2로 변하여 산출량이 y_0에서 y_2로 더 크게 감소하는 경기침체가 나타난다.

결론적으로 메뉴비용이론은 메뉴비용으로 가격의 경직성이 나타나고, 이러한 메뉴비용이 작더라도 가격의 경직성이 지속되고, 가격경직성은 거시경제외부성을 창출하면서 가격이 신축적일 때보다 큰 대규모의 경기변동을 발생시킨다.

- **메뉴비용이론과 경기변동**
  - 메뉴비용 → 가격경직성
  - 작은 메뉴비용(small menu cost) → 가격경직성의 지속성 → 대규모의 경기변동

(4) 메뉴비용이론의 한계

메뉴비용이론은 가격조정에 따른 마찰적 비용만을 고려하지만 수량조정에 의한 마찰적 비용은 고려하고 있지 않다는 한계점이 있다. 즉, 수량조정시에도 가격조정과 같이 마찰적 비용이 소요됨에도 불구하고 수량은 조정비용 없이 신축적으로 조정되고 있다고 가정한다.

2.3 조정실패와 경기침체

(1) 의의

조정실패(coordination failure)란 경제에 총수요충격이 가해졌을 때 기업들이 상호협조하여 가격을 인하하면 총수요가 증가하는 사회적 이익이 발생함에도 불구하고 기업들이 상호협조에 이르지 못해 가격인하를 이행하지 못하는 상태를 말한다.

메뉴비용이론에서 기업이 가격을 신축적으로 조정하지 않으면 거시경제 외부성을 창출하여 사회는 많은 손실을 본다. 거시경제 외부성이란 불완전경쟁시장에서 가격설정자인 기업이 자신의 이윤극대화를 위해 가격을 경직적으로 유지함으로써 사회 전체적으로 부담하는 비용을 말한다.

반면 가격을 신축적으로 조정하여 가격을 인하하면 총수요 외부성을 창출하여 사회는 많은 이익을 얻을 수 있다. 총수요 외부성이란 어떤 한 기업의 가격조정으로 경제 내 경쟁기업 등 다른 기업의 제품수요에 영향을 미치는 효과를 말한다. 총수요 외부성은 기업이 가격을 조정하는 데 외부성이 존재한다는 것을 의미한다. 조정실패는 이상에서 경제에 충격이 가해졌을 때 기업들이 서로 가격을 조정하여 총수요 외부성을 창출하기보다는 기업들이 가격을 조정하지 않아 가격이 경직성을 보이면서 거시경제 외부성을 창출하는 상태이다.

조정실패를 게임적 상황에서 정의하면, 다수의 시장균형(내쉬균형)이 존재하고 이 균형들이 파레토 우열의 순서(Pareto ranking)를 부여할 수 있을 때 경제가 파레토 열등(Pareto inferior)한 균형상태에 놓이게 되는 현상을 말한다. 예를 들면 경제가 호황의 균형상태, 불황의 균형상태 등 복수의 균형상태가 있고, 이들 균형 간에 파레토 우열을 부여할 수 있을 때 조정실패란 파레토 열등한 자원배분상태인 경기침체 하의 균형상태에 놓이게 되는 현상을 의미한다.

(2) 조정실패게임(coordination failure game)

브라이언트(John Bryant)는 조정실패게임을 통해 가격이 경직적임을 보이고 이를 통해 경제가 침체상태에 놓이게 되는 경기변동을 유도하고 있다. 조정의 문제는 임금과 가격을 결정할 때 발생한다. 왜냐하면 이들을 결정할 때 기업들은 경쟁관계에 있는 다른 기업들의 임금과 가격설정자의 행동을 예상하기 때문이다.

조정실패를 통해 경기침체가 어떻게 발생하는지 살펴보자. 현재 경제가 두 개의 기업으로 구성되어 있고 통화량감소와 같은 총수요충격이 가해졌다고 가정하자. 이때 각 기업은 이윤극대화의 원칙 하에 가격을 인하할 것인지 여부를 결정해야 한다. 여기서 기업들이 가격을 인하하면 보다 많은 수요와 산출량을 창출하여 전체 기업들에게 보다 높은 이윤을 준다고 가정하자.

각 기업의 이윤은 자신의 가격뿐만 아니라 다른 기업의 가격결정에도 영향을 받는다. 조정실패게임의 보수는 〈표 37-1〉과 같다. 각 기업은 가격인하와 유지 등 두 개의 전략을 갖고 있다.

표 37-1 **조정실패게임**

기업 1 \ 기업 2	가격인하	가격유지
가격인하	80 / 80	30 / 50
가격유지	50 / 30	40 / 40

(단, 박스 안의 숫자는 순서대로 기업 1, 2의 이윤을 각각 나타냄.)

기업 1, 2가 모두 가격을 인하하지 않고 높은 가격을 유지하면 실질잔고($\frac{M}{P}$)는 낮아지고 경기침체가 발생하며 각 기업은 40의 이윤을 얻는다. 만약 두 기업이 모두 가격을 인하하면 실질잔고($\frac{M}{P}$)가 증가하여 총수요와 산출량이 증가하기 때문에 이윤이 80으로 증가한다. 개별기업들이 동시에 가격인하시에 보다 큰 총수요 외부성이 나타난다.

이제 한 기업이 가격을 인하하고 다른 기업이 동의하지 않아서 가격을 인하하지 않았을 때 보수를 도출해 보자. 한 기업이 가격을 인하하면 총수요 외부성효과에 따라 경기침체를 피할 수 있기 때문에 유리하게 된다. 이때, 가격인하기업의 이윤이 가격유지기업의 이윤보다 낮아진다. 왜냐하면 기업이 가격을 인하하면서 메뉴비용 등 마찰적 비용이 발생하기 때문이다. 이 부분이 조정실패게임의 핵심이다. 이는 협약을 준수한 경기자의 보수는 낮아지고, 위반한 경기자의 보수는 높아지는 용의자의 딜레머게임의 구성원리와 일치한다.

협약을 준수했을 때보다 위반했을 때 보수가 더 커진다는 사실이 갖는 의미는 다음과 같다. 각 기업의 이윤은 자신의 가격뿐만 아니라 경쟁기업의 의사결정에 의해서도 영향을 받고 있다는 점이다. 총수요 외부성이 가격경직성을 초래하는 것은 가격인하기업과 가격유지기업과의 보수차이 때문이다.

조정실패란 기업들이 상호협조에 이르지 못함으로써 경제가 파레토 열등한 내쉬균형인 (가격유지, 가격유지)에 놓여 가격이 경직성을 보이는 상태를 말한다. 구체적으로 보면 조정실패게임에서 내쉬균형을 도출하면 복수로 존재한다. 즉, (가격인하,

가격인하)와 (가격유지, 가격유지)이다. 이 중에서 전자가 파레토 우월한 내쉬균형으로 내쉬초점균형이고, 후자는 파레토 열등한 내쉬균형이다.

(3) 조정게임과 경기변동

만약 두 기업이 가격을 조정하여 경제가 내쉬초점균형인 (가격인하, 가격인하)에 이르게 되면 두 기업은 조정에 성공하여 가격을 인하하고 총수요가 증가하는 경기호황을 누리게 될 것이다. 그러나 두 기업이 조정실패에 의해 경제가 파레토 열등한 균형인 가격유지에 이르면 가격이 경직되고 총수요와 실질통화량의 감소 등으로 경기침체에 이르게 된다.

경제성장론

part fourteen

14

제38장 외생적 성장론

microeconomics + macroeconomics, Economics ch. thirty-eight

1. 의의

1.1 경제성장 개념과 발전과정

경제성장(economic growth)이란 시간이 경과함에 따라 총체적인 경제활동의 규모가 커지는 현상을 말한다. 경제성장이론은 역사적 접근방법과 이론적 접근방법이 있다.

역사적 접근이란 경제성장을 경험적, 실증적 접근방법을 통해서 분석하는 입장을 말한다. 반면 이론적 접근이란 경제성장률을 소득증가율, 즉 $g_t = \frac{y_t - y_{t-1}}{y_{t-1}}$으로 정의하고, 성장이론을 동태적 균형국민소득결정이론으로 보는 시각이다. 따라서 경제성장이론은 소득을 어떻게 측정하느냐에 따라 고전학파 성장이론과 케인즈학파 성장이론으로 구분한다.

고전학파는 세이의 법칙에 따라 총생산함수를 이용하여 균형국민소득을 결정하기 때문에 고전학파 성장이론은 생산함수를 이용하여 성장이론을 전개한다. 반면 케인즈학파는 유입(I) = 유출(S)모형을 통해 균형국민소득을 결정하기 때문에 케인즈학파 성장이론 $I = S$를 동태화하여 전개한다.

신고전학파 성장이론으로는 솔로우(R. M. Solow)이론이 있다. 그런데 이 성장이론들은 외생적(exogenous) 성장이론이다. 경제성장률을 결정하는 값들이 외생적으로 결정되어 주어지기 때문이다.

이에 대칭적 위치에 있는 성장이론을 내생적(endogenous) 성장이론을 포함하여 새경제성장이론(new growth theory)이라 한다. 이 이론은 경제성장률이 주로 모형 내에서 결정되는 내생변수들에 의해 결정된다.

1.2 역사적 접근방법 : 정형화된 사실

칼도, 쿠즈네츠(S. Kuznets)는 각국의 경제성장에 대한 경험적 연구로부터 성장과 이들을 결정하는 주요 변수들, 예를 들면 자복축적, 노동력증대, 기술진보 등 간에 공통의 특징을 발견하였다. 이를 경제성장을 하는 모든 나라에서 공통적으로 나타나는 특징, 즉 정형화된 사실(stylized facts)이라 한다.

이를 정리하면 다음과 같다. 첫째, 인구와 자본이 다같이 성장하나, 자본의 증가율이 인구의 증가율보다 훨씬 높다. 따라서 노동자 1인당 자본장비율($\frac{K}{L}$)은 증가하였고, 자본심화(capital deepening)가 계속되어 왔다. 둘째, 노동자 1인당 실질산출량($\frac{Y}{L}$)은 증가하여 왔고, 실질임금도 노동생산성의 상승에 맞추어 분명하게 상승하고 있다.[1] 셋째, 노동소득이 재산소득에서 차지하는 비율은 장기적으로 상당히 안정적이다. 넷째, 실질이윤율(또는 실질이자율)의 하락현상은 나타나지 않았다. 다섯째, 노동자 1인당 자본량은 증가하고 있음에도 불구하고 자본–산출량 비율($\frac{K}{Y}$)은 거의 불변이다. 마지막으로, 장기저축함수(또는 장기소비함수)는 원점을 통과한다.

2. 솔로우 성장이론

Economics ch. thirty-eight

2.1 솔로우 성장모형

솔로우이론은 신고전학파이론이기 때문에 성장모형이 생산함수를 이용한다.

(1) 생산함수

솔로우 성장이론에서 생산함수는 식 (38.1)로 설정된다.[2]

$$Y = F(K,\ AL) \tag{38.1}$$

[단, A : 현재의 기술 또는 지식(knowledge)수준]

---

1. 지금까지 Y는 명목산출량, y는 실질산출량을 나타냈다. 하지만 경제성장론편에서는 Y는 실질산출량, y는 유효노동력 1인당 실질산출량을 각각 나타낸다.

2. 본래 식 (38.1)은 시간이 변함에 따라 Y, K, L이 변하기 때문에 정확한 함수식은 식 (38.1)′ 처럼 표시된다.

$$Y(t) = F(K(t),\ A(t)L(t)) \qquad (38.1)'$$

그러나 계산과 식 정리의 단순화를 위해 앞으로 식 (38.1)과 이 이후의 모든 함수에서 t를 생략한 채 동태적 진행과정을 전개하겠다.

A가 기술수준을 나타내기 때문에 AL은 기술을 가진 노동자(skilled labour)를 말한다. 이런 의미에서 AL을 유효노동력(effectiveness of labour)이라 한다.

식 (38.1)로 설정된 생산함수는 다음과 같은 특징이 있다.

산출량변화는 오직 투입요소의 변화를 통해서만 가능하다는 점이다. 특히 자본과 노동이 주어져 있는 상태에서 산출량증가는 기술 또는 지식(knowledge)수준의 증가, 즉 기술진보에 의해서만 가능하다. A와 L은 AL로 들어가 있다. AL은 유효노동력을 의미한다. 이런 방식으로 생산함수에 구체화된 기술을 노동사용적(labour augmenting) 기술진보라 한다.[3]

또한, 식 (38.1)에서 생산함수는 K, AL에 대해 "규모의 불변보수(constant returns to scale, *CRS*)"이다. 이는 산출량 Y는 K와 AL의 증가율만큼 성장한다는 것을 의미한다.

식 (38.1)의 생산함수는 축약형(intensive form)으로 바꿀 수 있다.

$$Y = F(K,\ AL)$$
$$\lambda Y = F(\lambda K,\ \lambda AL),\ \ \lambda > 0$$

만약 $\lambda = \frac{1}{AL}$이라면,

$$\frac{Y}{AL} = F\left(\frac{K}{AL},\ 1\right)$$

이다. 이때 $\frac{Y}{AL}$는 유효노동력 한 단위당 산출량으로 $\frac{Y}{AL} = y$이라 하고, $\frac{K}{AL}$는 유효노동력 한 단위당 자본량으로 $\frac{K}{AL} = k$라 하자. 그러면 식 (38.1)은 식 (38.2)의 형태로 축약되어 새롭게 설정된다.

$$y = f(k),\ \ f'(k) > 0,\ \ f''(k) < 0 \qquad (38.2)$$

식 (38.2)의 축약형 생산함수가 의미하는 바는 유효노동력 한 단위당 산출량은 유효노동력 한 단위당 자본량만의 함수라는 것이다. 그리고 $f'(k) > 0$, $f''(k) < 0$은 자본의 한계생산은 양수이고, 이 값은 k가 증가함에 따라 체감한다는 자본의 한계생산성 체감의 법칙을 의미한다. 유효노동자 1인당 생산함수의 구체적 모양은 [그림 38-1]과

---

3. $Y = F(K,\ AL)$은 자본사용적(capital augmenting) 기술진보라 하고, $Y = AF(K,\ L)$은 중립적(neutral) 기술진보라 한다.

그림 38-1
유효노동자 1인당 생산함수

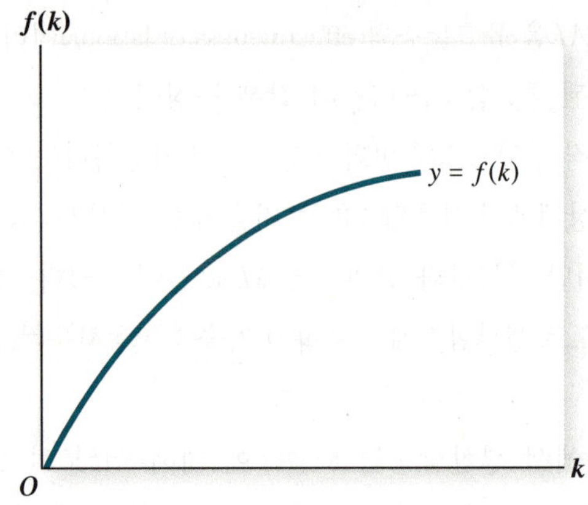

같이 아래로 오목하다. 생산함수가 아래로 오목하기 때문에 유효노동력 1단위당 자본의 평균생산성(AP_K)이 유효노동력 1단위당 자본의 한계생산성(MP_K)보다 항상 크다. 이는 [그림 38-1]에서 AP_K와 MP_K를 도출하면 쉽게 확인할 수 있다.

(2) 생산투입요소

생산요소인 노동, 자본, 그리고 지식수준(knowledge)은 일정한 증가율로 변한다. 식 (38.3)은 노동의 변화분을 나타낸다. 식 (38.4)는 기술과 지식의 변화분, 즉 새로운 기술과 새로운 지식수준을 나타낸다.

$$\dot{L} = nL \tag{38.3}$$

$$\dot{A} = gA \tag{38.4}$$

(단, n, g는 외생적으로 주어진 상수임)

식 (38.3)과 식 (38.4)에서 n은 노동증가율($\frac{\dot{L}}{L}$)이고, g는 기술과 지식의 진보율($\frac{\dot{A}}{A}$)이다.

산출량 Y는 소비와 투자로 나누어진다($Y = C + I$). 투자에 사용된 산출량의 크기가 s(저축률)이고 감가상각률이 δ일 때 자본의 변화분, 즉 순투자는 식 (38.5)이다.

$$\dot{K} = sY - \delta K \tag{38.5}$$

식 (38.3), (38.4)와 (38.5)를 종합할 때 솔로우모형에서 생산량은 K, L과 A에 의해서 결정되고 저축률(s), 감가상각률(δ), 인구증가율(n)과 기술과 지식수준의 증가율(g)은 외생적으로 일정하게 주어져 있다.

2.2 균제상태 도출

식 (38.2)에서 y의 증가율은 k가 시간이 변함에 따라 변화하는 k의 변환분, 즉 유효노동력 한 단위당 자본량(k)의 동태성(dynamics)에 의해서 결정된다. k의 변화율을 구하면 다음과 같은 솔로우 기본방정식을 도출할 수 있다.

■ 솔로우 기본방정식

$$\dot{k} = sf(k) - (n + g + \delta)k \tag{38.6}$$

(유효노동단위당 자본의 변화분) = 실제투자 − 재투자액

식 (38.6)은 솔로우성장이론에서 가장 핵심적인 방정식이다. 이 식에서 유효노동 한 단위당 자본량(k)의 변화는 유효노동 한 단위당 실제투자($sf(k)$)와 재투자액($(n+g+\delta)k$)의 차이로 정의된다. $sf(k)$에서 s는 저축률 또는 투자된 산출량 크기를 말하기 때문에 $sf(k)$는 실제투자를 나타내는 곡선이다.

$(n+g+\delta)k$는 k를 현재수준에서 유지하기 위해 지출해야만 하는 투자액을 말하기 때문에 자본유지 또는 손익분기(break even)수준의 투자라 한다. 이를 구체적으로 보면, δk는 대체투자액을 말한다. 유효노동량은 $n+g$로 성장하기[4] 때문에 자본량도 $n+g$율로 성장해야만 k가 현재수준을 유지하게 된다. 이 값은 $(n+g)k$이다. 따라서 두 값을 합한 $(n+g+\delta)k$는 재투자를 하면서 유효노동량 증가와 동일하게 k가 증가하는 투자수준을 말한다.

[그림 38-2]의 (I)은 유효노동자 1인당 산출량 $y = f(k)$, 실제투자곡선 또는 유효노동자 1인당 저축곡선 $sf(k)$, 자본유지의 재투자곡선 $(n+g+\delta)k$를 각각 나타낸다.

유효노동자 1인당 소비수준(c)은 유효노동자 1인당 산출량 $f(k)$에서 유효노동자 1인당 재투자소요액($(n+g+\delta)k$)을 뺌으로써 도출된다. 이 값은 식 (38.7)로 표시된다. 식 (38.7)에서 1인당 소비를 극대화하는 값은 $f(k)$의 기울기인 $f'(k)$와 $(n+g+\delta)k$곡

---

4. AL의 증가율을 구하기 위해 이 값을 ln 취하고 시간으로 미분하면 $\frac{\dot{A}}{A} + \frac{\dot{L}}{L} = g + n$이 된다.

선의 기울기 $n+g+\delta$가 같은 [그림 38-2] (I)의 k_1수준에 달성된다.[5]

$$c = f(k) - (n+g+\delta)k \tag{38.7}$$

그림 (II)는 솔로우성장모형을 실제투자와 재투자의 차이, 즉 자본증가율로 나타낸 그림이다. 이 그림은 식 (38.6)에서 양변을 k로 나누면 도출되는 아래의 방정식을 도해한 것이다.

$$\frac{\dot{k}}{k} = \frac{sf(k)}{k} - (n+g+\delta)$$

그림에서 $n+g+\delta$값은 k값의 변화에 일정하지만, $\frac{sf(k)}{k}$값은 k값이 증가하면 $f(k)$값이 체감하기 때문에 감소한다.

그림 (III)은 유효노동 한 단위당 자본량(k)의 변화분을 나타내는 곡선이다. 이는 식 (38.6)에 따라 $sf(k)$값에서 $(n+g+\delta)k$값의 차이로 도출된다. 이 값이 가장 극대가 되는 수준은 $sf(k)$의 기울기와 $(n+g+\delta)k$의 기울기가 일치하는 수준인 k_0이다.

정태분석에서 균형상태를 동태분석에서는 균제상태(steady state)라 한다. 균제상태에서는 모든 변수의 성장률이 일정하다. 이제 균제상태를 도출해 보자. 만약 k_0처럼 실제투자액이 재투자액보다 크면 $sf(k) > (n+g+\delta)k$이어서 k는 증가한다. 반대로 k_2처럼 실제투자액이 작으면 $sf(k) < (n+g+\delta)k$이고 k는 하락한다. 따라서 솔로우모형은 실제투자액과 재투자액이 일치하는 k^*수준에서 균제상태(steady state)가 실현된다.[6]

■ **균제상태**(steady state)

$$\underbrace{sf(k)}_{\text{실제투자액}} = \underbrace{(n+g+\delta)k}_{\text{재투자액}}$$

이때 유효노동자 1인당 산출량은 [그림 38-2]의 (I)에서 y^*이고, 투자와 저축은 $e \sim k^*$이다. 1인당 소비수준은 $y^* \sim sf(k^*)$이다.

5. 1인당 소비를 극대화하는 값은 최적성장이론에서 도출된다. 최적성장이론 참조 바람.

6. 균제상태에서 특히 성장률이 0인 상태를 정상상태(定常狀態, stationary steady state)라 한다.

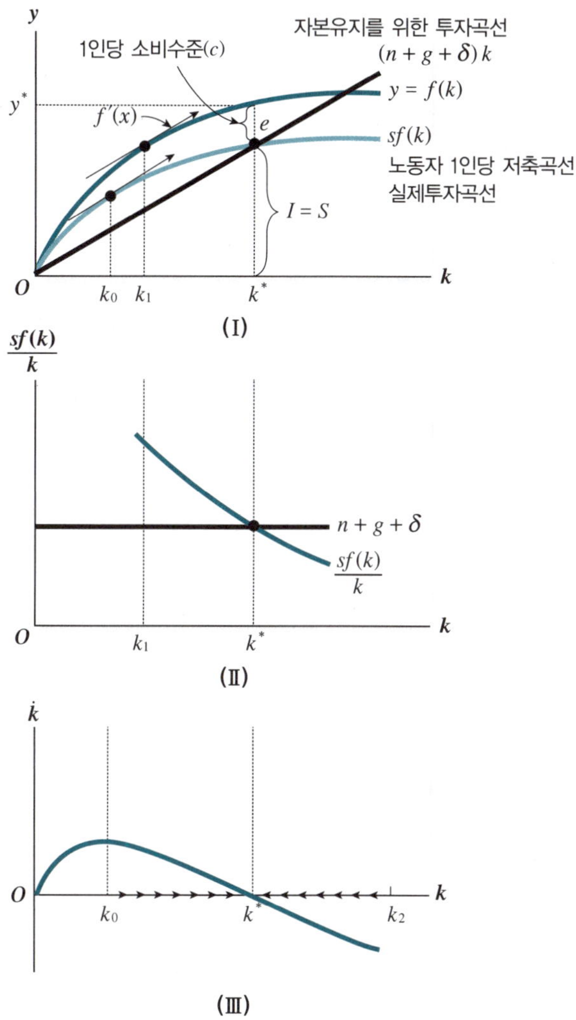

그림 38-2
유효노동자 1인당 자본의 변화분과 솔로우의 성장모형

2.3 균제상태(steady state)의 특징

솔로우모형이 균제상태에서 나타난 특징을 보면 다음과 같다. 첫째, [그림 38-2]에서 k가 k^*로 수렴할 때, 즉 균제상태에서 노동량 L과 지식수준(knowledge) A값은 식 (38.3)과 식 (38.4)에서 각각 n, g의 증가율로 성장한다. 둘째, 유효노동량 AL은 $n+g$의 비율로 성장한다. 또한 자본량 $K=ALk$이고 k가 k^*로 고정되면 K도 $n+g$비율로 성장한다.[7]

---

7. $K=ALk$를 자연로그 취하고 시간으로 미분하면 $\frac{\dot{K}}{K}=\frac{\dot{A}}{A}+\frac{\dot{L}}{L}=g+n$이다. 왜냐하면 k는 k^*로 고정되어 있어 변화율이 0이기 때문이다.

셋째, 자본과 유효노동력이 $n+g$율로 성장하기 때문에 규모의 불변경제(CRS) 하에 서 Y 또한 $n+g$율로 성장한다. 넷째, $\frac{K}{L}$와 $\frac{Y}{L}$는 g의 비율로 성장한다.[8]

결론적으로 균제성장경로에서 노동자 1인당 산출량($\frac{Y}{L}$)증가율은 기술진보율 g에 의해서만 전적으로 결정된다. 따라서 신고전학파모형에서 경제성장의 원동력은 기술진보이다.

2.4 솔로우모형의 안정성

솔로우성장모형은 안정적 성장이론이다. 안정적 성장이란 외부충격으로 균형이 파괴되었을 때 경제 내의 조정과정을 거쳐 균형으로 다시 복원한다는 것을 의미한다.

[그림 38-2]의 (Ⅲ)에서 k가 k_0일 때는 실제투자($sf(k)$)가 k를 현 상태로 유지하기 위한 투자 $(n+g+\delta)k$보다 크기 때문에 k_0가 증가한다. 유사하게 k_2일 때는 실제투자액이 손익분지를 나타내는 투자보다 작기 때문에 k_2가 감소한다. 따라서 k가 어디에 있든지 초기상태와 관계없이 k는 k^*로 수렴한다.

2.5 장기균제성장률의 변화

솔로우모형에서 장기균제성장률에 영향을 미치는 요인은 모두 네 가지이다. 저축률(s), 감가상각률(δ), 인구증가율(n)과 생산성향상률(g)이다. 이들 파라미터가 변할 때 균제성장률의 변화를 살펴보자.

(1) 저축률(s)의 변화

솔로우모형에서 성장률을 결정하는 파라미터 중 정부가 정책변수로 조정할 수 있는 가장 유력한 것이 저축률(s)이다. 정부의 저축소득에 대한 조세감면이나 저축장려 정책으로 민간의 저축률을 증가시켰을 때 효과를 살펴보자.

현재 최초의 균제상태는 [그림 38-3]에서 e_0점이다. e_0에서 유효노동자 1인당 산출량은 y_0^*, 저축 및 투자수준은 $e_0 \sim k_0^*$, 소비수준은 $y_0^* \sim e_0$, 자본-유효노동비율은 k_0^*이다. 정부의 정책으로 민간의 저축률이 최초에 s_0에서 s_1로 증가하면 저축곡선이 $s_0 f(k)$에서 $s_1 f(k)$로 상방이동한다.

저축곡선 이동 후에 새로운 균제상태는 $s_1 f(k)$와 $(n+g+\delta)k$가 일치하는 e_1수준에서 이루어진다. e_1점에서 1인당 산출량은 y_1^*로, 저축 및 투자수준은 $e_1 \sim k_1^*$로, 자본-유효노동비율은 k_1^*로 모두 증가하였다. 그러나 저축률증가는 소비를 $y_1^* \sim e_1$으로 떨어

8. $\frac{K}{L}$의 성장률은 $\frac{dK}{K} = \frac{dL}{L} = n+g-n = g$이고, $\frac{Y}{L}$의 성장률은 $\frac{dY}{Y} = \frac{dL}{L} = n+g-n = g$이다.

그림 38-3
저축률증가의 효과

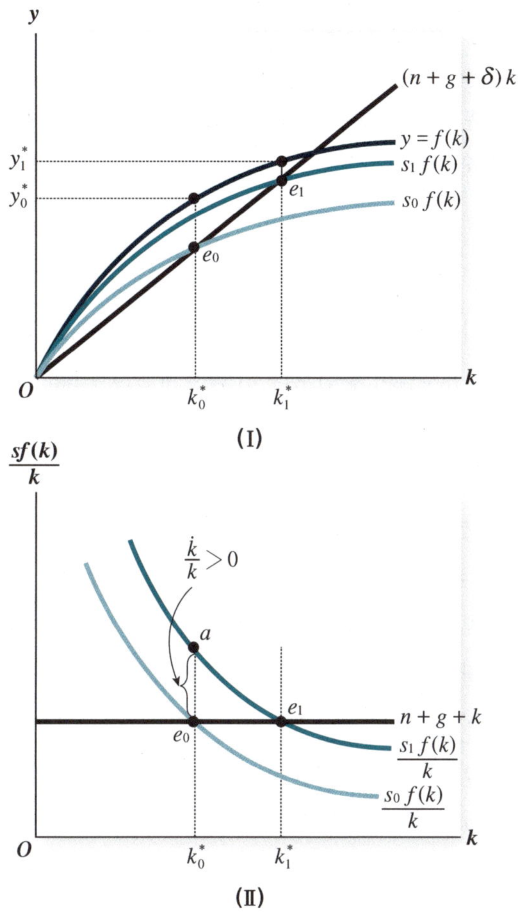

뜨리는 원인이 되고 있다.

저축률증가가 장기균제성장률(특히 y의 성장률)에 미치는 영향을 [그림 38-3]을 통해 살펴보자. 저축률이 변하기 전 균제상태인 e_0점에서는 $\frac{\dot{k}}{k}=0$, $\frac{\dot{y}}{y}=0$이었다. 이제, 저축률이 증가하면 k_0^*에서 $\frac{\dot{k}}{k}$는 $a \sim e_0$만큼 양(+)의 값을 갖게 되어 k는 증가하게 된다. y도 $y=f(k)$곡선을 따라서 k의 증가에 따라 같이 증가하여 $\frac{\dot{y}}{y}$도 양의 값을 갖게 된다.

그러나 시간이 경과함에 따라 증가된 저축이 k_0^*보다 높은 k_1^*를 유지하기 위해 모두 투입되기 때문에 k와 y의 성장률은 점차 떨어져 k_1^*에서는 k와 y의 성장률이 전과 같이 0이 된다. 즉, k_1^*에서 k와 y의 성장률이 멈추게 되는 것이다. 그러므로 저축률의 변화는 성장효과(growth effect)는 없고 균제수준을 이동시키는 추세이동효과(level effect)만을 갖는다.

■ **저축률증가가 장기균제성장률에 미치는 효과**

① 저축률증가는 일시적으로 성장률을 높임

② 저축률증가 후 장기성장률(e_1)은 최초의 성장률과 같음

③ 그러나 저축률증가는 장기에서 1인당 산출량수준을 y_0^*에서 y_1^*로 증가시키기 때문에 보다 높은 생활수준을 실현시킴

(2) 인구증가율(n) 변화

다음 인구증가율이 변했을 때 장기균제성장률에 미치는 효과를 보자. 인구증가율이 증가한다는 것은 노동자들이 종전보다 더 빠르게 노동력(labour force)에 참여한다는 것을 의미한다.

때문에 인구증가율의 증가는 성장률을 결정하는 파라미터 값 중 n값을 상승시킨다. [그림 38-4]에서는 $(n_0 + g + \delta)k$값이 $(n_1 + g + \delta)k$값으로 상승한다. 새로운 균제상태는 $(n + g + \delta)k$값과 $sf(k)$가 일치하는 e_1점에서 형성된다.

장기균제상태의 효과를 살펴보자. 자본 k가 고정된 상태에서 새로운 노동력의 증가는 유효노동자 1인당 자본량 $k = \frac{K}{AL}$값을 하락시킨다. 그림에서 k값이 k_0^*에서 k_1^*로 한다. 이 결과 유효노동자 1인당 산출량, 소비 및 저축수준이 모두 하락하였다.

그러나 총산출량 Y는 $n + g$의 비율도 증가하기 때문에 증가한다. 또한 총산출량 증가에 따라 총소비(C)와 그 나라의 총생산능력(total prodctive capacity)도 증가한다. 인구증가율의 증가가 한 나라의 총산출량, 총소비와 총생산능력을 증가시키는 효과 때문에 인구증가율의 증가가 경제성장에 미치는 효과를 긍정적으로 평가하는 견해도 있다.

(3) 생산성향상(g) 효과

솔로우모형에서 지속적인 성장은 어떻게 가능하겠는가? 이에 핵심요소가 생산성 향상이다. 산업혁명 이후 생산성은 지속적으로 향상되어 왔다. 반면 높은 저축률의 계속적 증가나 인구증가율의 지속적 하락은 현실적 한계가 있다. 따라서 저축률증가나 인구증가율 하락은 지속적으로 팽창가능한 성장을 실현하지 못한다.

유리한 공급충격과 같은 생산성향상은 주어진 유효노동자 1단위당 자본량(k)수준에서 1인당 산출량을 더 많이 생산할 수 있기 때문에 $y = f_0(k)$ 생산함수를 $y = f_1(k)$로 상방이동시킨다. 이에 따라 저축함수도 $sf_0(k)$에서 $sf_1(k)$로 이동한다. 또한 생산성증가는 g를 상승시켜 재투자 $(n + g + \delta)$을 상방으로 이동시킨다. 그런데 생산성향상에 의한 새로운 투자 $sf(k)$가 재투자 $(n + g + \delta)k$보다 일반적으로 크기 때문에 $sf(k_1)$곡

그림 38-4
인구증가율 상승의 효과

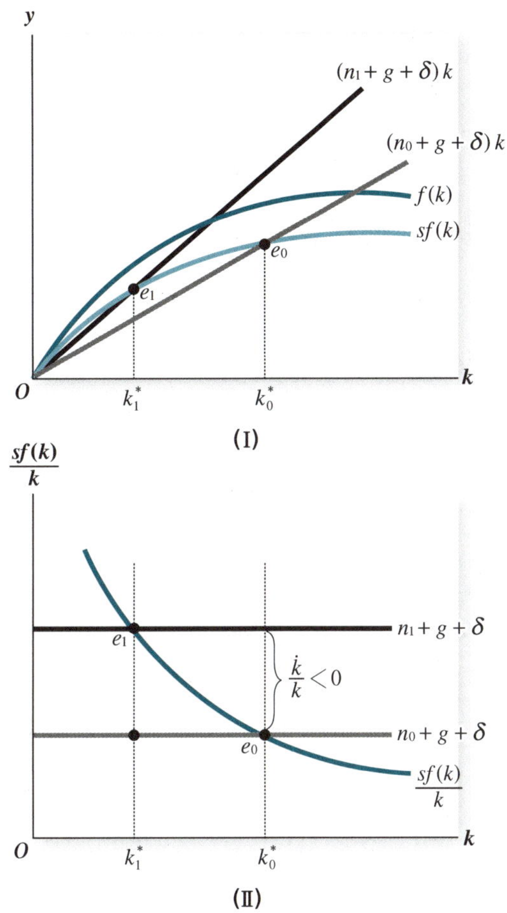

선이 $(n+g_1+\delta)k$보다 상대적으로 크게 상방으로 이동한다.

새로운 균제상태는 [그림 38-5]에서 $sf_1(k)$와 $(n+g_1+\delta)k$값이 일치하는 e_1에서 이루어진다. e_1에서 자본-유효노동비율이 원래 k_0^*보다 증가하여 k_1^*이다.

종합적으로 생산성향상은 균제산출량과 노동자 1인당 소비수준을 두 가지 방향으로 증가시킨다. 하나는 직접적으로 산출량을 증가킴으로써이고, 다른 하나는 저축을 증가시킴으로써이다.

솔로우모형에서 노동자 1인당 산출량$(\frac{Y}{L})$과 노동자 1인당 자본량$(\frac{K}{L})$의 증가율은 기술수준 A의 증가율 g에 의해서 결정된다. 따라서 한 나라의 지속적인 성장은 g값을 높이는 생산성향상만으로 가능하다. 이는 그림 (II)에서 확인할 수 있다. 그림에서 지속적인 생산성향상은 $\frac{sf(k)}{k}$값을 지속적으로 상방이동시키기 때문에 팽창적인 성장이 가능하게 된다.

그림 38-5
생산성향상 효과

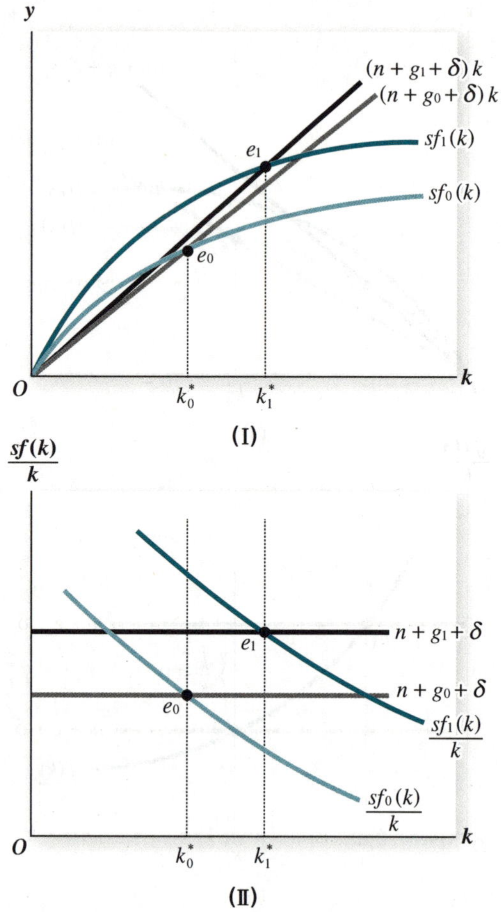

2.6 솔로우 성장이론의 정체성

솔로우모형에서 자본축적은 팽창적인 경제성장에 아무런 역할을 하지 못한다. 이에 대한 대답은 [그림 38-6]에서 자명하다. 그림에서 유효노동자 1인당 자본량이 증가할수록 유효노동자 1인당 산출량의 절대량은 증가하지만 그 증가율은 체감한다. 그림에서 k값이 k_0에서 k_1으로 증가하면 y값은 y_0에서 y_1으로 증가하지만, k값이 k_0나 k_1보다 훨씬 큰 k_2에서 k_3로 증가하면 y값은 y_2에서 별로 증가하지 않은 y_3로 이동한다. 이의 원인은 자본의 한계생산성이 체감하기 때문이다. 그림처럼 생산함수가 오목하면 생산함수의 기울기인 자본의 한계생산성 $f'(k)$가 k가 증가함에 따라 체감한다.

자본의 한계생산성이 체감하기 때문에 유효노동자 1인당 산출량의 지속적인 증가를 위해서는 더욱 더 빠르고 많은 유효노동자 1인당 자본량의 증가가 필요하다. 그리고 이를 위해 매년 더욱 더 많은 저축이 필요하다. 마침내 어떤 수준에 이르면 보다 많

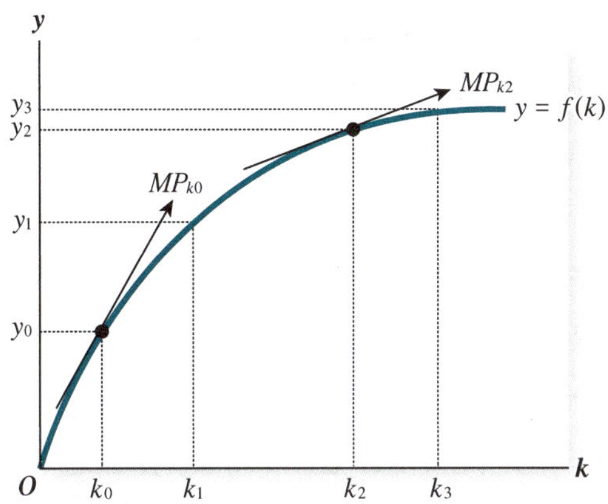

그림 38-6
자본축적의 증가

은 자본증가를 위해 필요한 저축을 충분하게 공급할 수 없게 된다. 이때 유효노동자 1인당 산출량(y)의 성장은 정체된다.

결론적으로 솔로우모형에서는 생산함수가 오목하고 자본의 한계생산성이 체감하기 때문에 자본축적에 의한 경제성장은 장기정체상태에 빠지게 된다.

2.7 수렴가설(convergence hypothesis)

최근에는 수렴가설이 성장이론의 주요 쟁점이다. 학계가 수렴가설의 성립 여부를 놓고 치열하게 논쟁을 벌이고 있다. 수렴가설에는 모두 세 가지 종류가 있다. 절대적(unconditional)수렴, 조건부(conditional)수렴과 비수렴성(non-convergence)이다.

(1) 수렴성의 정의

수렴성(convergence)은 장기적으로 1인당 국민소득이 1인당 경제성장률과 역의 관계를 가지므로 나타나는 현상이다. 즉, 1인당 소득이 낮은 국가는 높은 성장을 하고, 1인당 소득이 높은 국가는 낮은 성장을 하여 각국의 성장수준이 장기균제성장률로 접근하는 현상이다. 각국의 경제가 공통의 균제상태 k^*와 y^*에 접근함에 따라 국가 간에 자본-노동비율($\frac{K}{L}$)과 1인당 산출량($\frac{Y}{L}$)의 차이가 점차 줄어드는 현상을 말한다.

수렴가설에 의하면 빈국은 부국보다 평균적으로 높은 성장을 한다. 이에 대한 근거를 보면, 빈국은 유효노동자 1인당 자본량 k가 적고 자본의 한계생산성이 높기 때문에 성장률이 높다. 반면 부국은 k가 많고 자본의 한계생산성이 낮기 때문에 성장률이 낮다. 빈국에서 k값이 증가함에 따라 성장률은 점차 하락한다. 따라서 장기에서 양국의 성장수준이 접근하는 현상이 나타난다.

(2) 수렴성의 근거

솔로우모형에서 적어도 세 가지 이유에서 수렴현상이 나타난다.

먼저, 솔로우 성장이론에서 경제성장률, 즉 노동자 1인당 산출량($\frac{Y}{L}$)의 증가율은 오직 외생적으로 결정된 기술진보율(g)에 의해서 결정되는데, 이 값이 국가 간에 동일하게 주어지면 각국의 장기균제성장률은 접근하게 된다.

또한, 솔로우모형에서는 자본의 한계생산성체감법칙에 따라 자본수익률은 노동자 1인당 자본량이 많은 나라일수록 낮고, 적은 나라일수록 높기 때문이다. 이에 따라 부국은 자본수익률이 낮고 빈국은 높아서 국제자본이 부국에서 빈국으로 이동하는 유인이 존재한다. 빈국으로의 자본유입은 빈국의 성장률을 높인다. 반면, 부국의 성장률을 낮추게 된다.

끝으로, 만약 기술과 지식의 전파과정에 시차가 존재하면, 국가 간 소득격차는 빈국이 아직 최적기술수준을 수용하지 못했기 때문에 발생하는 현상으로 해석할 수 있다. 이 격차는 빈국이 최적기술수준에 접근함에 따라 줄어들면서 수렴현상이 나타나게 된다.

(3) 수렴성의 종류

■ **절대적 수렴성**(unconditional convergence)

절대적 수렴성이란 장기에서 양국의 균제성장률과 1인당 자본량($\frac{K}{L}$)과 1인당 산출량($\frac{Y}{L}$)이 모두 같아지는 현상을 말한다. 솔로우모형에서 절대적 수렴이 나타난다. 이것은 [그림 38-7]이다. 빈국과 부국의 저축률, 인구증가율 및 생산함수 등 경제기본

그림 38-7
절대적 수렴

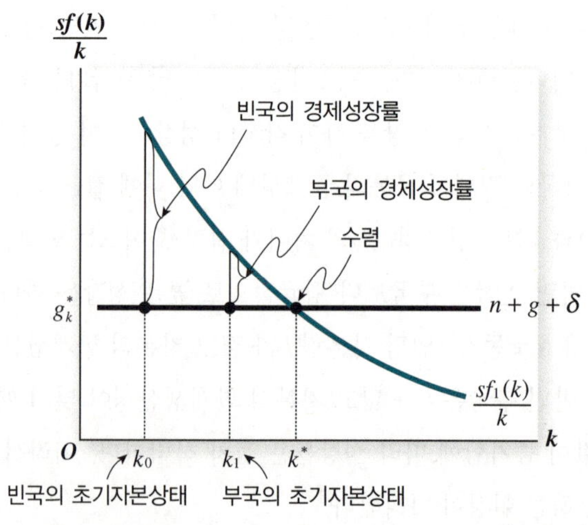

구조는 같지만 자본-노동비율($\frac{K}{L}$)과 노동자 1인당 산출량($\frac{Y}{L}$)은 다를 때 장기에서 $\frac{K}{L}$와 $\frac{Y}{L}$가 절대적으로 수렴하게 된다.

이 과정을 살펴보면 빈국의 1인당 자본량 또는 자본집약도($\frac{K}{L}$)가 낮기 때문에 자본의 한계생산성과 성장률이 높고, 부국의 1인당 자본량($\frac{K}{L}$)이 높아 자본의 한계생산성이 낮기 때문에 성장률이 낮다. 따라서 이런 과정이 지속되면 장기에서는 양국의 자본-노동비율이 같아진다. 절대적 수렴가설의 성립을 지지하는 사례는 많지 않다.

■ **조건부 수렴성**(conditional convergence)

맨큐(N. G. Mankiw)-로머(D. Romer)-웨일(D. Weil)에 의하면 조건부 수렴은 국가 간 저축률, 인구증가율 및 생산함수 등 경제기본구조가 다를 때 빈국이 자본-노동비율, 노동자 1인당 산출량이 유사한 경제적 구조를 가진 국가들 범주로 수렴하는 현

그림 38-8
수렴현상

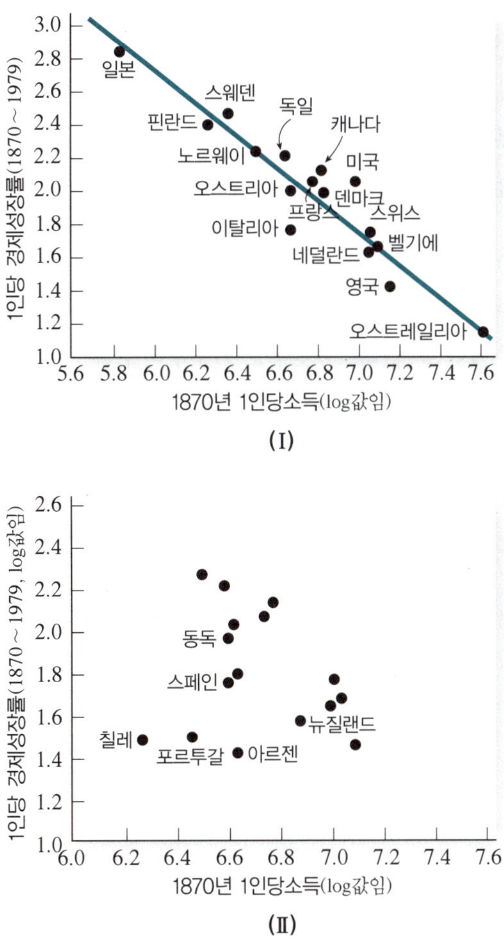

그림 38-9
조건부 수렴

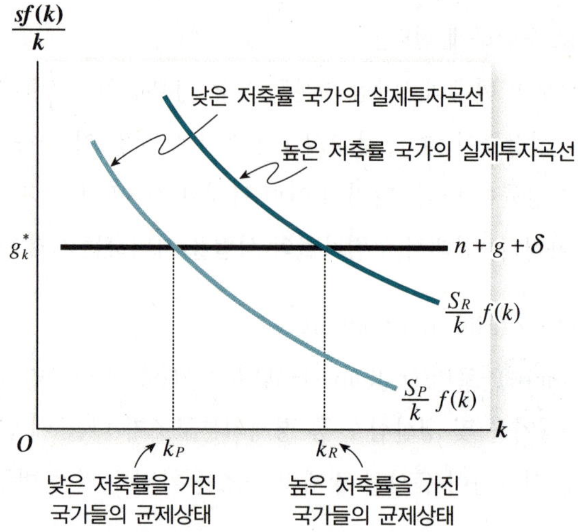

상을 말한다. 배로(R. Barro)는 조건부 수렴을 상대적 수렴이라 하였다.

예를 들어 [그림 38-9]에서 보듯이 낮은 저축률을 가진 빈국은 장기에도 역시 낮은 저축률을 가진 부국수준(k_p)으로 수렴하지만 높은 저축률을 가진 부국수준(k_R)으로는 결코 수렴할 수 없다. 현실적으로 조건부 수렴이 보다 일반적이다.

■ **비수렴성**(non-convergence)

비수렴성이란 국가 간 성장률이 수렴하지 않는 현상이다. 비수렴성 하에서 빈국은 영원히 부국을 추월할 수 없다. 솔로우모형에서 비수렴성도 설명할 수 있다. 예를 들어 국가 간 지속적인 생산성증가율에 차이가 있으면 비수렴성이 나타난다. 그러나 비수렴성은 솔로우모형의 기본정신은 아니다. 솔로우모형은 수렴성을 지지한다.

■ **수렴성**

- 절대적 수렴성 : 각국의 장기 1인당 소득수준이 동일함
- 조건부 수렴성 : 유사한 경제구조를 가진 국가들 범주로 수렴
- 비수렴성 : 빈국과 부국의 성장률은 영원히 같아질 수 없음

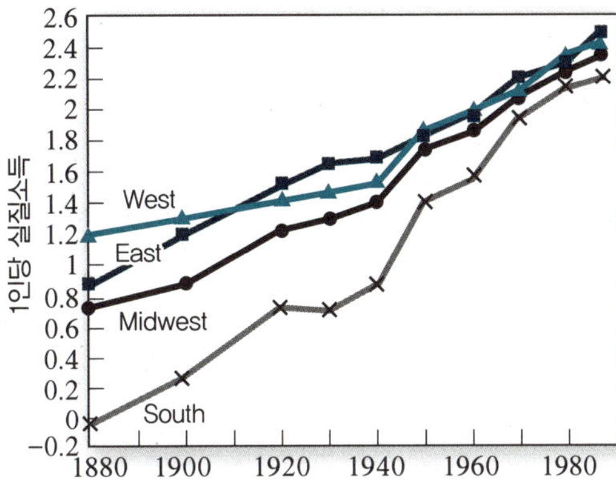

그림 38-10[9]
미국의 4대권역의 1인당 소득의 변화추이

3. 최적성장이론(optimal growth model)

Economics ch. thirty-eight

3.1 의의

최적성장이론은 신고전학파의 성장모형을 바탕으로 후생경제학적인 입장에서 경제주체의 후생을 극대화하는 성장경로를 찾고자 하는 이론이다. 최적성장경로(optimal growth model)란 경제적 후생의 관점에서 장기적으로 유효노동자 1인당 소비를 극대화하는 경제성장경로이다.

솔로우모형은 저축이 총소득의 일정한 몫이라고 단순히 가정할 뿐 소비자들의 후생(효용함수)을 명시적으로 고려하지 않은 이론들이다. 경제성장을 분석하되 대표적인 소비자의 효용함수를 명시적으로 도입하여 효용을 극대화시키는 성장조건을 연구하는 최적성장모형이 1960년대에 등장했다. 최적성장모형에 의하면 정상상태에서 실질이자율이 유효노동의 증가율과 같을수록 소비자의 후생이 극대화됨으로써 국민들의 후생이 극대화된다.

3.2 최적성장모형

최적성장모형은 사회후생극대화를 유효노동자 1인당 소비의 극대화에서 구한다.

9. [그림 38-10]은 미국 47주의 수렴성 검증을 4대권역으로 구분한 것이다.

$$
\begin{aligned}
&\text{소득}(y) = \text{소비}(c) + \text{저축}(s)\text{에서,}\\
&c = y - s\\
&\quad = f(k) - sf(k)
\end{aligned}
$$

이다. 그런데 솔로우 균형조건에서 $sf(k) = (n + g + \delta)k$이므로 이를 대입하면 식 (38.8)이다.

$$
\begin{aligned}
\underset{k}{\text{Max}}\ c &= f(k) - sf(k)\\
&= f(k) - (n + g + \delta)k
\end{aligned}
\tag{38.8}
$$

식 (38.8)에서 소비를 극대화하는 조건을 구하기 위해 식을 k로 미분하면

$$\frac{\partial c}{\partial k} = f'(k) - (n + g + \delta) = 0$$

이다. 따라서 $f'(k) = (n + g + \delta)$에서 소비가 극대화된다.

$f'(k)$는 자본의 한계생산성이다. 장기완전경쟁시장에서 소득분배의 한계생산력설에 따르면 $MP_K = r$이기 때문에 이자율이다. 따라서 최적성장경로는 이자율과 $n + g + \delta$가 일치하는 성장경로이다.

[그림 38-11]에서 $f'(k)$와 $n + g + \delta$가 일치하여 1인당 소비가 극대가 되는 최적성장수준은 k_g이다. 반면 균형성장은 $sf(k) = (n + g + \delta)k$인 k^*에서 성립한다. 그러므로 최적성장수준인 k_g에서 균제상태를 이루도록 하기 위해서는 저축률(s)을 s_g로 변화시켜야 한다.

그림 38-11
최적성장모형

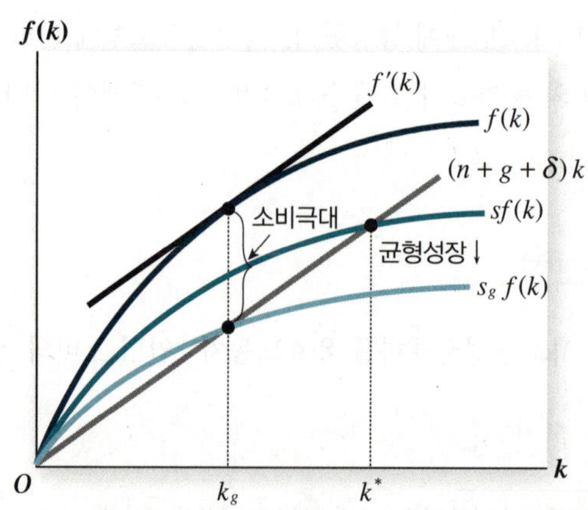

표 38-1 **최적성장조건**

- 자본의 한계생산성($f'(k)$) = $(n + g + \delta)$
- 이자율 = $n + g + \delta$
- ┌ $f'(k) - \delta = n + g$
  └ 자본의 순한계생산성 = 총생산량의 증가율

3.3 균제성장률과 최적성장률과의 관계

솔로우모형에서 균제성장은 최적성장을 보장하지 못한다. 최적성장률 $f'(k) = (n + g + \delta)$로 양변에 k를 곱하면 $kf'(k) = (n + g + \delta)k$이다. 균제상태에서 균제성장률은 $sf(k) = (n + g + \delta)k$이므로 $s = k$이면 $k^* = k_g$하고 s가 1에 가까울수록 $sf(k)$가 $f(k)$쪽으로 이동하여 $k^* > k_g$가 되고 s가 0에 가까울수록 $k^* < k_g$가 된다.

제39장 새경제성장론

microeconomics + macroeconomics, Economics ch. thirty-nine

1. 의의

1.1 솔로우 성장모형의 한계

신고전학파의 솔로우성장모형은 i) 외생성(exogenous) ii) 정체성(stationary) iii) 유인문제(incentives) iv) 수렴성(convergence)이라는 네 가지 점에서 문제가 있다.

첫째, 기술진보의 외생성(exogenous)의 문제이다. 국가가 원하는 목표성장률을 실현하기 위해서 어느 정도의 기술수준이 필요한지 설명할 수 없다. 경제성장을 위해 국가가 해야 할 일이 거의 없다. 이때 정부가 경제성장을 위해서 할 수 있는 것은 저축률 증진정책을 사용하는 것뿐이다. 그러나 그 효과는 일시적이다.

둘째, 신고전학파 성장이론은 현실적으로 기술진보가 지속적으로 진행되는 현상을 설명하지 못한다. 따라서 성장은 계속 확대되지 못하고 정체되는 문제가 있다.

셋째, 신고전학파모형에서 생산함수는 1차동차함수이기 때문에 산출량은 노동소득과 자본소득으로 모두 지출되고 기술진보와 개발을 위한 소득으로 지출되는 소득은 없다. 따라서 신고전학파모형은 기술개발자와 연구자를 위한 어떤 유인제도(incentive system)도 존재하지 않는다.

넷째, 수렴성(convergence)의 문제이다. 만약 모든 나라의 기술수준이 외생적으로 동일하게 주어져 있다면, 모든 나라는 시간이 지남에 따라 균제경제성장수준이 거의 비슷한 수준으로 수렴할 것이다. 바몰(W. Baumol)이나 배로와 살라이 말틴(Salai-Martin)의 검증에 의하면 자본계수, 저축률 등의 경제력이 비슷한 나라들, 예를 들어 OECD국가들 간에는 수렴현상이 나타난다. 그러나 경험적으로 세계 각국의 성장률은 솔로우 성장이론의 결론과 달리 수렴하지 않는 것이 일반적이었다.

1.2 새경제성장이론의 등장배경

따라서 새경제성장이론(new growth theory)은 두 가지 목적을 추구하는 데 있다.

첫째, 신고전학파 성장이론처럼 경제가 정태상태에 머물러 있지 않고 팽창적인 경제성장이 지속적으로 가능한 성장이론을 도출하는 것이다.

그리고 국가 간 성장률격차가 나타나는 이유를 설명하고 경제성장을 일으키는 근본적 원인을 규명하고자 하는 것이다.

이런 이론은 로머(Paul Romer, 1986)와 그의 지도교수 루카스(Robert E. Lucas)에 의해서 처음 시도되었다. 이들에 의하면 장기경제성장률은 경제모형 내에서 성장을 결정하는 인적자본, 기술진보 등을 통해 결정된다. 이렇게 솔로우 성장이론 이후 1980년대 말에 등장한 새로운 경제성장이론을 내생적 경제성장론(endogenous growth theory)을 포함하여 새경제성장론(new growth theory)[1]이라 한다.

2. 새경제성장론의 분류

Economics ch. thirty-nine

새경제성장이론은 솔로우모형과 비교하여 크게 두 부류로 구분할 수 있다. 즉 성장의 원동력을 기술 및 지식의 축적으로 보는 견해와 자본축적으로 보는 견해가 있다.

2.1 지식 및 기술축적 모형

지식 및 기술축적 모형은 솔로우 성장이론과 비교하여 공통점은 실물자본축적을 지속적인 경제성장의 원천으로 보지 않는 점이지만, 차이점으로는 기술 및 지식의 축적을 유효노동력이라는 개념으로 성장모형 내에 명시적으로 도입했다는 점이다. 특히 이들은 지속적으로 확대가능한 경제성장률을 모형 내 다른 파라미터 값의 함수로 도출하여 경제성장률이 내생변수에 의해서 결정됨을 보이는 데 노력을 기울이고 있다.

신고전학파 성장이론에서는 외생적으로 결정되는 기술진보를 제외하면 모든 국가의 장기성장률은 인구증가율과 일치하게 되고 따라서 1인당 산출량증가율은 '0'으로 수렴해야 한다. 즉 국가 간 경제성장의 수렴현상(convergence)이 나타나야 한다.

---

1. 필자는 내생적 성장론이라는 표현보다 '새경제성장론'이라고 표현하고자 한다. 그 이유는 1980년대 이후 새롭게 등장한 성장이론이 모두 경제성장률을 내생적으로 결정하는 것이 아니기 때문이다. 예를 들어 인적자본모형 중 루카스모형은 내생적이지만, 맨큐-로머-와일의 모형은 성장률이 외생적 요인에 의해서 결정된다. 따라서 '내생적 성장론을 포함한 새경제성장론'이라는 표현이 보다 적합하다.

새경제성장론자들은 이를 비판하고 1인당 산출량증가율이 제로성장하는 것을 수정하여 지속적인 팽창적 성장이 가능한 모형을 개발하는 것에 역점을 두고 있다.

2.2 자본축적모형

자본축적모형은 솔로우모형과 달리 자본축적이 성장의 중심개념이라고 보는 입장이다. 이들은 자본을 광의로 정의하고 실물자본에 인적자본(human capital)을 추가하여 성장모형 내에 도입한 성장이론이다. 실물자본에 인적자본을 고려하면 실물자본만을 고려했을 때에 비해 상당히 큰 산출량증대 효과를 갖는다.

로머의 생각은 경제학교과서에서 흔히 보는 생산함수의 기본 성질인 자본의 체감적 보수(diminishing returns to capital)를 받아들이지 않고 실물자본에 인적자본을 추가함으로써 자본의 보수가 일정하거나 체증한다고 생각하였다. 그리고 루카스는 제3의 요소인 "인적자본"(한 나라의 모든 인간지식의 합)을 도입함으로써 로머의 생각을 구체화하였다. 즉, 그는 자본을 건물, 기계 등 실물자본에다 인적자본까지를 포함함으로써 자본의 개념을 광의로 해석하였는데 그것은 자본에 대한 수익이 매우 커짐을 의미한다. 왜냐하면 사람에 대한 투자는 가용할 수 있는 노동량을 증가시켜 노동을 고정요소가 아닌 가변요소로 만들기 때문이다.

새경제성장모형은 공통적으로 주로 세계적 경제성장 및 한 나라의 팽창적 경제성장의 지속성, 그리고 국가 간 성장률격차를 설명하는 데 주안점을 둔다.

3. 기술 및 지식축적에 의한 내생적 성장론

3.1 로머의 정형화된 사실(stylized facts)

로머(P. Romer)는 신고전학파의 성장론을 비판하고 그 근거로 다음과 같이 경제성장을 하고 있는 나라들에서 공통적으로 나타나는 특징인 7가지 표준화된, 또는 정형적으로 나타나는 사실(stylized facts)을 제시하였다.

- 1인당 소득($\frac{Y}{L}$)은 지속적으로 증가했다.
- 자본계수($\frac{K}{L}$)가 일정하다.
- 국가 간에 생산성증가율에 큰 차이가 있다.
- 교역량증가는 생산증가에 비례한다.
- 인구증가는 소득수준과 역의 관계가 있다.

- 생산요소의 증가율만으로 경제성장률을 충분하게 설명할 수 없다.
- 숙련노동자와 비숙련노동자들의 저소득국가에서 부국(고소득국가)으로 이주하고 있다.

3.2 연구 및 개발(research and development) 모형

(1) 의의

내생적 성장이론의 하나로 연구 및 개발 모형(R&D모형)은 지식과 기술수준을 생산하는 연구개발부문(research and development sectors)을 모형 내에 명시적으로 도입하여 성장이론을 전개하는 모형이다. 이 모형에서는 국민경제 내에 R&D 부문이 도입되기 때문에 국민경제자원은 재화생산부문과 연구개발부문으로 나누어져 투입된다. 따라서 R&D모형은 2부문(two sectors)성장모형이다.

R&D부문이 경제성장에 이르기까지의 과정을 정리하면 〈표 39-1〉과 같다. 즉, R&D 부문에서 다양한 지식 및 기술수준을 생산하면 지식과 기술수준을 나타내는 'A' 값이 증가하면서 새로운 지식 및 기술수준이 경제성장을 유도한다. 이때 이용되는 생산기술은 콥-더글라스 생산함수이다.

표 39-1 R&D부문이 경제성장에 미치는 과정

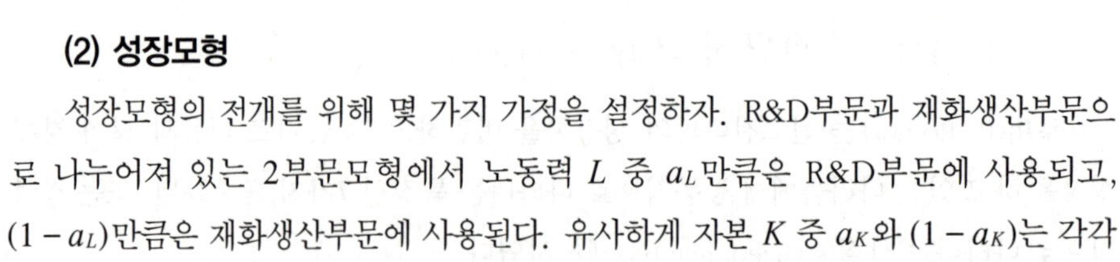

(2) 성장모형

성장모형의 전개를 위해 몇 가지 가정을 설정하자. R&D부문과 재화생산부문으로 나누어져 있는 2부문모형에서 노동력 L 중 a_L만큼은 R&D부문에 사용되고, $(1-a_L)$만큼은 재화생산부문에 사용된다. 유사하게 자본 K 중 a_K와 $(1-a_K)$는 각각 R&D부문과 재화생산에 사용된다고 하자. 그리고 기술수준은 A로 표시되고 두 부문 간에 분할되지 않고 어디서나 사용가능하다고 가정한다.

먼저 t시점에서 '재화생산함수'는 식 (39.1)로 설정된다.

$$Y=[A(1-a_L)L]^{1-a}[A(1-a_K)L]^{a},\ 0<a<1 \tag{39.1}$$

식 (39.1)은 콥-더글라스 생산함수이고 자본과 유효노동력에 대해 규모의 불변보수(*CRS*)인 함수이다.

다음으로 새로운 지식 및 기술의 생산을 나타내는 '기술 및 지식생산함수'는 지식 및 기술수준의 변화, 즉 새로운 지식 및 기술수준 $\dot{A}$은 기존 기술수준 A, R&D에 투입된 노동량과 자본량 $a_L L$, $a_K K$에 의해서 결정된다.

$$\dot{A} = G[a_K K, a_L L, A]$$

(3) 결론

R&D모형에서 얻어진 성장이론의 결론은, 경제성장률($\frac{Y}{L}$의 증가율)은 지식 및 기술진보율이라는 것이다. 따라서 경제성장의 원동력은 새로운 지식 및 기술수준이다.

3.3 기술숙련과정(learning-by-doing)모형

R&D모형에서 R&D부문에 투입된 요소를 나타내는 a_L, a_K는 특별한 설명이 없이 주어져 있는 값으로 처리되었다는 한계점이 있다. 따라서 이 모형의 목적은 경제 내에서 a_L, a_K를 결정하는 요인들을 살펴보는 데 있다.

R&D에 의해서 새로운 지식과 기술수준이 생산되고, 이를 $\dot{A}$로 표시하였다. 그러나 A는 다양한 지식과 기술수준에 의해 다양한 형태로 결정된다. 때문에 어떤 단일의 지식축적의 성장이론이나 지식축적의 결정요인을 밝히는 것은 의미가 없다. 오히려 지식축적의 다양한 요인을 발견하는 것이 의미가 있다.

지식은 두 가지 특징이 있다. 첫째, 비경합성(nonrivarly)이 있다. 비경합성이란 어떤 한 경제주체가 소비하고 있는 상품을 다른 경제주체도 동시에 소비할 수 있는 재화의 성질을 말한다. 이는 경합적 성질을 가지고 있는 사적재와는 대조적이다. 반면 비경합적 성질을 갖고 있는 공공재와는 유사한 성질을 갖고 있다. 예를 들면 피타고라스정리(Pythagorean theorem)처럼 지식은 아무 제약 없이 모든 사람이 이용할 수 있다.

둘째, 지식은 차별적(heterogeneous)이어서 배제성(excludability)을 갖는다. 배제성은 법적으로 소유권적 개념이다. 공공재는 비배제적이지만 사적재는 배제성을 갖고 있는 재화이다.

이상에서 지식은 배제적이지만 비경합적인 성질을 갖는다. 이런 성질의 지식은 네 가지 요인 i) 기초과학 연구를 위한 지원 ii) R&D와 혁신(innovation)을 위한 사적유인 iii) 유능한 연구자들에게 다양한 기회부여 iv) 기술숙련과정 등을 통해 획득된다. 기술숙련모형은 이 중에서 기술숙련과정에 의한 기술개발과 이를 통한 경제성장을 살펴보는 데 의의가 있다.

4. 자본축적에 의한 새경제성장론

Economics ch. thirty-nine

4.1 *AK*모형

(1) 의의

솔로우모형에서 자본은 팽창적 경제성장과 국가 간 성장률격차를 전혀 설명하지 못하는 한계가 있다. 먼저, 솔로우이론에서 경제성장이 정체성을 갖는 것은 자본의 한계생산성이 체감하기 때문이다. 이 성질은 기본적으로 생산함수가 오목하기 때문에 나타났다. *AK*모형은 인적자본을 도입해서 이를 수정하였다. 즉, 생산함수는 선형(linear)이고 자본은 수확불변이라 하여 솔로우의 정체성을 극복하고자 하였다. 그리고 *AK*모형은 또한 국가 간 성장률의 비수렴성을 보이고자 한다.

(2) 성장모형

*AK*모형에서 생산함수는 식 (39.2)로 표시되는 선형방정식이다. 이 생산함수는 [그림 39-1]로 나타낼 수 있다.[2] 여기서 K는 실물자본과 인적자본의 합이고, 노동과 완전대체관계에 있다. 이런 의미에서 생산함수에는 노동은 생략하고 자본만 표시되어 있다.

$$Y = AK \tag{39.2}$$

이 생산함수는 솔로우가 전제한 규모에 대한 불변보수(CRS) 생산함수 $Y = K^{\alpha}(AL)^{1-\alpha}$를 $Y = (AK)^{\alpha}L^{1-\alpha}$로 변형할 수 있고 이것은 $\alpha = 1$일 때 가능하다.

여기서 α는 기업의 총수입에서 자본소득이 차지하는 비율, 즉 자본소득분배율을 의미한다. 또한 자본의 한계생산성 체감 여부를 결정한다. $0 < \alpha < 1$이면 자본의 한계생산성이 체감하고 $\alpha = 1$이면 자본의 한계생산성이 불변이다. 식 (39.2)에서 자본의 한계생산(MP_K)과 자본의 평균생산(AP_K)이 A로 같고 시간에 관계없이 항상 일정하다.

---

2. *AK*모형은 레벨로(S. Rebelo, 1990)가 제시한 내생적 성장모형이다. 이 모형은 생산함수가 K만의 함수로 되어 있기 때문에 1인당 소비와 전체 소비를 구분할 필요가 없이 동일한 특징을 갖고 있다.

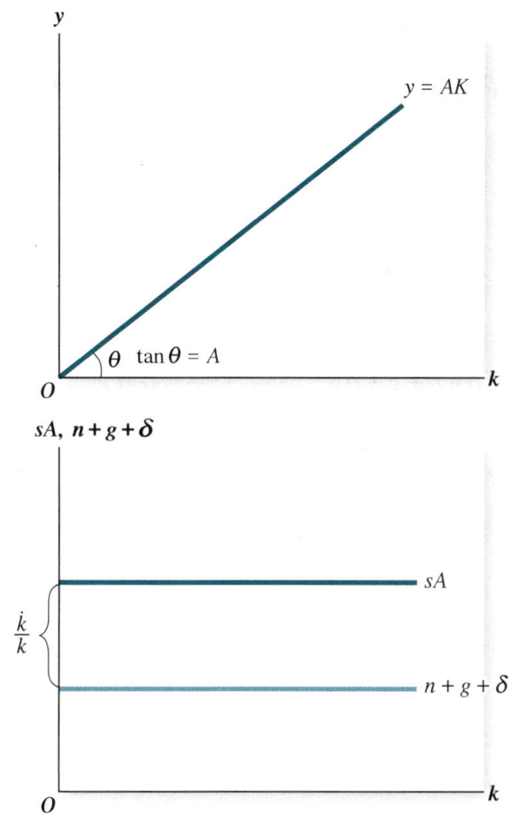

그림 39-1
*AK*생산함수

(3) 균제성장률

식 (39.2)를 유효노동력으로 나누면

$$\frac{Y}{AL} = A\frac{K}{AL}$$
$$y = Ak \tag{39.3}$$

이다. 솔로우 기본방정식에 식 (39.3)을 대입하면 자본축적식은 저축액에서 재투자액을 차감하는 식으로 정의된다.

$$\dot{k} = sy - (n + g + \delta)k$$
$$\dot{k} = sAk - (n + g + \delta)k \tag{39.4}$$
$$\frac{\dot{k}}{k} = sA - (n + g + \delta)$$

경제가 균제상태(steady state)에 있기 위해서는 $\frac{\dot{k}}{k}=0$이어야 한다.[3] 식 (39.4)에서 $sA>(n+g+\delta)$이면 $\frac{\dot{k}}{k}>0$이고 경제성장률 $\frac{\dot{y}}{y}>0$이다. $sA<(n+g+\delta)$이면 경제성장률 $\frac{\dot{y}}{y}<0$으로 부(-)의 성장을 하고, $sA=n+g+\delta$이면 경제성장률은 0이고 정상적 균제상태(stationary steady-state)에 있게 된다. 만약 노동자 1인당 자본증가율 $sA-(n+g+\delta)$가 양(+)의 값을 가지면 경제는 '팽창적' 성장을 지속하게 된다.

(4) *AK*모형과 비수렴성

*AK*모형에서는 솔로우모형과 달리 국가 간 성장률의 비수렴성이 분명하게 나타난다. 수렴속도 $C_s=(1-\alpha)(n+g+\delta)$는 자본소득분배율 α와 역의 관계가 있다. 즉 α가 클수록 수렴속도 C_s는 하락하여 국가 간 1인당 소득수준의 격차가 좀처럼 줄어들지 않는다. 그런데 *AK*모형에서는 $\alpha=1$이어서 수렴속도(C_s)는 0이 된다. 이는 국가 간 1인당 소득수준이 장기에서도 전혀 좁혀지지 않는다는 것을 의미한다. 즉, 비수렴성이 나타난다.

(5) 특징

*AK*모형의 가장 주요한 특징을 정리하면 다음과 같다. 첫째, 인구증가나 기술진보 등 외생적 성장결정요인이 아닌 오직 자본축적 하나만으로 지속적인 경제성장률이 도출된다는 점이다. *AK*모형에서 경제성장의 원동력은 자본축적이다. 둘째, 이것은 솔로우모형에서 생산함수를 $\alpha=1$로 변형하여 자본에 대한 수확불변(*CRS*)을 전제했기 때문에 가능하다. 따라서 *AK*모형의 식 (39.4)에서 자본축적의 변화분이 자본에 대해서 선형이다. 역으로 말하면 내생적 성장이론에서 지속적 성장을 하기 위해서는 자본의 한계생산성이 시간이 변함에 따라 체감하여 0에 수렴하지 않고 [그림 39-2]처럼 양의 값을 가져야 한다는 것이다. 이것은 솔로우모형에서 MP_K가 시간이 변함에 따라 0으로 수렴하는 것과는 다르다. 따라서 이는 식 (39.2)처럼 생산함수를 K에 대한 선형인 함수로 정의함으로써 나타나는 현상이다.

또한, 자본의 한계생산성이 체감하지 않고 일정하기 때문에 *AK*모형에서 수렴현상을 보이는 원인이 없어진 것이다. 따라서 정체현상이 나타나지 않는다. 왜냐하면 $\dot{K}=sY-\delta K=sAK-\delta K=(sA-\delta)K$여서 $\frac{\dot{K}}{K}=sA-\delta$이기 때문이다. 경제성장률($\frac{\dot{Y}}{Y}$

---

3. 식 (39.3)에 자연로그를 취하면

$$\ln y=\ln A+\ln k$$

이다. 이를 시간으로 미분하면,

$$\frac{y^*}{y}=\frac{k^*}{k},\ (\text{단, }A\text{의 증가율}=0)$$

이다.

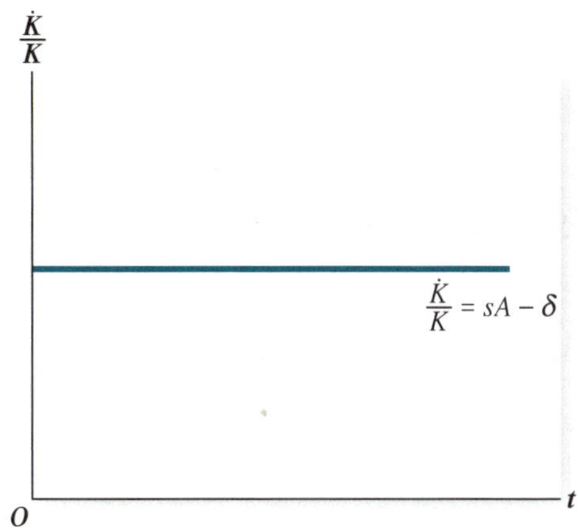

그림 39-2
*AK*모형과
지속적 경제성장

)은 A가 주어져 있을 때 자본의 증가율 $sA - \delta$와 같다.

4.2 인적자본(human capital)과 새경제성장이론

(1) 의의

자본축적에 의한 성장이론의 다른 접근방법은 인적자본축적모형이다. 이 모형은 경제성장에서 자본축적이 아무 역할을 하지 못하는 솔로우모형과는 달리 자본축적의 역할을 강조한다. 이때 자본은 실물자본(physical capital)만이 아니라 인적자본(human capital)까지 고려한 확대된 개념이다.

인적자본이란 노동자의 종합적 능력(abilities), 즉 노동자들이 갖고 있는 지식(knowledge) 혹은 기술수준(skill level)로 정의된다. 이 능력을 결정하는 가장 주요한 요소는 교육수준이다. 따라서 인적자본모형에서 한 나라의 교육수준은 그 나라의 경제성장을 결정하는 근원이다. 이 과정을 보면 교육수준이 인적자본수준을 결정하고, 이 값이 경제성장률을 결정한다.

루카스와 로머(P. Romer)에 의하면 인적자본이 고정된 상태에서 실물자본만 증가하거나, 역으로 실물자본이 고정된 상태에서 인적자본만 증가하면 수익률이 체감하지만, 실물자본과 인적자본이 균형 있게 결합하여 증가하면 보다 높은 산출량수준을 이룩할 수 있다는 것이다.

현재까지 연구는 이를 확인해 주고 있다. 그러나 아직 실물자본과 인적자본의 축적을 통해 국가의 팽창적 경제성장이나 국가 간 소득격차가 발생함을 실증적으로 검증해내지는 못하고 있다.

(2) 인적자본의 특징

인적자본은 사적재화처럼 경합성(rivarly)과 배제성(excludability)을 갖는다. 따라서 인적자본은 지식 및 기술수준과는 다르다. 지식 및 기술수준은 연구 및 개발(R&D)에 의해서 만들어지며 비경합적이고 배제적이다. 따라서 비경합성의 성질 때문에 지식과 기술은 한 번 공공에게 알려지면 거의 무상으로 사용될 수 있다. 그러므로 개별 기업의 생산에서 지식과 기술수준은 외부경제를 창출한다.

인적자본의 형성요인에는 교육(education), 현장훈련(on-the-job training)과 직장(job)이 있다.

먼저, 교육에 대해서 살펴보면, 미국에서 교육에 대한 정부지출과 민간의 사교육비를 포함하는 공식적 교육비는 GDP의 약 6.5% 수준이며, 실물자본(physical capital) 형성을 위한 총투자는 GDP의 약 15% 수준이라고 한다. 그런데 교육비 6.5% 중 부분적으로는 소비로서의 성격을 가지고 있는 것이 있으므로(예를 들어 고등교육 중에는 그 자체가 목적인 경우) 이 부분을 제외한 투자적 측면만 인적자본형성에 기여한다고 보아야 할 것이다. 맨큐-로머-웨일에 의하면 실물자본과 교육에 대한 투자가 산출량수준의 결정에 거의 동일한 역할을 한다고 밝히고 있다.

인적자본의 상당부분은 현장훈련과 직장을 통해서도 획득된다. 인적자본에 대한 투자는 직업훈련의 실제비용(actual cost)과 기회비용(opportunity cost)이 포함되어야 하므로 이것까지 고려하면 인적자본에 대한 투자액은 GDP의 6.5%보다 더 많을 수 있다. 인적자본은 그 외에 감가상각률이 실물자본보다 낮고, 기술수준의 후퇴도 완만하다는 특징을 가지고 있다.

(3) 루카스의 인적자본축적모형

루카스는 지속적인 경제성장을 이루기 위해서는 인적자본을 도입하는 것이 필수적이라고 생각하였다. 실물자본과 인적자본의 축적이 조화가 되면 지속적인 경제성장이 가능하다고 보았다.

구체적으로 인적자본이 경제성장에 미치는 과정을 보자. 인적자본의 축적은 지식과 같은 공공재를 생산하고 이는 경제적인 외부효과(spill-over effect)를 창출한다. 인적자본의 외부효과는 수확체감적인 생산함수를 수확체증적인 생산함수로 변형시킨다.

인적자본이 고정되어 있는 상태에서 실물자본의 증가는 수확체감적 현상을 나타내듯이, 실물자본이 고정되어 있는 상태에서 인적자본의 증가도 또한 수확체감의 현상이 나타난다. 하지만 인적자본과 실물자본의 증가가 동시에 지속적으로 일어난다면 [즉, 더 많은 실물자본과 더 많은 기술노동력(skilled workers)을 가지게 되면] 수확체감의 현상이 발생하지 않고, 수확체증의 현상이 나타날 수도 있다.

실물자본과 인적자본을 함께 고려함으로써 수확체감의 생산특성이 수확체증의 생산특성으로 변하게 되어 스스로 더 높은 생산수준으로 지속적인 성장을 할 수 있게 되며, 이때 스스로 성장하는 경제성장을 가리켜 성장의 내생화(endogenous)되었다고 한다.

루카스의 인적자본축적모형에서 비수렴성은 수렴속도를 이용하면 쉽게 보일 수 있다. 솔로우성장모형에서 생산함수를 1차 동차의 *CD*생산함수 $y=(AL)^{1-\alpha}K^{\alpha}$라 할 때 수렴속도는 식 (39.5)로 도출된다.

$$C_s=(1-\alpha)(n+g+\delta) \tag{39.5}$$

식에서 α는 자본소득분배율이고 $(1-\alpha)$는 노동소득분배율이다. $(n+g+\delta)$값들은 외생적으로 주어진 값이기 때문에 수렴속도는 α에 의해서 결정된다. 즉 α값이 크면 수렴속도는 작아지고, α값이 작으면 커진다. 그러므로 수렴속도와 자본속도분배율과는 역의 관계가 있다. 동시에 노동소득분배율과는 정의 관계가 있다.

성장모형에서 실물자본에 인적자본을 고려하면 실물자본만을 고려할 때에 비해 α값이 커진다. 따라서 수렴속도가 작아진다. 그러므로 국가 간 성장률격차가 나타나게 된다.

결론적으로 정리를 하면 다음과 같다. 경제성장을 결정하는 것은 인구 또는 노동량보다는 인적자본의 크기이며, 인적자본은 교육수준에 의해서 결정된다. 따라서 교육수준이 경제성장의 원동력이다. 따라서 인적자본량이 증가할수록 경제성장률이 높아진다. 그 결과, 국가 간 인적자본의 크기 차이는 인적자본 소득분배율과 소득 중 인적자본에 투자되는 비율의 차이를 가져와 국가 간 성장률격차를 초래하게 된다.

5. 새경제성장모형에 대한 평가

지금까지 살펴본 새경제성장모형에 대한 논의를 정리하고 평가하면 다음과 같다.

먼저, 내생적 성장이론 중 지식 및 기술축적 모형은 경제모형 내에 R&D부문에 의해서 생산되는 기술 및 지식수준을 도입하여 1인당 소득이 지속적으로 성장하는 낙관적 경제성장모형(positive growth model)을 제시하여 장기성장률이 일정수준에서 더 이상 성장하지 않는 비관적인 전망의 신고전학파의 성장이론의 한계점을 극복하였다.

둘째, 경제모형 내에 인적자본을 내생변수로 도입하여 국가 간 경제성장격차, 즉 경제성장의 비수렴현상을 분석함으로써 성장이론을 일보 진전시켰다. 셋째, 성장과정에서 인적자본의 축적이나 기술진보의 중요성을 부각시키면서 이들의 축적이 모형 내에서 내생적으로 결정되고 있어 모형으로서 자기완결성을 가지고 있고, 외생적 성장이론의 한계를 극복하였다.

넷째, 솔로우는 균형조건으로 $\dot{k}=0$을 정의하여 균형의 존재와 안정성을 설명하는 데 주력하였다. 그러나 $\dot{k}=0$은 지속적 성장의 가능성을 자동적으로 배제하는 결과를 초래하였다. 이에 반해 내생적 성장론은 $\dot{k}=c$(상수)로 정의하여 지속적 성장을 유도하는 중요한 차이를 도출하고 있다.

3 경제논술

미시경제론 논술

거시경제론 논술

미시경제론 논술

economic essay—microeconomics

01 다음은 2015년 ××월 ○○일 △△일보에 게재된 기사의 내용이다.

> 보건복지부 장관은 현재 한 갑당 150원인 국민건강증진기금을 1,000원 더 올리자고 주장하고 있다. 보건복지부가 담뱃값을 올리자는 이유는 흡연율을 떨어뜨리는 동시에 국민건강증진기금을 늘려서 들어오는 돈을 흡연자 건강관리, 저소득층 의료지원 및 건강증진 사업에 쓰겠다는 것이다.

이처럼 담뱃값 인상을 통해 과연 '흡연율 저하'와 '세수(기금) 증대'라는 정부의 두 가지 목표를 동시에 충분히 달성할 수 있는가를 '수요의 탄력성' 개념을 이용하여 설명하라.

핵심정리

담배가격 인상에 따른 흡연율(담배소비량)과 정부의 세수입의 변화는 단기적으로 수요의 가격탄력성에 의해 결정되고, 장기적으로는 다양한 대체재 등에 의해 결정된다는 것이 핵심이다.

1. 의의

국민건강기금의 인상으로 담배가격이 인상되었을 때 정부의 세수(기금) 증대와 흡연율 저하는 단기적으로 담배수요의 가격탄력성의 크기에 의해 결정된다. 따라서 정부의 두 가지 목표를 동시에 달성할 수 있는지는 담배수요의 가격탄력성을 통해 판단할 수 있다.

2. 수요의 가격탄력성

수요의 가격탄력성(price elasticity)이란 수요함수 상에서 재화의 수요를 결정하는 소득, 타 재화의 가격 및 소득의 분배상태 등 다른 조건이 일정한 상태에서 어떤 재화의 가격이 미세하게 변할 때 그 재화의 수요량이 변화하는 정도를 나타내는 양적인 지표를 의미한다.

$$\varepsilon_p = -\frac{\text{수요량의 변화율}}{\text{가격의 변화율}} = -\frac{\frac{dQ}{Q}}{\frac{dP}{P}} = -\frac{dQ}{dP} \cdot \frac{P}{Q}$$

3. 정부 목표의 달성 여부

가. 정부의 목표

정부의 목표는 흡연율 저하와 세수(기금) 증대인데, 이때 흡연율 저하는 담배 소비(Q)의 감소로 나타낼 수 있으며, 세수(기금)의 증대는 담배 판매액(PQ)의 증가로 나타낼 수 있다. 따라서 정부 목표의 달성 여부를 판단하기 위해서는 담배의 판매액, 즉 총수입과 담배수요의 가격탄력성의 관계에 대해 살펴보아야 한다.

나. 총수입과 수요의 가격탄력성 간의 관계

담배가격(P_x)이 변함에 따라 담배의 총수입이 어떻게 변하는가를 보기 위해서는 식 (1)을 가격으로 미분해야 한다.

$$TR(P) = Q(P) \cdot P \quad (1)^1$$

$$\frac{dTR}{dP} = Q(P)(1 - \varepsilon_P) \quad (2)$$

식 (2)에서 $\varepsilon_P > 1$이면 $\frac{dTR}{dP} < 0$이기 때문에 가격을 인상하면 총수입은 감소한다. $\varepsilon = 1$이면 $\frac{dTR}{dP} = 0$이어서 가격의 변화는 총수입에 아무런 영향을 주지 않는다. 즉, $\varepsilon = 1$에서 총수입은 극대화된다. $0 < \varepsilon_P < 1$이면 $\frac{dTR}{dP} > 0$으로, 가격인상은 총수입을 증가시킨다. 이를 도해하면 [그림 1]과 같다.

다. 정부의 세수 증대 목표

[그림 1]에서 담배수요의 가격탄력성이 $0 < \varepsilon_P < 1$이어야 담뱃값 인상을 통해 세수(기금) 증대라는 정부의 목표를 달성할 수 있다. 그런데 일반적으로 담배는 최소한 단기에서 기호상품이므로 수요의 가격탄력성이 비탄력적이어서 담배가격 인상으로 세수 증대를 기대할 수 있다.

---

1. 식 (1)을 가격 P로 미분하면

$$\frac{dTR}{dP} = Q(P) + \frac{dQ(P)}{dP}P = Q(P) + \left(\frac{dQ(P)}{dP} \cdot \frac{P}{Q(P)}\right) \times Q(P) \quad (1)'$$

그런데 $\varepsilon_P = -\frac{dQ(P)}{dP} \cdot \frac{P}{Q(P)}$이므로,

$$\frac{dQ(P)}{dP} \cdot \frac{P}{Q(P)} = -\varepsilon_P \quad (2)'$$

식 (2)′를 식 (1)′에 대입하면 식 (2)가 도출된다.

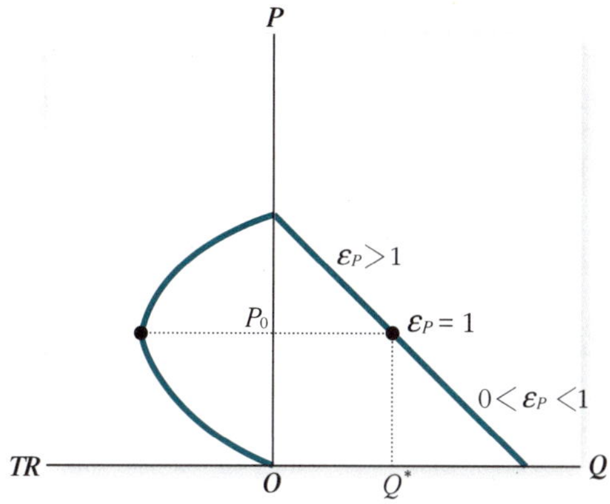

그림 1
탄력성과 총수입의 관계

라. 정부의 흡연율 저하 목표

담배가격 인상은 수요의 가격탄력성이 완전비탄력적이지 않는 한 흡연율을 저하시킨다. 단기에서 담배가 비탄력적인 재화라면 흡연율 저하는 크지 않을 것이다. 그러나 수요의 가격탄력성이 크면 클수록 흡연율 저하는 더 크게 된다.

4. 결론

담배가격 인상은 단기적으로 담배수요의 가격탄력성이 비탄력적이라고 할 때 흡연율하락과 세수 증대에 어느 정도 기여한다. 그러나 장기적으로 담배가격 상승에 따른 담배의 대체재가 많아지면, 탄력성이 커지면서 흡연율을 단기보다 크게 하락시키겠지만 세수 증대를 기대하기는 어려울 전망이다.

02 채식보다 육식을 더 선호하는 갑이 건강상의 이유로 채식과 육식을 균형섭취(1 : 1로 소비)하라는 의사의 권고를 받아들여야만 할 때 수반되는 효용손실을 도해하라. 또한 이 같은 과정에서 갑의 식성이 바뀌어 순수채식주의자가 되었다고 가정할 때 갑의 소비선택을 도해하라.

핵심정리

소비자의 선호구조가 변하면 무차별곡선이 변하게 되고, 이에 따라 소비자의 효용수준에 변화가 초래되어 소비자의 최적 소비수준이 변하게 되는 과정을 측정 · 분석하는 것이 핵심이다.

1. 의사의 권고를 받아들일 때 수반되는 효용손실

육류를 X재, 채소를 Y재라 하고, 갑의 최초의 예산선을 [그림 2]에서 $\overline{ab}$라 하자. 그리고 육류와 채소가 모두 정상재이고 한계대체율이 체감한다고 가정하면 무차별곡선은 원점에 대해 볼록하다. 이때 갑의 효용극대화는 식 (3)으로 나타낼 수 있고, [그림 2]에서 갑이 육식을 더 선호하므로 육류를 많이 소비하고 채소를 적게 소비하는 e_0점을 선택할 것이다.

$$\max_{x,\,y}\ u(x,\ y) \qquad (3)$$
$$s.t.\ xP_x + yP_y = M$$

그러나 1 : 1로 소비하라는 의사의 권고를 받아들인다면 갑은 $\overline{ab}$의 예산선하 45°선 상에서 효용을 극대화한다.

이로 인해 갑은 u_0에서 u_1으로 효용수준이 떨어지고, 이러한 효용손실을 채소의 크

그림 2
선호수준 제약에 따른 갑의 효용손실

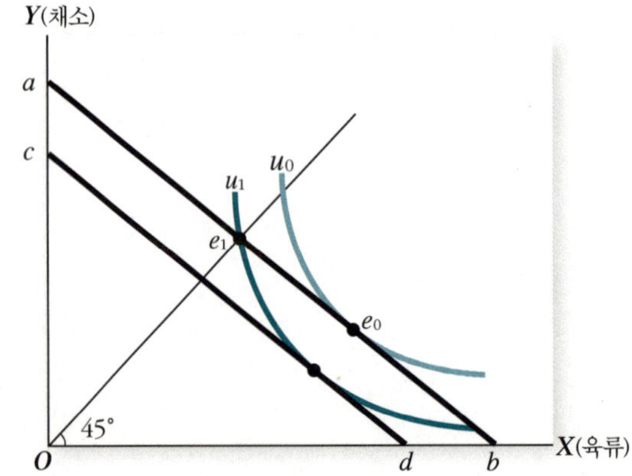

기로 측정하면 $\overline{ac}$만큼이 된다.

2. 순수채식주의자가 되었을 때 갑의 소비선택

갑의 식성이 바뀌어 순수채식주의자가 되면 갑의 선호구조가 바뀌게 되고, 따라서 무차별곡선도 변하게 된다. 극단적으로 갑에게 육류는 비재화(bads)가 되었다고 하자. 이 경우 갑의 무차별곡선은 [그림 3]과 같은 형태를 갖게 된다. 이때 갑은 효용극대화점인 e_2점을 선택하게 되므로 코너해에서 균형을 이루고, 자신의 소득으로 채소만 소비할 때 합리적 소비지출을 하게 된다.

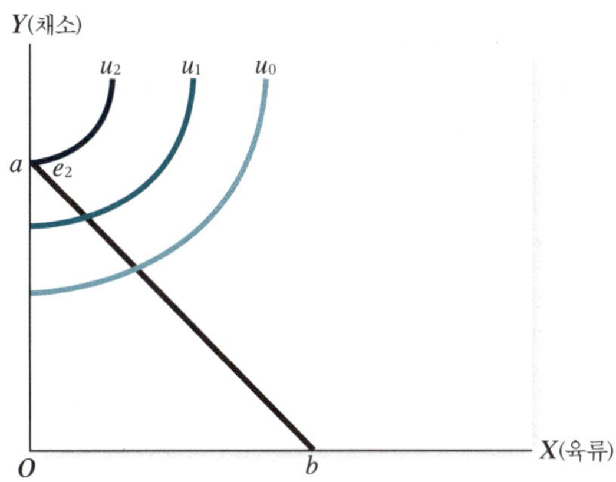

그림 3
선호구조 변화와 소비자균형

03 어느 한 나라가 두 가지 최종재화만 생산하고, 2010년과 2015년에 그 가격과 수량이 다음 표와 같이 주어졌다 하자. 기준연도인 2010년의 물가지수를 100이라 할 때 다음 물음에 답하라. (계산은 소수점 둘째 자리까지 구할 것)

	2010년(기준연도)		2015년(당해연도)	
	가격	수량	가격	수량
아이스크림	750원	150단위	900원	200단위
햄버거	1,500원	100단위	1,800원	130단위

(1) 2015년 GDP 디플레이터(Deflator)를 구하라.

(2) 라스파이레스(Laspeyres)지수를 구하라.

(3) 파셰(Paasche)지수를 구하라.

(4) GDP 디플레이터와 파셰지수는 어떤 관계가 있는가를 살펴보라.

핵심정리

라스파이레스지수와 파셰지수는 모두 슬러츠키 보상으로 측정된 개념이지만, 전자는 기준연도 산출량을, 후자는 비교연도 산출량을 각각 가중치로 사용하고 있는 점이 다르다.

1. 의의

일정기간 동안 소비자의 생활수준의 변화를 평가하기 위한 물가지수는 실질소득이 기준연도(0)와 비교연도(1) 간에 불변인 상태에서 재화를 구입하기 위해 지출한 기준연도와 비교연도의 명목지출액의 변화로 정의된다. 이러한 물가지수로는 측정방법에 따라 라스파이레스 물가지수와 파셰 물가지수가 있고, 종합물가지수로 파셰 물가지수로 계산되는 GDP 디플레이터가 있다.

2. GDP 디플레이터(Deflator)

가. 의의

GDP 디플레이터는 일종의 종합물가지수로, 명목 GDP를 실질 GDP로 바꾸어 주는 환가지수이다.

$$\text{GDP Deflator} = \frac{\text{명목 GDP}}{\text{실질 GDP}} = \frac{P_1 Q_1}{P_0 Q_1} \qquad (4)$$

GDP 디플레이터는 비교연도 산출량 Q_1을 가중치로 사용하여 생산물의 기준연도

가격에 대한 현재가격의 비율을 측정한 것이다.

문제에 주어진 자료로 2005년 GDP 디플레이터를 계산하면 1.2가 도출된다.

$$\text{GDP Deflator} = \frac{(900 \times 200) + (1,800 \times 130)}{(750 \times 200) + (1,500 \times 130)} = 1.2$$

3. 라스파이레스(Laspeyres) 지수

라스파이레스 가격지수는 기준연도 산출량을 가중치로 해서 가격변화를 나타낸 개념으로 식 (5)와 같이 표시된다.

$$L_P = \frac{P_1 Q_0}{P_0 Q_0} \tag{5}$$

즉, 식 (5)의 라스파이레스 가격지수는 기준연도의 수량을 가중치로 하여 기준연도의 가격으로 구입할 때의 지출액과 비교연도의 가격으로 구입할 때의 지출액을 비교한 것이다.

라스파이레스지수를 도출하면 1.2가 된다.

$$L_P = \frac{(900 \times 150) + (1,800 \times 100)}{(750 \times 150) + (1,500 \times 100)} = 1.2$$

4. 파셰(Paasche) 지수

파셰 가격지수는 비교연도 산출량을 가중치로 사용하여 가격변화를 나타낸 개념이다.

$$\rho_P = \frac{P_1 Q_1}{P_0 Q_1} \tag{6}$$

즉, 식 (6)의 파셰 가격지수는 비교연도의 수량을 가중치로 하여, 기준연도의 가격으로 구입할 때의 지출액과 비교연도의 가격으로 구입할 때의 지출액을 비교한 것이다.

파셰지수를 도출하면 아래와 같이 1.2가 된다.

$$\rho_P = \frac{(900 \times 200) + (1,800 \times 130)}{(750 \times 200) + (1,500 \times 130)} = 1.2$$

5. GDP 디플레이터와 파셰지수의 관계

GDP 디플레이터와 파셰지수는 식 (4)과 식 (6)에서 비교연도의 수량을 가중치로 하여 가격의 평균적 변화를 평가한 것으로 동일하다

6. 결론

라스파이레스 가격지수는 진정한 생계비지수를 과대평가하며, 파셰 가격지수는 진정한 생계비지수를 과소평가하는 문제가 있다.

그럼에도 불구하고 문제에서 라스파이레스지수와 파셰지수가 동일한 값을 갖는 것은 소비자의 무차별곡선이 레온티에프 형태인 것으로 추정할 수 있다.

04 어느 출판사가 판매액의 10%를 인세로 지불하기로 하고, 어느 유명한 소설가의 소설을 출판하기로 독점계약을 체결하였다. 이 소설의 수요곡선은 $p = 1 - q$이며, 이 출판사가 소설책을 출판하는 비용함수(인세 제외)는 $C(q) = 0.45q$라 하자.

(1) 이 출판사가 이윤을 극대화하려고 한다면 이 소설책의 가격은 얼마가 되겠는가?

(2) 이 소설가의 소득을 극대화하는 가격은 위 (1)의 가격과 어떻게 다른지 설명하라.

(3) 위 (1)의 가격에서 수요의 가격탄력성은 1보다 큰가, 아니면 작은가를 설명하라.

핵심정리

경기자(출판사와 소설가)의 생산동기에 따라 가격과 자원배분이 달라진다는 것을 보이는 것이 핵심이다.

1. 의의

가격결정 원리에서 출판사의 이윤극대화와 소설가의 소득극대화(=총수입 극대화) 목적에 따라 소설책의 가격이 상이해짐을 비교 · 분석하고, 경기자들의 보수를 극대화하는 가격은 $MR > 0$인 수요의 가격탄력성이 탄력적인 영역에서 결정된다는 것을 살펴보고자 한다.

2. 출판사의 이윤극대화와 소설책의 가격

출판사 이윤극대화 모형은 식 (7)과 같이 나타낼 수 있다.

$$\begin{aligned} \underset{q}{Max}\ \pi(q) &= TR(q) - TC(q) \\ &= 0.9q(1-q) - 0.45q \end{aligned} \tag{7}$$

이때 이윤극대화는 1차 조건 $MR(q) = MC(q)$를 만족할 때 결정된다.

$$MR(q) = \frac{dTR(q)}{dq} = 0.9 - 1.8q \tag{8}$$

$$MC(q) = \frac{dTC(q)}{dq} = 0.45 \tag{9}$$

식 (8)와 식 (9)으로부터 MC 기울기 $>$ MR 기울기보다 크다는 이윤극대화 2차 조건을 만족함을 알 수 있다.

따라서 (8) = (9)으로부터 $q^* = \frac{1}{4}$이 도출되며, 이 소설의 수요곡선은 $p = 1 - q$이므로 $P^* = \frac{3}{4}$이 된다.

그림 4
출판사의 이윤극대화

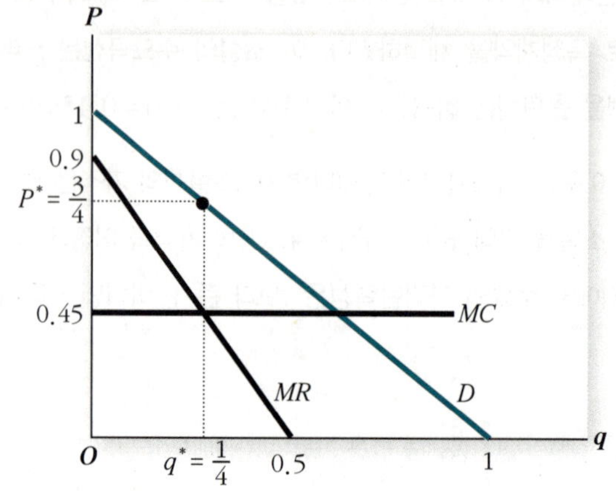

출판사의 이윤극대화 : 가격 $P^* = \frac{3}{4}$, 산출량 $q^* = \frac{1}{4}$

3. 소설가의 소득극대화시 가격과 출판사 이윤극대화 가격의 비교

소설가의 소득극대화는 자신의 총수입을 극대화하는 것을 의미하므로 식 (10)와 같이 설정할 수 있다.

$$\underset{q}{\text{Max}}\ 0.1TR = 0.1q(1-q) \tag{10}$$

이때 소설가의 소득극대화 가격과 산출량은 위 식을 q로 미분하여 구하며, 식 (11)와 같다.

$$\frac{d(0.1TR)}{dq} = 0.1 - 0.2q = 0 \tag{11}$$
$$q^* = \frac{1}{2},\ p^* = \frac{1}{2}$$

그런데 식 (11)는 총수입극대화의 2차 조건 $MR < 0$을 만족하므로 경제적 의미가 있는 가격과 산출량이다.

소설가의 소득극대화 : 가격 $P^* = \frac{1}{2}$, 산출량 $q^* = \frac{1}{2}$

가. 소설가의 소득극대화 가격과 출판사의 이윤극대화 가격의 비교

출판사의 이윤극대화 가격과 달리 소설가의 소득극대화시 가격은 저렴하며, 산출량이 많다. 소설가는 출판사의 이윤극대화와 관계없이 시장점유율 등을 높이고자 하는 동기에서 총수입극대화 가격을 결정하고자 하기 때문이다. 이를 통해 가격결정 원리에서 생산목적에 따라 가격이 달라지게 되고, 소설가와 출판사 간의 이해관계가 상충됨을 알 수 있다.

4. 이윤극대화와 수요의 가격탄력성

수요의 가격탄력성이란 다른 조건이 일정한 상태에서 어떤 재화의 가격이 미세하게 변할 때 그 재화의 수요량이 변하는 정도를 나타내는 양적인 지표이다.

$$\varepsilon_p = -\frac{dq}{dp} \cdot \frac{p}{q}$$

출판사의 이윤극대화 가격에서 수요의 가격탄력성을 도출하면 $\frac{dq}{dp} = -1$이고, $q = \frac{1}{4}$, $p = \frac{3}{4}$이므로 $\varepsilon_p = -(-1) \cdot \frac{\frac{3}{4}}{\frac{1}{4}} = 3$이다.

따라서 ε_p는 3이므로 수요의 가격탄력성은 1보다 크고 탄력적이다. 일반적으로 기업은 $MR > 0$인 탄력적인 영역에서 생산활동을 하는데, 위의 출판사도 이런 경제원리에 상응하여 가격과 산출량을 결정하고 있음을 보여주고 있다.

05 생산함수가 다음과 같다.

$$Q = 5L + 10K \quad (L : \text{노동}, K : \text{자본}, Q : \text{생산량})$$

(1) $Q = 100$, $Q = 200$일 때의 등량곡선을 그려라.

(2) $MRTS$(한계기술대체율)는 얼마인가?

(3) 위 생산함수에서 노동과 자본은 어떤 관계인가?

(4) 총 생산비용이 300원, 자본임대료(r) = 3, 임금률(w) = 1일 때 노동과 자본의 균형투입량과 균형생산량을 각각 구하라.

핵심정리

등량곡선은 생산함수 $Q = F(L, K)$ 식을 K로 정리하여 구하고, 노동과 자본의 균형투입량과 균형생산량은 비용최소화의 생산자균형점을 통해 도출된다는 것이 핵심이다.

1. 등량곡선 도출

생산함수 $Q = 5L + 10K$를 자본 K로 풀면 등량곡선은 $K = -\frac{1}{2}L + \frac{Q}{10}$가 된다. 만약 $Q = 100$이면 등량곡선은 $K = -\frac{1}{2}L + 10$이 된다. 이를 [그림 5]로 표시할 수 있다.

2. 한계기술대체율($MRTS_{LK}$) 도출

한계기술대체율은 등량곡선의 기울기이므로 $MSRT_{LK} = \left|\frac{1}{2}\right|$이다.

3. 노동과 자본 간의 관계

등량곡선이 [그림 5]처럼 우하향하는 선형이면 생산요소 간에는 완전대체재관계가 성립한다. 이를 확인하기 위해 대체탄력성을 구해 보자.

$$\sigma = \frac{d(\frac{K}{L})}{dMRTS_{LK}} \cdot \frac{MRTS_{LK}}{(\frac{K}{L})} \tag{12}$$

식 (12)에서 $MP_L = 5$, $MP_K = 10$이어서 $MRTS_{LK} = \frac{5}{10} = \frac{1}{2}$로 일정하여 $dMRTS_{LK} = 0$이 되기 때문에 대체탄력성 σ가 무한대가 된다. 따라서 노동과 자본은 완전대체재 관계에 있다.

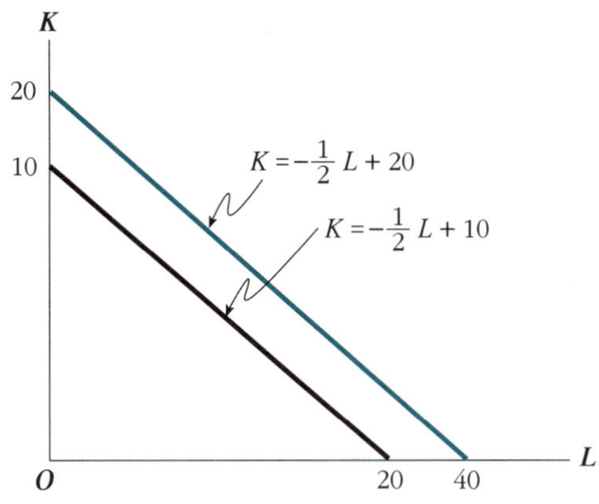

그림 5
등량곡선

4. 생산자균형

기업의 최적 노동과 자본량을 구하고, 생산량을 도출하기 위해서는 식 (13)의 생산자균형을 도출해야 한다. 문제에서 $r=3$, $w=1$이므로 등비용곡선의 기울기는 $\frac{w}{r}=\frac{1}{3}$이다. 한편 등량곡선은 우하향하는 선형이고, $MRTS_{LK}=\frac{1}{2}$이므로 [그림 6]처럼 코너해를 갖는다.

$$\underset{L,K}{Min}\ Q=5L+10K \qquad (13)$$
$$s.t.\ TC=300=L+3K$$

그러므로 기업은 총생산비용 300으로 노동만을 구입하는 것이 최적이다. 따라서 임금은 $w=1$이므로 노동을 300단위 구입하고, 자본은 구입하지 않는다.

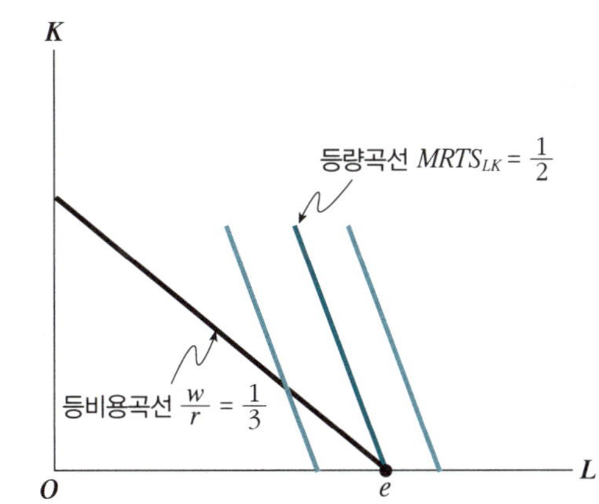

그림 6
코너 생산자균형

균형생산량은 $Q = 5L + 10K$에서 $L = 300$단위와 $K = 0$을 대입하면 $Q^* = 1,500$단위가 도출된다. 그러므로 균형생산량은 $Q^* = 1,500$단위이다.

06 규모의 경제가 존재하는 산업을 고려해 보자.

(1) 이러한 산업의 생산기술 특성을 약술하고, 평균비용(average cost)과 한계비용(marginal cost)의 관계를 설명하라.

(2) 규모의 경제와 완전경쟁시장이 상호 양립할 수 없음을 설명하라.

(3) 규모의 경제 때문에 자연독점이 형성되어 규제기관에서 독점기업을 규제하여야 한다. 규제기관이 직접 보조금을 제공할 수 있는 상황에서의 최선의 규제방식에 대해 설명하라.

(4) 어떤 이유에서인지 규제기관이 피규제 기업에게 직접적인 보조금을 제공할 수 없는 상황에서의 차선의 규제방식에 대해 설명하라.

핵심정리

규모의 경제 하의 자연독점을 평균비용과 한계비용 간의 그래프와 수식으로 정확하게 설명해야 한다. 최선의 규제방식으로 비효율성이 없도록 하는 규제방식인 한계비용가격설정(MC-pricing)을 설명하면서 문제점을 지적하고, 차선의 규제방식으로 이중가격제도, 평균비용가격설정(AC-pricing) 등을 설명하는 것이 핵심이다.

1. 의의

규모의 경제는 생산비용의 증가분이 산출량증가보다 더 작을 때 나타나는 기술적 현상이다. 규모의 경제 하에서는 산출량이 늘어날수록 장기평균비용이 하락하게 되어 자연독점이 발생하게 된다.

자연독점의 경우에도 효율적인 자원배분 조건은 $P = MC$이지만, 비용구조의 특성상 MC-pricing방식을 자연독점기업에 실행하면 손실을 보기 때문에 기업이 시장에 존속하기 어려운 문제점이 있다. 이때 자원배분의 효율성을 실현하면서 자연독점기업을 규제할 수 있는가가 핵심이 된다.

2. 규모의 경제 하의 생산기술상 특성

규모의 경제는 첫째, 생산함수 기술상 일반적으로 규모의 수익체증(IRS)을 보인다. 그리고 기업의 비용구조 측면에서 나타나는 특성으로서 산출량 Q가 증가함에 따라 평균비용 AC가 하락한다. 만약 특정 산업의 생산구조 측면에서 규모의 수익체증(IRS)의 특성이 나타나고 있다면 당해 산업의 비용구조 측면에서도 규모의 경제 특성이 나타나게 된다. 단, 이러한 현상은 생산함수가 동차인 경우에 한한다.

그림 7
*AC*와 *MC*의 관계

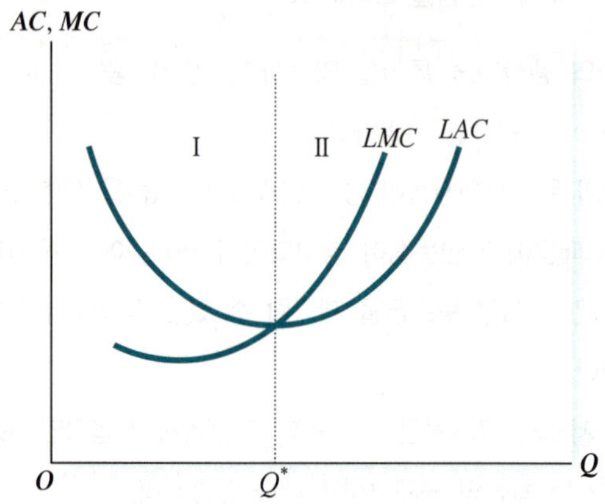

둘째, 준가법성(subadditivity)이 성립하여 다수의 기업이 나누어 생산하는 것보다 한 기업이 독점적으로 생산하는 것이 비용측면에서 유리하다. 준가법성이란 $TC(Q) < TC(Q_1) + TC(Q_2) + \cdots + TC(Q_n)$, (단, $Q = \sum_{i=1}^{n} Q_i$)이 성립함을 의미한다.

셋째, *AC*와 *MC*의 관계를 나타내면 식 (14)와 같다.

$$MC = \frac{dTC}{dQ} = \frac{d(AC \times Q)}{dQ} = AC + Q\frac{dAC}{dQ} \quad (14)$$

식 (14)에서 $\frac{dAC}{dQ} = 0$이면 *AC*가 극소가 되고, $AC = MC$가 된다. *AC*가 상승하는 구간에서는 $MC > AC$가 성립하며, *AC*가 감소하는 구간에서는 $MC < AC$가 성립한다. [그림 7]에서 규모의 경제가 나타나는 영역은 평균비용이 하락하는 Q^* 왼쪽구간(I 구간)으로 *MC*가 *AC*보다 아래에 존재한다.

3. 규모의 경제와 완전경쟁

완전경쟁시장에서는 생산자들이 가격수용자(price taker)로서 행동한다. 그런데 규모의 경제가 존재하는 상황에서는 특정 기업이 생산량을 증가시킬수록 평균비용이 하락하게 되므로 가격설정자로서 행동할 유인이 작용한다. 따라서 비용구조에서 규모의 경제 특성이 존재할 경우 자연독점이 발생한다.

따라서 만약 기업이 완전경쟁시장에서의 이윤극대화 조건에 따라 $P = MC$에서 가격을 책정하면 [그림 8]에서 이 기업은 P^*abP_1만큼 손실을 보게 되고, 조업을 중단하게 된다. 따라서 자연독점은 완전경쟁시장과 양립할 수 없게 된다.

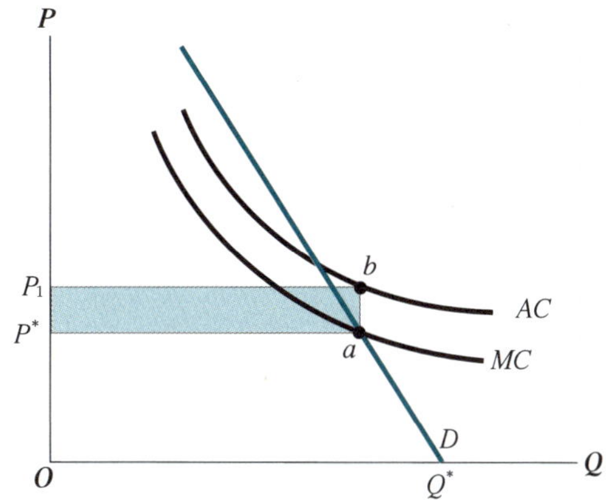

그림 8
MC-pricing

4. 보조금지급 하에서 최선의 규제방법

독점의 존재로 인한 효율성 상실과 소비자잉여의 상실을 다시 회복시키고자 하는 정책의 방향은 완전경쟁시장에서의 자원배분상태로의 회복이다.

독점의 규제방법으로서 효율성을 실현하는 하나의 방법으로 한계비용가격설정 (*MC*-pricing)이 있다.

그러나 규모의 경제가 존재하는 자연독점의 경우에는 [그림 8]에서 $AC > MC$이므로 $P = MC$로 설정할 경우 $P < AC$가 되어 청색음영(P^*abP_1) 부분만큼 손실이 발생한다. 손실로 인해 독점기업이 생산 자체를 중단할 경우 이는 효율성 측면이나 소비자 보호 측면에서 모두 부정적인 효과를 가져온다.

이때 정책당국이 자연독점기업에 P^*abP_1만큼 보조금을 지급한다면 조업중단을 극복하고 완전경쟁시장 하에서 자원배분을 실현하게 된다. 따라서 보조금을 지급할 수 있을 때의 최선의 규제는 한계비용 설정에 의한 가격규제이다.

그러나 이러한 방법은 한계를 지닌다. 첫째, 독점기업의 손실 크기를 정확하게 측정하기 어렵다. 특히 기업의 비용구조가 비대칭적 정보 하에 있을 경우 기업들은 더 많은 보조금을 받기 위해 진정한 비용구조를 숨기는 도덕적 해이를 보여 비용을 과대하게 표시할 수 있다.

둘째, 보조금 지급을 위한 재원마련을 위해 타 부분에서 조세를 징수할 경우 초과부담(excess burden) 등의 또 다른 비효율이 유발될 수 있다.

셋째, 독점기업의 손실을 보전해 주므로 기업 스스로 효율적으로 생산할 동기를 부여하지 못해 비효율을 유발할 수 있다는 문제점이 있다.

5. 보조금을 제공할 수 없는 경우 차선의 규제방식

가. 평균비용가격설정(AC-pricing)

평균비용가격설정은 $AC = P$가 되도록 가격을 설정해 기업이 손실을 보지 않도록 하는 가격설정방식이다. [그림 9]에서 기업은 $P = AC$에 의해 P_1의 가격에 Q_1만큼 생산하게 되는데, 이때 기업은 손실을 보지 않지만 청색음영 부분만큼 후생손실이 있게 되어 자원을 비효율적으로 배분하게 된다.

나. 이중가격제도

독점기업은 먼저 $P = MC$에 의해 효율적인 생산량인 Q^*를 P^*의 가격에 생산한다. 다음, 손실액을 보전할 수 있는 P_2의 가격으로 Q_2만큼을 판매한다. 이때 [그림 9]의 사각형 청색음영 부분과 넓이가 같도록 P_2, Q_2를 설정한다. 이 방법은 손실도 보전하고 자원배분의 효율성도 실현할 수 있지만, P_2의 가격을 도출하는 기술적 어려움이 있다.

다. 이부가격제도

첫째, MC-pricing으로 생산량과 가격(사용료)을 결정하고, 둘째, 소비자잉여 중 MC-pricing으로 생긴 독점기업의 손실분만큼을 가입비로 받는 제도이다. 효율적 자원배분으로 후생손실은 없으나 소비자잉여가 독점기업으로 부의 이동이 일어나므로 소득재분배 측면에서 문제가 있을 수 있다.

라. 기타방안

이상의 규제 이외에도 공기업화 방안, 사기업 형태를 유지하되 정부가 규제하는 방안, 경쟁입찰을 통해 정부가 독점기업과 배타적 계약을 체결하는 방안, 조세부과를 통해 독점이윤을 거두어들이는 규제방안 등이 있다.

그림 9
보조금을 제공할 수 없는 경우 차선의 규제방식

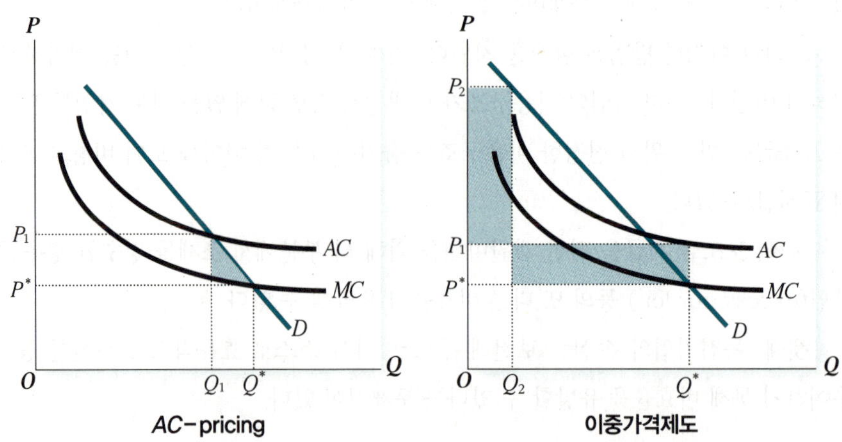

07 독점기업의 수요곡선이 $D(p) = 100 - 2p$라고 하자. 이 기업은 x_1, x_2의 생산요소를 이용하여 생산하며, 산출량과의 관계는 다음의 생산함수 $y = f(x_1, x_2) = \min[x_1, x_2]$로 주어져 있다. 각 생산요소의 가격은 1로서 같다고 하자.

(1) 이 기업의 생산함수에 대한 특성을 논하고, 독점기업의 단기균형에서 수요의 탄력성에 대해 설명하라. 또한 이 기업의 비용함수를 도출하고, 독점이윤을 극대화하기 위한 생산량과 가격을 구하라.

(2) 정부는 독점으로 인한 후생의 손실을 줄이기 위해 한계비용에 의한 가격규제를 실시하기로 했다. 이 경우 가격상한은 얼마로 정해야 하는가? 한편, 정부가 독점의 폐해를 치유하기 위해 이윤세(profits tax)를 부과하기로 결정했다면 이것이 독점기업의 산출량 결정에 어떤 영향을 미치는지 설명하라.

핵심정리

본 문제의 핵심은 생산과 비용의 쌍대성(duality)에 관한 이론이다. 즉, 기업의 생산함수에 관한 정보를 갖고 있을 때 비용함수를 도출하는 문제이다. 생산과 비용의 쌍대성이란 생산함수는 비용함수에 관한, 비용함수는 생산함수에 관한 모든 정보를 갖고 있기 때문에 생산함수를 알면 비용함수를 도출할 수 있다는 정리이다.

1. 생산함수의 특성

식 (15)로 표시된 독점기업의 생산함수에서는 첫째, x_1, x_2가 서로 대체될 수 없는, 대체탄력성이 0인 완전보완적 관계에 있다.

$$y = \min[x_1, x_2] \tag{15}$$

둘째, 첫 번째 성질로 인해 독점기업은 x_1과 x_2를 1 : 1 고정된 투입비율로 생산공정에 투입하여 y라는 재화를 생산한다. 이런 의미에서 식 (15)과 같은 독점기업의 생산함수를 고정투입비율(fixed input coefficient ratio) 생산함수라 한다.

셋째, 독점기업의 생산함수에서 x_1과 x_2를 동일 비율로 증가시키면 산출량 y도 같은 비율로 증가하는 1차 동차 생산함수이다.

끝으로, 식 (15)가 1차 동차 생산함수이기 때문에 1차 동차 함수가 갖는 제 성질을 모두 만족하는 성질을 갖고 있다. 즉, 확장선이 원점에서 뻗어 나오는 직선이고, 규모의 수익불변(*CRS*)이며, 오일러 정리(Euler's theorem)가 성립한다.

2. 비용함수 도출

비용함수는 생산함수가 주어져 있을 때 이를 최소비용으로 달성하는 과정에서 도출된다.

가. 단기비용함수

생산요소 x_2가 고정되어 있다고 가정하면, 단기비용함수는 식 (16)으로부터 도출된다.

$$\begin{aligned} &\underset{x_1}{\text{Min}}\ x_1 + \overline{x_2} \\ &s.t.\ \overline{y} = \min[x_1,\ \overline{x_2}] \end{aligned} \tag{16}$$

식 (16)에서 식 (17)의 단기비용함수를 도출하게 된다. 식 (17)에서 F는 고정비용을 의미한다.

$$c = y + F_2(\text{단},\ F \leq \overline{x_2}) \tag{17}$$

또한 단기한계비용(SMC)은 식 (17)을 y로 미분하면 식 (18)과 같이 표시된다.

$$SMC = 1 \tag{18}$$

나. 장기비용함수

장기비용함수는 식 (19)로부터 도출된다.

$$\begin{aligned} &\underset{x_1,\ x_2}{\text{Min}}\ x_1 + x_2 \\ &s.t.\ \overline{y} = \min[x_1,\ x_2] \end{aligned} \tag{19}$$

식 (19)에서 $\overline{y} = x_1 = x_2$이므로 이를 목적식에 대입하면 식 (20)의 장기비용함수가 도출된다.

$$c = y + y = 2y \tag{20}$$

식 (20)에서 장기한계비용은 식 (21)과 같다.

$$LMC = 2 \tag{21}$$

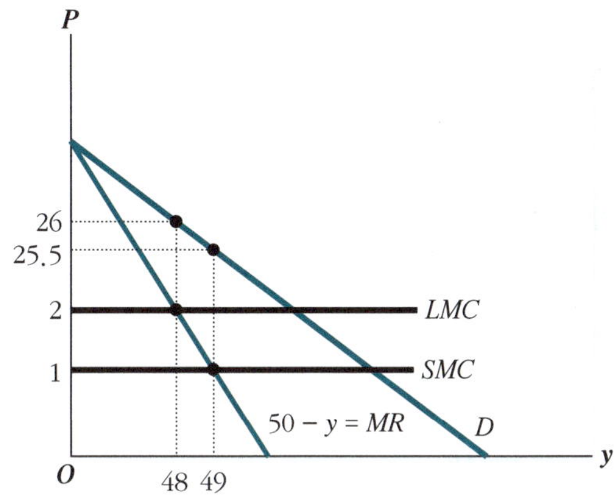

그림 10
독점기업의 장 · 단기균형

3. 독점기업의 장 · 단기 균형

독점기업의 장 · 단기 이윤극대화는 식 (22)로부터 실현된다.

$$\underset{p,\,y}{\text{Max}}\ \pi = p(y) - TC(y) \tag{22}$$

(단, $p = -\frac{1}{2}y + 50$, $y = \min[x_1 + x_2]$, TC는 장 · 단기 비용임)

가. 단기이윤극대화

식 (22)로부터 일부 생산요소가 주어져 있을 때 단기이윤극대화는 $MR = SMC$에서 실현된다.

수요곡선으로부터 $MR = -y + 50$이고, SMC는 식 (18)에서 1이다.

따라서 $MR = -y + 50 = 1$에서 단기이윤극대화 생산량은 $y^* = 49$이고, 가격은 $y^* = 49$를 수요곡선에 대입하면 $P^* = 25.5$이다.

나. 장기이윤극대화

장기이윤극대화는 $MR = LMC$에서 이루어지므로 $-y + 50 = 2$가 되어 $y^* = 48$이 되고, $P^* = 26$이 된다.

이상을 도해하면 [그림 10]과 같다.

4. 독점기업의 수요의 가격탄력성

독점기업의 단기균형 (25.5, 49)에서 수요의 가격탄력성은 식 (23)와 같이 도출된다.

$$\varepsilon_p = -\frac{dy}{dp} \cdot \frac{p}{y}$$
$$= 2 \cdot \frac{25.5}{49}$$
$$= \frac{51}{49} > 1 \tag{23}$$

따라서 독점기업의 단기균형에서 수요의 가격탄력성은 탄력적이다. 이는 한계수입 $MR = 1 > 0$을 의미하며, 독점기업은 판매량을 증가시킴에 따라 총수입이 증가하는 영역에서 판매활동을 한다는 것을 의미한다.

5. 한계비용에 의한 가격규제

가. 단기

단기한계비용이 1이므로 MC-pricing을 하면 정부규제에 의한 가격상한은 1이 된다.

나. 장기

$LMC = LAC = 1$이므로 MC-pricing을 하면 $p = 2$가 된다.

6. 이윤세 부과 효과

이윤세 t를 부과하면 독점기업의 이윤극대화는 식 (24)와 같이 설정할 수 있다.

$$\underset{p,\,y}{\text{Max}}\ (1-t)\pi = p(y)y - TC(y) \tag{24}$$
$$\underset{p,\,y}{\text{Max}}\ \pi = \left(\frac{1}{1-t}\right)p(y)y - \frac{1}{1-t}TC(y)$$

식 (24)에서 독점기업의 이윤극대화 조건은 식 (25)로 이윤세를 부과하기 전과 동일하다.

$$MR = MC \tag{25}$$

따라서 독점기업의 산출량 결정에 이윤세 부과는 아무런 영향을 미치지 않는다.

08 어느 한 기업이 상품 A와 상품 B를 독점생산하고 있다. 각 상품의 생산비용은 모두 0이다. 소비자는 각 상품에 대하여 지불할 용의가 있는 최고금액(willingness to pay)에 따라 다음의 표와 같이 두 가지 유형으로 나뉜다. 그리고 각 유형은 50명의 소비자로 구성되어 있다.

	지불할 용의가 있는 최고 금액	
	상품 A	상품 B
소비자 유형 1	150	70
소비자 유형 2	70	100

(1) 이 독점기업이 이윤을 극대화하기 위해 각 상품의 가격을 얼마로 결정할지 그 근거와 함께 기술하라. 이때 각 시장에서 기업의 이윤과 소비자잉여는 각각 얼마인가?

(2) 이제 독점기업은 두 상품을 결합하여 판매하기로 결정하였다. 그리고 결합상품을 판매하면서 각 상품의 개별판매는 하지 않기로 결정하였다. 이런 상품결합으로 이윤의 증가가 가능한가? 불가능하다면 이유를 밝히고, 가능하다면 독점기업의 이윤을 극대화할 수 있는 결합상품의 가격과 이윤, 그리고 소비자 잉여를 밝혀라.

(3) 정부의 정책당국자로서 독점상품의 결합판매를 허용해야 하는지에 대해 논하라.

핵심정리

상품에 대한 소비자의 선호가 매우 달라서 음의 상관관계를 가질 때 결합판매시 묶어팔기(tying and bundling)가 독점기업의 이윤을 극대화할 수 있다는 것이 핵심이다.

1. 의의

각 상품의 생산비용이 모두 0이므로 총수입이 곧 이윤이 되며, 독점기업은 가격설정자로 행동하여 이윤극대화 상품가격 P_a, P_b를 결정한다. 각 소비자의 최대지불의사금액이 상품 A와 B 간 현격한 차이가 있는 것을 독점기업이 알고 있을 때, 각각의 시장에서 개별판매와 결합판매(묶어팔기)를 비교해 보자.

2. 개별시장에서의 가격과 이윤, 소비자잉여(사안 (1)에 대해서)

가. 상품 A 시장

$P_a = 70$인 경우 소비자 유형 1과 유형 2가 모두 구입하므로 이때 독점기업의 이윤은 $\pi = TR = 70 \times 100 = 7,000$이 된다.

$70 < P_a \leq 150$인 경우 소비자 유형 1만 구입하므로 가격부등식에 소비자 수를 곱하면 독점기업의 이윤은 $70 \times 50 = 3,500 < \pi = TR \leq 7,500 = 150 \times 50$이 된다.

따라서 독점기업은 상품 A 판매를 통한 독점이윤을 극대화하기 위해 $P_a = 150$으로 설정하게 된다. 이때 이윤은 7,500이며, 소비자는 자신이 지불할 의사가 있는 금액 70과 150 중 가장 큰 가격인 150을 지불하였으므로 소비자잉여는 없다.

나. 상품 B 시장

$P_b = 70$인 경우 소비자 유형 1과 유형 2가 모두 구입하므로 이때 독점기업의 이윤은 $\pi = TR = 70 \times 100 = 7,000$이 된다.

$70 < P_b \leq 100$인 경우 소비자 유형 2만 구입하므로 이때 독점기업의 이윤은 $3,500 < \pi = TR \leq 5,000$이 된다.

따라서 상품 B 판매를 통한 독점이윤을 극대화하기 위해 $P_a = 70$으로 설정하게 된다. 따라서 독점기업의 이윤은 7,000이며, 소비자잉여는 유형 2에게만 한 사람당 30씩 발생하므로 전체 소비자잉여는 $30 \times 50 = 1,500$이 된다.

3. 결합상품 판매(묶어팔기)시 가격과 이윤, 소비자잉여(사안 (2)에 대해서)

가. 이윤을 극대화하는 결합상품의 가격과 이윤, 그리고 소비자잉여

$P = 170$인 경우 소비자 유형 1과 유형 2가 모두 구입하므로 이때 총수입은 $\pi = TR = 170 \times 100 = 17,000$이 된다.

$170 < P \leq 220$인 경우 소비자 유형 1만 구입하므로 가격부등식에 50을 곱하면 총수입은 $8,500 < \pi = TR \leq 11,000$이 된다.

따라서 독점기업은 결합상품 판매시 가격을 $P = 170$으로 결정하게 되며, 이때의 이윤은 17,000이 된다.

개별판매를 할 경우 독점기업의 이윤은 사안 (1)에서 A, B시장에서 얻는 이윤의 합인 $7,500 + 7,000 = 14,500$인 데 반해, 결합판매를 할 경우 이윤은 17,000이므로 독점기업은 묶어팔기로 이윤의 증가가 가능하게 된다. 이를 도해하면 [그림 11]과 같다.

이때의 소비자잉여는 유형 1에게만 한 사람당 50씩(최고로 지불할 용의가 있는 금액 220 − 170) 발생하므로 전체 소비자잉여는 $50 \times 50 = 2,500$이 된다.

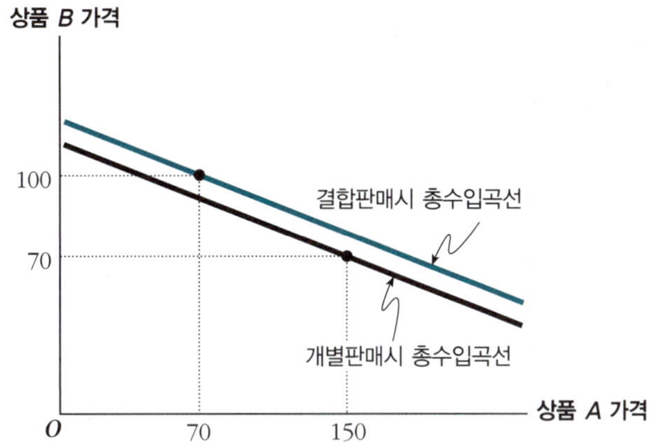

그림 11
결합판매와 개별판매시의 이윤

나. 상품결합으로 이윤증가가 가능한 이유

최대지불의사 금액은 소비자 유형 1에서 상품 A의 경우 가격이 B의 가격보다 더 크고, 소비자 유형 2의 경우 상품 B의 가격이 A의 가격보다 더 크다. 이처럼 각 상품에 대해 형성된 소비자의 선호가 크게 달라서 최대지불의사 금액의 상관성이 음(-)으로 나타날 경우 A와 B의 상품결합으로 독점기업의 이윤의 증가가 가능하다.

만약 두 유형의 소비자가 상품에 대한 선호가 유사해서 최대지불의사 금액이 동일한 방향으로 형성된다면, 상품결합을 통한 이윤의 증가는 어렵고, 이때는 각각의 상품을 개별적으로 분리해서 개별판매하는 것이 독점기업의 이윤을 극대화하게 된다.

4. 정부에서 독점상품의 결합판매의 허용 여부(사안 (3)에 대해서)

묶어팔기를 공정거래법상 허용할 것인가에 대해 많은 논란이 있다. 이를 오직 사회후생적 관점에서만 평가해 보면, 각 시장에서 따로 상품을 판매할 경우 사회 총잉여는 독점기업의 이윤과 소비자잉여의 합이므로 $14,500 + 1,500 = 16,000$이 되며, 결합판매를 할 경우 사회 총잉여는 $17,000 + 2,500 = 19,500$이 된다. 따라서 사회 총잉여의 크기만 본다면 결합판매를 허용해야 한다.

그러나 결합판매를 허용할 경우 다음과 같은 문제들이 발생할 수 있다. 첫째, 공정거래의 차원에서 결합판매시 소비자 1, 2 유형 모두에게 제품판매가 가능해져 시장에서 독점심화에 따른 폐단이 크게 발생한다.

둘째, 소비자의 경우 자신들이 상대적으로 덜 선호하는 상품을 구매하는 소비행위를 하게 된다.

셋째, 개별판매시 유형 2가 소비자잉여를 획득하였으나, 결합판매 후 유형 1이 소비자잉여를 획득한다. 따라서 집단 간 형평성 문제를 고려할 경우, 독점상품의 결합판매를 허용하기 위해서는 두 집단 간 보상문제가 고려되어야 한다.

09 어느 놀이공원에서는 어른과 어린이에 대해 요금, 입장료와 놀이기구 사용료를 달리 받고 있다.

(1) 이러한 가격정책이 이루어지기 위한 성립조건, 가격책정 이유, 유형을 설명하라.

(2) 자원배분상의 함의를 설명하라.

핵심정리

3차 가격차별은 독점기업이 서로 다른 가격탄력성을 갖는 시장을 분할하여 탄력성이 낮은 시장에는 높은 가격을, 탄력성이 높은 시장에는 낮은 가격을 책정함으로써 이윤을 극대화하려는 시도이다. 소비자잉여가 독점기업으로 일부 이전되는 반면, 단일가격 책정보다는 시장을 확대시킬 수 있다는 자원배분상의 경제적 의미를 설명하는 것이 핵심이다.

1. 의의

시장지배력이 있는 기업이 동일 상품을 서로 다른 소비자에게 상이한 가격으로 판매하는 시장형태를 가격차별(price discrimination)이라 한다. 피구(A. Pigou)는 기업의 가격차별을 개별 상품별, 상품그룹별, 시장별로 구분하고, 이를 각각 1차 가격차별, 2차 가격차별, 3차 가격차별이라고 구분하였다.

본 문제는 놀이공원이라는 동일한 상품에 대해 어린이는 수요의 가격탄력성이 상대적으로 탄력적이고, 어른은 상대적으로 비탄력적이라는 가정 하에 3차 가격차별의 관점에서 가격책정과 자원배분상의 경제적 의미를 검토하고자 한다.

2. 가격차별화가 이루어지기 위한 조건

첫째, 놀이기구를 운영하는 기업이 어느 정도 시장지배력이 있는 가격설정자이어야 한다. 둘째, 전체 놀이기구 서비스시장을 어린이와 어른 간 수요의 가격탄력성에 따라 서로 다른 부분시장으로 분리할 수 있어야 한다. 셋째, 부분시장은 효과적으로 분리되어 시장 간 재판매가 일어날 수 없어야 한다. 끝으로, 시장분할비용이 저렴해야 한다.

3. 놀이기구 기업의 이윤극대화 가격책정

놀이기구 기업은 어린이에게는 P_1 가격으로 Q_1만큼 팔고, 어른에게 P_2 가격으로 Q_2만큼 팔아서 얻는 총수입에서 총비용을 차감한 식 (26)으로 표시된 이윤극대화 수준에서 놀이기구 가격과 산출량을 결정한다.

그림 12
놀이기구의
가격차별화

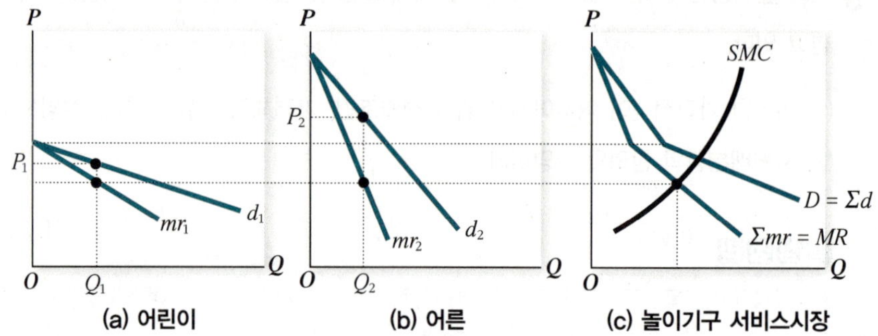

$$Max\ \pi = P_1(Q_1)\,y_1 + P_2(Q_2)\,Q_2 - STC(Q) \tag{26}$$

$$(\text{단}, Q = Q_1 + Q_2)$$

이상을 [그림 12]로 나타낼 수 있다. 그림에서 상대적으로 탄력성이 큰 어린이는 낮은 가격(P_1)을 책정하고, 상대적으로 탄력성이 낮은 어른은 높은 가격(P_2)을 책정하고 있다. 이런 가격책정이 나타나는 이유는 놀이기구라는 동일한 상품에 대해 어린이와 어른 간에 수요의 가격탄력성이 다르기 때문이다.

4. 가격차별화의 경제적 효과

가. 부정적 측면

첫째, 동일한 상품이 상이한 가격으로 팔리기 때문에 소비자에 따라 그 상품에서 얻는 한계편익이 서로 다른 결과가 나오게 된다. 모든 경제주체의 한계편익이 동일할 때 효율적인 자원배분이 이루어진다. 그러나 가격차별은 소비자 간 한계편익을 다르게 하기 때문에 자원배분의 비효율성이 발생하게 된다.

둘째, 가격차별은 그 유형에 따라 정도의 차이는 있지만 소비자잉여를 독점기업의 수입으로 전환시킨다. 그리고 해외덤핑의 경우 해외수요자의 이익을 위해 국내소비자를 희생시킨다.

나. 긍정적 측면

첫째, 차별독점의 경우 순수독점의 산출량과 최소한 같거나 더 많은 산출량을 생산한다. 독점이 야기하는 자원배분상의 문제점은 독점기업이 완전경쟁시장에 비해 과소생산한다는 점에서 주로 나오고 있는데, 가격차별로 산출량이 증가하면 차별적 독점의 경우 자원배분상의 문제점이 어느 정도 완화된다.

둘째, 가격차별시 가격차별이 없을 때에 비해 기업의 총수입이 늘어나므로 시장의 성립이 불가능한 경우에도 가격차별로 인해 시장성립이 가능해질 수 있다.

10 세계 각국은 독과점을 규제하고 있으나 특허권이라는 명목으로 한시적으로 이를 인정하고 있다. 이러한 모순적 정책을 취하는 이유는 무엇인지 설명하라.

핵심정리

특허권제도는 기술독점에 의한 독점의 폐단을 낳지만 기술개발을 촉진시킨다는 편익을 제공하므로 두 값을 동시에 고려한 사회적 순편익이 최대가 되도록 최적특허기간을 설정하는 것이 핵심이다.

1. 특허권과 독점성

특허권은 지적재산권(intellectual property)의 일종으로서 공공재적 특성을 갖고 있다. 먼저, 지적 재산물은 복제하는 데 드는 비용이 상당히 작으므로 '배제불가능성'을 띠고, 일단 어떤 지적 재산물이 생산되고 난 다음에는 이의 소비에 참여하는 사람의 수가 많을수록 사회적 편익이 커지므로 소비의 '비경합성'을 띠고 있다.

특허물은 이와 같이 공공재이므로 완전경쟁시장에서 가격을 결정할 때에는 무임승차행위에 의해 과소생산되고, 시장실패가 일어날 가능성이 높다. 따라서 특허권을 도입하여 '배제불가능성'의 문제를 해소하는 것이 필요하다. 그러나 이는 한편 독점적 권리를 부여하는 것이 되어 자원배분의 비효율성의 원인이 된다. 그러므로 특허권을 부여하되 편익과 비용을 고려한 특허기간의 제한이 불가피하다.

2. 특허권 설정에 의한 비용과 편익

가. 편익

독점적인 특허권을 설정해 주면 개인의 기술개발을 유인하고 발명을 촉진시켜서 산출량을 증가시키는 사회적 편익이 있다.

나. 비용

첫째, 특허권을 가진 경제주체가 독점체제를 구축함으로써 소비자가 더 높은 가격을 지불해야 하는 등 독점폐해가 나타난다.

둘째, 특허권이라는 독점권을 얻기 위해 여러 경제주체가 동시에 노력하기 때문에 중복투자와 과다투자가 이루어질 수 있다.

3. 최적특허기간 설정

앞에서 설명한 편익과 비용을 고려하여 특허권을 부여하되 총편익에서 총비용을

그림 13
최적특허기간

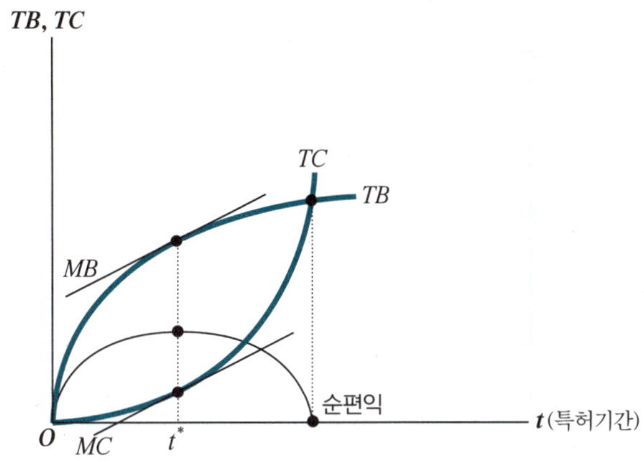

차감한 순편익이 최대가 되도록 최적특허기간을 설정하는 것이 필요하다.

[그림 13]에서 *TB*는 발명촉진효과로 인한 사회적 총편익이며, *TC*는 중복투자와 독점으로 인한 손실로 인해 발생하는 사회적 총비용이다. 사회적 순편익은 *TB*에서 *TC*를 차감함으로써 도출된다.

최적특허기간은 사회적 순편익이 극대화되는 수준에서 결정된다. [그림 13]에서 사회적 순편익은 t^*에서 극대화된다. 따라서 최적특허기간은 t^*이다.

4. 특허권과 독과점정책

정부가 일반 상품에 대한 독과점 규제와는 달리 특허권을 배타적으로 인정하는 이유는 특허의 공공재적 성질로 인한 시장실패를 치유하여 기술진보와 발명촉진을 유도하기 위한 것이다.

장기 완전경쟁시장은 초과이윤이 없으므로 기업들은 신기술 개발의 유인이 없다. 기업은 초과이윤이 보장되어야 기술개발을 한다. 신기술 개발에 따른 초과이윤은 신기술의 특허권 보장으로 이루어진다. 그런데 특허권은 시장에서 기업의 독점에 따른 자원의 비효율적인 배분 등 독점에 따른 폐단을 발생시킨다.

이에 대해 세계 각국은 독과점으로 인한 폐해를 최소화하기 위해 특허기간을 정하여 규제하는 방식을 취하고 있다.

11 어느 산골에 A와 B라는 두 집단이 있다. 이 산골의 입구에 가로등을 설치하고자 두 집안의 가장이 모였다. 가로등 설치비용이 500만원인데 A는 400만원까지, B는 200만원까지 낼 용의가 있지만, 서로 이를 밝히지는 않고 있다. (두 집은 모두 1,000만원 이상의 현금을 가지고 있다.) 여기서 누가 얼마나 부담하는가 하는 문제 때문에 쉽사리 결론을 내지 못하고 있다.

(1) 이 예의 가로등과 같은 성격의 재화를 일반적으로 무엇이라 하며, 그 특징은 무엇인가?

(2) 두 집이 가로등을 쉽게 설치하지 못하는 현상을 무임승차의 개념과 내쉬균형을 사용해 설명하라.

핵심정리

가로등은 비경합적, 비배제적 성질을 가진 공공재이다. 이 문제에서는 용의자의 딜레머 게임을 통해 내쉬균형을 도출하고, 이 과정에서 무임승차와 공공재의 과소생산을 설명하는 것이 핵심이다.

1. 의의

가로등의 성격을 살펴보자. 문제에서의 가로등의 경우, 한 사람이 가로등 불빛을 소비한다고 하여 다른 사람의 소비가 줄어들지 않는 비경합성이 발생한다. 또한 가로등 설치비용을 부담하지 않은 사람에 대해 그 소비를 배제할 수 없는 배제불가능성도 존재한다. 따라서 가로등은 공공재의 성격을 갖는 재화이다.

2. 가로등의 설치 여부

가. 무임승차자 문제(free rider problem)

무임승차자의 문제란 공공재의 공급과정에서 비용을 부담하지 않는 자가 타인이 공급한 공공재에 대해 가격을 지불하지 않고 소비하는 것을 의미한다. 무임승차의 문제는 공공재의 배제불가능성에 기인한 것으로 이는 공공재를 과소생산하게 하여 시장실패를 초래하게 한다.

나. 내쉬균형(Nash equilibrium) 접근

1) 게임 설정

경기자는 A, B이고, 이들의 전략은 비용을 부담(C : charge)하는 것과, 비용을 부담하지 않는 것(F : free) 두 가지가 있다. 두 전략에 대한 A, B의 보수는 문제에 주어진 정보를 이용하여 〈표 1〉과 같이 주어진다.

표 1 경기자 A와 B의 보수표 (단위 : 만원)

A \ B	C	F
C	(50, 50)	(−100, 200)
F	(400, −300)	(0, 0)

문제에서 가로등에 대해 A, B가 느끼는 효용은 400, 200이고, 가로등 설치비용은 500이다. (C, C)는 A는 350, B는 150의 비용을 지불하기로 합의했다는 가정 하에 (50, 50)의 보수가 주어진다.

(F, F)는 양자의 비용과 편익이 모두 0이므로 보수의 배합은 (0, 0)이고, (F, C)는 A는 비용을 지불하지 않고 400의 효용을 얻고, B만이 500의 비용을 지불하여 200의 효용을 얻기 때문에 B의 보수는 −300이어서 두 경기자의 보수의 배합은 (400, −300)이다. (C, F)는 A만이 비용을 지불하는 상태로서 보수의 배합은 (−100, 200)이다.

2) 내쉬균형 도출

내쉬균형이란 각 경기자가 상대방의 전략을 주어진 것으로 보고 자신에게 최적인 전략을 선택할 때 두 경기자의 최적대응전략의 배합을 의미한다. 따라서 내쉬균형은 (F, F)가 된다. 왜냐하면 (F, F)의 균형에서 A, B 모두 전략을 바꿀 유인이 없기 때문이다.

나아가 A, B 두 경기자의 우월적 전략이 F로 존재하므로 (F, F)가 우월전략균형의 성격도 갖고 있음을 확인할 수 있다. 결국 가로등 설치비용을 지불하지 않고 무임승차하는 것이 우월균형이고 내쉬균형이기 때문에 가로등이 설치되지 못하는 상황이 발생한다. 즉, 공공재의 과소생산의 문제가 발생하게 된다.

3. 결론

현재의 내쉬균형 (F, F)는 용의자의 딜레머(prisoner' s dilemma)가 발생하는 상황이다. 즉, 자신들의 최선의 선택이 사회적으로 바람직한 자원배분과 일치하지 않고 있다. 왜냐하면 (C, C)를 선택함으로써 양자 모두 편익을 증가시킬 수 있는 파레토 개선(pareto improvement)이 가능하기 때문이다.

따라서 정부의 개입 또는 양자 간의 구속력 있는 협상 등을 통해 (C, C)를 선택할 수 있도록 해야 할 것이다. 참고로 협상을 하는 경우 A는 300 ~ 400만원, B는 100 ~ 200만원을 부담하는 선에서 균형이 성립할 것이다.

12 A, B 두 나라가 있다. 두 나라는 시장개방과 시장폐쇄의 두 가지 전략대안을 놓고 고민하고 있다. 상대방 국가가 시장을 개방함으로써 내가 얻는 이익은 100이고, 상대에게 시장을 개방해 줌으로써 발생하는 비용은 40이다. 시장폐쇄 자체로부터는 이익이나 비용이 발생하지 않는다. 이때 A국가와 B국가가 두 가지 대안(개방 대 폐쇄) 중 하나를 선택하는 경우 선택 결과에 따라 각국의 순편익(= 이익 − 비용)이 달라진다.

(1) 이러한 상황에 대한 이득행렬표를 작성하고, 설명하라. 이때의 두 국가의 전략의 조합은 어떻게 결정되겠는가? 이러한 전략의 조합은 바람직한지 논하라.

(2) 이렇게 결정된 전략조합이 바람직하지 않다면 이를 바람직한 방향으로 유도하기 위한 방안으로는 어떤 것이 있는지 현실의 국제경제에서의 예를 들어 설명하라. 또한 일단 바람직한 전략조합이 달성된 이후에 이를 계속 유지하기 위한 현실 국제경제에서의 구체적 수단들을 적시하고, 평가하라.

핵심정리

시장개방과 시장폐쇄라는 전략을 용의자의 딜레마 게임으로 만들어 내쉬균형을 도출하고, 내쉬균형이 파레토 효율적 자원배분을 보장하지 못하기 때문에 신뢰성 있는 중재기구를 통해 협조적 전략을 도출하는 것이 핵심이다.

1. 의의

두 나라 A, B 간의 게임은 동시적, 정태적 게임이다. 또한 완비정보, 확실한 정보, 대칭적 정보이지만 A, B 국가가 서로 어떤 전략을 선택할지 알지 못하기 때문에 불완전한 정보게임이다. 이러한 정보적 상황에서 각 국가가 시장개방과 폐쇄라는 전략을 선택했을 때 보수행렬과 균형을 구하고, 바람직한 균형을 위한 방안을 모색하고자 한다.

2. 보수행렬과 전략의 조합

가. 보수행렬 도출

문제에서 A, B 두 나라 모두 시장을 개방하는 경우 100의 이익을 얻지만, 비용이 40이므로 순편익은 60이다. 한 나라만 시장을 개방하면 시장을 개방한 나라는 비용이 40이므로 순편익은 −40이며, 시장을 폐쇄한 나라는 비용 없이 이익이 100이므로 순편익은 100이다. A, B 두 나라 모두 시장을 폐쇄하면 이익과 비용이 발생하지 않으므로 순편익은 0이 된다. 이상을 보수표로 정리하면 〈표 2〉와 같다.

표 2 **A와 B의 보수행렬**

A \ B	개방	폐쇄
개방	(60, 60)	(−40, 100)
폐쇄	(100, −40)	(0, 0)

(전자와 후자는 각각 A와 B의 순편익임)

나. 두 국가 간의 전략의 조합

우월전략(dominant strategy)이란 경쟁자가 선택하는 전략에 관계없이 경기자 자신의 보수가 가장 큰 전략을 말하며, 각 경기자가 우월전략을 선택했을 때의 조합을 우월전략균형(dominant equilibrium)이라고 한다.

A국가의 경우 항상 시장폐쇄시의 순편익이 시장개방시의 순편익보다 크므로 우월전략은 "시장폐쇄"가 되고, B국가 또한 마찬가지이므로 이때의 두 국가의 전략의 조합인 우월균형은 (폐쇄, 폐쇄)가 되며, 순편익은 모두 0이 된다. 또한 이러한 우월전략균형은 정리에 의해 내쉬균형이 된다. 이것은 A, B가 택한 전략 (폐쇄, 폐쇄)가 매우 견고하고 안정적이라는 것을 의미한다.

다. 전략조합의 바람직성 여부

각 경기자가 내쉬전략인 시장폐쇄를 택할 때의 순편익은 (0, 0)인 데 비해 (시장개방, 시장개방) = (60, 60)의 순편익을 얻으므로 내쉬균형은 사회적으로 바람직한 자원배분을 실현하고 있지 못하다. 이런 현상을 용의자의 역설이라 한다.

3. 사회 최적균형으로 유도하기 위한 방안

가. 구속력 있는 국제협약

용의자의 딜레머는 사전에 경기자 간 대화의 가능성이 차단되어 구속력 있는 협정을 맺지 못하기 때문에 나타나는 현상이므로 A, B 두 나라 간의 자유무역협상을 논의할 수 있는 무역라운드를 개최하여 구속력 있는 자유무역협정체결이 요구된다.

자유무역협정과 같은 국제협약으로 경기자들 간에 협조적 행동을 약속하는 구속력 있는 협약(binding commitment)을 맺을 때 바람직한 균형으로 유도할 수 있다.

나. 경쟁자의 이기적 전략에 대한 보복과 처벌

게임을 무한히 반복하고, 시장폐쇄와 같은 경쟁자의 이기적 행동에 대해 보복(retaliation)하거나 처벌(punishment)을 가할 수 있을 때 경쟁자의 협조적 전략을 유도할 수 있다.

4. 바람직한 균형을 유지하기 위한 방안

일회적 게임(one-shot game)과 유한반복게임(finitely repeated game)에서의 균형전략은 비협조적 전략의 배합이 되나, 무한반복게임(infinitely repeated game)에서는 경쟁자의 비협조적 전략에 대해 무한히 보복할 수 있으므로 협조적 전략을 도출해낼 수 있다. 따라서 A, B 두 국가 간에는 계속적인 자유무역을 하면서 자유무역 위반에 대해서는 신뢰할 만한 벌칙을 가하여 시장개방이라는 협조적 전략을 유도할 수 있다.

벌칙(penalty)의 일반적 종류에는 동해보복전략과 촉발전략이 있으며, 위와 같은 근거로 구체적인 벌칙을 가할 수 있다.

가. 동해보복전략(tit-for-tat strategy)

동해보복전략은 '시장개방에는 시장개방, 시장폐쇄에는 시장폐쇄'로 대응하는 전략으로서, 처음에는 경기자가 협조적 전략으로 출발하지만, n기에 $n-1$기의 경쟁자의 전략을 채택하여 대응하는 전략을 말한다.

나. 촉발전략(grim strategy)

경기자가 처음에는 협조적 전략인 시장개방으로 출발한 후, 경쟁자가 비협조적 전략인 시장폐쇄를 택하지 않는 한 계속해서 시장개방인 협조적 전략을 택하고, 만약 시장폐쇄의 비협조적 전략을 택하면 그 이후로 영원히 비협조적 전략으로 보복하는 전략을 말한다.

다. 국제경제에서의 구체적 수단

시장폐쇄에서 시장개방 또는 자유무역을 유지하기 위해서는 첫째, 상호 관세인하 및 철폐, 무역규제 완화 등이 필요하다. 둘째, 각종 비관세 장벽 등을 제거하여 자유무역구조를 정착시켜야 한다. 셋째, 시장개방과 자유무역질서를 유지하기 위한 국제무역기구의 효과적 활동이 필요하다.

라. 소결

전래정리(folk theorem)에 따르면 동해보복과 촉발전략 하에서 양국 간에 무한에 가까운 게임을 하면 보다 파레토 효율적인 자원배분(개방, 개방)을 얻어낼 수 있다. 따라서 국가 간 자유무역과 시장개방 노력을 지속하는 것이 국제적 자원배분의 효율성을 높이는 것이다.

13 피의자 게임 상황이 무한히 반복되지 않는 한 피의자 모두에게 이로운 협조행동이 이루어지지 못함을 설명하고, 이를 이용하여 과점기업의 담합가능성에 대해 설명하라.

핵심정리

일회적 게임이나 유한반복게임에서는 피의자 게임의 균형이 비협조적, 이기적 전략의 배합이지만, 무한반복게임에서는 시간할인요소의 크기에 따라 협조적 전략이 도출될 수 있다. 이 결과를 과점기업이론에 응용하여 과점시장의 불안정성을 설명하는 것이 핵심이다.

1. 피의자 게임

피의자 게임(prisoner's dilemma game)이란 경기자가 이기적 전략을 택하면 보수가 급격히 개선되고, 협조적 전략을 택하면 보수가 급격히 악화되는 보수체계를 가진 게임을 말한다. 이런 게임에서 피의자의 역설이란 경기자들이 자신들의 보수를 극대화하는 전략선택이 사회적으로 바람직한 자원배분과 불일치하는 현상을 말한다.

2. 내쉬균형과 이기적 전략

가. 동시적 게임

두 명의 피의자가 분리되어 각자 심문을 받는 상황을 상정한다. 이때 경기자들은 서로 구속력을 갖는 협약을 체결할 수 없는 상황 하에 있다. 경기자(player)는 A, B이고, 이들의 전략은 자백(C : confess), 자백하지 않음(N : non-confess) 두 가지가 있다. 이때 이들의 보수행렬은 〈표 3〉으로 주어진다.

(C, C)는 둘 다 죄를 자백해서 범죄가 성립하여 처벌받게 되는 상황으로 (4, 4)이고, (N, C)는 B만이 자백하는 경우로 A는 최고형량을 받고 B는 감형되어 (1, 10)이다.

표 3 피의자 게임의 보수

A \ B	C	N
C	(4, 4)	(10, 1)
N	(1, 10)	(8, 8)

(C, N)은 반대의 상황으로 (10, 1)이고, (N, N)은 둘 다 무죄로 인정되는 상황으로 (8, 8)보수를 얻게 된다.

나. 내쉬균형

〈표 3〉의 동시적 게임에서 우월전략균형과 내쉬균형은 (C, C)가 된다. 왜냐하면 각자의 입장에서 볼 때 상대방의 전략에 관계없이 자백(C)하는 것이 우월전략이 되기 때문이다.

이때 내쉬균형의 전략배합 (C, C)는 각 경기자의 이기적 전략의 배합이라는 성질을 갖고 있다. 따라서 동시적 게임에서는 피의자 모두에게 이로운 협조적 전략이 유도되지 않는다.

다. 유한반복게임과 균형

T기의 유한반복게임의 경우에는 보복의 가능성이 존재한다는 점에서 1회 게임과 다르다. 그러나 유한반복게임의 균형은 두 경기자 모두 비협조적 전략으로 일관하는 (C, C)가 된다.

이는 다음과 같은 역진적 귀납(backward induction)을 통해 확인할 수 있다. 우선 마지막 기인 T기를 상정하자. 이 경우 더 이상 보복의 가능성이 없기 때문에 각 경기자는 이기적 전략을 선택하고 게임을 종료하므로, 1회 게임과 같은 결과를 얻게 되어 (C, C)가 마지막 기의 균형이 된다. 그렇다면 $T-1$기에서도 협조를 할 이유가 없게 되고, 계속해서 매 회전의 균형전략은 (C, C)가 균형이 된다. 결국 유한반복게임에서도 각 경기자는 비협조적인 이기적 전략 (C, C)를 선택하여 균형에 이르게 된다.

3. 무한반복게임과 협조적 전략

이 경우는 게임이 무한히 반복된다는 점에서 유한반복게임과 다르다. 이때는 협조적 전략이 균형이 될 수 있음을 다음과 같이 보일 수 있다.

우선 경기자들은 촉발전략(grim strategy)을 따른다고 상정하자.

A가 협조적 전략(N)으로 출발할 때 B의 보수는 다음과 같다.

$$B\text{의 보수}\begin{cases}\pi_{B,N} = 8 + 8\sigma + 8\sigma^2 \cdots = \dfrac{8}{1-\sigma} & (\text{단, }\sigma\text{는 할인요소})\\ \pi_{B,C} = 10 + 4\sigma + 4\sigma^2 \cdots = 6 + \dfrac{4}{1-\sigma}\end{cases}$$

B가 협조적 전략을 택할 때 얻는 보수($\frac{8}{1-\sigma}$)가 이기적 전략을 택할 때 얻는 보수($6+\frac{4}{1-\sigma}$)보다 크면, 즉 $\frac{1}{3} < \sigma < 1$이면 B는 협조적 전략을 택하게 된다. 유사하게 A도 협조적 전략을 선택하게 된다. 따라서 할인요소 $\sigma > \frac{1}{3}$이면 피의자 A, B 모두에게 유리한 협조적 전략이 도출된다.

4. 소결

결국 피의자 게임의 경우 일회적 게임과 유한반복게임에서 이기적 전략이 균형전략으로 도출되고, 무한반복게임에서는 할인요소가 일정한 크기를 가졌을 때 협조적 전략이 유도되므로 무한반복게임이 아닌 한 상호 협조적인 전략이 도출되지 않음을 알 수 있다.

5. 과점기업의 담합가능성

과점기업들은 담합(cartel)을 통해 공동의 이윤을 극대화할 수 있다. 그러나 이러한 담합은 과점기업들의 개별 행동에 의해 붕괴될 가능성이 있음을 용의자의 딜레머에서 확인할 수 있다.

가. 게임 설정

*A*와 *B*라는 과점기업 간에 담합을 준수하는 협조적 전략(*N*), 담합을 깨뜨리는 비협조적 전략(*C*)을 상정하는 경우, 과점기업들은 〈표 3〉과 같은 보수행렬을 갖게 된다.

〈표 3〉은 [그림 14]의 과점시장에서 *A*와 *B*가 담합을 했을 때와 반담합을 했을 때 시장상황을 반영한 보수이다. 담합했을 때 균형은 *T*이고, 기업 *A*, *B*의 이윤은 각각 π_2, θ_2이다. 기업 *A*가 반담합을 하고 *B*가 담합했을 때 균형은 *E*점이고, *A*의 보수는 π_2에서 π_3로 증가하지만 *B*의 보수는 감소한다. *B*가 반담합을 하고, *A*가 담합을 준수하면 *F*점이 균형이 되고, *B*의 보수는 θ_3로 증가하지만, *A*의 보수는 감소한다. *A*와 *B* 모두 반담합을 하면 균형은 *G*점이 되어 *A*, *B*의 보수는 π_1, Q_1으로 모두 감소한다.

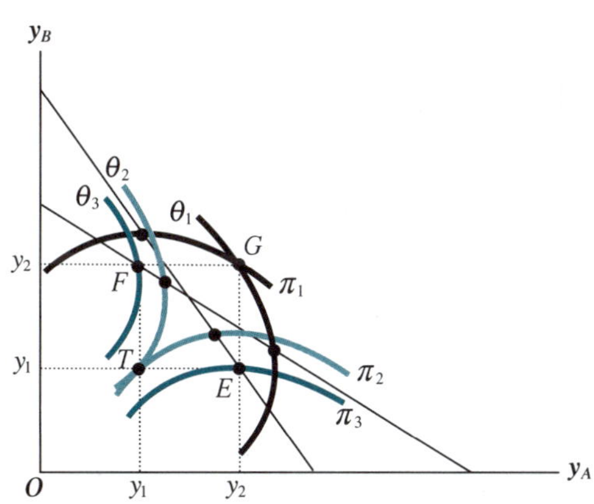

그림 14
담합과 반담합

나. 담합의 불안정성

앞에서 설명한 내용에서 알 수 있듯이, 1회 게임이나 유한반복게임의 경우 과점기업은 비협조적 전략 (C, C)로 일관하게 된다. 결국 담합은 불안정하고, 붕괴된다.

반면 무한반복게임의 경우 적절한 할인요소(discount factor) 하에서는 서로 협조하는 (N, N)이 균형으로 도출된다. 이때 담합은 안정적이고, 과점가격은 경직성을 보이게 된다.

14 역선택(adverse selection)의 발생원인과 효과에 대해 설명하고, 도덕적 해이(moral hazard)의 개념과 발생원인을 예를 들어 설명하라.

핵심정리

불리한 선택과 도덕적 해이 문제는 각각 비대칭적 정보 하에서 감추어진 속성에 대한 정보수집비용과 감추어진 행동에 대한 감독비용이 많이 들 때 발생하며, 이러한 문제가 발생하면 시장실패가 초래된다는 것이 핵심이다.

1. 의의

비대칭정보(asymmetric information)의 상황, 즉 거래의 어느 한쪽이 다른 쪽보다 우월한 정보를 갖고 있는 경우에는 역선택, 주인-대리인 문제와 도덕적 해이가 발생할 수 있다. 역선택이란 정보 비대칭적 상황에서 정보를 갖지 못한 경기자가 Lemons를 선택할 수밖에 없는 상태이고, 도덕적 해이란 정보를 가진 경기자가 저지르는 부주의한 행동을 말한다.

2. 원인적 비교

불리한 선택은 거래과정에서 어느 한쪽이 감추어진 속성(hidden charac-teristic)을 가지고 있는 경우에 발생한다. 감추어진 속성이란 거래의 쌍방 가운데 어느 한 사람이 다른 사람이 모르는 속성을 가지고 있는 경우를 말한다.

그런데 감추어진 속성이 존재한다고 해서 반드시 불리한 선택을 초래하는 것은 아니다. 이러한 감추어진 속성을 파악하는 데 드는 정보수집비용이 커야만 역선택 문제가 발생하게 된다.

도덕적 해이는 감추어진 행동 또는 노력(hidden action or effort) 때문에 발생한다. 감추어진 행동이란 계약의 쌍방 가운데 어느 한쪽이 계약의 이행과 관련해서 다른 쪽의 행동이나 노력수준을 완벽하게 알 수 없는 경우를 말한다.

3. 비용측면에서의 비교

도덕적 해이는 본인이 대리인의 부주의한 행동을 감독하는 비용이 많이 들기 때문에 발생하며, 불리한 선택은 숨겨진 특성을 알아내려는 정보수집 비용이 많이 들기 때문에 발생한다.

4. 계약 전 · 후상의 비교

역선택과 도덕적 해이는 계약(구매)체결 전 · 후로 구분할 수 있다. 역선택은 구매자가 구매를 하기 전에 Lemons를 선택할 수밖에 없는 사전적 비대칭성(ex ante asymmetry)의 문제이다.

이에 대해 도덕적 해이는 본인과 대리인이 계약을 체결하기 전까지는 대리인의 감추어진 행동이 나타나지 않다가 계약을 체결한 후에 나타나는 부주의한 행동이므로 사후적 비대칭성(ex post asymmetry)의 문제이다.

5. 정보적 측면에서의 비교

역선택과 도덕적 해이는 모두 비대칭적 정보 하에서 발생하는 문제이지만, 역선택은 경기자의 숨겨진 특성이나 유형으로 인해 나타나는 불완비(incomplete)된 정보의 문제이다. 이에 대해 도덕적 해이는 경기자의 숨겨진 행동이 원인이 되어 나타난 불완전(imperfect)정보의 문제이다.

6. 자원배분상의 비교

역선택과 도덕적 해이는 모두 정보 비대칭적 상황에서 시장실패를 초래한다는 점에서 공통적이다. 그러나 역선택은 경기자나 제품의 숨겨진 속성으로 인해 시장에서 peach의 거래규모가 축소되거나 극단적인 경우에 시장 자체가 폐쇄될 수 있다는 문제점을 발생시킨다.

따라서 사회 전체적으로 사회후생이 감소하게 되는데, 이는 보이지 않는 손(invisible hand)에 의한 자동조절적 자원배분이 이루어지기보다는 마비된 손(palsied hand)에 의해 시장기능이 약화됨을 의미한다.

도덕적 해이도 대리인의 숨겨진 행동으로 대리인의 보수를 극대화하는 행동과 사회최적인 노력수준이 불일치하여 사중적 손실이 발생하게 되고, 시장실패가 나타난다.

7. 대책 비교

도덕적 해이를 완화하거나 해결하는 대책으로는 도덕적 해이가 발생하는 시장에 따라 차이가 있지만, 대표적인 대책으로 대리인의 보수체계를 참여제약 하에서 성과의 존적으로 바꾸는 유인제도(incentive system)를 들 수 있다. 역선택 문제에 대해서는 감추어진 속성이나 유형을 드러내도록 하는 것에 초점을 둔 평판(reputation), 강제집행, 신호발송균형(signalling equilibrium)과 효율적 임금(efficiency wage) 등이 있다.

15 현재 우리나라는 쇠고기판매점을 수입쇠고기와 한우쇠고기 중 어느 한 가지만을 취급하도록 규제하고 있는데, 최근 미국은 이 규제의 철폐를 요구하고 있다. 현행 제도와 한 정육점에서 두 가지를 통합판매하는 제도의 경제적 기능 내지는 효과를 역선택(adverse selection) 현상의 관점에서 비교하라.

핵심정리

쇠고기가 한우인지 수입쇠고기인지에 대해 판매자는 잘 알고 있지만 구매자는 잘 모르는 정보 비대칭적 상황에서 한우와 수입쇠고기를 함께 판매하면 한우시장은 극도로 위축되거나 붕괴되고, 수입쇠고기만 거래되어 소비자는 수입쇠고기만을 선택할 수밖에 없는 역선택에 직면한다는 것을 보이는 것이 핵심이다.

1. 모형 설정

문제를 분석하기 위해 첫째, 쇠고기(y)시장은 완전경쟁시장이어서 다수의 판매자와 구매자가 존재한다고 하자. 둘째, 쇠고기가 한우인지 수입쇠고기인지를 판매자는 잘 알지만 구매자는 잘 모르는 정보 비대칭성 하에 있다고 하자. 셋째, 한우는 우리나라 소비자의 기호에 잘 맞는 peach라 하고, 수입쇠고기는 잘 맞지 않는 lemons라고 하자. 넷째, 쇠고기의 품질과 가격 간에는 1 : 1의 대응관계가 존재한다.

끝으로, 시장에 한우와 수입쇠고기는 각각 $\frac{1}{2}$씩 있고, 품질이 연속적이라고 하자.

2. 현행 분리판매제도

현행 제도는 한우와 수입쇠고기를 각각 분리판매하는 것으로, 소비자는 쇠고기에 대해 판매자와 동일한 정보를 갖게 되는 대칭적 정보상황 하에 있게 된다. [그림 15]에서 한우의 수요 · 공급곡선은 수입쇠고기보다 모두 상방에 존재한다. 한우의 수요자와 공급자가 보다 높은 가격에서 수요 · 공급하기를 원하기 때문이다. 따라서 [그림 15]에서 한우는 한우품질에 해당하는 수준에서, 수입쇠고기는 수입쇠고기 품질에 해당하는 수준에서 각각 가격이 결정되고 균형수급량이 결정된다. 이때 쇠고기의 배분은 파레토 효율적으로 실현된다.

3. 통합판매제도

미국이 요구하는 것처럼 한우와 수입쇠고기를 통합판매하면 판매자와 수요자 사이에 정보 비대칭성이 존재하게 된다. 이때 소비자는 한우와 수입쇠고기의 평균품질에

그림 15
한우와 수입쇠고기의 분리판매

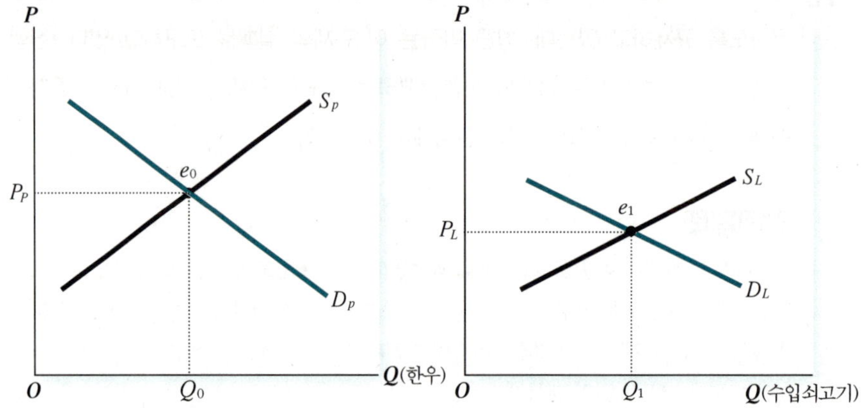

그림 16
한우와 수입쇠고기의 통합판매

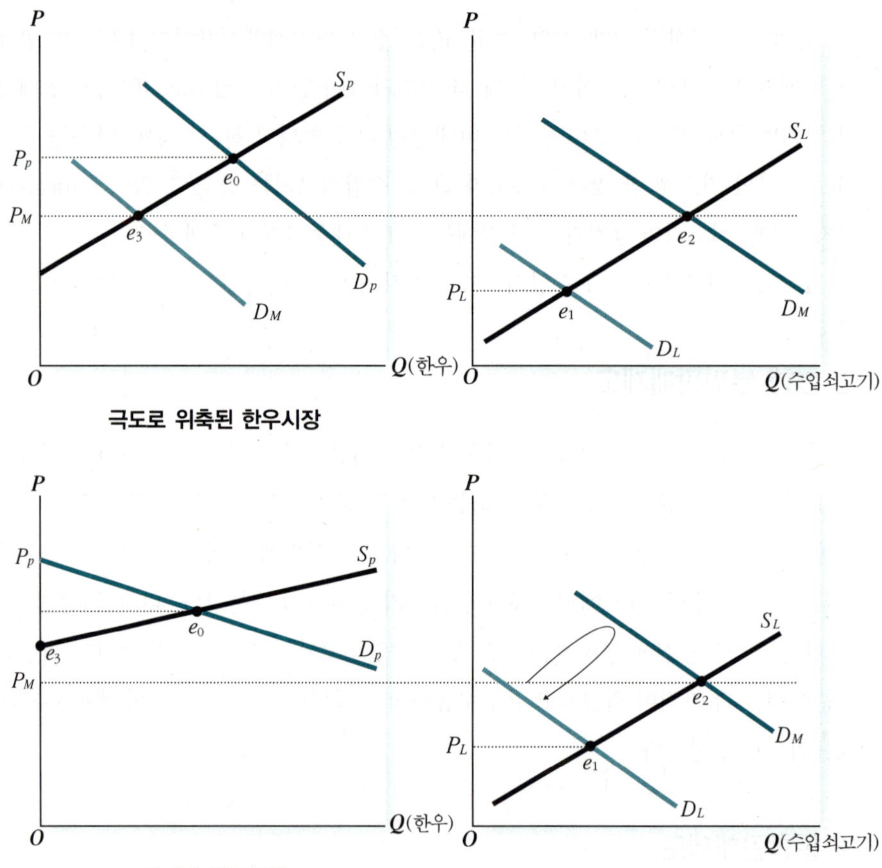

해당하는 평균가격($\frac{P_P+P_L}{2}$)을 제시하고 쇠고기를 수요하고자 한다. 평균품질에 해당하는 수요곡선 D_M은 [그림 16]에서 D_L보다는 높고 D_P보다 낮은 수준에 있게 된다. 그러면 평균가격이 [그림 15]의 P_P보다 낮기 때문에 한우 공급자들은 한우 공급을 줄이거나 시장을 탈퇴한다. 반면 수입쇠고기는 평균가격이 P_L보다 높기 때문에 공급이 증가하게 된다. 이러한 공급의 변화는 S_L과 S_P선상을 따라 나타나게 된다.

그 결과 [그림 16]에서와 같이 한우시장은 극도로 위축되거나 붕괴될 수 있다. 만약 한우시장이 붕괴되고 수입쇠고기만 남게 되면 수입쇠고기시장에서의 수요곡선은 D_L로 복귀하게 되고, 소비자는 수입쇠고기(Lemons)만을 선택할 수밖에 없는 역선택 상황에 직면하게 된다.

4. 통합판매와 분리판매의 경제적 효과

첫째, 분리판매에서는 역선택이 발생하지 않지만, 통합판매에서는 역선택이 발생한다.

둘째, 분리판매의 경우에는 [그림 15]에서처럼 완전경쟁시장에서 사회후생이 극대화되는 사회최적인 상태에서 자원이 배분되지만, 통합판매의 경우에는 [그림 16]에서처럼 한우시장이 붕괴되어 사회후생이 극대화되지 못한 상태에서 자원이 배분된다.

셋째, 분리판매에서는 쇠고기가 파레토 효율적으로 배분되지만, 통합판매에서는 수입쇠고기는 파레토 효율적이지만 한우시장은 거래가 극도로 위축되거나 붕괴된다.

16 금융시장에서 발생한 역선택, 도덕적 해이 문제를 설명하고, 그것으로부터 금융중개기관(특히 은행)의 존재 이유를 밝혀라.

핵심정리

금융시장에서 차입자의 신용상태에 대한 차입자와 대부자 간의 정보 비대칭성이 존재하면 역선택 및 도덕적 해이가 발생하는데, 금융중개기관이 상대적으로 저렴한 거래비용과 정보수집비용으로 차입자에 대한 신용을 평가할 수 있으면 역선택 및 도덕적 해이 문제를 해결할 수 있다는 것이 핵심이다.

1. 의의

금융이란 자금의 대차거래를 의미하며, 금융시장이란 금융거래의 당사자인 대부자와 차입자가 만나서 금융거래가 효율적으로 체결될 수 있도록 하는 시장을 말한다. 금융시장에서 금융거래가 원활히 이루어지면 금융거래에 참여하는 사람들의 후생이 증가하게 되어 사회후생이 증가하게 된다.

만약 자금의 대부자와 차입자 간에 차입자의 신용에 관한 정보의 비대칭성이 존재하면 금융시장에서 역선택과 도덕적 해이 문제가 발생할 수 있다. 이는 파레토 비효율성을 초래하고 시장실패 현상을 발생시키게 된다.

이러한 정보의 비대칭성을 극복하기 위해 간접금융시장이 출현하게 되고, 이 간접금융시장에서 보다 우수한 금융기법으로 차입자에 대한 정보를 정확하게 파악할 수 있는 금융중개기관이 존재하게 된다.

2. 금융시장에서의 역선택, 도덕적 해이 문제

금융시장, 특히 대부자와 차입자가 직접 거래하는 직접금융시장에서는 대부자가 차입자에 대해 충분한 정보를 갖고 있지 않으므로 도덕적 해이와 역선택 문제가 발생할 수 있다.

가. 역선택 문제

먼저 역선택 문제가 발생하는 상황을 살펴보자. [그림 17]과 같이 신용도가 높은 H 유형 차입자로 구성된 자금시장과 신용도가 낮은 L 유형 차입자로 구성된 자금시장이 있다고 하자.

신용도가 낮은 차입자로 구성된 자금시장에서의 자금대부자는 신용도가 높은 차입자로 구성된 자금시장에서의 대부자보다 더 높은 이자율로 자금을 공급하고자 하므

그림 17
역선택 문제

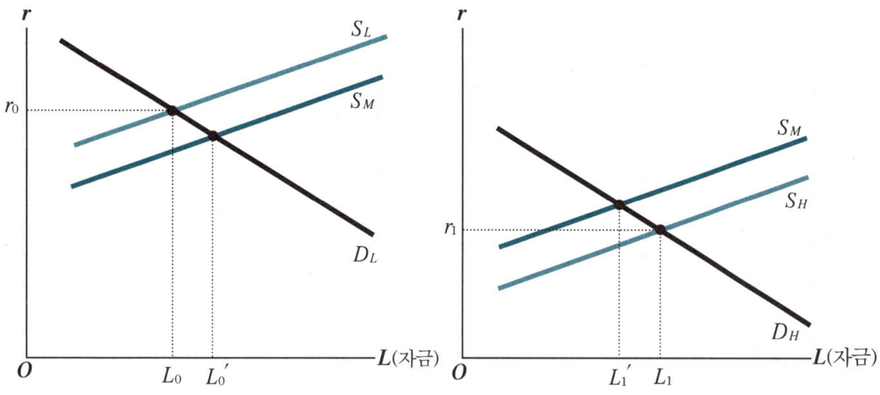

신용도가 낮은 차입자로 구성된 자금시장　　신용도가 높은 차입자로 구성된 자금시장

로 S_L이 S_H보다 상방에 위치해 있다. 자금수요곡선도 L유형의 차입자는 H유형의 차입자보다 더 높은 이자율로 자금을 수요해야 하기 때문에 D_L곡선이 D_H곡선보다 상방에 존재하게 된다.

이제 정보가 완전히 대칭적이라면 두 자금시장의 균형거래는 r_0와 r_1에서 이자율이 결정되고 L_0, L_1만큼씩 금융거래가 이루어질 것이다.

다음으로 정보의 비대칭성으로 인하여 자금대부자가 차입자의 신용도를 평가할 수 없다면 자금대부자는 모든 자금차입자를 중간적인 신용도로 간주하므로 자금공급곡선은 S_M이 되어 양 시장의 새로운 균형은 L_0', L_1'이 된다.

이 새로운 균형을 살펴보면 신용도가 높은 차입자는 대부자금 수요를 줄이면서 시장을 탈퇴하게 되고, 신용도가 낮은 차입자는 자금수요를 늘리면서 시장에 새로이 진입하게 된다. 이러한 작용이 계속되면 신용도가 높은 차입자로 구성된 자금시장의 공급곡선은 계속 높아져서 이 시장의 차입자는 극단적인 경우 자금을 하나도 수요하지 않아 시장이 붕괴되는 현상이 발생할 수 있다. 신용도가 높은 차입자의 시장이 붕괴되면 신용도가 낮은 차입자로 구성된 자금시장의 공급곡선은 S_L로 다시 복귀하게 된다.

즉, 자금대부자가 비대칭적 정보 하에서 신용도가 낮은 L유형의 차입자와 금융거래를 해야만 하는 역선택 문제에 직면하게 됨을 의미한다. 이로 인해 사회후생은 감소하게 된다.

나. 도덕적 해이 문제

자금차입자는 자신의 투자상황에 대해 충분한 정보를 갖고 있는데 반해, 대부자는 차입자의 자금이용 상황 등에 대해 불충분한 정보를 갖고 있다. 따라서 차입자는 대부자로부터 자금을 차입하여 대부자가 희망하는 안정적인 사업에 투자하기보다는 수익

그림 18
도덕적 해이 문제

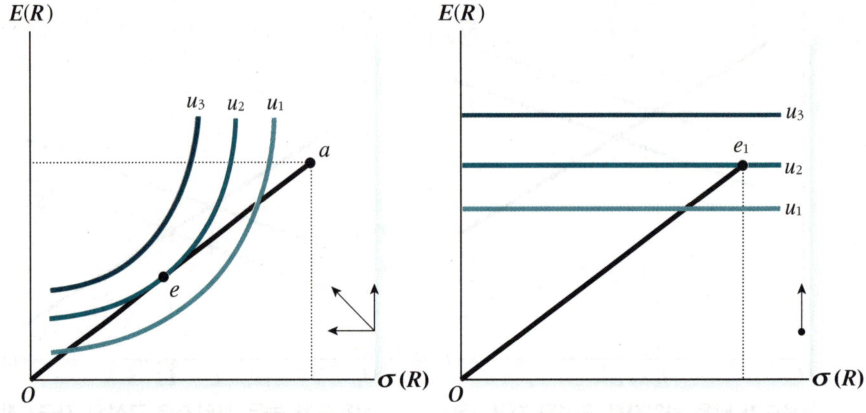

률은 높지만 파산의 위험이 큰 사업에 투자하려고 한다.

[그림 18]에서 $\sigma(R)$, $E(R)$은 자금으로 선택할 수 있는 자산구성의 위험 정도와 기대수익률이고, 선분 Oa는 이러한 자산구성으로부터 얻을 수 있는 위험 정도와 기대수익률의 기회궤적, 즉 예산제약을 의미한다.

자금대부자와 차입자가 각각 위험기피자와 위험중립자(또는 위험애호자)일 때 효용함수는 식 (27), (28)과 같이 나타낼 수 있으며, 이때 무차별곡선은 [그림 18]과 같다.

$$\text{자금대부자의 효용함수}(U_a) : u_a = u_a(\underset{\ominus}{\sigma(R)},\ \underset{\oplus}{E(R)}) \tag{27}$$

$$\text{자금차입자의 효용함수}(U_b) : u_b = u_b(\underset{\oplus}{E(R)}) \tag{28}$$

자금차입자는 수익이 높으면 자신의 이익이 높아지지만, 위험이 높은 곳에 투자하여 파산한다고 하더라도 손해는 자금대부자가 보게 되므로 의사결정시 수익률만 고려하게 되어 효용함수는 수익률만의 증가함수가 된다.

자금대부자와 자금차입자의 최적선택점을 구하면 자금대부자는 e점에서 효용극대화가 되어 $\frac{oe}{oa}$만큼만을 위험자산에 투자하기를 원하나, 자금차입자는 e_1점에서 효용극대화가 되어 자금 전액인 $\overline{oe_1}$만큼을 위험자산에 투자하게 된다. 즉, 자금차입자의 부주의한 행동으로 도덕적 해이 문제가 발생하게 된다.

다. 금융중개기관의 존재 이유

금융중개기관이란 간접금융시장에서 금융중개를 전문으로 하는 기업으로 은행, 단자회사, 종합금융회사, 투자회사, 증권회사, 보험회사, 리스회사 등이 있다. 이들 중

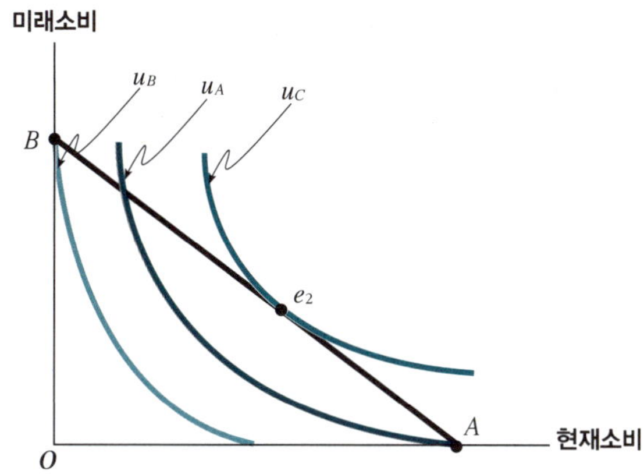

그림 19
금융중개기관의 존재 이유

가장 중요한 역할을 수행하는 기관이 은행이다.

금융중개기관(은행)의 존재 이유를 [그림 19]를 이용하여 설명해 보자.

첫째, 금융은 경제주체 간의 자금대차 등 금융거래를 가장 효율적으로 이루어지게 한다. [그림 19]에서 한 경기자는 현재소득이 100, 미래소득이 0이고, 다른 경기자는 현재소득이 0, 미래소득이 100이며, 초기 부존자원상태를 각각 A, B라 하자. 만일 두 경제주체 간에 자금의 대차와 같은 금융거래가 이루어지지 않으면 두 경제주체의 효용수준은 각각 u_A, u_B가 된다.

그러나 금융중개기관이 존재하여 두 경제주체 간의 자금대차를 중개하는 금융의 경제적 기능이 원활하게 작동하면 두 경기자의 현재소비와 미래소비의 조합은 예산제약선 AB 상에서 효용이 가장 극대화되는 한 점 e_2점으로 이동하게 된다. 이로 인해 효용수준은 u_c로 증가하게 되어 사회후생이 극대화된다.

둘째, 금융중개기관은 도덕적 해이와 역선택 문제를 최소한 부분적으로 치유할 수 있다. 금융중개기관은 금융업무에 오랫동안 종사한 전문업체이기 때문에 발달된 금융기법을 이용하여 차입자의 신용상태를 일반 대부자보다 훨씬 낮은 비용으로 파악할 수 있으므로 정보의 비대칭성을 극복하여 불리한 선택을 피할 수 있게 한다.

또한 차입자의 투자상태를 평가해 대출조건을 조정하고 투자의 위험도를 낮은 비용으로 계속 감시할 수 있으므로 차입자는 투자를 할 때 위험도까지 고려하게 된다. 이는 차입자의 효용함수가 식 (28)에서 식 (29)로 변하게 됨을 의미한다.

$$u_b = u_b(\underset{\ominus}{\sigma(R)},\ \underset{\oplus}{E(R)}) \qquad (29)$$

식 (29)의 효용함수 하에서 자금차입자의 균형은 자금대부자의 균형과 유사한 형태를 갖게 된다.

셋째, 금융중개기관은 금융상품을 고객의 요구조건에 맞추어 재포장할 수 있는 능력이 있다는 장점이 있다. 즉, 소액의 여유자금을 모아 고액의 대출자원을 만들 수 있으며, 단기성 대출자금을 장기성 대출자금으로 전환시킬 수 있다.

넷째, 또한 금융중개기관은 개인에 비해 훨씬 더 효과적으로 위험분산을 꾀할 수 있다.

17 근로자의 노력수준(a)이 높을수록 기업의 이윤(π)이 높을 가능성이 증가한다. 근로자의 노력수준별 높은 이윤($\pi = 250$) 및 낮은 이윤($\pi = 50$)의 발생확률은 다음의 표와 같으며, 근로자의 효용함수는 그의 임금(w) 및 노력수준(a)의 함수 $u(w, a) = \sqrt{w} - a$로 주어져 있다고 하자. 또한 근로자의 노력수준은 근로자만 알며, 기업은 알지 못한다고 가정하자.

노력수준 \ 이윤	$\pi = 250$	$\pi = 50$
$a = 5$	0.7	0.3
$a = 0$	0.2	0.8

(1) 도덕적 해이의 개념을 간략히 서술하고,

(2) 기업이 근로자에게 고정급을 지급할 경우 도덕적 해이가 발생함을 위 예를 이용하여 설명하라.

핵심정리

비대칭적 정보가 존재할 때 성과독립적 보수체계 하에서 노동자의 우월적 전략은 근무를 태만히 하고, 도덕적 해이를 보이는 것이다.

1. 의의

경기에 참가한 경기자의 감추어진 행동(hidden action)은 경기자 간의 정보 비대칭성을 일으켜 도덕적 해이를 발생시킨다. 따라서 경기자의 보수극대화행동과 사회적으로 바람직한 행동 간에 불일치가 나타나며, 이로 인해 자원배분의 비효율성이 나타난다.

2. 도덕적 해이(moral hazard)

가. 개념

도덕적 해이란 비대칭적 정보 하에서 정보를 가진 경기자(대리인)의 행동의 결과가 정보를 불충분하게 보유하고 있는 경기자(본인)에게 귀속되어 대리인이 그 행동에 대해 책임을 지지 않아도 되는 경우에 발생하는 대리인의 부주의한 행동을 말한다. 이러한 도덕적 해이 현상을 일반적인 경우로 확대시킨 것이 본인-대리인 문제(principal-agent problem)이다.

나. 발생원인

도덕적 해이는 감추어진 행동 또는 노력(hidden action or effort) 때문에 발생한다. 감추어진 행동이란 계약의 쌍방 가운데 어느 한쪽이 계약의 이행과 관련해서 다른 쪽의 행동이나 노력수준을 완벽하게 감시할 수 없는 경우에 나타난다. 이것이 계약을 체결한 이후에 비대칭적 정보의 상황을 초래하기 때문에 문제가 된다.

그러므로 감추어진 행동의 문제는 사후적 비대칭(ex-post asymmetry)에 해당된다. 그런데 감추어진 행동이 존재한다고 해서 항상 도덕적 해이 문제가 발생하는 것은 아니다. 대리인의 부주의한 행동을 감독하는 비용이 많이 들 때 도덕적 해이 문제가 발생한다.

3. 고정급 지급시 도덕적 해이의 발생 여부

가. 모형의 설정

근로자의 노력수준은 근로자만 알고 기업은 알지 못하므로 근로자의 감추어진 행동으로 인한 비대칭적 정보상황이다. 이때 근로자와 기업의 효용함수는 다음과 같다.

근로자의 기대효용 극대화 : $Max\ u(w, a) = \sqrt{w} - a$

기업의 기대이윤 극대화 : $Max\ \pi - w$

나. 고정급 지급시 도덕적 해이의 발생 여부

문제에서 고정급이란 근로자의 성과와 독립된 보수체계를 의미하며, 이때 근로자의 우월적 전략은 열심히 일하지 않고 도덕적 해이를 보이는 것이다.

1) 기업의 기대이윤

① 근로자가 열심히 일하는 경우 $a = 5$

$$(0.7 \times 250 + 0.3 \times 50) - w = 190 - w \tag{30}$$

② 근로자가 열심히 일하지 않는 경우 $a = 0$

$$(0.2 \times 250 + 0.8 \times 50) - w = 90 - w \tag{31}$$

(30) > (31)이므로 근로자가 열심히 일하는 경우 기업의 기대이윤이 높다.

2) 근로자의 기대효용

① 근로자가 열심히 일하는 경우 $a = 5$

$$\sqrt{w} - 5 \qquad (32)$$

② 근로자가 열심히 일하지 않는 경우 $a = 0$

$$\sqrt{w} - 0 \qquad (33)$$

(33) > (32)이므로 근로자는 열심히 일하지 않을 때 기대효용이 더 높다. 따라서 기업의 요구와 다르게 근로자의 우월적 전략은 열심히 일하지 않는 것이다. 즉, 감추어진 행동으로 인한 비대칭적 정보상황에서 기업이 근로자에게 성과 독립적인 보수를 지급할 경우 기업의 기대와 달리 근로자는 열심히 일할 유인이 없으므로 도덕적 해이가 발생한다.

18 기업 간 인수합병으로 세계 자동차시장에서 3~4개의 자동차 기업만 남았다. 이때 소비자의 입장에서 본 긍정적 효과와 부정적 효과는?

핵심정리

기업 간 인수합병은 독점을 심화시키고, 자원을 파레토 비효율적으로 배분시키면서 소비자로부터 생산자에게로 소득을 재분배시키는 부정적 효과를 발생시키나, 규모의 경제에 의한 자동차 생산비용 하락으로 자동차 가격을 하락시킬 수 있고, 제품생산의 전문화를 보다 심화시켜 소비자의 효용을 증가시키는 긍정적 효과도 발생시킨다.

1. 의의

기업 간 인수합병에는 수평적 결합과 수직적 결합이 있다. 수평적 결합은 서로 유사한 동종 상품을 생산하는 기업들 간의 합병을, 수직적 결합은 완제품업체와 부품업체 간의 결합처럼 상류기업과 하류기업 간의 인수합병을 말한다.

문제에서 자동차업체 간의 합병은 수평적 결합을 의미하고, 자동차회사가 3~4개 기업만 존재하므로 세계 자동차시장은 과점시장이라고 평가할 수 있다. 본 문제에서는 기업들이 산출량을 전략변수로 사용하는 과점시장이라고 가정하고, 기업 간 인수합병의 효과를 소비자 관점에서 분석하고자 한다.

2. 수평적 기업결합의 근거

일반적으로 기업이 수평적 기업결합을 하는 근거는 크게 두 가지이다. 첫째, 기업규모를 확대하여 규모의 경제를 실현하고 평균생산비를 낮추기 위한 것이다. 둘째, 기업규모를 확대하여 시장에서 기업의 독점력을 강화하기 위한 것이다.

소비자후생의 관점에서 볼 때 첫 번째 요인은 긍정적으로, 두 번째 요인은 부정적으로 각각 작용한다.

3. 수평적 결합과 소비자후생

세계 자동차기업들이 수평적 결합을 했을 때 평균생산비 하락효과와 기업의 독점력 강화효과의 상대적 크기에 따라 소비자후생은 증가할 수도 있고 감소할 수도 있다.

가. 소비자후생이 감소하는 경우 : 부정적 효과

수평적 기업결합의 후생적 효과를 [그림 20]을 통해 살펴보자. 먼저 기업결합 이전에 세계 자동차시장은 완전경쟁적이고, 산업의 한계비용곡선(공급곡선)은 수평으로 주

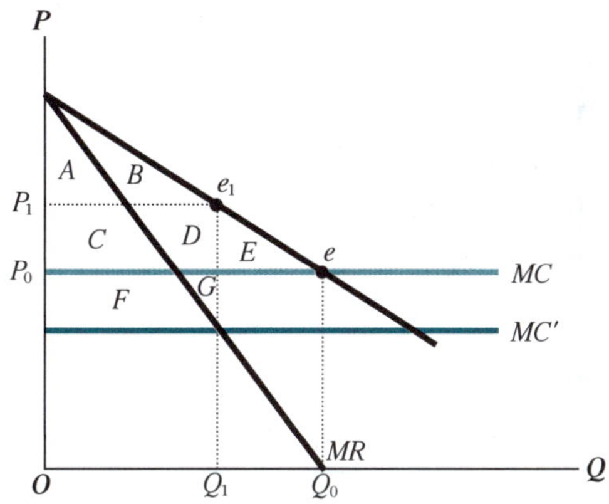

그림 20
독점력이 매우 클 때 수평적 결합이 사회 및 소비자후생에 미치는 효과

	결합 이전	결합 이후
소비자잉여	$A+B+C+D+E$	$A+B$
생산자잉여	-	$C+D+F+G$
사회적 후생	$A+B+C+D+E$	$A+B+C+D+F+G$

어졌다고 하자. 완전경쟁시장에서 균형은 한계비용곡선과 수요곡선이 만나는 e점에서 이루어진다. 이때 한계비용곡선이 수평이므로 사회후생은 소비자잉여와 같고, 생산자잉여는 존재하지 않는다.

기업결합으로 기존 자동차기업의 효율성이 향상되었다면 한계비용곡선은 MC에서 MC'으로 하방이동하게 될 것이다. 자동차 3~4기업이 강력한 시장지배력을 발휘하게 된다면 독과점가격을 부과할 수 있을 것이므로 새로운 균형은 $MR = MC$인 e_1점에서 이루어진다.

[그림 20]에서 수평적 결합이 사회적 후생에 미치는 영향은 분명하지 않다. 한계비용의 하락을 통한 사회적 후생의 증가($F+G$)와 자동차기업의 독과점으로 인한 가격상승 및 생산량감소에 따른 사회적 후생의 손실(E)의 상대적 크기에 따라 달라질 것이기 때문이다.

그러나 소비자후생은 $A+B+C+D+E$에서 $A+B$로 반드시 감소한다. 이는 자동차 3~4기업이 기업결합 후의 독점력 강화라는 부정적 효과가 생산비하락이라는 긍정적 효과를 압도하기 때문에 나타나는 결과로 해석된다.

나. 소비자후생이 증가하는 경우 : 긍정적 효과

만약 기업결합에 따른 평균비용 하락효과가 매우 크게 나타나면 사회적 후생과 소비자후생이 증가할 수도 있다. [그림 21]에서 평균비용 하락이 매우 커서 기업 인수합

그림 21
평균비용 하락효과가 매우 클 때 수평적 결합이 사회 및 소비자후생에 미치는 효과

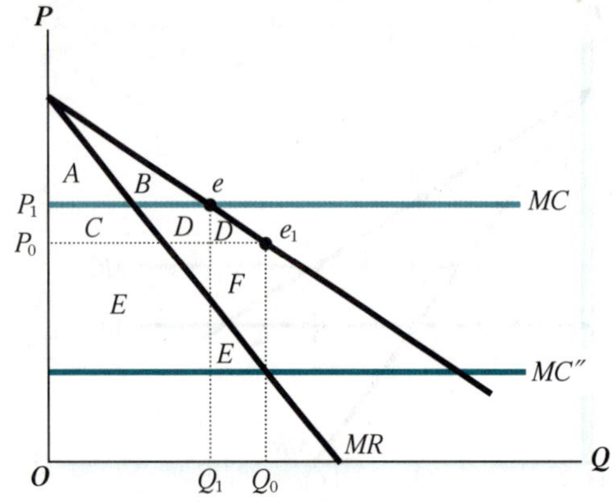

	결합 이전	결합 이후
소비자잉여 생산자잉여	$A+B$ –	$A+B+C+D$ $E+F$
사회적 후생	$A+B$	$A+B+C+D+E+F$

병 후에 자동차의 가격이 경쟁가격보다 낮게 형성되고 있고, 자동차의 공급량도 증가하고 있다.

이때는 [그림 21]에서 사회적 후생과 소비자후생은 반드시 증가한다. 소비자후생은 $A+B$에서 $A+B+C+D$로 증가하고, 사회후생은 $A+B$에서 $A+B+C+D+E+F$로 증가한다.

4. 자동차 가격하락과 생산량 증가효과

세계 자동차회사들의 기업결합으로 [그림 21]과 같은 효과가 나타나면 자동차 가격이 완전경쟁시장 가격보다 저렴하고 생산량은 증가하게 된다. 이에 따라 소비자들은 종전보다 저렴한 가격으로 상품을 구입하는 긍정적 효과를 얻게 된다.

5. 수평적 결합에 대한 정부 대책

정부가 기업의 수평적 결합에 대해 규제하는 것이 바람직한지에 대해 살펴보기로 하자. 이때 중요한 것은 정부가 시장에서 기업 간에 공정한 경쟁을 촉진시키기 위해 기업결합을 규제해야 하는 기준을 설정하는 것이다. 여기에는 크게 사회후생기준, 중소기업 이익보호와 소비자후생기준 등이 있다.

가. 사회후생기준

수평적 결합에 따른 사회적 후생의 변화를 기준으로 정부가 수평적 결합을 규제하는 경우를 살펴보면, [그림 20]의 경우는 $F + G$의 크기와 E의 크기를 비교하여 E의 상대적 크기가 큰 경우에만 수평적 결합을 규제할 수 있다. 이러한 기준에 따른다면 [그림 21]의 경우는 정부가 규제할 수 없다.

나. 소비자후생기준

정부가 소비자후생을 기준으로 삼는 경우에는 자동차기업의 수평적 결합으로 소비자후생이 감소되는 경우에만 기업결합을 규제할 수 있고, 소비자후생이 증가되는 경우에는 규제할 수 없다. 따라서 [그림 20]의 경우는 규제해야 하지만, [그림 21]과 같은 경우에 자동차기업의 수평적 결합을 막는 것은 반독점법의 기본 취지에 맞지 않는다.

6. 결론

기업 간 수평적 인수합병은 일반적으로 산업 내 독점을 심화시키고 자원을 파레토 비효율적으로 배분하는 등의 부정적 효과가 크게 나타나기 때문에 많은 나라에서 독점 및 공정거래법과 공정경쟁정책에 따라 엄격히 규제하고 있다.

그러나 경제이론적으로 수평적 결합이 사회후생이나 소비자후생에 미치는 효과는 일의적이지 않다. 경제학자들도 기업결합에 대해 상반된 시각을 가지고 있는 경우가 많다. 대다수의 경제학자들은 기업결합이 비용절감효과보다는 독점력 강화를 노리는 경우가 대부분이라고 지적한다. 이 경우에는 소비자의 입장에서 부정적 효과가 크게 나타날 것이다.

그러나 최근 비용절감의 효과를 얻기 위한 기업결합이 보다 일반적이므로 기업결합을 호의적으로 보아야 한다는 주장도 적지 않다. 특히 규모의 경제이익이 기업인수의 부정적 효과를 일부 상쇄하면서 수평적 인수합병을 부분적으로 정당화하는 경우에 소비자 입장에서 지지될 수 있을 것이다.

19 독점적 경쟁시장에 관한 다음 물음에 답하라.

(1) 독점적 경쟁시장의 특성을 약술하라.

(2) 개별기업의 장 · 단기 균형을 설명하고, 시장의 규모가 확대될 경우 그것이 장기 균형에 미치는 효과를 분석하라.

핵심정리

독점적 경쟁시장의 균형은 독점과 달리 수요곡선과 장기평균비용이 일치하여 $P = LMC = SMC$가 성립해야 한다는 것을 보이고, 시장규모 확대는 기존 기업이 직면하는 수요곡선이 보다 오른쪽 상방으로 이동한 것임을 설명한 뒤, 이 상태에서 다시 장 · 단기 조정과정을 분석하는 것이 핵심이다.

1. 의의

독점적 경쟁시장은 규모가 비슷한 다수의 기업이 서로 차별화된 상품을 공급하는 시장형태이다. 이 시장은 완전경쟁시장과 독과점시장의 중간영역에 존재하기 때문에 두 시장과는 공통점과 차이점이 있다. 이하에서는 독점적 경쟁 시장의 특징을 완전경쟁시장, 독과점시장과 비교하여 설명하고자 한다.

2. 독점적 경쟁시장의 특징

독점적 경쟁시장의 특징은 완전경쟁시장과 독과점시장을 비교 · 설명함으로써 명확해진다.

먼저, 완전경쟁시장과 비교해 보자. 다수의 기업이 존재한다는 점과 시장에 진입과 탈퇴가 자유롭다는 점에서 독점적 경쟁시장은 완전경쟁시장과 유사하다. 그러나 기업들 간에 서로 차별화된 상품을 생산하면서 비가격경쟁을 하고 우하향하는 수요곡선을 갖는 점은 완전경쟁시장과 구별된다.

다음, 독과점시장과 비교 · 설명해 보자. 독점적 경쟁시장은 비가격경쟁을 하고 우하향하는 수요곡선을 갖는다는 점에서는 독과점시장과 유사하다. 그러나 독과점과는 달리 어떤 특정 기업이 가격설정자로 행동할 수 없으며, 특정 기업의 행동에 대해 경쟁기업의 반응을 알 수 없다. 따라서 독점적 경쟁시장에서는 과점시장처럼 반응곡선에 의한 시장분석이나 게임적 접근을 할 수 없다.

그림 22
단기균형

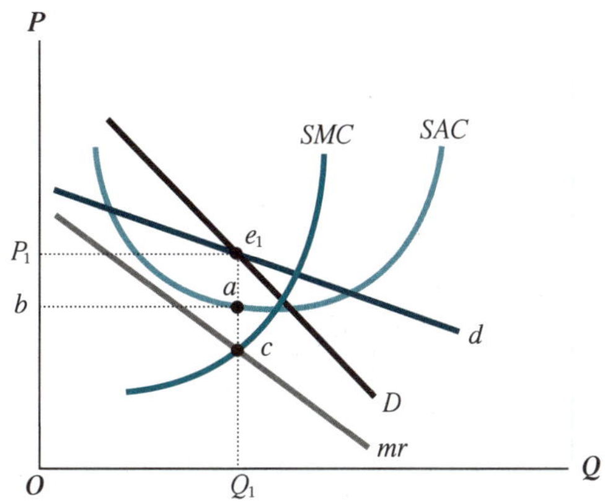

D : 객관적 시장수요곡선, d : 주관적 시장수요곡선

3. 독점적 경쟁시장의 장 · 단기 균형

독점적 경쟁시장의 단기균형은 독점적 경쟁기업이 생각하는 주관적 수요곡선(d)으로부터 도출되는 한계수입곡선(mr)과 한계비용곡선(SMC)이 일치하는 1차 조건과 SMC의 기울기 > mr의 기울기의 2차 조건이 성립하는 수준에서 결정된다.

[그림 22]에서 이 조건을 만족하는 점은 c점이고, 이때 기업의 이윤을 극대화하는 가격과 산출량은 P_1, Q_1으로 단기균형은 e_1점이 된다. [그림 22]에서 D는 독점적 경쟁시장에서 기업이 관찰할 수 없는 실제 수요곡선이다.

장기균형은 1차 조건 $P = LAC > SMC = mr' = LMC$가 성립하면서, LMC의 기울기 > mr'의 기울기라는 2차 조건을 만족하는 곳에서 성립한다. 이를 [그림 23]을 통해 살펴보자.

[그림 22]에서 현재 기업은 $P_1 e_1 ab$만큼 초과이윤을 얻고 있다. 이는 장기에서 신규기업들의 시장진입의 원인이 된다. 이에 따라 기존 기업의 시장점유율은 감소하게 되고, 주관적 수요곡선(d)과 실제수요곡선(D)은 좌측으로 이동하게 된다. 이런 과정은 초과이윤이 완전히 사라져 수요곡선 d가 장기평균비용곡선(LAC)과 접하는 점 e_2까지 계속된다. 결국 독점적 경쟁기업의 장기균형은 완전경쟁시장처럼 정상이윤을 누리는 수준에서 결정된다. 이때 가격과 산출량은 P_3, Q_3이다.

장기균형의 특징은 다음과 같다. 첫째, 완전경쟁시장의 가격과 산출량 P_2, Q_2보다 가격은 높고 산출량은 적으며, 둘째 초과이윤은 없고 정상이윤만 존재하며, 셋째, $Q_2 - Q_3$만큼 초과생산능력(excess capacity)이 존재한다. 끝으로 희소한 자원을 비효율적으로 배분하여 청색음영($e_2 fi$) 부분만큼의 사중적 손실이 발생한다.

그림 23
장기균형

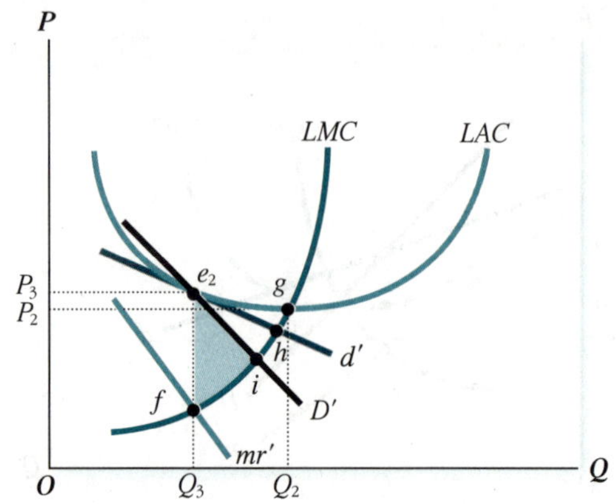

4. 시장규모 확대가 장기균형에 미치는 효과

[그림 23]에서 독점적 경쟁기업의 시장규모 확대는 독점적 경쟁기업이 직면하는 수요곡선이 우측으로 이동하는 효과를 가져온다. 따라서 [그림 22]처럼 주어진 비용곡선에서 독점적 경쟁기업은 초과이윤을 누리게 된다. 그러면 다시 초과이윤이 없어질 때까지 신규기업이 진입하는 장기조정과정을 거치게 된다. 이때 장기균형은 [그림 23]보다 시장규모가 확대된 상태에서 장기균형의 1, 2차 조건을 만족하는 곳에서 이루어지게 된다.

5. 결론

독점적 경쟁시장은 후생경제학적 측면에서 자원을 파레토 비효율적으로 배분한다. 장기균형조건 $P > LMC = MR$은 파레토 효율적인 자원배분조건 $P = LMC = MR$을 만족하지 못하기 때문이다. 또한 자원과 소득도 소득분배의 한계생산력설을 공평성의 기준으로 삼았을 때 불공평하게 분배된다.

20 최근 정부가 시행해 온 근로소득세 인하는 개별 근로자들의 노동공급 혹은 근로 유인에도 중요한 영향을 미친다. 이를 이론적 관점에서 간단히 설명하라. 한편, 정부가 조세수입 증대를 통해 저소득층에 대한 보조를 늘리는 적극적인 사회보장정책을 펼 경우, 서구사회에서 흔히 볼 수 있듯이 근로자들의 근로유인이 감퇴하게 되는 소위 "복지병"이 나타날 수 있다. 이 현상을 위의 이론을 이용하여 간단히 설명하라.

핵심정리

근로소득세 인하는 임금률을 상승시키고, 대체효과와 소득효과에 의한 노동공급의 변화를 야기한다. 또한 적극적 사회보장정책에 의한 저소득층 보조정책으로 복지병이 나타날 수 있다. 이러한 영역을 도출하는 것이 이 문제의 핵심이다.

1. 의의

정부가 시행해 온 근로소득세 인하는 노동자의 복지를 향상시키고, 세후 임금 증가는 노동공급을 증가시켜 경제를 활성화시키는 측면이 있다. 다른 한편으로 저소득층에 대한 보조를 늘리는 사회보장정책의 실시는 근로유인을 감소시키는 상충되는 측면이 있다. 이에 대해 검토해 보도록 하자.

2. 근로소득세 인하와 노동공급

세율이 t_0일 때 임금률이 w라면 근로자의 세후 임금은 $(1-t_0)w$가 된다. 정부가 근로소득세를 t_1으로 인하하면 세후 임금은 $(1-t_1)w$가 되어 [그림 24]에서 예산선은 시계방향으로 회전하게 된다. 노동자의 최적노동공급은 식 (34)의 모형으로 도출된다.

$$\underset{H}{\text{Max}}\ U(M, H) \qquad (34)$$
$$s.t.\ M = (1-t)w(24-H)$$

식 (34)를 반영한 노동자의 균형은 [그림 24]의 e_2점에서 실현된다. 임금상승으로 여가의 기회비용이 상승하여 노동공급을 늘리는 대체효과는 $L_1 - L_0$이고, 소득효과는 $L_2 - L_1$이므로 총효과는 $L_2 - L_0$만큼이 된다.

[그림 24]에서는 소득효과가 대체효과보다 커서 노동공급이 감소하는 것으로 나타나지만, 대체효과는 노동공급을 증가시키고 소득효과는 노동공급을 감소시키므로 세율인하가 노동공급에 미치는 영향은 대체효과와 소득효과의 상대적 크기에 따라 달라진다.

그림 24
근로소득세 인하가 노동공급에 미치는 효과

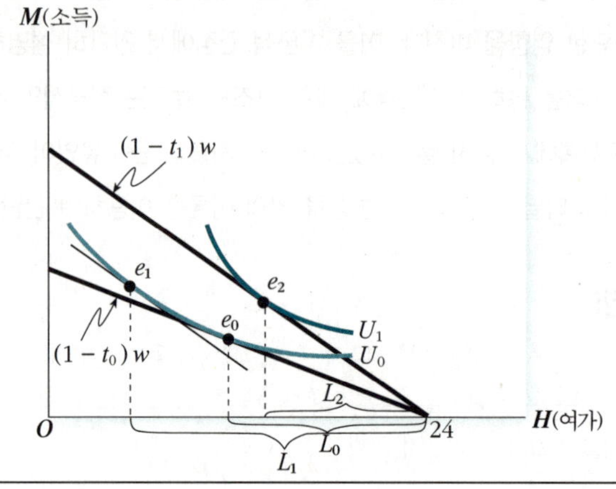

그림 25
조세수입 증대와 저소득층에 대한 보조가 노동공급에 미치는 효과

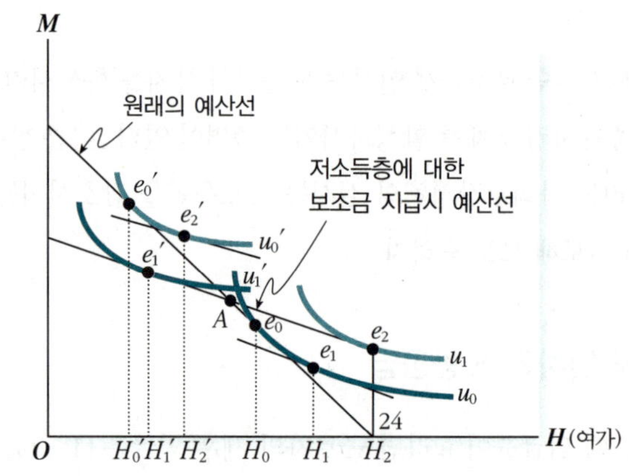

3. 조세수입 증대와 저소득층 보조가 노동공급에 미치는 효과

조세수입을 증대시키기 위해 세율을 인상하고, 저소득층에 대해서는 보조금을 지급하면 [그림 25]에서처럼 예산선이 그려진다. 이때 보조금을 S라 하면 새로운 예산선은 다음과 같다.

$$M = (1 - t)\,w\,(24 - H) + S$$

세율인상으로 인한 대체효과는 정상재인 여가의 기회비용을 감소시켜서 여가를 더 선호하게 되므로 노동공급을 감소시키는 방향으로 작용한다.

소득효과는 A점을 기준으로 좌 · 우로 구분하여 살펴볼 수 있다. A점의 오른쪽에서는 소득이 증가하기 때문에 소득효과에 의해서도 노동공급을 감소시키게 되므로 대체효과와 소득효과가 모두 노동공급을 감소시킨다. A점의 왼쪽에서는 소득이 감소하여 여가사용을 줄이게 되어 노동공급을 늘리는 효과가 있으므로 노동공급이 증가할지 감소할지 여부는 소득효과와 대체효과의 상대적 크기에 의해 결정되고, 불확실하다.

4. 서구의 복지병 가능성 분석

[그림 25]에서 조세수입 증대를 통한 저소득층의 소득보조로 근로유인이 감퇴하여 노동공급이 감소하는 영역은 A점을 기준으로 오른쪽 영역이다. 특히 소비자균형이 e_2점에서 이루어지는 경우에는 노동공급을 전혀 하지 않고 보조금에 의해서 생활을 하게 되는 실업함정에 빠질 염려가 있다. 이때는 서구식의 복지병이 나타날 가능성이 있다.

그러나 A점 왼쪽 영역에서는 근로의욕이 감퇴한다고 단정할 수는 없으며,특히 소득효과가 대체효과보다 크면 노동공급이 증가할 수도 있다.

21 두 재화(x_1, x_2)와 두 소비자(A, B)가 존재하는 교환경제를 가정하자. 두 소비자의 선호는 동일하며, 다음과 같은 콥-더글라스 효용함수로 표현된다.

$$U(x_1, x_2) = x_1 x_2$$

여기서 x_1과 x_2는 각각 첫 번째 재화와 두 번째 재화의 소비량을 나타낸다. 이 경제의 총 부존량은 $(x_1, x_2) = (5, 5)$이며, A소비자와 B소비자의 부존량은 각각 (1, 4)와 (4, 1)이다.

(1) 이 경제의 계약곡선(contract curve)을 구하라.

(2) 두 소비자가 협상을 통하여 현재의 자원배분상태에서 다른 상태로 이동하고자 한다. A소비자가 모든 협상력을 가지고 있어 A가 새로운 자원배분을 제안할 때 B소비자는 그 제안을 받아들이거나 혹은 거부할 권리만 있다고 하자. 이때 나타나는 새로운 자원배분상태에 대하여 설명하라.

(3) 협상이 아닌 시장기구를 통하여 (2)에서 나타나는 자원배분상태로 이동할 수 있는가에 대해 설명하라.

핵심정리

계약곡선은 파레토 효율적 자원배분을 통해 도출할 수 있다. 가격기구에 의한 자원배분은 코어(core)배분 중에 균형자원배분이 되지만, 비가격기구(협상력)에 의한 자원배분은 코어자원배분이 되더라도 균형자원배분이 될 수 없다.

1. 의의

두 재화와 콥-더글라스 효용함수를 가진 두 소비자로 이루어진 순수교환경제에서 계약곡선을 도출하고, 초기 부존상태에서의 협상의 결과와 시장기구를 통한 자원배분상태를 도출하여 비교한다.

2. 계약곡선

계약곡선(contract curve)이란 순수교환경제에서 파레토 효율적인 자원배분의 집합을 의미한다. 교환의 파레토 효율성 조건은 사회적 제약조건 하에서 소비자 A, B 모두 동시에 효용을 극대화할 때 도출된다. 따라서 계약곡선 상에서는 A, B의 무차별곡선의 기울기가 같아야 한다.

그림 26
교환경제의 불균형과 모색과정

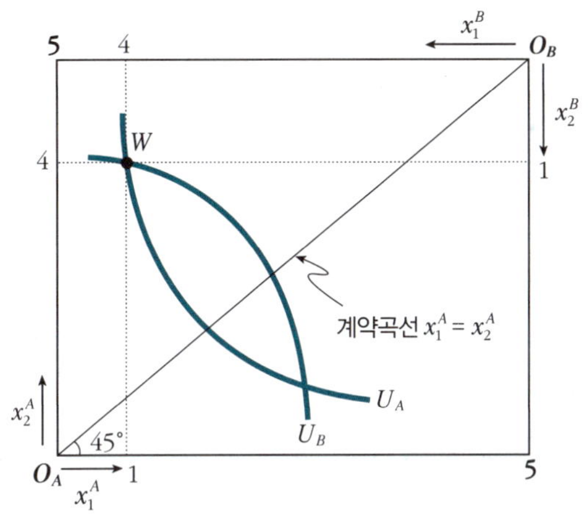

W = 초기부존점 $A(x_1^A, x_2^A) = (1, 4)$, $B(x_1^B, x_2^B) = (4, 1)$
$x_1^A + x_1^B = 5$, $x_2^A + x_2^B = 5$

$$\underset{x_1^A,\, x_2^A}{Max}\ U_A = x_1^A x_2^A \tag{35}$$
$$s.t.\ \overline{U_B} = x_1^B x_2^B$$
$$x_1^A + x_1^B = 5$$
$$x_2^A + x_2^B = 5$$

$$MRS^A_{x_1, x_2} = MRS^B_{x_1, x_2} \tag{36}$$

식 (35)과 식 (36)에서 $MRS^A_{x_1 x_2} = \dfrac{MU^A_{x_1}}{MU^A_{x_2}} = \dfrac{x_2^A}{x_1^A}$, $MRS^B_{x_1 x_2} = \dfrac{MU^B_{x_1}}{MU^B_{x_2}} = \dfrac{x_2^B}{x_1^B}$이다. $\dfrac{x_2^A}{x_1^A} = \dfrac{x_2^B}{x_1^B} = \dfrac{5 - x_2^A}{5 - x_1^A}$를 풀면 $x_1^A = x_2^A$가 된다. 그러므로 계약곡선 $x_1^A = x_2^A$는 [그림 26]에서 두 소비자의 원점을 잇는 45° 직선이 된다.

한편 [그림 26]의 초기부존점 W는 두 소비자의 무차별곡선이 교차하므로 파레토 비효율적이다. 따라서 두 소비자의 무차별곡선으로 둘러싸인 영역으로 옮겨갈 때 파레토 개선의 여지가 있으며, 계약곡선 상에서 파레토 효율성을 실현하게 된다.

3. *A*에게 협상력이 있을 때 자원배분상태

*A*에게 협상력이 있을 때 소비자 *A*는 *B*가 초기부존점 (4, 1)을 통과한다는 제약 하에서 자신의 효용을 극대화한다. 이를 모형화하면 식 (37)과 같다.

$$\underset{x_1^A,\, x_2^A}{Max}\ U_A = x_1^A x_2^A \tag{37}$$
$$s.t.\ U_B = x_1^B x_2^B = \overline{U} = 4$$

그림 27
A에게 협상력이 있을 때 자원배분상태

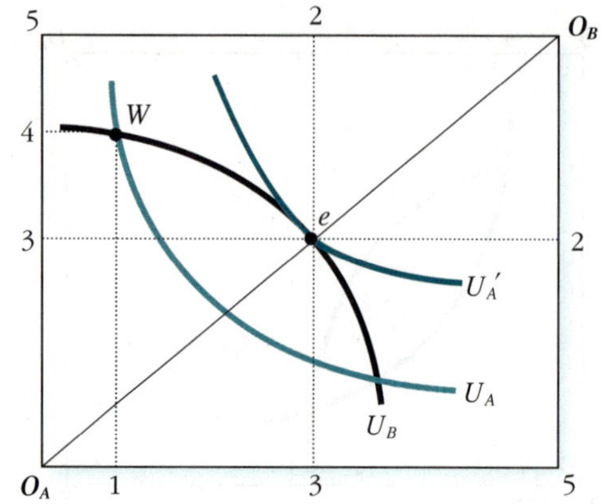

A는 모든 협상력을 가지고 있으므로 B가 자신의 제안을 거부하지 않도록 하는 범위 내에서 U_A를 극대화하고자 한다.

[그림 27]에서 A에게 협상력이 있을 때 자원배분은 초기부존점 W를 지나는 B의 무차별곡선 $\overline{U_B}$를 제약조건으로 A의 효용이 극대화되는 점 e에서 이루어진다. 그런데 $x_1^A = x_2^A$의 계약곡선 상에서 $x_1^B x_2^B = 4$를 만족하는 경우는 $x_1^B = x_2^B = 2$일 때이다. 이 값을 $x_1^A + x_1^B = 5$, $x_2^A + x_2^B = 5$에 대입하면 $x_1^A = x_2^A = 3$이 된다. e점은 계약곡선 상에 위치하고 있으므로 파레토 효율적인 상태이다.

결론적으로 A에게 협상력이 있을 때 자원배분은 $(x_1^A, x_2^A) = (3, 3)$, $u^A = 9$, $(x_1^B, x_2^B) = (2, 2)$, $u^B = 4$가 된다.

4. 시장기구에 의한 자원배분

가. 시장기구에 의한 자원배분 도출

A와 B는 시장에서 형성된 가격의 수용자이고, 자신들의 사적 제약조건 하에서 각자 보수극대화를 실현하고자 한다. 이를 식 (38)과 같이 나타낼 수 있다.

$$\begin{gathered} Max\ U_A = x_1^A x_2^A \\ s.t.\ P_1 x_1^A + P_2 x_2^A = P_1 + 4P_2 \\ Max\ U_B = x_1^B x_2^B \\ s.t.\ P_1 x_1^B + P_2 x_2^B = 4P_1 + P_2 \end{gathered} \tag{38}$$

[그림 28]에서 A에게 협상력이 있을 때 자원배분상태인 e점에서는 일반균형이 성립하지 않는다. 이는 W점에서 e점을 통과하는 예산선상 A는 a점, B는 b점에서 각각

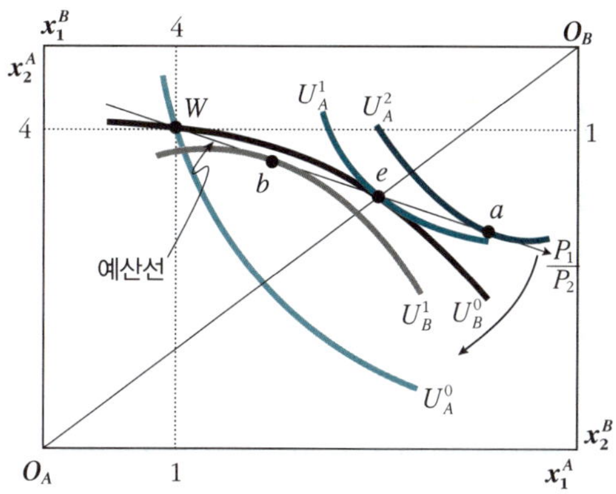

그림 28
가격에 의한 일반균형의 모색과정

균형을 이루어 x_1재에는 초과수요, x_2재에는 초과공급이 존재하기 때문이다.

이제 시장에서 가격의 자동조절기능으로 모색과정이 일어나 가격 P_1은 상승하고 P_2는 하락하여 $\frac{P_1}{P_2}$은 상승하게 된다. 이런 상승은 x_1, x_2의 초과수요, 초과공급이 각각 0이 될 때까지 계속되어 [그림 29]에서 일반균형은 e'점에서 성립한다.

나. 새로운 자원배분상태의 도출

e'점에서는 A, B의 무차별곡선의 기울기와 예산선의 기울기가 일치한다.

$$MRS^A = MRS^B = \frac{P_1}{P_2}$$
$$\frac{x_2^A}{x_1^A} = \frac{x_2^B}{x_1^B} = \frac{P_1}{P_2}$$

그런데 계약곡선의 기울기는 1이므로 $\frac{x_2^A}{x_1^A} = \frac{x_2^B}{x_1^B} = 1$이다. 따라서 $P_1 = P_2$가 된다. 또

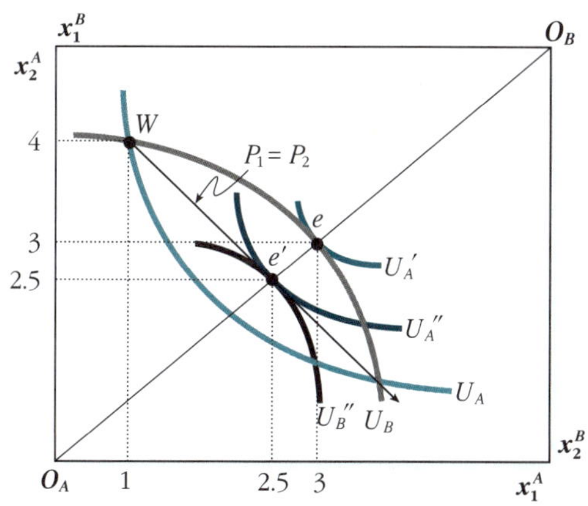

그림 29
시장기구에 의한 자원배분상태

한 $\frac{x_2^A}{x_1^A} = \frac{x_2^B}{x_1^B} = 1$을 예산제약 $x_1^A + x_1^B = 5$, $x_2^A + x_2^B = 5$에 대입하면 $x_1^A = x_2^A = x_1^B = x_2^B = 2.5$가 된다.

새로운 자원배분상태를 [그림 29]에 표시하면 e'점이 된다.

다. 협상과 시장기구의 차이점

첫째, 협상력에 맡기는 경우 가격을 고려하지 않아 x_1재에는 초과수요, x_2재에는 초과공급이 존재하기 때문에 일반균형상태라고 할 수 없다. 이에 반해 시장기구, 즉 가격에 의해 달성되는 자원배분상태 e'점은 x_1, x_2재의 수요와 공급이 일치하는, 초과수요가 0이 되는 일반균형에 도달된다. 이는 A, B 어느 누구도 자원배분 결정과정에서 협상력을 발휘하지 못하기 때문에 나타나는 것이다.

따라서 가격을 매개로 하여 경제주체의 자유로운 교환활동에 맡기는 경우에 가격을 고려하지 않는 협상의 자원배분상태와는 다른 결과가 나타난다.

둘째, 협상력과 시장가격체계에 의한 자원배분은 모두 코어(core)자원배분 안에 있지만, 균형에 이르는 비용면에서 가격에 의한 자원배분이 유리하다. 가격은 자동조절적으로 균형에 이르지만, 협상력에 의하는 경우에는 협상비용이 소요되기 때문이다.

22 한국과 칠레 간의 FTA 체결에 있어서 한국과 동아시아 국가 등과의 FTA 체결논의도 활성화되는 조짐을 보이고 있다. FTA 체결이 한국 경제에 미치는 사회적 후생효과를 설명하라.

핵심정리

자유무역협정의 효과를 2부문 모형과 일반균형 모형으로 분석한 후 비교우위로 인한 생산특화효과와 소비가능영역 확대효과로부터 사회후생을 평가하는 것이 핵심이다.

1. 의의

한국과 칠레 양국 간 교역에서 한국은 공산품에 비교우위를 가지고, 칠레는 농산물에 비교우위를 가진다. FTA의 체결로 무역이 자유화되면 한국 경제의 공산품의 수출이 증가해 부문별 소득의 변화가 나타나고, 그에 따라 사회 전체의 후생 역시 달라지게 된다. 이하에서는 FTA 체결에 따른 한국 경제의 사회후생 변화를 분석해 보기로 하자.

2. FTA 체결 이후의 생산과 소비, 후생의 변화

가. 공산품과 농산물의 가격 변화

공산품을 X, 농산물을 Y라 하면 무역 이전에 한국과 칠레의 상대가격비는 $(\frac{P_x}{P_y})_K < (\frac{P_x}{P_y})_C$로 한국은 X재(공산품) 생산에, 칠레는 Y재(농산물) 생산에 각각 비교우위를 가지고 있다. 그런데 FTA 체결 이후에 국제균형 가격비가 양국 가격비 사이에서 결정되어 $(\frac{P_x}{P_y})_K < (\frac{P_x}{P_y})_T < (\frac{P_x}{P_y})_C$가 되므로 한국에서 P_x는 증가하고, P_y는 감소한다.

나. 소비와 생산의 변화

FTA 체결 이후의 생산과 소비의 변화를 그래프로 나타내면 [그림 30]과 같다.

FTA 체결 이전 e점에서 $(\frac{P_x}{P_y})_0$의 가격비로 x_0, y_0만큼 생산하던 한국 경제는 FTA 체결 이후 $(\frac{P_x}{P_y})_1$의 가격비로 e'점에서 소비를, e''점에서 생산을 하게 된다. 이때 X재의 생산은 x_0에서 x_1으로 증가하고, Y재 생산은 y_0에서 y_1으로 감소한다.

다. 사회후생의 평가

[그림 30]에서 FTA 체결 이후 X재의 생산은 $x_1 - x_0$만큼 증가하여 X재 생산자의 소득증가를 예상할 수 있으나, Y재의 생산은 $y_0 - y_1$만큼 감소하여 Y재 생산자의 소득감소를 예상할 수 있다. 그러나 무역으로 인해 소비는 X재의 경우 $x^* - x_0$만큼, Y재의

그림 30
FTA 체결 후 생산과 소비의 변화

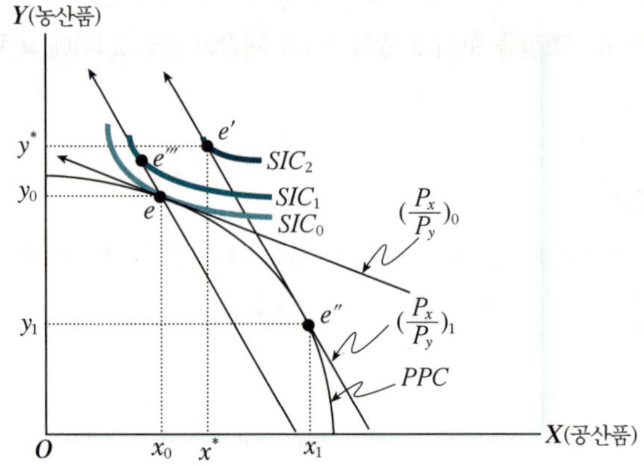

경우 $y^* - y_0$만큼 증가하여 사회후생이 SIC_0에서 SIC_2로 증가하였다.

이러한 사회후생의 증가는 무역을 통한 교환으로부터의 이익과 생산특화로부터의 이익으로 구분된다.

먼저 교환이익을 보자. 만약 FTA 체결 이후에도 여전히 생산은 e점에서, 소비는 FTA 체결 이후의 가격인 $(\frac{P_x}{P_y})_1$으로 e'''점에서 이루어진다면 사회후생은 SIC_0에서 SIC_1으로 증가한다. 이러한 사회후생 증가는 FTA 체결 후 형성된 국제가격으로 교환함으로써 얻는 이익이다.

둘째 생산특화 이익을 보자. FTA 체결 후 한국 경제 내에 주어져 있는 생산기술제약하 생산의 변화는 [그림 30]의 $e \rightarrow e''$가 되며, 생산변화에 따른 소비변화는 $e''' \rightarrow e'$가 된다. 따라서 SIC_1에서 SIC_2로의 후생증가는 X재 생산의 특화로 얻는 이익이라 할 수 있다.

3. 2부문 균형 분석

가. X재 부문 소득의 변화

FTA 체결시에 X재 부문에서 발생하는 소득변화를 그래프로 나타내면 [그림 31]과 같다. P_x의 상승은 생산량을 늘려서 생산자잉여는 증가$(A+B)$하지만, 소비자잉여는 가격의 상승으로 감소$(-A)$하게 된다.

나. Y부문 소득의 변화

P_y의 하락은 생산량을 줄여서 생산자잉여는 감소$(-C)$하지만, 가격의 하락으로 소비자잉여는 증가$(C+D)$하게 된다.

[그림 31]에서 ab는 X재의 수출량, cd는 Y재의 수입량을 나타낸다.

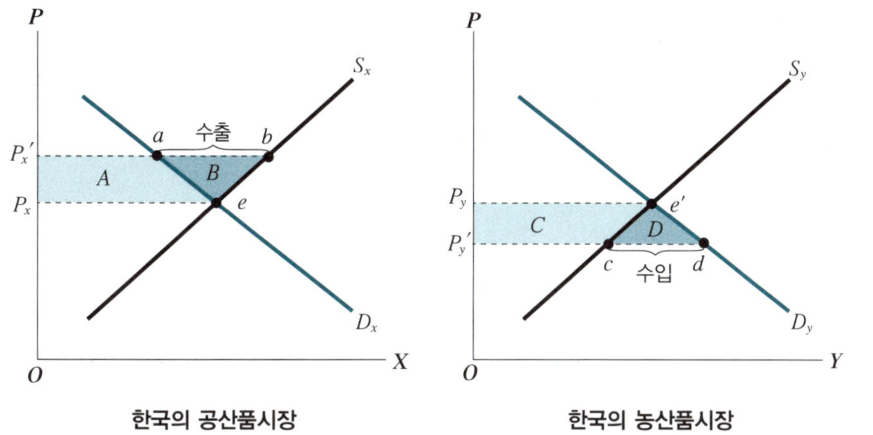

그림 31 부문별 소득의 변화

다. 사회후생의 평가

FTA 체결의 결과 X재 생산자의 소득은 증가하나 소비자잉여는 감소하고, Y재 생산자의 소득은 감소하나 소비자잉여는 오히려 증가하므로 Pareto 기준으로는 사회후생의 개선 여부를 판단할 수 없다. 따라서 칼도-힉스 기준으로 개선 여부를 평가해야 한다.

4. 소득재분배 효과

가. 칼도-힉스 기준(Kaldor-Hicks criterion)

칼도-힉스 기준이란 만약 어떤 변화를 통해 이득을 보는 사람에 의해 평가된 가치가 손해를 보는 사람에 의해 평가된 가치보다 크다면 그 변화는 개선이라 할 수 있다는 것이다.

나. FTA 체결에 의한 사회후생의 개선 여부

FTA 체결에 의한 후생의 총증가는 X재 생산자잉여 증가분 $(A+B)$와 Y재 소비자잉여의 증가분 $(C+D)$이다. 후생의 감소는 X재 소비자잉여의 감소분 A, Y재 생산자잉여의 감소분 C가 된다.

따라서 후생의 총증가$(A+B+C+D)$는 후생의 총감소$(A+C)$보다 크므로 칼도-힉스 기준에 따르면 FTA 체결로 사회후생은 개선되었다고 볼 수 있다.

5. 결론

FTA 체결을 통해 농산물 생산자들의 소득은 큰 폭으로 감소하게 되지만, 무역을 통한 소비자잉여의 증가와 공산품 수출을 통한 수출업자의 이익을 고려할 때 FTA의 체결은 사회후생을 증가시킨다는 것을 알 수 있다.

23 코우즈(R. Coase)는 재산권의 확립은 민간이 서로 협상을 통하여 외부성의 문제를 해결하는 데 매우 중요하다고 주장하고 있다. 오염자 A는 공해를 발생하여 피해자 B의 생산성에 영향을 주고 있고, 이를 고려한 사회적 한계비용(SMC_A)과 사적 한계비용(PMC_A)이 각각 다음과 같다고 하자.

$$SMC_A = 100Q,\ PMC_A = 50Q$$

오염자 A가 생산하는 제품의 시장가격은 100원으로 일정하다고 하자.

(1) 재산권이 B에게 있는 경우 상호 협상을 통하여 사회적 최적생산량이 달성될 수 있는 이유를 그림을 그려 설명하라.

(2) 재산권이 A에게 있는 경우 상호 협상을 통하여 사회적 최적생산량이 달성될 수 있는 이유를 그림을 그려 설명하라.

(3) 코우즈의 정리가 가지는 의의를 밝히고, 이 정리의 전제조건과 한계를 기술하라.

핵심정리

사적 최적생산량은 $PMB = PMC$에서, 사회적 최적생산량은 $SMB = SMC$에서 각각 성립하며, 외부성의 대상이 되는 자원에 소유권이 명확하게 설정되면 소유권의 소유자와 관계없이 당사자 간의 자발적 교환으로 파레토 효율적 자원배분을 실현한다.

1. 사적 및 사회적 최적생산량 결정

사적 최적생산량은 $P = PMB = 100$과 사적 한계비용 $PMC = 50Q$가 일치하는 $Q_P^* = 2$이다. 사회적 최적생산량은 $P = SMB = 100$과 사회적 한계비용 $SMC = 100Q$가 일치하는 $Q_S^* = 1$이다. 이를 [그림 32]로 도해할 수 있다.

그림에서 사적 한계비용이 사회적 한계비용보다 저렴해서 사적 최적생산량이 사회적 최적생산량보다 크다. 즉, 개인 A의 제품이 사회적 최적생산량보다 과다생산되는 생산의 외부비경제가 나타난다. 이는 자원이 비효율적으로 배분되고 있음을 보여주는 것이다.

2. B에게 재산권이 있는 경우 사회적 최적생산량

[그림 32]에서 A가 사적 최적생산량 $Q = 2$에서 생산하면 B는 외부총비용인 $odc = 100$만큼 피해를 보게 된다. B가 이에 근거하여 100만큼의 보상을 요구하면 A는 생산량을 줄이겠지만 생산을 완전히 중단하지는 않는다.

A가 B에게 피해를 보상하면 A의 한계비용은 PMC에서 SMC로 변하게 된다. 이때

그림 32
사회적 · 사적 최적산출량 결정

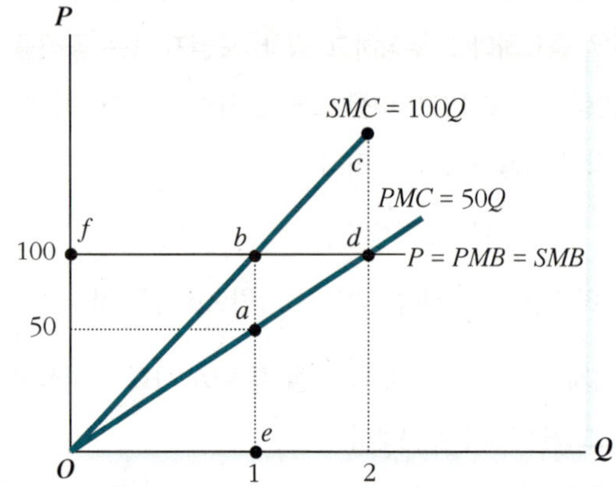

A의 사적 최적생산량은 P와 SMC가 만나는 b점에서의 생산량 $Q = 1$이 된다. 이 산출량 수준에서 A가 보상을 해주기 전의 순편익은 총수입 $oebf(= 1 \times 100)$에서 총비용 oea $(= \frac{1}{2} \times 1 \times 50)$를 제한 $oabf(= 75)$가 된다. 이때 B의 외부총비용은 삼각형 $oab(= 25)$이므로 A는 B에게 25 이상 75 이하를 지불하여 사회적으로 바람직한 생산량을 생산할 수 있게 된다.

3. A에게 재산권이 있는 경우 사회적 최적생산량

B는 A가 재산권 행사를 일부 유보하게 하여 생산을 현재의 $Q = 2$에서 $Q = 1$인 사회적 최적생산량 수준으로 줄이도록 하는 대신 A에게 보상을 하는 조건으로 협상할 수 있다. A가 생산량을 2단위에서 1단위로 줄이면 A의 이윤은 삼각형 $abd = \frac{1}{2} \times 50 \times 1 = 25$만큼 감소한다. 반면 B는 $abcd$만큼 편익이 발생한다. 즉, B의 편익은 $abcd = abd + bcd = 75$이다. 따라서 B는 A에게 25 이상 75 이하로 보상함으로써 사회적으로 바람직한 생산량을 생산할 수 있게 된다.

4. 코우즈 정리의 함의, 전제와 한계

코우즈 정리의 함의는 정부개입 없이 외부성의 당사자 간 자발적인 교환으로 시장실패를 치유할 수 있다는 것이다. 그런데 코우즈 정리가 성립하기 위해서는 협상에 따른 거래비용이 거의 없어야 하고, 가해자와 피해자가 분명해야 하고, 외부 한계비용 등 비용구조를 정확하게 알아야 한다. 또한 소유권을 확정할 때 협의적 의미로 소득효과가 없어야 외부성이 되는 재화의 소비량이 일정하게 된다.

24 최근 미국과 EU 등의 경쟁정책에서 관련시장 내의 소비자후생을 최우선시하는 경향이 강하다. 이러한 정책목표는 당해 시장의 소비자잉여와 생산자잉여의 합으로 표시되는 사회적 잉여(socia surplus)를 극대화시키는 전통적인 산업정책과 차별화되는데, 위 두 정책목표를 비교 · 검토해 보라.

핵심정리

과거에는 공정경쟁정책과 산업정책이 공통적으로 사회후생 극대화를 목표로 실시되었는데, 최근에 공정경쟁정책은 사회후생 이외에 소비자후생이나 중소기업의 이익을 기준으로, 산업정책은 여전히 사회후생 극대화를 기준으로 실시되면서 서로 차별화되고, 사안에 따라 서로 충돌하고 있다.

1. 의의

공정경쟁정책(fair competition policy)은 정부가 시장에서 기업들의 불공정행위 및 독과점행위를 규제하여 기업 간의 공정한 경쟁을 촉진시키기 위한 정책이며, 산업정책은 정부가 특정한 경제적 목적을 실현하기 위해 특정 산업을 발전시키고 지원하는 정책을 말한다. 두 정책은 모두 자유경쟁적 시장에서 예외적으로 정부가 시장에 개입하는 것을 허용하고 있다는 점에서 공통적이다.

2. 정부개입의 근거

공정경쟁정책이든 산업정책이든 정부가 시장에 개입하여 기업을 규제하고 지원하기 위해서는 규제와 지원의 근거가 중요한데, 여기에는 많은 논란이 있다. 공공경쟁정책의 전통적 기준은 사회후생 극대화이다. 최근에는 사회후생에 추가해서 소비자후생이나 중소기업 간의 경쟁기준 등이 제시되고 있다.

이에 대해 산업정책도 정부가 특정 산업을 지원할 때 전통적 기준은 사회후생 극대화이나, 이 외에도 유치산업 보호, 산업합리화, 부실기업 정리, 첨단기술 개발 촉진 등의 다양한 기준이 제시되고 있다.

3. 공정경쟁정책과 산업정책 비교

공정경쟁정책과 산업정책이 충돌하는 사례는 기업 간 인수합병이나 공기업 민영화 과정에서 많이 볼 수 있다. 두 사례에서, 사회후생 극대화를 기준으로 하는 산업정책에서는 지지가 되나 소비자후생을 기준으로 하는 공정경쟁정책에서는 규제해야 하는 상호 모순되는 결과가 나오고 있다.

가. 기업결합

최근 개방경제에서 기업 간 경쟁이 치열해지면서 기업결합이 광범위하게 이루어지고 있다. 산업정책 측면에서 사회 전체 후생이 증가하면 기업결합을 허용해야 하지만, 공정경쟁정책 측면에서는 비록 사회후생이 증가하더라도 소비자후생이 감소하면 규제해야 한다.

먼저 기업결합 이전에 시장은 완전경쟁적이고, [그림 33]에서 산업의 한계비용곡선(공급곡선)은 수평으로 주어졌다고 하자. 완전경쟁시장에서 균형은 한계비용곡선과 수요곡선이 만나는 e점에서 이루어진다. 이때 한계비용곡선이 수평이므로 사회후생은 소비자잉여와 같고, 생산자잉여는 존재하지 않는다.

이제 기업결합으로 기존 기업들의 효율성이 향상되었다면 한계비용곡선은 MC에서 MC'으로 하방이동하게 될 것이다. 다른 한편 기업결합으로 시장지배력이 높아지면 독과점가격을 부과할 수 있을 것이므로 새로운 균형은 $MR = MC$인 e_1점에서 이루어진다.

[그림 33]에서 수평적 결합이 사회적 후생에 미치는 영향은 분명하지 않다. 한계비용의 하락을 통한 사회적 후생의 증가($F+G$)와 자동차기업의 독과점으로 인한 사회적 후생의 손실(E)의 상대적 크기에 따라 달라질 것이기 때문이다. 만약 $F+G$의 크기가

그림 33
기업결합 효과

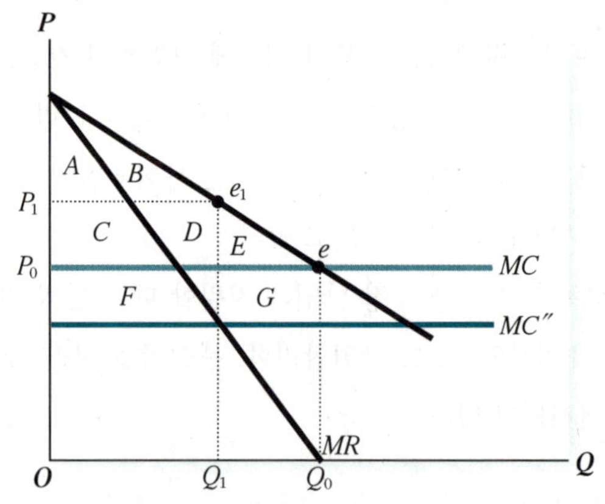

	결합 이전	결합 이후	비교
소비자잉여	$A+B+C+D+E$	$A+B$	감소
생산자잉여	–	$C+D+F+G$	증가
사회적 후생	$A+B+C+D+E$	$A+B+C+D+F+G$	불분명

E보다 크면 사회후생은 증가하게 된다. 따라서 산업정책 차원에서는 산업 내 독점도가 높아지더라도 이 기업결합을 지지하게 된다

그러나 공정경쟁정책 차원에서는 다른 결론이 유도될 수 있다. 그림에서 기업결합으로 소비자후생은 $A+B+C+D+E$에서 $A+B$로 감소한다. 이는 기업결합 후의 독점력 강화라는 부정적 효과가 생산비하락이라는 긍정적 효과를 압도하기 때문에 나타나는 것으로 해석된다. 공정경쟁정책에 의하면 이런 기업결합을 규제하고 허용할 수 없게 된다.

나. 공기업 민영화

공기업은 공익목적을 수행하기 위해 만들어진 기업으로, 일반적으로 특별법에 의해 신규기업의 진입을 제한하고 공적 독점의 형태를 갖추고 있다. 공기업을 민영화하는 것은 해당 공기업에 관한 특별법을 폐지하거나 신규기업의 진입을 완화하여 기업간 경쟁을 촉진시킴으로써 효율성을 도모하고자 하는 정책을 말한다.

산업정책에 의하면 전력이나 철도와 같은 공기업 민영화는 공적 독점를 완화하거나 제한적 경쟁체제를 도입하여 사회후생을 높이기 때문에 추진되게 된다. 그러나 공정경쟁정책에 의하면, 공기업 민영화 과정에서 일반적으로 그동안 낮은 가격으로 공급되던 공기업 제품이 민영화 이후에 크게 상승하여 소비자잉여가 생산자잉여 또는 이윤으로 재분배되면서 사회후생이 증가하지만, 소비자후생은 감소하기 때문에 공기업 민영화를 허용할 수 없게 된다. 특히 미국 켈리포니아주 전력산업의 민영화처럼 공적 독점이 사실상 사적 독점화되고, 전력요금이 평균 20배 상승하는 민영화는 사회후생이 증가하더라도 소비자후생이 크게 감소하였기 때문에 공정경쟁정책에 의하면 허용될 수 없다. 그러나 산업정책에 의하면 허용하게 된다.

4. 결론

미국의 보크(R. Bork) 판사에 의하면 공정경쟁정책 실시 때 사회후생이나 중소기업의 이익 못지 않게 소비자후생이 중요하다고 한다. 이런 시각은 산업정책과 분명하게 구별되는 기준이다. 특히 전통적 산업정책에서는 기업의 인수합병이나 산업합리화, 첨단기술업종에 대한 지원, 공기업 민영화를 할 때 사회후생 극대화를 기준으로 효율적 자원배분 달성만을 우선시하였다면, 최근의 공정경쟁정책은 동일한 목표를 설정하되 소비자후생의 감소를 수반하지 않고 극대화하는 차이점이 존재한다.

25 공기업 민영화는 세계적 추세이며, 우리나라에서도 활발히 논의되고 있다. 공기업이 필요한 이유를 설명하고, 동시에 공기업이 초래하는 폐해를 지적하라. 또한 공기업 민영화의 장점과 단점을 논하라.

핵심정리

공기업 민영화의 주목적은 효율성 제고에 있다. 이 문제에서는 공기업을 민영화한 후에 공기업이 공적 독점에서 사적 독점으로 이행되는 것을 막고 경쟁적 시장 형성방안을 제시해 주는 것이 핵심이다.

1. 의의

공기업은 일반적으로 공공의 목적을 수행하기 위해 정부가 대주주로 참여한 기업을 말한다. 공기업은 자연독점, 공공재 등으로 인해 야기되는 시장실패를 치유하기 위해 등장하였다.

공기업 민영화란 공기업의 운영에서 발생하는 이윤에 대한 권리를 공공부문에서 민간부문으로 이전하는 과정으로 정의된다. 공기업 민영화는 X-비효율성, 불완전한 정보의 문제, 공공선택의 문제 등으로 인해 야기되는 정부실패를 치유하기 위해 필요하다.

2. 공기업 민영화의 긍정적 효과 : 민영화의 장점

정부는 공기업 민영화를 통해 1) 경쟁을 통한 경제적 효율성 제고, 2) 공공수입 증대에 의한 재정압박 해결, 3) 소유권 확산을 통한 소득재분배 등의 경제적 효과를 유도할 수 있다. 그런데 위 2)와 3)의 효과는 다른 정책들이 더 효과적이므로 공기업 민영화의 주된 목적은 경제적 효율성의 제고라 할 수 있다.

구체적으로 보면, 첫째, X-비효율성의 극복이다. X-비효율성이란 경쟁이 존재하지 않아 기업 내부의 효율성을 증대시키려는 노력이 부족하여 발생하는 비효율성이다. 공기업 민영화에 의해 경쟁시장이 형성되면 X-비효율성이 극복될 수 있다.

둘째, 불완전한 정보 문제의 극복이다. 비대칭적 정보(information asymmetry) 하에 주인인 국민이 대리인인 정부를 감독하지 못하여 도덕적 해이(moral hazard)가 발생한다. 공기업 민영화에 의해 이윤에 대한 권리가 민간으로 이전되면, 감시비용이 줄고 인센티브 제도를 설계해서 도덕적 해이를 줄일 수 있다.

셋째, 공공선택 문제의 극복이다. 정부의 정책결정 과정은 이해당사자들 간의 정치적 타협에 의해 결정되기 쉽고, 이 과정에서 경제적 효율성이 희생될 수 있다. 공기업 민영화에 의해 합리적인 정책결정이 이루어짐으로써 정치적 타협과정이 배제되어 공공선택 문제가 극복될 수 있다.

끝으로, 애버치-존슨(Averch and Johnson) 효과의 극복이다. 정부가 공기업의 수익률을 규제하면 보다 많은 이윤창출을 위해 자본투입을 과다하게 하고 노동투입을 과소하게 하는 비효율성을 민영화에 의해 개선할 수 있다.

3. 공기업 민영화의 단점

가. 경쟁의 부재와 사적 독점 형성의 가능성

만일 공기업 민영화 이후에 경쟁시장이 형성되지 않으면, 독점의 주체가 정부에서 민간으로 이전되어 사적 독점 등 또 다른 문제가 발생한다.

나. 비대칭적 정보의 문제

소유권과 경영권이 분리되는 주식회사의 형태로 민영화가 이루어질 경우, 소유주와 경영자 간의 정보의 비대칭으로 인해 본인-대리인 문제가 여전히 존재하게 된다.

다. 무임승차의 문제

주식회사의 경우 소유주가 많아 대리인 조정과정에서 소유주들 간에 무임승차의 문제가 발생하여 기업활동이 최적화되지 않을 수 있다.

라. 공익과 형평성의 문제

공기업이 민영화되면 사적 이익과 효율성만을 추구하기 때문에 공기업이 갖고 있던 공익적 목적과 공평한 분배의 기능을 상실하게 된다.

마. 거시적 문제

그 밖에 주식매각에 따른 단기적 주가하락과 자본시장의 침체, 공기업 구조조정에 따른 구조적 실업증가와 노사갈등의 심화 등이 문제된다.

4. 민영화의 성공조건 및 대책

가. 경쟁시장의 형성과 독점방지

민영화 이후 진입과 탈퇴를 자유롭게 하는 등 경쟁시장이 형성되도록 유도하여 공적 독점에 이은 사적 독점을 방지해야 한다.

나. 다양한 매각방식에 의한 경쟁 유도

'자산매각방식' 보다는 '프렌차이즈제도(franchising system)' 나 '계약제도(contracting out)' 등에 의해 기업들의 경쟁을 유도한다.

다. 규제에 의한 공익과 형평성 제고

민영화 이후 독립규제위원회와 같은 규제업무만을 전문적으로 담당하는 기관을 설치하여 공익과 형평성을 저해시키는 행위를 근절해야 한다.

라. 거시적 문제에 대한 대책 마련

구조조정에 따른 실업 및 노사문제에 대한 거시정책적 대책이 마련되어야 한다.

거시경제론 논술

economic essay—macroeconomics

01 Fisher의 교환방정식분석과 Keynesian의 총수요분석을 설명하고, 비교 · 평가하라.

핵심정리

피셔의 교환방정식은 고전학파의 물가 및 화폐에 관한 이론이고, 케인즈의 총수요분석은 물가, 실업 및 인플레이션에 관한 이론이다.

1. 의의

고전학파의 실물에 관한 이론적 체계는 세이의 법칙(Say's law)이고, 화폐에 관한 것은 피셔(I. Fisher)의 교환방정식이다. 이에 대해 케인즈학파의 실물에 관한 이론은 유효수요원리이고, 화폐에 관한 이론은 유동성선호설이다. 본 문제에서는 피셔의 교환방정식과 케인즈학파의 총수요분석의 이론적 전제조건 및 정책적 함의를 중심으로 비교 · 분석하고자 한다.

2. 이론적 전제

첫째, 교환방정식은 고전적 이분성에 근거하여 실물과 화폐부문이 서로 분리되어 있는 상태에서 산출량 y 등 실질변수는 실물에서 결정되고, 명목변수인 물가 P 등은 화폐시장에서 결정된다고 본다. 그러나 케인즈학파의 총수요분석은 실물과 화폐가 이자율로 연결되어 있다고 봄으로써 고전적 이분성을 부인하고 있다.

둘째, 교환방정식은 화폐의 교환 및 지불수단기능을 전제로 하여 화폐를 기본적으로 실물부문을 감싸고 있는 하나의 베일(veil)로서 취급한다. 이에 대해 케인즈학파의 총수요분석은 화폐의 교환 및 지불수단기능보다 가치저장기능을 강조한다.

셋째, 교환방정식은 완전고용상태를 전제로 하는 반면, 총수요분석은 불완전고용상태를 전제로 한다.

3. 정책적 함의

첫째, 피셔의 교환방정식 $MV = Py$에서 유통속도 V가 고정되어 있을 때 통화량의 변화는 실질국민소득 y에 아무런 영향을 미치지 못하고 명목국민소득 Py만을 변화시킨다. 따라서 화폐의 중립성이 나타난다.

이에 대해 총수요분석에서는 통화량증가가 이자율을 하락시키고 투자를 증가시켜 총수요가 증가한다. 따라서 총수요곡선은 우측으로 이동하고, 실질국민소득은 증가하여 화폐는 비중립적이게 된다.

둘째, 교환방정식에 따르면 통화량과 물가는 정비례하기 때문에 실질변수는 변동이 없고, 고전적 이분성의 성질이 나타난다. 반면, 케인즈학파의 총수요분석에서는 통화량이 변하면 화폐부문에서 이자율이 변하고, 이것이 실물부문의 투자에 영향을 미쳐 총수요와 실질산출량을 변화시킨다. 즉, 화폐부문과 실물부문이 이자율로 연결되어 있다. 따라서 고전적 이분성의 성질이 나타나지 않는다.

셋째, 이상의 차이에도 불구하고 교환방정식은 기본적으로 고전학파의 물가에 관한 이론이고, 케인즈학파의 총수요분석은 균형국민소득 결정이론이면서 물가와 실업에 관한 이론으로 두 이론 모두 물가, 즉 인플레이션을 설명한다는 공통점을 가진다.

구체적으로 교환방정식 $MV = Py$에서 V와 y가 고정되어 있을 때 통화량과 물가는 정비례의 관계에 있다. 따라서 통화량이 과도하게 증가하면 물가가 지속적으로 상승하는 인플레이션 현상이 나타난다.

이에 대해 케인즈학파의 총수요분석은 총수요의 크기가 균형국민소득을 결정하고, 총수요가 완전고용국민소득보다 작으면 실업이, 크면 인플레이션이 각각 발생한다는 이론이다.

02 거시적 일반균형과 총수요관리정책의 한계를 논하고, 이론적 진전을 설명하라.

핵심정리

경기변동을 안정화시키기 위한 최적정책으로 정부가 경제에 개입해야 하는가에 대해 첫째, 고전학파와 케인즈학파 간의 (1) 개입주의와 비개입주의, (2) 재량과 준칙, (3) 재정정책과 금융정책의 유효성 논쟁을 분석하고, 둘째, 새고전학파와 새케인즈학파 간의 총수요관리정책 유효성 논쟁으로 정책무력성 명제와 최적정책의 시간불일치성 문제 등 쟁점을 정리하는 것이 핵심이다.

1. 의의

거시경제에 나타나는 여러 학파는 자본주의의 안정성에 대한 견해차이로 구분된다. 거시의 일반균형, 특히 총공급곡선에 대한 시각에 따라 학파마다 총수요관리정책의 효과가 다르다. 총수요관리정책의 이론적 진전과 한계를 각 학파의 입장에서 살펴보자.

2. 거시적 일반균형

거시경제의 일반균형이란 산출물시장(IS)과 화폐시장(LM)의 균형을 나타내는 수요측면의 균형(AD)과 총생산함수와 노동시장의 균형을 연결하는 공급측면의 균형(AS)이 동시에 실현되는 산출량(y), 물가(P), 이자율(r), 실질임금(w), 명목임금(W), 고용량(L) 등의 배합수준을 말한다.

[그림 1]에서 거시경제의 일반균형은 $IS-LM$, $AS-AD$와 노동시장이 동시에 균형을 이루는(y_0, P_0, r_0, W_0, w_0, L_0)의 배합을 말한다.

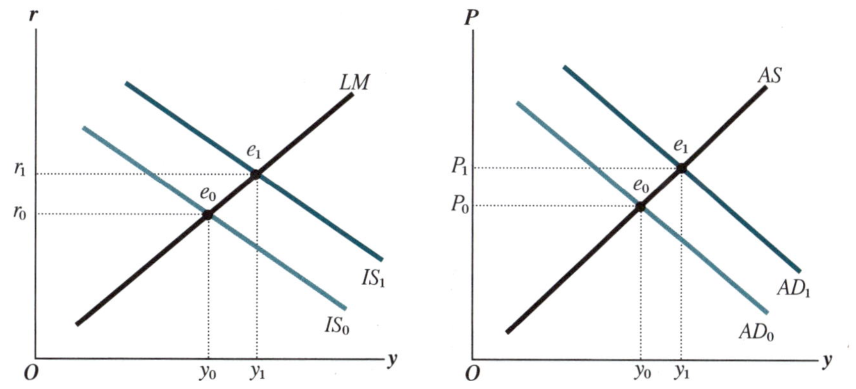

그림 1
거시경제 일반균형과 총수요관리정책의 효과

3. Keynesian과 총수요관리정책의 유효성

케인즈학파는 [그림 1]에서처럼 명목임금 및 가격의 경직성으로 *AS*가 우상향하는 상황에서 정부가 확장적 총수요관리정책을 실시하면 국민소득이 y_1으로 증가하면서 원하는 경제목표를 실현할 수 있다고 주장한다.

4. 총수요관리정책의 한계

총수요관리정책의 효과는 기본적으로 *AS*곡선의 형태에 달려 있다. 고전학파에 따르면 노동자는 기업가만큼 시장에서 물가에 관한 충분한 정보를 갖고 있기 때문에 화폐착각(money illusion)에 빠지지 않는다.

따라서 장 · 단기 총공급곡선이 [그림 2]에서처럼 완전고용산출량 수준에서 수직이다. 이때 정부의 재정 · 금융정책 등 총수요관리정책은 승수효과가 0이고, 특히 확장적 총수요관리정책은 물가만을 가속적으로 상승시킨다. 따라서 정부정책은 장 · 단기에 무력하다.

5. 총수요관리정책의 최근 이론적 진전

가. 새고전학파와 새케인즈학파—정책무력성과 유효성 논쟁

새고전학파는 합리적 기대 하에서 정책무력성 명제(policy ineffectiveness proposition)를 근거로 총수요관리정책의 무력성을 주장한다.

새케인즈학파는 민간이 합리적으로 기대를 하더라도 임금의 경직성(sticky wage)과 제품가격의 경직성(sticky price) 때문에 총공급곡선이 우상향하여 예상된 정책이든 예상되지 않은 정책이든 최소한 단기에서는 총수요관리정책이 유효하다고 주장한다.

그림 2
고전학파의 총수요관리정책

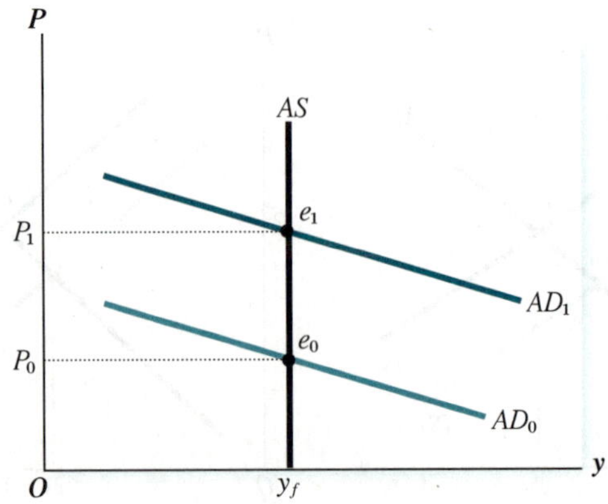

나. 루카스 비판과 새고전학파

거시계량모형에서 케인즈학파의 자유재량적 경제정책이 효과를 발생하는 경우는 민간경제주체가 고정된 기대 등 비합리적 기대를 할 때이다. 그러나 루카스 비판에 의하면 경제주체가 합리적 기대를 할 때 케인즈학파의 정부정책이 경제주체의 기대에 반영되므로 그 효과는 무력하다. 따라서 재정정책이든 금융정책이든 총수요관리정책은 무력하다는 정책무력성 명제가 도출된다.

다. 최적정책의 시간불일치성(inconsistency of optimal policy) 문제

케인즈학파의 자유재량적 경제정책은 최적정책의 시간불일치성 문제를 야기시킨다. 최적정책의 시간불일치성 하에서 적극적 정책을 반복적으로 실시하면 준칙정책보다 인플레이션이 높아져 사회후생손실이 커지고 경기불안정성이 확대된다.

6. 결론 : 재량정책의 신뢰성 제고 방안

새고전학파의 준칙정책은 준칙 자체에 신뢰성이 담보되지만, 새케인즈학파의 재량정책은 최적정책의 시간불일치성을 극복해야 하는 과제가 있다.

이를 위해 새케인즈학파는 (1) 평판을 획득하는 방법, (2) 입법과 (3) 사적 계약에 의한 방안 등을 제시하고 있다.

03 국민경제의 거시분석에 있어서 통화론자와 케인즈학파의 이론적 및 정책적 차이를 비교 · 논술하라.

핵심정리

거시경제에서 학파별 비교는 (1) 경제철학적 관점, (2) 경제이론적 관점, (3) 경제정책적 측면, (4) 실업-인플레이션 등 경기변동의 관점에서 이루어진다.

1. 의의

통화주의와 케인즈학파는 자본주의 경제에 대한 기본 철학이 다르다. 이러한 철학적 차이는 가격과 시장기능에 대한 신뢰성에서부터 경제이론과 정책의 차이, 경기변동에 대한 이해 차이를 초래하고 있다.

2. 경제철학 비교

통화주의는 고전학파의 개인주의, 자유주의, 자연주의 철학의 관점에서 합리적 경제주체의 자율적인 의사결정을 존중하고, 자본주의를 안정적 체제로 이해한다. 따라서 실업-인플레이션 등 경기변동은 자연적 현상이고, 시장에 의해 자동적으로 해결된다고 본다.

이에 대해 케인즈학파는 당시의 막스 등의 좌파경제철학과 진보주의적 관점에서 정부와 정부정책을 강조하고, 자본주의를 불안정한 체제로 이해하고 있다. 즉, 실업과 인플레이션 등의 경기변동을 자본주의의 모순적 현상으로 이해한다.

3. 경제이론적 비교

가. 가격과 시장기능

통화주의는 가격과 시장의 자동조절기능을 충분히 신뢰한다. 반면 케인즈학파는 최소한 단기에서 가격기구가 경직되어 있기 때문에 시장과 가격의 자동조절기능은 제약되어 있다고 생각한다.

나. 시장청산 여부

통화주의는 시장청산이 즉각적으로 이루어지는 균형분석을, 케인즈학파는 가격경직성으로 적어도 단기에는 비청산의 불균형분석을 중심으로 하고 있다.

4. 정책적 비교

가. 개입주의와 비개입주의 비교

통화주의는 가격과 시장이 자원을 효율적으로 배분하기 때문에 정부가 경제에 개입할 필요가 없다는 비개입주의(non interventionism)를 주장한다.

이에 대해 케인즈학파는 최소한 단기에서는 정부가 가격기구를 대신하여 시장의 불안정성을 제거하기 위해 시장에 개입해야 한다는 개입주의(interventionism)를 강조한다.

나. 적극적 재량정책과 소극적 준칙정책 비교

통화론자에 따르면 재정정책은 일시적으로 효과가 있지만 구축효과로 상쇄된다. 또한 금융정책은 극히 일시적으로 강력한 효과가 있지만, 장기에는 무력하다. 따라서 자유재량적 재정 · 금융정책보다 소극적(passive)인 준칙(rule)에 입각한 정책을 강조한다.

반면 케인즈학파는 정부가 경제에 개입하여 적기조정(fine tuning)을 통해 경기변동을 완화시킬 수 있다고 주장한다. 불완전고용상태에서 재정정책은 승수효과를 통해 직접적인 효과가 있고, 화폐와 금융정책은 매우 중요하지만 유동성함정, 장기적 외부시차 등으로 간접적이어서 그 효과를 신뢰하기 어렵다고 주장한다.

다. 재정정책 대 금융정책 유효성

케인즈학파는 [그림 3]에서처럼 투자가 이자율에 비탄력적이고 화폐수요가 이자율에 탄력적인 *IS–LM* 모형에서는 재정정책이 금융정책보다 유효하다고 주장한다. 이에 대해 통화주의자들은 재정정책이 구축효과로 인해 무력하기 때문에 *IS–LM* 모형

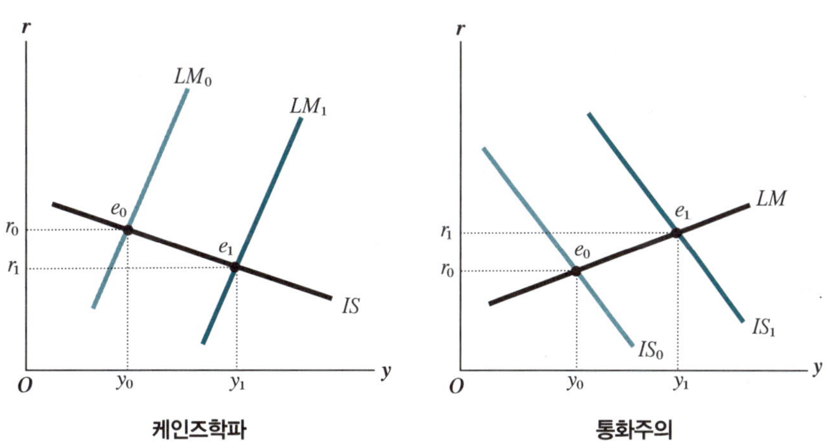

그림 3 케인즈학파의 재정 · 금융정책효과

체제에서는 금융정책이 재정정책보다 유효하다고 주장한다.

5. 경기변동이론 비교

가. 실업–인플레이션 비교

통화주의에 따르면 인플레이션은 언제 어디서나 화폐적 현상(Inflation is always and everywhere a monetary phenomenon)이다. 화폐수량설($MV = Py$)을 동태적으로 변형하면 $\dot{M}_t + \dot{V}_t = \dot{P}_t + \dot{y}_t$이 된다. 이 식에서 유통속도증가율과 산출량증가율을 각각 $\dot{V}_t = \dot{y}_t = 0$이라 하면 $\dot{M}_t = \dot{P}_t$이므로 통화량증가율과 물가상승률이 정비례관계에 있게 된다. 실업의 경우 통화주의자들은 자발적 · 마찰적 실업이 일반적이고, 비자발적 실업은 예외적이라고 주장한다.

그러나 케인즈학파는 실업과 인플레이션을 실물시장에서 유효수요가 부족하거나 완전고용수준을 넘어서 지나치게 많기 때문에 각각 발생하는 실물적 현상으로 이해하고 있다. 때문에 실업도 비자발적 실업이 일반적이고, 경기적 실업이 존재한다고 주장한다.

나. 필립스곡선

통화주의에 의하면 최소한 장기에서 인플레이션과 실업률 간에는 역의 상충관계가 존재하지 않는다. 왜냐하면 통화론자의 필립스곡선은 단기적으로 우하향하지만 장기적으로는 자연실업률수준에서 수직이기 때문이다. 따라서 자연실업률가설에 의하면 장기에서 정부는 자유재량적 재정 · 금융정책으로 실업을 자연실업률 이하로 줄일 수 없다. 다만 극히 단기에서 일시적으로 산출량을 증가시켜 실업을 줄일 수 있을 뿐이다.

그러나 케인즈학파에서는 필립스곡선이 우하향하여 실업률과 물가상승률 간에 안정적인 역의 상충관계가 나타난다. 이는 완전고용과 물가안정을 동시에 이룰 수는 없지만, 최소한 두 값 중에 하나는 정부정책으로 실현할 수 있다는 것을 의미한다.

6. 케인즈학파와 통화주의의 공통점

이상의 특징에도 불구하고 두 학파는 공통점이 있다. 먼저, 두 학파는 모두 화폐를 중시한다. 즉, 화폐의 가치저장기능을 강조한다.

둘째, 기대와 불확실성을 강조한다. 케인즈와 초기 케인즈학파는 정태적 · 외생적 기대를 사용하였지만, 일반적으로 케인즈학파와 통화론자는 모두 적응적 기대를 사용한다.

셋째, 두 학파는 모두 단기에서 정부의 자유재량적 재정·금융정책의 효과를 인정한다. 이는 단기에 노동자가 화폐착각(money illusion)에 사로잡히기 때문이다. 통화주의와 케인즈학파는 모두 화폐가 단기에서 비중립적이고, 장기에서는 중립적이라 생각한다.

넷째, 두 학파 모두 화폐수요의 결정요인을 소득(y)과 이자율(r)로 본다. 그러나 통화론자는 화폐수요결정변수 중 항상소득 내지 실질소득을, 케인즈학파는 이자율을 각각 주요 결정변수라고 보는 점에서 차이가 있다.

04 통화량이 고용과 물가에 미치는 작용을 논하라.

핵심정리

화폐의 중립성에 관한 논쟁이다. 고전학파와 새고전학파의 *RBC*는 화폐가 중립적이라고 한다. 다만, 새고전학파의 *MBC*는 고전학파이면서도 일시적으로 화폐가 비중립적일 수 있다고 주장하였다. 이에 대해 케인즈 및 새케인즈학파는 최소한 단기에서 화폐는 비중립적이라고 보았다.

1. 서론

통화량이 고용과 물가에 미치는 작용, 즉 화폐의 중립성이 성립하는가 여부에 대해 통화주의와 케인즈학파, 새고전학파와 새케인즈학파 간 논의를 살펴보자.

2. 통화주의학파

가. 의의

통화주의의 화폐수량설에 의하면 $MV=PY$에서 화폐유통속도는 각종 자산의 수익률에 의해 결정되는 내생변수이지만, 이자율에 비탄력적인 안정적인 값이다. 단기에 물가는 고정되어서 $M\overline{V}=\overline{P}Y$이고, 통화량이 산출량에 직접 효과를 미치게 된다. 장기에 물가는 신축적이고, 산출량은 자연산출량 수준에서 고정된다. 따라서 $M\overline{V}=P\overline{Y}$이므로 통화량이 물가에 직접 영향을 미치게 된다. 그러므로 화폐는 단기에서 비중립적이고, 장기에서는 중립적이다.

나. 통화량이 고용과 물가에 미치는 효과

[그림 4]에서 먼저, 화폐수요함수가 안정일 때 정부가 통화량을 M_0에서 M_1으로 증가시키면 화폐시장에서 소득이 증가한다. 둘째, $IS-LM$ 모형에서 LM곡선을 LM_0에서 LM_1로 이동시킨다. 셋째, $AD-AS$ 모형에서 LM곡선의 이동은 AD곡선을 AD_0에서 AD_1로 이동시킨다. 이때 최초의 물가 P_0에서는 초과수요가 발생하고, 이는 물가를 상승시킨다.

통화론자들에 의하면 물가상승은 장·단기에 걸쳐 두 가지 효과를 발생시킨다. 단기에서 노동자들은 적응적 기대를 하므로 물가상승을 정확히 알지 못하여 화폐착각에 사로잡히고, 노동공급을 늘린다. 이에 따라 산출량이 증가함으로써 화폐가 비중립적이 되고, 새로운 균형은 e_1에서 이루어진다.

넷째, 장기에서 노동자들은 물가상승을 정확히 파악하게 되고, 화폐착각으로부터

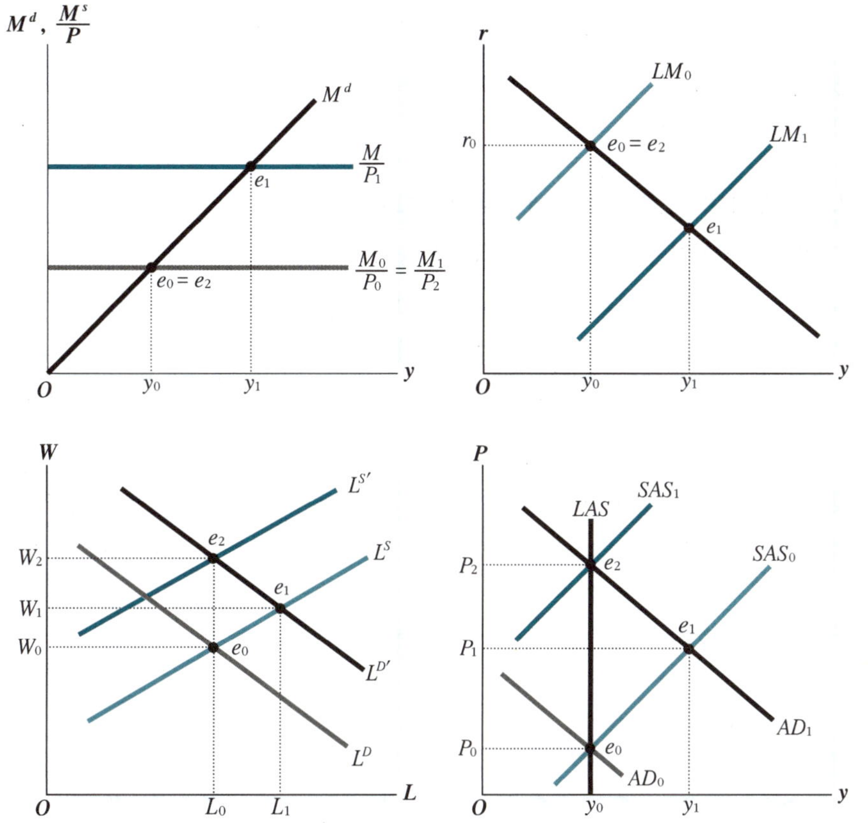

그림 4
통화론자의 금융정책 효과

자유로워진다. 이에 따라 노동자들은 단기에서 하락한 실질임금의 보상을 위해 명목임금의 인상을 요구한다. 이는 SAS_0를 점차 상방으로 이동시켜 장기적으로 SAS_1까지 이동시킨다. 또한 물가상승은 LM_1곡선을 LM_0로, $\frac{M_1}{P_1}$을 $\frac{M_1}{P_2}$으로 이동시킨다. 새로운 균형은 e_2에서 이루어지고, 이는 최초의 상태와 일치한다. 장기총공급곡선은 e_0에서 e_2점을 연결하여 도출한다. 그 형태는 자연산출량수준에서 수직이다. 따라서 화폐는 장기에서 중립적이다.

결론적으로 통화론자들은 최소한 단기에서 금융정책이 효과가 있다고 주장한다. 그러나 장기에서 노동자가 화폐착각으로부터 자유롭기 때문에 정책적 유효성이 사라진다. 따라서 화폐는 최소한 단기에 비중립적이지만, 장기에 중립적이다.

3. 케인즈학파

가. 의의

케인즈학파는 화폐금융정책을 중요하게 생각하지만, 금융정책이 이자율을 매개로 하기 때문에 효과가 간접적이고 불연속적으로 나타나며, 그 시차가 길고 가변적이어서 신뢰성을 크게 두지 않는다. 이에 반해 재정정책은 효과가 직접적이고 강력하다고 신뢰하였다. 그러나 1970년대 스태그플레이션 후로는 통화정책이 중요하다는 통화론자들의 논의를 받아들였다.

나. 통화량이 고용과 물가에 미치는 효과

[그림 5]에서 통화량증가는 첫째, LM곡선을 LM_0에서 LM_1으로 이동시키고, AD곡선을 AD_0에서 AD_1으로 이동시킨다. 물가가 P_0로 주어진 상태에서 경제 내에 $y_1 - y_0$만큼 초과수요가 발생하기 때문에 물가상승 압박이 존재하게 된다.

물가상승은 두 가지 효과를 발생시킨다. 첫째, 화폐시장에서 실질잔고를 줄이면서 LM곡선을 LM_1에서 LM_2로 이동시킨다.

둘째, 노동시장에서 명목임금으로 표시된 노동수요-공급곡선을 이동시킨다. 물가상승으로 명목임금이 상승하면 케인즈학파에서 노동자는 부분적인 화폐환상에 사로

그림 5
케인즈학파의 금융정책

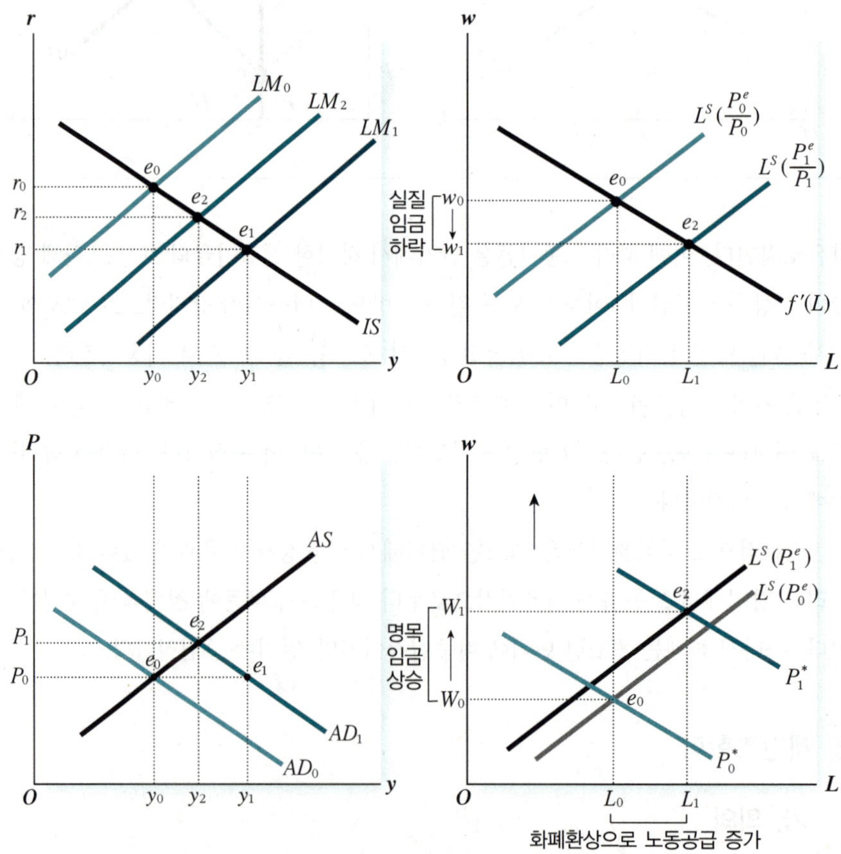

잡히기 때문에 명목임금으로 표시된 노동수요곡선의 이동폭이 노동공급곡선의 이동폭보다 크다.

또한 실질임금 측면에서 보면 $\frac{dP^e}{dP}$가 감소하기 때문에 실질임금으로 표시된 노동공급곡선은 하방으로 이동하게 된다. 하지만 생산성에 아무런 변화가 없기 때문에 실질임금으로 표시한 노동수요곡선은 불변이다.

이상을 종합하면 새로운 균형점은 $(y_2, P_1, r_2, L_1, w_1, W_1)$에서 이루어진다. 즉, 산출량과 물가, 명목임금과 고용량은 증가하고, 실질이자율과 실질임금은 하락하였다. 따라서 케인즈 및 케인즈학파에 따르면 단기에 화폐는 비중립적이다.

4. 결론—최근 이론 동향

화폐의 중립성 논쟁은 1970년대 합리적 기대이론 등장 이후 더 정교하게 새고전학파와 새케인즈학파로 연장되어 계속되고 있다.

새고전학파에 의하면 정책무력성 명제에 따라 예상된 금융정책은 중립적이지만, 예상치 못한 금융정책은 일시적으로 비중립적이다. 이에 대해 새케인즈학파는 금융정책은 예상 여부에 관계없이 가격이 경직된 단기에 고용과 산출량을 변화시키기 때문에 비중립적이라고 한다.

05 새케인즈학파(New Keynesians)와 새고전학파(New Classicals)의

(1) 시장경제가 작동하는 방식에 대한 견해들을 비교하고,

(2) 이에 근거하여 통화량 조절을 통한 통화정책에 대한 견해들을 비교 · 설명하라.

핵심정리

새케인즈학파와 새고전학파는 모두 합리적 기대와 미시적 기초에 근거하여 개별 경제주체의 최적행동의 집계가 거시적 현상이라고 이해하지만, 새고전학파는 가격과 시장의 자동조절기능과 민간의 자율적 행동을 신뢰하고, 새케인즈학파는 적어도 단기에서 가격과 시장의 기능이 제한되기 때문에 정부의 정책개입이 불가피하다고 주장한다. 이 결과 경기변동을 안정화시키는 최적통화정책에 대해서도 정책무력성과 유효성이라는 서로 다른 결론에 이르게 된다.

1. 시장경제 작동방식에 관한 견해

두 학파는 모두 합리적 기대와 미시적 기초에 의해 경제주체의 최적화 행동에 따라 시장경제가 작동한다고 주장한다. 그러나 가격기구와 시장기능에 대한 신뢰성, 시장청산 여부, 정부개입 여부에 대해선 견해를 달리 한다.

가. 가격과 정부

새고전학파와 새케인즈학파는 가격과 시장기능에 대한 견해에서 차이를 보인다.

새고전학파에 따르면 가격, 임금, 이자율 등 모든 가격변수가 상 · 하방 신축적이고, 개별 경기자는 기간 간 대체효과에 의해 자발적으로 자신의 최적선택을 결정한다. 따라서 시장경제 작동은 철저하게 시장과 가격의 자동조절기능에 의해 이루어진다.

그러나 새케인즈학파는 메뉴비용의 존재, 장기계약 등으로 가격과 임금이 최소한 단기에 경직적이고 가격이 제 기능을 하지 못하기 때문에 불균형이 해소되지 않는다고 본다. 따라서 단기에서 시장경제가 작동하기 위해서는 정부가 개입해야 하고, 정부에 의해 시장이 운영되어야 한다.

나. 균형과 불균형

새고전학파에 따르면 가격의 상 · 하방 신축성 때문에 시장은 항상 왈라스 균형상태에 있다. 시장에 충격이 가해져도 가격의 자동조절기능과 새로운 제약조건 하에서 동태적 최적화 행동에 따라 시장이 즉각 균형을 이루기 때문이다.

이에 대해 새케인즈학파에 따르면 가격이 경직적이기 때문에 시장에 충격이 가해지면 시장은 상당기간 동안 불균형상태에 있게 된다. 동시에 이러한 경직성과 불균형은 미시적 기초에 근거한 것이어서 경제주체의 최적화 행동과 일치한다.

다. 개입주의와 비개입주의

새고전학파에 따르면 자본주의는 안정적이고 가격은 신축적이어서 사회후생경제학 제1정리가 성립한다. 따라서 정부가 경제에 개입하는 것을 반대하고 준칙에 의한 정책을 주장한다. 이에 대해 새케인즈학파는 개입주의에 따라 재량적 정책에 의한 시장경제 운용을 지지한다.

2. 거시계량모형

합리적 기대 하에서 통화정책 효과를 분석하기 위해 식 (1)과 식 (2), 식 (3)으로 구성된 거시계량모형을 구성하자.

$$AD;\ y_t^D = X_t + aM_t + bP_t \quad (a > 0,\ b < 0) \tag{1}$$

$$AS;\ y_t^s = y_* + r(P_t - P_t^e) \quad (r > 0) \tag{2}$$

$$P_t^e = E[P_t | \Omega_{t-1}] \tag{3}$$

앞의 모형은 총수요가 통화량(M_t)과 통화량 외의 총수요에 영향을 미치는 변수(X_t)에 의해 결정된다는 것을 뜻하며, 식 (3)은 합리적 기대를 의미한다.

3. 통화정책의 효과

가. 새고전학파의 견해

새고전학파는 합리적 기대와 모든 가격변수의 상 · 하방 신축성에 근거하여 정부의 경제안정화 정책이 무력하다고 주장한다. 이들은 금융정책의 효과가 경제주체가 ① 정책변화를 예상했을 때와 ② 예상하지 못했을 때 각각 다르다고 주장한다.

1) 예상 가능한 통화정책의 효과

[그림 6]에서 처음 e_0의 경제상태에서 통화량을 증가시키면 식 (1)에서 M의 증가로 AD곡선이 AD_0에서 AD_1으로 이동한다. 이때 노동자들은 예상된 통화량증가를 식 (3)의 정보집합에 반영하여 물가가 상승할 것으로 예상하므로 이에 따라 예상물가가 상승하고, 식 (2)의 총공급곡선이 AS_1으로 이동한다. 총공급곡선은 $P = P^e$인 AS_1까지 이동하고, 새로운 균형은 e_2점이 된다.

새로운 균형 e_2점을 살펴보면 물가는 상승하고 산출량은 y_*에서 변동이 없다. 즉, 예상 가능한 화폐정책은 무력하여 장기는 물론 단기에도 화폐의 중립성이 성립한다.

그림 6
새고전학파의 통화정책

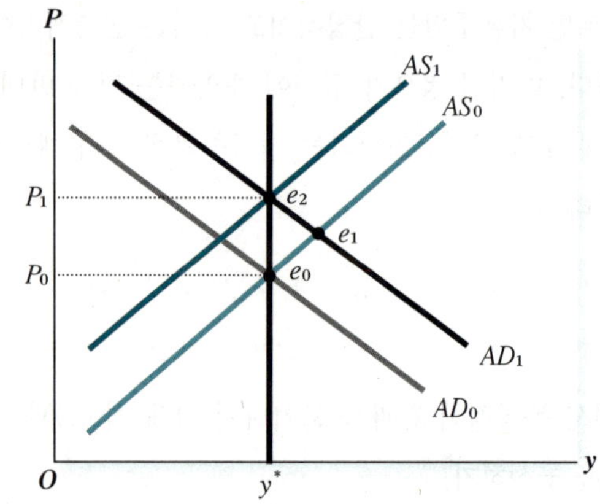

2) 예상할 수 없는 통화정책의 효과

경제주체가 예상하지 못한 통화량증가가 발생했다면, 첫째, 식 (1)의 총수요함수에서 M_t가 증가하여 AD곡선이 AD_1으로 이동한다. 둘째, 그러나 예상치 못한 통화량은 식 (3)의 정보집합에 포함되어 있지 않으므로 예상물가가 변하지 않고, 따라서 AS는 이동하지 않는다.

이는 [그림 6]에서 e_1으로 나타난다. e_1에서는 실제물가는 상승하지만 통화당국이 예고 없이 통화량을 변화시켰기 때문에 예상물가는 변함없이 P_0 수준에서 고정되어 있으므로 AS는 변동이 없다.

그러나 다음 기에는 예측할 수 없는 통화량 변화가 경제주체의 정보집합(Ω)에 잡히고, 경제주체가 합리적으로 기대를 형성하면 $P_{t+1} = P^e_{t+1}$가 되기 때문에 예상물가가 상승하고, 총공급곡선이 AS_1으로 이동하면서 새로운 균형은 e_2에서 이루어지게 된다.

결론적으로 통화당국의 예측할 수 없는 금융정책은 일시적(일회적)으로 산출량에 영향을 미치지만, 다음 기에는 연속적, 즉각적으로 조정이 이루어져 아무런 영향을 미치지 않는다.

따라서 화폐는 최소한 일시적으로 비중립적이고 실질효과를 갖지만, 장기에서는 중립적이다.

나. 새케인즈학파의 견해

새케인즈학파는 새고전학파와 같이 합리적 기대와 미시경제학적 기초라는 거시경제분석방법을 도입하면서도 가격변수들의 경직성으로 인해 단기에는 화폐가 비중립적이라고 주장한다.

새케인즈학파에 따르면 불완전경쟁시장, 메뉴비용 등으로 가격이 경직적이이다.

따라서 SAS는 식 (4)와 같으며 수평이라고 가정한 상태에서 확장적 통화정책의 효과에 대해 살펴보겠다.

$$P_t = \overline{P_0} \tag{4}$$

1) 통화정책의 단기효과

경제가 현재 장기균형상태인 e_0점에 있다. 통화당국이 확장적 통화정책을 사용하면 식 (1)에서 총수요곡선이 AD_0에서 AD_1으로 이동하여 단기균형은 AD_1과 SAS_0가 교차하는 e_1에서 이루어진다.

단기균형인 e_1점을 살펴보면 새케인즈학파 모형에서 화폐는 단기에서 산출량을 y^*에서 y_1으로 변화시키기 때문에 비중립적이고, 실질적 효과를 갖게 된다.

2) 통화정책의 장기효과

단기균형 e_1점은 오래 지속될 수 없다. 수요된 산출량 y_1이 자연산출량 y^*보다 커서 초과수요가 존재하기 때문이다. 따라서 기업은 자사제품 가격을 상승시키고, 이에 따라 예상물가수준도 상승하기 때문에 SAS곡선은 상방으로 이동한다.

장기균형은 AD_1과 SAS_1, LAS곡선이 교차하는 e_2점에서 실현된다. 장기에서 통화량증가는 산출량에 아무런 영향을 미치지 못하기 때문에 중립적이다.

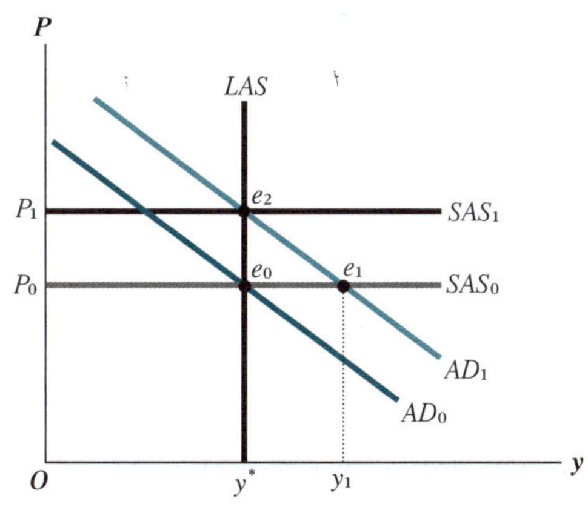

그림 7
가격경직성 모형 (sticky model) **하의 통화정책**

06 정보화가 가속화되면서 노동자들이 정부의 정책을 인식하는 속도가 빨라졌다. 통화량을 증대시키는 경우에 물가, 산출량, 고용량, 이자율 및 임금 등에 미치는 장·단기적 효과를 *AD*–*AS* 평면을 이용하여 분석하라.

핵심정리

합리적 기대 하의 *AD*–*AS* 모형을 설정하고, 정보화의 가속화가 노동자의 합리적 기대 형성을 촉진시켜 *AS*곡선이 보다 가파른 기울기를 갖기 때문에 통화정책이 무력해지고, 물가상승의 가속화원리가 나타나는 것을 보이는 것이 핵심이다.

1. 의의

정부정책의 효과는 민간의 기대형태에 따라 결정된다. 정보화 진전으로 노동자들이 정부의 정책을 인식하는 속도가 빨라졌다는 것은 합리적 기대이론의 주장처럼 노동자들이 합리적으로 행동하게 되었다는 것을 의미한다. 이하에서는 합리적 기대에 따라 거시계량모형을 설정하고, 통화정책의 효과를 새고전학파와 새케인즈학파로 구분하여 분석하고자 한다.

2. 거시계량모형 설정

가. *AD*–*AS* 모형

합리적 기대 하에서 통화정책 효과를 분석하기 위해 식 (5)과 식 (6), 식 (7)로 구성된 거시계량모형을 구성하자.

$$AD;\ Y_t^D = X_t + aM_t + bP_t,\ \ a > 0,\ b < 0 \tag{5}$$

$$AS;\ y_t^s = y_* + \gamma(P_t - P_t^e),\ \ \gamma > 0 \tag{6}$$

$$P_t^e = E[P_t | \Omega_{t-1}] \tag{7}$$

앞의 모형은 총수요가 통화량(M_t)과 통화량 외의 변수(X_t)에 의해 결정된다는 것을 뜻하며, 식 (7)은 합리적 기대를 의미한다.

나. 총공급곡선에서 γ의 경제적 의미

총공급곡선에서 γ는 예상치 못한 물가상승률($P_t - P_t^e$)이 총공급량에 반영되는 정도인 조정계수, 속도를 나타낸다. 따라서 γ값이 클수록 예상치 못한 물가상승률이 크고 빠르게 총공급량에 반영된다.

정보화가 가속화되면서 노동자들이 정부의 정책을 인식하는 속도가 빨라졌다. 그러나 정부의 정책은 상대가격의 변화 없이 전반적 물가만을 상승시키기 때문에 총공급량에 반영되는 정도인 조정계수 γ의 값이 작아진다. 그런데 γ는 총공급함수의 기울기의 역수를 나타내므로 총공급곡선의 기울기는 가팔라진다.

3. 통화정책의 효과

가. 단기적 효과—통화량 증대정책을 예상하지 못한 경우

확장적 통화정책으로 인해 단기에는 [그림 8]의 명목임금 평면에서 노동수요가 증가하나, 노동자가 아직 정부의 정책을 인식하지 못했을 경우 노동공급은 변함이 없다. 따라서 명목임금은 상승하고, 노동량이 증가하게 된다.

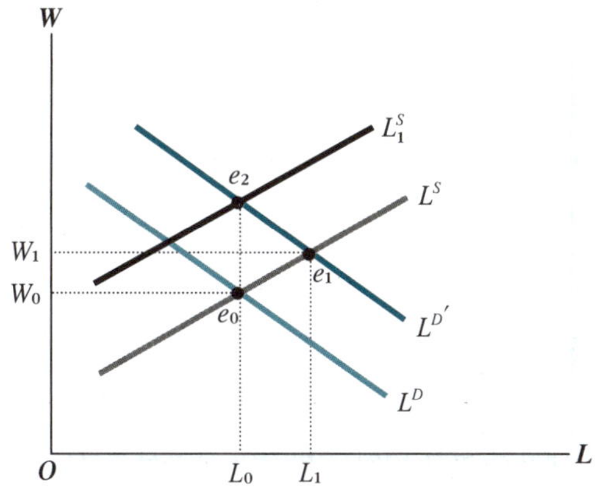

그림 8
고용량과 임금의 변화

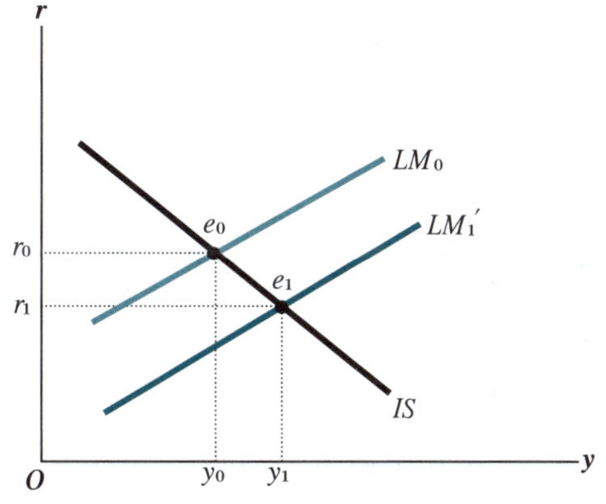

그림 9
이자율의 변화

그림 10
정보화와 총공급곡선의 형태

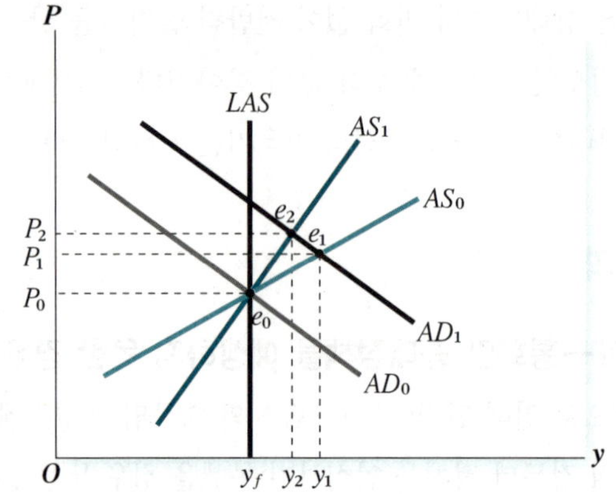

[그림 9]에서 확장적 통화정책으로 LM곡선이 LM_0에서 LM_1으로 이동하게 되면 이자율이 하락하게 되고, 이는 AD곡선의 우측이동으로 나타난다. [그림 10]에서 정부가 민간이 예상하지 못하게 통화량을 증대시키는 경우에 식 (5)에서 M의 증가로 AD곡선이 AD_0에서 AD_1으로 이동하게 된다.

이때 정보화 이전에 노동자들이 정부정책에 대한 인식속도가 느리면 통화량증가로 인한 예상치 못한 물가상승률을 자신이 공급하는 제품의 상대가격의 인상으로 인식하여 생산량을 늘려서 총공급량에 반영하게 된다. 따라서 AS곡선이 완만한 기울기로 나타나 통화량 증가시 산출량 증가폭이 커서 y_1, 물가의 상승폭은 작아서 P_1으로 나타난다.

정보화 이후에는 노동자들이 정부 정책에 대한 인식속도가 빨라져서 통화량증가로 인한 물가상승은 상대가격 변화 없이 전반적인 물가상승이므로 총공급량에 반영되는 정도가 작아짐에 따라서 총공급곡선의 기울기는 가팔라져서 AS곡선이 AS_1으로 나타난다. 이때 예상치 못한 통화량증가는 식 (7)의 정보집합에 포함되지 않았기 때문에 총공급곡선은 AS_1에서 이동하지 않고 e_2에서 균형을 이루며, 산출량의 증가폭은 작아서 y_2, 물가의 상승폭은 커서 P_2로 각각 나타난다.

정보화가 가속화되면서 노동자들이 정부의 정책을 인식하는 속도가 빨라짐에 따라 정부의 경기부양정책의 효과가 보다 작아졌음을 알 수 있다.

나. 장기적 효과—통화량 증대정책을 예상한 경우

장기에는 통화량증가로 인한 물가상승을 인식하게 되므로 [그림 8]에서 노동공급곡선 또한 L_0^s에서 L_1^s으로 이동하여 명목임금이 물가상승분만큼 인상되어 실질임금은 변함이 없으며, 균형노동량도 변함이 없다. 그리고 [그림 9]에서 LM곡선도 물가상승으로 인해 다시 LM_1곡선으로 이동함에 따라 이자율 또한 변함이 없다.

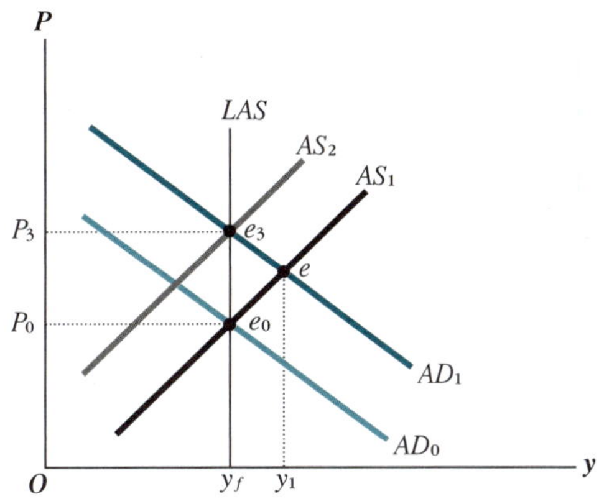

그림 11
화폐금융정책의 장기효과

[그림 11]에서 예상된 통화량증가는 이제 식 (7)의 정보집합에 반영되어 예상물가가 빠르게 상승하여 AS곡선이 AS_1에서 AS_2으로 빠르게 상방이동하여 균형이 결국 e_3에서 형성되어 산출량에는 아무런 영향을 미치지 못하고 물가만이 가속적으로 상승하게 된다. 이를 물가상승의 가속화 원리(acceleration principle)라 한다.

결론적으로 통화당국의 예측할 수 없는 금융정책은 일시적(일회적)으로 산출량에 영향을 미치지만, 다음 기에는 연속적, 즉각적으로 조정이 이루어져 아무런 영향을 미치지 않는다. 따라서 화폐는 최소한 일시적으로 비중립적이고 실질효과를 갖지만, 장기에서는 중립적이다.

다. γ값의 결정요인

Lucas의 1973년 국제적인 실증검증에 의하면 γ값은 각국의 경제정책의 형태에 따라 결정된다고 한다.

우선 재량적 총수요관리정책을 남용하는 나라일수록 γ값이 작게 나타났다. 재량적 정책을 남용하면 물가가 빈번하게 변하는데, 기업들은 이를 자사 상품가격의 변화로 인식하기보다는 전체 물가상승에 따른 것으로 보고 공급량을 거의 변경시키지 않기 때문이다. 따라서 γ값은 작아지고, AS는 가파른 기울기를 갖게 된다. 또한 γ값은 경제의 불확실성에 영향을 받는데, 불확실성이 커질수록 기업들은 물가변화시 산출량을 거의 변화시키지 않기 때문에 γ값은 작아진다.

4. 결론

정보화로 인해 정부의 정책에 대한 인식이 빨라짐에 따라 총공급곡선의 기울기가 커졌다. 이 기울기가 커질수록 총수요정책은 무력하므로 준칙적인 총수요관리정책으로 정책의 신뢰성(credibility)을 획득하여 낮은 인플레이션을 달성하고, 경기변동의 폭을 줄이도록 하여야 할 것이다.

07 한국 경제는 저금리와 경기침체를 동시에 경험하였다.

(1) 일반적으로 저금리는 경기를 부양시키는 효과를 가질 것으로 기대된다. 그럼에도 불구하고 2003년 한국 경제가 경기침체를 경험하게 된 이유를 *IS*-*LM*모형에 의거하여 설명하라.

(2) 한국 경제의 과거 추세에 비추어 볼 때 2003년의 금리와 실질성장률은 이례적으로 낮은 편이었다고 할 수 있다. 그러나 많은 사람들은 장기적으로 한국경제의 금리와 실질성장률이 과거와 같은 높은 수준을 유지하지는 못할 것이라고 전망한다. 이러한 전망의 근거를 설명하라.

핵심정리

1. 소비에 이자율을 반영하여 *IS*-*LM*의 거시계량모형을 만들고, 투자가 이자율에 비탄력적이고 불확실성에 탄력적이며, 소비는 탄력적이지만 소비자금융의 과도한 확대로 가계부실이 커지면서 경기침체가 나타나는 현상을 설명하는 것이 핵심이다.
2. 금리와 실질성장률 간의 관계는 금리하락 → 저축률하락 → *AK* 내생적 성장모형 → 성장둔화로 설명하는 것이 핵심이다.

1. 의의

일반적으로 적정한 실질이자율의 하락은 투자를 증가시켜 경기를 부양시키는 효과를 가질 것으로 기대된다. 그러나 우리 경제에서 이자율하락은 투자를 증가시키지 못하고 있다. 한국 경제의 불확실성이 크기 때문이다. 정부정책의 혼선, 고유가와 북핵문제 등이 우리 경제의 미래 전망을 불확실하게 만들고 있다. 투자옵션이론에서처럼 우리 경제의 불확실성이 투자를 연기시키거나 줄이고 있다.

또한 이자율의 과도한 하락은 저축을 줄이면서 투자를 줄이고 자본축적을 줄임으로써 잠재성장력을 감소시키는 등 부정적 효과를 초래한다. 이를 *IS*–*LM* 모형, 내생적 성장모형으로 분석하고자 한다.

2. 저금리가 한국 경제에 미치는 효과

가. *IS*–*LM* 모형

$$IS\,;\ y = c(y-T,\ r) + I(r) + G \tag{8}$$

$$LM\,;\ \frac{M}{P} = L(y,\ r) \tag{9}$$

식 (8)에서 최근 금리하락으로 소비가 증가하는 현상을 설명하기 위해 *IS*곡선에 소비를 이자율의 감소함수로 도입하였다.

나. 경기침체 원인

1) 가계입장

1998년 이후 금리하락으로 인한 부채비용의 감소와 저축감소는 소비성향을 빠르게 높이면서 가계부채를 크게 증가시켰다. 과도한 소비는 개인파산으로 이어졌으며, 최근에는 이로 인하여 금리 급락에도 불구하고 소비가 크게 위축되었다.

그리고 노년층 등 연금 및 이자소득자들은 이자소득 감소로 소비가 감소하고 있다. 이 결과 식 (8)에서 소비감소가 *IS*곡선을 좌측으로 이동시키고 있다.

2) 기업입장

투자가 이자율에 비탄력적인 상태에서 기업은 경제 전체의 불확실성이 증대되면서 투자를 줄이고 있다. 또한 저금리 지속으로 자금비용이 낮아지면서 부실기업의 연명이 용이해져 기업구조조정이 늦어지게 되었으며, 이는 설비투자 부진 요인으로 작용하고 있다. 이 결과 식 (8)에서 투자감소가 *IS*곡선을 좌하방으로 이동시키고 있다.

3) 경기침체

위와 같은 상황을 *IS*–*LM* 모형과 *AD*–*AS* 모형으로 나타냈을 때 [그림 4–12]에서 소비, 투자 등의 감소로 *IS*곡선이 IS_1으로 이동하면서 이자율이 하락하고, *AD* 또한 AD_1으로 좌측이동하여 물가가 하락하고 국민소득이 감소하게 된다. 따라서 경기침체와 저금리 현상이 동시에 발생하게 된다.

그림 12
경기침체와 저금리

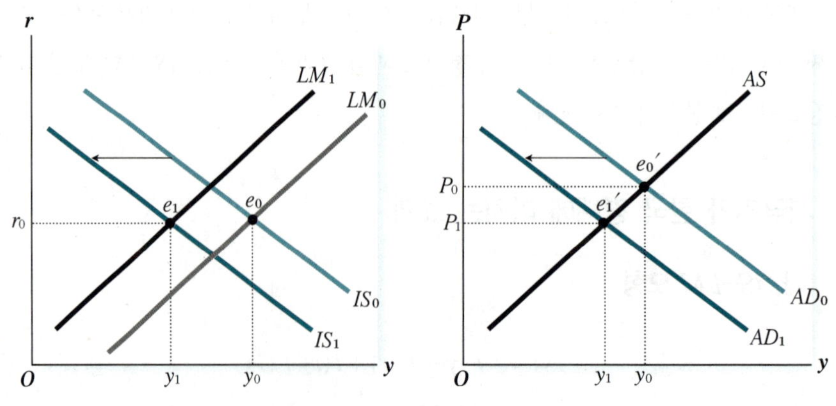

3. 한국 경제에서 향후 금리와 실질성장률 전망

가. 한국 경제의 금리

우리나라 금리가 낮은 수준에서 유지될 것이라는 전망은 첫째, 물가안정에 그 근거가 있다.

$$R = r + \pi \tag{10}$$

식 (10)의 Fisher방정식에 의해 물가안정이 π값의 하향안정성을 가져오면 명목이자율 R값을 떨어뜨릴 것이다. 실제로 우리나라 물가는 지난 20여년 동안 계속 하락하여 왔으며, 이에 따라 이자율도 지속적으로 하락하여 왔다.

둘째, 경제규모가 커지고 자본축적이 크게 진행되면서 자본의 한계생산성이 지속적으로 하락할 것이기 때문이다. 식 (10)에서 MP_K 하락은 r을 하락시키고, 이는 다시 명목이자율 R의 하락을 가져오게 된다.

셋째, 우리 경제의 대외개방으로 대규모 해외자본의 유입은 이자율을 지속적으로 하락시킬 것이기 때문이다.

나. 한국 경제의 실질성장률

이자율이 하락하면서 개별 가계들의 저축이 감소하게 되면 다른 조건이 일정한 상태에서 총저축이 감소하게 된다. 이 결과 식 (10)의 AK 성장모형에서 sA의 하락을 초래하여 성장률이 하락하게 된다.

$$\frac{dy}{y} = \frac{dk}{k} = sA - (n + g + \delta) \tag{11}$$

$sA < (n + g + \delta)$이면 $\frac{dy}{y} < 0$가 되어 향후 성장률도 지속적으로 하락할 것으로 전망된다. 따라서 내생적 성장모형에 의하면 한국의 경제성장은 지속적으로 둔화될 것으로 보인다.

4. 우리 경제에 시사점

현재 우리나라는 제로금리의 부정적 효과를 경험하고 있다. 즉, 저축이 투자를 상회하여 실질이자율이 하락하고 있지만, 이것이 투자증가로 이어지지 않고 있다. 왜냐하면 우리 경제를 둘러싸고 있는 불확실성이 개선되고 있지 않기 때문이다. 만약 향후 이자율하락이 가속화되면 이는 다시 투자감소와 연쇄효과를 일으켜 장기자본 형성을 저해하고 성장잠재력의 악화를 가져와 궁극적으로 우리나라 경제에 악영향을 미칠 수 있다.

경제성장의 두 가지 요인 중 요소투입의 증가는 경제의 총 생산수준을 증가시키기는 하지만, 그 증가에는 한계가 있다. 그러나 기술진보는 인간의 창의적 활동의 결과이므로 지속적인 경제성장을 가능하게 하는 중요한 성장의 원동력이다. 따라서 한국 경제가 안정적이고 지속적인 성장을 하기 위해서는 기술혁신과 생산성 향상을 위한 연구개발과 지식기반을 구축하는 데 주력해야 한다.

08 통화량의 증대가 물가상승에 미치는 영향을 고전학파와 Keynes의 입장에서 비교하라.

핵심정리

고전학파의 물가이론은 화폐수량설이고, 케인즈학파의 물가이론은 총수요이론이다. 이 이론적 배경을 가지고 통화량 정책의 전달경로(money transmission)를 통해 통화량이 물가상승에 영향을 미치는 과정을 설명하면서 화폐중립성 여부를 논쟁하는 것이 핵심이다.

1. 의의

고전학파는 화폐수량설에 따라 확장적 통화정책을 실시할 경우 직접적으로 물가를 비례적으로 상승시킨다고 주장한다. 이에 반해 케인즈는 통화정책이 장·단기 이자율의 조정과정을 통해 간접적으로 실물에 영향을 미쳐 물가를 변화시킨다고 주장한다. 이 과정에서 두 학파의 이론적 배경, 전달경로상의 차이, 화폐의 중립성을 논하고자 한다.

2. 고전학파

고전학파의 화폐수량설에 의하면 화폐수량설 $M\overline{V} = P\overline{y}$에서 화폐유통속도($V$)는 안정적이고 산출량($y$)은 자연산출량 수준에서 고정되어 있기 때문에 통화당국이 공개시장에서 공채를 매입하여 통화량을 증가시키면 통화량증가만큼 물가가 상승하고 명목임금도 그만큼 상승한다.

반면, 실질이자율은 산출물시장에서 결정되는 실물적 현상이므로 불변이다. 또한 고용량, 실질임금, 실질산출량(국민소득), 실질소비, 투자 등도 전혀 변화가 없다.

이를 그래프를 통해 확인해 보면, [그림 13]에서 고전학파는 케인즈학파와 달리 화폐착각이 존재하지 않는다. 따라서 총공급곡선은 완전고용수준에서 수직이다. 통화량이 증가하면 총수요곡선 AD가 우측으로 이동한다. 이때 주어진 물가수준에서 경제에 초과수요가 존재하기 때문에 물가가 상승하게 된다. 결국 실질산출량, 실질이자율 등 실물부문에는 아무런 영향을 미치지 못하고 물가만을 상승시키는 화폐의 중립성이 나타나게 된다.

그림 13
고전학파의
통화량증대의
효과

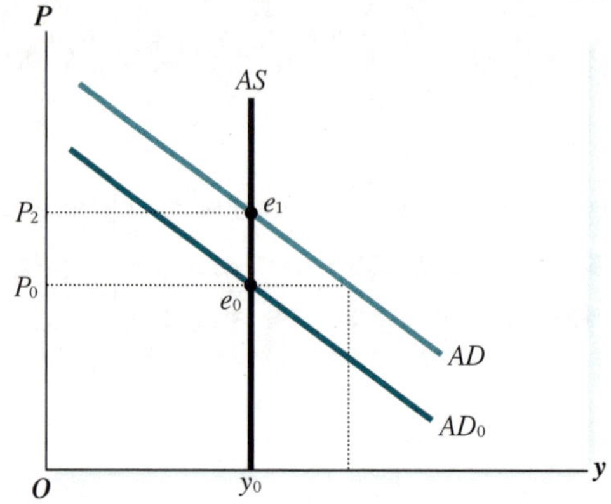

그림 14
케인즈학파의
통화증대의 효과

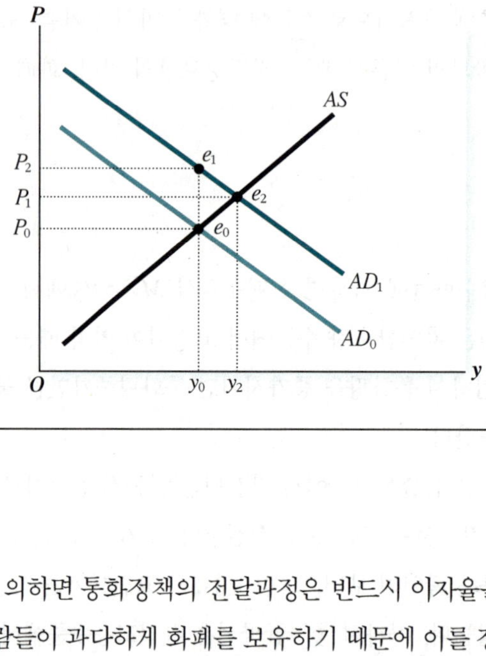

3. 케인즈학파

케인즈학파에 의하면 통화정책의 전달과정은 반드시 이자율을 매개로 한다. 통화량이 증가하면 사람들이 과다하게 화폐를 보유하기 때문에 이를 장 · 단기 채권 구매를 위해 처분하면서 채권가격이 상승하고, 장 · 단기 이자율이 하락하게 된다. 이 결과 투자가 상승하고 총수요가 증가하면서 물가가 상승하게 된다.

이를 [그림 14]에서 살펴보면 케인즈학파에서는 노동자의 화폐착각으로 인해 총공급곡선이 우상향하는 직선으로 그려진다. 이때 통화량을 증대시키면 AD곡선이 AD_0에서 AD_1으로 이동하여 물가가 상승하고 산출량이 증가하게 된다. 이때 고전학파의 이론에 의하면 물가는 P_0에서 P_2로 바로 상승하고 산출량에 미치는 효과는 없는 데 반해, 케인즈학파에서는 물가가 P_0에서 P_1으로 상승하여 고전학파의 물가상승폭보다 작고, 산출량은 y_0에서 y_2로 증가한다. 따라서 케인즈학파에서 화폐는 비중립적이다.

4. 결론

통화량증대가 물가상승에 미치는 영향에 관한 논의는 화폐의 중립성 논쟁이다. 고전학파와 케인즈학파 모두 장기에서 화폐가 중립적이기 때문에 통화량증가가 물가만을 상승시킨다는 데 동의한다. 그러나 단기에서는 견해가 다르다. 고전학파는 단기에도 여전히 화폐가 중립적이라고 주장하지만, 케인즈학파는 단기에 화폐환상으로 화폐는 비중립적이라고 주장한다.

09 경제정책의 운용에 있어서 '준칙'과 '재량'에 대한 논의가 있다. 준칙과 재량을 예를 들어 설명하고, 이의 장 · 단점에 대하여 케인즈학파, 통화주의, 새고전학파의 견해를 설명하고, 이를 비교 · 평가하라.

핵심정리

경기변동을 안정화시키기 위한 최적정책을 놓고 통화주의–새고전학파와 케인즈학파–새케인즈학파 간에 대립이 있다. 통화주의–새고전학파는 준칙정책을 경기안정화를 위한 최적정책이라고 주장하는 반면, 케인즈학파는 준칙이 경기불안정성을 더욱 심화시킬 뿐이기 때문에 재량정책이 최적정책이라고 주장한다.

1. 의의

자본주의를 불안정하다고 보는 케인즈학파는 정부가 적극적으로 경제에 개입해 자유재량껏 정책을 실시해야 한다고 주장한다. 이들은 적기조정(fine tuning)을 통해 경기안정을 기할 수 있다고 주장한다. 반면 자본주의를 안정적이라고 보는 통화론자, 새고전학파 등은 정부가 소극적으로 준칙에 따라 정책을 실시해야 한다고 주장한다.

2. 준칙정책

가. 준칙의 의의

준칙에 의한 정책이란 정부가 변화하는 경제상황에서 사전에 어떤 정책을 수립할 것인가를 밝히고, 이에 근거하여 정책을 집행할 것을 약속 · 공고하고, 경제상황과 관계없이 공고한 정책을 실시하는 정책을 말한다.

나. 준칙의 종류

중앙은행은 '어떤 거시변수를 금융정책의 준칙으로 설정해야 하는가'라는 문제에 직면한다. 여기에는 세 가지 정책준칙이 있다.

1) 통화량 준칙

통화주의자들의 첫 번째 준칙은 통화량증가율을 목표치로 설정하는 것이다. 목표치는 일반적으로 경제여건을 고려하여 화폐수량설을 이용하여 도출한다.

2) 명목 GDP 준칙

중앙은행은 명목 GDP 목표치를 설정하여 명목 GDP가 목표치보다 높게 상승하면 총수요 긴축을 위해 통화공급을 감소시키고, 명목 GDP가 목표치보다 낮으면 총수요 확대를 위해 통화공급을 증대시킨다.

3) 물가준칙

중앙은행은 물가수준의 목표치를 설정하여 실제물가수준이 목표치를 벗어났을 때 통화공급을 조절한다. 물가준칙은 가격안정이 금융정책의 최우선의 목표가 될 때 유효한 기준으로서 의미가 있다.

이외의 준칙의 종류로는 균형재정 준칙이 있다. 또한 실업률, 실질경제성장률 등 실질변수 준칙도 있으나 자연실업률 등 실질변수를 정확히 모르기 때문에 단지 실질변수 측면만 나타내는 금융정책 준칙을 제시하지는 않는다.

다. 준칙의 근거

1) 정책입안자에 대한 불신과 정치적 경기변동 제거

준칙론자들에 의하면 경제정책은 너무 중요하기 때문에 정책입안자의 자유재량에 맡겨 놓을 수 없다고 한다. 이들에게 재량적으로 정책을 실시하게 하면 선거 때 득표를 위해 경제를 조작하는 정치적 경기변동(political business cycle)이 발생하게 된다고 한다. 따라서 정책결정자에 의한 자유재량적 정책은 정치적 경기변동을 초래할 수 있으므로 이를 막기 위해서는 준칙에 따라 정책이 실시되어야 한다.

2) 루카스 비판(Lucas' critique)과 재량정책 무력성

거시계량모형에서 케인즈학파의 자유재량적 경제정책이 효과를 발휘하는 경우는 민간경제주체가 고정된 기대 등 비합리적 기대를 할 때이다. 그러나 루카스 비판에 의하면 경제주체가 합리적 기대를 할 때 케인즈학파의 예상된 재량정책은, 정책변화가 경제주체의 기대에 반영되므로 그 효과가 무력하게 된다.

예상하지 못한 재량정책은 경제주체의 이용 가능한 정보집합에 포함되지 않으므로 극히 일시적인 효과가 있지만, 합리적 기대 하에서 민간은 체계적 오류를 범하지 않기 때문에 정책은 아무 효과도 발휘하지 못한다. 특히 이러한 예상치 못한 정부정책의 남용은 정부의 신뢰에 대해 부정적인 영향을 미쳐 바람직하지 못하므로 준칙을 사용해야 한다고 주장한다.

3) 재량정책과 최적정책의 불일치성(the inconsistency of optimal policy) 문제

케인즈학파의 자유재량적 경제정책은 민간으로부터 정책의 신뢰성을 잃게 만드는 최적정책의 시간불일치성 문제를 야기시킨다. 최적정책의 시간불일치성 하에서 적극적 정책을 실시했을 때 소극적 정책보다 인플레이션이 더 높아지기 때문에 경기불안정성이 확대된다.

4) 수직인 장기 필립스곡선

장기 필립스곡선이 자연실업률수준에서 수직이므로 정부는 재량적 통화정책 사용을 자제해야 한다.

라. 준칙의 장점

통화주의는 준칙정책의 장점이 재량정책의 단점이며 한계라고 주장한다.

첫째, 통화정책의 신뢰성 제고로 물가안정에 크게 기여한다.

둘째, 화폐공급량은 소득수준의 변화에 가장 큰 영향을 미치므로 일정률에 고정시킨 준칙적 통화정책이 소득과 산출량 변화 등을 보다 안정화시킨다.

셋째, 통화량 변화가 경제에 미치는 영향은 시차가 길고 가변적이어서 자의적 화폐공급은 시차를 더욱 길고 가변적으로 만들어 경제를 오히려 불안정하게 만든다.

넷째, 준칙적 통화정책은 불안정한 단기적 예상을 제거하고 경제주체의 장기적인 계획을 수립하는 것을 쉽게 하므로 통화정책의 유용성을 높인다.

3. 자유재량적 정책

가. 의의

자유재량적 정책이란 정책입안자가 사안별로 상황을 판단하여 어떤 정책이 적합한지를 선택하고, 이 선택된 정책을 임의적으로 실시하는 것을 의미한다.

나. 재량의 근거

케인즈학파는 통화론자들의 "통화량 준칙"에 대해 다음과 같이 비판한다.

첫째, 통화정책이 소득에 미치는 영향은 불명확하다. 케인즈학파에 의하면 통화정책은 이자율을 매개로 하여 간접적으로 소득에 영향을 미친다. 따라서 통화준칙은 경기안정화 효과가 매우 작다.

둘째, 통화론자들은 신화폐수량설에 근거하여 화폐유통속도 V가 항상소득의 매우 안정적인 함수이기 때문에 안정적이라고 한다. 그러나 케인즈학파에 의하면 화폐유통속도 V의 변화는 예측하기 어려우며, 이자율에 매우 탄력적이기 때문에 안정적이라는 실증적 근거가 없다.

셋째, 신용화폐나 전자화폐의 발달과 같은 화폐부문의 끊임없는 혁신은 화폐의 정의를 어느 금융자산까지 포함시킬 것인가에 대한 결정을 어렵게 하여 어떤 통화량을 준칙의 목표로 설정할 것인가에 대한 문제를 발생시킨다.

넷째, 준칙론자들은 중앙은행이 통화공급량에 대해 완전히 통제할 수 있다고 전제한다. 그러나 통화공급은 중앙은행 이외에 비은행민간의 현금선호율, 일반은행의 초

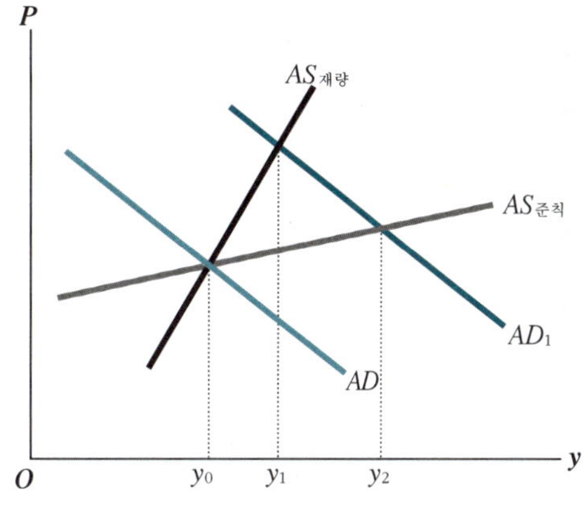

그림 15
준칙과 재량정책의 효과

과지급준비율 결정 등에 영향을 받기 때문에 중앙은행이 통화량을 완전하게 통제할 수 있는 것은 아니다.

다. 재량의 장점

케인즈학파에 의한 재량정책의 근거(장점)는 준칙정책의 단점이며 한계이다.

케인즈학파는 정부가 경제에 개입하여 적기조정(fine tuning)을 통해 경기변동을 신속하게 완화시킬 수 있다고 주장한다. 자본주의는 본질적으로 경기침체와 경기과열이 지속적으로 반복되는 불안정한 체제이기 때문에 경제를 안정화시키기 위해 정부가 적극적으로 개입하여, 경제가 위축되면 확장적 재정·금융정책을 사용하고 과열되면 긴축적 재정·금융정책을 사용하여야 한다고 주장한다. 만약 정부가 이러한 정책을 사용하지 않으면 총수요 및 총공급 충격으로 불필요한 경기변동이 발생하게 된다고 주장한다.

4. 준칙과 재량 하의 총수요정책 효과

[그림 15]에서 준칙정책을 실시하면 총공급곡선이 보다 안정화되어 우상향하지만, 재량정책을 남용하면 총공급곡선은 가파른 기울기를 갖게 된다. 따라서 정부가 총수요정책을 실시하여 AD가 AD_1으로 이동할 때 준칙정책의 효과가 재량적 정책보다 크게 나타난다.

5. 결론

거시경제정책 논쟁은 기본적으로 올바른 거시경제모형은 무엇인가 하는 시각차이에서 제기된다. 즉, 자본주의의 안정성, 경제주체의 기대 형성 및 정부와 중앙은행에 대한 신뢰성에 대한 시각차이에서 비롯된다. 이런 차이로 인해 케인즈학파는 최적으로 재량을, 통화주의와 새고전학파는 준칙을 각각 결론적으로 유도하고 있다.

10 최근 경기침체에서 벗어나기 위한 다각적인 정책대안이 모색되고 있다. 이 중 경기 회복을 촉진하기 위한 재정정책으로서 조세감면정책과 적자재정을 수반한 정부지출 증가정책의 상대적 효과에 대하여 논란이 일고 있다.

(1) 정부지출을 변화시키지 않고 조세를 감면시킬 경우의 거시경제적 효과에 대하여 지지와 비판의 시각에서 논하라.

(2) 적자재정을 수반하는 정부지출의 증가가 가져올 거시경제적 효과에 대하여 지지와 비판의 시각에서 논하라.

(3) 균형재정을 유지하기 위해 조세를 증액시키는 동시에 정부지출을 증가시키는 경우 거시경제적 효과에 대하여 설명하라.

핵심정리

정부지출의 경제적 효과를 New Keynesian의 유동성제약이론과 리카도 동등성 정리를 중심으로 합리적 기대와 미시적 기초로 분석하는 것이 핵심이다.

1. 의의

재정정책이 소비 등 경제에 미치는 효과에 대해 각 학파 간에 치열한 논쟁이 계속되고 있다. 케인즈학파는 승수효과를, 통화주의(고전학파)는 구축효과를 근거로 각각 재정정책의 효과 유·무에 대해서 논쟁을 벌여왔다.

최근에는 미시적 기초와 합리적 기대를 사용한 새케인즈학파의 유동성제약 하의 소비함수이론과 새고전학파의 RET를 중심으로 재정정책의 효과에 대해 논쟁을 계속하고 있다. 최근 이론을 중심으로 정부의 재정정책 효과를 분석해 보자.

2. 일정한 정부지출 하의 조세감면정책 효과

가. RET 주장

소비자의 최적화 모형은 식 (12)와 같고, 이를 [그림 16]으로 나타낼 수 있다.

$$\underset{C_1, C_2}{\text{Max}}\ U(C_1, C_2)$$

$$s.t.\ C_1 + \frac{C_2}{1+r} = (y_1 - T_1) + \frac{y_2 - T_2}{1+r} = PV \qquad (12)$$

$$C = c(r, PV)$$

그림 16
RET : 정액세 삭감과 소비

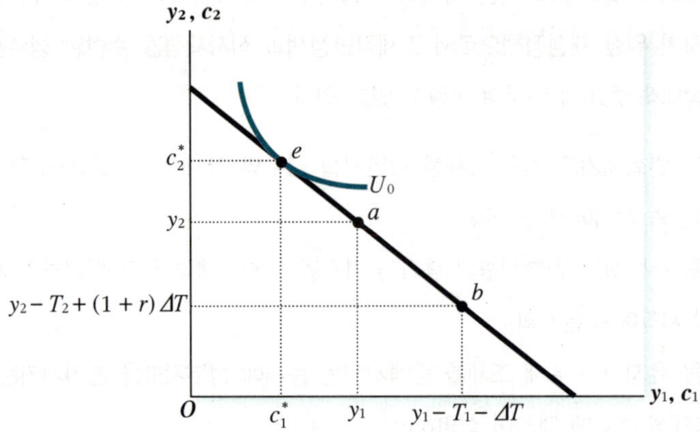

그림 17
유동성제약 하에서 조세감면이 소비에 미치는 효과

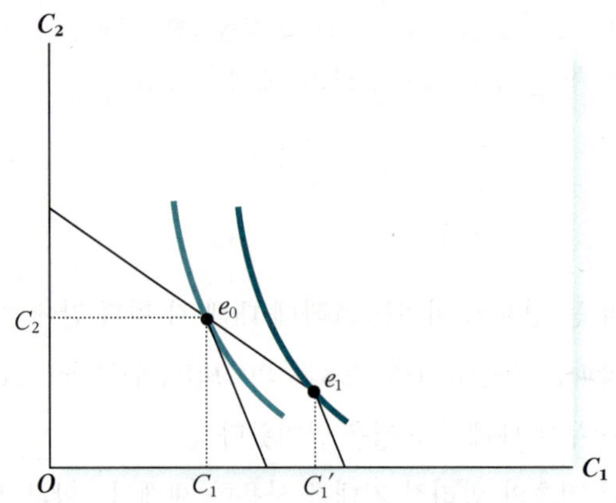

[그림 16]에서 예산선은 소득의 현재가치곡선을 나타내고, $PV = y_1 - T_1 + \dfrac{y_2 - T_2}{1 + r}$ 이다.

현재 조세를 감면하고 미래에 국민이 현재 조세감면만큼 다시 세금증가로 상환하면 소득의 현재가치는 식 (13)과 같이 불변이다. 따라서 예산선이 불변이다.

$$y_1 - T_1 - \Delta T + \frac{y_2 - T_2 + (1 + r)\Delta T}{1 + r} = y_1 - T_1 + \frac{y_2 - T_2}{1 + r} \qquad (13)$$

그러므로 항상 소득은 변하지 않고, 소비 또한 변함이 없다.

나. 새케인즈학파의 주장

새케인즈학파는 식 (14)의 유동성제약 하에서 현재의 조세감면이 현재의 가처분 소득을 증가시켜 소득효과를 발생시키고 소비를 증가시킨다고 주장한다. [그림 17]에서 현재 조세감면 조치는 소득의 현재가치를 변화시키지 않으므로 예산선을 우측으로

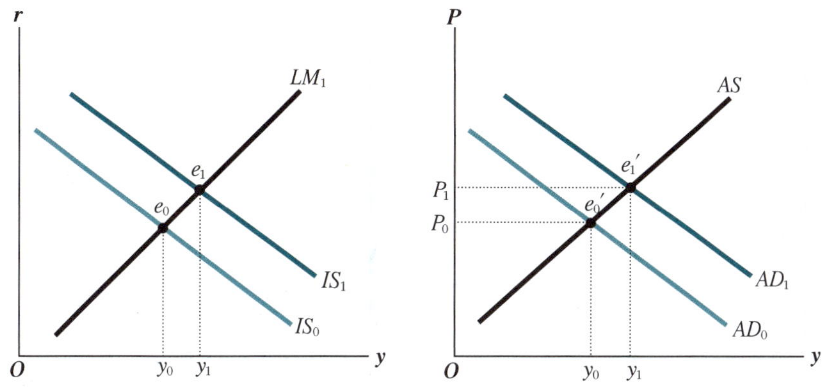

그림 18
새케인즈학파 : 일정한 정부지출 하에서 조세감면 효과

확대시켜 소비자의 균형을 e_0점에서 e_1점으로 이동시키고, 소비를 증가시킨다. 이러한 소비 증가는 [그림 18]에서 IS곡선을 우측으로 이동시키고, AD곡선 또한 우측으로 이동시켜 국민소득을 증가시킨다.

$$\begin{aligned} &\underset{C_1, C_2}{\text{Max}}\, U(C_1, C_2) \\ s.t.\ &C_1 \leq (y_1 - T_1) + A \quad \text{단, } A\text{는 기초금융자산} \\ &C_1 + \frac{C_2}{1+r} = PV \\ &C_1 = c(y_1 - T_1, A) \end{aligned} \qquad (14)$$

3. 적자재정 하에서 정부지출 증가효과

가. RET 주장

RET에 의하면 합리적 기대를 하는 경기자들은 현재의 적자재정을 미래 자신의 조세부채(future tax liability)라 생각한다. 따라서 정부지출 증가로 소득이 증가하지만, RET 주장처럼 늘어난 소득을 임시소득으로 생각하고 민간이 자신들의 미래 조세부담을 위해 저축을 늘리므로 소득효과가 크지 않아 정부지출 효과는 크지 않다. 그러나 앞의 문제와 달리 정부지출 증가에 따른 소득증가가 발생한다.

나. New Keynesian 주장

이에 대해 New Keynesian은 정부지출 증가가 [그림 19]에서처럼 유동성제약 하에서 예산제약곡선을 상방으로 이동시켜 소비를 증가시키기 때문에 경제적 효과가 있다고 주장한다.[1]

1. 새로운 예산선은 정부지출 증가로 소득의 현재가치가 증가하기 때문에 상방으로 이동하지만, 미래소득은 여전히 y_2이므로 b점의 수평한 지점에서 굴절되어야 한다.

그림 19
새케인즈학파 : 적자재정을 수반하는 정부지출 증가효과

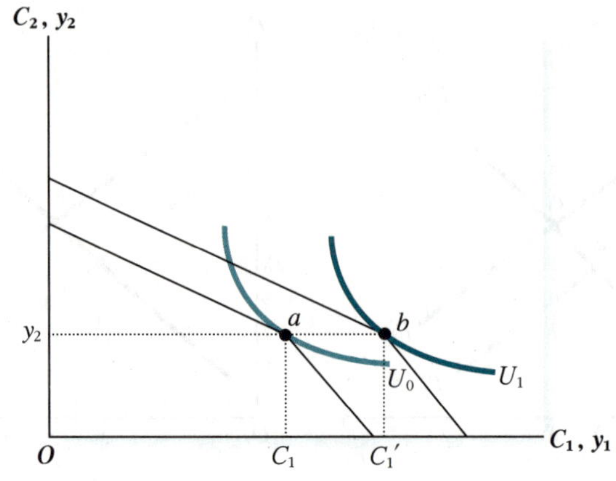

4. 균형재정 하의 정부지출 효과

가. RET 주장

균형재정정책이란 조세징수만큼 정부지출을 하여 균형재정으로 총수요를 변화시키는 정책을 의미한다. 이때 RET는 정부지출 증가로 총수요가 증가하여 소득이 증가하고 소비가 증가하지만, 조세증가로 임시소득이 감소하고 저축이 감소하여 소비는 별로 변화가 없으므로 정책효과가 새케인즈학파가 예상하는 것보다 크지 않다고 주장한다.

나. New Keynesian 주장

새케인즈학파도 케인즈학파와 같이 균형재정 하의 조세증가에 의한 정부지출 증가가 유효하다고 주장한다. 이상을 미시적 기초로 설명하면 유동성제약 하의 예산선에

그림 20
유동성제약 하에서 균형재정정책의 효과

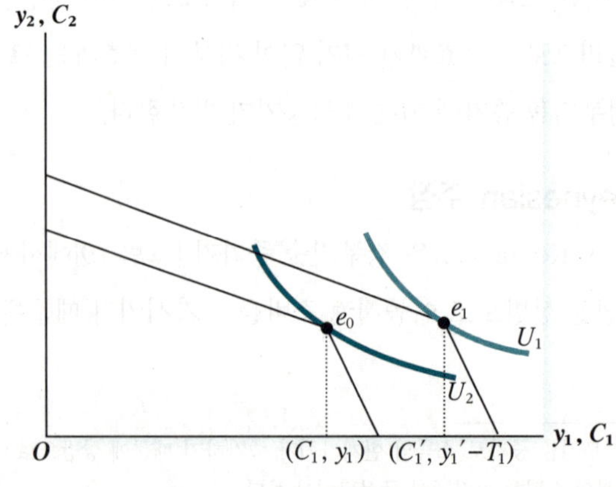

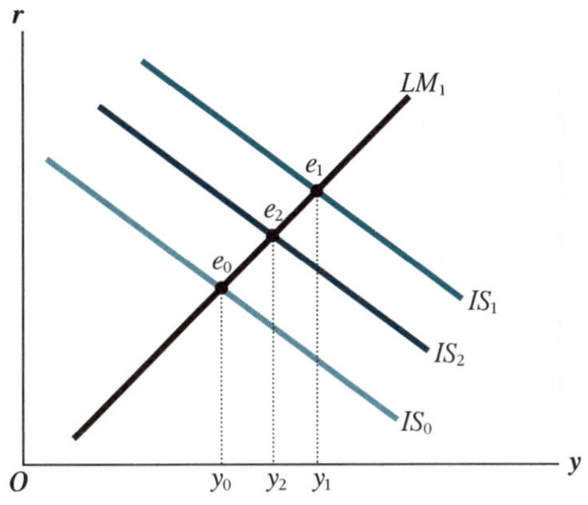

그림 21
새케인즈학파 : 균형재정 하에 정부지출 효과

서 조세증가로 소득이 감소하고, 정부지출 증가로 굴절된 예산선이 상방으로 이동하면 [그림 20]와 같이 새로운 균형이 e_0에서 e_1으로 이동하여 소비자의 현재소비가 증가하고 효용수준이 증가한다.

이를 [그림 21]에서 살펴보면, 정부지출의 증가로 IS_0곡선이 IS_1까지 이동하나 조세의 증가로 소비가 감소하여 IS곡선이 좌하방이동하여 IS_2가 된다. 따라서 최종적으로 소득은 y_0에서 y_2로 증가한다.

11 정부의 내년 세출은 110조이며, 다음의 두 방안이 있다. 갑과 을 주장의 타당성을 검토하라.

방안 1 : 세입 100조, 국채 발행 10조

방안 2 : 세입 110조

갑의 주장 : 방안 1은 총수요를 증가시킨다.

을의 주장 : 차이 없다.

핵심정리

정부지출이 110조원으로 일정한 상태에서 정부지출의 재원조달방식이 조세부과와 국채 발행일 때 소비 및 총수요에 미치는 효과를 분석하는 문제이다. 새케인즈학파의 견해(甲)와 RET의 견해(乙) 하에서 국채의 자산성 인정 여부에 따라 소득효과가 발생하는가를 분석하는 것이 핵심이다.

1. 의의

정부지출이 110조원으로 일정한 상태에서 정부지출의 재원조달방식 차이로 인해 소비에 미치는 효과가 다르게 나타날 수 있는지가 문제된다. 이에 대해서 RET와 새케인즈학파 간에 치열한 논쟁이 있다.

2. 갑 주장 검토

갑은 국 · 공채를 자산으로 인식하기 때문에 가계가 보유하는 실질자산은 다음과 같다.

$$\frac{A}{P} = \frac{K+M+B}{P} \tag{15}$$

(W : 가계 보유자산, K : 실물자산 M : 현금자산, B : 국 · 공채 등 금융자산)

식 (15)를 소비에 반영하면 미시적 기초에 의해 소비함수는 식 (17)과 같다.

$$\underset{c_1,\,c_2}{Max}\ u(c_1) + \frac{u(c_2)}{1+p} \tag{16}$$

$$s.t\ \ c_1 \leq y_1 + A$$

$$c_1 + \frac{c_2}{1+r} = PV \tag{17}$$

$$c_1 = ky_1 + k_2 A$$

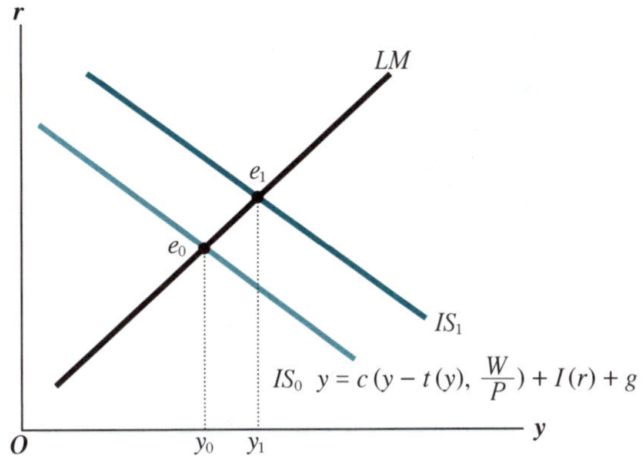

그림 22
갑의 주장

[그림 1]에서 갑의 주장을 살펴보면, 정부가 국 · 공채를 발행하면 식 (15)에서 민간의 자산($\frac{A}{P}$)이 증가하고, 식 (17)에서 A값의 증가로 소비가 증가한다. 따라서 국 · 공채 발행에 의한 정부지출 증가는 IS곡선을 IS_0에서 IS_1으로 이동시켜 소득이 y_0에서 y_1으로 증가하게 된다.

3. 을 주장 검토

가. 방안 1의 효과

갑의 주장과는 달리 을은 정부가 발행한 10조의 국 · 공채가 민간이 결국 미래에 조세로 상환해야 할 부채(future tax liability)이므로 민간의 순자산이 아니라고 본다. 이를 살펴보기 위해 정부가 이자율 r인 영구채 B를 발행하고, 매년 발생하는 이자 rB를 민간으로부터 조세를 징수하여 상환한다고 하자. 그러면 민간이 납부한 조세 총액의 현재가치는 식 (18)과 같이 도출된다.

$$\text{조세 총액의 현재가치} = \frac{rB}{1+r} + \frac{rB}{(1+r)^2} + \cdots = B \tag{18}$$

식 (18)에서 민간이 납부한 조세 총액의 현재가치는 민간이 보유하고 있는 영구채 금액과 같다. 따라서 민간은 정부가 발행한 10조원의 국 · 공채만큼 미래에 걸쳐 조세를 납부하고 있기 때문에 정부의 국 · 공채는 민간의 순자산에 아무런 변동을 일으키지 못하고 소득효과는 0이 된다. 결국, 민간의 소비는 변동이 없다. 구체적으로, 가계가 보유하는 순자산은 식 (15)에서 식 (19)와 같이 수정된다.

그림 23
RET : 정액세 삭감과 소비

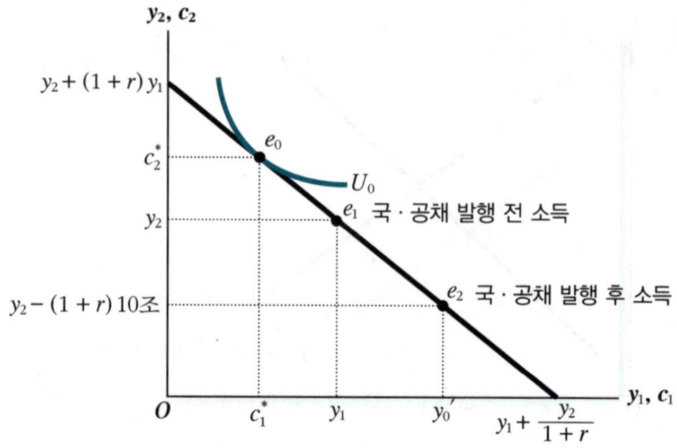

$$\max_{c_1, c_2} u(c_1, c_2)$$
$$s.t.\ c_1 + \frac{c_2}{1+r} = y_1 + \frac{y_2}{1+r}$$
$$\frac{W}{P} = \frac{M+K}{P} \tag{19}$$

식 (19)에서 국채 발행은 순자산을 변화시키지 않기 때문에 소비가 변하지 않는다.

[그림 2]의 다기간분석에서도 현재 소득수준이 e_1일 때 정부가 10조원의 조세를 거두는 대신에 10조원의 국 · 공채를 발행하면 민간은 1기에 징수되지 않은 10조원의 조세만큼 소득이 증가하지만, 다음 기에 국 · 공채의 원리금 $(1+r)B$를 조세로 상환해야 하므로 $(1+r)B$만큼 소득이 감소한다. 이때 소득의 현재가치는 식 (20)으로 표시된다.

$$PV = y_1 + 10 + \frac{y_2 - (1+r)\,10}{1+r} = y_1 + \frac{y_2}{(1+r)} \tag{20}$$

즉, 정부의 국 · 공채 발행은 민간소득의 현재가치를 변동시키지 못한다. 따라서 예산선이 변동하지 않고, 민간의 소비가 변하지 않는다.

나. 방안 2의 효과

방안 2에서 정부가 10조원의 국 · 공채를 발행하는 대신에 세금을 10조원 징수하면 현재소득은 $y_1 - 10$조원이 된다. 이때 미래소득은 $y_2 + (1+r)\,10$조원이 된다. 왜냐하면 정부가 현재 10조원의 국 · 공채를 발행하면 미래에 $(1+r)10$조원을 조세로 납부해야 하는데, 현재 10조원의 세금을 징수하면 미래에 $(1+r)10$조원의 세금을 납부하지 않아도 되므로 실질적 의미의 소득이 $(1+r)10$조원으로 증가하기 때문이다.

이처럼 조세를 10조원 징수했을 때 소득의 현재가치를 계산하면, 식 (21)이 된다.

$$PV = y_1 - 10 + \frac{y_2 + (1+r)10}{1+r} = y_1 + \frac{y_2}{(1+r)} \qquad (21)$$

따라서 방안 2도 방안 1과 같이 동일한 소득의 현재가치를 실현하고 있기 때문에 소비의 변화가 없다는 점에서 동일하다. 결론적으로 RET의 주장처럼 정부지출의 재원조달방식에 차이가 있더라도 소비에 미치는 효과에는 차이가 없다.

4. 결론

정부지출의 재원조달방식 차이가 소비에 미치는 효과는 '재정정책의 유효성' 문제와 연결되어 있다. 갑은 재정정책이 유동성제약을 통해 유효하지만, 을은 리카도 동등성 정리를 근거로 재정정책이 무력하다는 정책적 결론을 유도하게 된다.

정부가 발행한 국 · 공채가 민간의 순자산인가의 논쟁에서 갑은 국 · 공채가 순자산이고, 자산효과를 통해 소비와 총수요를 증가시킨다고 주장한다. 이에 반해 을은 국 · 공채를 미래 부채로 인식하고, 순자산에는 아무런 영향을 주지 못하기 때문에 소득효과가 없고 소비가 변동하지 않는다고 주장한다. 따라서 방안 2도 아무런 효과가 없게 된다. 을의 견해에 따르면 정부는 국 · 공채 발행에 신중을 기해야 할 것이다.

12 자본시장이 개방되어 있으며, 변동환율제도를 채택하고 있는 가상경제의 정부가 경기부양을 위해 1인당 백만원의 상품권을 국민들에게 무료로 제공하고, 6개월 이내에 사용하지 않으면 휴지조각이 될 것이라고 선언하였다.

(1) 정부가 선언한 대로 상품권을 무료로 제공했을 때 나타나는 경제적 효과를 *IS-LM* 모형을 이용하여 분석하라.

(2) 상품권을 제공하는 대신에 국채를 발행하여 1인당 백만원씩 정액세를 삭감해 주었을 때 나타나는 효과를 *IS-LM* 모형을 이용하여 분석하고, 그 효과를 (1)의 상품권 제공의 경우와 비교하라.

(3) 앞의 (2)의 국채 발행을 통한 정액세 삭감이 경기를 부양시키는 효과를 가져오기 위하여 필요한 전제조건을 3가지만 예시하고, 각각에 대하여 설명하라.

핵심정리

6개월 시한인 1인당 백만원의 상품권이 민간의 소비에 미치는 효과와 상품권 발행을 위한 재원조달에 관한 문제이다. 케인즈학파에 따르면 이 상품권은 소득보조적인 것으로 소비를 증가시키고 승수효과로 총수요를 확대하여 경기를 부양시키는 효과를 갖는다. 반면 RET는 상품권 발행의 재원을 국·공채 발행을 통해 조달하면 경제주체들은 국·공채를 자신들이 미래에 상환해야 할 부채로 인식하고, 민간소비를 거의 증가시키지 않기 때문에 경기부양효과가 없다고 주장한다.

1. 의의

정부가 상품권을 국민들에게 제공한 정책의도는 민간소비를 촉진시켜 경기침체를 극복하고 경기를 부양시키고자 하는 것이다. 이때 정책효과의 발생 여부는 상품권의 성격에 의해 결정된다. 절대소득가설에 의하면 상품권은 민간의 실질가처분소득을 증가시키지만, 항상소득가설에 의하면 상품권은 단지 임시소득을 증가시킬 뿐이다.

2. 개방거시계량모형

자본이동이 불완전한 소국의 변동환율제도 하에서 식 (22)~식 (24)으로 구성된 Mundell-Fleming 모형을 설정하여 상품권 발행의 경제적 효과를 분석하고자 한다.

$$IS: y = c(y-T) + I(r) + G + X(s, y^*, P) - N(s, y, P) \quad (22)$$

$$LM: \frac{M}{P} = L(y, r) \quad (23)$$

$$BP: X(s, y^*, P) - N(s, y, P) + F(r - r^*) \quad (24)$$

(단, s와 r^*은 각각 환율과 세계이자율임)

3. 상품권 제공의 경제적 효과

정부가 상품권을 제공한 것은 민간의 소득을 보조한 것이다. 따라서 민간의 실질 소득을 1백만원만큼 증대시킨다. 이때 소비증가 효과는 상품권 금액만큼 발생하며, 소득은 소비증가에 승수를 곱한 것만큼 증가한다. 소득을 직접 주지 않고 한시적인 상품권을 지급한 것은 단기간에 집중적으로 소비를 일으켜 경기부양효과를 극대화하고자 하는 의도이다.

상품권 발행에 따른 경제적 효과는 국가 간 자본유입 정도를 반영한 *BP*곡선의 기울기와 *LM*곡선의 기울기의 상대적 크기에 영향을 받는다. 본 모형에서는 [그림 24]처럼 국가 간 자본이동이 크지 않아 *BP*곡선이 *LM*곡선보다 가파른 기울기를 갖는다고 가정하였다.

현재 정부는 [그림 24]의 e_0점의 경기침체 하에 있다. 정부가 케인즈학파의 견해에 따라 백만원 상품권을 민간경제주체에게 지불하면 소비를 부추겨 식 (22)의 IS_0곡선을 IS_1으로 이동시키게 된다. 그러면 승수효과에 의해 국민소득이 y_0에서 y_1으로 증가하여 새로운 균형은 e_1점에서 이루어진다. e_1점은 국제수지 적자로 명목환율을 상승시켜 순수출을 증가시키면서 IS_1곡선을 보다 우상방으로 좀 더 이동시킨다. 또한 *BP*곡선도

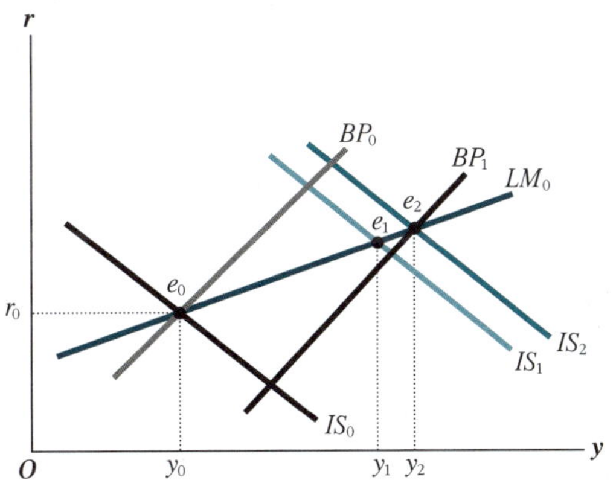

그림 24
상품권 제공의 경제적 효과

그림 25
RET : 정액세 삭감과 소비

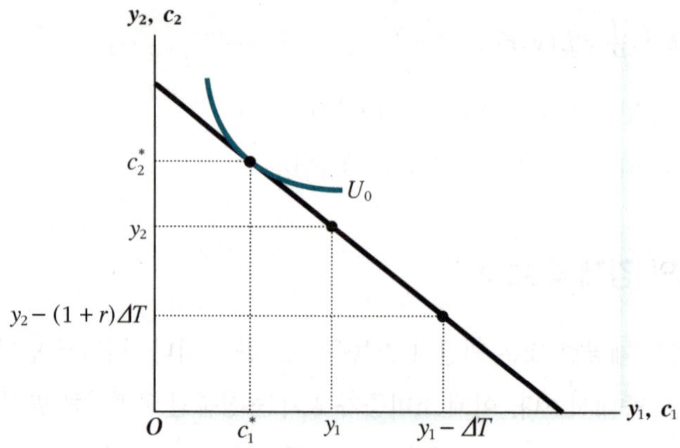

우하방으로 이동시켜 새로운 균형은 e_2점이 되고, 국민소득은 y_2로 증가한다. 따라서 정부의 상품권 발행은 소득을 증가시킴으로써 단기적인 경기부양효과를 발생시킨다.

그러나 배로(R. Barro) 등을 중심으로 하는 새고전학파는 리카도 동등성 정리와 항상소득가설에 근거하여 정부의 상품권 제공 정책의 효과에 대해 매우 비관적이다.

4. 국채 발행을 통한 정액세 삭감의 효과

가. RET

RET에 의하면 합리적 기대를 하는 민간은 정부의 정액세 삭감과 국채 발행이 자신들이 납부해야 할 미래의 조세를 증가시킬 뿐, 미래세금의 현재가치는 현재의 세금감소와 일치하므로 자신들의 순자산에 아무런 영향을 미치지 못한다고 생각한다. 따라서 정부의 재정정책은 소비와 총수요에 아무런 영향도 주지 못하게 된다.

RET의 분석을 2기간 모형의 그래프로 나타내면 [그림 25]와 같다. 최초에 소비자의 균형소비는 (c_1^*, c_2^*)이다. 만약 정부가 정액세를 삭감하고 국채 발행으로 재원을 보전한다면 소득좌표가 (y_1, y_2)에서 $(y_1-\Delta T, y_2-(1+r)\Delta T)$로 바뀐다.

$$y_1-\Delta T+\frac{y_2-(1+r)\Delta T}{1+r}=y_2+\frac{y_2}{1+r} \tag{25}$$

그러나 이러한 변화는 식 (25)에서 소득의 현재가치를 변화시키지 않으므로 균형소비에 영향을 미치지 못한다. 또한 민간은 미래의 조세 납부에 대비해 현재저축을 증가시키는데, 이 크기는 정부 저축의 감소와 정확히 상쇄되어 국민저축은 일정하게 유지된다.

이상을 [그림 24]의 $IS-LM-BP$곡선에서 분석하면 $IS-LM-BP$곡선은 아무런 이

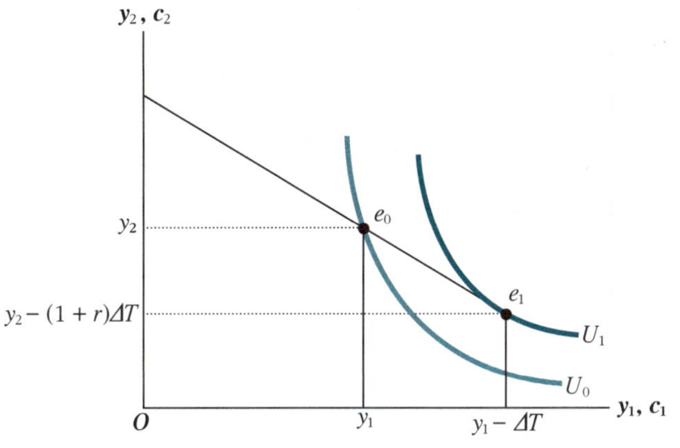

그림 26
유동성제약과 RET

동이 없고, 경제는 e_0점에서 균형을 이룬다.

나. 새케인즈학파와의 비교

새케인즈학파에 의하면 국채 발행을 통한 정액세 삭감의 효과는 상품권 제공 효과와 동일하다. 다만 [그림 26]처럼 미시적 기초로 분석하고 있는 점이 다르다. 따라서 가처분소득의 증가로 소비가 증가하고 총수요가 증가하여 국민소득이 증가한다. 그러므로 *IS-LM-BP* 평면에 도해하면 [그림 24]과 동일하다.

5. 정액세 삭감이 경기부양효과를 가져오기 위한 전제조건

가. 금융시장의 불완전성과 유동성제약

불완전한 자본시장에서 경제주체가 유동성제약 하에 있을 때 정부가 조세를 삭감하면 현재의 소득이 증가하므로 현재의 소비를 증가시킨다. [그림 26]에서 조세삭감으로 균형이 e_0에서 e_1으로 이동하여 현재소비를 증가시키게 된다. 비록 그들이 미래의 조세증가를 예상하더라도 현재의 가처분소득이 증가하면 소비를 증가시키게 된다. 따라서 경기부양효과가 발생할 것이다.

나. 유한한 경제활동기간

경제주체들이 무한히 경제활동을 한다는 RET의 가정과는 달리 실제로는 유한한 기간 동안 경제활동을 한다. 이때 정부가 발행한 국 · 공채로 인한 부의 증가가 자신들이 납부한 조세액보다 크기 때문에 순자산이 증가한다. 따라서 소득효과로 소비가 증가하게 된다.

따라서 인생을 마친 후의 미래조세를 고려하지 않기 때문에 조세삭감으로 현재소비가 증가하고 경기부양효과가 나타난다.

다. 소득재분배적 조세

RET는 중립적인 정액세를 가정하고 있지만, 현실에서는 개인소득세, 소비세, 법인세 등과 같이 자원과 소득을 재분배시키는 조세가 대부분이다. 따라서 조세가 정률세이면 징세시점의 변화로 자원과 부가 재분배될 뿐만 아니라 현재소비와 미래소비 간에 기간 간 대체효과가 발생하여 민간의 소비, 투자, 고용 등에 영향을 미치게 된다.

13 화폐금융정책이 실물부분에 미치는 영향에 대한 통화주의자와 케인즈주의자의 기본적 차이점을 논하라.

핵심정리

화폐금융정책이 실물부분에 미치는 효과는 통화량의 전달경로(money transmission mechanism)에 대한 통화주의와 케인즈학파 간 논쟁을 (1) 이자율 매개 여부, (2) 통화량이 금융자산에 영향을 미치는 범위, (3) 통화정책의 확실성 여부 등 쟁점을 중심으로 비교 · 설명하는 것이 핵심이다.

1. 의의

통화주의와 케인즈학파는 최소한 단기에 화폐가 비중립적이라는 점에서 공통적이지만, 통화량이 실물에 미치는 전달경로에 대해서는 논쟁이 있다. 화폐금융정책이 이자율, 고용, 산출량 등 실물부분에 영향을 미치는 과정에서 이자율의 매개 여부, 금융자산의 범위, 정책효과의 유효성과 확실성 등에 대해 두 학파 간에 차이점이 있다.

2. 통화량의 전달경로

통화량의 전달경로란 화폐금융정책이 효과를 발휘하는 과정 또는 통화량이 실물경제에 이르기까지의 과정을 말한다.

가. 통화주의

통화주의학파에 따르면 식 (26)의 화폐수량설에 따라 통화량은 유통속도가 안정적일 때 직접적이고 확실하게 실물에 영향을 미친다.

$$MV = Py \tag{26}$$

표 1 통화주의학파의 통화량 전달경로

M 증가, V 안정 → 단기에서 P 일정, y 증가 → 장기에서 y 일정, P 상승

나. 케인즈학파

케인즈학파에는 다양한 전달경로가 존재하지만, 케인즈에 의하면 〈표 2〉와 같이 장 · 단기 이자율의 조정을 통해 실물에 영향을 미친다고 주장한다.

표 2 **케인즈학파의 통화량 전달경로**

M 증가 → 개별 경제주체의 화폐 초과보유 → 단기채권 매입, 단기채권 가격상승, 단기이자율 하락 → 장기채권 매입, 장기채권 가격상승, 장기이자율 하락 → 투자증가 → 실물경제에서 y 증가

3. 이자율 매개 여부

통화량의 전달기구에서 케인즈학파는 화폐금융정책이 반드시 장 · 단기 이자율의 변화를 통해 간접적으로 실물경제에 영향을 미친다고 한다. 즉, 이자율이 통화정책을 전달해 주는 매개변수의 역할을 한다는 것이다.

이에 대해 통화론자들은 통화량이 이자율을 매개로 하지 않고 직접적으로 실물경제에 영향을 미친다고 주장한다.

4. 통화량이 영향을 미치는 자산의 범위

통화주의와 케인즈학파는 통화량이 영향을 미치는 금융자산의 범위에 대해서도 견해의 차이를 보인다. 케인즈학파는 금융자산의 범위를 장 · 단기 국 · 공채에 국한하는 반면에 통화론자들은 주식, 국 · 공채, 회사채 등 광범위한 금융자산과 실물자산에 영향을 미친다고 본다.

5. 통화정책의 확실성 여부

케인즈학파에 의하면 통화량이 소득수준에 미치는 영향은 불명확하고 유효하지 않다. 첫째, 통화량은 이자율을 매개로 하여 간접적으로 소득수준에 영향을 미치며, 그 시차가 장기이고 가변적이기 때문에 통화정책의 효과는 불확실하다. 둘째, 통화량 변화가 영향을 미치는 범위가 채권시장에 국한되므로 금융정책의 유효성이 크지 않다.

이에 반해 통화론자들은 통화량이 $MV = \overline{P}Y$ 에서 단기에 물가가 고정되고 화폐유통속도도 안정적일 때 통화량의 증가가 소득의 증가에 직접적으로 확실하게 영향을 미친다고 주장한다.

6. 금융정책의 효과

케인즈학파의 통화정책은 장 · 단기 채권시장에 국한하여 금융자산에 영향을 미치고, 이자율을 매개로 하여 발휘되므로 그 효과가 간접적이며, 투자가 이자율에 비탄력적이기 때문에 총수요에 강력한 영향을 미치지 못한다.

반면 통화론자들은 단기에서 통화량이 광범위한 금융자산에 직접적으로 영향을 미치고 투자가 이자율에 민감하므로 금융정책은 총수요에 강력한 영향을 미친다고 주장한다.

7. 결론

결론적으로 케인즈학파와 통화주의는 단기에서 화폐가 비중립적이지만, 그 유효성에 대해서 통화론자는 직접적이고 확실하며 유효한 데 반해, 케인즈학파는 간접적이고 불확실하며 재정정책에 비해 유효성이 떨어진다.

14 금융정책의 유효성에 관한 새고전학파의 견해를 설명하라.

핵심정리

정책무력성 명제에 관한 문제이다. 예상된 정책과 예상치 못한 정책의 차이는 민간의 정보집합에 반영되어 예상물가를 변화시켜 *AS*곡선을 이동시킬 수 있는가에 있다.

1. 의의

새고전학파는 합리적 기대와 모든 가격변수의 상·하방 신축성에 근거하여 정부의 경기안정화 정책이 무력하다고 주장한다. 새고전학파는 재량적 금융정책의 실시를 민간이 예상하게 되면 합리적 기대를 하는 민간은 정부정책의 효과를 사전에 예상하고 자신의 행태방정식을 변화시켜 최적선택을 하기 때문에 정부정책이 실시되기 전에 효과가 발생하고, 막상 정부정책이 실시되었을 때에는 아무런 효과를 발휘하지 못한다고 주장한다. 이들은 금융정책의 효과가 경제주체가 정책변화를 예상한 경우와 예상하지 못한 경우 각각 다르다고 주장한다.

2. 새고전학파의 모형

사전트-월리스(T. Sargent & N. Wallace)의 정책무력성 명제를 설명하기 위해 루카스 총수요·총공급곡선과 합리적 기대 방정식을 도입하여 새고전학파 모형을 만들면 식 (27) ~ 식 (29)로 나타낼 수 있다.

$$\text{루카스 공급함수}: y_t = y^* + \gamma(P_t - P_t^e) + \varepsilon_t \tag{27}$$

$$(\gamma > 0,\ \varepsilon_t \sim N(0, \sigma^2),\ \varepsilon_t = \text{공급측면에서의 교란요인})$$

$$\text{루카스 수요함수}: y_t = -\beta P_t + \alpha M_t,\ \beta, \alpha > 0 \tag{28}$$

$$\text{합리적 기대식}: P_t^e = E[P_t | \Omega_{t-1}] \tag{29}$$

식 (27), (28), (29)으로부터 식 (30)의 균형국민소득(y_t^*)을 도출할 수 있다.

식 (28)에서

$$P_t = \frac{\alpha}{\beta} M_t - \frac{1}{\beta} y_t \tag{30}$$

식 (30)을 기대치로 전환하면,

$$P_t^e = \frac{\alpha}{\beta} E(M_t) - \frac{1}{\beta} E(y_t) \tag{31}$$

식 (27)을 식 (29)에 대입하여 $E(y_t)$를 구하면

$$E(y_t) = y^* + \gamma E[P_t - P_t^e] + E[\varepsilon_t] \tag{32}$$

그런데 식 (30) ~ 식 (31)를 식 (32)에 대입하고 도출한 식과 식 (28)와 연립하여 풀고 정리하면 다음과 같은 균형식이 도출된다.

$$y_t = y^* + \frac{\alpha\gamma}{\beta+\gamma}(M_t - E(M_t)) + \frac{\beta}{\beta+\gamma}\varepsilon_t \tag{33}$$

식 (33)에 의하면 균형국민소득(y_t^*)은 예측할 수 없는 통화량의 변화($M_t - E(M_t)$)와 공급측면에서의 교란요인(ε_t)에 의해 결정된다.

가. 예상 가능한 금융정책 효과

공급측면의 교란요인이 없다($\varepsilon_t = 0$)고 가정할 때, 통화당국의 공고에 따라예상 가능한 정부의 금융정책은 $M_t = E(M_t)$이므로 균형산출량(y_t^*)은 y^*수준에 있다. 따라서 정부의 금융정책은 전혀 효과가 없다.

이를 [그림 27]로 설명할 수 있다. 통화당국이 통화량을 증가시키면 식 (28)에서 M_t가 증가하므로 AD곡선이 AD_1으로 이동한다. 이때 노동자들은 확대금융정책에 따라 물가가 상승할 것을 합리적으로 예상한다. 이에 따라 예상물가가 상승하고 총공급곡선이 상방으로 이동한다. 그런데 식 (27)에서 $P_t = P_t^e$이므로, SAS는 $y_t = y^*$가 이루어지는 e_2점까지 이동한다.

결론적으로 새로운 균형 e_2점에서 확대금융정책의 효과를 평가해 보면, 물가는 상승하고 산출량은 y^*에서 변동이 없다. 즉, 합리적 기대 하에서 예상 가능한 금융정책은 무력하고, 화폐는 중립적이다.

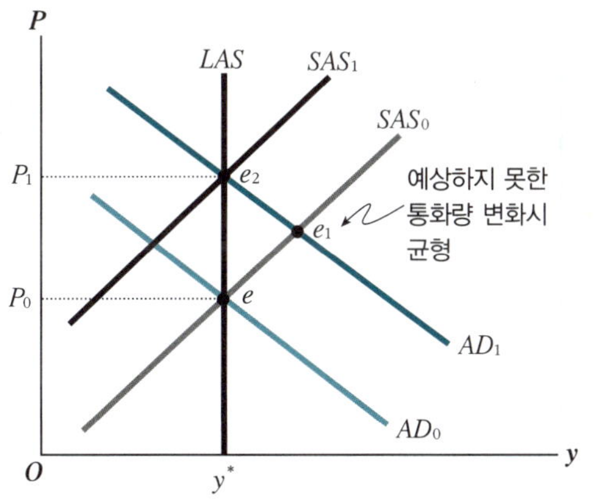

그림 27
새고전학파의 금융정책효과

나. 예상할 수 없는 금융정책 효과

정부가 경제주체가 예상한 통화량수준 $E(M_t)$를 넘는 통화량을 공급하면 식 (30)에서 $M_t > E(M_t)$, $M_t - E(M_t) > 0$이고, $P_t \neq P_t^e$, $P_t - P_t^e > 0$이므로 산출량(y_t)이 자연산출량(y^*) 수준 이상으로 증가한다.[2]

이를 [그림 27]에서 보면 e_1점으로 나타난다. 점 e_1에서는 실제물가가 상승하지만 통화당국이 예고 없이 통화량을 변화시켰기 때문에 예상물가는 변함없이 P_0수준에 고정되어 있으므로 SAS는 변동하지 않는다.

그러나 예측할 수 없는 통화량 변화가 다음 기에는 경제주체의 정보집합(Ω_t)에 반영되고, 경제주체가 합리적으로 기대를 형성하면 $P_{t+1} = P_{t+1}^e$이기 때문에 SAS곡선이 상방으로 이동하여 결국 e_2점에서 균형을 이루게 된다.

결론적으로 통화당국의 예측할 수 없는 금융정책은 일시적(일회적)으로 산출량에 영향을 미치지만, 다음 기에 연속적, 즉각적으로 조정이 이루어져 아무런 영향을 미치지 않게 된다. 따라서 화폐는 최소한 일시적으로 비중립적이고 실물경제에 영향을 미친다. 그러나 장기에서는 화폐의 중립성이 성립한다.

이처럼 통화당국의 예상된 금융정책이 궁극적으로 아무런 효과 없이 물가만을 가속도적으로 상승시키는 현상을 (금융)정책무력성 명제(policy ineffectiveness proposition)라 한다.

3. 결론

새고전학파의 금융정책을 정리하면 첫째, 합리적 기대 하에서 통화당국의 예상된 금융정책은 그 효과가 중립적이다. 둘째, 민간이 예상할 수 없는 금융정책의 실시는 그 효과가 일시적으로 비중립적이지만, 최종적으로는 중립적이다. 셋째, 예상할 수 없는 금융정책이 일시적으로 비중립적인 것은 합리적 기대를 하더라도 불완전정보 하에서 경제주체가 물가인식상의 오류(price misperception)를 범했기 때문이다. 넷째, 금융정책은 최종적으로는 물가만 상승시킨다. 그러나 예상치 못한 통화정책의 실시는 최적정책의 시간불일치성(time inconsistency)과 정부정책에 대한 신뢰성 문제를 초래하여 경기변동폭과 경제불안을 가중시킨다. 또한 단기에서 일시적으로 효과가 존재하나 정부의 신뢰가 저하되는 최적정책의 시간불일치성 문제가 있으므로 바람직하지 않다.

---

2. 새고전학파이론에서 정부정책이 효과를 나타내는 경우는 민간이 예상할 수 없는 정책에 변화를 가하는 경우뿐이다. 이때 경제주체는 합리적 기대를 하지만, 순간적으로 가격을 잘못 인식(price misperceptions)하게 된다. 이런 의미에서 새고전학파 모형을 오인식(price misperceptions)모형이라고도 한다.

15 합리적 기대이론에서는 통화정책이 실물부분에 영향을 미치지 못한다고 한다. 이를 필립스곡선의 관계식을 이용해 설명하라.

핵심정리

기대가 첨가된 필립스곡선(expectations augmented Phillips curve)을 합리적 기대로 해석할 때 예상된 통화정책의 실시는 자연율 수준에서 수직이며, 실업률에 전혀 영향을 미치지 못하고 물가만을 상승시킨다. 그러나 예외적으로 예상치 못한 통화정책의 실시는 $(P - P^e)$와 $(u - u_n)$ 간의 역의 상충관계를 만들어 일시적으로 실업에 영향을 미칠 수 있다.

1. 의의

기존의 케인즈학파의 필립스곡선에 의하면 실업과 인플레이션 간에 역관계가 안정적으로 존재한다. 이들은 종전의 필립스곡선이 인플레이션에 대한 민간의 기대나 심리의 역할을 고려하지 않고 물가상승률과 실업률 간의 역관계를 단지 정태적(고정된) 기대의 입장에서 설명하고 있다.

그러나 프리드만(M. Friedman)－펠프스(E.S. Phelps)는 케인즈학파를 비판한 기대가 첨가된 필립스곡선을 제시했다. 프리드만과 펠프스의 논점은 정부지출이나 통화량의 변동으로 경제상황이 변화하면 시간이 지나면서 미래의 인플레이션에 대한 기대도 변화된 경제상황에 따라 조정되므로 필립스곡선 자체가 이동하게 된다는 것이다.

구체적으로 장래의 물가상승률에 대한 사람들의 예측이 변화할 때마다 필립스곡선이 이동한다는 사실을 반영시킨 것이 기대가 첨가된 필립스곡선(expectations augmented Phillips curve)이다.

2. 기대가 첨가된 필립스곡선 도출

식 (34)에서 예상 실질임금상승률($\dot{w}^e$)과 실업률$(u - u_n)$ 간에는 역의 관계가 있다. 왜냐하면 실업이 증가해 $(u - u_n)$값이 커지면 노동시장에는 초과공급이 존재하여 예상 실질임금상승률이 하락하기 때문이다.

$$\dot{w}_t^e = \dot{W}_t - \dot{P}_t^e = h(u - u_n),\ h < 0 \tag{34}$$

식 (34)를 명목임금상승률 $\dot{W}$으로 정리하면 식 (35)가 도출된다.

$$\dot{W}_t = \dot{P}_t^e + h(u - u_n) \tag{35}$$

그런데 노동생산성증가율이 0이면 $\dot{W} = \dot{P}'$이다. 이를 식 (35)에 대입하면 식 (36)의 기대가 첨가된 필립스곡선을 도출할 수 있다.

$$\dot{P}_t = \dot{P}_t^e + h(u - u_n),\ h < 0 \tag{36}$$
$$(\text{단}, \dot{P}_t^e = E[\dot{P}_t | \Omega_{t-1}])$$

식 (36)에서 예상물가상승률 $\dot{P}_t^e$를 우측항으로 이동하면 식 (37)가 된다. 식 (37)은 예상치 못한 물가상승률과 경기적 실업률 간에 역의 관계가 있다는 것을 의미한다.

$$\dot{P} - \dot{P}^e = h(u - u_n),\ h < 0 \tag{37}$$

3. 필립스곡선 형태

기대가 첨가된 필립스곡선의 형태는 ① 경제교란요인에 대한 경제주체들의 정보의 완전성 여부, ② 미래변수들에 대한 기대에 의해 결정된다. 이에 의하면 정보가 불충분하고 기대가 정확하지 못한 단기에는 필립스곡선이 우하향한다. 그러나 장기적으로 사람들이 충분한 정보를 갖고 미래에 대한 기대가 정확해지면 필립스곡선은 자연실업률 수준에서 수직이 된다.

4. 필립스곡선 특징

첫째, 단기 필립스곡선은 $\dot{P} \neq \dot{P}^e$이어서 우하향하며, 장기 필립스곡선은 $\dot{P} = \dot{P}^e$이므로 자연실업률 수준에서 수직이다.

둘째, 우하향하는 단기 필립스곡선은 단기적으로 화폐중립성이 성립하지 않는다는 것을 의미하는 반면, 수직인 장기 필립스곡선은 화폐의 장기적 중립성이 성립한다는 것을 의미한다.

셋째, 화폐의 중립성 성립 여부는 경제주체들의 경제변수에 대한 기대에 의해 결정된다. 단기 필립스곡선이 우하향하는 이유는 경제주체의 정보가 불완전하고 기대가 완전하지 못하여 화폐환상에 사로잡혀 있기 때문이다.

화폐중립성이 성립하는 장기 필립스곡선이 수직인 것은 정보가 충분해지고, 기대가 완전하거나 합리적 기대를 하여 화폐환상으로부터 자유롭기 때문이다.

5. 기대가 부가된 필립스곡선에서 통화정책의 효과

가. 예상된 통화정책 실시

[그림 28]의 a점에서 통화당국의 공고에 따라 예상된 통화정책은 민간의 정보집합

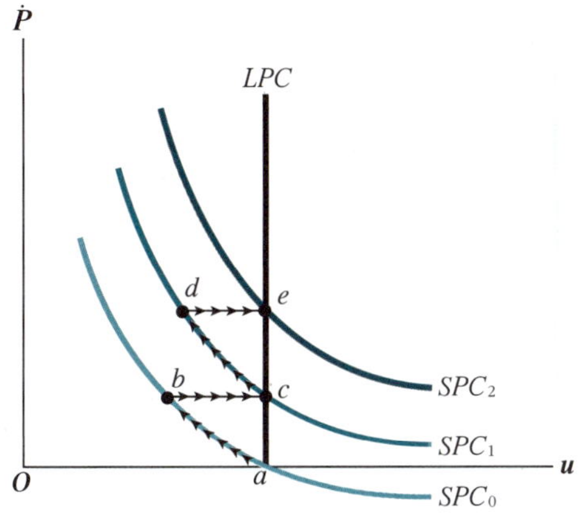

그림 28
기대가 첨가된 필립스곡선과 화폐금융정책효과

에 반영되어 예상물가상승률 P_t^e를 상승시켜 식 (36)의 필립스곡선을 상방으로 이동시킨다. 새로운 균형은 c점에서 형성된다. 정부가 정책실시를 반복하면 경제는 e점으로 이동하면서 실업은 자연율 수준에서 변화가 없고 물가만을 가속도적으로 상승시킨다.

나. 예상치 못한 통화정책

최초의 경제가 a점에 있다고 하자. 통화당국이 예상치 못한 확장적인 통화정책을 실시할 때 예상물가상승률 $\dot{P}_t^e$가 불변이므로 필립스곡선은 변하지 않은 채 단기에 경제는 SPC_0 상의 a점에서 b점으로 이동해 실업이 자연실업율 이하로 줄어든다.

그러나 다음 기에는 민간이 실제물가가 b점의 $\dot{P}_0$까지 상승한 것을 알고 예상물가를 상승시킨다. 즉, $\dot{P}_t = \dot{P}_t^e$가 되어 장기 필립스곡선 상의 c점으로 이동하여 실업률은 다시 자연실업률 수준으로 회복된다.

c점에서 다시 실업을 자연실업률 수준 이하로 줄이려고 확장적인 금융정책을 쓰더라도 장기에는 다시 자연실업률 수준으로 돌아오고 인플레이션만 높아지게 된다. 그러므로 케인즈학파의 재량적인 재정 · 금융정책은 장기에 실업률을 자연실업률 수준 이하로 줄일 수 없다.

6. 결론

새고전학파의 이상의 주장에 대해 새케인즈학파는 민간이 합리적으로 기대를 하더라도 가격이 경직적인 단기에서 정부정책에 대한 민간의 예상 여부와 관계없이 경제는 b점에서 균형을 이루기 때문에 통화정책은 실업을 줄이고, 유효하다고 주장한다.

16 통화신용정책의 목표와 수단을 논하라.

핵심정리

화폐금융정책을 실시함에 있어 통화량 전달기구가 매우 길고 가변적이며, 외부시차가 길기 때문에 중간목표가 필요하였다. 그러나 (1) 금융혁신과 금융자유화로 통화와 비통화자산 간 대체성이 증대하고, (2) 통화량과 최종목표 간에 안정적 관계 붕괴로 중간목표제 유지가 곤란해짐에 따라 (3) 최근의 통화신용정책으로서 물가안정목표제와 신용중시견해를 소개하는 것이 핵심이다.

1. 전통적 통화신용정책의 목표

중앙은행의 통화정책 목표에는 최종목표와 중간목표 두 가지가 있다. 최종목표란 완전고용과 물가안정, 국제수지균형과 경제성장 등 중앙은행이 통화정책으로 달성하고자 하는 궁극적 목적을 말한다. 중앙은행이 최종적으로 달성해야 할 목표가 무엇인가에 대해서는 많은 논쟁이 있지만, 최근에는 물가안정으로 의견이 모아지고 있다.

그러나 통화정책의 외부시차가 가변적이고 길기 때문에 중앙은행은 금융정책수단을 통해 직접적으로 최종목표를 실현하기 어렵다. 따라서 전통적으로 중앙은행은 중간목표를 설정한 후 이를 적절히 조절하여 최종목표를 간접적으로 실현하는 중간목표전략 또는 이단계전략(two-stage strategy)을 사용하였다.

그러나 금융혁신과 금융자유화로 통화와 비통화자산 간 대체성 증대로 화폐수요함수가 불안정해지고, 통화량과 물가 간에 안정적 관계가 붕괴되어 중간목표제 유지가 곤란해졌다. 이에 따라 최근 통화신용정책으로서 물가안정목표제와 신용중시견해가 대두되었다.

2. 물가안정목표제(inflation targeting)

가. 의의

물가안정목표제란 통화당국이 사전에 목표물가치를 공표하고 확약(commitment)하여 국민과 구속력 있는 계약(binding contract)을 체결하고, 정보변수전략을 사용함으로써 통화정책의 신뢰성(credibility)을 높이고 물가를 안정시키겠다는 정책이다.

나. 물가안정목표제의 전달경로

물가안정목표제의 전달경로는 〈표 3〉으로 정리될 수 있다.

표 3 물가안정목표제의 전달경로

통화정책수단 →	운영목표 →	정보변수 →	최종목표
	본원통화 콜금리	통화량, 이자율, 환율 등	목표물가수준

다. 목표물가지수

인플레이션 타게팅을 실시할 때 물가지수는 세 가지 조건을 갖추어야 한다. 첫째, 단기적으로 급격히 등락을 거듭하지 않고 둘째, 물가의 추세적(trend) 변동을 나타내고 셋째, 화폐금융정책 운용기준으로 적합해야 한다.

우리나라에서는 코어인플레이션(core inflation)을 이런 조건을 갖춘 물가지수로 보고 있다.

코어인플레이션은 소비자물가지수에서 비통화적 요인으로 크게 변동하는 농산물, 석유류 등을 제외하고 도출된다.

라. 목표물가수준 결정방식

통화당국은 가까운 미래의 경제여건, 금융시장 상황, 대내외 경제여건 등을 종합적으로 감안하여 물가를 전망하고, 이를 근거로 실현 가능한 목표물가수준을 결정한다.

우리나라에서는 이 방식을 근거로 식 (38)과 같이 목표물가수준을 결정한다.

$$\text{목표물가수준} = \text{실현 가능한 물가수준} \pm 1\% \qquad (38)$$

식 (38)에서 상 · 하 변동폭 1%포인트를 허용하는 것은 경제에 있는 불확실성을 고려한 것이다.

마. 목표물가 달성기간

일반적으로 정부가 달성하고자 하는 목표물가수준은 단년제이다. 그러나 단년제는 다음과 같은 문제가 있다. 첫째, 화폐금융정책의 외부시차가 장기라는 점이다. 둘째, 물가는 환율, 국제유가 등 통화당국이 통제하기 어려운 요인에 많은 영향을 받기 때문에 이런 요인을 고려하여 매년 다른 수준의 물가목표를 제시하면 화폐금융정책의 일관성과 신뢰성을 상실할 수 있다. 따라서 많은 나라에서 단년제와 함께 중 · 장기를 목표물가 달성기간으로 한다.

바. 특징

첫째, 사전에 최종목표물가를 공고하고 확약한다. 이렇게 물가목표치를 공식적으로 사전에 발표한다는 것은 중앙은행이 물가안정이라는 목적에 충실하겠다는 것을 미리 확약(commitment)함으로써 스스로를 구속한다는 의미가 있다. 따라서 물가안정목표제는 통화정책에 대한 신뢰성(credibility)을 제고시킨다.

둘째, 정보변수전략을 사용한다. 이때의 정보변수전략이란 통화당국이 최종목표와 긴밀한 관계를 가지고 있는 통화량, 신용량, 금리, 환율, 자산가격 등을 정보집합으로 사용해 정책수단을 통해 각종 정보변수를 조절함으로써 예상물가를 조정해 최종목표인 목표인플레이션을 달성하고자 하는 방안을 말한다.

셋째, 물가안정목표제는 발달된 금융시장, 안정적 거시경제환경, 고도의 경제분석능력 등이 어우러져야 성공적으로 운용될 수 있는 선진적 통화정책 운용체계라 할 수 있다.

물가안정목표제는 명시적인 중간목표 없이 최종목표를 직접 달성하는 방식이므로 이 제도가 성공하려면 통화정책의 파급경로가 잘 확립되어 있어야 한다. 통화정책 파급경로는 그 나라의 금융구조와 거시경제환경에 영향을 받기 때문에 파급경로가 잘 확립되어 있으려면 금융구조가 선진화되어 있어야 하고, 거시경제환경도 안정적으로 조성되어 있어야 한다. 물가변동 행태의 파악과 관련해서는 특히 중앙은행이 정확한 인플레이션 예측능력을 보유하는 것이 긴요하다.

3. 신용중시견해(credit view)

신용중시견해는 이자율을 매개로 한다는 케인즈의 통화량 전달경로를 비판하면서 통화정책은 신용에 영향을 미칠 때에만, 즉 통화량이 대출로 이어지는 경우에 한해서만 그 효과가 발생한다는 주장이다.

대부자금시장이 비대칭적 정보 하에 있을 때 [그림 29]에서 대부자금의 공급곡선

그림 29
신용중시견해에서 통화정책의 효과

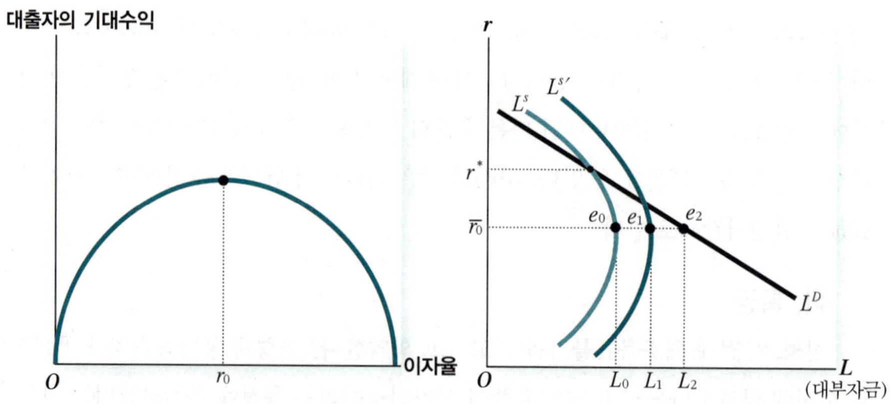

은 기대수익률을 극대화하는 이자율수준 r_0를 기준으로 후방굴절된다. 이자율이 시장균형 r_*보다 낮은 수준인 r_0에서 경직적이고, 신용할당이 행해지고 있는 경제에서 정부가 화폐공급을 증가시키면 대부자금 공급곡선이 L^S에서 $L^{S'}$으로 우측이동하고 신용할당이 L_0에서 L_1으로 증가하므로 소비와 투자지출이 증가할 수 있다.

4. 통화신용정책의 수단

통화신용정책의 수단은 직접조절방식과 간접조절방식으로 나눌 수 있다. 은행의 대출을 직접적으로 통제하는 직접조절방식은 현재 특수한 경우에만 사용되고 있으며, 간접조절방식이 주로 사용되고 있는데, 간접조절방식에는 다음과 같은 것들이 있다.

첫째, 법정지급준비율정책이 있다. 지급준비율을 높이면 은행은 고객으로부터 받은 예금 중 예전보다 많은 액수를 한국은행에 맡겨야 하므로 그만큼 대출할 수 있는 여유가 줄어들게 된다. 이런 방법으로 중앙은행이 통화량을 조절하는 정책을 '지급준비율정책'이라 하는데, 이 정책을 실시하게 되면 경제에 미치는 영향이 매우 크기 때문에 자주 사용하지는 않는다.

둘째, 재할인율정책이 있다. 재할인율정책은 한국은행이 재할인율을 높이거나 낮추어 은행이 가져갈 수 있는 액수를 조절하는 정책이다.

셋째, 한국은행이 통화량을 조절하는 또 다른 정책수단으로 '공개시장정책'이 있다. 공개시장정책이란 한국은행이 통화안정증권 등을 금융시장에서 사고 팔아 통화량을 조절하는 정책이다. 즉, 통화안정증권을 팔면 시중의 자금이 한국은행으로 흡수되어 통화량이 줄게 되고, 통화안정증권을 사게 되면 한국은행의 자금이 시중으로 흘러들어 가게 되어 통화량이 늘어나게 되는 것이다. 일반적으로 금융선진국일수록 공개시장준칙에 의한 금융정책 의존도가 높다.

5. 한국에서의 물가안정목표제와 통화정책에의 시사점

금융혁신과 금융자유화를 통한 통화와 비통화자산 간 대체성 증대, 안정적 관계 붕괴로 중간목표제 유지가 곤란해졌다. 이에 따라 우리나라는 한국은행법에 물가안정목표제를 도입하여 1998년부터 운용하고 있다. 통화정책에의 시사점은 다음과 같다.

첫째, 한국은행은 M3를 감시지표로 하는 감시지표제로 전환하여 물가안정목표제와 중간목표제도를 동시에 수행하고 있다.

둘째, 환율의 지나친 변동에 대한 두려움(fear of floating)이 상존하고 있어 환율관리목표와 물가안정목표가 상충할 수 있고, 경기부양과 물가안정 간에도 상충될 수 있기 때문에 세심한 정책운영이 필요하다는 시사점을 준다.

셋째, 중앙은행인 한국은행의 독립성이 강화되어야 통화정책의 신뢰성 문제를 극복할 수 있고, 일관성 있는 물가안정목표 추구가 가능하다.

끝으로, 운용목표 선택에 있어서 Taylor 준칙[3]과 같은 '준칙'의 활용도를 높일 필요가 있다.

---

3. 테일러 준칙이란 통화량을 아래와 같은 식에 따라 규칙적으로 공급하는 방식을 의미한다.

$$\dot{M} = \pi + 2 + 0.5(\pi^* - \pi) + 0.5\left(\frac{y^* - y}{y^*}\right)$$

17 경기부양을 위해 한국은행이 확장적 통화정책(expansionary monetary policy)을 시행한다고 하자. (단, 폐쇄경제를 가정하자.)

(1) 이 정책이 소득, 고용, 이자율, 물가 등에 미치는 효과를 설명하라.

(2) 전통적인 전달경로인 통화중시견해(money view)와 신용중시견해(creditview)를 비교하라.

(3) 이 정책의 효과가 산업별, 기업규모별로 다르게 나타날 가능성에 대해 설명하라.

(4) 이 정책이 기업투자를 증가시키지 못할 가능성에 대해 설명하라.

핵심정리

통화정책의 중립성 논쟁과 전달경로를 설명하면서 시장참가자의 내부 특성에 따라 정책 효과가 다르게 나타나고, 전달과정에서 기업투자로 연결되지 않을 수 있다는 케인즈학파의 주장을 도입하는 것이 핵심이다.

1. 의의

확장적 통화정책의 효과, 즉 화폐의 중립성 여부에 대해서 학파별로 많은 논란이 있다. 여기서 가장 표준적 거시 모형으로 그 효과를 분석하고자 한다. 폐쇄경제 하에서 *IS*–*LM* 모형과 기대를 반영하여 우상향하는 *AS*곡선을 포함하는 *AD*–*AS* 모형을 도입해 분석하기로 한다.

2. 확장적 통화정책의 효과

가. 폐쇄경제 하 *IS*–*LM*, *AD*–*AS* 모형

$$IS: y = C(y) + I(r) + G \tag{39}$$

$$LM: \frac{M}{P} = L(y, R) \tag{40}$$

$$AS: y = y^* + \gamma(P - P^e), \gamma > 0 \tag{41}$$

나. 확장적 금융정책의 효과 분석

확장적 금융정책은 식 (40)의 *LM*곡선을 LM_1으로 우측이동시켜 새로운 균형은 e_1점에서 형성되고 이자율은 하락한다. 통화공급 증가로 총수요가 증가하고 *AD*곡선이 AD_1으로 우측이동하여 단기균형 e_1점에서 소득은 증가하고 물가는 상승한다.

또한 이자율이 하락하여 기업이 투자를 증가시키면 자본의 증가로 노동의 한계생

그림 30
확장적 통화정책의 효과

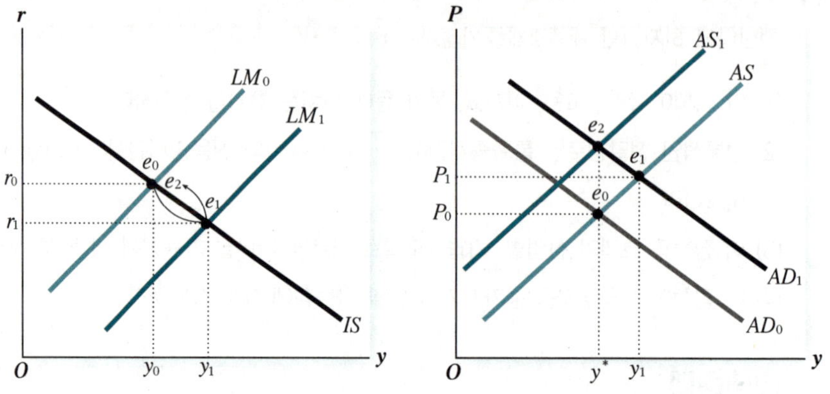

산성이 증가하여 기업의 노동수요가 증가하므로 고용량이 증가한다.

따라서 확장적 통화정책을 사용하는 경우 단기에는 소득이 증가하고, 고용이 증가하며, 이자율은 감소하고, 물가는 상승한다. 장기에는 물가상승에 따라 민간의 예상물가가 상승하면서 총공급곡선이 AS_1으로 이동하여 장기균형은 e_2점에서 형성된다. 결론적으로 통화정책의 유효성이 사라져서 화폐는 중립적이고 물가만이 상승하게 될 것이다.

이에 대해 새고전학파의 RBC 이론 등에서는 화폐는 장 · 단기에 중립적이라고 주장한다.

3. 통화중시견해와 신용중시견해의 비교

가. 의의

전통적 전달경로인 통화중시견해(money view)는 통화량증가에 따른 유동성의 증가가 이자율을 변화시켜 소비, 투자가 변하는 실물경제에의 파급과정을 강조한다.

신용중시견해(credit view)는 정보비대칭성 하에서 은행대출이 이자율뿐만 아니라 비가격변수에 의해서도 결정되기 때문에 통화정책은 이자율뿐만 아니라 신용공급의 증가를 통해 총수요에 영향을 준다고 한다. 뿐만 아니라 정보비대칭성 하에서 대부자의 기대이윤을 극대화하는 이자율은 경직성을 보일 수 있다.

나. 두 견해의 비교

첫째, 자산 간 대체성 여부에 대해서 통화중시견해는 자산 간 대체효과가 크다고 보지만, 신용중시견해는 자산 간 대체효과가 작다고 본다.

둘째, 전달경로 측면에서 보면 통화중시견해는 통화량증가 → 경제주체의 과다한 화폐보유 → 단기채권 수요증가 → 단기채권 가격상승 → 장기채권 수요증가 → 이자율하락 → 투자와 소비 증가의 경로를 통해 통화정책의 효과가 실물경제에 파급될 수 있다고 본다.

이에 반해 신용중시견해는 은행자산인 대출을 중시하여 통화량증가 → 신용공급(대출) 증가 → 투자와 소비 증가의 전달경로를 제시한다.

4. 확장적 통화정책 효과의 상이성

만약 금융시장에서의 정보비대칭성과 이로 인한 신용할당이 일반적인 현상이라고 한다면 통화정책은 산업별, 기업규모별로 비대칭적인 파급효과를 일으킬 수 있다.

기업은 주식 또는 채권시장에서 직접 자금을 조달하거나 은행권을 통해 간접적으로 자금을 조달하여 투자하기 때문에 확장적 통화정책이 실행되더라도 자금 조달 여부에 따라서 효과가 다르게 나타나게 된다.

가. 산업별 차이

기업이 주식이나 채권을 발행하면 투자자는 과거실적, 미래전망 등을 고려하며, 은행은 기업에 대출해 주려고 할 때 각종 재무제표 등을 파악하여 신용을 할당하게 된다. 따라서 경기변동에 민감한 수익성 변화를 나타내는 산업이나 사양산업보다는 안정적 사업, 첨단산업이 자금조달 측면에서 유리하고, 통화정책의 효과가 크게 나타날 것이다.

나. 기업규모별 차이

대기업은 회사채 발행시에 단독발행이 가능하고, 기관투자자가 중소기업보다 대기업 채권을 보다 선호하기 때문에 은행에서 신용할당을 받을 때도 유리하다. 반면, 중소기업은 자산규모가 협소하며 채권발행이 수월치 않고 은행대출이 어려워서 통화정책의 효과는 직·간접 금융시장에의 접근이 용이한 대기업에 크게 나타날 것이다.

5. 확장적 통화정책이 투자에 미치는 효과

확장적 통화정책은 소비나 투자를 증가시키지 못할 수 있다.

가. 케인즈의 견해

기업의 투자는 기업가의 animal spirit에 영향을 받아서 확장적 통화정책으로 이자율이 하락하여도 투자주체의 기대심리에 영향을 미치지 않는 한 투자를 증가시키지 않는다.

나. 신용중시견해

신용공황 등 신용경색 하에 있거나, 가계나 기업들이 필요로 하는 대체자금원을 쉽게 찾을 수 있거나, 은행이 대출심사기준을 강화하는 경우에 확장적 통화정책이 기업투자를 증가시키지 못할 수 있다.

다. 투자옵션 모형

투자옵션 모형은 투자의 비가역성(irreversible)으로 인해 불확실성이 커질수록 투자가 감소한다는 견해이다. 투자자가 일정한 이윤 π^*에서 투자를 할 때 이를 투자가능이윤이라고 하는데, 미래경기에 대한 불확실성이 클수록 투자가능이윤이 높아지기 때문에 이러한 이윤의 확보가 어려워져 투자가 감소하게 된다.

라. 새고전학파의 RBC

RBC에 의하면 확장적 금융정책은 경제주체의 소득의 현재가치나 이자율을 변화시키지 않기 때문에 소비나 투자에 영향을 미치지 못한다.

6. 한국적 상황에서의 고찰

현재 우리나라는 수개월째 기준금리인 콜금리가 3.25%로 최저수준이 지속되고 있지만, 실물투자는 증가하지 못하고 있는 상황이다. 정책의 불확실성 및 경기침체의 장기화 예상 등이 기업투자심리를 위축시키고 있기 때문이다.

한편, IMF 이후 은행권에서는 기업금융보다 소비금융의 비중을 높이고 있으며, 직접금융시장인 채권 및 주식시장이 활성화되고 있지만, 그 혜택은 주로 일부 대기업에 국한되고 있다. 따라서 경제환경, 경제주체의 기대, 심리 등을 고려하지 않은 단순한 통화정책으로는 기업투자를 증가시키는 데 한계가 있다.

18 통화정책의 중간목표변수로서 통화량과 이자율이 거론된다.

(1) 중간목표변수 선정의 필요성과 두 변수의 장 · 단점에 대해 논하라.

(2) 한국의 경우 통화량과 이자율 중 어느 변수가 중간목표로 적절한가에 대해 논하라.

핵심정리

화폐금융정책은 통화량 전달기구가 매우 길고 가변적이기 때문에 외부시차가 짧은 재정정책과 달리 중간목표가 필요하다는 것을 제시하고, 중간목표로서 이자율과 통화량의 장 · 단점을 제시하는 것이 핵심이다.

1. 중간목표변수의 필요성

중간목표변수란 화폐금융정책수단과 최종정책목표 사이에 있으면서 양자와 매우 긴밀한 관계를 갖고 있는 변수를 말한다.

통화정책을 실시할 때 중간목표가 필요한 이유는 첫째, 통화정책은 외부시차가 길고 가변적이어서 중앙은행이 금융정책수단을 통해 직접적으로 최종목표를 실현하기 어렵고, 둘째, 중앙은행이 최종목표를 효과적으로 실현하기 위해 중간목표가 필요하기 때문이다.

중간목표가 갖추어야 할 조건은 첫째, 통계적으로 그 값의 측정이 용이하여 신속 정확히 측정될 수 있고, 중앙은행에 의해 통제가 가능해야 한다.

둘째, 최종목표인 실물경제상황을 잘 반영하여야 한다. 최종목표와 직접적으로 연결되어 있어 중간목표의 변화를 통하여 최종목표의 변화를 예측할 수 있을 정도로 긴밀한 관계에 있어야 한다. 즉, 중간목표가 제대로 역할을 하기 위해서는 선정된 중간목표가 실물경제를 잘 반영하면서 중앙은행이 통제가능해야 한다.

2. 통화량과 이자율 목표

케인즈학파는 중간목표 중에서 이자율 목표가, 통화주의자들은 통화량 목표가 바람직하다고 주장한다. 두 목표의 차이는 기본적으로 경기변동을 발생시키는 원천이 실물과 화폐부문 중 어디에 있는가의 문제이다. 경기변동의 원천이 실물부문인 경우 통화량이 우월하고, 화폐부문인 경우에는 이자율이 우월하다.

통화량 목표의 장점은 이자율 목표의 단점이고, 이자율 목표의 장점은 통화량 목표의 단점을 의미한다. 각각의 중간목표 전략의 이론적 근거를 살펴보자.

가. 통화량 목표의 이론적 근거

첫째, 경기변동이 실물부문에서 소비나 투자 등 민간지출의 불안정성으로 발생하는 경우에는 통화량 목표가 우월하다.

[표 4]에서 투자변화로 IS곡선이 IS_1, IS_2로 변할 때 이자율목표인 경우 산출량의 변화폭은 $y_3 \sim y_4$이지만, 통화량 목표인 경우는 $y_1 \sim y_2$로 경기변동폭이 더 작다. 따라서 통화량 목표가 우월하다.

표 4 **중간목표전략**

화폐금융정책수단 →	운영목표 →	중간목표 →	최종목표(실물경제)
공개시장조작	본원통화	통화량	물가안정
재할인율	콜금리	이자율 등	국제수지균형 등
지급준비율			

둘째, 통화량은 외생적으로 결정된다. 통화론자들은 경험적으로 볼 때 화폐공급방정식 $M = \overline{m}H$에서 통화승수(m)가 안정적이라고 주장한다. 또한 본원통화(H)도 중앙은행에 의해서 잘 통제될 수 있다고 본다. 따라서 통화량은 외생적으로 결정되므로 통화당국은 원하는 통화량 목표를 달성할 수 있다.

셋째, 통화론자들은 경험적으로 볼 때 화폐수요함수도 안정적이라고 한다. 화폐수요함수가 안정적일때 $M = \frac{1}{V}Py$에서 통화당국은 통화량의 변화가 명목변수(Py)에 미치는 효과를 명확하게 예측할 수 있으므로 '통화량 목표'가 우월하다.

넷째, 이자율 목표는 경기변동을 오히려 증폭시킬 수 있다. 왜냐하면 경기호황일 때는 소득이 증가하여 화폐수요가 증가하고 이자율이 상승한다. 따라서 이자율을 안정

그림 31
실물부분의 교란과 중간목표의 효과

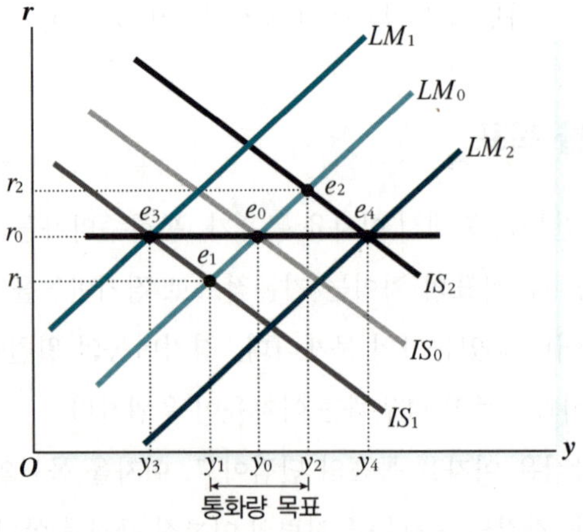

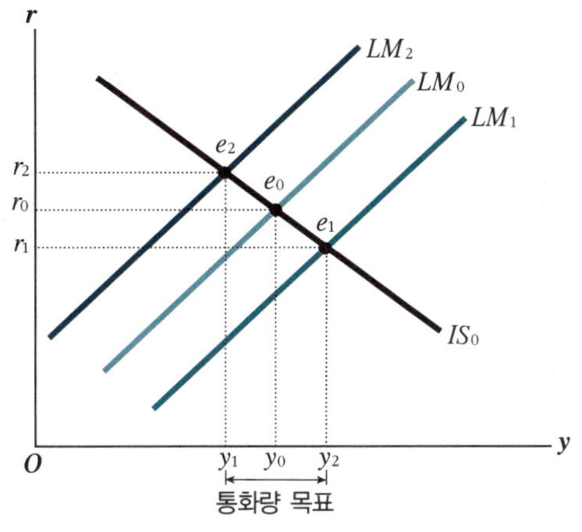

그림 32
화폐부문의 교란과 중간목표의 효과

시키기 위해서 오히려 통화량을 증가시켜야 하고, 마찬가지로 경기불황일 때에는 통화량을 감소시켜야 한다. 이때 경기변동이 증폭될 수 있다.

나. 이자율 목표의 이론적 근거

첫째, 경기변동의 주요 원천이 화폐수요변동 등 '화폐부문'인 경우 이자율목표가 보다 우월하다.

[그림 32]에서 화폐수요의 변화로 LM곡선이 LM_1, LM_2로 변할 때 이자율 목표인 경우 산출량은 y_0로 유지되지만, 통화량 목표인 경우 산출량의 변화폭은 $y_1 \sim y_2$로 경기변동폭이 더 커진다. 따라서 이자율 목표가 우월하다.

둘째, 케인즈학파에 의하면 화폐유통속도(V)와 화폐수요함수가 불안정하다. 이는 통화량 관리를 통하여 경기안정화를 도모할 수 없다는 것을 의미한다.

셋째, 이자율은 중앙은행이 ① 재할인율정책, ② 공개시장조작정책을 통해 어느 정도 통제, 조절할 수 있다.

넷째, 그러나 통화공급은 내생적이어서 중앙은행이 통화량을 완전히 통제하는 것이 불가능하다. 화폐공급방정식 $M = mH$에서 통화승수(m)는 중앙은행 외에 시중은행이나 민간에 의해서도 결정되고, 더구나 통화승수 자체가 가변적이므로 중앙은행은 통화량을 정확하게 조절하기 힘들다.

3. 우리나라의 중간목표

최근에 화폐수요함수의 불안정성과 통화공급의 내생적 성질이 크게 부각되면서 통화정책의 방향이 통화량 중심에서 이자율 중심으로 전환되고 있다. 미 연준은 1987

년 M1 중심의 통화관리를 포기하고 이자율을 관리하고 있다. 한국은행도 1997년 경제위기 이후 이자율 관리에 치중하여 2001년부터 통화신용정책의 운용목표를 총유동성(M3) 조절에서 단기금리 조절로 변경하였다. 즉, 그간 중심통화지표로서 사용해 오던 총유동성은 감시지표로만 활용하고 콜금리를 중간목표로 활용하기로 하였다.

이의 구체적인 근거로는 첫째, 1997년 외환위기로 인해 화폐유통속도의 불안정성이 증가하였다. 중간목표로서 통화량 관리는 화폐유통속도와 화폐수요함수의 안정성을 전제로 한다. 만약 화폐유통속도가 불안정해져 화폐수요함수가 불안정하면 $MV = Py$에서 통화량과 국민소득 간의 관계가 불명확해지므로 통화량 관리를 할 수 없기 때문이다.

둘째, 금융혁신으로 인한 각종 파생상품의 등장과 신용카드 사용의 확산으로 화폐의 유통속도와 화폐수요함수의 불안정성이 증가하고 있다. 따라서 중간목표로서 통화량 관리의 타당성이 상실되고, 이자율 관리의 유용성이 제고되었다.

셋째, 외환위기 때 경기변동의 원인이 외환시장인 화폐부문에서 일어났으므로 이자율 관리가 통화량 관리보다 더 효율적으로 경기를 안정화시킨다. 따라서 우리나라의 경우 통화정책의 중간목표변수로서 이자율 목표가 더 적절하다.

한국은행은 1998년 한국은행법에 물가안정목표제를 도입하여 M3를 감시지표로 하는 감시지표제로 전환하여 물가안정목표제와 중간목표제도를 동시에 수행하고 있다. 우리나라에서 단기 금리조절정책이 성공하기 위해서는 물가안정목표제도와 조화로운 운영이 필요하다.

19 현재 우리나라 경제상황과 관련하여 추가적 금리인하가 필요하다는 주장이 있다. 이처럼 금리인하가 경기의 호전을 가져올 수 있다는 주장은 어떤 경제이론을 그 근거로 삼고 있는가?

핵심정리

이자율 인하가 실물경제에 미치는 영향을 미시적 접근방법과 거시적 접근방법으로 구분하여 분석하고, 거시적 경기변동모형을 이용하여 장 · 단기적 분석을 하는 것이 핵심이다.

1. 미시적 기초에 의한 분석

가. 단기금리 인하가 소비에 미치는 영향

균형가계를 전제로 할 때 단기금리 인하는 식 (43)의 다기간 소비자선택모형에 의한 소비함수에서 기간 간 대체효과가 소득효과보다 크다고 할 때 소비를 증가시킨다. 따라서 소비증가에 의한 총수요증가로 실물경제를 호전시킬 수 있다.

$$\underset{c_1, c_2}{Max}\ u(c_1) + \frac{u(c_2)}{1+\rho}$$
$$c_1 + \frac{c_2}{1+r} = y_1 + \frac{y_2}{1+r} \tag{42}$$

위 식을 풀면 소비함수는 식 (43)과 같이 표시된다.

$$c = c(r, \rho, PV) \tag{43}$$

나. 단기금리 인하가 투자에 미치는 영향

주가는 미래에 이 기업이 얻을 것으로 예상되는 배당수익의 현재가치라고 할 때 식 (44)로 표시된다. 토빈의 q투자이론에 의하면 투자는 q값의 증가함수이다. 식 (44)에서 단기금리 인하는 주가를 상승시켜 식 (45)의 q값을 상승시키고, 식 (46)에서 투자를 증가시킨다. 따라서 총수요증가로 실물경제를 호전시킬 수 있다.

$$PV = \sum_{t=1}^{u_0} \frac{D_t}{(1+r)_t} \tag{44}$$

$$q = \frac{\text{기업의 시장가치}}{\text{자본재의 대체비용}} \tag{45}$$

$$I = I(q-1),\ I' > 0 \tag{46}$$

그림 33
금리인하의 효과

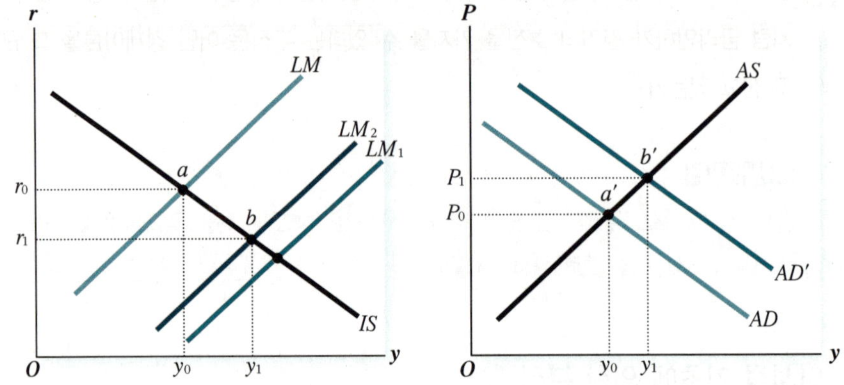

2. 거시경제모형에 의한 접근

우리나라 경제에서 금리를 추가로 인하하기 위해 통화량을 증가시켰을 때첫째, 국민소득에 미치는 영향을 보면, 그림에서 통화량을 증가시키면 *LM*곡선을 최종적으로 LM_2로 이동시키고 궁극적으로 이자율하락에 의한 소비, 투자가 증가한다. *LM*곡선의 우측이동은 *AD*곡선을 우측으로 이동시켜 균형국민소득을 y_1으로 증가시킨다.

둘째, 물가수준에 미치는 영향을 살펴보면, *AD*곡선의 우측이동으로 초과수요가 발생하여 물가수준은 P_1까지 올라간다. [그림 33]에서 통화공급의 증가에 의한 단기금리의 하락으로 결국 물가수준이 P_0에서 P_1으로 상승하고 실물경제가 상승된다.

3. 결론

이상의 분석에 의하면 금리인하가 경기의 호전을 가져올 수 있다. 그러나 만약 경제주체가 합리적 기대를 한다면, 장기적으로는 통화량이 증가하여 물가가 증가할 것이라는 예상으로 기대인플레이션을 증가시켜 총공급을 감소시키면 경제는 원래 균형수준으로 회복할 것이다. 더구나 소비와 투자가 이자율이나 토빈 q에 비탄력적이면 단기금리의 일시적 하락이 실물경제를 회복시키기 어려울 것이다.

20 최근 수년간 우리나라에서는 금융자율화, 즉 금융규제의 완화 또는 철폐가 논의되고 있다. 금융규제에 대한 다음 물음에 답하라.

(1) 금융규제를 정당화시키는 논리적 근거는 무엇인가?

(2) 우리나라의 금융규제에는 어떤 것이 있는가?

(3) 금융자율화(즉, 금융규제의 완화 또는 철폐)를 필요로 하는 이유는 무엇인가?

핵심정리

금융자율화의 3대 핵심이란 대출심사의 자유화, 인사의 자율화, 이자율에 의한 금융자금의 배분을 말한다. 금융의 규제는 비대칭적 정보 하에서 경기자의 도덕적 해이와 불리한 선택을 줄여서 불공정한 거래행위를 제한하고, 시장의 건전성을 강화하기 위해 이루어진다.

1. 의의

전통적으로 정부는 금융산업에 대해 시스템 안정 및 소비자 보호 등의 목적을 위해 일반기업에 비하여 광범위하고 엄격한 규제를 적용함으로써 시장에 개입하여 왔다. 금융규제의 주요 목표는 금융산업의 시장실패, 즉 외부성, 시장독점 및 정보의 비대칭성으로부터 발생하는 문제를 최소화하는 것이다.

하지만 금융환경 및 기법의 발달로 규제비용이 규제수익을 앞지르는 상황이 발생함에 따라 규제의 기능 및 목적에 따라 금융규제의 틀(framework)을 시대적 조류에 맞게 재정비할 필요가 있다.

2. 금융규제의 근거

가. 공정한 경쟁여건 및 효율적 성과달성을 위한 여건 조성

정부의 개입은 금융시장 참여자 간의 공정한 경쟁여건 및 효율적 성과달성을 위한 여건을 조성하기 위해 이루어진다. 금융시장으로의 진입장벽이 있는 경우 금융기관에 의한 시장독점은 경쟁을 제한하여 소비자에게 높은 부담을 부과함으로써 자원배분을 왜곡하고, 장기적인 경제적 효율성을 저해할 우려가 있기 때문이다.

나. 위험으로부터 금융기관 이용자 보호

정부의 개입은 금융기관의 파산, 사기, 기회주의적(opportunistic) 행동으로인해 발생하는 잠재적 손실위험으로부터 금융기관 이용자를 보호하기 위함이다. 예금기관과 예금자 사이에는 정보의 비대칭성이 존재하여 예금기관에 대한 충분한 감시가 이루어지지 못할 우려가 있다. 따라서 정부는 예금자보호 및 이를 통한 금융시스템 안정을 위해 사전적 위험관리수단으로서 금융기관의 자산운용 및 자기자본 규제 등 금융규제를 실시하고 있다.

다. 지불결제시스템의 안정성 보호

정부가 금융시장에 개입하는 주요 이유 중 하나는 금융기관의 건전성 및 지급여력을 확보함으로써 지불결제시스템의 안정성을 보호하기 위함이다. 금융산업은 타 산업과 달리 전염효과가 큰 관계로 한 금융기관이 도산할 경우 다른 금융기관으로 파급되어 신용공황을 초래할 위험이 매우 높다. 따라서 정부는 다른 산업보다 엄격하게 감독기관을 통해 개별 금융기관의 건전성 확보를 위해 노력한다.

라. 단기간 내에 경제성장 등 정책목표 달성

개발도상국의 경우 정부개입은 제한된 금융자원을 중점육성산업에 집중함으로써 단기간 내에 경제성장 등의 정책목표를 달성하기 위해 이루어지는 경우가 많다. 과거 정부는 경제개발 추진과정에서 제한된 자원을 효과적으로 배분하기 위해 금융기관을 이용하여 재원을 국내외로부터 조달하고, 이를 수출기업 등 국가전략산업에 집중 배분함으로써 우리 경제가 빈곤의 악순환에서 탈피하여 급속한 성장을 이룩하는 데 기여하였다.

3. 금융규제의 종류

정부는 안전성과 건전성을 해칠 수 있는 금융기관의 일부 활동을 법 또는 규정으로 규제하여 왔으며, 규제형태는 그 목적에 따라 다음 6가지로 분류할 수 있다.

첫째, 통화정책상의 규제는 신용통제 등을 통해 신용이 과다하게 공급되는 것을 방지하고, 물가를 안정시키는 것을 목적으로 한다. 그 방법으로 최저지급준비율, 대출최고신용한도, 통화안정증권할당이 있다.

둘째, 자금배분규제는 시장에 의존할 경우 시설투자 및 중소기업 등 경제에 꼭 필요한 부문에 자금이 배분되지 않거나 또는 불필요한 부문으로의 자금배분을 시정하기 위해 사용하는 것이다. 그 예로 여신금지업종을 지정하거나 중소기업의무대출비율제도, 제조업의 지역별 배분이 있다.

셋째, 구조적 규제는 금융산업의 구조에 영향을 미치는 것으로 금융과 산업의 분리, 진입규제, 업무영역규제 등이 있다. 이는 이해상충 및 경제력 집중 등으로 인한 폐해를 방지하기 위해 도입되었다. 구체적으로 신규진입규제(최소자본금기준, 소유지분규제), 점포규제, 업무영역규제, 금리규제 등이 있다.

넷째, 건전성 규제는 금융기관에 대하여 적정자본의 보유, 위험의 분산, 적법한 회계처리과정 및 투명한 재정상태의 보고 등을 감독하여 금융기관 부실에 의해 금융시스템의 건전성이 손상되는 것을 방지하기 위한 것이다. 구체적으로 적정자본유지규제, 편중여신규제(동일인 여신한도, 거액여신한도), 자산운용규제(유가증권투자규제, 고정자산투자규제), 금융채발행규제, 리스크관리규제 등이 있다.

다섯째, 네트워크 규제는 주식 및 트레이딩 네트워크, 지급결제 청산네트워크 및 정보네트워크가 효율적으로 작동될 수 있도록 제반 하부구조를 구축하는 데 필요한 규제이다. 이에는 멤버자격규제, 담보제공규제, 공정거래규제, 특정거래제한 등이 있다.

여섯째, 소비자 및 투자자 보호규제는 금융기관과 금융기관 이용자와의 거래에 있어서 정보의 비대칭성으로부터 발생하는 문제를 시정하기 위한 것으로 공시제도, 약관제도, 금융분쟁해결제도 등이 있다.

4. 금융자율화의 필요성

가. 국내금융시장의 경쟁력 제고

과거 정부의 과도한 규제와 간섭은 시장왜곡을 초래하였으며, 이에 따라 국내금융시장의 경쟁력이 저하하는 문제가 야기되었다. 따라서 정부의 규제와 간섭은 정책실패를 초래할 위험이 커진다. 이를 개선하여 금융의 경쟁력을 제고하기 위해 인사의 자율화, 대출심사의 자유화와 금리의 시장기능에 의한 자원배분을 내용으로 하는 금융의 자율화가 필요불가결하다.

나. 금융시장 발전에 따른 자금배분기능 개선

그동안 정부개입에 의한 과도한 인위적 자원배분은 자원의 효율적 사용이라는 순기능보다는 금융시장 발전을 저해하는 역기능을 초래하여 왔다. 금융시장의 국제화 및 성숙화가 진행됨에 따라 금융산업의 장기적 발전을 위해 금융의 시장기능에 따른 자금배분기능을 개선시키기 위해 금융의 자율화가 필요하다.

다. 글로벌 스탠다드(global standard)의 적용

개방화와 금융시장의 글로벌화가 진행됨에 따라 업무수행과 금융기관 감독측면에서 글로벌스탠다드가 적용, 국제적으로 동질화되고 있으며, 우리나라 금융산업도 1996년 OECD 가입 이후에 빠르게 글로벌 스탠다드화하고 있다. 전세계적으로 금융산업에 대한 규제가 완화됨에 따라 경쟁제한적 규제는 폐지되는 반면, 건전성 규제는 보다 강화되고 있으며 규제비용 절감과 규제의 신축성 확보를 위한 자율규제제도가 활용되고 있다. 이에 보다 효과적으로 대응하기 위해 금융자율화가 필요하다.

5. 결론 : 대책

금융규제는 경제성장과 금융시스템의 안정성을 증진시킴으로써 사회 전체적인 소비자후생의 극대화를 추구한다는 점에서 긍정적인 측면을 부인할 수 없다. 그러나 최근 금융시스템의 구조적 변화가 전세계적으로 급속하게 이루어지고 있기 때문에 이에 대응하여 새로운 규제정책이 필요한 시점이다.

따라서 정부는 변화하는 금융환경에 금융기관이 신속하게 대처함으로써 경쟁을 통한 효율성을 제고할 수 있도록 관련 법령 등의 규제를 탄력 있게 적응시켜야 할 것이다. 그러나 준비 없는 규제완화는 규제로부터 발생되는 규제비용보다 더 큰 손실을 초래할 수 있으므로 철저한 보완대책의 마련 하에 이루어져야 할 것이다.

21 변동환율제도 하에서 확대재정정책과 확대금융정책이 경제에 미치는 효과를 도표를 가지고 체계적으로 설명하라.

핵심정리

변동환율제도 하에서 경제정책은 Mundell-Fleming 모형을 확장한 *IS-LM-BP*, *AD-AS* 모형을 사용하여 금융정책이 재정정책보다 상대적으로 유효하다는 최적정책 배합(optimal policy mix)을 도출하는 것이 핵심이다.

1. 의의

변동환율제도 하에서는 환율의 변동으로 대외균형이 자동적으로 실현되기 때문에 대외경제 여건과는 독립적으로 재정 · 금융정책을 사용할 수 있다. 총수요-총공급 모형에서 재정 · 금융정책의 유효성을 논의하고자 한다.

2. 모형 설정

자본의 국제적 이동이 완전히 자유롭다는 전제 하에 소국개방경제 모형을 식 (47), (48)와 (49)로 설정하자.

$$IS:\ y = C(y) + I(r) + G + X(s) - N(y,\ s) \tag{47}$$

$$LM:\ \frac{M}{P} = L(y,\ r) \tag{48}$$

$$BP:\ CA(y,\ s) + KA(r_*) = 0 \quad (\text{단, } r_*\text{는 국제이자율임}) \tag{49}$$

$$AS:\ y_s = y^* + \gamma(p - p^*),\quad \gamma > 0 \tag{50}$$

식 (49)는 국제수지균형을 나타내는 국제수지균형(*BP*)곡선으로 경상수지(*CA*)는 환율과 소득의 함수이고, 자본수지(*KA*)는 국제이자율(r_*)에 의해서 결정된다는 것을 의미한다. 이상의 모형을 전제로 변동환율제도에서 확장적 재정정책과 금융정책의 효과를 살펴본다.

3. 재정정책의 효과

[그림 34]에서 경제는 최초의 균형 e_0점에 있다. 정부의 재정지출의 증가는 식 (47)에서 *IS*곡선을 IS_0에서 IS_1으로 이동시켜 새로운 균형은 e_1점에서 형성된다. 이 결과 총수요곡선도 우측으로 이동한다. e_1점에서는 대내균형은 달성하였지만 대외적인 면

그림 34
변동환율제도 하에서 재정정책의 효과

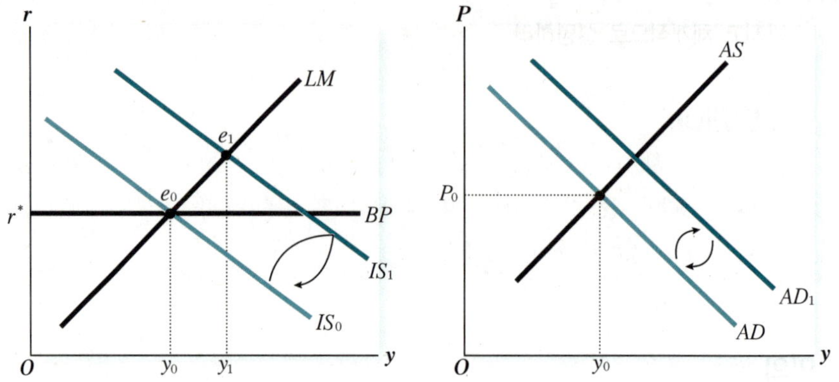

에서 경상수지는 적자이고 자본수지는 흑자이다. 그러나 자본유입이 대단히 커서 종합수지는 흑자이다. $r > r^*$이므로 자본이 유입되고 외환공급이 증가하여 환율이 하락하면서 $(X-N)$값이 감소한다. 이에 따라 식 (1)의 IS곡선은 $r = r^*$가 성립할 때까지 좌측으로 이동하여 최초의 균형 e_0점으로 복귀한다. 이 과정에 총수요의 구성항목 중 정부지출은 증가하고 수출입이 감소하는 변화는 있지만, 전체 총수요의 크기는 변하지 않았기 때문에 총수요곡선 AD는 변동하지 않고, 최초의 균형수준에 머물러 있게 된다. 따라서 산출량은 최초의 상태와 같으므로 재정정책이 무력함을 알 수 있다.

4. 금융정책의 효과

[그림 35]의 e_0점에서 확장적 금융정책을 사용하면 식 (48)의 LM곡선이 LM_0에서 LM_1으로 하방이동한다. e_1점에서는 경상수지와 자본수지가 모두 적자이므로 국제수지는 적자이며, $r < r^*$이므로 자본이 유출되고 외환공급이 감소하면서 환율이 상승한다. 이에 따라 순수출$(X-N)$이 증가하고, IS곡선과 AD곡선이 각각 우측으로 이동한다.

IS곡선은 $r = r^*$일 때까지 IS_1으로 이동하며, 새로운 균형은 e_2점에서 성립한다. 그러나 AD곡선이 AD_2로 이동하여 물가가 상승하면서 실질환율이 하락하고, 순수출이 감소하여 IS를 IS_2로, 실질통화량이 감소하여 LM곡선을 LM_2로 각각 이동시켜 e_3점에서 균형이 성립한다. e_3점에서는 산출량이 y_0에서 y_3까지 증가한다. 따라서 변동환율제도 하에서는 금융정책이 유효하다.

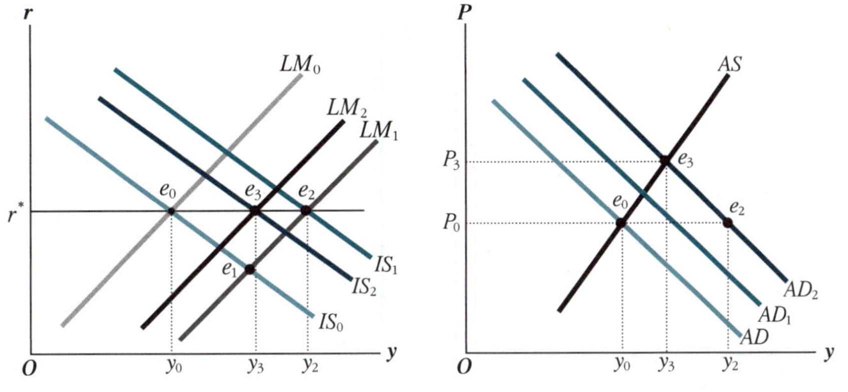

그림 35
변동환율제도 하에서
금융정책의 효과

5. 결론

변동환율제도 하에서는 금융정책이 재정정책보다 유효하다. 이런 원인은 확장적 금융정책이 (1) 이자율을 인하시켜 투자를 증가시켜 소득을 증가시키고, (2) 동시에 환율을 상승시켜 수출을 증가시켜서 추가적으로 소득을 늘리기 때문이다.

이에 대해 확장적 재정정책은 (1) 이자율을 상승시켜 투자를 구축하고 소득을 줄이며, (2) 환율을 하락시켜 수출을 구축하여 소득을 추가적으로 감소시키기 때문이다.

22 최근 미국 달러화에 대한 원화가치의 상승에 따라 기업들은 수출채산성의 악화와 그에 따른 수출감소를, 정부는 수출감소에 의한 경제성장의 둔화와 실업증가를 우려하고 있다.

(1) 미국의 과도한 경상수지 적자로 장기적인 달러화 약세가 불가피하다는 견해에 대하여 논하라.

(2) 개방경제 하에서의 균형국민소득결정이론을 이용하여 미국 달러화에 대한 원화가치 상승이 우리나라의 경상수지와 국민소득에 미치는 부정적 효과에 대하여 설명하라.

(3) 미국 달러화에 대한 원화가치 상승이 단기적으로는 경상수지와 국민소득에 긍정적인 효과를 가져올 수 있다는 주장에 대하여 논하라.

핵심정리

$S(r) - I(r) = NX(\varepsilon)$에서 실질환율을 결정하고, 미국의 경상수지 적자가 지속되면 NX가 감소하면서 달러화 약세가 계속될 것이라는 것을 설명하는 것이 핵심이다.

1. 의의

미국 경제는 최근 군비지출과 사회보장제도의 확대로 재정적자가 확대되고 있으며, 경기호황에 따른 소비증가로 경상수지 적자가 커지고 있다. 이 결과 달러화 약세가 지속되고 있다.

달러화 약세는 한국 경제에 긍정적 효과와 부정적 효과를 미칠 수 있다. 원화가치 상승의 긍정적 효과로는 수입원가 절감, 대외채무의 실질가치 하락, 국내화폐의 대외구매력 제고를 들 수 있으며, 부정적 효과로는 수출감소와 수입증가로 국제수지 악화, 달러표시 국내자산가치 하락을 들 수 있다.

2. 미국의 경상수지 적자와 달러화 약세

가. 균형실질환율의 결정

실질환율은 실물부문에서 대내외 균형이 일치하는 식 (51)의 수준에서 결정된다. 이를 [그림 36]으로 도해할 수 있다.

$$S(r) - I(r) = NX(E) \qquad (51)$$

$$(E^{*} = \frac{eP}{P^{*}})$$

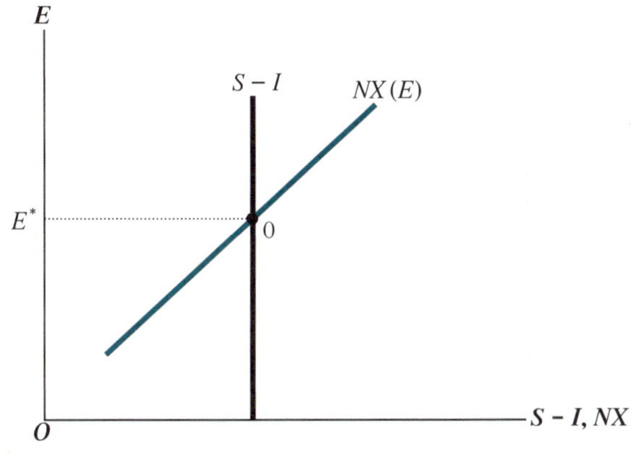

그림 36
균형실질환율의 결정

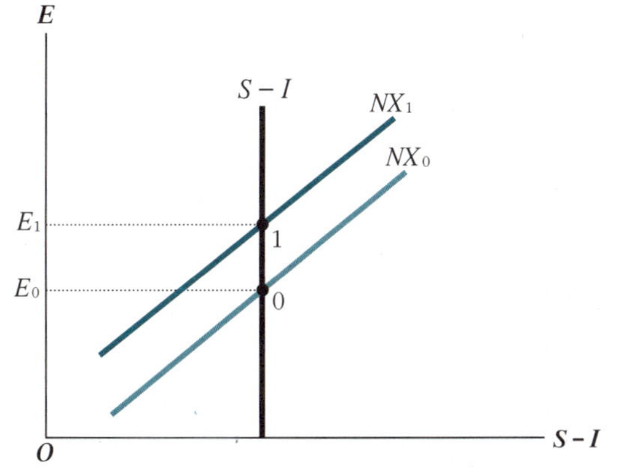

그림 37
미국의 경상수지 적자가 환율에 미치는 효과

나. 미국의 경상수지 적자가 달러화 가치에 미치는 영향

미국의 경상수지 적자 심화는 순수출을 감소시켜 [그림 37]에서 *NX*곡선을 좌측이동시켜 실질환율을 E_0에서 E_1으로 상승시킬 것이다. 따라서 미국의 경상수지 적자가 지속되면 *NX*곡선과 실질환율이 지속적으로 상승하게 되어 장기적으로는 달러화 약세, 원화 강세가 불가피하다.

3. 미국 달러화 약세와 부정적 효과

원화 환율하락은 외국수입재의 국내통화표시가격을 낮추기 때문에 외국수입재의 수요가 증가하지만, 환율하락으로 총수입금액은 증가할 수도, 하락할 수도 있다.

따라서 환율하락이 경상수지를 악화시킬 수 있는 경우는 식 (52)의 'Marshall-Lerner 조건'을 충족시키는 경우이다.

그림 38
달러화 약세가 한국 경제에 미치는 부정적 효과

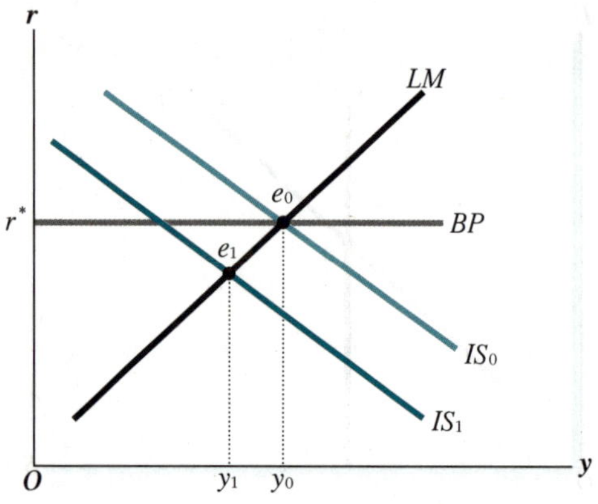

$$\eta + \eta^* > 1 \tag{52}$$

(단, η: 본국 수출수요의 환율 탄력성, η^*: 외국 수입수요의 환율 탄력성)

$$IS: y = c(y-T) + I(r) + G + X(p, E) - N(y, p, E) \tag{53}$$

$$LM: \frac{M}{P} = L(y, r) \tag{54}$$

$$BP: X(p, E) - N(y, p, E) + F(r^*) \tag{55}$$

[그림 38]에서 Marshall-Lerner 조건이 성립하면 미국의 달러화 약세, 원화가치 상승으로 우리나라의 수출이 감소하고 수입이 증가하여 식 (53)의 *IS*곡선이 IS_0에서 IS_1으로 이동한다. 이에 따라 새로운 균형은 e_1에서 형성되며, 경상수지와 자본수지 모두 적자를 기록하고, 국민소득이 감소하게 된다.

4. 미국 달러화 약세와 긍정적 효과

가. 역 J-curve 효과

원화 환율하락이 경상수지를 악화시키려면 Marshall-Lerner 조건이 성립해야 한다. 그러나 실증연구에 의하면 단기적으로 수출수요 탄력성 및 수입수요 탄력성이 크지 않기 때문에 환율하락으로 경상수지가 개선될 수 있다.

[그림 39]에서 역 J-curve 효과란 수출입수요의 가격탄력성이 단기적으로는 작으나 장기적으로는 커서 환율하락이 단기적으로는 경상수지를 개선시키고 장기적으로는 경상수지를 악화시키는 현상을 말한다.

원화 환율하락은 가격효과와 수량효과를 발생시킨다. 가격효과는 환율변동이 상대가격을 변화시키는 효과를, 수량효과는 상대가격 변동이 수출입량을 변화시키는 효

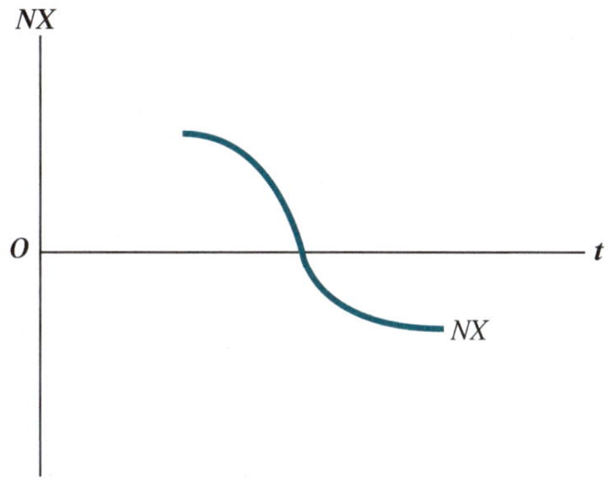

그림 39
역 J-curve 효과

과를 말한다. 단기적으로 가격효과가, 장기적으로는 수량효과가 상대적으로 크게 발생한다.

왜냐하면 환율이 변화하더라도 무역량은 기존 계약에 따라 이루어지고, 기존 계약이 만료된 후에는 상대가격 변화에 따라 무역량이 조정되기 때문이다. 또한 추가적인 원화 환율하락을 예상하거나 원화 환율하락이 수출입에 반영되는 정도가 단기에는 작기 때문이다.

그러나 장기에서는 수량효과가 가격효과보다 커지게 된다. 따라서 단기에는 원화가치 상승의 가격효과가 수량효과보다 클 때 [그림 39]와 같은 역 J-curve 효과가 발생한다. 이때는 오히려 미달러화 약세가 한국의 경상수지를 개선시키고, 국내소득을 증가시킬 수 있다.

[그림 40]에서 Marshall-Lerner 조건이 성립하지 않는 경우 원화 환율하락으로 우리나라의 경상수지가 개선되므로 *IS*곡선이 IS_0에서 IS_1으로 우측이동하여 국민소득이

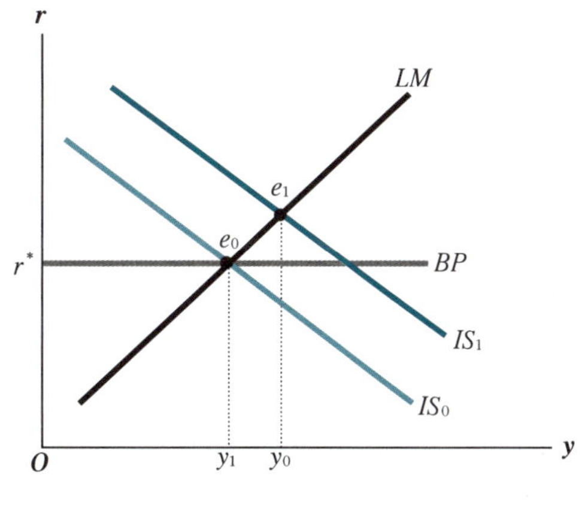

그림 40
달러화 약세가 한국경제에 미치는 긍정적 효과

증가하게 된다.

나. 원화의 대외구매력 제고와 수입원가 절감효과

우리나라는 원유 및 중간재, 부품의 수입비중이 매우 높다. 달러화 약세와 원화가치 상승은 이들의 수입가격을 낮추어 기업들의 생산비를 하락시켜 우리 상품의 경쟁력 제고로 나타날 수 있다. 이 결과 [그림 40]에서 달러화 약세는 우리나라의 경상수지와 국민소득에 긍정적 효과를 미칠 수 있다.

5. 결론

미달러화 약세가 지속적일 때 실증연구에 의하면 우리 경제, 특히 경상수지에 미치는 부정적 효과가 긍정적 효과보다 클 것으로 예상된다. 그러나 미국도 경상수지 적자 개선을 위해 노력하면서 달러화 가치는 다시 회복될 것이며, 이에 따라 우리나라에 미치는 장기적 효과는 긍정적일 것이다.

23 최근 국제신용평가기관에서 한국의 국가신용등급을 상향조정(위험 프리미엄의 변화)하였다. (다만, 한국은 소규모개방경제이고, 자본의 완전이동과 변동환율제도를 가정한다)

(1) 신용등급 상향조치가 가져오는 결과를 Mundell-Fleming 모형을 이용하여 *IS-LM-BP* 곡선으로 표시하라.

(2) 국가신용등급의 상향조정이 환율과 국민소득에 미치는 영향을 *IS-LM-BP*분석에 의해 설명하라.

(3) 또한, 장기적으로 통화의 수요와 공급 및 물가수준 변화 등의 요인이 국민소득에 미칠 수 있는 효과를 상기 (2)의 경우와 비교하여 설명하라.

핵심정리

국내이자율 $r=r^*$(세계이자율)에 위험프리미엄을 반영하여 $r=r^*+r_p$로 바꾸어 Mundell-Fleming 모형을 만들고, 소국의 *BP*곡선은 세계이자율수준에 의해 결정되기 때문에 국가신용도의 상향조치에도 불구하고 이동하지 않는다는 것이 핵심이다.

1. 의의

한국의 국가신용등급의 상승은 국제금융시장에서 우리나라의 자금차입비용을 줄이게 된다. 따라서 우리나라 투자가들은 보다 저렴한 비용으로 자본을 조달하여 투자활동을 활발하게 할 수 있다.

이하에서는 변동환율제도를 채택하고 있고 자본이동이 완전히 자유로운 소국개방경제 하에서 국가신용등급의 상향조정에 따른 경제적 효과를 분석하고자 한다.

2. 국가신용등급의 단기적 효과

국가위험이 존재할 때 국내이자율(r)은 식 (56)과 같이 세계이자율에 위험프리미엄(r_p)을 반영하여 설정되어야 한다.

$$r=r^*+r_p \tag{56}$$

식 (56)을 반영한 *MF* 모형은 식 (57), (58), (59)로 구성된다.

$$IS: y=c(Y_d)+I(r^*+r_p)+G+NX(E) \tag{57}$$

$$LM: \frac{M}{P}=L(y,\ r^*+r_p) \tag{58}$$

$$BP: BP=X(P,\ E)-N(y,\ P,\ E)+F(r^*) \tag{59}$$

그림 41
국가신용등급 상승의 단기적 효과

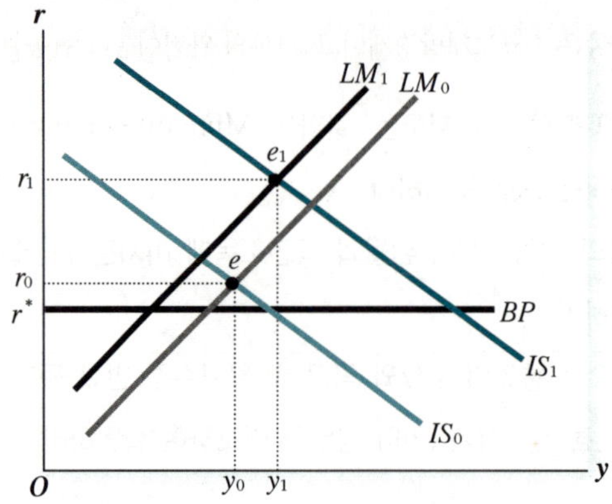

이상의 모형에서 핵심은 국가 간 자본이동이 완전히 자유로울 때 소국의 국제수지 균형곡선 *BP*는 세계이자율수준 r^*에서 수평이라는 점이다. 왜냐하면 소국은 세계금융시장에서 결정되는 이자율을 주어진 것으로 받아들일 뿐이지 결정할 수 없기 때문이다.

이제 신용등급 상승으로 r_p 하락이 모형에 미치는 영향을 보자. 첫째, *IS*에 미치는 영향을 보자. 신용등급 상승은 국제시장에서 우리나라 기업들의 투자자금조달을 용이하게 하고, 국내이자율의 하락과 함께 투자를 증가시켜 식 (57)에서 *IS*곡선을 우상방으로 이동시킨다.

둘째, *LM*에 미치는 영향을 보자. r_p 하락은 국내이자율 하락으로 투기적 화폐수요를 증가시키고, 새로운 균형을 위해 소득이 감소해야 하기 때문에 식 (58)에서 *LM*곡선을 좌상방으로 이동시킨다. 그러나 이 이동폭은 크지 않다. 왜냐하면 국가신용등급 조정이 화폐시장에 미치는 효과는 간접적이고 크지 않기 때문이다.

셋째, *BP*곡선에 미치는 영향을 보자. r_p 하락에 따라 위에서처럼 국제시장에서 우리나라 기업들의 투자자금조달로 외국자본이 유입되지만, 그 정도가 국제금융시장에서 결정되는 세계이자율에 영향을 미칠 만큼 크고 중요하지는 않다. 따라서 식 (59)에서 *BP*곡선은 세계이자율 r^*에서 여전히 이동하지 않고 수평이다.

이상의 분석을 *MF*모형에 그리면 [그림 41]과 같다. 최초에 경제가 *e*점에 있다고 하자. 왜냐하면 국내이자율은 세계이자율 r^*에 위험할증을 추가해야 하기 때문이다. 신용등급 상승으로 r_p가 하락함에 따라 *IS*곡선은 각각 IS_0에서 IS_1으로 우상방이동하고, *LM*곡선은 LM_0에서 LM_1으로 좌상방이동하며, *BP*곡선은 불변이다. 따라서 e_1점에서 새로운 균형이 형성된다. 이 결과 국내이자율은 r_0에서 r_1으로, 소득은 y_0에서 y_1으로 각각 상승한다.

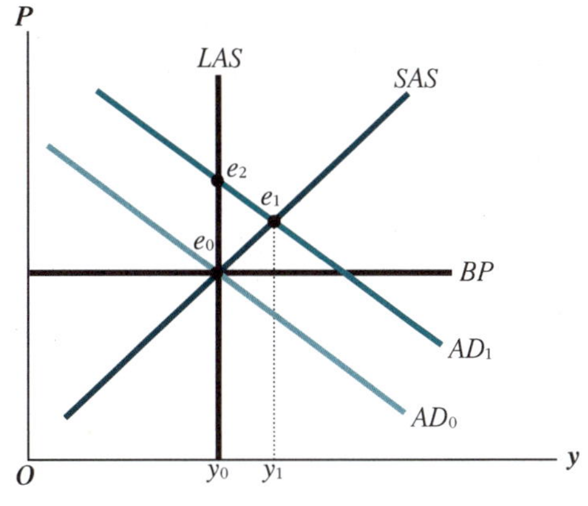

그림 42
AD-*AS* 모형에서 국가신용등급 상승의 효과

3. 소득과 환율에 미치는 영향

[그림 42]의 e_1점에서 소득은 y_0에서 y_1으로 증가하였다. 이때 e_1점은 자본수지가 흑자이지만, 경상수지는 적자이다. 그런데 변동환율제도 하에서 자본수지 흑자는 환율 하락(평가절상)을 가져온다. 따라서 국가신용등급의 상승은 단기적으로 소득증가와 원화 환율의 하락을 가져온다.

4. 장기적 효과

MF 모형을 물가가 신축적으로 변동하는 장기모형으로 확대하면 앞에 설정한 단기모형인 식 (57), (58), (59)로는 장기적 현상을 설명할 수 없다. 새롭게 장기모형을 도입하여 도해하면 [그림 42]로 표시된다.

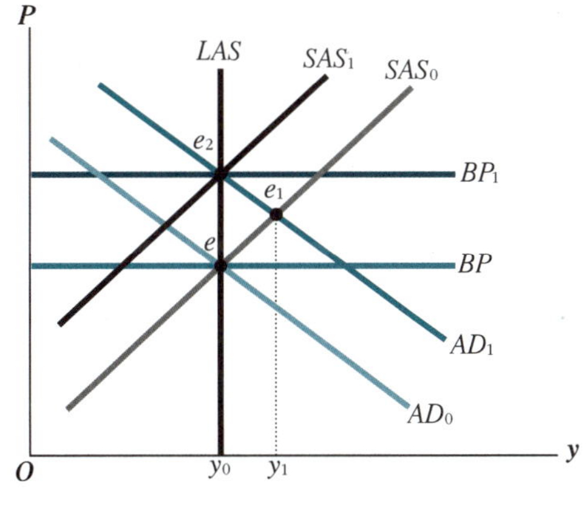

그림 43
국가신용등급 상승의 장기적 효과

현재 우리 경제는 e_1점에 있다. e_1점에서 경제는 초과수요가 존재하고, *BP*곡선 상방에 존재하기 때문에 경상수지는 적자를 보이고 있다. 이때 조정과정을 보면 첫째, 실제물가 상승에 따른 예상물가 상승으로 총공급곡선이 SAS_0에서 SAS_1으로 좌상방이동한다.

둘째, 경상수지 적자는 환율을 인상시켜 경상수지곡선 *BP*를 BP_1으로 상방이동시킨다. 따라서 [그림 43]처럼 장기균형은 e_2점에서 이루어지게 된다. 결론적으로 국가신용등급의 일회적 상승은 단기적으로 우리 경제에 유리한 영향을 주지만, 추가적인 신용등급의 상승이 지속적으로 일어나지 않으면 장기에는 물가만 상승하고, 소득은 변동하지 않는다.

5. 결론

*MF*모형은 물가가 고정된 단기모형이다. 따라서 *MF*모형 자체에서는 단기적 결론만 유도될 뿐이다. 장기적 결론은 유도되지 않기 때문에 새롭게 장기적 모형을 설정해야 된다. 이 결과 우리의 일회적인 신용등급 상승은 공급측면에서 효율성 개선이나 기술진보가 뒷받침되지 않으면 일회적으로 소득을 증가시키지만, 장기에는 효과가 없다.

24 우리나라 기업의 부채비율이 외국기업들에 비하여 상대적으로 높다고 한다. 정부는 외환위기 이후 대기업의 부채비율은 200% 이하로 낮추도록 강제하였다.

(1) 높은 부채비율이 기업에게 주는 경제적 이익과 위험을 경제이론의 토대 위에서 설명하라.

(2) 과거 한국의 대기업들이 상대적으로 높은 부채비율을 유지했던 이유를 우리나라의 특수상황의 관점에서 설명하라.

핵심정리

1. 우리나라 기업의 높은 부채비율을 국제분업체계 하에서 (1) 제품주기설 (2) 모딜리아니-밀러 정리를 이용하여 설명하는 것이 핵심이다.
2. 고도로 성장하는 경제에서 기업의 높은 부채비율은 시장확보와 이윤창출, 절세효과, 실질부채가치 하락이라는 긍정적 효과와 대외신인도 하락, 기업경쟁력 저하, 경기변동에 취약하다는 부정적 효과를 발생시킨다는 것이 핵심이다.

1. 의의

부채비율(부채자본비율)은 대차대조표의 부채총액을 자기자본으로 나눈 비율로서 타인자본의 의존도를 표시하며, 경영분석에서 기업의 건전성의 정도를 나타내는 지표로 쓰인다. 기업의 부채액은 적어도 자기자본액 이하인 것이 바람직하므로 부채비율은 100% 이하가 이상적이다. 이 비율이 높을수록 재무구조가 불건전하므로 지불능력이 문제가 된다.

외환위기 이전 기업들의 재무구조는 악화되어 평균 부채자본비율이 400%를 초과하였다. 그러나 이후 정부에서는 구조조정의 일환으로 대기업의 부채비율을 1999년 말까지 200% 정도로 낮추도록 강제하였다. 이하에서는 국제분업체계 하에서 한국의 대외지향적, 중화학 공업 중심의 성장전략이 기업의 부채비율에 미치는 효과를 제품주기설(life cycle product)과 모딜리아니-밀러(Modigliani-Miller, 1958) 정리를 이용하여 설명하고자 한다.[4]

4. 모딜리아니-밀러 정리란 기업의 재원조달방식의 중립성 정리이다. 즉, 법인세가 없을 때 기업이 주식이나 채권을 발행하여 자금을 조달하더라도 기업가치에 아무런 영향이 없다는 정리이다.
리카도 동등성 정리는 모딜리아니-밀러 정리를 공공부문으로 응용한 것으로 정부의 재원조달방식의 중립성 정리인 것이다.

그림 44
제품주기설

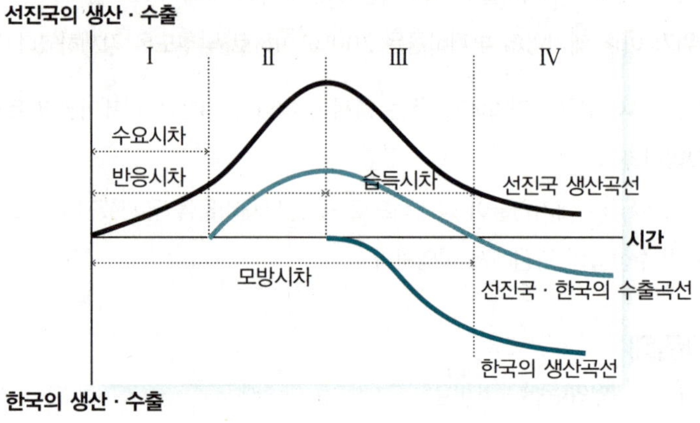

2. 대기업의 높은 부채비율의 원인

가. 국제분업적 무역구조와 우리나라의 중화학제품 등 자본재 중심의 수출주도형 경제성장전략

[그림 44]처럼 제품주기설에 의하면 선진국은 제 I 단계에 있는 신기술 제품을 수출하고, 한국은 제 III, IV 단계에 있어 자본집약적 산업구조를 택하여 중화학 등 자본집약적 제품을 대량생산하여 비용절감으로 비교우위를 획득하여 수출하게 된다.

이때 기업은 자본집약적 시설을 만들고 확충하기 위해 자기자본을 초과하는 자금을 차입하게 된다.

우리 정부가 이런 성장전략을 1960년대부터 1990년대 말까지 추진해 오면서 기업은 높은 부채비율을 갖게 되었다.

나. 정부주도의 경제성장과 정책자금의 공급

대기업의 높은 부채비율의 두 번째 원인은 정부주도의 경제성장과 정책자금의 공급을 들 수 있다. 우리나라는 1960~1970년대 정부주도의 경제성장을 해오면서 정부가 의도적으로 실질저금리정책을 사용하였기 때문에 공금리와 시중 실세금리와의 괴리가 컸고, 따라서 은행의 차입이나 외국차관 자체가 기업에게는 하나의 특혜로 인식되었다. 따라서 기업은 차입을 선호할 수밖에 없었다.

다. 자본시장의 미발달

우리나라 기업이 차입 의존적 성장을 하게 된 세 번째 이유는 자본시장의 미발달 때문이다. 기업이 소요자금을 조달하는 방법은 크게 은행 등의 금융기관을 통해 차입을 하는 방법과 증권시장을 통해 주식이나 채권을 발행하여 직접 개인들로부터 자금을 조달하는 두 가지 방법으로 구분된다.

직접금융시장인 증권시장에서는 기업의 투명성이 결여되어 증권을 발행하는 기업과 그 증권을 구입하는 투자자 간에 정보비대칭이 발생한다. 이러한 정보비대칭이 심한 경우에는 투자자의 거래기피로 증권시장을 통한 자금조달이 불가능해진다.

따라서 과거 우리나라처럼 경영의 투명성이 결여되고 사회적 신뢰수준이 낮은 경우에는 기업이 은행을 통한 간접금융에 의존하는 수밖에 없었다.

라. 정부의 대기업에 대한 암묵적인 지급보증과 도덕적 해이

우리나라의 은행은 대부분 정부지배 하에 있었고, 지배구조가 미정립되어 있어서 도덕적 해이가 심각하였다. 은행은 엄격한 신용분석에 의한 대출보다는 자금에 대한 만성적인 수요초과라는 시장여건을 십분 활용하여 담보나 보증에 의한 손쉬운 대출을 함으로써 기업에 대한 감시자로서의 역할을 소홀히 하였다. 따라서 자본시장의 효과적인 감시기능이 부재하여 과잉투자와 과잉부채의 현상이 지속되었다.

마. 우리나라 기업주의 경영권에 대한 과도한 집착이 부채를 선호

다섯째, 우리나라 기업주의 경영권에 대한 과도한 집착이 기업으로 하여금 주식발행보다 부채를 선호하게 한 큰 배경이 되었다. 기업주는 주식발행에 따른 대주주의 지분감소와 이에 따른 경영권 위협을 가장 크게 우려하였다.

이처럼 우리나라의 소유경영자들은 경영목표를 주가상승에 의한 가치극대화에 둔 것이 아니라 경영권의 안정에 최우선 목표를 두었다. 따라서 기업의 자금조달도 주식발행보다는 부채발행이 선호되었으며, 이것이 높은 부채비율을 유지하는 또 하나의 배경이 되었다.

바. 부채의 절세효과

끝으로, 경제적으로는 부채의 절세효과도 크게 작용하였다. 법인세상의 지급이자 공제규정 등으로 인해 차입을 많이 할수록 기업은 감세효과로부터 이익을 얻을 수 있다. 특히 1980년대 초반까지 우리나라 기업에 대한 실효 법인세율이 50%를 상회하여 지급이자의 절세효과가 유난히 컸기 때문에 기업이 부채를 선호할 수밖에 없었다.

3. 높은 부채비율의 경제적 효과

우리나라 기업의 높은 부채비율은 동태적으로 시장이 확대되는 경제에서 기업이 빠르게 적응해 가면서 나타나는 불가피한 측면이 있다. 그러나 최적 차입을 초과하는 과다차입은 기업의 재무구조의 건전성을 떨어뜨려 경기변동과 외부충격에 취약하게 하고, 대외신인도를 떨어뜨리는 부정적 효과를 발생시킨다.

가. 긍정적 효과

1) 급속한 고도 경제성장에서 기업 목표 실현

우리나라 경제는 1960년대 이래 평균 8～10% 수준의 고도성장을 해왔다. 이는 시장을 동태적으로 확대시켰고, 기업도 확대된 시장에 부응하여 시장점유율 제고, 이윤극대화 실현 등의 기업 목표를 위해 생산규모를 확대해 나갔다.

이때 자기자본으로 충당할 수 없는 대규모 시설 자금 등을 신속한 차입을 통해서 조달하는 것이 유리하였다. 기업은 확대된 시장에 맞게 생산규모를 갖추게 되어 이윤극대화 등 기업 목표를 실현할 수 있게 되었다.

2) 국제시장에서 경쟁력 확보

우리나라가 1960년 이래 수출 주도형 대외성장 전략을 추진하면서 국내외 시장에서 국내외 기업과 치열한 경쟁을 하게 되었다. 이때 기업은 차입경영을 통해 경영권을 지키면서, 기업내부 정보를 보호하고, 기업의 대외경쟁력을 확보할 수 있었다.

3) 부채 사용에 따른 절세효과

Modigliani and Miller(1958)는 완전자본시장이라는 가정 하에서는 부채구조가 기업가치와 무관하다고 주장하였으나 그 이후 법인세, 파산비용 등의 시장 불완전요인들이 존재하기 때문에 부채구조가 기업가치에 영향을 주게 된다는 수정된 정리를 발표하였다.

따라서 수정된 정리에 의해 법인세가 존재할 경우 타인자본을 사용하고 있는 기업의 가치는 자기자본만 사용하는 기업의 가치보다 이자비용의 법인세 절감액의 현재가치만큼 크다. 그러므로 부채비율이 증가함에 따라 기업의 가치는 증가하게 된다.

4) 예측하지 못한 인플레이션으로 실질채무가치 하락

한국 경제는 고도성장의 과정에서 부작용으로 높은 인플레이션이 초래되었고, 그 결과 기업의 실질채무를 줄이는 소득재분배 효과가 발생되었다. 즉, 단기에서 피셔방정식에 따라 예상치 못한 인플레이션이 발생해 명목이자율에 충분히 반영하지 못함으로써 실질이자율이 하락하고 채무의 실질가치가 하락하는 효과가 나타난 것이다.

나. 부정적 효과

1) 대외신인도 하락과 기업 경쟁력 저하

높은 부채비율은 기업의 대외신인도를 하락시킨다. 그 결과 기업의 자금조달 비용이 높아지고, 이것은 기업의 영업신장을 제한함으로써 기업의 경쟁력을 저하시키는 부작용을 발생시킨다.

2) 기업의 부실화

부채비율이 높고 투자수익률이 차입 이자율을 상회할 때에는 자기자본 수익률이 높아지지만, 하회할 때에는 부채가 빠른 속도로 자기자본을 잠식하면서 기업부실을 가속화시킨다. 높은 부채비율 속에서 기업의 무리한 투자와 외형성장 추구는 과잉투자에 따른 투자수익성 악화를 초래해 결국 부채조달에의 의존도를 심화시켜 기업 부실로 연결될 수 있다.

3) 파산비용 및 대리인비용

타인자본 사용 정도가 최적 수준 이하인 경우에는 낮은 부채비용으로 가중평균자본비용이 낮아지게 되어 기업가치는 증가한다. 하지만 최적 수준 이상의 타인자본 사용은 파산비용과 대리인비용의 증가로 주주와 채권자의 위험과 요구수익률을 급격히 증가시켜, 결국 가중평균자본비용이 증가하게 되고 기업가치는 하락한다.

4. 결론

재무구조의 건전성은 중요한 기업의 경쟁력이다. 따라서 부채비율 축소에 의한 재무적 안정성을 제고하는 것은 현재의 불안정한 경제를 감안할 때 반드시 필요한 조치이다.

그러나 부채를 어느 정도 수준으로 유지할 것인가 하는 것은 전적으로 각 기업이 처한 상황에 달려 있다. 따라서 기업은 기업가치를 극대화하는 최선의 자본구조를 자율적으로 결정하도록 하여야 할 것이고, 정부는 국민경제적 입장에서 특혜금융이나 여신편중에 대한 규칙의 제정과 집행에 주력하도록 해야 할 것이다.

25 정부는 중산층 보호를 통해 형평을 증진시키려고 근로자 1인당 10~20만원의 세금 부담을 경감시켜 주는 계획을 발표하였다. 이 계획은 최근의 경기회복세를 정착시키려는 목적도 있다고 한다. 조세감면정책이 경기를 부양시킬 수 있는 경로를 이론적으로 제시하고, 그 한계를 지적하라. 한편 언론에 따르면 단기적 경기회복은 물론 지속적 성장을 위해서는 민간의 투자가 증가하여야 함에도 불구하고 미래에 대한 불확실성이 커서 기업의 투자마인드가 되살아나지 않는다고 한다. 이러한 관점에서 최근에 투자가 부진한 이유를 설명하라.

핵심정리

1. 전반부 문제는 조세감면정책의 유효성에 대한 새케인즈학파와 RET 간의 논쟁을 합리적 기대와 미시적 기초로 설명하는 것이 핵심이다.
2. 후반부 문제는 불확실성이 투자에 미치는 효과에 관한 것으로 투자를 증가시킨다는 투자옵션모형과 감소시킨다는 재고투자모형을 살펴보는 것이 핵심이다.

1. 의의

조세감면정책은 경기부양을 위한 재정정책의 일종으로 개인의 가처분소득($y-T$)을 증가시켜 소비와 총수요를 진작시킴으로써 경기를 회복시키고자 하는 정책이다. 새케인즈학파의 유동성제약 하 소비함수이론에 의하면 조세감면정책은 효과가 있고, 이들의 한계로서 제시되는 이론이 리카도 동등성 정리이다.

불확실성의 증가가 투자에 미치는 영향은 긍정적인 효과와 부정적인 효과로 나눌 수 있다. 긍정적인 효과를 설명하는 모형으로는 재고소진 기피(stock soldout avoidance)이론이 있고, 부정적인 효과를 설명하는 이론으로는 투자옵션모형이 있다. 이러한 이론들을 살펴보고, 최근 투자가 부진한 이유를 분석하고자 한다.

2. 조세감면정책이 경기를 부양시킬 수 있는 경로

현재 금융시장이 불완전경쟁적이고 개인이 유동성제약에 처해 있다고 하자. [그림 45]에서 최초균형점은 e_0이다. 이때 소비자의 최적소비는 식 (60)과 같이 미시적 모형으로부터 식 (61)과 같이 도출된다.

$$\text{Max}\ u(c_1, c_2) \qquad (60)$$

$$s.t.\ c_1 \le y_1 + A$$

$$c_1 = k_1 y_1 + kA \qquad (61)$$

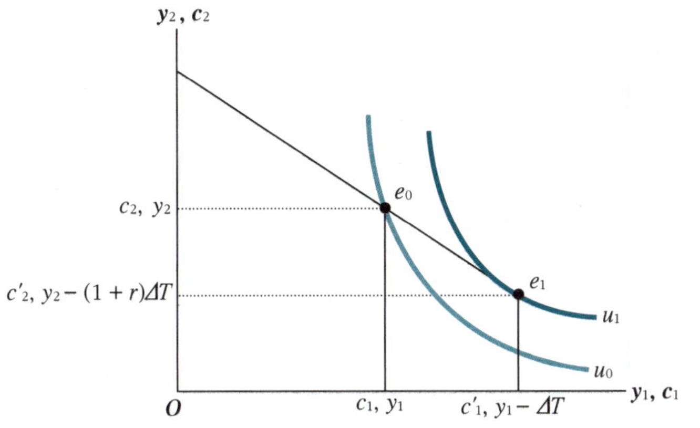

그림 45
유동성제약에 처한 경우

e_0에서 조세감면정책이 실시되면 소득이 증가하여 예산선이 확장이동하고, 소비는 식 (61)에서 c_1에서 c'_1으로 증가하여 새로운 균형은 e_1점에서 이전보다 높은 효용을 누리게 된다. 유동성제약 하에서는 현재소득 증가에 의한 소비증가가 크기 때문에 한계소비성향 *MPC*가 커서 승수효과가 크다. 그러므로 조세감면정책이 경기를 부양시키게 된다.

이 과정을 *IS*-*LM*, *AD*-*AS* 모형으로 분석하면 새케인즈학파적 견해에 따라 [그림 45]에서 *IS*곡선이 상방이동하고, *AD*곡선도 상방이동하여 적어도 단기에는 산출량, 물가, 이자율이 상승한다.

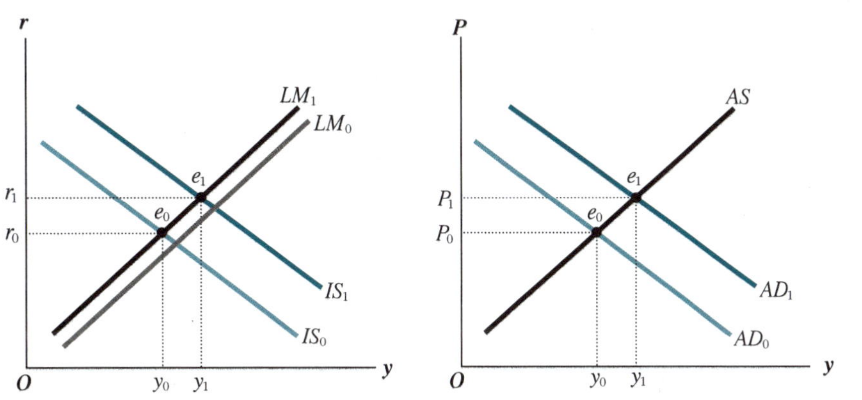

그림 46
조세감면정책의 효과

3. 조세감면정책의 한계 : RET

RET에 따르면 ① 경제주체가 합리적 기대에 따라 행동하고, ② 무한계획기간, ③ 항상소득가설, ④ 완전한 자본시장, ⑤ 정액세(lump-sum tax)인 조세 등의 가정을 만족하는 경우 조세감면정책은 민간의 소비를 변화시키지 않고 총수요에 아무런 영향을 미치지 않는다. 즉, 조세감면을 미래에 부담해야 할 부채로 인식하기 때문에 순자산과 소비에 변화가 없다.

4. 불확실성이 투자에 미치는 영향

가. 불확실성이 투자에 미치는 부정적 효과

1) Keynes학파

케인즈에 의하면 투자는 경제에 내재하는 불확실성에 크게 영향을 받는다. 투자자의 주관적 심리에 의해, 즉 animal sprit에 의해 장기적인 기대를 형성하고, 미래의 예상수익이 낙관적이면 그에 따라 투자를 결정한다. 따라서 미래가 불확실할수록 장래에 예상되는 수익이 비관적이어서 투자가 감소한다.

2) 투자옵션모형

투자옵션모형은 투자의 비가역성(irreversible)으로 인해 불확실성이 커질수록 투자가 감소한다는 견해이다. 투자의 가역성(reversible)이란 수요가 증가할 때는 별다른 조정비용 없이 투자를 증가시키고, 수요가 부족할 때는 별다른 매몰비용(sunk cost) 없이 투자금액을 회수시킬 수 있는 성질을 말한다. 반면에 투자의 비가역성이란 경기불

그림 47
투자옵션모형에서 불확실성이 투자에 미치는 효과

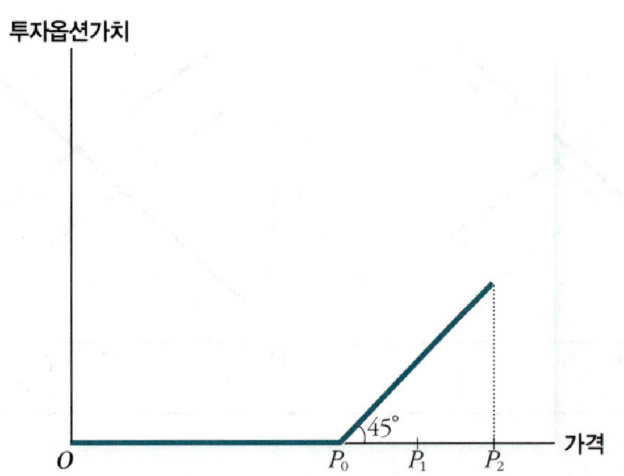

단, P_0, P_1, P_2는 각각 행사가격, 정상 이윤가격, 투자 가능 이윤가격임.

황시에 매몰비용 때문에 이미 투자된 자본량을 쉽게 회수할 수 없는 성질을 말한다.

투자가 비가역성을 가지면 투자시점이 매우 중요하다. 왜냐하면 일단 투자하면 쉽게 자본량을 줄일 수 없기 때문이다. 따라서 투자자는 가용 투자자금을 보유하면서 자본재를 구입할, 즉 투자할 적정시점을 찾는다. 딕시트(Avinash Dixit)와 핀다익(Robert Pyndick)은 자본재를 구입할 적정 투자시점을 콜옵션(call option)이라 하였다.

투자옵션모형은 투자자가 어느 정도의 이윤 하에서 투자할 것인가를 결정하는 이론이다. [그림 47]은 투자옵션가치를 나타내는 곡선이다. [그림 47]에서 P_0는 행사가격, P_1는 정상이윤가격이다. 기업이 투자를 하기 위해서는 정상이윤 이상의 이윤을 보장하는 가격이 실현되어야 한다. 만약 일정한 이윤 π^*에서 기업이 투자를 하면 이를 "투자 가능 이윤"이라 하고, 이때 가격을 [그림 47]에서 P_2라 하자.

결론적으로 투자옵션모형에 의하면 불확실성이 클수록 투자 가능 이윤이 커져야 하며, 이에 따라 가격 P_2가 더 높아지고 기업의 관망심리를 자극해 투자를 연기하거나 줄이게 된다.

나. 불확실성이 투자에 미치는 긍정적 효과

1) 재고투자모형

재고투자모형은 투자옵션모형과 달리 불확실성이 증가할수록 투자가 증가한다. 이때 재고투자란 원자재, 완성품 및 반제품의 재고수준 증가를 말한다.

재고투자이론은 가속도 모형을 이용하여 설명할 수 있다. 기업들이 재고를 생산량의 일정비율로 보유할 때 t기의 재고투자(I_t^n)는 t기 산출량의 일정비율로 표시되는 식 (62)로 나타낼 수 있다.

$$I_t^n = \alpha y_t,\ \ \alpha > 0 \tag{62}$$

그러면 t기의 재고투자 변동은 t기의 재고투자에서 $t-1$기의 재고투자를 차감함으로써 식 (63)으로 구해진다.

$$\Delta I_t^n = I_t^n - I_{t-1}^n = \alpha y_t - \alpha y_{t-1}$$
$$\therefore\ \Delta I_t^n = \alpha \Delta y_t \quad (\text{단, } \Delta y_t = y_t - y_{t-1}) \tag{63}$$

식 (63)에 의하면 재고투자는 불확실성이 클수록 산출량 변동이 크고, 이는 재고투자와 정의상 생산량 변동에 정의 상관관계가 있다.

2) 불확실성과 재고투자

재고투자는 총수요의 구성요소이지만, 그 비중은 매우 작다. 그러나 재고투자의

그림 48
재고투자와
경기변동

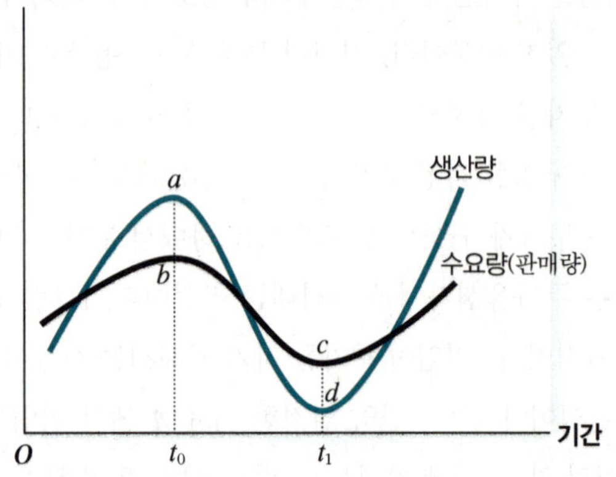

변동폭은 매우 크기 때문에 경기변동의 주요한 요인이 되고 있다.

실증검증 결과에 의하면 [그림 48]에서처럼 생산량 변동이 수요량 변동보다 크고, 수요량과 재고량 간에는 양의 상관관계가 존재하는 것으로 밝혀졌다.

t_0, t_1시점에서 ab, cd의 크기는 재고투자의 크기를 말하는데, t_0시점의 경기호황 때는 재고투자가 증가하고, t_1시점의 경기불황 때는 재고투자가 감소한다. 따라서 수요량과 재고투자 간에는 양(+)의 상관관계가 있다.

이상을 종합하면 총수요에 대한 불확실성이 크면 총수요 변동도 커지지만, 생산량 변동은 이보다 더 크게 나타난다. 그러면 재고투자의 변동도 커진다. 따라서 불확실성은 투자(재고투자)와 정의 상관관계에 있다.

5. 최근 투자가 부진한 이유

우리 경제에서 투자가 부진한 원인은 첫째, 기업들이 경기회복에 대한 미래 불확실성이 크다고 생각하기 때문이다. 장래에 대한 불확실성이 크면 케인즈가 지적한 것처럼 장래에 대한 기대가 비관적이 되고, 옵션이론에서처럼 기업들은 투자시점이 좀더 확실해질 때까지 투자를 미루게 된다. 이 결과 투자가 연기되거나 감소한다.

둘째, 외환위기 이전에 과잉투자된 자본이 아직 조정되지 않았고, 수출호조를 보이고 있는 기업들이 설비투자 증가를 국산설비보다는 수입자본재에 의존하기 때문이다.

셋째, 외환위기 이후 책임경영제를 강화하고 투자자금을 외부차입보다는 내부자금으로 조달하면서 기업의 투자규모가 축소되고 있기 때문이다.

끝으로, 정부의 각종 규제와 정책혼선도 한 요인이 되고 있다.

26 최근 경기부진에 의하여 설비투자가 감소세로 돌아선 이후, 여러 차례의 금리인하에도 불구하고 설비투자가 뚜렷한 회복세를 나타내지 않음에 따라, 설비투자촉진책으로서 금리인하의 유효성에 대해 적지 않은 회의가 제기되었다. 한편 우리나라의 설비투자 결정요인을 분석한 최근의 연구결과에 따르면, 금리수준보다는 주가와 금리스프레드 변동성(volatility)의 영향력이 유의한 것으로 나타나고 있다.

(1) 금리가 설비투자에 별다른 영향을 미치지 않을 수 있음을 케인즈주의 또는 신케인즈주의 관점에서 합리화해 보라.

(2) 주가가 설비투자에 영향을 미친다면, 그 전달경로를 수요측면과 비용측면으로 나누어 설명하라.

(3) 금리스프레드를 '회사채수익률과 콜금리의 차' 또는 '회사채수익률과 단기국채수익률의 차'로 정의하자.

① 이 금융지표는 무엇을 의미하는가?

② 금리스프레드의 변동성증가가 설비투자를 위축시킨다는 실증분석 결과를 어떻게 해석할 수 있는가?

핵심정리

새케인즈학파의 신용할당이론이나 투자연기옵션이론을 근거로 투자가 이자율에 비탄력적임을 보이고, 금리 spread(가산금리)의 변동성은 기업의 자금조달비용과 장래 경제에 대한 불확실성, 위험의 정도를 나타내는 지표라는 것을 설명하는 것이 핵심이다.

1. 이자율 변화가 투자에 미치는 효과

고전학파는 투자가 이자율에 매우 탄력적이라고 주장하지만, 케인즈학파는 기업가의 야성적 충동(animal spirit)에 의한 장기적 전망에 의해 투자가 결정되기 때문에 투자가 이자율에 비탄력적이라고 주장한다. 따라서 케인즈학파의 관점에서 금리인하가 설비투자에 미치는 효과는 거의 없다.

새케인즈학파는 대출시장에서 차입자의 신용에 관한 정보가 비대칭적일 때 [그림 49]에서처럼 이자율이 r_0에 고정되어 신용할당(credit rationing)을 통해 투자가 이루어짐을 보였다. 그러므로 새케인즈학파도 기존 케인즈학파의 견해와 마찬가지로 금리인하 유용성론에 회의적이다.

더구나 투자연기옵션이론에 의하면 장래에 불확실성이 클 때 이자율 변화가 투자에 거의 영향을 미치지 못한다.

그림 49
정보의 비대칭적 상황 하에서 신용할당을 통한 투자

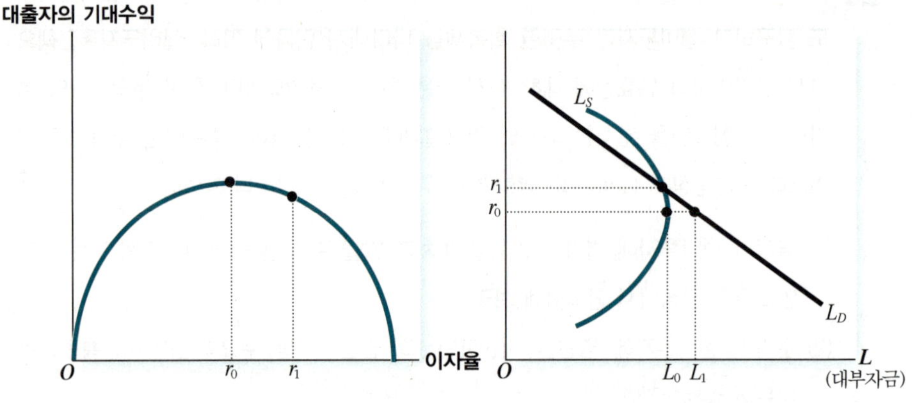

2. 주가가 설비투자에 미치는 효과

주가가 설비투자에 미치는 효과는 수요측면과 비용측면으로 구분하여 살펴볼 수 있다.

가. 수요측면

자본시장에서 주가상승은 식 (64)로 표시된 Tobin q에서 기업의 시장가치를 높이고 $q > 1$이 됨에 따라 투자가 증가하게 된다.

$$I = I(q-1),\ I' > 0 \tag{64}$$

$$q = \frac{\text{기업의 시장가치}}{\text{자본재의 대체비용}}$$

이런 현상은 투자가 q에 대해서 탄력적일수록 더욱 크게 증가한다.

나. 비용측면

주가가 상승하면 기존 기업은 유상증자를 통해 자금조달이 보다 용이해지고, 신규 기업도 기업공개나 신주발행을 했을 때 성공가능성이 커지게 된다. 따라서 비용측면에서 주가가 설비투자와 실물경제에 미치는 경로는 다음과 같이 정리된다.

주가상승 → 자금조달 용이 및 비용하락 → 유상증자 실시, 기업공개 및 신주발행 → 자본재 수요증가 → 자본재 가격상승 → 자본재 공급증가 → 설비투자증가 → 산출량 증가

3. 금리스프레드의 변동성증가가 설비투자에 미치는 효과

가. 금리스프레드(spread)의 의미

금리스프레드는 일반적으로 은행의 대출, 채권 및 회사채 발행에서 기준금리(우리나라에서는 콜금리, 단기국채 수익률, 재할인율임)에 더해지는 가산금리를 의미한다.

첫째, 금리스프레드가 커진다는 것은 가산금리가 커진다는 것으로 기업의 자금조달비용이 높아진다는 것을 의미한다. 따라서 금리스프레드는 기업의 자금조달비용을 나타내는 금융지표로서 의미가 있다.

둘째, 금리스프레드는 미래의 경제전망 및 위험, 불확실성에 대한 risk premium이 포함되어 있으므로 미래 경제전망을 반영한 금융지표로서 의미를 가진다.

나. 실증분석

이론적으로 금리스프레드가 커지면 회사채 발행이나 은행의 대출시에 가산금리가 커지고, 기업의 자금조달비용이 더욱 커지기 때문에 투자는 감소한다. 또한 대출자가 장래에 대한 경제전망이 불확실하다고 생각해 가산금리를 증가시킨 것이기 때문에 투자 option 이론 등에 따르면 투자는 감소하게 된다. 이런 관점에서 금리스프레드의 변동성증가가 설비투자를 위축시킨다는 실증분석은 타당성이 있다.

27 제조업과 서비스업 중 제조업의 노동자가 R&D나 교육훈련 등을 통해 생산성 향상이 더 크다. 그러나 제조업의 비중은 더 작아지고 있는 실정이다. 이때 이러한 노동생산성의 차이가 노동시장에 미치는 영향은? 그리고 이러한 때의 실업대책은?

핵심정리

노동생산성 차이에 의한 구조적 실업문제를 설명하려는 이론이 노동부문 간 이동가설이다. 이런 실업문제의 대책으로는 단기적인 총수요관리정책보다 노동자 재교육, 전진훈련 등 중·장기적 정책이 더 중요하다.

1. 의의

노동시장에서 생산성의 차이에 의해 실업이 발생하는 이유는 경제 내 각 부문 간에 불균형 발전을 이루고 있을 때 실직한 근로자들이 공석(vacancies)을 차지할 만한 자격요건을 갖추지 못했기 때문이다. 이처럼 경제부문 간의 불균형 발전에 초점을 맞추어 장기의 지속적인 구조적 실업을 설명하는 이론을 노동부문 간 이동가설이라고 한다.

노동부문 간 이동가설에 따르면 산업 간 고용성장률에 큰 차이가 있다면 어떤 사업은 성장 중에 있고, 어떤 산업들은 쇠퇴상태에 있다는 것을 의미하고, 이러한 불균형으로 인해 경제 전반의 실업률은 상승하게 된다고 한다. 이하에서 생산성의 차이가 제조업과 서비스산업의 노동시장에 미치는 영향과 이러한 구조적 실업에 대한 대책을 살펴보고자 한다.

2. 노동시장 모형

R&D 투자나 교육훈련에 의한 노동생산성의 향상이 노동의 수요 및 공급에 미치는 효과를 분석하기 위해 노동수요와 노동공급함수를 식 (65)와 식 (66)으로 설정하자.

$$L^d = L(w,\ H) \tag{65}$$

$$L^s = L(w,\ z) \tag{66}$$

(단, H: 인적 자본의 가치, Z: 노동공급에 미치는 불리한 영향)

식 (65)에 의하면 노동수요는 실질임금과 인적 자본의 가치에 의해 결정된다. 구체적으로 실질임금이 하락하거나 인적 자본의 가치가 상승하면 노동수요가 증가한다. 그런데 인적 자본의 가치는 기업이 R&D 투자와 노동자에 대한 교육훈련 투자를 증가

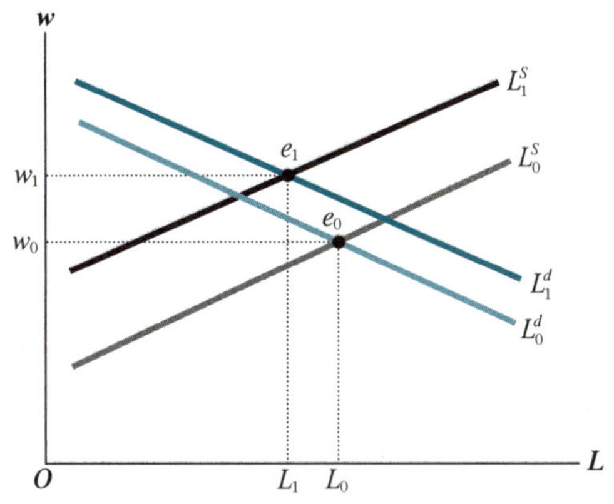

그림 50
제조업에서 노동생산성의 증가가 노동시장에 미치는 영향

시킬 때 높아진다. 따라서 기업이 R&D 투자나 교육훈련을 증가시키면 H값이 커지면서 노동생산성이 증가하여 노동수요곡선이 상방으로 이동한다.

식 (66)에 의하면 노동공급은 실질임금의 증가함수이고, 임금 이외에 노동공급에 불리한 영향을 주는 Z값의 감소함수이다. 예를 들어 어떤 산업이 3D업종으로 노동자의 노동기피도가 커지면 그 산업의 노동공급은 감소한다.

3. 노동생산성 차이가 노동시장에 미치는 효과

가. 제조업에 미치는 효과

제조업에서 R&D 투자와 노동자에 대한 교육훈련 투자로 노동자의 생산성이 향상되면 노동자의 인적 자본의 가치가 증가하므로 기업은 노동수요를 증가시킨다. 이 결과 노동수요곡선은 L_0^d에서 L_1^d로 상방이동한다.

한편, 노동공급 측면에서는 서비스산업보다 제조업에서 노동환경이 열악하여 노동공급이 감소하므로 L_0^s에서 L_1^s로 상방이동한다. 이를 [그림 50]으로 도해할 수 있다. 이 결과 균형노동량이 L_0에서 L_1으로 감소하고, 실질임금이 w_0에서 w_1으로 상승하게 된다.

제조업의 실제고용량은 L_1^d와 L_1^s이 교차하는 e_1점에서 L_1이지만, 계속 종전과 같이 L_0만큼의 노동을 고용하기를 희망한다면 제조업은 $L_1 L_0$만큼의 인력난에 처하게 될 것이다. 제조업이 계속 L_0만큼의 고용을 희망하는 이유는 가동 중인 기계설비 등 대규모의 자본재 때문이다.

나. 서비스산업에 미치는 효과

서비스산업에서는 별다른 R&D 투자나 노동자에 대한 교육훈련 등이 없으므로 노

그림 51
노동생산성의 차이가 서비스산업의 노동시장에 미치는 효과

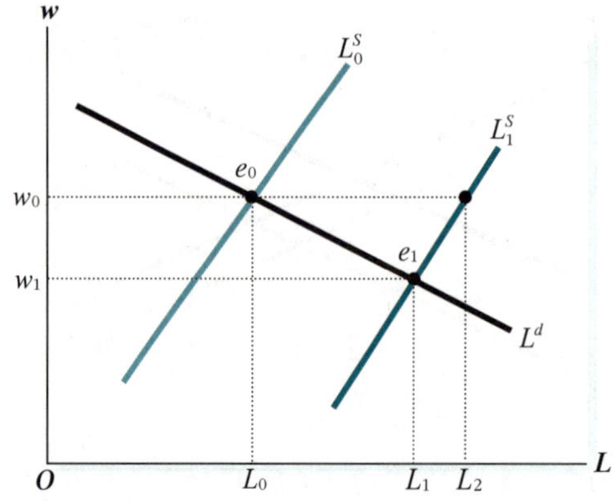

동수요가 증가하지 않아 노동수요곡선이 이동하지 않는다. 그러나 노동공급 측면에서는 제조업보다 고용환경이 좋고, 노동시장 접근이 용이하여 노동공급이 증가한다. 따라서 주어진 임금 하에서 노동공급곡선은 우측하방으로 이동한다. 이를 [그림 51]로 도해할 수 있다.

이 결과 서비스산업에서 균형노동량은 증가한다. 그런데 효율적 임금이론 등에 따라 서비스산업에서 실질임금이 단기에서 경직성을 보인다면 w_0수준에서 $L_2 L_0$만큼 대기적 실업이 나타나게 된다. 그러나 서비스산업의 임금이 신축적이면 임금은 w_1으로 하락하고, 고용은 L_1까지 증가할 것이다.

다. 국민경제에서 제조업과 서비스업의 비중

[그림 50]과 [그림 51]의 결과 제조업은 노동투입이 감소하여 산출량이 상대적으로 감소하고, 서비스산업은 노동투입이 증가하여 상대적으로 산출량이 증가한다. 이 결과 국민경제에서 서비스산업의 비중이 커지고, 제조업의 비중은 낮아지게 된다.

라. 경제적 효과

첫째, 제조업의 임금은 상승하고 서비스산업의 임금은 하락하여 산업 간 임금격차가 나타난다. 따라서 고용불평등이 나타난다.

둘째, 제조업에서는 R&D 투자와 교육훈련비 지출확대로 고숙련 인력에 대한 수요가 증가하고, 서비스산업에서는 중간 및 저숙련 노동자에 대한 수요가 증가한다.

셋째, 제조업과 서비스업 간 불균형한 발전이 나타난다. 즉, 국민경제에서 제조업 비중은 낮아지고, 서비스산업은 커짐으로써 국민경제의 균형발전이 어려워진다.

4. 실업대책

일반적으로 케인즈학파의 실업대책은 단기적으로 확장적 총수요관리정책을 사용하여 고용을 창출하는 것이다. 그러나 산업 간 노동생산성 차이에 따른 실업문제에는 장기적 정책이 필요하다.

첫째, 제조업에 대한 창업활성화 정책을 들 수 있다. 제조업의 창업이 활성화되면 [그림 50]에서 노동수요가 증가하면서 제조업에서 고용이 증가할 수 있다.

둘째, 고용친화적으로 제조산업 여건을 정비하여 고용증대를 도모할 수 있다. 제조업의 작업환경 개선으로 작업재해의 위험을 줄이는 등 고용창출 여건을 개선함으로써 노동공급이 증가하게 되고, 이것은 고용을 증가시킬 수 있다.

셋째, 고숙련 인력에 대한 수요가 지속적으로 증가하기 때문에 인적 자원의 가치를 높일 수 있는 교육과 훈련에 대한 투자를 증가시켜야 한다.

28 최근 우리나라의 노동시장에는 경제구조의 급격한 변화에 수반되어 실업현상이 특징적으로 나타나고 있다. 이러한 최근 실업의 특징을 기술하고, 실업을 완화시킬 수 있는 방안을 장기와 단기로 나누어 설명하라.

핵심정리

1. 경제구조의 급격한 변화로 발생한 실업은 구조적 실업이다.
2. 새고전학파는 실업에는 탐색적, 구조적 실업만 존재하므로 재량적 재정 · 금융정책은 효과가 없고, 노동자 재교육을 강화하거나 탐색비용을 줄일 수 있는 정책을 실시하여 균형실업을 줄여야 한다고 주장한다.
3. 새케인즈학파는 실질임금의 경직성으로 비자발적 실업이 존재하기 때문에 재량적 재정 · 금융정책이 유효한 실업대책수단이 될 수 있다고 주장한다.

1. 의의

현재 우리나라에 나타나고 있는 실업은 하나는 구조적 실업이고, 다른 하나는 1997년 경제위기의 결과로 인한 경기적 실업이다. 이러한 실업의 원인과 대책에 대해서는 두 가지 견해가 있다.

첫째는 실업을 균형현상으로 보는 견해로 통화주의와 새고전학파가 이 견해에 속한다. 둘째는 불균형현상으로 보는 입장으로 케인즈학파와 새케인즈학파가 여기에 속한다.

이하에서는 우리나라 고실업을 구조적 실업과 경기적 실업으로 규명하고, 각 학파별로 원인과 대책을 논해 보겠다.

2. 최근 우리나라 실업의 원인

1997년 말 외환위기로 촉발된 우리나라의 고실업의 원인은 새고전학파나 새케인즈학파가 주장하는 것처럼 어떤 일면만 가지고 있는 것이 아니라 복합적인 성격을 띠고 있다. 이러한 실업의 원인은 구조적 측면(공급측면)과 경기적 측면(수요측면)으로 구분해 볼 수 있다.

가. 구조적 측면(공급측면)에서의 원인

구조적(structural) 실업이란 만성적인 자본부족이나 특정한 생산요소의 이동성이 제약됨으로써 나타나는 실업이다. 실업 중 경기변동에 의한 일시적 실업이 아닌 경제의 구조적 변화에서 오는 장기적이며 만성적인 실업을 의미한다.

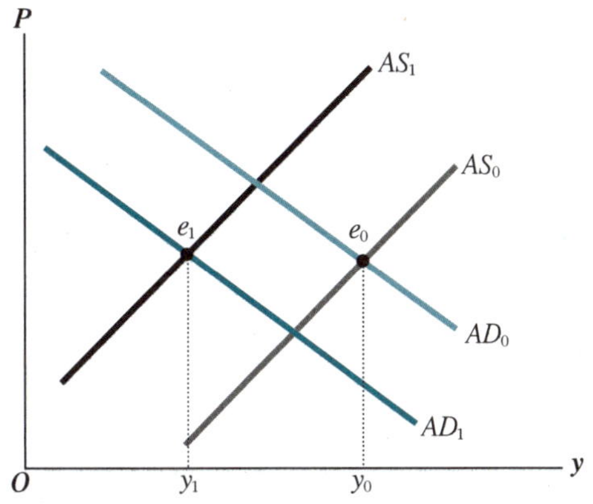

그림 52
우리나라의 실업발생 원인

우리나라는 1997년의 경제위기로 인한 대기업집단과 공공부문에서의 대규모 구조조정 실시로 퇴직이 증가하면서 실업이 늘어났다. 이것을 '노동부문 간 이동모형(sectoral shift model)'으로 설명해 보자. 노동부문 간 이동모형에 의하면 노동자의 기술수준과 기업마다 찾고 있는 노동자의 기술수준이 이질적인 경우 단기의 노동시장에서 구직과 구인 간에 불일치(job mismatch)가 발생하여 구조적 실업이 발생할 수 있다.

대규모 구조조정과 이에 따른 노동의 부문 간 이동이 제약됨으로써 구조적 실업이 증가하고, 공급량이 감소하여 [그림 52]에서 총공급함수는 AS_1으로 이동하게 된다.

나. 경기적 측면(수요측면)의 원인

1997년의 경제위기로 민간의 소비심리, 투자심리가 급격하게 위축되어 [그림 52]에서 총수요곡선이 좌측으로 크게 이동($AD_0 \rightarrow AD_1$)하였다. 이로 인해 산출량이 감소하면서 실업이 발생하였다. 이때 발생하는 실업은 경기적 실업이다.

3. 새고전학파의 견해

가. 실업 원인

노동시장은 균형상태에 있으므로 비자발적 실업은 존재하지 않는다. 그러나 노동시장이 불완전정보 하에 있으면 구직과 구인 간의 불일치(worker job mismatch)로 인해 나타나는 자발적, 마찰적, 구조적 실업이 발생한다.

새고전학파는 탐색이론을 통해 실업을 설명한다. 탐색이론이란 노동시장이 불완전정보 하에 있으므로 노동자는 보다 높은 임금을 주는 직장을 탐색하고, 사용자는 보다 높은 생산성을 보유한 노동자를 탐색하는 과정에서 '일시적'이고 '자발적' 실업인 탐색적 실업이 발생한다는 이론이다. 따라서 실업은 일시적 현상이며, 비자발적 실업은 존재하지 않고, 자발적, 마찰적, 탐색적 실업만 존재하게 된다.

노동시장이 보다 효율적으로 바뀌게 되면 노동자와 기업은 정보수집이 용이하게 되므로 직장탐색비용이 하락하여 탐색적 실업 규모를 줄일 수 있다.

나. 실업대책

새고전학파에 의하면 자발적, 마찰적 실업만 존재하고 비자발적 실업은 존재하지 않으므로 자유재량적 재정 · 금융정책은 효과가 거의 없다. 확장적 재정 · 금융정책은 노동의 수요측면과 공급측면에 모두 영향을 미쳐 결과적으로 균형임금만 상승시키고 균형실업률에는 아무런 변화가 나타나지 않는다.

실업의 원인은 노동시장에 대한 정보의 불완전성에 있으므로 마찰적, 구조적 실업을 줄이기 위해서는 노동시장에 대한 정보의 유기적 연결(information network)과 노동시장의 유연성을 높이는 것이 필요하다.

식 (67)의 균형실업률에서 실업을 줄이는 정책은 이직률 s를 낮추고, 재취업률 f를 높이는 정책이어야 한다. 노동시장에 대한 정보의 유기적 연결은 식 (67)에서 재취업률 n를 높임으로써 자연실업율을 낮추게 된다.

$$u = \frac{s}{s+f} \tag{67}$$

노동시장의 유연화에는 양적 유연화와 질적 유연화가 있다. 질적 유연화로는 노동자에 대한 재교육, 전직훈련 등을 들 수 있다.

또 다른 실업대책으로는 ① 기술개발과 ② 성과배분제도가 있다. 기업의 성과를 공정하게 배분하면 노동자의 근로의욕을 제고시켜 노동자의 참여가 확대될 수 있다. 이런 정책도 식 (67)에서 재취업률 f를 높임으로써 자연실업율을 낮추게 된다.

4. 새케인즈학파의 견해

가. 실업의 원인

새케인즈학파는 실업의 원인을 실질임금의 경직성으로 보았다. 즉, 노동시장에 초과공급이 발생하더라도 실질임금은 하락하지 않고 경직적이므로 실업이 해소되지 않고 경기적 실업 등 비자발적 실업이 지속된다고 주장한다.

나. 실업에 대한 대책

단기에는 실질임금이 경직적이어서 비자발적 실업이 존재한다. 그러므로 실질임금이 경직적인 단기에는 확장적 재정 · 금융정책을 사용하면 비자발적 실업을 줄이는 효과를 낼 수 있다. 즉, 단기에 케인즈적 재정 · 금융정책은 실업에 대한 유효한 대책이 될 수 있다.

5. 결론

실업을 완화시키는 단기대책으로는 재정팽창과 통화량증가에 의한 총수요 확대정책과 공공근로사업, 직업정보의 제공을 위한 인력박람회 등 노동시장의 정보 네트워크(information network)화를 들 수 있다.

장기적으로는 노동자 교육비 지원, 교육훈련의 제공, 실업보험의 축소 등을 통하여 구직률을 높이고, 노동시장의 유연화 정책, R&D 투자 활성화 등 노동시장의 구조개혁을 실시해야 한다. 이런 노력들은 식 (67)에서 재취업률을 높임으로써 자연실업률을 낮추는 역할을 한다.

29 통화량증가가 이자율에 미치는 장·단기적 영향을 논하라.

핵심정리

통화량증가율의 증가가 장·단기 이자율에 미치는 효과는 (1) 유동성효과, 소득효과, 피셔효과로 나뉘고, (2) 이 세 가지 효과의 상대적 크기에 의해 장·단기 이자율이 결정된다.

1. 의의

통화량증가율의 지속적인 증가는 인플레이션을 가져오고, 인플레이션은 명목이자율과 실질이자율을 변화시킨다. 이자율의 변화 정도는 유동성효과, 소득효과, 피셔효과의 상대적 크기에 의해 결정된다.

2. 단기이자율에 미치는 효과

가. 유동성효과

단기란 물가가 비신축적으로 변하는 기간을 말한다. 통화량증가율의 증가가 단기에서 이자율에 미치는 효과를 유동성효과(liquidity effect)라 한다.

먼저, 유동성효과가 명목이자율에 미치는 효과를 보자. 유동성효과란 통화량증가율이 증가하면 시중에 유동성이 풍부해지고, 화폐시장이 초과공급상태에 직면하여 이자율이 하락하는 효과를 말한다.

구체적으로 통화량증가율의 증가로 경제주체들은 적정수준 이상으로 화폐를 보유하게 된다. 따라서 개별 경제주체들은 과다하게 보유한 화폐로 재화나 채권을 구입하게 되고, 이 과정에서 채권가격이 상승하면서 명목이자율이 하락한다.

그림 53
유동성효과와 소득효과

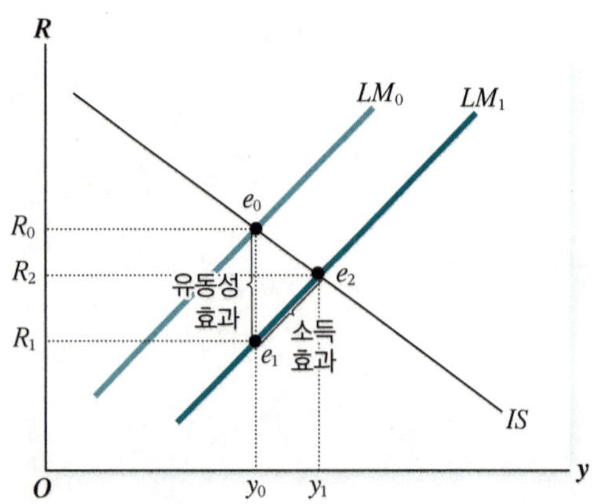

다음, 실질이자율에 미치는 영향을 피셔방정식을 통해 살펴보자. 피셔방정식은 $r_t = R_t - \pi_t^e$이다. 피셔방정식에서 통화량증가율이 증가하면서 명목이자율은 충분히 하락하지만, 물가가 비신축적이기 때문에 $\pi_t^e \fallingdotseq 0$이어서 실질이자율 r_t는 하락한다.

결론적으로 유동성효과에 의해 통화량증가율의 증가는 명목이자율과 실질이자율 모두를 하락시킨다.

나. 소득효과

한편 이자율하락은 투자와 소득을 증가시켜 이자율을 변화시킨다. 이를 소득효과(income effect)라 한다. 즉, 소득증가는 화폐수요를 증가시켜 명목이자율을 상승시키게 된다. 피셔방정식 $r_t = R_t - \pi_t^e$에서 물가상승이 비신축적이라는 전제 하에서 실질이자율도 상승한다.

3. 장기이자율에 미치는 효과

피셔효과(Fisher effect)란 통화량증가율의 증가가 가격이 신축적인 장기에서 이자율에 미치는 효과로, 통화량증가율과 물가상승률, 명목이자율 간에 1 : 1 : 1의 정비례 관계가 있는 효과를 말한다.

먼저, 실질이자율에 미치는 효과를 살펴보자. 피셔방정식 $r_t = R_t - \pi_t^e$에서 경제가 장기에 이르게 되면 완전고용상태에 이르게 되고, 실질이자율은 자연이자율수준(natural rate of interest, r_n)과 같아진다. 그런데 '자연이자율'은 자본의 생산성 크기 등에 의해 결정되므로 명목변수인 화폐수요 · 공급의 변화에 영향을 받지 않는다. 따라서 실질이자율은 불변이다.

다음, 명목이자율에 미치는 효과를 살펴보자. 물가는 장기에서 완전히 신축적이기

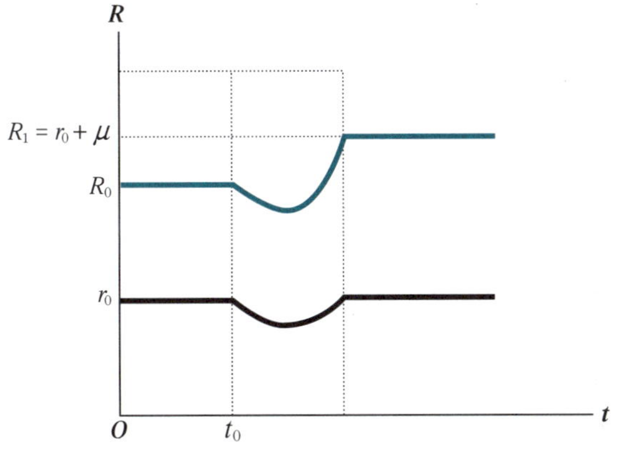

그림 54 통화량증가율의 증가가 명목이자율과 실질이자율에 미치는 효과

때문에 통화량증가율만큼 상승한다. 장기에서 피셔방정식은 $R_t = r_n + \pi_t = r_n + \mu_t$(단, μ_t는 통화량증가율)이 된다. 이 식에서 r_n은 일정하게 고정되어 있으므로 장기에 통화량 증가율과 인플레이션율, 그리고 명목이자율 간에는 1 : 1 : 1의 대응관계가 성립함을 알 수 있다. 따라서 장기에서는 실질이자율은 변동이 없고, 명목이자율은 통화량증가율만큼 상승한다.

이상의 장 · 단기에 걸친 명목이자율과 실질이자율의 변화를 도해하면, [그림 54]와 같다. 장기적으로 실질이자율은 원래 수준으로 회복하고, 명목이자율은 통화량증가율만큼 상승한다.

4. 동태적 과정에서의 각 효과

통화량증가율의 증가가 이자율을 어느 정도 상승시킬 것인가 하는 것은 학파별로 다르다. 유동성효과, 소득효과, 피셔효과의 상대적 크기를 각 학파마다 다르게 설명하기 때문이다.

통화량증가율이 증가했을 때 시간이 변함에 따라 유동성효과, 소득효과, 피셔효과의 변화를 보면, 실증검증상 유동성효과가 가장 먼저 발생하고, 이어서 소득효과, 피셔효과 순으로 발생한다.

케인즈학파(*K*)에 의하면 [그림 55]의 t_0시점에서 통화량증가율이 증가했을 때 유동성효과에 의해 이자율이 단기에 하락하다가 소득효과에 의해 상승한다. 그러나 상승 정도는 통화량증가율의 증가에 미치지 못한다.

이에 대한 통화주의자(*M*)와 합리적 기대론자(*RE*)들의 주장에 따르면, 명목이자율은 장기적으로 피셔효과가 존재하기 때문에 케인즈학파와 달리 통화량증가율을 정확히 반영하여 통화량증가율만큼 상승한다.

그림 55
동태적 과정에서 통화량증가율의 증가가 이자율에 미치는 효과

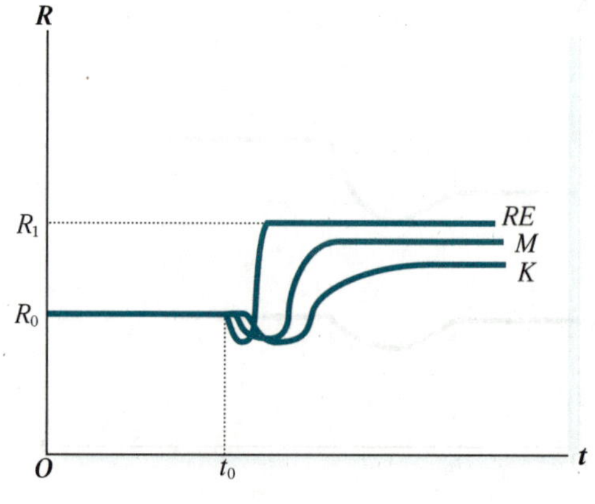

30 최근 중동 상황의 불안정으로 인한 원유가격 상승은 수송비용의 상승과 원유를 원료로 사용하는 재화들의 생산비를 증가시킬 것으로 예상되고 있다. 이에 따라 원유가격의 상승이 국가경제의 생산성(평균생산성 및 한계생산성)을 하락시킨다고 가정하자.

(1) 원유가격의 상승은 일시적일 것으로 예상된다고 할 때, 실질이자율, 실질소득, 실질소비, 실질투자, 고용 등에 미치는 효과를 분석하라.

(2) 원유가격의 상승이 영구적일 것으로 예상된다면 일시적인 경우에 비해 실질이자율과 실질소득에 미치는 영향은 어떻게 달라지는가?

핵심정리

일시적 충격과 영구적 충격의 차이는 항상소득과 소득효과에 미치는 영향에 있다. 일시적 충격은 항상소득을 변화시키지 않고 임시소득만을 변화시켜 소득효과가 거의 없지만, 영구적 충격은 항상소득을 변화시켜 소득효과가 크게 발생한다는 것이 핵심이다.

1. 의의

중동 상황의 불안정으로 인한 원유가격의 상승은 한 나라의 경제에 생산비상승과 국가경제 생산성하락을 초래하는 불리한 충격으로서의 성격을 가지고 있다. 실물적 균형경기변동모형(*RBC* : real business cycle)을 이용하여 원유가격의 상승이라는 불리한 충격을 일시적일 때와 지속적일 때로 나누고, 각각의 경우를 소득효과를 중심으로 살펴보고자 한다.

2. 전제

RBC 이론은 경기변동을 경제주체의 합리적 기대와 미시적 기초에 의한 동태적 최적화, 일반균형으로 경제가 변동한다는 것을 전제한다.

첫째, *RBC*는 고전적 이분성에 따라 화폐부문과 실질부문으로 구분하여 명목변수는 화폐부문에서 결정되고 실질변수는 실물부문에서 결정된다고 한다.

둘째, 현재 자본 K의 수준과 자본의 한계생산성(MP_k)은 일정하다.

3. 미시적 모형

RBC 이론은 미시적 기초와 합리적 기대 하에 다음과 같은 *RAD*–*RAS* 모형을 가정한다.

$$\text{총수요곡선 } y = C(r,\ \rho,\ PV) + I(r,\ z_2, \cdots) + G \tag{68}$$

$$\text{노동시장의 균형 } \underset{c_1,\ l_1}{\text{Max}}\ u(c_1,\ l_1) + \frac{u(c_2,\ l_2)}{1+\rho} \tag{69}$$

$$s.t.\ c_1 + \frac{c_2}{1+r} = w_1(24 - l_1) + \frac{w_2(24 - l_2)}{1+r}$$

$$\text{총공급곡선 } y_t^s = f(r,\ z_t, \ldots) \tag{70}$$

$$\text{화폐시장균형 } M = PL(y,\ r) \tag{71}$$

실질 *AD*곡선은 미래적 소비함수와 미래적 투자함수를 통해 도출한 개별 경제주체의 최적소비와 투자를 모두 합하여 도출된다. 소비와 투자가 이자율의 감소함수이기 때문에 실질 *AD*곡선은 r–y 평면에서 우하향한다.

실질 *AS*곡선은 노동시장의 균형조건인 식 (69)와 생산함수로부터 도출되며, 우상향한다. 왜냐하면 현재이자율이 상승하면 $\frac{(1+r)w_1}{w_2}$에서 현재임금이 상대적으로 상승하기 때문에 현재노동공급이 증가하고, 이에 따라 현재산출량이 증가하기 때문이다. 총공급함수는 식 (70)처럼 간결하게 표시할 수 있다. 식 (70)에서 z_t는 이자율 외에 총공급에 영향을 미치는 요소들을 의미한다.

4. 일시적으로 불리한 충격이 각 함수에 미치는 효과

가. 총생산함수에 미치는 효과

일시적으로 불리한 충격은 [그림 56]에서 생산함수 $y = Z \cdot f(L)$에서 solow 잔차 Z를 일시적으로 하락시켜 생산함수가 비례적으로 하방이동하게 된다.

나. 노동수요와 공급에 미치는 효과

첫째, 노동수요곡선은 일시적으로 불리한 충격은 노동의 한계생산성을 하락시키기 때문에 노동수요곡선을 L_D^0에서 L_D^1으로 하방이동시킨다.

둘째, 노동공급곡선은 다음과 같은 경로를 통해 효과가 나타난다.

1) 소득효과

일시적으로 불리한 충격으로 소득이 감소하지만, 일시적 소득의 감소이기 때문에 소득효과는 별로 크지 않아서 소득효과에 따른 노동공급의 변화는 거의 없다.

2) 기간 내 대체효과

기간 내 대체효과에 의하면 현재임금(w_1)이 하락하여, 즉 여가의 기회비용이 하락하여 여가의 소비가 증가한다. 따라서 현재노동공급(L_1)이 감소한다.

그림 56
RBC의 일시적으로 불리한 공급충격 분석

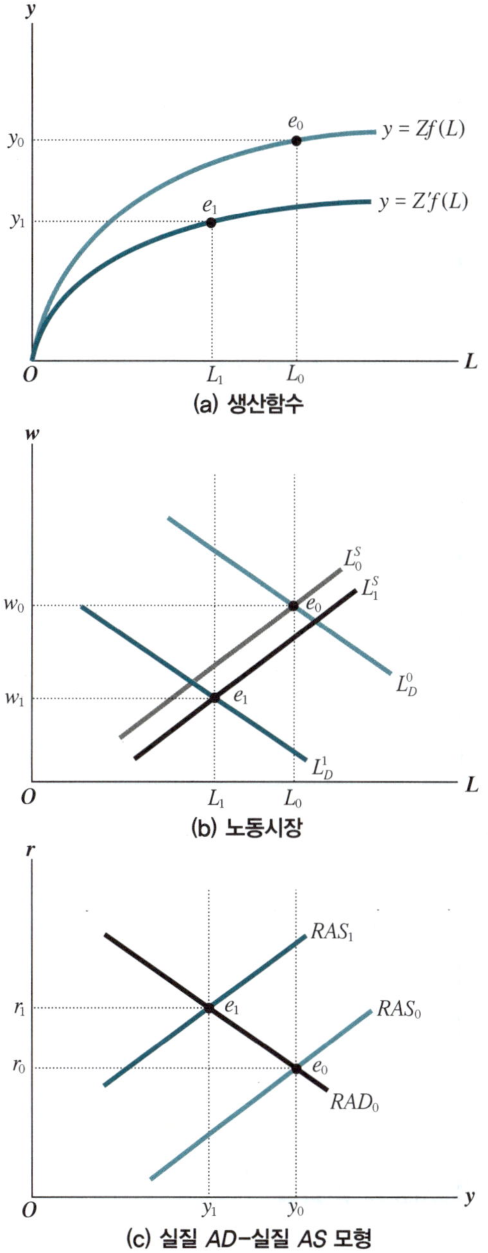

3) 기간 간 대체효과

RAD-*RAS*에서 불리한 공급충격으로 *RAS*곡선이 좌상방으로 이동하면서 이자율이 상승한다. 그런데 이자율이 상승함에 따라 미래임금의 현재가치가 상승하여 현재노동(L_1)이 증가한다. 따라서 위의 기간 내 대체효과와 상충하지만 *RBC*에서는 노동공급

의 기간 간 대체효과가 크기 때문에 노동공급이 증가한다.

이상의 효과를 종합해 보면 기간 간 대체효과와 기간 내 대체효과의 합이 소득효과보다 커서 현재노동공급을 증가시킨다.

셋째, 노동시장은 노동수요함수 L_D^1과 노동공급함수 L_1^s이 교차하는 e_1수준에서 균형을 이룬다.

다. RAD-RAS에 미치는 효과

첫째, *RAD*에 미치는 효과를 살펴보자. 초기에 균형상태에서 $I = S$라 하자. 일시적으로 불리한 생산성 충격이 발생하면 소득 y가 감소한다. 항상소득가설에 의하면 이러한 소득감소는 임시소득 감소이기 때문에 소비는 거의 변동이 없고 저축만 감소한다. $I > S$가 된다. 이로 인해 이자율(r)이 상승하고 투자(I)가 감소하여 다시 $I = S$가 되어 경제는 균형점에 도달한다. 이런 과정들은 이자율의 변화이기 때문에 *RAD*곡선 자체를 이동시키지 못하고, *RAD*곡선 상에서의 이동으로 나타난다.

둘째, *RAS*에 미치는 효과를 보자. 현재노동(L_1)이 감소하고, 생산성(Z)이 하락하기 때문에 생산함수가 하방이동하면서 총공급량이 감소하기 때문에 *RAS*곡선이 RAS_1으로 좌상방이동한다.

셋째, *RAD*는 거의 이동하지 않았기 때문에 *RAS*의 변화폭이 더 크다. 왜냐하면 생산성 충격이 총공급곡선에는 직접적으로 영향을 미치지만, 생산성 충격이 일시적이어서 소득증가가 크지 않아 총수요에 미치는 효과는 거의 없기 때문이다. 따라서 이자율은 상승하고 소득은 감소한다.

라. 화폐시장에 미치는 효과

[그림 56]에서 결정된 이자율상승과 소득감소는 모두 화폐수요를 줄이기 때문에 [그림 57]에서 화폐수요함수가 시계반대방향으로 움직인다. 이 결과 물가가 P_1으로 상승한다.

마. 주요 거시경제지표의 순행성

실질소득이 y_0에서 y_1로 감소하여 경기가 불황상태에 처하게 된다. 처음에 불리한 충격으로 Z값이 감소하였으므로 총요소생산성은 경기순행적이다.

첫째, 실질이자율은 r_0에서 r_1으로 상승하기 때문에 경기역행적이다.

둘째, 실질소비는 식 (68)에서 거의 변동이 없거나 이자율이 r_0에서 r_1으로 상승하면서 감소한다. 즉, 약하게 경기순행적이다.

셋째, 식 (68)에서 이자율상승으로 투자가 크게 감소하며, 강하게 경기순행성을 띤다. 즉, 투자가 경기침체를 주도하고 있다.

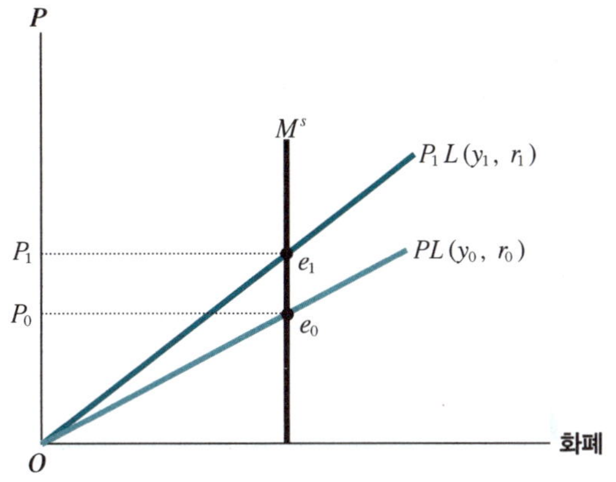

그림 57
화폐시장과 물가

넷째, 고용은 L_0에서 L_1으로 감소하여 경기순행적이다.

결론적으로 실질소득, 투자, 고용량, 총요소 생산성과 노동의 평균생산성은 경기순행적이지만, 실질이자율과 물가는 경기역행적이다. 따라서 이 결과는 한국의 경기변동의 정형화된 사실과 거의 일치한다.

5. 지속적으로 불리한 충격이 각 함수에 미치는 효과

가. 총생산함수

지속적으로 불리한 충격은 [그림 58]에서 생산함수 $y = Z \cdot f(L)$에서 Solow 잔차 Z를 Z''으로 지속적으로 하락시킨다.

나. 노동수요-공급에 미치는 효과

첫째, 노동수요곡선의 이동을 보면 지속적으로 불리한 충격은 한계생산성의 하락을 초래하여 노동수요곡선을 L_D에서 L_D''으로 하방이동시킨다.

둘째, 노동공급곡선의 이동은 다음과 같은 효과를 보인다.

1) 소득효과

지속적으로 불리한 충격으로 항상소득이 줄어들기 때문에 소득효과가 크게 나타나 여가의 소비를 줄이고 현재 노동공급을 크게 증가시킨다.

2) 기간 내 대체효과

현재임금(w_1)의 하락으로, 즉 여가의 기회비용이 하락하므로 여가의 소비를 늘리고 현재노동공급(L_1)을 줄인다.

그림 58
RBC의 지속적으로 불리한 공급충격 분석

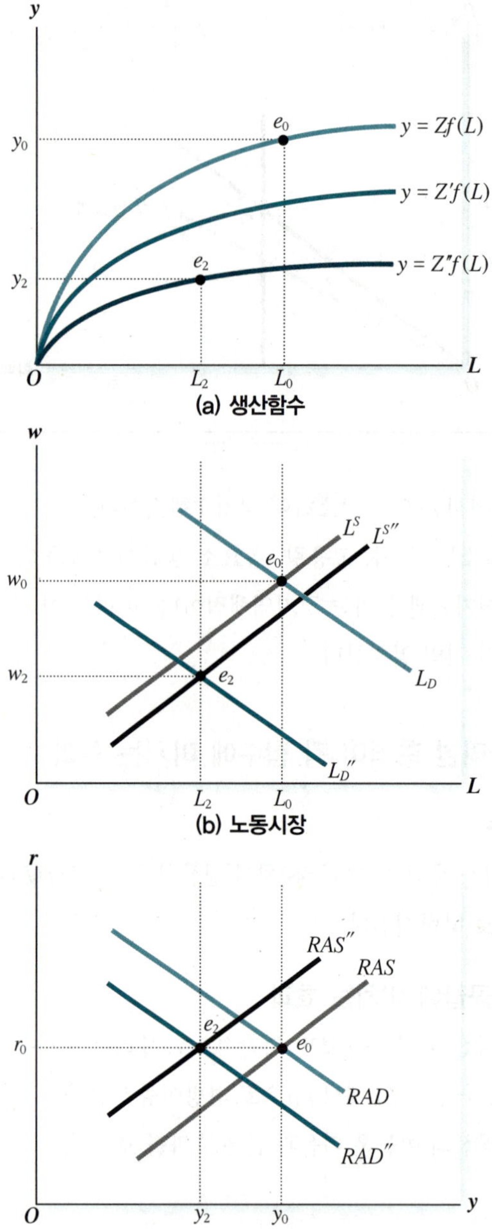

3) 기간 간 대체효과

현재임금(w_1)과 미래임금(w_2)이 모두 하락하므로 기간 간 대체효과는 그리 크지 않다. 또한 이자율도 변화가 거의 없기 때문에 기간 간 대체효과도 거의 없다.

4) 총효과

소득효과가 기간 내 대체효과와 기간 간 대체효과의 합보다 크기 때문에 현재노동공급을 증가시킨다. 따라서 노동공급곡선이 L^s에서 $L^{s''}$로 이동한다.

셋째, 전체적인 균형노동공급량을 보면 노동수요곡선의 하방이동 폭이 노동공급곡선의 우측하방 이동폭보다 커서 전체적으로 노동공급이 감소한다. 전체 노동시장의 균형은 e_2에서 이루어진다.

다. *RAD*–*RAS*에 미치는 효과

첫째, *RAD*에 미치는 효과를 보자. 초기에 균형상태에서 $I = S$를 만족한다. 여기에 지속적으로 불리한 충격이 발생하면 항상소득이 감소하기 때문에 항상 소비가 감소한다. 이때 저축(S)과 투자(I)는 거의 영향받지 않는다. 따라서 총수요가 감소하고, *RAD*곡선은 *RAD″*으로 우하방이동한다.

둘째, *RAS*에 미치는 효과를 보자. 생산성하락으로 생산함수가 지속적으로 하방이동하고, 현재노동이 감소하므로 총공급이 감소한다. 이 결과 *RAS*곡선은 *RAS″*으로 좌상방이동한다. 결과적으로 공급측면에서 산출량감소가 항구적이기 때문에 이 값이 수요측면으로 배분되어 항상소득이 감소하고, 항상소비가 감소한다. 따라서 *RAD*곡선과 *RAS*가 거의 같은 크기로 이동한다.

라. 화폐시장에 미치는 효과

[그림 58]에서 이자율은 거의 변동하지 않지만, 항상소득이 감소하기 때문에 [그림 59]에서 화폐수요도 거의 같은 크기만큼 감소한다. 따라서 물가가 상승한다.

마. 주요 거시경제변수의 순행성

실질소득은 $y_0 \rightarrow y_2$로 감소하여 경기불황적이다. 실질이자율은 r_0에서 불변이므로 경기비순행적이다. 물가는 경기역행적이다. 한편 고용, 실질임금, 소비, 투자는 모두 경기순행적이다.

6. 이자율의 경기순행성

[그림 58]에서 지속적으로 불리한 충격이 발생할 경우 실질이자율이 경기순행성을 보이지 않는다. 이는 가정에서 자본과 자본의 한계생산성이 고정되어 있다고 가정했기 때문이다. 그러나 앞의 가정을 완화하여 K와 MP_K가 가변적이라면 실질이자율은 경기순행적이 된다.

[그림 59]에서 지속적으로 불리한 충격에 의해 현재 및 미래의 자본의 한계생산성이 하락함에 따라 투자도 감소한다. 투자가 감소함에 따라 자본에 대한 수요도 감소한다.

그림 59
지속적으로 불리한 충격과 물가

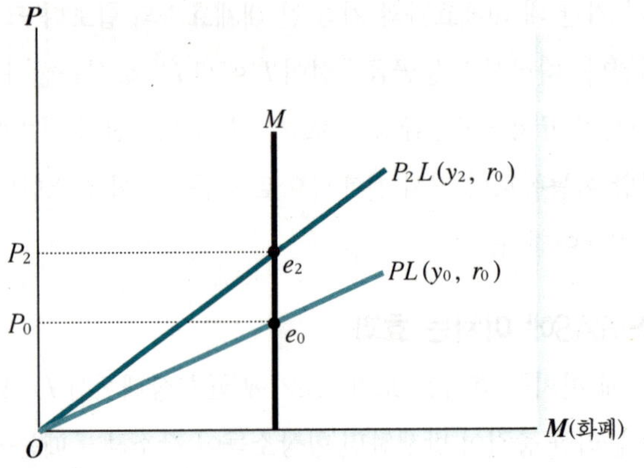

그림 60
자본시장과 이자율의 경기순행성

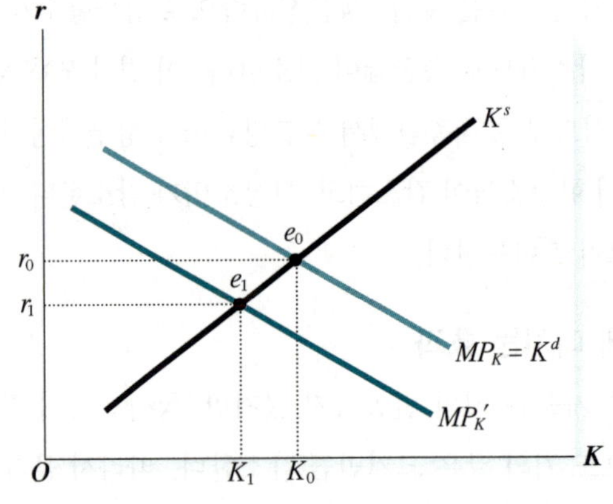

자본의 수요가 감소함에 따라 자본의 가격인 이자율이 하락함을 볼 수 있다. 따라서 자본과 자본의 한계생산성이 가변적이라면 이자율은 경기순행적이다.

7. 결론

결론적으로 유가상승이 한국 경제에 미치는 영향을 실물적 경기변동모형으로 분석했을 경우 불리한 공급충격이 영구적일 때에는 일시적일 때보다 실질소득이 더 많이 감소한다.

공행성에 있어서도 실질소득, 투자, 고용량, 총요소 생산성과 노동의 평균생산성은 경기순행적이지만, 실질이자율과 물가는 경기역행적이다. 따라서 이 결과는 한국의 경기변동의 정형화된 사실과 거의 일치한다.

31 국내 정보통신기술의 발전으로 국내산업 전반의 생산성이 향상되고, 나아가 우리 제품의 수출경쟁력이 향상되었다고 하자.

(1) 이 현상에 따른 총수요(AD)와 총공급(AS)의 변화과정을 그래프를 이용하여 설명하라.

(2) (1)의 분석에 입각하여 이 현상이 국내물가와 국내생산에 미치는 효과를 설명하라.

핵심정리

지속적으로 유리한 생산성 충격은 항상소득 증가로 강력한 소득효과를 발생시켜 (1) 소비 증가효과와 (2) 노동공급 감소효과를 가져온다.

1. 의의

국내 정보통신기술의 발전으로 인한 국내산업 전반에 걸친 생산성 향상과 우리 제품의 수출경쟁력 향상은 지속적으로 유리한 생산성 충격이라고 할 수 있다. 그 이유는 일회적인 충격으로 국내산업 전반의 생산성이 향상되기 어렵기 때문이다.

2. 전제

위의 문제는 기본적으로 문제에서 언급하고 있는 경기변동을 정확히 설명할 수 있는 최적모형에 관한 문제이다. 다양한 경기변동모형이 있지만, 본고에서 RBC이론에 따라 $RAD-RAS$ 모형으로 풀고자 한다. 이들 이론에 의하면 첫째, 화폐의 중립성에 따라 화폐부문은 실물부문으로부터 분리되어 물가를 결정한다. 둘째, 단기에서 자본과 자본생산성은 고정되어 있다고 가정한다.

3. 지속적으로 유리한 생산성 충격 모형

한 나라 경제는 [그림 61]에서 총생산함수, 노동수요와 공급함수, $RAD-RAS$로 구성된 실물부문과 [그림 62]의 화폐부문으로 구성되어 있다.

4. 주요 함수에 미치는 영향

국제 정보통신기술의 발전이 주요 함수에 미치는 영향을 살펴보자.

그림 61
*RAD–RAS*에 의한 지속적으로 유리한 충격 분석

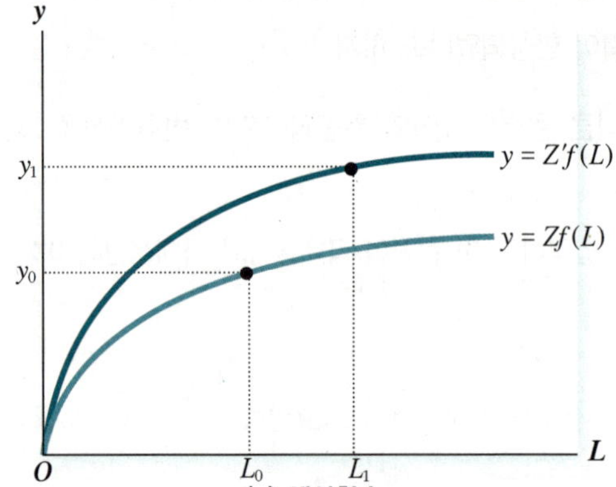

(a) 생산함수

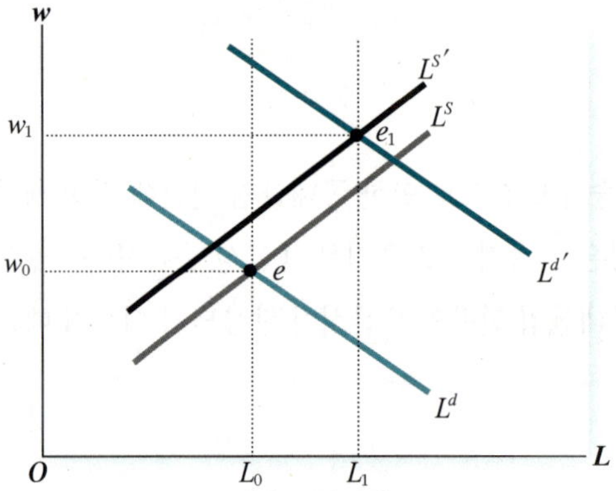

(b) 노동시장

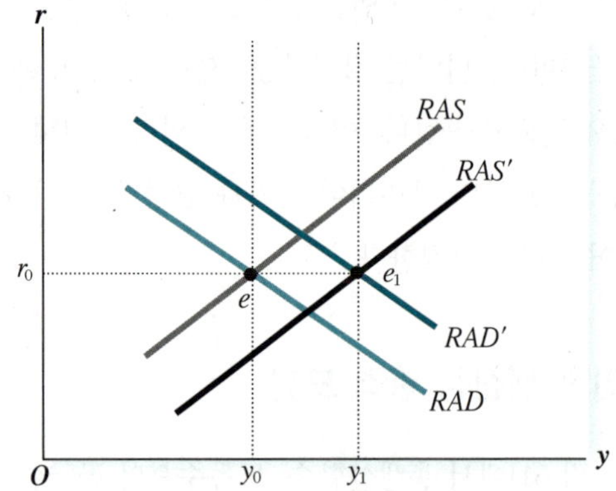

(c) 실질 *AD*–실질 *AS* 모형

가. 총생산함수에 미치는 영향

국내 정보통신기술의 발전과 생산성 향상은 $y = Zf(L)$에서 Solow 잔차항 Z에 반영되어 생산함수를 [그림 61]에서처럼 $y = Zf(L)$에서 $y = Z'f(L)$으로 상방이동시킨다.

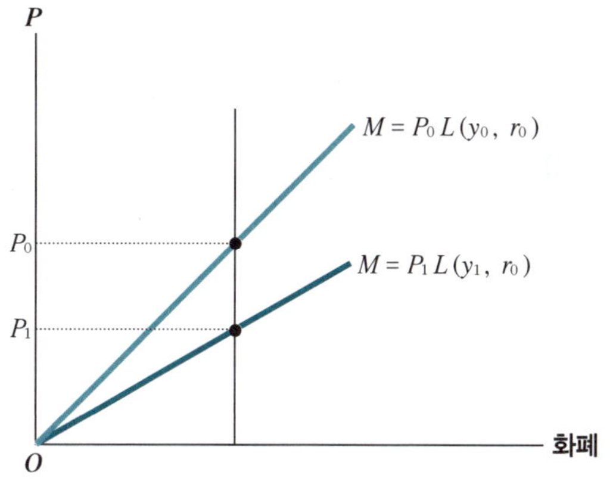

그림 62
RBC에서 물가에 미치는 효과

나. 노동수요와 공급곡선에 미치는 영향

먼저, 노동수요곡선을 보면 노동생산성의 향상으로 노동수요곡선이 상방으로 이동한다.

노동공급곡선을 보면 첫째, 강력한 항상소득 증가에 따른 소득효과에 의해 노동공급이 감소한다. 둘째, 기간 내 대체효과의 경우 현재임금 상승으로 현재노동공급이 증가하고 여가는 감소한다. 셋째, 식 (72)에서 기간 간 대체효과의 경우 현재임금과 미래임금이 모두 상승하므로 상대임금의 변화가 크지 않다. 더구나 이자율도 변함이 없기 때문에 기간 간 대체효과는 거의 없다.

$$w_1 + \frac{w_2}{1+r} \Rightarrow \frac{(1+r)\overline{w_1}}{\overline{w_2}} \tag{72}$$

따라서 노동공급 전체를 보면 지속적으로 유리한 생산성 충격이기 때문에 소득효과가 대체효과보다 커서 노동공급은 감소하고 노동공급곡선을 L_s에서 L_s'으로 좌상방 이동시킨다.

이 결과 새로운 노동시장은 e_1점에서 균형을 이룬다. 따라서 실질임금과 고용량이 모두 증가한다.

다. 실질 *AD*–실질 *AS*에 미치는 효과

첫째, 실질 *AS*곡선에 미치는 영향을 보자. 지속적으로 유리한 생산성 충격에 의해 생산함수가 상방이동하고, 현재노동이 증가하므로 총공급이 증가하여 *AS*곡선을 *RAS*에서 *RAS'*으로 우하방이동시킨다.

둘째, 실질 *AD*곡선에 미치는 영향을 보자. 지속적으로 유리한 생산성 충격으로 공급량이 증가하면 이 값이 수요측면의 항상소득의 증가로 이어져 항상소비가 증가하면서 총수요 *AD*가 *RAD*에서 *RAD'*으로 상방이동한다. 따라서 실질 *AS*와 실질 *AD*곡선의 이동폭이 거의 같다. 그러므로 실질이자율은 거의 변동이 없고, 산출량은 크게 증가한다.

라. 물가에 미치는 효과

앞에서 실질 *AS*와 실질 *AD*의 이동폭이 거의 같기 때문에 이자율상승은 크지 않은 반면, 소득증가는 매우 크다. 따라서 화폐수요가 증가하여 [그림 62]의 $M = P_0 L(y, r)$ 곡선이 하방으로 이동한다. 이 결과 물가가 P_0에서 P_1으로 하락한다. 즉, 물가가 경기역행적이다.

5. 경기변동의 정형화된 사실과 비교

[그림 61]과 [그림 62]에서 고용, 실질임금, 소비와 투자는 모두 경기순행적이며, 실질이자율은 비순행적, 물가는 경기역행적이다. 대체적으로 경기변동의 정형화된 사실과 일치한다.

32 신고전학파 경제성장모형인 Solow 모형은 부국과 빈국 간 1인당 소득의 상대적격차가 줄어드는 수렴현상(convergence)을 예측하고 있다. 그러나 실증분석 결과에 의하면 실제로 이 수렴이 나타나지 않고 국가 간 소득격차가 오히려 증가하는 경우가 많았다.

(1) 폐쇄경제를 가정하고 Solow 모형에서 수렴이 발생하는 메커니즘을 설명하라.

(2) Solow 모형을 개방경제로 확대하면 수렴은 더욱 촉진된다. 그 이유를 설명하라.

(3) Solow 모형의 예측과는 달리 실제로는 수렴이 발생하지 않는 이유는 무엇인가?

핵심정리

(1) 수렴메커니즘이란 빈국과 부국의 자본의 한계생산성 차이가 장기균제상태에서 1인당 자본량과 1인당 소득수준을 같게 한다는 것이다. (2) 개방경제 하에서는 수익률 차이에 의한 자본의 흐름이 더욱 빠르기 때문에 자본소득분배율 값이 빈국은 낮아지고 부국은 더욱 커져서 수렴이 빨라진다. (3) 수렴속도는 $c = (1 - \alpha)(n + g + \delta)$이다.

1. 의의

솔로우 모형으로 대표되는 신고전학파 성장이론의 주요 특징 중의 하나는 수렴성(convergence)이다. 솔로우 모형에서 나타나는 수렴성의 정의, 근거와 이에 대한 실증검증을 소개하고, 솔로우 모형의 한계를 극복하기 위하여 등장한 내생적 성장이론을 소개하고자 한다.

2. 솔로우 성장모형

$Y = F(L, K)$ 단, Y는 1차 동차 생산함수

$y = f(k)$ 단, $y = \frac{Y}{L}$, $k = \frac{K}{L}$

$\dot{K} = sY - \delta K$

$\dot{L} = nL$

솔로우의 기본 방정식은 다음과 같다.

$$\dot{k} = sf(k) - (n + \delta)k \tag{73}$$

균제상태에서는 $\dot{k} = 0$이므로 $sf(k) = (n + \delta)k$이다. 이때 균제상태의 1인당 자본량 k^*가 결정된다. k^*를 $y = f(k)$에 대입하면 1인당 산출량 y^*가 결정된다. 이를 [그림 63]으로 나타낼 수 있다.

그림 63
솔로우 모형에서 균제상태

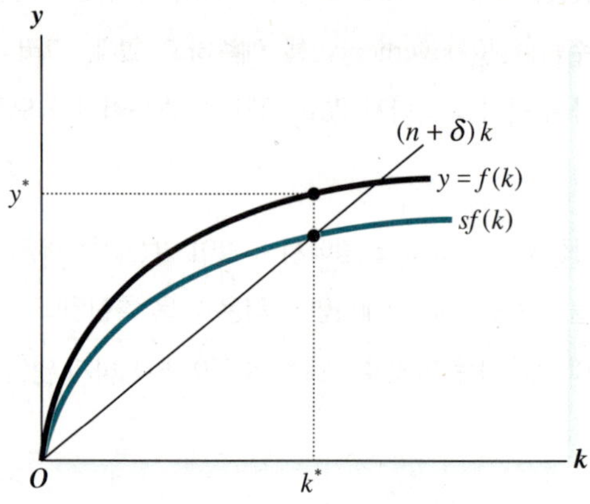

3. 솔로우 모형과 수렴메커니즘

가. 수렴성의 개념

수렴성(convergence)이란 장기에서 1인당 국민소득과 1인당 경제성장률 간에 역의 관계를 갖는 현상을 말한다. 즉, 1인당 국민소득이 낮은 나라는 높은 성장률로 빠르게 성장하고, 1인당 국민소득이 높은 나라는 낮은 성장률로 완만하게 성장하여 장기에서 양국이 동일한 소득수준으로 접근하는 현상을 말한다.

나. 수렴성의 근거

솔로우 모형에서 수렴성은 생산함수가 오목하고, 자본의 한계생산성이 체감하기 때문에 나타난다. 이 결과 일인당 소득은 일인당 자본량의 함수로 표시되고, 일인당 자본량이 일인당 소득의 증가속도나 크기를 결정하게 된다.

부국과 빈국이 현재의 경제성장에서는 차이가 나더라도 자본스톡이 적은 빈국은 부국보다 자본의 한계생산이 상대적으로 크다. 따라서 자본의 증가폭도 커서 일인당 자본이 크게 증가하여 일인당 소득도 크게 증가한다. 또한 양국의 자본소득분배율도 변하게 된다. 이 결과 경제성장이 빨라져서 1인당 국민소득이 장기균제상태에서 부국과 거의 같아지게 된다. 따라서 솔로우 모형에서 수렴현상이 나타나는 근본적인 이유는 자본축적 과정에서 한계생산이 체감하고, 부국과 빈국 간의 자본소득분배율이 다르기 때문이다.

4. 개방경제로 확대했을 때 수렴현상

솔로우 모형을 개방경제로 확대하는 것은 국가 간 자본이동을 모형에 도입하는 것이다. 개방경제에서 국가 간 자본이동이 자유롭고, 다른 요소는 동일하다고 할 때 실질이자율이 높은 국가에서 낮은 국가로의 자본이동이 폐쇄경제보다 빠른 속도로 이루어지게 된다.

개방경제에서는 자본은 수익률에 따라 이동하기 때문에 부국에서 빈국으로 빠른 속도로 이동한다. 이 결과 빈국은 자본유입이 커지면서 자본생산성이 하락하고, 자본소득분배율 α값이 하락하여 식 (74)의 수렴속도에서 수렴속도가 빨라진다. 부국은 자본유출이 커지면서 자본의 한계생산성이 높아짐에 따라 상대적으로 자본소득분배율 α값이 상승하고 수렴속도가 완만해진다.

따라서 폐쇄경제보다 개방경제에서 빈국의 성장률은 부국의 성장률보다 더욱 높아진다. 이에 따라 어느 정도까지는 빈국의 성장률은 빨라지고 부국의 성장률은 더욱 완만하게 되어 장기에서 양국의 소득수준이 수렴하게 된다.

결론적으로 경제가 개방적이고 국가 간 차입과 대출이 자유롭게 이루어질수록 자본의 이동이 빠르게 되고, 이 결과 빈국과 부국의 자본소득분배율 α의 차이를 가져와 수렴현상은 더욱 빠르게 나타난다.

$$cs = (1-\alpha)(n+g+\delta) \qquad (74)$$
$$0 \le cs \le n+g+\delta$$

5. 현실경제에서 수렴가설 성립 여부

가. 실증검증

보몰(W. Baumol, 1986)은 절대적 수렴성에 대한 실증검증을 시도하였다. 그는 1870년부터 1979년까지 약 110년 동안에 선진 경제권에 있는 16개국의 1인당 산출량이 수렴하는가를 분석하였다. 이 결과 절대적 수렴성은 거의 나타나지 않았지만 상대적 수렴성은 확인하였다.

맨큐-로머-웨일은 1960년부터 1985년간 상대적 수렴가설을 실증분석하였다. 그들은 121개국을 상대로 저축률과 인구증가율이 일정하다는 제약조건 하에서 강한 수렴성이 나타나는 것을 확인하였다. 또한 배로(1991)는 인적 자본을 생산함수에 포함시켜 1960년부터 1985년까지 98개국을 대상으로 상대적 수렴성을 실증분석하였다.

이처럼 솔로우 모형의 예측과는 달리 실제로는 절대적 수렴현상이 발생하지 않음을 실증검증 결과를 통해 확인할 수 있다.

그림 64
AK 모형과
비수렴성

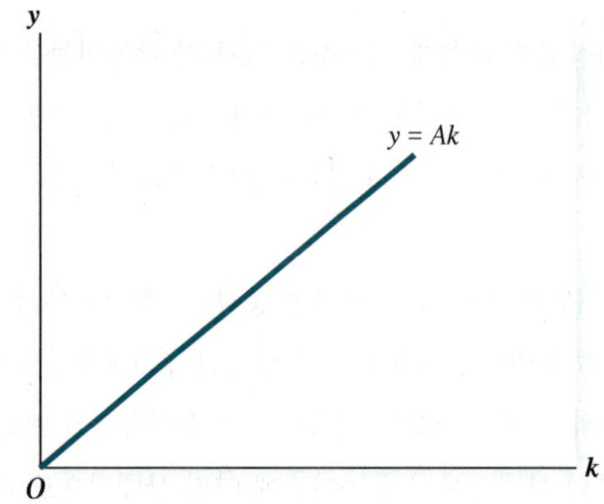

나. 실제로 수렴현상이 발생하지 않는 이유

첫째는 자본의 한계생산체감의 여부이다. 즉, 솔로우 모형은 자본을 물적 자본으로만 파악하여 한계생산체감을 가정하고 있다. 그러나 *AK* 모형 등 내생적 성장모형에서는 자본의 개념에 물적 자본뿐 아니라 인적 자본과 지식자본까지도 포함시켜 생산함수를 수확불변이나 체증으로 바꾸므로 자본의 한계생산체감이 나타나지 않는다. 이로 인해 수렴현상도 나타나지 않고 소득의 지속적 격차 및 지속적 성장격차가 발생할 수 있다.

이를 [그림 64]의 *AK* 모형에서 살펴보면 생산함수가 자본에 대해서 오목하지 않고 선형이기 때문에 자본의 한계생산성은 체감하지 않고 일정하다. 따라서 국가 간 수익률의 격차가 존재하지 않으므로 수렴성이 나타나지 않는다.

둘째, 내생적 성장이론에 의하면 솔로우 모형의 인적 자본을 고려하면 식 (75)과 같고, 이때 자본소득분배율 $\alpha = \frac{2}{3}$가 되고, *AK* 모형에 따르면 $\alpha = 1$이 되어

$$y = AL^{\frac{1}{3}} H^{\frac{1}{3}} K^{\frac{1}{3}}, \quad A > 0 \tag{75}$$

식 (74)에서 수렴속도가 매우 작거나 0이 되어 수렴이 발생하지 않는다.

셋째는 국가 간에 인구증가율이나 저축률, 기술수준에 있어서의 차이가 존재한다면 수렴현상은 나타나지 않게 된다. 특히, 기술수준을 외생변수로 처리한 솔로우 모형과 달리 경제 내에서 결정되는 내생변수로 취급한다면 국가마다 그 내생변수의 차이가 존재할 경우 기술수준의 차이도 지속적으로 발생하여 결국 성장격차와 소득격차도 지속적으로 나타난다.

기술의 파급효과는 특허권, 기술이전에 대한 제약, 수혜자의 운영능력 제한 등으

로 시차가 소요된다. 로머(Romer)에 의하면 이 과정에서 연구 및 개발(R&D)로부터 생산된 최적기술을 향유하는 나라와 그렇지 않은 나라 간에 소득수준의 격차가 존재하게 되기 때문에 비수렴성이 나타나게 된다.

33 30년 동안 고도성장을 이룩한 우리나라 경제는 1997년 말 경제위기를 맞은 후 1998년에는 마이너스 성장을 기록하였다.

(1) 1960년대 초 이래 우리나라 경제가 이룩한 성장과정의 주요 특징을 기술하라.

(2) 우리나라 경제가 다시 높은 성장을 달성하기 위한 방안을 내생적 성장이론의 관점에서 논하라.

핵심정리

한국의 경제성장 과정을 시기별로 나누어 주요 특징을 내생적 성장이론의 관점에서 설명하고, 설명에 무게중심을 두는 것이 핵심이다.

1. 의의

1962년 정부가 경제개발 5개년 계획의 실시에도 불구하고 1960년대의 한국 경제는 아직 특별한 자체 기술이 없었다. 이 시기의 경제성장은 노동증가에 의해 이루어졌다.

반면, 1970년대 한국 정부는 경제개발을 본격화하면서 외국으로부터 자본과 기술을 적극적으로 도입하였다. 또한 1960년대 후반부터 추진해 온 수출지향적 경제정책을 본격적으로 추진하였다. 이 결과 한국 경제는 고도성장을 기록하면서 연평균 10% 이상 성장률을 기록하였다.

1980년 이후부터 정부는 자동차, 전자 등 일부 산업 자체에서 R&D에 의한 기술개발과 생산성 향상에 힘입어 경제성장을 추진하였다. 이 결과 1986년부터 1989년까지 3년간, 유사 이래 처음으로 경상수지 흑자를 기록하였다. 1980년대까지의 한국 경제는 정부주도의 압축성장[5]이라고 특징지을 수 있다.

2. 1980년대 이후 경제성장

1980년대 이후 한국 경제는 경제 내에서 자체적으로 기술을 생산하게 되고, 풍부한 인적 자본으로 팽창적 경제성장을 지속하게 된다.

이 시기 한국의 경제성장은 내생적 성장이론으로 설명할 수 있다. 내생적 성장이론은 경제성장을 결정하는 기술수준을 R&D에 대한 투자 등에 의존하는 내생적 변수로 취급한다. 이들에 따르면 생산함수가 식 (75)로 표시된다.

---

5. 압축성장이란 선진국이 수백 년에 걸쳐 이룩한 경제성장을 아주 짧은 기간 동안 고도성장으로 시현한 성장을 말한다.

$$Y = F(L, K, A) \qquad (76)$$

식 (76)에서 기술진보는 자본증가에 의해 결정된다. 특히 이들은 인적 자본을 포함한 자본의 역할을 크게 강조하고 있다. 새로운 투자, 즉 자본증가는 발명을 유발하고, 기계설비의 질적 향상을 가져온다. 자본에 대한 투자는 긍정적 외부효과를 발생시킨다. 즉, 질적으로 개선된 기술이 다른 기업과 노동자들에게 파급되는 지식 및 기술의 파급효과(이전효과)가 일어난다. 외부효과와 파급효과를 자본에 반영할 경우 생산함수는 규모에 대한 수익증가(increasing returns to scale)를 나타낸다. 이는 지속적인 성장의 원동력이 된다.

특히 규모에 대한 수익체증이 일어나는 생산함수 하에서는 저축률의 증가와 그에 따른 투자의 증가가 자본을 증가시켜 장기적 경제성장에 항구적 효과를 미치게 된다. 이 점에서 정부가 저축과 투자에 영향을 미칠 수 있는 정책은 경제성장률에 영향을 미칠 수 있기 때문에 솔로우 모형에서보다 정부의 역할이 커진다.

1980년대 이후 한국 경제의 성장을 내생적 성장이론의 인적 자본이론으로 설명하면, 한국은 그동안 실물자본과 인적 자본에 대한 투자를 증가시켜 생산함수가 수확체증적 생산함수를 나타내면서 지속적인 팽창적 경제성장을 실현하게 되었다고 분석할 수 있다.

3. 성장과정의 주요 특징

1960년대 이래 한국 경제가 이룩한 성장과정상의 주요 특징은 첫째, 정부주도형 경제발전이다. 정부주도형이란 민간보다 정부에 의해 국민경제의 발전방향과 목표, 그리고 전략이 결정되고, 정부가 사실상 투자의 주체가 되어 금융과 자금에 규제를 가하여 성장을 주도하는 현상을 말한다.

둘째, 해외의존적 경제성장이다. 한국은 수출 중심의 성장전략을 통해 수요는 미국을 비롯한 해외시장에서 충족되었고, 공급은 일본의 자본과 기술을 통해 조달되었다.

셋째, 선도산업(leading sector) 중심의 경제성장이다. 우리나라는 철강, 조선, 전자 및 반도체, 중화학공업 등 선도산업을 중심으로 경제를 성장시키면서 전 · 후방 연관효과에 의해 연관산업에 성장효과를 파급시키면서 경제 전체의 경제성장을 유도하였다. 경공업은 수입대체산업으로 지원 · 육성하였다.

넷째, 불균형성장이다. 균형성장을 주장했던 넉시(Nurkse)와는 달리 허쉬만(O. Hirschman)은 자본과 기술이 부족한 후진국은 주력산업을 중심으로 한 불균형성장이 보다 바람직하다고 주장하였다. 우리나라는 대기업과 재벌을 중심으로 내수보다 수출

산업, 농수산업보다 공업을 중심으로 성장하는 불균형성장을 해왔다. 이 결과 경제력 집중이 심화되는 부작용이 나타났다.

끝으로, 국내저축보다는 차관 등 외국자본을 중심으로 한 경제성장이다. 경제성장을 위한 재원은 국내저축보다는 해외저축을 통해 조달되었다.

4. 한국 경제 재도약을 위한 방안

내생적 성장이론은 1970~1980년대 고도성장을 구가하던 한국 등 아시아 국가들의 팽창적 경제성장을 설명하기 위한 이론이다. 솔로우 모형은 장기성장률이 정상상태로 접근하기 때문에 팽창적 경제성장을 설명할 수 없는 한계가 있다.

또한 내생적 성장이론은 경제성장에서 정부정책을 강조하는 이론이다. 솔로우 모형에서는 경제성장을 위한 정부의 역할이 거의 없다. 성장을 위한 정부의 최적 재정규모는 0이다. 이하에서는 한국 경제의 재도약을 위한 팽창적 경제성장을 실현할 수 있는 방안과 정부정책을 살펴보고자 한다.

가. 지식축적과 기술진보

영(Alwyn Young), 크루그만(P. Krugman)에 의하면 한국 등 아시아 국가들의 높은 성장은 기술수준의 향상이나 총요소 생산성의 증가에 의한 것이기보다는 노동, 자본 등 생산요소의 양적, 질적 팽창에 의한 것이다. 그런데 생산요소의 팽창은 한계가 있으므로 이러한 성장은 곧 둔화된다.

영의 비판을 수용할 때 한국 경제가 재도약을 하기 위해서는 내생화된 지식과 기술진보를 위한 투자를 확대해야 한다. 로머(P. Romer)에 의하면 R&D에 대한 투자확대, 교육 및 정부의 투자확대는 지식축적과 기술을 진보시킬 수 있다.

식 (75)에서 R&D 등에의 투자확대는 새로운 지식과 기술(A)을 만들어내고, 이러한 지식 · 기술은 파급효과(spillover effect)와 학습효과(learning-by-doing)를 통해 식 (1)과 같은 생산함수를 *IRS*로 만들어 한국 경제를 팽창적으로 성장시킬 것이다.

나. 자본축적과 한국 경제의 재도약

내생적 성장이론의 핵심은 노동량보다 인적 자본의 크기가 경제성장을 결정한다는 것이다. 인적 자본이란 노동자들이 갖고 있는 지식 혹은 기술수준을 말한다.

내생적 성장이론에 의하면 자본에 대한 투자는 외부경제효과를 발생시킨다. 자본의 외부경제효과를 고려하면 성장회계 방정식에서 경제성장에 대한 자본의 기여도는 솔로우 이론보다 매우 크게 나타난다.

성장이론 중 자본의 역할을 강조하는 모형은 루카스(R. Lucas)의 인적 자본이론,

레벨로(Rebello)의 *AK* 모형 등이 있다. *AK* 모형에 의하면 한 나라의 경제성장률은 식 (77)과 같다.

$$Y = AK$$
$$\frac{\dot{y}}{y} = \frac{\dot{k}}{k} = sA - (n + g + \delta) \qquad (77)$$

식 (77)에 의하면 한국 경제는 저축률을 높여 s를 높이고, 자본이 축적되면 $sA >$ $n + g + \delta$가 되어 한국 경제의 팽창적 경제성장을 항구적으로 실현할 수 있다.

다. 한국 경제 재도약을 위한 정부정책

솔로우 이론과 달리 내생적 성장이론에서는 경제성장에 있어서 정부의 역할이 중요하다. 정부는 자본축적과 지식 및 기술개발을 위한 재정 · 금융정책을 통해 경제성장을 할 수 있다.

먼저, 자본축적과 자본의 외부경제효과를 높이기 위한 정책을 살펴보자. 정부가 저축 수익에 감세를 하거나 투자세액을 공제하면 저축과 투자가 각각 증가하여 자본이 축적된다. 이는 다시 자본의 외부경제효과를 통해 경제성장에 영향을 미치게 된다.

또한 재원은 정부소비에서 정부투자로 전환하여 운송, 통신 등 사회간접자본(SOC)에 대한 투자나 교육에 대한 투자를 확대하면 자본의 외부경제효과를 더욱 높여 성장을 높일 수 있다.

다음으로, 지식축적 및 기술개발을 위한 정부정책을 살펴보자. R&D에 대한 재정적 보조나 투자확대, 하이테크 산업을 지원하기 위한 금융 및 세제상 지원 등은 기술개발을 촉진시켜 경제성장을 높일 수 있다.

5. 결론

배로(R. Barro)에 의하면 높은 성장률은 민간이나 정부부문에 의한 높은 투자적 지출, GDP에서 정부소비지출의 낮은 비중, 높은 취학률, 낮은 출산율과 정치적 안정도에 의해 결정된다고 한다.

따라서 한국 경제가 재도약하기 위해서는 경제와 정치의 안정 하에 자본축적과 지식 및 기술개발을 위한 투자지출을 지속적으로 확대하여야 한다.

찾아보기

Economics
first edition Index

가

나

다

라

마

바

아

자

차

카

타

파

하

지은이에 대하여

최병권

현재 서울대학교에서 강의하고 있으며 서울대학교 객원교수, KAIST 대우교수를 역임하였다. 성균관대학교 경제학과를 졸업하고 서울대학교 대학원 경제학과에서 석·박사 과정을 수료한 후 서울대학교 공과대학에서 기술경제정책으로 박사학위를 받았다.

장선구

성균관대학교 경제학과를 졸업하고 동 대학원에서 석·박사 학위를 받은 직후 웅지세무대학에서 재직하였다. 박사과정 중에 국비지원을 통해 영국 LSE, 네덜란드 틸버그, 미국 버지니아 텍에서 학술연수 혜택을 받았고, 이 혜택을 다양한 경로를 통해서 저술과 강의로 환원하려고 노력하고 있다. 현재 성균관대학교 겸임교수로 재직하면서 고려대학교, 성균관대학교, 연세대학교에서 강의하고 있다.

현대 **경제학**

초판 1쇄 인쇄 2015년 6월 19일
초판 1쇄 발행 2015년 6월 26일

지은이 최병권 · 장선구
펴낸이 박기남
펴낸곳 **율곡출판사**
153-797 서울시 금천구 가산디지털1로 84, 803호
전화 (代) 02) 718-9872/3
팩스 02) 718-9874
홈페이지 www.yulgokbooks.co.kr
이메일 yulgokbook@naver.com
등록 1989.11.10. 제2014-000031호
ISBN 978-89-97428-65-6 93320

정가 38,000원